# Das große Buch der Überlebenstechniken

Gerhard Buzek

# Das große Buch der Überlebens-techniken

Orac

**Die Zeichnungen und grafischen Darstellungen in diesem Buch stammen von Professor E. Buzek und von Gerhard Buzek.**

3. Auflage
ISBN 3-85368-968-X

Schutzumschlag: Bronislaw Zelek
Lektorat: Barbara Köszegi
Satz: Interletter, Wien
Druck und Bindearbeiten: Ueberreuter, Korneuburg

# INHALTSVERZEICHNIS

*Teil 1*

## ÜBERLEBEN IN EXTREMSITUATIONEN .................. 11

*Teil 2*

# ÜBERLEBEN IN DER NATUR .......... 175

*Teil 1*

# ÜBERLEBEN IN EXTREM-SITUATIONEN

## PSYCHISCHE BELASTUNGEN

### *Richtiges Training für Körper und Geist*

Situationen, durch die Menschen überraschend und unerwartet in Lebensgefahr geraten können, sind in der heutigen Zeit vielfältig und aus den Massenmedien hinlänglich bekannt. Sie erstrecken sich vom Verirren beim Schilauf über Flug- und Schiffskatastrophen bis hin zu Einbruch, Überfall und Menschenraub.

Niemand weiß genau, wie er mit einer derartigen Situation umgehen würde, die Kenntnis der eigenen psychischen und physischen Eigenschaften trägt jedoch wesentlich dazu bei, im Notfall richtig zu reagieren. Man kann sich bis zu einem gewissen Grad auf Extremsituationen vorbereiten, indem man Körper und Geist richtig trainiert.

*Willensschulung*

Bewußtes Fasten über mehrere Tage, bewußter Schlafentzug, Ertragen von Kälte und Hitze stärken die Kraft zur Selbstüberwindung. Im Notfall ist man dann Extrembelastungen besser gewachsen.

*Körpertraining*

Regelmäßiges Lauf-, Schwimm-, Radfahrtraining sorgt für die Aufrechterhaltung oder Gewinnung einer entsprechenden körperlichen Leistungsfähigkeit (mit dieser geht eine Steigerung des Selbstbewußtseins einher).

*Belastungstraining*

Durch absichtliche Konfrontation mit körperlicher Extrembelastung in begrenzter Zeit und mit kalkuliertem Risiko, z. B. Biwak im Winter (eventuell allein), Überwinden schwierigen Geländes mit schwerem Gepäck, kommt es zu einer besseren Einschätzung der eigenen Belastbarkeit. Man sammelt dabei auch Erfahrungen für den Notfall.

*Mentales Training*

Man stellt sich Extremsituationen vor, in die man gelangen könnte (Nebeleinfall bei einer Wanderung, Verirren, Autopanne, Überfall...) und sucht nach Lösungen und Strategien, die aus der Gefahr führen. Man spielt solche Situationen planmäßig immer wieder durch, mit dem Resultat, daß man im Ernstfall vorbereitet ist und nicht in Panik gerät.

*Autogenes Training*

(und ähnliche Methoden, z. B. Entspannungstraining, Beeinflussung durch »Positives Denken«, Selbsthypnose usw.)

Die dadurch bewirkte Entspannung hilft, kurze Formeln für erwünschte Reaktionen oder/und Verhaltensweisen leichter zu erlernen. Im Notfall sind sie dann automatisch verfügbar.

*Besuch von zielgerichteten Ausbildungskursen*

Selbstverteidigung oder Überlebenstechniken z. B. können dort erlernt werden.

*Lesen einschlägiger Fachliteratur*

## *Die Funktionsweise des Nervensystems*

Der Mensch stellt eine seelisch-körperliche Einheit dar. Körper und Geist wirken ständig aufeinander ein, sie sind untrennbar miteinander verbunden. Körperliche Störungen haben entsprechende seelisch-geistige Auswirkungen und umgekehrt. Zum Beispiel: Erschrecken oder Angst bewirkt Übelkeit, Schweißausbruch, Zittern, Erröten, Erblassen, erhöhten Puls usw.

Körperliche Schmerzen bewirken Gereiztheit, Unkonzentriertheit, erhöhte Aggressionsbereitschaft, Depressionen usw.

Die körperliche Grundlage des Erlebens ist das Nervensystem. Es hat die Aufgabe, Informationen (von der Umwelt und vom Körper selbst) über die Sinnesorgane aufzunehmen, in Erregungen umzuwandeln, in den entsprechenden Zentren zu verarbeiten sowie bewußte und unbewußte Reaktionen und Verhaltensweisen zu bewirken.

*Die Nerven*

Die sensiblen Nervenbahnen leiten die Erregungen von den Sinnesorganen zu den Zentren, die motorischen Nervenbahnen transportieren sie von den Zentren zu den Erfolgsorganen (Muskeln, Drüsen).

*Das Gehirn*

Es gliedert sich in fünf Abschnitte, die zwar bestimmte Funktionen übernommen haben, jedoch untereinander und mit den anderen Teilen des Nervensystemes koordiniert sind.

Das Großhirn verarbeitet bewußte Empfindungen und Wahrnehmungen, ist für Denken und Sprechen, Musikalität, Gedächtnis usw. verantwortlich, steuert den Instinkt und löst Triebhandlungen aus.

Das Kleinhirn koordiniert die Bewegungen (Gleichgewicht).

Das Mittelhirn ist für die Bewußtseinslage verantwortlich.

Das Zwischenhirn steuert das vegetative Nervensystem, ist die Umschaltstelle zwischen Sinnensorganen und Großhirn, regelt die Körpertemperatur, den Wasserhaushalt, die Nahrungs- und Flüssigkeitsaufnahme usw.

Das Nachhirn versorgt die Kopfregion, ist Schalt- und Durchgangsstelle zwischen Gehirn und Rückenmark und Sitz von Reflexzentren (Atmung, Kreislauf, Schlucken, Husten, Erbrechen, Niesen, Tränenfluß).

*Das Rückenmark*

Es steuert die Reflexe (Kniesehnen-, Achillessehnenreflex usw.) und die unwillkürlichen Bewegungen.

*Das vegetative Nervensystem*

Es dient der Steuerung der inneren Organe (Blutgefäße, Eingeweide, Ausscheidungsorgane, Drüsen). Es besteht aus dem sympathischen und parasympathischen Nervensystem.

Der Sympathikus beschleunigt den Blutkreislauf und vermindert die Eingeweidetätigkeit, er steigert damit die Bereitschaft des Organismus zur Flucht, zur Verteidigung und zum Angriff.

Der Parasympathikus fördert die Vorgänge, die der Erholung des Organismus dienen.

Seelische Vorgänge, Stimmungen, gefühlsbetonte Erlebnisse oder nervöse Dauerbelastung können über das vegetative Nervensystem körperliche Funktionen beeinflussen.

## *Belastungsfaktoren in Extremsituationen*

In Extremsituationen kommt es zu vielen verschiedenen Belastungsfaktoren; die wichtigsten sind:

- Abgeschnittensein von vertrauten Personen und von der gewohnten Umgebung;
- Wegfall des sozialen Umfeldes, das z. B. Angstreduktion, Sicherheit, Geborgenheit, Selbstbestätigung, Deutung der eigenen Erfahrung gewährleistet;
- Lebensgefahr beziehungsweise Bedrohung der Gesundheit;
- körperliche Überbelastung z. B. durch mangelhafte Bekleidung und Hygiene, körperliche Strapazen, gestörten Schlaf, extreme Witterungsbedingungen, unzureichende Befriedigung des Nahrungs- und Trinkbedürfnisses;
- eventuelle Belastung durch Panikreaktionen anderer oder durch Verletzte, Schreiende, Sterbende usw.;
- Unsicherheit hinsichtlich Ort und Zeit;
- Einschränkung der persönlichen Freiheit z. B. durch fehlende Bequemlichkeit oder den Zwang, auf primitivster Basis zusammenleben zu müssen.

Motiviertes und kontrolliertes Handeln ist nur möglich, wenn die primären Bedürfnise (Hunger, Durst, Schlaf) in ausreichender Weise befriedigt werden. Das ist in Extremsituationen meistens nicht der Fall:

Bei Schlafmangel läßt die Leistungsfähigkeit schon nach 48 Stunden stark nach, nach ungefähr 72 Stunden kann man kaum mehr kontrolliert denken. Doch ist es auch in Extremfällen fast immer möglich, stunden- oder wenigstens minutenlang zu schlafen; so kann die Ermüdung zumindest zum Teil abgebaut werden.

Da im Streß die Stoffwechseltätigkeit erhöht ist und der Körper mehr Flüssigkeit als gewöhnlich verbraucht, muß auch entsprechend mehr Flüssigkeit aufgenommen werden. Man kann wesentlich länger ohne Nahrung als ohne Flüssigkeit auskommen (siehe Kapitel »Wasser«).

Das Hungergefühl läßt nach 1 bis 3 Fasttagen nach, und man kommt dann mit einem Minimum an Nahrung aus, allerdings ist nach einer Woche die Leistungsfähigkeit reduziert (siehe Kapitel »Nahrung aus der Natur«).

Hitze oder Kälte werden bei extremer Belastung von vielen Menschen als störender empfunden als im Normalzustand.

## *Psychische Reaktionen auf Extrembelastungen*

B e g r i f f s b e s t i m m u n g e n:

*Angst*

Dies ist eine allgemeine Bezeichnung für eine Reihe komplexer emotionaler Zustände, die mit Furcht oder Schreckgefühlen als wichtigen Begleiterscheinungen auftreten. Von behavioristischen Autoren wird Angst oft gleichbedeutend mit Furcht verwendet. Sie bezeichnen Angst als erworbenen Trieb. Angst wirkt als Antrieb für Reaktionen, die dann mit größerer Geschwindigkeit oder auch sehr verzögert erfolgen. Angst ist ein emotionaler Zustand ohne direkt feststellbare auslösende Ursache.

*Furcht*

Diese ursprüngliche, heftige, meist lähmende Emotion ist meist von starken körperlichen Veränderungen begleitet. Im Gegensatz zur Angst läßt sich bei der Furcht ein erregender Reiz oder Gegenstand feststellen. Typische Furchtreaktionen sind Flucht, Abwehr, Sich-Verstecken, Änderung der Atemfrequenz, Blockierung des Verhaltens, Verlust der Schließmuskelkontrolle usw.

*Erschöpfung*

Wenn der Organismus durch Aufwenden aller verfügbaren Kräfte einer Extremsituation zu begegnen sucht, gerät er schließlich in einen Zustand, der durch seelischen und körperlichen Zusammenbruch und durch Widerstandslosigkeit gekennzeichnet ist.

*Streß*

Bei diesem Zustand höchster Alarmbereitschaft wird die gesamte Körperenergie mobilisiert, um die bedrohliche Situation zu bewältigen.

*Schreck*

Er ist eine unwillkürliche, zweckmäßige, angeborene Reaktion. Bei einem lauten Knall z. B. beugt sich die gesamte Körpermuskulatur, man zieht den Kopf ein und auch die Beine (weiche Knie). Bei Belastungen, die über längere Zeit einwirken, kann es zu motorischer Starre (Lähmung) oder panikartigem Weglaufen kommen.

Diese Reaktionen werden als analog zum Totstellreflex bzw. zum Bewegungssturm bei Tieren angesehen. Die Schreckreaktionen sind angeboren. Isoliert aufgezogene Affen ohne Vorbilder z. B. zeigen die für sie typischen Schreckreaktionen beim erstmaligen Anblick von Schlangen. Bei wildlebenden Tieren kann es zum »Schrecktod« kommen, wenn keine Möglichkeit mehr zur Flucht besteht. Ähnliche Reaktionen können auch beim Menschen vorkommen (Blockierung des Sympathikus).

Angst, die in bestimmten Situationen entstanden ist, kann sich dem Menschen tief einprägen. Es ist möglich, daß Angst oder Furcht dann in allen ähnlichen Situationen auftritt. Bei vielen Menschen, die diese wiederkehrende Angst erleben, sinkt das Angstniveau nicht, wie man vielleicht erwarten würde. Man kann jedoch durch entsprechendes Training lernen, mit der Angst besser fertig zu werden.

Seelische oder körperliche Belastungen können Angst oder Furcht bewirken, sie können als plötzlicher Schock auftreten oder lange anhalten. Angst oder Furcht müssen nicht in unmittelbarem Zusammenhang mit der momentanen Situation stehen, auch Einstellungen, Phantasien, Vorurteile usw. können große Angst auslösen.

Wenn die vorhandene Angst einen bestimmten individuellen Schwellenwert erreicht und übersteigt, gerät man in Streß.

Bei Extrembelastungen kommt es zu Angstzuständen, die sich immer in psychosomatischen Reaktionen äußern. Als Auslöser kommen zum Beispiel Erschütterungen des Bodens, Unwetter, Explosionen mit großer Lärmentwicklung, Verkehrsunfälle usw. in Frage.

Solche Erlebnisse erwecken meist das Gefühl absoluter Lebensbedrohung, was durch Faktoren wie Überraschung, Verlust des körperlichen Gleichgewichtes, Stärke eines Geräusches (z. B. Lawinenabgang) verstärkt wird.

Angst äußert sich von Mensch zu Mensch sehr verschieden, unterdurchschnittliche Intelligenz z. B. kann verstärkte Angstreaktionen und Willenslähmung fördern. Angstreaktionen werden durch gleichzeitig erzwungene Untätigkeit verstärkt, entlastend wirken dagegen sinnvolle und abwehrende Handlungen.

*Vegetative Begleiterscheinungen der Angst*

Zittern (auch noch längere Zeit nach dem Erlebnis), Schweißausbrüche, Herzklopfen bis Herzjagen, Durchfall, Kollaps, Ohnmacht usw.

*Erscheinungen nach längeren Angstbelastungen*

Bewußtseinsveränderungen, z. B. Einengung des Bewußtseins auf bestimmte Einzelheiten, völliger Verlust des klaren Bewußtseins, länger anhaltende Gedächtnislücken, gerafftes oder verlängertes Zeiterleben, Gefühlsarmut, Unfähigkeit zu seelischen Reaktionen.

Nach Extrembelastungen und später neuerlich auftretenden, lebensbedrohenden Belastungen ist eine Sensibilisierung möglich. Dadurch kann eine andauernde Angstbereitschaft mit den entsprechenden vegetativen Begleiterscheinungen entstehen. Neue Gefahren werden in der Vorstellung vorweggenommen. Dabei kann das Angstgefühl sogar wegbleiben, während die vegetativen Erscheinungen weiterhin auftreten.

Meist gehen Angstbereitschaften aus traumatischen Erlebnissen hervor, aus Situationen, in denen sich ein Mensch besonders ausgeliefert, überrascht und schutzlos fühlte.

Nach Extrembelastungen über Monate und Jahre können seelische Veränderungen bleiben, die Ängste sind dann nicht nur auf die auslösende Situation bezogen, sondern es kann eine allgemeine Verunsicherung und ein grundlegender Vertrauensverlust auf allen Gebieten entstehen (z. B. nach politischen Verfolgungen). Durch tiefgreifende negative Lernerfahrung ist es in diesen Fällen zur chronischen Frustration des Bedürfnisses nach Sicherheit gekommen.

Man hat versucht, einen organischen Befund für Angstbereitschaften zu finden, doch der Nachweis von traumatischen Schädigungen des Zentralnervensystems und des vegetativen Nervensystems konnte bisher nicht erbracht werden.

### Arten der Angst in Extremsituationen:

*Angst vor Isolation*

Bei tatsächlicher Isolation oder bei drohender Isolationsgefahr (Verletzung, mangelnde Kondition usw.) entsteht das Gefühl des völligen Verlassenseins, der Machtlosigkeit, die Angst vor der Frustration der seelischen Grundbedürfnisse.

*Angst vor dem Unbekannten*

In beängstigenden und neuen Situationen entsteht das Gefühl der Hilflosigkeit, der Unsicherheit und eine unangenehme seelische Anspannung.

*Angst vor Verletzung und Tod*

Normalerweise denkt der Mensch nicht an seinen Tod, oder er verdrängt diesen Gedanken. In Extremsituationen muß er sich aber mit der Möglichkeit seiner Verletzung oder seines Todes auseinandersetzen.

*Angst vor dem Töten*

Wieweit beim Menschen angeborene Tötungshemmungen funktionieren, ist unklar. Sicher ist aber, daß die Distanz zwischen Bedroher und Bedrohtem und der Berührungskontakt dafür ausschlaggebend sind, ob diese Hemmungen überwunden werden oder nicht. Es ist einfacher, jemanden aus weiter Entfernung zu erschießen, als ihn bei direkter Konfrontation und ohne Waffe zu töten. Die Situation der Notwehr erleichtert meist die Überwindung der Tötungshemmungen.

Der Grund der Angst kann in Extremsituationen selten sofort beseitigt werden, doch können individuelle Hilfen (bzw. Scheinlösungen) angeboten werden. Oft erweist es sich als sinnvoll, eine verstandesmäßige Verarbeitung des Problems anzustreben, die Lage kann dadurch um vieles erträglicher werden. Mögliche Maßnahmen zur Angstbekämpfung (welche anzuwenden ist, hängt von der Situation und den betroffenen Personen ab):

Wenn andere anwesend sind:

- Interesse für die Situation zeigen (Zuwendung, Blickkontakt, Unterhaltung);

- Vertrauen einflößen (»Darüber würde ich gerne mehr erfahren« oder »Ich glaube, es ist für Sie demütigend, sich jemandem anzuvertrauen«);
- eventuell Meiden des angstbeladenen Themas;
- Ermutigung (»Ich kann gut verstehen, wie Sie sich fühlen«);
- Angstentlastung (Erwähnen eigener ähnlicher Situationen und Hilfsmöglichkeiten);
- wenn möglich Ruhe und zeitliche und/oder räumliche Distanz schaffen (z. B. Lagerung abseits des Unfallortes);
- Ablenkung durch Gespräche und Beschäftigung mit zumutbarer Arbeit (Gegenstände ordnen, kochen, Brennholz sammeln, Hilfeleistung für andere erbitten);
- wenn nötig Schlaf oder Beruhigung durch angstdämpfende oder einschläfernde Medikamente herbeiführen (Vorsicht: auf die Dosierung und eventuelle Nebenwirkungen achten);
- Interesse für anderes wecken (besonders bei langdauernder Angst), zum Beispiel durch Eingliedern in neue Abläufe, denn neuerliche Aussprachen und ein Wiederbewußtmachen können zu Verschlimmerungen führen.

Wenn man allein ist:

- nicht aufgeben;
- sich sammeln (»ich schaffe es«, »ich halte durch«);
- ruhig bleiben (einige Male tief durchatmen);
- die Situation rationalisieren, mögliche Maßnahmen zur Bewältigung überlegen;
- sich durch Beschäftigung ablenken (Kalender und Tagebuch führen, ein Lager bauen, Nahrung beschaffen, regelmäßige Tagesordnung planen und auch durchsetzen, die Lage analysieren, überlegen, was sofort geschehen muß);
- Entspannungsübungen machen, Methoden der Selbstsuggestion anwenden (dies erfordert allerdings entsprechendes Training);
- Energie sparen! Keine sinnlosen Aktivitäten setzen!

Schon die Anforderungen des Alltags belasten jeden von uns auf seine eigene persönliche Weise; dabei spielen auch unbewältigte Konflikte aus der Vergangenheit eine Rolle. Wie ein Mensch damit fertig wird, entscheidet auch, wie er Extremsituationen bewältigt. Die Frustrationsschwelle der Menschen ist verschieden hoch, wird sie überschritten, bricht man zusammen oder man wird psychisch krank.

»Streß« ist ein englisches Wort und heißt Anspannung, Verzerrung, Verbiegung. Dieser Begriff wird im allgemeinen eher negativ aufgefaßt, z. B. als Überforderung, Angst, psychischer Druck. In der Biologie versteht man jedoch unter Streß etwas Positives, das der Organismus zum Leben braucht. Man stellt diese Bedeutung im Begriff »Eustreß« der negativen Bedeutung im Begriff »Distreß« (zerstörerischer Streß) gegenüber.

Der Eustreß bewirkt besondere Leistungen, die Mobilisierung aller Kräfte, doch muß die Erregung bzw. die mobilisierte Energie auch wieder abgebaut werden, sonst wirkt sie auf die Dauer gesundheitsschädlich. Richtig abreagiert schadet er weder Körper noch Seele, im Gegenteil.

Die Schwelle, ab der er sich gesundheitsschädlich auswirkt, ergibt sich aus der individuellen Reaktion des Körpers auf belastende Situationen.

Biologisch gesehen ist der Eustreß sinnvoll, da er hilft, lebensbedrohende Situationen z. B. durch Kampf- oder Fluchtreaktionen, durch Geschicklichkeit oder Schlauheit zu überstehen.

Bei Gefahr reagiert der Körper immer in der gleichen angeborenen Art: Die Energiereserven werden automatisch mobilisiert und es tritt eine Denkblockade ein. Das Überlegen der notwendigen Reaktionen würde einen zu hohen Zeitverlust darstellen und könnte zur Lebensbedrohung werden.

Was geschieht in der Streßsituation?

Das Zwischenhirn wird in Alarmzustand versetzt, Angst wird signalisiert.

Der Sympathikus übernimmt die Erregungen und informiert die Nebenniere.

Das Nebennierenmark gibt die Hormone Adrenalin und Noradrenalin ins Blut ab. Der Herzschlag wird beschleunigt, der Blutdruck erhöht, das gesamte Kreislaufsystem wird aktiviert und der Stoffwechsel gesteigert. Zucker und Fettreserven werden angegriffen und zur Mobilisierung aller Kräfte eingesetzt. So wird der ganze Körper zur Flucht oder zum Kampf vorbereitet. Ein drittes Hormon der Nebennierenrinde, das Hypocortison, bewirkt die Reduktion der Verdauungstätigkeit, der Sexualfunktionen und der Immunreaktionen. Die gesamte Energie kann zur Beseitigung der Gefahr eingesetzt werden.

Vorübergehend werden mehr rote Blutkörperchen als gewöhnlich über die Blutgefäße in die Kapillaren gesandt, die Sauerstoffzufuhr und der Kohlendioxidaustausch können dadurch verstärkt werden.

Die Blutgerinnungsfaktoren werden erhöht, sodaß bei einer eventuellen Verletzung der Wundverschluß sofort einsetzen kann.

Die durch die Hormonausschüttung bewirkte Aktivität kann nur durch körperliche Betätigung wieder abgebaut werden. Hasen, die von Hunden gejagt werden, laufen nach dem Ende der Gefahr immer noch weiter, sie arbeiten so den Alarmzustand und die Angst ab; bei Soldaten, die nach einem Beinahe-Treffer untätig und unbeweglich in Deckung bleiben mußten, kam es zu einem unerträglichen Bewegungsstau, manche konnten diesem nicht standhalten, sie verließen blindlings die Deckung und wurden erschossen.

Nach einem Alarmzustand könnte man zum Beispiel folgende Maßnahmen setzen, um sich zu erholen:

- sich ablenken (z. B. die Umgebung erkunden);
- sich körperlich abreagieren (Lastentragen, durch lautes Rufen Verbindung aufnehmen, körperlich arbeiten);
- sich auf angenehme Dinge konzentrieren (eine Mahlzeit zubereiten, trinken, ein Lager errichten).

Dauert der Streß zu lange an oder wird er zum Dauerstreß, kommt es zu gesundheitlichen Schäden (Herz-Kreislauf-Erkrankungen, Erkrankungen des Magendarmtraktes, Nervosität).

## *Verhaltensmuster in Extremsituationen*

In Extremsituationen reagieren Menschen sehr verschieden.

*Normale Reaktionen*

Vorübergehend kann es zu körperlichen und seelischen Veränderungen wie Nervosität, trockener Mund, Herzklopfen, Schweißausbruch, Schwindel, Atembeschwerden, Durchfall, starker Harndrang, Übelkeit bis Erbrechen, Schlaflosigkeit, unbestimmbare Schmerzen, Angst, Konzentrationsschwäche, Verwirrung kommen. Das seelisch-körperliche Gleichgewicht stellt sich bald wieder von selbst ein. Der Mensch ist dann wieder voll handlungsfähig.

*Verstärkte, anhaltende Reaktionen*

Schweres Erbrechen, anhaltende Übelkeit (in diesem Fall muß die Ursache herausgefunden werden, denn Übelkeit und Erbrechen können auch durch Vergiftungen oder innere Verletzungen ausgelöst werden) und die oben genannten körperlichen Reaktionen treten verstärkt auf. Ferner kommt es zu Veränderungen im Verhalten, zu Gefühlsschwankungen, Affektlabilität, Gedächtnisausfall, Ziel- und Planlosigkeit, Anklammerungstendenzen, Wimmern, Gliederschütteln, Schreckstarre, Antriebslosigkeit bis hin zur totalen Apathie und Erschöpfung, wenn nicht rechtzeitig Hilfe geboten wird.

Gleiche Symptome können ganz verschiedene Ursachen haben (siehe Übelkeit). Lähmungserscheinungen können Ausdruck einer Hysterie sein: Die seelische Anspannung wird in die Überzeugung umgewandelt, ein bestimmter Körperteil funktioniere nicht mehr, was dann tatsächlich zutrifft.

*Depressionen*

Diese übersteigerten Verstimmungen entstehen meist ohne besonderen Grund und können bis zur Erstarrung der Person führen. Sie erscheint dann wie betäubt und ist nicht mehr ansprechbar. Depressive Menschen erleben alles negativ, zeigen kein Verständnis für die Notlage, weinen vor sich hin und geben schließlich sich und alles auf. Sie können nicht mehr selbst für sich sorgen.

*Hyperaktivität*

Sie äußert sich in einem übersteigerten, nutz- und sinnlosen, nicht mehr kontrollierbaren Tätigkeitsdrang. Alle Reaktionen sind beschleunigt (Reden, Denken), Tätigkeiten werden begonnen, aber nicht zu Ende geführt. Hyperaktive Personen überschätzen ihre Fähigkeiten, sie wollen ihre Ideen unbedingt durchsetzen und alle davon überzeugen. Sie können für eine Gruppe in Not belastend und gefährlich sein.

*Panik*

Sie führt zu kopfloser Flucht und unkontrollierter Aktivität bis zur körperlichen Erschöpfung. Die Handlungen in Panik befindlicher Menschen sind unüberlegt, ziellos und unbeherrscht und gehen oft in ein unkontrolliertes Hin- und Herrennen über.

Panik tritt relativ selten auf, wirkt aber sehr ansteckend. Panik beginnt zunächst als unerwartete, dramatische und sinnlose Reaktion einzelner in einer scheinbar aussichtslosen oder zumindest beängstigenden Situation. In der Masse sind Panikreaktionen nur schwer zu beenden, auch wenn erfahrene Helfer anwesend sind. Daher sollten Paniksituationen nach Möglichkeit überhaupt vermieden werden, da sie die vielleicht ohnehin schon beängstigende Lage verschlimmern.

Panik entsteht, wenn nach einer einleitenden Phase angsterregender Unsicherheit durch eine scheinbare oder wirkliche Bedrohung einige Personen unüberlegt handeln. Dieses Verhalten kann rasch auf die gesamte Gruppe übergreifen (z. B. bei Feuerausbruch). Hierauf setzen angeborene Instinktreaktionen ein (z. B. Flucht). Diese wirken wiederum ansteckend, es kommt zu Kettenreaktionen. Sind diese abgelaufen, erscheinen die Betroffenen vorübergehend körperlich und seelisch verändert.

Man unterscheidet die Fluchtpanik und die Panikstarre. Bei der Fluchtpanik entsteht blinde Raserei, die Betroffenen trampeln einander nieder, reißen sich Kleider vom Leib usw. Bei der Panikstarre entsteht schreckliche Angst, es wird plötzlich ganz still (z. B. bei Lichtausfall oder Verschüttung), entsetzliche Vorstellungen entstehen, zum Beispiel, daß man jetzt getötet werden könnte. Manche Personen sterben tatsächlich (Angsttod).

Die genannten Reaktionen können sowohl hintereinander als auch gleichzeitig auftreten.

## *Psychische Hilfe in Extremsituationen*

Extremsituationen werden von jedem Menschen verschieden erlebt, daher ist auch jeweils eine individuelle Hilfe erforderlich; die eigenen Maßstäbe sind dabei nicht unbedingt die richtigen. Mit Vorwürfen, Zurechtweisungen, Spotten, Lächerlich machen, Anschreien oder Gewalt ist niemandem geholfen. Es ist auch sinnlos, jemandem erklären zu wollen, welche Gefühle oder Reaktionen jetzt angemessen wären.

Menschen, die in ihrer Angst unkontrolliert handeln, schämen sich hinterher oft über ihr Verhalten oder sind trotzig. Wer wirklich helfen möchte, sollte als erstes versuchen zu verstehen, was die in Not befindliche Person erlebt und fühlt.

Übertriebenes Mitleid bedeutet für den Betroffenen oft die Bestätigung und sogar Verstärkung der eigenen Hilflosigkeit, Ohnmacht oder Unfähigkeit.

Ein gestörtes Verhalten läßt sich meist nicht so schnell beseitigen, wie Betroffener und Helfer es gerne möchten. Je schneller man erkennt, wie sich ein hilfsbedürftiger Mensch nützlich machen kann, desto schneller können seine psychische Leistungsfähigkeit und sein Normalzustand wiederhergestellt werden. Oft genügt schon ein kurzes, anteilnehmendes Gespräch, um den Betroffenen wieder etwas aufzumuntern. Durch einfache nützliche Handlungen, die ihn nicht überfordern, kann das Selbstwertgefühl durch Selbstbestätigung wieder gehoben werden.

Der Helfer muß über seinen eigenen Zustand gut Bescheid wissen, um zu erkennen, ob er selbst überhaupt in der Lage ist, zu helfen. Das Erkennen eigener Schwächen ist schon der erste Schritt, sie zu überwinden.

Mögliche Hilfestellungen:

*Bei normalen Reaktionen*

- Vorübergehenden Reaktionen sollte man nicht allzu große Bedeutung zuschreiben, sie aber doch ernst nehmen. Der Betreffende sollte wissen, daß seine Handlungsfähigkeit trotz der Symptome normal sein kann;
- Aufmunterung und Mitgefühl genügen, wenn man annehmen kann, daß die Reaktionen abgeklungen oder im Verschwinden sind.

*Bei verstärkten, anhaltenden Reaktionen*

Hier müssen sofort Maßnahmen ergriffen werden:

- Entfernung vom Unfallort, aber keine Isolation;
- Kontakt herstellen (ansprechen), Interesse zeigen (Gespräch, zuhören);
- bei leichten Reaktionen wenn möglich einfache Arbeiten zuweisen (Brennholz suchen, Geschirr reinigen), um das Selbstbewußtsein zu heben und den Gemütszustand zu verbessern;
- die primären Bedürfnisse befriedigen.

Treten körperliche und seelische Reaktionen bei mehreren Personen zugleich auf:

- Isolation Einzelner nur auf Wunsch, ansonsten soll die Gruppe erhalten bleiben. Aussprachemöglichkeit und Anteilnahme erleichtern das Ertragen der Situation;
- individuelle Betreuung;
- rasten lassen.

*Bei Depressionen*

Es könnte eventuell Selbstmordgefahr drohen.

- Aufmerksamkeit erregen (ansprechen, fragen, ablenken durch Tätigkeiten, etwas zeigen und erklären);
- aufmuntern (Verständnis zeigen: »Es wundert mich nicht, daß Sie sich auch schlecht fühlen!«);
- zur Arbeit anregen (Hebung des Selbstwertgefühls);
- Aufsicht ist nötig, da bei Depressiven eine »Sündenbockmentalität« möglich ist, sie fühlen sich schuldig oder mitschuldig an der Situation.

*Bei Hyperaktivität*

- nützliche Arbeiten verrichten lassen (ernst nehmen);
- Aufsicht ist nötig, denn es besteht die Gefahr der körperlichen und seelischen Überanstrengung und des Zusammenbruches. Durch die gesteigerte Kritikbereitschaft könnte der Betreffende jemand anderem die Schuld am Unglück zuschreiben und diesen bestrafen wollen, daher ist auch
- Ablenkung notwendig (»Erst müssen wir uns retten, später können wir das Problem der Verantwortlichkeit klären«).

*Maßnahmen zur Verhütung einer Panik*

- für Beschäftigung und Unterhaltung sorgen;
- wenn möglich öfter Informationen und Anweisungen geben;
- Hunger, Durst, Erschöpfung und Schlaflosigkeit vermeiden;
- offensichtlich psychisch gestörte sowie sehr einfältige Personen isolieren (wenn möglich unter Beaufsichtigung lassen);

- versuchen, neue Schrecken und Ängste fernzuhalten (Lärm, Dunkelheit);
- Ordnung der Gruppe aufrechterhalten (Rangordnung, Disziplin);
- bereits in Panik befindliche Personen isolieren (wenn möglich unter Beaufsichtigung durch einen Helfer).

*Maßnahmen bei bereits akuter Panik*

- der oder die Helfer sollten gut hör- und sichtbar sein;
- Anweisungen mit sicherem Tonfall geben;
- Personen, die die Panik anführen, wenn möglich durch Helfer ersetzen;
- immer wieder auf die Funktionstüchtigkeit der ganzen Gruppe hinweisen und das gemeinsame Ziel in den Vordergrund stellen;
- Einzelpersonen direkt ansprechen und damit aus der Panik herausholen;
- wenn möglich, sofort mit einer Arbeitseinteilung beginnen.

Medikamente wie Beruhigungs- oder Aufputschmittel sollte man in Extremsituationen nur dann verabreichen, wenn alle bis dahin angewandten Maßnahmen fehlgeschlagen sind, am besten unter ärztlicher Aufsicht (Dosis, Nebenwirkungen etc. beachten).

## *Der Mensch in der Gemeinschaft*

Allein zu überleben ist im allgemeinen wesentlich schwieriger, schon das Gefühl der Einsamkeit lähmt viele Menschen und vermindert ihre Leistungsfähigkeit.

Andrerseits besteht in diesem Fall keine Abhängigkeit anderen gegenüber, es gibt keine Besseren und Schwächeren oder Leute, auf die man aus irgendwelchen Gründen Rücksicht nehmen muß, es gibt keinen Streit, keine Eifersucht und keinen Neid, es kommt eben nur auf einen selbst an.

Je selbständiger man ist, je mehr Erfahrung und Ausdauer man hat, je besser die körperliche Fitneß, umso größer sind die Überlebenschancen. Eine gute Vorbereitung kann lebensrettend sein, wenn dazu auch noch ein entsprechendes Maß an Disziplin vorhanden ist.

Das Durchhaltevermögen wird von der eigenen Einstellung, aber auch von Glück und Zufall abhängen.

Maßnahmen:

- versuchen, Kontakt aufzunehmen (SOS-Zeichen geben, auffallen, optische Zeichen wie Fahnen oder Türme aufstellen, siehe Kapitel »Kontaktaufnahme«);
- im autogenen Training suggerierte Merksätze vorsagen;
- die vitalen Bedürfnisse befriedigen;
- aktiv bleiben, sich nicht gehenlassen (Kalender oder Tagebuch führen, Tagesablauf festlegen, Hygiene pflegen).

Der Mensch als soziales Wesen wird von den Mitgliedern der Gemeinschaft, in der er lebt, mitbestimmt und wirkt selbst auf die Beziehungen und Vorgänge innerhalb derselben ein. Das Bedürfnis nach menschlichem Kontakt ist uns angeboren, völlige Isolierung einerseits und zu dichter dauernder Kontakt anderseits führen zu psychischen Schäden. Schon bei Säuglingen kommt es bei längerer Isolierung oder fehlender liebevoller Zuwendung zu seelisch-körperlichem Verfall, der sogar tödlich enden kann; diese Kinder können geistig zurückbleiben und ein verkümmertes Seelenleben zeigen.

Zu dichtes Beisammensein führt, wie wir aus Berichten von Schiffbrüchigen oder Kriegsgefangenen wissen, zu gesteigerter Aggressivität. Jeder Mensch braucht einen gewissen Freiraum, er muß sich bisweilen zurückziehen und ungestört sein können. Das angeborene Bedürfnis des Menschen nach einem Leben in Gemeinschaft kann oft schon durch eine zweite Person befriedigt werden.

Belastungen und Ängste werden in Gesellschaft leichter ertragen, die Gemeinschaft mit anderen gibt uns das Gefühl der Geborgenheit.

Wir bekommen soziale Anerkennung, wobei wir oft unsachlich handeln, Schwierigkeiten oder sogar Erniedrigungen auf uns nehmen, um den anderen zu gefallen bzw. von ihnen anerkannt zu werden.

Durch Vergleich der eigenen Leistungen mit denen der anderen Gruppenmitglieder können wir den Wert und das Ausmaß der eigenen Leistungen einschätzen (Intelligenz, Beliebtheit, körperliche Stärke, Ausdauer, Geschicklichkeit usw.).

Die Erfahrungen anderer helfen uns, die eigenen Erfahrungen auszulegen und zu deuten. Unsere Beziehung zu anderen Menschen ist immer eine wechselseitige, das heißt, wir nehmen bzw. bekommen etwas, dafür wird aber auch etwas von uns verlangt. Für die Befriedigung unserer sozialen Bedürfnisse müssen wir eine gewisse Einschränkung unserer persönlichen Freiheit auf uns nehmen.

Für eine zwischenmenschliche Kommunikation wählen wir, je nach Situation, verschiedene Entfernungen zum Partner:

— bei großer Vertrautheit bis ca. 0,8 m;
— mit Freunden und guten Bekannten zwischen 1,5 und 2 m;
— in Gesellschaft, im Beruf, beim Einkaufen zwischen 2,5 und 3 m;
— in der Öffentlichkeit über 3,5 m.

Eine Überschreitung der jeweilig richtigen Distanz führt zu Unbehagen, Unruhe, Flucht, aber selten zu verbalem Protest. Ein wichtiger Faktor der Kommunikation ist die Häufigkeit des Blickkontaktes, ist er zu selten, fühlen wir uns unzufrieden, ist er zu häufig, entsteht das Gefühl des Unbehagens und der Bedrohung.

Die Kommunikation erfolgt meist über mehrere Kanäle gleichzeitig: Worte werden z. B. von Blicken und Gesten begleitet.

Als Kommunikationsmittel besitzen wir unsere Begriffssprache, die Körpersprache, Berührung, Blicke, Zeichen, Laute, Schreie usw. Unser wichtigstes Kommunikationsmittel ist die Sprache. Sie hat drei Funktionen:

— die Mitteilung von Inhalten;
— das Auslösen eines Verhaltens beim Partner;
— die Darstellung von Gefühlen, Werten usw.

Unser Verhalten anderen gegenüber wird von Wertungen und Meinungen über Personen und Sachverhalte beeinflußt. Sie sind nicht immer durch eigene Erfahrung erworben worden, werden nicht hinterfragt, sondern einfach übernommen (stereotype Vorstellungen und Vorurteile, z. B. Italiener sind..., Sportler sind...).

Diese Einstellungen, die innerhalb einer Gruppe gelten (sich selbst und anderen gegenüber), heben das Selbstwertgefühl der Gruppenmitglieder, helfen Schwierigkeiten abzuschieben, eventuell auch Problemen auszuweichen, sie dienen der Aggressionsabfuhr und als Denkschablonen für die Angstreduktion bei unbekannten Personen und in fremden Situationen.

Es gibt verschiedene Arten menschlicher Gemeinschaften, die Übergänge sind jedoch fließend:

Die Menge ist eine mehr oder weniger zufällige Menschenansammlung. Die Einzelpersonen haben keine Beziehung zueinander, es handelt sich um eine bloße Situationsgemeinschaft (z. B. Wartende an der Bushaltestelle).

Die Masse kann aus der Menge entstehen oder von selbst zustande kommen (z. B. bei einer Kundgebung). Sie ist gekennzeichnet durch den gemeinsamen Antrieb und die gemeinsamen Gefühle der Anwesenden (z. B. Freude oder Angst). Die Menschen in der Masse verlieren leicht ihre Hemmungen, sind sehr beeinflußbar und zur Identifikation mit den gemeinsamen Wünschen und dem gemeinsamen Ziel (z. B. Verlassen des brennenden Raumes, Erreichen eines gemeinsamen Marschzieles oder des rettenden Ufers) bereit. Es kommt auch zur gegenseitigen Verhaltenssteuerung. Fühlt sich die Masse bedroht, sind Panikreaktionen und Aggressionen möglich (auch Lynchjustiz).

Bei gesteigertem Lebensgefühl der Masse kann es zu Begeisterungsstürmen kommen (z. B. beim Eintreffen einer Rettungsmannschaft).

Ein Anführer wird nicht gewählt, sondern tritt spontan hervor, es ist unwichtig, wer er ist, er verkörpert die Gefühle und das Ziel der Masse, welche sich bald mit ihm identifiziert. Er kann ebenso schnell verschwinden, wie er aufgetaucht ist, er kann aber auch aus der ruhenden Masse eine handelnde machen.

Die Gruppe besteht aus einer kleineren Anzahl von Personen, die durch wechselseitige geistige und gefühlsmäßige Beziehungen in Verbindung stehen, wodurch die sozialen Bedürfnisse erfüllt werden können. Jede Gruppe hat ihre eigenen Verhaltensregeln und Normen. Es erfolgt eine Arbeitsteilung, für jedes Mitglied gibt es bestimmte, abgegrenzte Aufgaben. Trotz Einschränkung der persönlichen Freiheit ist jeder am Bestehen der Gruppe interessiert. Außenseiter, die sich nicht einfügen können oder wollen, werden bestraft oder können auch ausgeschieden werden (Feiglinge, Einzelgänger).

In der Gruppe besteht Vertrautheit und Sympathie, sie erlebt sich als Einheit und grenzt sich von anderen Gruppen durch die Normen, Ziele, persönlichen Verbindungen usw. ab. Ihre Mitglieder empfinden ein deutliches »Wir-Erlebnis«. Die informelle Ordnung erzeugt zwar einen Druck und bewirkt auch gegenseitige Kontrolle, somit auch Rivalität, Konflikte und Streit, doch die Gruppenmitglieder sind an deren Lösung meist interessiert, um die Vorteile der Gruppe weiterhin genießen zu können.

Bei einer Gruppe von 3 bis 5 Personen mit ständigem psycho-physischem Kontakt bzw. engen persönlichen Bindungen spricht man von einer *Primär-* oder *Face-to-face-Gruppe* (z. B. Familie, Lebensgemeinschaften). Bei mittelbarem Kontakt (Vereine, Arbeitsteams) spricht man von *Sekundärgruppen*, steigt die Anzahl der Mitglieder weit über 12 an, wird der unmittelbare Kontakt immer komplizierter. Das Bestehen einer solchen Großgruppe wird durch eine eigene innere Ordnung abgesichert, man spricht dann von *Kollektiven* (z. B. Gruppen verschiedener Auffassungen und Ansichten). Das Ziel großer Sekundärgruppen ist es, eine große Ausdehnung zu erreichen, feste Regeln zu besitzen, möglichst lange zu halten sowie eine entsprechende Gliederung zu entwickeln.

### Das Verhalten in der Gruppe

Man unterscheidet verschiedene Arten von Gruppen:

*Formelle Gruppen*

Diese erhalten ihre Normen von außen, z. B. durch eine Institution (Schule, Betrieb, Militär). Ihre Struktur, die Vorschriften und Ziele sind von ihr genau festgelegt.

*Informelle Gruppen*

Sie entwickeln vorher nicht geplante, aber untereinander eingehaltene und verbindliche »ungeschriebene Gesetze« (Überlebensgemeinschaften, Freundeskreis).

*Bezugsgruppen*

Dies sind Gruppen, mit deren Normen und Zielsetzungen man sich identifiziert, sie als Maßstab verwendet, obwohl man ihnen nicht unbedingt beitreten muß (politische Parteien, Religionsgemeinschaften, Expertengruppen).

Bei einer gemeinsamen Arbeit in der Gruppe werden einerseits die schlechtesten Einzelleistungen angehoben, andererseits die besten Einzelleistungen herabgesetzt; die Durchschnittsleistung der Gruppe kann meist gegenüber der Durchschnittsleistung des Einzelnen verbessert werden (z. B. bei Marschleistungen).

Wichtige Leistungsvorteile der Gruppe sind zum Beispiel:

— die Addition der Kräfte (beim Tragen schwerer Gegenstände),
— der Fehlerausgleich (etwa beim Schätzen von Entfernungen) und die
— Erfahrungsvermittlung.

Das Beziehungsnetz in der Gruppe erfaßt zwar alle ihre Mitglieder, aber nicht in gleicher Weise, es bildet sich eine Rangordnung heraus, jeder nimmt einen bestimmten Platz ein.

Die Beziehungen in einer Gruppe können sehr verschieden sein, von der strengen Hierarchie, wo es keine Rückmeldung gibt und der Informationsfluß nur in einer Richtung erfolgt, bis zu einer völligen Gleichberechtigung aller Mitglieder. In diesem Fall ermöglichen die Rückmeldungen eine positive Gruppenleistung: Der Informationsstand der Gruppenmitglieder ist überprüfbar, ebenso die Bedeutung der Informationen. Jeder kann Lösungsvorschläge machen und hat Einfluß auf die Lösung eines Problems. Dies kann fördernd, manchmal aber auch hemmend sein. Spannungen und Rivalitäten werden bearbeitet.

Jeder Mensch nimmt jeweils eine ganz bestimmte Stellung in den verschiedenen Gruppen ein, in denen er agiert (Familie, Beruf, Club), die, einmal von allen Gruppenmitgliedern anerkannt, stabil ist. Es gibt über-, unter- und nebengeordnete Rangplätze; je höher der Rang ist, desto größer ist die Macht, die Autorität, aber auch die Verantwortung. Rivalität existiert besonders zwischen Inhabern benachbarter Rangplätze. Der jeweilige Rang wird »erkämpft« (durch Intelligenz, fachliche Ausbildung, Erfahrung, Beliebtheit, körperliche Stärke, Ausdauer). Sobald die Rangordnung feststeht, befolgen alle Gruppenmitglieder die Gruppenordnung und Gruppenmoral.

Jeder Mensch strebt nach einem bestimmten sozialen Rang, der seinem Bedürfnis nach Anerkennung und der Bestätigung seines Selbstwertgefühles entspricht.

Innerhalb der Gruppe gibt es nicht nur eine Rangordnung, sondern mit dem Rang ist auch eine bestimmte soziale Rolle verbunden; darunter versteht man einen Komplex von Einstellungen und Verhaltensweisen, die von dem jeweiligen Gruppenmitglied erwartet werden, bzw. die es selbst von sich erwartet. Die Rolle, die man spielt, bringt gewisse Pflichten und Rechte mit sich. Fällt eine Person »aus der Rolle«, so hat sie mit Sanktionen der Gruppe zu rechnen.

In einer bestimmten Gruppe bleiben die Rollen gleich (Anführer, Fachmann, Lehrer), die Rollenträger können wechseln.

Die Aufgaben, die durch die Rolle festgelegt sind, dienen der Verfolgung des Gruppenzieles.

Jede Rolle ist mit einem bestimmten Ansehen (Prestige) verbunden, dieses ist vom Schicksal (reich — arm, Mann — Frau) und den Leistungen des Rollenträgers geprägt. Das Prestige ist schon an äußeren Zeichen, an Statussymbolen erkennbar (z. B. Wohngegend, Automarke). Für jeden Menschen stellt ein Prestigeverlust eine schwere Frustration dar, die er vermeiden will, was ihn zu entsprechenden Leistungen anspornt.

Jeder von uns »spielt« mehrere Rollen, da er ja mehreren Gruppen angehört.

Zu Rollenkonflikten kann es kommen, wenn die Erwartungen und Einstellungen der einzelnen Gruppenmitglieder hinsichtlich einer Rolle verschieden sind oder wenn der Rollendruck als zu stark empfunden wird; in diesen Fällen wird versucht, durch zeitweilige Distanzierung, durch Ausweichen oder durch Kompromisse, eine für alle erträgliche Lösung zu finden. Wenn das nicht möglich ist, kommt es manchmal durch die psychische Anspannung zu seelischen Störungen oder sogar zu Erkrankungen.

Es gibt wahrscheinlich keine soziale Einheit, die nicht von einer einzigen oder einigen Personen geführt wird.

Der Anführer einer Gruppe ist nicht ihr momentaner Exponent. Er qualifiziert sich im Laufe der Zeit, wird gewählt, durch feste, offizielle Nachfolgeregeln bestimmt oder als formelle Autorität, als Verwalter eines Systems eingesetzt (z. B. als Schuldirektor).

Die Gruppe setzt bestimmte Erwartungen in ihn: Er soll sie leiten, kontrollieren, das Gruppenziel erreichen, die Gruppe aufrechterhalten, bestimmte Fachkenntnisse und die Fähigkeit der Steuerung besitzen. Zwischen Führer und Gruppe besteht ein wechselseitiges Abhängigkeitsverhältnis.

Man unterscheidet verschiedene Führungsstile, die natürlich in der Praxis als Mischformen auftreten:

*Der demokratische Führungsstil*

Er ist durch kooperative Führung gekennzeichnet; der Anführer anerkennt alle Gruppenmitglieder als gleichwertig, läßt sie ihren Fähigkeiten entsprechend mitentscheiden, bestimmt also nicht allein und fördert und koordiniert die Gruppenarbeit.

Auswirkungen: Alle Mitglieder zeigen starkes Interesse an der Erreichung des Gruppenzieles. Ein zweiter Vorteil ist der hohe Motivationsgrad und die gute Arbeitsmoral; für jeden erscheint das, was er zur Arbeit beiträgt, als sinnvoll. Aggressionen treten selten auf, denn Konflikte und Probleme werden diskutiert und zu lösen versucht. Das einzige Problem dieses Führungsstils könnte der hohe Zeitaufwand sein, der sich bei der Bewältigung von Aufgaben ergeben kann.

*Der autoritäre Führungsstil*

Er ist durch eine starke Kontrolle und Überwachung der Gruppe durch den oder die Anführer charakterisiert. Es werden fertige Informationen und Befehle an die Gruppenmitglieder weitergegeben, Diskussionen gibt es nicht. Die durch den Anführer getroffenen Entscheidungen dürfen nicht hinterfragt werden; Lob und Tadel werden nach den subjektiven Maßstäben und Motiven des Anführers verteilt, Günstlingswirtschaften kommen vor. Die Gruppenmitglieder werden eher als Gegner angesehen, daher ständig überwacht und zu unbedingtem Gehorsam veranlaßt. Es wird angenommen, daß sie ohne harte Führung unfähig sind, zu handeln.

Auswirkungen: Es kommt zu starken Aggressionen, die sich hauptsächlich gegen den Anführer, aber auch gegen die schwächsten Gruppenmitglieder und gegen Personen außerhalb der Gruppe richten. Außerdem mehren sich die Konflikte, Eifersucht, Rachsucht usw. kommen hinzu. Obwohl die Leistungen solcher Gruppen auf Grund des Drucks oft sehr gut sind, sind die einzelnen Mitglieder unzufrieden, haben keine Freude an der Arbeit, sind am Gruppenziel nicht besonders interessiert, lassen sofort nach, wenn der Druck nachläßt, arbeiten auch nur unter starkem Druck.

Als einziger Vorteil dieses Führungsstils ergibt sich die rasche Entscheidungsmöglichkeit im Notfall.

*Der Laissez-faire-Stil*

Er ist bekannt durch unsichere, inkonsequente und nachgiebige Führung, die aus der Unfähigkeit resultiert, die Gruppe zu leiten, manchmal sogar aus Gleichgültigkeit ihr gegenüber. Dieser Stil ist oft getarnt durch scheinbare Großzügigkeit.

Das Gruppenziel fehlt oder ist unklar.

Auswirkungen: Die Gruppe ist unsicher und verwahrlost. Durch die Unklarheit der Anordnungen und des Ziels wird das Zusammengehörigkeitsgefühl gestört; diese Nachteile können bis zur Auflösung der Gruppe führen. Als häufige Reaktion entsteht das Bedürfnis nach autoritärer Führung.

Dieser Führungsstil bringt keinerlei Vorteile mit sich.

In Extremsituationen hat der Gruppenführer sehr wichtige Aufgaben zu erfüllen.

Die Rolle des Anführers ist eine sehr schwierige, denn er soll den Erwartungen und Anforderungen der Gruppe gerecht werden, befindet sich aber selbst im Zustand seelischer und körperlicher Belastung. Er muß sich manchmal gegen die Forderungen der Gruppe stellen, wenn es die Situation erfordert (er kann zum Beispiel die Befriedigung der vitalen Bedürfnisse nicht zulassen, weil Lebensgefahr droht).

Seine wichtigste Funktion ist es, die Gruppe von der Notwendigkeit bestimmter Verhaltensweisen zu überzeugen, was ihm nur dann gut gelingen wird, wenn er das Vertrauen der Gruppe besitzt und seine Forderungen von ihr akzeptiert werden können.

Er muß immer wieder zeigen, daß ihm jede Person gleich wichtig ist, sollte Ruhe und Zuversicht ausstrahlen und dem Schutzbedürfnis der Gruppenmitglieder gerecht werden und darf daher auch Körperkontakt nicht ausweichen (z. B. umarmen, um zu trösten).

In gefährlichen Situationen muß er bisweilen Zwang oder Druck ausüben (z. B. beim Überwinden von gefährlichen Hindernissen, wenn das Leben seiner Gruppe in Gefahr ist).

Durch seine Sonderstellung wird er niemals ganz in die Gruppe integriert sein, er muß selbst mehr Hilfe geben können, als er erwarten darf.

Von ihm werden besondere Fähigkeiten verlangt:

— Er soll besonders motiviert und von der Wichtigkeit des Gruppenzieles überzeugt sein;
— er muß die Fähigkeit besitzen, richtige Entscheidungen zu treffen und sie auch im Streß durchzusetzen;
— er muß mit der Überforderung und Überreaktion der Gruppenmitglieder fertig werden können;
— er sollte ein entsprechendes Selbstvertrauen und Selbstbewußtsein haben, große mentale Reserven besitzen und über eine gute körperliche Leistungsfähigkeit verfügen;
— falls sein Wirken ohne Erfolg bleibt, muß er mit Vorwürfen, Aggressionen und sogar mit Absetzung rechnen.

# SELBST- UND KAMERADENHILFE

## *Allgemeines*

»Die Wunde wird mit einem sterilen Verband versorgt und der Verletzte dann möglichst rasch und schonend zum nächsten Arzt oder in das nächste Krankenhaus gebracht.«

So ähnlich lauten im allgemeinen die Erste-Hilfe-Anweisungen zur Versorgung von Verletzten. In Extremsituationen jedoch ist diese Anweisung undurchführbar.

Zum Beispiel: »Die Wunde wird mit einem sterilen Verband versorgt.«

In der Extremsituation wird es diesen wahrscheinlich nicht geben, d. h., Sie werden sich anders behelfen müssen.

Weiters: »Der Verletzte wird dann möglichst rasch und schonend zum nächsten Arzt oder ins nächste Krankenhaus gebracht.«

Der Verletzte hat nur sich selbst und sein Wissen oder bestenfalls einen Kameraden.

Dieses Beispiel zeigt klar den Unterschied zwischen Hilfeleistung in Extremsituationen und im Alltagsleben auf. Daher gehen die Hinweise dieses Kapitels weit über den Rahmen der üblichen Ersten Hilfe hinaus. Sie sollen diese jedoch nicht ersetzen, sondern ergänzen. Das betrifft vor allem Extremfälle mit zum Teil hohem Risiko, das durch entsprechende Maßnahmen zwar verringert, aber nicht ausgeschaltet werden kann.

Die Heilungs- bzw. Überlebenschancen in Extremsituationen sind nicht vom raschen Transport in das nächste Krankenhaus oder von der ärztlichen Kunst abhängig, sondern in erster Linie von den getroffenen Maßnahmen, vom Überlebenswillen und zum Teil auch vom Alter, von der Konstitution, der Widerstandskraft und dem Ernährungszustand des Betroffenen.

Bei der Versorgung von Verletzten ist folgende Dringlichkeitsreihung zu beachten:

1. Absolute Priorität gilt für Personen mit Atmungs- und Kreislaufversagen. Vom Zeitpunkt des Herzstillstandes bis zum erfolgreichen Einsetzen einer Wiederbelebung steht nur so begrenzte Zeit zur Verfügung, daß alle anderen Maßnahmen hintanzustellen sind.
2. Personen mit stark blutenden Verletzungen sind ebenfalls möglichst rasch zu versorgen.
3. Erst dann sind Personen, die nur eine Angst-, Schreck- oder Schmerzreaktion zeigen (Schock) und die bei vollem Bewußtsein sind, zu behandeln.

Maßnahmen bei unmittelbarer Lebensbedrohung

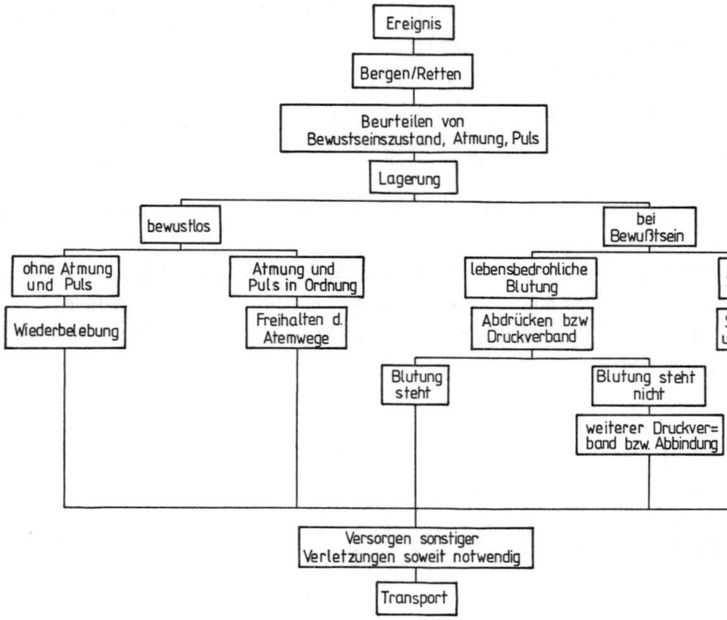


Bei unmittelbarer Lebensbedrohung kann es nützlich sein, mehrere Maßnahmen gleichzeitig zu setzen.

Beispiele:

Beurteilung des Zustandes und Einsetzen der Wiederbelebung noch während des Bergens und Rettens;
Schockbekämpfung während der Blutstillung;
Wiederbelebung während des Transports.

## *Bergen und Retten*

Das Bergen und Retten aus dem Gefahrenbereich ist die Voraussetzung für alle weiteren Maßnahmen.

*Bergetechniken:*

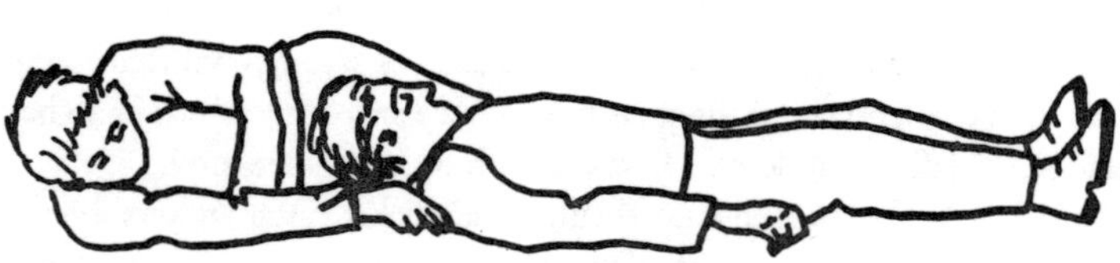

*1. Ziehen am Gürtel oder an der Bekleidung*

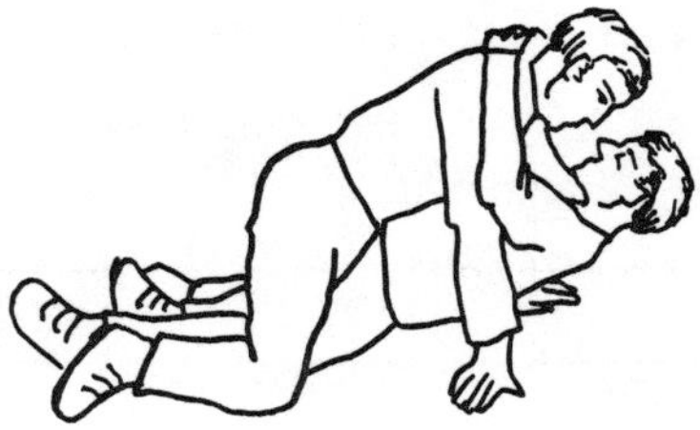

*2. Ziehen mit dem Nacken, wenn der Verletzte die Arme noch gebrauchen kann*

*3. Die Rückenschleife*

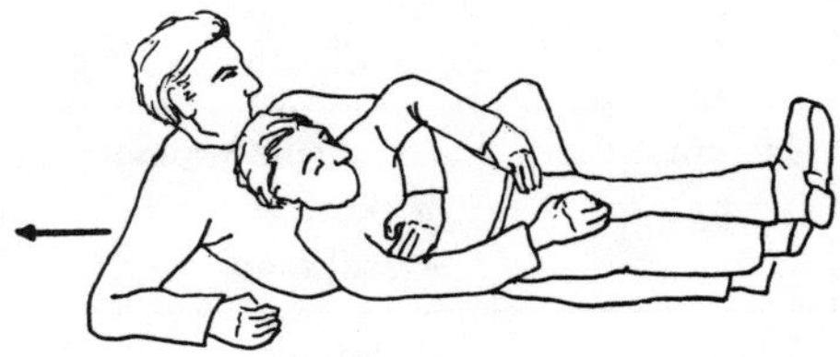

*4. Die Seitenschleife*

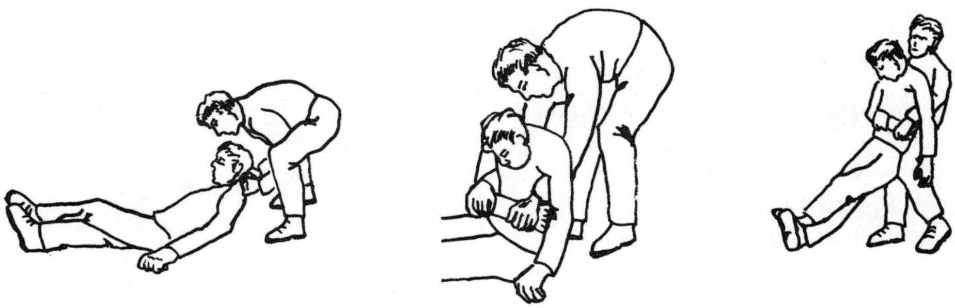

*5. Der Armtragegriff nach RAUTEK*

Die Wahl der Bergetechnik ist abhängig von:
- der Bedrohung;
- der zur Verfügung stehenden Zeit;
- dem Gelände.

Beispiele:
- Unter Beschuß sind die Techniken 1—4 zu bevorzugen, da man während des Bergevorganges nur ein kleines Ziel bietet.
- Auch ein Geländehindernis (Überhang, niedriger Durchschlupf) kann zu den Techniken 1—4 zwingen.
- Bei einem Autounfall, bei Steinschlag oder sonstigen Gefährdungen wird die Technik 5 vorzuziehen sein.

Diese Techniken sind zur Bergung durch eine Person bestimmt.

## *Beurteilung des Zustandes eines Verletzten*

Das Beurteilen des Zustandes des Verletzten ist die Grundlage für alle weiteren Maßnahmen. Als ein ausgezeichnetes Hilfsmittel hat sich dabei folgendes Schema erwiesen:

| | | ja | nein |
|---|---|---|---|
| Bewußtseinslage | ansprechbar<br>verwirrt<br>bewußtlos | | |
| Atmung | Atemstörung<br>Atembewegungen feststellbar<br>Atemstillstand | | |
| Herzfunktion | Pulsfrequenz verändert<br>Schockzeichen<br>Herzstillstand | | |
| Blutung | Blutspuren<br>Blutlache<br>arterielle Blutung<br>venöse Blutung | | |

Kennzeichen der Bewußtlosigkeit:
- Unfähigkeit des Verletzten oder Kranken, die Umwelt wahrzunehmen,
- Schwinden der Reflexe (Husten- oder Würgereflex, Lidreflex),
- motorische Unruhe und Brechreiz.

Kennzeichen des Atemstillstandes:
- Bewußtlosigkeit,
- keine Atemgeräusche,
- keine tast- und sichtbaren Atembewegungen des Brustkorbes.

Kennzeichen des Herzstillstandes:
- Bewußtlosigkeit,
- keine Atmung,
- kein Puls,
- weite, reaktionslose Pupillen,
- blasse oder blaugraue Hautverfärbung.

## *Lagerung von Verletzten*

Die richtige Lagerung eines Verletzten ist ein entscheidendes Kriterium und kann lebenserhaltend sein.

*Mögliche Lagerungsarten:*

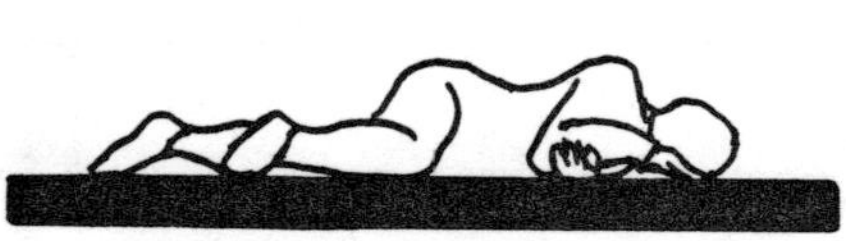

*Seitenlage zum Freihalten der Atemwege bei Bewußtlosigkeit, bei Erbrechen und Blutungen aus Mund und Nase, bei Schwerverletzten, die nicht weiter beobachtet werden können*

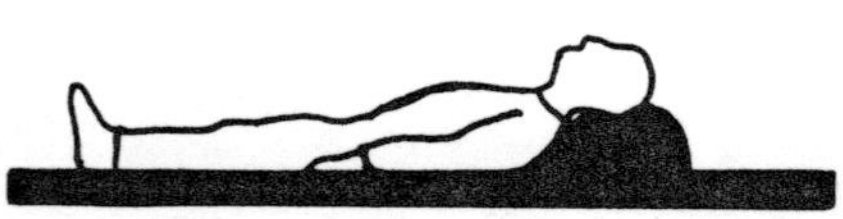

*Rückenlage als Normallage*

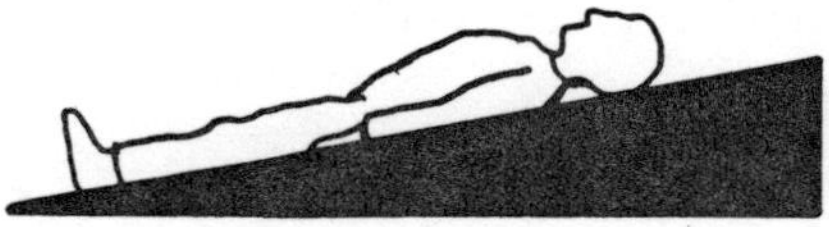

*Rückenlage mit erhöhtem Kopf bei Schädelverletzungen und offenem Schädelbruch (bei erhaltenem Bewußtsein und wenn keine Schockzeichen bemerkbar sind)*

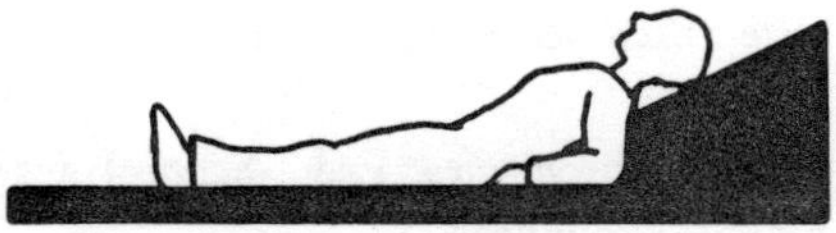

*Rückenlage halbsitzend bei Brustkorbverletzungen und Hitzschlag*

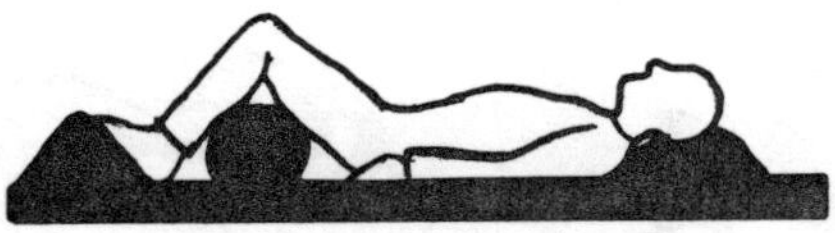

*Rückenlage mit Knierolle bei Bauchverletzungen und Baucherkrankungen*

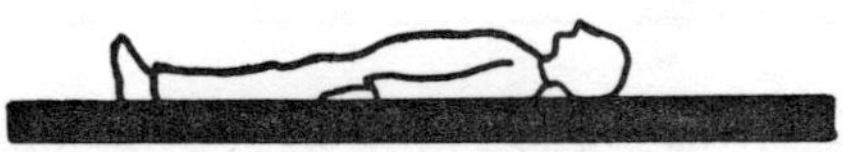

*Horizontallage auf harter Unterlage bei Wirbelverletzungen und Beckenbruch, zur Durchführung der Herzmassage*

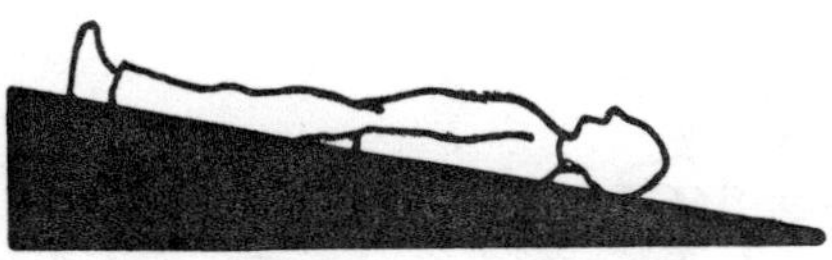

*Schocklage bei Schockgefährdung oder Schock*

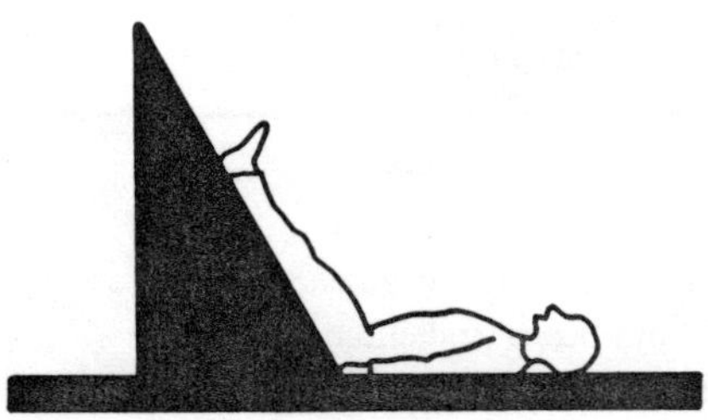

*Schocklage zur Selbsttransfusion bei schwerem Schock*

## Wiederbelebung

Wird bei einem Bewußtlosen weder Atem- noch Herztätigkeit festgestellt, ist mit Wiederbelebungsmaßnahmen zu beginnen. Wie lebenswichtig es ist, unverzüglich zu handeln, zeigt folgendes Diagramm.

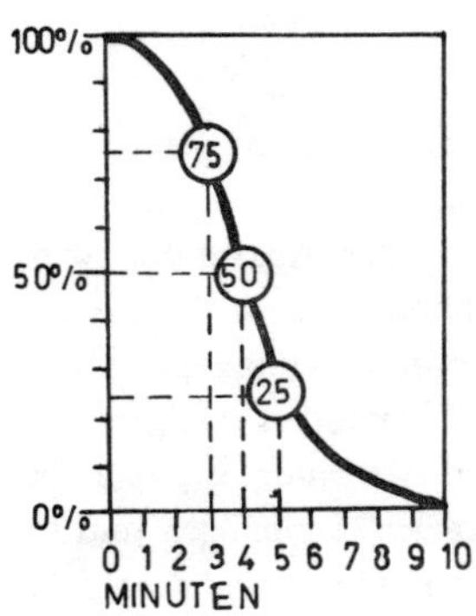


Danach sind die Erfolgschancen einer Wiederbelebung:

nach 3 Minuten ... 75%
nach 4 Minuten ... 50%
nach 5 Minuten ... 25%

Spätestens nach 6 Minuten führen unbehebbare Schäden, vor allem im Gehirn, zum Tod.

Die Wiederbelebung wird nach der sogenannten ABC-Regel durchgeführt.

A ... für Atemwege freimachen,
B ... für Beatmung,
C ... für Zirkulation, d. h. Herzmassage.

Zu A:

Folgende Maßnahmen sind zum Freimachen und Freihalten der Atemwege erforderlich:

- Seitwärtsneigen des Kopfes,
- Entfernung von Fremdkörpern (wie Zahnprothesen, Erbrochenes, Erde, Schnee) aus Mund und Rachen durch zwei mit einem Tuch umwickelte Finger,
- Überstrecken des Kopfes; damit wird verhindert, daß die Atemwege durch Zurücksinken der Zunge verschlossen werden.

Wie wichtig das Freimachen der Atemwege ist, beweist die Tatsache, daß etwa 80% aller Bewußtlosen nach diesen Hilfsmaßnahmen wieder spontan zu atmen beginnen.

Zu B:

Es gibt zwei Beatmungsmethoden:
— Mund-zu-Nase-Beatmung,
— Mund-zu-Mund-Beatmung.

*Mund-zu-Nase-Beatmung*

Auf Grund folgender Vorteile ist die Mund-zu-Nase-Beatmung vorzuziehen:
— Auch der Ungeübte kann die Nase mit seinem Mund besser abdichten;
— die Atemwege können bei vollständig geschlossenem Mund mit größerer Sicherheit offengehalten werden;
— der Einblasdruck ist durch die Nasenhöhlen so vermindert, daß die Gefahr des Einströmens von Luft in den Magen nicht sehr groß ist.

Nur im Falle von sehr starken Verletzungen im Bereich des Gesichtsschädels ist die Mund-zu-Mund-Beatmung vorzuziehen.

Durchführung der *Mund-zu-Nase-Beatmung:*

- Die Kopfhaltung ist dieselbe wie beim Freihalten der Atemwege.
- Der Helfer atmet normal ein, die Atemluft dient zur Beatmung. Die Atemluft enthält ca. 16% Sauerstoff und reicht zur Beatmung des Verunfallten völlig aus.
- Mit dem Mund wird die Nase abgedichtet und die Atemluft eingeblasen. Die Beatmung erfolgt dann richtig, wenn sie sich mit mäßigem Druck und geräuschlos durchführen läßt.
- Nach Beendigung der Ausatmung wird der Mund abgehoben.
- Die Beatmung sollte 16—18mal pro Minute, d. h. ca. alle 4 Sekunden erfolgen.
- Wichtig bei der Beatmung ist, daß der Helfer mit normalen Atemzügen und im normalen Atemtempo ein- und ausatmet.

Durchführung der *Mund-zu-Mund-Beatmung:*

- Die Kopfhaltung ist dieselbe wie bei der Mund-zu-Nase-Beatmung.
- Der Helfer atmet normal ein, dichtet mit dem Mund den Mund ab und atmet aus. Dabei ist die Nase zu verschließen (dies ist bei der Mund-zu-Mund-Beatmung der wichtigste und am häufigsten vergessene Punkt).
- Nach Beendigung der Ausatmung wird der Mund wieder abgehoben.

*Mund-zu-Mund-Beatmung*

- Die Atemfrequenz ist die gleiche wie bei der Mund-zu-Nase-Beatmung.

Kennzeichen für eine richtig durchgeführte Beatmung:

— Der Brustkorb des Verletzten hebt sich beim Einatmen und senkt sich, wenn die Luft wieder ausströmt.

— Das Ausströmen der Luft aus der Nase bzw. aus dem Mund kann deutlich gespürt werden.

Beides ist laufend zu überprüfen.

Zu C:

Die äußere Herzmassage wird ausschließlich mit der Beatmung bei weiterhin feststellbaren Kennzeichen des Herz- und Kreislaufstillstandes als kombinierte Wiederbelebung angewandt.

Durchführung:

- Der Verletzte wird in Rückenlage auf eine möglichst harte Unterlage gelegt.
- Der Helfer kniet seitlich des Verletzten.
- Er legt die übereinander gelegten Handballen auf den Druckpunkt.
- Die Ellbogengelenke des Helfers müssen durchgestreckt sein.
- Der Druckpunkt befindet sich am unteren Drittel des Brustbeines.
- Mit kurzen, rhythmischen Stößen soll das Brustbein etwa 4 cm gedrückt werden.
- Die Frequenz beträgt 60—80 Stöße pro Minute.

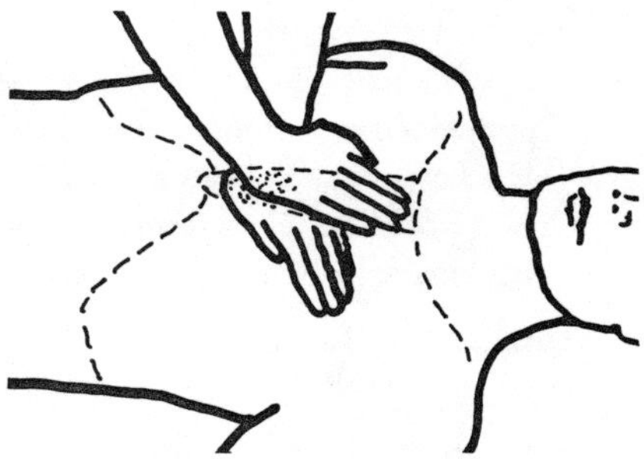

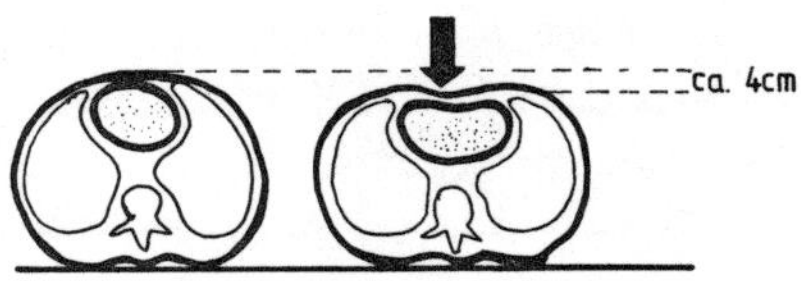


Jede kombinierte Wiederbelebung beginnt mit 5maliger Beatmung und wird dann mit äußerer Herzmassage und Beatmung im ständigen Wechsel weitergeführt.

Methode für einen Helfer:

Zuerst 5 Beatmungen, dann abwechselnd 15× Herzmassage, 2× Beatmung

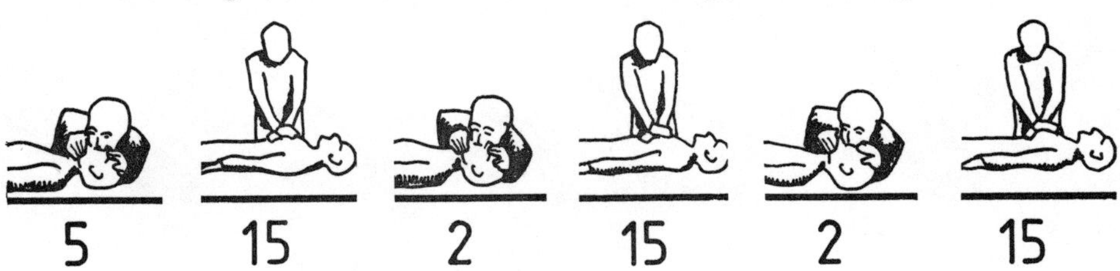

Methode für zwei Helfer:

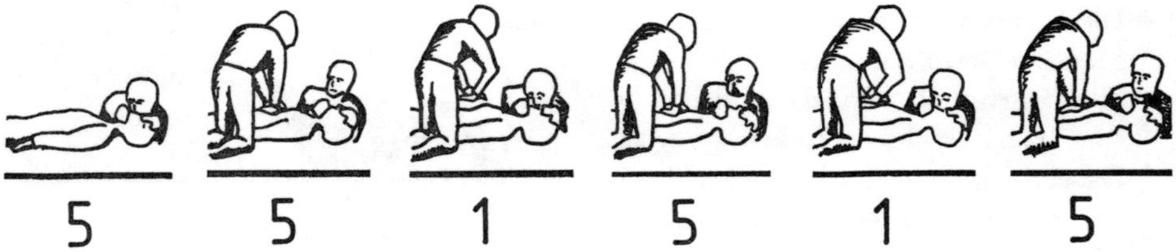


Helfer A beatmet, Helfer B führt die äußere Herzmassage durch.
A: 5 Atemspenden, B: 5 Herzmassagen
A: 1 Atemspende, B: 5 Herzmassagen
A: 1 Atemspende, B: 5 Herzmassagen usw.

In einer Minute sollen 10—12 Beatmungen und 60× eine Herzmassage durchgeführt werden.

Kennzeichen einer erfolgreichen Wiederbelebung:

— Die Pupillen verengen sich und reagieren auf Licht.
— Die Hautfarbe wird rosiger.
— Puls, Atmung und Bewußtsein kehren wieder.

Die Wiederbelebung ist solange durchzuführen, bis entweder der Erfolg sichergestellt ist oder sichere Todeszeichen feststellbar sind.

Sichere Todeszeichen:

— Blau-rötliche Flecken an tief liegenden Körperstellen, sogenannte Leichenflecken, erscheinen erst Stunden nach Eintritt des Todes.
— Die Leichenstarre beginnt ca. 1 Stunde nach dem Tod und schreitet im Verlauf von ca. 12 Stunden über den ganzen Körper fort.
— Fäulniserscheinungen, Leichengeruch (Verwesung).

Unsichere Todeszeichen:

— Blässe,
— weite und starre Pupillen,
— Fehlen von Atem- und Herztätigkeit,
— schlaffer, kalter Körper,
— weiche Augäpfel.

Achtung: Bei kombinierter Wiederbelebung wird der Kreislauf künstlich aufrechterhalten und somit das Auftreten sicherer Todeszeichen verzögert bzw. verhindert.

Als Entscheidungshilfe für Maßnahmen, die bei Bewußtlosen zu treffen sind, hat sich folgende Überprüfungstechnik bewährt:

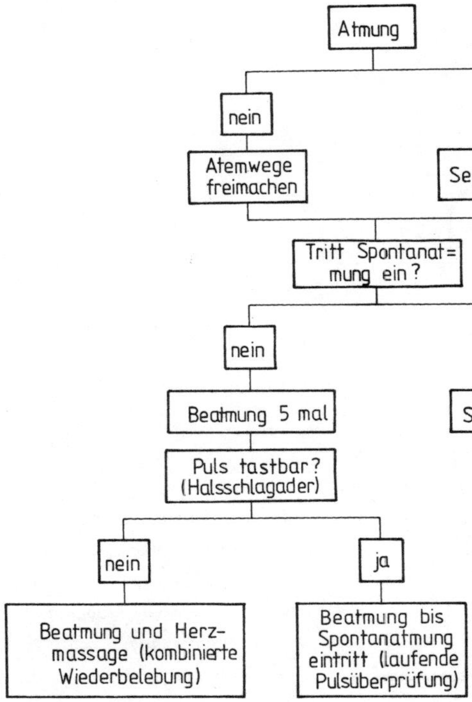


## *Blutungen*

Stark blutende Verletzungen sind für den Unerfahrenen äußerst eindrucksvoll und erschreckend. Trotz dieses dramatischen Anblickes hat die Wiederbelebung grundsätzlich immer Vorrang vor der Blutstillung.

Die wenigen Minuten, die zur Blutstillung benötigt werden, können die entscheidenden Minuten für ein rechtzeitiges Einsetzen der Wiederbelebung sein.

*Schlagaderblutung*

Das Blut ist hellrot und spritzt im Rhythmus des Herzschlages aus der Wunde. Bei tieferen Wunden kann allerdings auch bei einer Schlagaderblutung das hellrote Blut ziemlich gleichmäßig austreten.

*Blutaderblutung*

Dunkelrotes Blut fließt gleichmäßig aus der Wunde.

*Äußere Blutung*

Die Blutung ist bei Gefäß- und gleichzeitiger Hautverletzung nach außen sichtbar. Sie kann sowohl eine Schlagader- als auch Blutaderblutung sein.

*Innere Blutung*

Bei Verletzung innerer Organe kommt es zu einer Blutung in deren Umgebung oder in der Bauch-, Brust- oder Schädelhöhle.

Maßnahmen:

**Äußere Blutungen**

- Der blutende Körperteil wird hochgehalten bzw. hochgelagert.
- Bei einer Schlagaderblutung muß die Schlagader zwischen Wunde und Herz am entsprechenden Schlagaderdruckpunkt abgedrückt werden.

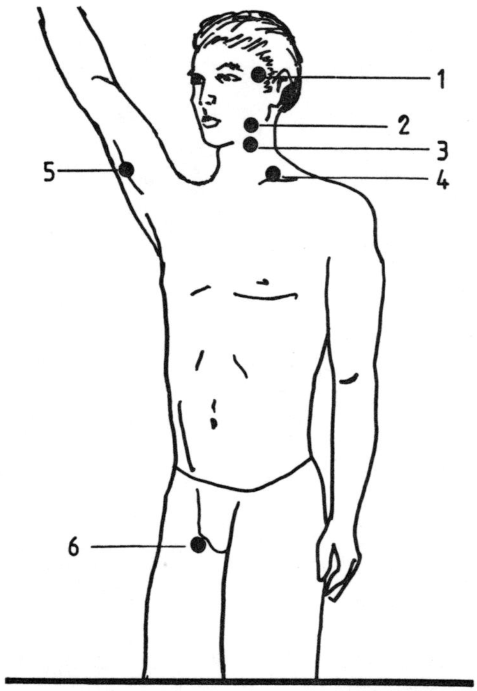


*1 Schläfenschlagader*
*2 Gesichtsschlagader*
*3 Halsschlagader*
*4 Schlüsselbeinschlagader*
*5 Armschlagader*
*6 Beinschlagader*

- Notfalls muß der Finger direkt in die Wunde gedrückt werden.
- Schließlich erhält die Verletzung einen Druckverband.

Herstellung eines Druckverbandes:
- Legen Sie einen möglichst sauberen Notverband an.
- Pressen Sie einen Druckpolster (Stein, Holzstück, zusammengelegter Stoff) auf die Stelle der Blutung.
- Wickeln Sie diesen unter verstärktem Zug fest.
- Kommt die Blutung nicht zum Stehen, kann ein zweiter Druckverband über dem ersten angebracht werden.

Möglichkeit bei starken Blutungen am Unterarm bzw. Unterschenkel:
- Legen Sie einen Druckpolster in die Ellenbeuge oder das Kniegelenk.
- Beugen Sie den Unterschenkel bzw. den Unterarm extrem ab.
- Fixieren Sie den Unterarm am Oberarm bzw. den Unterschenkel am Oberschenkel.

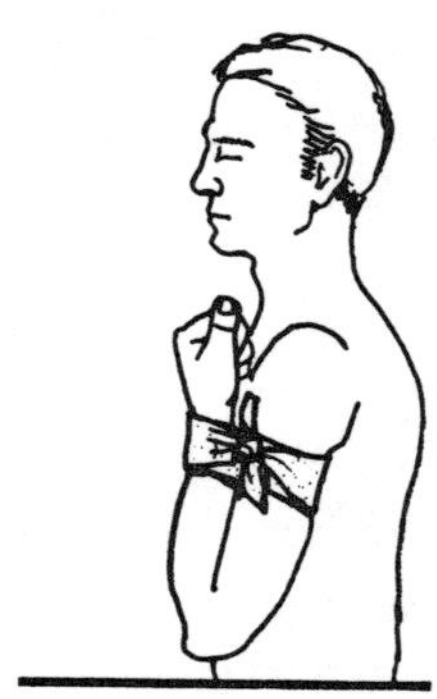

Die meisten Blutungen kann man mit einem Druckverband in ca. 7—10 Minuten zum Stehen bringen.

Blutstauung oder Abbindung müssen jedoch vermieden werden.

Bei Unwirksamkeit des Druckverbandes muß abgebunden werden.

Herstellung eines Knebelverbandes:

- Legen Sie ein gefaltetes Tuch (breiter Stoffstreifen o. ä.) der Länge nach mehrfach locker um den Oberarm oder Oberschenkel.
- Verknoten Sie die Enden.
- Schieben Sie einen Stab (Ast o. ä.) zwischen Haut und Tuch und drehen diesen, bis die Blutung steht.
- Fixieren Sie den Stab in dieser Lage mit einem weiteren Stoffstreifen.

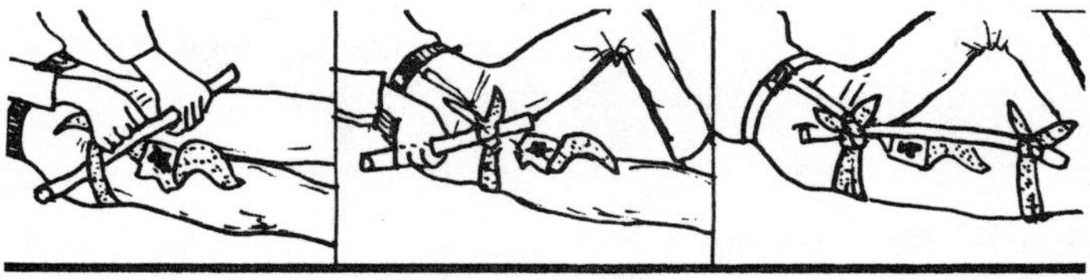

Herstellung einer offenen Schlinge:

- Legen Sie ein gefaltetes Tuch der Länge nach mehrfach um Oberarm oder Oberschenkel.
- Ziehen Sie die Schlinge zu, bis die Blutung steht.
- Verknoten Sie die Enden unter Aufrechterhaltung des Zuges.

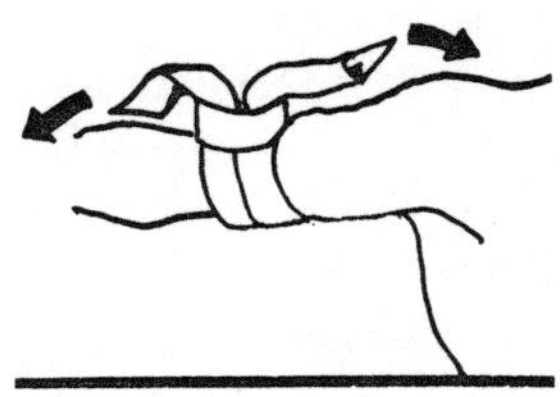

Abbindung ist das gefährlichste Mittel zur Blutstillung. Sie soll nur in jenen Fällen angewandt werden, wo durch andere Maßnahmen eine Blutstillung nicht erreicht werden kann. Nur Oberarm oder Oberschenkel lassen sich herzwärts der Wunde abbinden. Zur Abbindung dürfen niemals Stricke, schmale Riemen, Schnüre, Drähte und dgl. verwendet werden, da es damit oft zu Dauerschäden kommt, die zum Verlust der Gliedmaßen führen können.

Günstiger sind Abbindmittel wie breite Stoffstreifen, Gummistreifen, Hosenträger und dgl.

Bei einer Abbindung entsteht durch die Blutsperre die Gefahr einer Gewebsschädigung. Daher darf die Abbindung maximal 2 Stunden dauern. Danach muß die Abbindung für 1—3 Minuten geöffnet und bei anhaltender Blutung neuerlich angelegt werden.

### Blutungen nach innen

Sie sind besonders gefährlich, da in Extremsituationen keine echten Hilfsmöglichkeiten gegeben sind.

Maßnahmen:

- Schocklagerung,
- Wärmezufuhr,
- abwarten, ob die Blutung von allein zum Stillstand kommt.

Zeichen einer inneren Blutung:

— zunehmende Blässe,
— Blauwerden von Lippen und Nagelbetten,
— feuchtkalte Haut,

— Unruhe,
— Angst,
— Durstgefühl,
— rasche Atmung,
— rascher, kaum tastbarer Puls.

Die Überlebenschancen bei einer inneren Blutung hängen davon ab, ob die Blutung selbständig zum Stillstand kommt und ob der Blutverlust wieder wettgemacht werden kann.

## *Schockzustände*

Ein Schockzustand wird durch eine Durchblutungsstörung (verminderte Sauerstoffversorgung) von lebenswichtigen Organen (Niere, Lunge, Herz) hervorgerufen. Die lebensnotwendige Funktion dieser Organe wird dadurch beeinträchtigt oder sogar verhindert, was schon nach kurzer Zeit zu lebensbedrohlichen Zuständen führen kann.

Schock kann folgende Ursachen haben:
— großer Blutverlust,
— starker Verletzungsschmerz,
— psychische Belastung durch einen Unfall,
— Flüssigkeitsverlust bei großflächigen Verbrennungen,
— Kälteschäden bei Unterkühlung,
— Überempfindlichkeit gegenüber Insektenstichen,
— Knochenbrüche, Gewebszerstörungen, Bauch- und Lungenverletzungen.

Schockzeichen:
— blasse, feucht-kalte Haut,
— dunkle Ringe unter den Augen,
— blaßgraue Verfärbung der Lippen und der Nagelbetten,
— kalter Schweiß,
— schwacher, kaum tastbarer Puls mit über 100 Schlägen pro Minute,
— flache, beschleunigte Atmung,
— manchmal Übelkeit, Erbrechen, Benommenheit, Durst,
— ungewöhnliches Verhalten: anfangs lebhaft, unruhig, ängstlich, später verwirrt, teilnahmslos und schließlich bewußtlos.

Maßnahmen:
- Schocklagerung,
- in schweren Fällen Selbsttransfusion,
- Schmerzverhütung und Schmerzbekämpfung,
- Wärmeerhaltung und Wärmezufuhr,
- vor allem Zuspruch und Ablenkung.

## *Verletzungen*

### Knochenbrüche

*Offene Knochenbrüche*

Dies sind Brüche, bei denen die Haut in der Nähe des Bruches ebenfalls verletzt wurde und eine offene Verbindung zwischen Hautoberfläche und der Knochenbruchstelle besteht. Die Infektionsgefahr ist groß.

*Geschlossene Knochenbrüche*

Dies sind Knochenbrüche mit unverletzter Hautdecke im Bruchbereich.

Sichere Kennzeichen von Brüchen:
- veränderte äußere Form,
- abnorme Beweglichkeit,
- Knochenreibung der Bruchstücke: Dieses Knochenreiben ist bei Brüchen der langen Röhrenknochen häufig feststellbar. Prüfen Sie dieses Kennzeichen nicht unnötig, da die Gefahr von Nerven- und Gefäßverletzungen besteht und zusätzlicher Schmerz verursacht wird (Erhöhung der Schockgefahr).

Unsichere Kennzeichen von Brüchen:
- starke Schwellung,
- Schmerz,
- verminderte Gebrauchsfähigkeit,
- Gebrauchsunfähigkeit.

Vielfach sind bei Brüchen nur unsichere Kennzeichen nachweisbar.

Handeln Sie daher im Zweifelsfall wie beim Knochenbruch. Zum Unterschied von der üblichen Ersten Hilfe ist in Extremsituationen auch das Einrichten des Knochenbruches notwendig.

Maßnahmen:
- Bei offenen Brüchen ist die Wunde gemäß den Anweisungen im Absatz »Wunden« zu versorgen.
- Das Einrichten des Bruches:

  Durchführung:
- Fixieren Sie den Verletzten an einem unverrückbaren Gegenstand (z. B. Anbinden an einen Baum oder Felsblock), um ein Nachgeben bei Zug zu verhindern;
- bringen Sie die gebrochene Extremität unter Zug (bringt häufig Schmerzlinderung für den Verletzten);
- unter Aufrechterhaltung des Zuges drehen Sie die gebrochene Extremität bis zur Normallage;
- lassen Sie den Zug langsam nach.

  Ist kein Helfer anwesend, ist folgende Selbsthilfe zweckmäßig:
- Fixieren Sie die gebrochene Extremität an einem festen Gegenstand;
- das Körpergewicht des Verletzten stellt den erforderlichen Zug her (Abrücken vom Fixierungspunkt, Unterstützung durch Bergablagerung vorteilhaft);

- bringen Sie durch Drehen des Körpers die gebrochene Extremität in die Normallage;
- lassen Sie den Zug langsam nach.
- Versorgung des Bruches mit einem Stützverband (Schienen):

  Um einen Bruch zu schienen, müssen beide dem Bruch benachbarten Gelenke ruhiggestellt sein. Eine Polsterung zur Vermeidung von Druckschäden und zum Schutz gegen Erfrierungen bei Kälte ist notwendig.

  Material für behelfsmäßige Schienen:

  Äste, Holzplatte, Schi, Schistöcke, Gewehr. Auch der Körper selbst kann als Behelfsschiene verwendet werden (Beinbruch — gesundes Bein, Oberarmbruch — Oberkörper).

  Polstermaterial:

  Heu, Gras, Laub, Moos, Bekleidungsstücke.

  Befestigungsmaterial:

  Stoffstreifen, Bekleidungsstücke, Schifelle, Schnüre, Riemen, Gürtel.

Der gebrochene Körperteil wird nicht entkleidet (Polsterung und Kälteschutz), außer bei offenen Brüchen. Enge, abschnürende Kleidungsstücke sind zu öffnen, Schuhe aufzuschnüren, um eine Durchblutung des gebrochenen Körperteiles sicherzustellen.

Die Befestigung der Schiene muß so erfolgen, daß zwar eine feste Fixierung gegeben ist, es aber zu keiner Abbindung kommt.

Der Blutverlust durch innere Blutung kann auch bei geschlossenen Brüchen bis zu 2 l betragen. Daher müssen Schockzeichen beachtet werden.

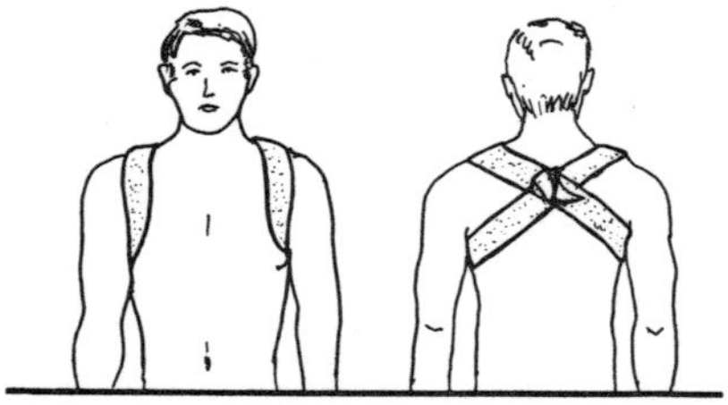

*Schlüsselbeinbruch*

Der Schultergürtel wird durch einen sogenannten Tornisterverband ruhiggestellt. Dazu wird eine Achterschleife gebildet (Stoffstreifen, Hosengürtel o. ä.) und wie ein Rucksack um die Schultern gelegt.

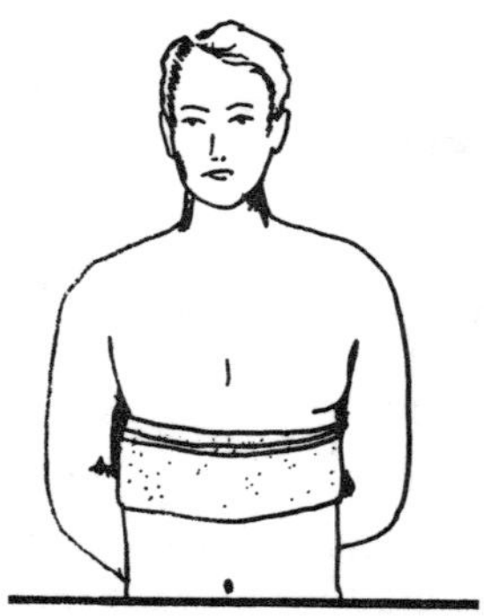

*Rippenbruch*

Ein fester, breiter Verband (Stoffstreifen o. ä.) wird in stärkster Ausatemstellung am unteren Rippenrand angelegt. Der Verletzte wird mit erhöhtem Oberkörper in einer für ihn angenehmen Stellung gelagert.

*Armbrüche*

Der verletzte Arm wird bei gebeugtem Ellbogen behelfsmäßig an der Brust (umgeschlagener Anorak oder Pullover, Stoffstreifen in Form eines Armtragetuches), der Oberarm um den Brustkorb fixiert. Damit ist ein Oberarmbruch ohne Schiene ausreichend ruhiggestellt.

Ein Unterarmbruch muß zusätzlich auf einen Ast, Stock o. ä. fixiert werden.

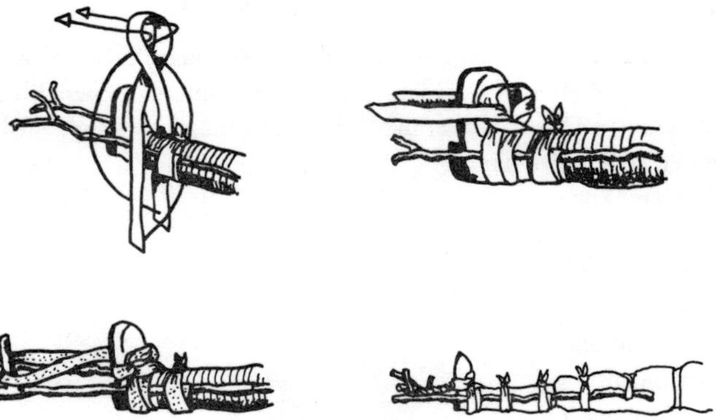

*Unterschenkelbruch*

Die behelfsmäßige Schienung erfolgt am besten mit einer Streckschiene.

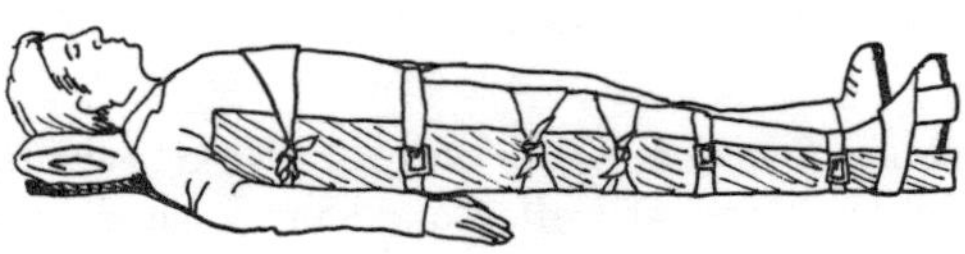

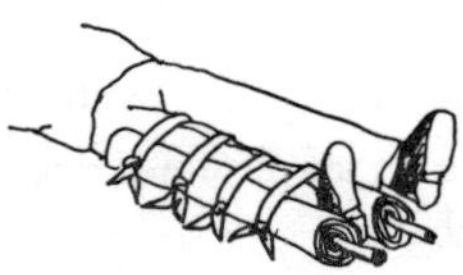

*Oberschenkelbruch*

Die Schienung führt an der Außenseite des Beines bis über die Hüfte.

*Wirbelsäulenbruch*

Zeichen: Fehlstellung der Wirbelsäule oder, wesentlich häufiger, Lähmungserscheinungen an den Beinen.

Der Verletzte wird auf harter Unterlage flach auf den Rücken gelagert. Wenn erforderlich, muß er seitlich durch Rasenziegel, Steine o. ä. fixiert werden. Bei Bewußtlosigkeit erfolgt die Lagerung in Bauchlage mit seitwärts gedrehtem Kopf. Beim Umdrehen müssen Schultern und Becken gleichzeitig bewegt werden.

Vorsicht:

Durch Verschiebung von Wirbelstücken besteht die Gefahr von Rückenmarkverletzungen mit bleibender Lähmung.

Nicht aufsitzen lassen!

**Verrenkungen** *(Luxation)*

Verrenkungen sind meist die Folge von drehender oder hebelnder Gewalteinwirkung. Dabei kann es auch zu Nerven- und Gefäßbeschädigungen kommen (innere Blutung). Im Gegensatz zur üblichen Ersten Hilfe ist daher die Verrenkung möglichst rasch wieder einzurichten. Die häufigsten Verrenkungen sind:

1. Unterkieferverrenkung,
2. Schultergelenkverrenkung,
3. Ellbogengelenkverrenkung,
4. Hüftgelenkverrenkung.

Zeichen einer Verrenkung:

— federnde Zwangshaltung,
— sehr starker Spontanschmerz,
— örtlicher Druckschmerz,
— Gelenksdeformierung.

Wegen der starken auftretenden Schmerzen ist während des Einrichtens das Festhalten oder Fixieren der gesunden Gliedmaßen anzuraten. Damit werden mögliche Behinderungen des Helfers (Schlagen, Stoßen, Treten) vermieden.

*Unterkieferverrenkung*

Sie entsteht durch Gähnen, Schreien, Kauen oder sonstige Gewalteinwirkung und ist meist doppelseitig. Dabei steht der Mund weit offen und kann nicht geschlossen werden (»Maulsperre«).

Maßnahmen:

- Umwickeln Sie den Daumen mit einem dicken Tuch zum Schutz gegen Bißverletzungen.
- Drücken Sie den Unterkiefer mit beiden Daumen nach unten. Er wird dadurch über die Verhakung in die Normallage gehoben.
- Eine weitere Ruhigstellung ist nicht erforderlich.

*Schultergelenkverrenkung*

Sie entsteht meist durch einen Sturz auf den abgespreizten Arm oder wenn der Arm irgendwo hängenbleibt.

Dabei kann die Verrenkung sowohl nach vorn (am häufigsten), als auch nach hinten oder unten erfolgen. In jedem Fall wird der Arm federnd abgespreizt gehalten.

Maßnahmen:

Möglichkeit 1:

- Lagern Sie den Verletzten flach auf dem Rücken.
- Stellen Sie dabei sicher, daß die der Verrenkung gegenüberliegende Körperseite nicht ausweichen kann (Felsblock, Baum, Hausmauer).
- Setzen Sie sich neben den Verletzten und strecken Sie Ihre Ferse (Schuhe ausziehen) in seine Achselhöhle.
- Führen Sie nun den Arm unter Drehung bei gleichzeitigem Zug in die Normallage.

Möglichkeit 2:

- Lagern Sie den Verletzten sitzend.
- Legen Sie seinen Oberarm an seinen Oberkörper und winkeln Sie seinen Unterarm ca. 90° nach vorne ab.
- Drehen Sie den Unterarm nach außen.
- Heben Sie den Ellenbogen nach vorne oben.
- Drehen Sie dann den Arm nach vorne vor den Körper.

Möglichkeit 3:

- Fixieren Sie den Oberkörper des Verletzten (sitzend oder liegend) an einen Baum, Pfahl o. ä., um ein Nachgeben zu verhindern.

- Üben Sie starken Zug auf den Arm aus.
- Bringen Sie diesen langsam in die Normallage.
- Drücken Sie den Oberarm, wenn erforderlich, in die Gelenkpfanne (meist springt dieser spontan hinein).
- Wenn Sie den verletzten Arm an einen festen Gegenstand fixieren und den erforderlichen Zug mit dem eigenen Körper sicherstellen, indem Sie sich weglehnen, ist diese Methode auch als Selbsthilfe anwendbar.

Möglichkeit 4 (Selbsthilfe):
- Setzen Sie sich nieder (Baumstumpf, Stein).
- Pressen Sie den Oberarm der verletzten Extremität mit der anderen Hand fest an den Körper.
- Ergreifen Sie mit der Hand einen festen Gegenstand.
- Drehen Sie dann den Oberkörper nach außen, dabei springt meist der Oberarmkopf in die Gelenkpfanne.

Nach dem Einrichten muß das Schultergelenk 1—2 Tage ruhiggestellt werden. Zur Verhinderung der Schultersteife sind anschließende aktive Bewegungsübungen anzuraten.

*Ellbogenverrenkung*

Sie entsteht meist durch einen Sturz auf die ausgestreckte Hand und ist in der Regel eine Verrenkung nach hinten.

Dabei besteht eine federnde Fixierung in etwa 130gradiger Beugestellung.

Maßnahmen:
- Fixieren Sie den Oberarm an einem festen Gegenstand (Baum, Pfahl).
- Üben Sie in Richtung der Stellung des Unterarmes einen kräftigen Zug aus.
- Beugen Sie den Unterarm langsam unter Aufrechterhaltung des Zuges.
- Drücken Sie mit der anderen Hand den Gelenkkopf von oben-hinten nach vorne-unten.

Nach dem Einrichten muß das Ellbogengelenk in rechtwinkeliger Beugung etwa 2—3 Wochen ruhiggestellt werden, bevor mit aktiven Bewegungsübungen begonnen wird.

*Hüftgelenkverrenkung*

Sie entsteht meist durch schwere Gewalteinwirkung (Stoß, Zug, Drehung).

Man unterscheidet 4 Formen der Hüftgelenkverrenkung, wobei folgende Beinstellungen auftreten:
— nach innen gedreht und verkürzt,
— nach außen gedreht und verkürzt,
— nach innen gedreht und gebeugt,
— nach außen gedreht und gebeugt.

Hüftluxationen sind meist mit Nebenverletzungen verbunden.

Maßnahmen:
- Lagern Sie den Verletzten flach liegend.
- Fixieren Sie das Becken des Verletzten auf dem Boden (durch zweiten Helfer niederpressen, niederbinden oder niederklemmen).
- Erfassen Sie mit beiden Händen das rechtwinkelig gebeugte Bein.
- Üben Sie langsam einen kräftigen Zug aus und beugen Sie gleichzeitig das Hüftgelenk.
- Bei Bedarf unterstützen Sie den Zug durch eine Tuchschlinge, die in die Kniebeuge des verletzten Beines gelegt und um Ihren Nacken geschlungen wird.
- Bringen Sie mit leichten Drehbewegungen bei gleichzeitigem Zug am Oberschenkel den Gelenkskopf zum Einschnappen in die Pfanne.

Nach dem Einrichten muß das Hüftgelenk ca. 2 Wochen ruhiggestellt werden (am besten liegen).

Mit dem Tragen schwerer Lasten sollte erst nach 12—15 Wochen begonnen werden.

### Wunden

Unter einer Wunde versteht man jede Verletzung der Haut (auch Schleimhaut) mit oder ohne Beteiligung darunterliegender Gewebe und Organe.

Unabhängig von der Art der Wunde ist die Hauptgefahr die Wundinfektion. Sie entsteht durch Eindringen von Krankheitserregern (Schmutz, Erde, Fremdkörper).

> Zeichen von eingetretenen Infektionen sind:
> — Rötung und Schwellung,
> — Schmerz und Erwärmung,
> — Eiterung,
> bei fortschreitender Infektion (bis zur Blutvergiftung) zusätzlich:
> — roter Streifen entlang der Lymphknoten,
> — schmerzhafte Schwellung des nächsten Lymphknotens,
> — Schüttelfrost,
> — hohes Fieber.

Zur Bekämpfung der Wundinfektion setzt der Körper sein eigenes Abwehrsystem ein.

Die Träger dieses Abwehrsystems (das Immunsystem) sind Blut- und Gewebszellen (Lymphozyten). Bei Kontakt mit den Krankheitserregern teilen sich diese, es entstehen Eiweißkörper (Immunglobuline), welche die eingedrungenen Schadstoffe vernichten. Dieser Vorgang wird als Sofortreaktion bezeichnet.

Normalerweise wird die körpereigene Abwehr mit allen Belastungen fertig. Nur wenn es zu einem allzu großen Ansturm auf das Abwehrsystem kommt, ist eine lebensbedrohliche Situation die Folge. Eine vorübergehende Immunschwächung entsteht auch durch schwere seelische Belastungen, Streß und Angstzustände.

Daher ist die beste Unterstützung des körpereigenen Abwehrsystems:
- — das seelische Gleichgewicht des Verletzten (Angst- und Belastungsabbau, Überlebenswille, Glaube an den Erfolg);
- — die richtige Wundversorgung (Entfernen und Fernhalten von Krankheitserregern mit allen Mitteln).

Maßnahmen zur Wundversorgung:
- Entfernen Sie alle großen Verunreinigungen aus der Wunde.
- Waschen Sie die Wunde und die Wundumgebung mit abgekochtem Wasser so warm wie möglich (Handprobe) aus. Das steht zwar im Gegensatz zur üblichen Ersten Hilfe, bringt aber in Extremsituationen mehr Vor- als Nachteile (siehe auch Abschnitt »Desinfektion und Sterilisation«).
- Bei Wunden mit tief eingedrungenen Fremdkörpern (Pfählungen, Granatsplittern o. ä.) entfernen Sie diese auch bei Eröffnung von Körperhöhlen (Brust, Bauchraum) nicht. Hervorstehende Teile können auf der Höhe der Hautoberfläche abgetrennt werden.
- Falls erforderlich, schneiden Sie die verunreinigten und zerstörten Wundränder mit einem scharfen, keimfreien Messer (siehe Abschnitt »Desinfektion und Sterilisation«) aus. Das muß innerhalb der ersten 6 Stunden erfolgen und kann eine Infektionsausbreitung verhindern.
- Decken Sie die Wunde mit einem möglichst keimfreien Wundverband ab und fixieren Sie diesen.
- Besonders Schürfwunden sollten so oft wie möglich direkter Sonnenbestrahlung ausgesetzt werden. Der entstehende Wundschorf (Kruste) darf nicht entfernt werden (natürlicher Wundverband).

## Kopfverletzungen

*Offener Schädelbruch*

Kennzeichen:

— Bewußtlosigkeit,
— meist auch Gedächtnislücken.

Maßnahmen:

- entsprechende Lagerung (siehe dort),
- entsprechende Wundversorgung (siehe Abschnitt »Wunden«),
- dauernde Beobachtung (um bei Atemstillstand sofort mit der Wiederbelebung beginnen zu können).

*Schädelbasisbruch*

Kennzeichen:

— Bewußtlosigkeit,
— meist auch Gedächtnislücken,
— Ausfließen von Blut aus den Ohren oder
— Ausfließen von wäßriger Flüssigkeit aus der Nase,
— brillenartiger Bluterguß der Augenhöhlen.

Maßnahmen:

- entsprechende Lagerung (siehe dort),
- entsprechende Wundversorgung (siehe Abschnitt »Wunden«),
- dauernde Beobachtung (bei Atemstillstand sofort Wiederbelebung),
- zusätzlich Verband über die Ohren.

Außer der weiteren Obsorge hat der Helfer keine Möglichkeiten der Hilfeleistung. Die Überlebenschancen des Verletzten sind abhängig von seiner Widerstandskraft und seinem Lebenswillen.

*Kieferbrüche*

Kennzeichen:

— wie bei Brüchen (siehe dort)

Maßnahmen:

- Stellen Sie den Unterkiefer durch Fixieren nach oben ruhig (der Mund soll nicht geöffnet werden können).

Meist sind mit Kieferbrüchen starke Blutungen verbunden. Daher muß der Kopf hoch gelagert werden. Der Verletzte muß die Möglichkeit haben, durch den Mund zu atmen, da die Nasenatmung durch Blut behindert werden kann.

*Augenverletzungen*

Sie entstehen meist durch Fremdkörper (von Staubteilchen bis zu Holzsplittern).

Diese können sich entweder

1. frei im Auge befinden oder
2. im Auge steckenbleiben.

Maßnahmen zu 1.

- Versuchen Sie, durch Blinzeln den Tränenfluß zu verstärken und den Fremdkörper herauszuspülen.
- Versuchen Sie, den Fremdkörper zu entfernen, indem Sie das Oberlid über das Unterlid ziehen.
- Entfernen Sie den Fremdkörper nach folgender Methode:
  — Ziehen Sie das Unterlid mit einem Finger stark nach abwärts.
  — Lassen Sie den Verletzten so weit wie möglich nach oben blicken.
  — Wischen Sie den Fremdkörper mit einem sauberen, feuchten Tuchzipfel heraus.

- Befindet sich der Fremdkörper unter dem Oberlid:
  - Lassen Sie den Verletzten soweit wie möglich nach unten blicken.
  - Fassen Sie das Oberlid bei den Wimpern und ziehen Sie es nach unten.
  - Legen Sie ein dünnes Holzstäbchen (z. B. Zündholz) auf die Mitte des Augenlides und klappen Sie dieses darüber nach oben.
  - Der Fremdkörper kann dann wie oben entfernt werden.

Maßnahmen zu 2:

- Entfernen Sie den im Auge befindlichen Fremdkörper (entgegen der üblichen Ersten Hilfe) nur, wenn er nicht tiefer als höchstens 2 mm eingedrungen ist und an der Oberfläche noch mindestens gleich weit herausragt.
- Ist ein Fremdkörper ins Auge eingedrungen (gleichgültig wie tief) und ragt nicht über die Augenoberfläche hervor, lassen Sie ihn drinnen.
- Ist ein Fremdkörper tiefer als ca. 2 mm ins Auge eingedrungen und ragt noch weit aus dem Auge heraus, trennen Sie den herausragenden Teil möglichst nahe der Augenoberfläche ab und lassen den restlichen Teil drinnen.
- Legen Sie einen möglichst sterilen Augenverband unter mäßigem Druck über das geschlossene Auge an.

Verhindern Sie ein Reiben des verletzten Auges. Dadurch wird der Reizzustand bzw. die Verletzung nur verschlimmert.

Bei einer Augenverletzung durch einen feststeckenden Fremdkörper ist die größte Gefahr eine Infektion. Es ist daher eine mögliche bleibende Schädigung des verletzten Auges zur Erhöhung der Überlebenschancen in Kauf zu nehmen.

**Brustverletzungen**

*Rippenbruch*

Er entsteht durch stumpfe Gewalteinwirkung (Sturz, Schlag).

Maßnahmen:

- Legen Sie einen straff sitzenden Verband am Rippenbogen (unterste Begrenzung des Brustkorbes) in ausgeatmeter Stellung an.
- Eine Lagerung auf die verletzte Seite (wie sich der Verletzte am wohlsten fühlt) ist notwendig.

Diese Maßnahmen beziehen sich hauptsächlich auf Serienrippenbrüche und sind bei Bruch einzelner Rippen meist nicht erforderlich.

Bei einer Verletzung der Lunge durch gebrochene Rippen entsteht zwischen Lunge und Brustwand ein Überdruck, der die Lunge mehr und mehr zusammendrückt und das Herz »verdrängt«.

Die Folgen sind Atemnot und Kreislaufversagen.

Kennzeichen:

- Reizhusten,
- Atemnot,
- Aushusten von hellrot-schaumigem Blut.

Maßnahmen:

- Außer einer entsprechenden Lagerung und weiterer Obsorge ist keine weitere Hilfe möglich.

  Die Überlebenschancen sind gering.

*Öffnung der Brusthöhle*

Sie entsteht durch spitze Gewalteinwirkung (Ast, Pfahl, Messer).

Kennzeichen:

- Bei jedem Atemzug pfeifendes Geräusch aus der Wunde,

— zunehmende Atemnot.
Maßnahmen:
- Legen Sie einen möglichst keimfreien Verband an und
- verschließen Sie die Wunde anschließend sofort luftdicht.

Durchführung:
- Halten Sie die Wunde kurzfristig mit der Hand zu.
- Decken Sie sie mit luftdichtem Material (Plastik, Gummi, in Baumharz getränkter Stoff) ab.
- Dichten Sie die Ränder mit flüssigem Baumharz, Fett o. ä. ab (verkleben).

Infolge des Unterdruckes in der Brusthöhle strömt bei jedem Einatmen bis zum Druckausgleich Luft ein. Die Lunge wird zusammengedrückt, und es kommt zu Atemnot.

Die Abdichtung der Wunde wird mit den angegebenen Behelfen nicht immer ausreichend wirkungsvoll sein, muß aber versucht werden.

In der Wunde steckende Fremdkörper nach Möglichkeit nicht entfernen, da sie selbst eine abdichtende Wirkung haben. Wenn sie überragen, können sie an der Hautoberfläche abgetrennt werden.

Bei dieser Art von Verletzung kommt es meist auch zu Verletzungen von großen Blutgefäßen oder anderen Organen.

Die Überlebenschancen sind gering.

**Bauchverletzungen**

1. Verletzungen ohne Öffnung der Bauchhöhle
2. Verletzungen mit Öffnung der Bauchhöhle

Zu 1.

Sie entstehen durch Einwirkung von stumpfer Gewalt (Sturz, Schlag, Stoß o. ä.) und können folgende Organe betreffen:
- Leber,
- Milz,
- Magen/Darm,
- Harnorgane.

Die Folgen können lebensbedrohliche Blutungen in die Bauchhöhle bzw. eine Infektion durch austretende Ausscheidungsprodukte sein.

Kennzeichen:

Leber:
- Druckschmerzen unter dem rechten Rippenbogen,
- Bauchdeckenspannung,
- Zeichen innerer Blutung.

Milz:
- Druckschmerz unter dem linken Rippenbogen,
- Bauchdeckenspannung,
- Zeichen innerer Blutung.

Magen/Darm:
- Brechreiz,
- Erbrechen,
- Bauchdeckenspannung.

Harnorgane:
- Schmerz im Unterbauch oder der Lendengegend,
- blutiger Harn.

Maßnahmen:

- Außer einer entsprechenden Lagerung und Obsorge ist keine weitere Hilfe möglich. Die Überlebenschancen sind abhängig von der Art und Stärke der Verletzung und der Widerstandskraft des Verletzten.

Zu 2.

Sie entstehen durch Einwirkung spitzer Gewalt (Ast, Pfahl, Messerstich). Dabei werden meist auch innere Organe verletzt.

Maßnahmen:

- In der Wunde steckende Fremdkörper dürfen nicht entfernt werden. Trennen Sie überragende Teile nach Möglichkeit an der Hautoberfläche ab.
- Entgegen der allgemeinen Ersten Hilfe sind vorgefallene Gedärme in die Bauchhöhle zurückzudrücken.
- Legen Sie anschließend einen möglichst sterilen Verband an.
- Der Verletzte darf nichts essen oder trinken.

Die Überlebenschancen sind nicht sehr hoch.

## *Kleinamputation*

Darunter wird die Abtrennung von Teilen von Gliedmaßen verstanden. Sie bezieht sich hauptsächlich auf Finger und Zehen. In Extremsituationen ist sie vor allem bei

— vollständiger Gliedzertrümmerung,

— eventuell bei Infektion oder Giftschlangenbiß

in Erwägung zu ziehen. Die Entscheidung für eine Kleinamputation ist dann zu treffen, wenn die dadurch entstehenden Risiken vom Verletzten oder Helfer als geringer eingestuft werden als bestehende. Sie ist daher meist subjektiv und stark situationsabhängig. Trotz der gegebenen Infektionsgefahr sind die Heilungschancen im allgemeinen gut.

Maßnahmen:

- Binden Sie das zu amputierende Glied möglichst nahe der Schnittstelle ab und warten Sie, bis der abgebundene Teil gefühllos ist (Stichprobe, ca. 20 Minuten).
- Bereiten Sie in der Zwischenzeit folgendes vor:
  ein Messer (so scharf und steril als irgend möglich) und einen sterilen Verband.
- Trennen Sie den zu amputierenden Teil in einem Gelenk unter Belassung eines Hautlappens ab (dabei verletzen Sie keinen Knochen). Ist das nicht möglich, kann auch der Knochen selbst abgetrennt werden.
- Klappen Sie den belassenen Hautlappen über die Wunde und fixieren Sie ihn mit einem möglichst sterilen Verband.
- Entfernen Sie nach maximal 2 Stunden die Abbindung und überprüfen Sie die Blutung. Bei anhaltender starker Blutung binden Sie wieder ab und überprüfen in max. 2stündigen Abständen (jeweils 3—5 Minuten Unterbrechung), bis die Blutung steht.

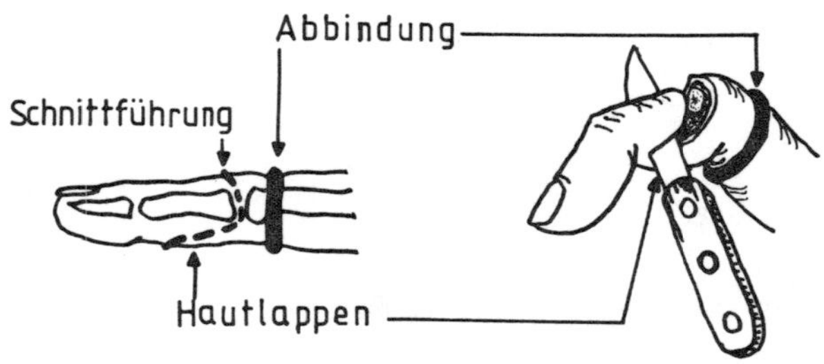

Schnitte in Haut und Fleisch sind durch die Abbindung fast schmerzfrei. Die Nerven der den Knochen umgebenden Beinhaut jedoch weiterhin schmerzempfindlich.

## *Zahnextraktion*

Das Entfernen eines Zahnes kann durch Infektion oder Beschädigung (Gewalteinwirkung oder Karies) notwendig werden.

Zur Extraktion selbst brauchen Sie einen harten Gegenstand (Metall, Hartholz, Hartplastik o. ä.) etwa in der Form eines gespitzen Bleistiftes.

Maßnahmen:

- Fixieren Sie den zu Behandelnden so, daß er Ihre Arbeit durch Schmerzreflexe (schlagen, stoßen, ausweichen) möglichst nicht behindern kann.
- Geben Sie ihm ein Stück Holz (Beißholz) so zwischen die Zähne, daß er nicht zubeißen kann, Ihnen aber genügend Platz bleibt.
- Drücken Sie die Spitze des oben beschriebenen Werkzeuges fest zwischen Zahn und Kieferknochen und führen Sie dabei rotierende Bewegungen aus.
- Wiederholen Sie diesen rotierenden Druck rund um den zu entfernenden Zahn bis sich dieser lockert und leicht aus dem Kiefer entfernt werden kann.

Dabei wird auch bei gebogenen Wurzeln eine Verletzung des Kieferknochens vermieden und damit das Risiko von zusätzlichen Komplikationen wesentlich verringert. Methoden wie Ausschlagen, Ausbrechen oder Ausbrennen von Zähnen können auch in Extremsituationen nicht empfohlen werden.

## *Kälteschäden*

### Allgemeine Unterkühlung

Darunter versteht man ein Absinken der Körpertemperatur unter 37° C. Sie entsteht meist durch Zusammenwirken von Kälte, Nässe und Wind, z. B. bei:

— einem Sturz in kaltes Wasser,
— einem Notbiwak,
— einem Wettersturz,
— einem Sturz in Gletscherspalten,
— einer Lawinenverschüttung.

Stadien der Unterkühlung:

1. Stadium

Körperkerntemperatur (Gehirn, Brust- und Bauchraum) 37—34° C
Kennzeichen:

— Blässe,
— Kältezittern,
— hellwaches Bewußtsein bis Erregung (Verwirrtheit),
— Atmung und Puls beschleunigt.

2. Stadium

Körperkerntemperatur 34—30° C

Kennzeichen:

— Schläfrigkeit bis Teilnahmslosigkeit,
— Muskelstarre, starres Gesicht,
— kein Schmerzempfinden,
— Atmung und Puls verlangsamt, später unregelmäßig.

3. Stadium

Körperkerntemperatur 30—27° C

Kennzeichen:

— Bewußtlosigkeit,
— Reflexlosigkeit,
— weite, verlangsamt reagierende Pupillen,
— kaum tastbarer, unregelmäßiger Puls,
— unregelmäßige Atmung (Atempausen).

4. Stadium

Körperkerntemperatur unter 27° C

Kennzeichen:

— Atemstillstand,
— Kreislaufstillstand.

Maßnahmen:

- Führen Sie bei Bedarf eine Wiederbelebung durch.
- Schützen Sie zugleich den ganzen Körper vor weiterer Auskühlung (Isolierung gegen Bodenkälte, Einwickeln in Alufolien, Decken, weitere Bekleidung, Felle o. ä.).
- Erwärmen Sie den Unterkühlten mit dem eigenen Körper.
- Wärmen Sie den Körperkern des Unterkühlten (Brust, Bauch) durch Auflegen von heißen Steinen, in Flaschen gefülltem heißem Wasser o. ä. (nicht auf unbedeckter Haut — Gefahr von Verbrennungen).
- Verabreichen Sie heiße Getränke (sofern der Unterkühlte bei Bewußtsein ist).

Nach bereits erfolgter Aufwärmung besteht die Gefahr eines Erwärmungskollapses (Versacken des Blutes in die durch die Wärme erweiterten Blutgefäße) oder des „Sekundärtodes" (Vermischung des noch kalten äußeren Blutes mit dem Kernblut durch Bewegung). Daher darf der Unterkühlte sich nicht bewegen. Auf keinen Fall darf der Unterkühlte Alkohol trinken.

Gefahren nach erfolgter Aufwärmung:

— vermehrte Abgabe der Körperwärme durch Erweiterung der hautnahen Blutgefäße;
— fehlende Abwehrreaktionen des Körpers durch Lähmung des Temperaturregulationszentrums im Gehirn;
— fehlende Motivation zur Vorbeugung durch subjektives Wärmegefühl (Hautdurchblutung, Müdigkeit).

Vorbeugung:

— ständig bewegen (laufen, Gymnastik),
— nicht einschlafen,
— nicht in Panik geraten.

## Örtliche Erfrierungen

Sie entstehen durch Verengung der Blutgefäße und Verlangsamung des erwärmenden Blutstromes in den Körperspitzen. Daher sind Zehen, Finger, Nase und Ohren (große Oberfläche, relativ schlechte Blutgefäßversorgung) besonders gefährdet.

Unter ungünstigen Bedingungen können örtliche Erfrierungen bereits bei Temperaturen um + 10° C entstehen.

Erfrierungsgrade:

Vorstadium

Kennzeichen:

— Blässe,
— Kälte,
— Gefühllosigkeit durch Minderdurchblutung (noch ohne Gewebschädigung).

Erfrierungen 1. Grades

Kennzeichen:

— wächserne Blässe,
— Kälte,
— Gefühllosigkeit durch Mangeldurchblutung (mit Gewebsschädigung),
— fallweise bereits hart gefroren.

Erfrierungen 2. Grades

Kennzeichen:

— blaurote Hautverfärbung,
— Blasenbildung.

Erfrierungen 3. Grades

Kennzeichen:

— schwarzes, abgestorbenes Gewebe.

Der Erfrierungsgrad ist an der Unfallstelle häufig noch nicht erkennbar. Er kann jedoch auf Grund der Begleitumstände abgeschätzt werden.

Bei gleichzeitig bestehender allgemeiner Unterkühlung ist diese immer vorrangig zu behandeln.

Maßnahmen:

- Wärmen Sie den erfrorenen Körperteil durch die eigene Körperwärme (Achselhöhle, warme Hände o. ä.) an.
- Machen Sie aktive Bewegungsgymnastik und leichte Massage (mit Körperpartien in der Nähe des Herzens beginnen, erst dann den erfrorenen Teil).
- Wenn möglich, wärmen Sie den betroffenen Körperteil durch nasse, zunehmend wärmer werdende Umschläge langsam auf (Wassertemperatur von kühl, ca. 10° C, bis sehr warm, ca. 40° C, im Laufe einer halben Stunde steigern).
- Sorgen Sie für allgemeine Wärmezufuhr (zusätzliche Bekleidung, heiße Getränke).
- Bei tiefgehender Erfrierung ist ein möglichst keimfreier Verband notwendig.
- Schützen Sie die erfrorenen Körperteile vor weiterer Kälte, Nässe und vor Wind (Einpacken in Alufolie, Stoff, Papier o. ä.).

Der erfrorene Körperteil darf nicht mit Schnee eingerieben werden. Vorsicht bei allen Maßnahmen; starr gefrorene Körperteile können leicht abbrechen.

Verletzungen der Haut im Erfrierungsbereich (durch Fingernägel, Ring) sind besonders infektionsgefährdet.

Sofortiges Eintauchen des erfrorenen Körperteils in warmes Wasser ist schmerzhaft und nur bei ganz frischen Einfrierungen sinnvoll.

Vorbeugung:

- gegenseitiges Beobachten und Aufmerksammachen (auftretende örtliche Blässe ist schmerzfrei und daher dem Betroffenen nicht bewußt);
- Einengung von Körperteilen verhindern (enger Gummi, zu starke Schnürung, zu feste Schnallen o. ä.);
- wiederholtes aktives Bewegen von Fingern und Zehen;
- Massieren von Nase, Wangen und Ohren.

## *Hitzeschäden*

### Hitzekollaps

Er entsteht durch Flüssigkeitsverlust. Bei hoher körperlicher Belastung und Außentemperatur kann der Körper bis zu 7 Liter (und mehr) Flüssigkeit verlieren (Schweiß, Atmung). Dadurch kommt es bei mangelnder Flüssigkeitsaufnahme zur Bluteindickung und somit zur verminderten Sauerstoffversorgung lebenswichtiger Organe.

Kennzeichen:

- Durst,
- geringe Harnausscheidung, dunkler Harn,
- Mattigkeit, Übelkeit,
- Reizbarkeit, Aggressivität,
- häufig Muskelkrämpfe,
- Kreislaufkollaps.

Maßnahmen:

- Ruhigstellen (flache Lagerung),
- Verabreichen von Getränken (wenn möglich salzhaltig).

### Hitzschlag

Er entsteht durch einen Wärmestau im Körper, meist bei schwüler Witterung (Hitze über 25° C, auch ohne Sonneneinstrahlung, hohe Luftfeuchtigkeit und Windstille) durch Ausfall des Wärmeregulationsmechanismus:

- Eine Wärmeabgabe ist wegen der hohen Lufttemperatur nicht möglich;
- Schweiß kann von der feuchtigkeitsgesättigten Luft nicht mehr aufgenommen werden;
- der Schweiß verdunstet wegen mangelnder Luftbewegung nicht.

Kennzeichen:

- starker Durst,
- Kopfschmerz, Übelkeit, Erbrechen,
- Puls und Atmung beschleunigt,
- Mattigkeit, Schwindel, Beklemmung, Benommenheit,
- taumelnder Gang, starrer Blick,
- hochrote oder auch blasse Gesichtsfarbe,
- verminderte oder keine Harnausscheidung,
- Krämpfe, Bewußtlosigkeit.

Maßnahmen:

- körperliche Ruhestellung an einem kühlen Ort (Schatten, in der Nähe von fließenden Gewässern oder Schneeflecken),
- bei Bewußtlosigkeit Atem- und Kreislaufstillstand: Wiederbelebung,
- bei Bewußtsein:
    - kalte Getränke,
    - entkleiden oder Kleider öffnen,
    - zufächeln kalter Luft,
    - kalte Waschungen, kalte Umschläge.

Hitzschlag bedeutet akute Lebensgefahr. Folgende Faktoren begünstigen die Entstehung eines Hitzschlages:
— schwere körperliche Arbeit,
— luftundurchlässige Kleidung,
— Fettleibigkeit,
— fehlende Hitzgewöhnung.
Daher ist es bei schwüler Witterung wichtig:
— körperliche Höchstleistungen in die Morgen- oder Abendstunden zu verlegen,
— leichte luftige Kleidung zu tragen,
— für häufige Abkühlung (Wasser, Schnee, Schatten) zu sorgen,
— möglichst viel zu trinken, wenn möglich salzige Getränke.

## Verbrennungen

Verbrennungen entstehen meist durch trockene Hitze (Feuer, Explosion, Reibung, elektrischer Strom), Verbrühungen durch feuchte Hitze (heiße Flüssigkeiten).
Einteilung und Kennzeichen:

1. Grad: Rötung der Haut
2. Grad: Blasenbildung der Haut
3. Grad: Zerstörung des Gewebes, die Haut ist weiß, verschorft oder verkohlt

Entscheidender als die Schwere einer Verbrennung ist ihre Ausdehnung. Bei Ausdehnung auf mehr als ein Drittel der Körperfläche besteht Lebensgefahr durch den Verbrennungsschock (durch Austritt von Gewebeflüssigkeit und Bluteiweiß in die Brandblasen und durch Giftstoffe, die bei Verbrennung entstehen).
Berechnung der Fläche einer Verbrennung:

| | | |
|---|---|---|
| Kopf | 9% | |
| Hals | 1% | |
| Arm mit Hand | 9% | ×2 |
| Rumpfvorderfläche | 18% | |
| Rumpfrückenfläche | 18% | |
| Oberschenkel | 9% | |
| Unterschenkel mit Fuß | 9% | ×2 |
| | 100% | |

Als Faustregel gilt: Eine Handfläche entspricht 1% der Körperoberfläche.

Maßnahmen am Unfallort:

- Ersticken Sie die Flammen bei Verletzten mit brennenden Kleidern (am Boden wälzen, mit Zeltblatt o. ä. umwickeln, mit Wasser übergießen);
- bei Verbrühungen entfernen Sie die Kleider möglichst rasch;

- bei fest an der Wunde klebenden Kleidern sollen diese nicht entfernt werden. Sie sind durch die Hitze sterilisiert und wirken als eine Art Verband.

Weitere Maßnahmen:

Möglichkeit 1 (Kaltwasserbehandlung):

- Tauchen Sie die verbrannten Körperteile möglichst rasch in kaltes Wasser (bis 16° C).
- Lassen Sie sie so lange im Wasser, bis nach anfänglicher Linderung die Schmerzen wieder zunehmen.
- Nehmen Sie sie heraus, lassen Sie die Schmerzen abklingen und wiederholen Sie den Vorgang, bis die zunächst stark gerötete Haut äußerlich wieder normal erscheint.

Erfahrungsgemäß dauert dieser Vorgang bei

Verbrennungen 1. Grades 40—50 Minuten
Verbrennungen 2. Grades ca. 1 1/2 Stunden
Verbrennungen 3. Grades bis zu 2 Stunden

Dieses Verfahren eignet sich für Verbrennungen bis zu 50% der Körperfläche, wobei dann der Verletzte ins Wasser gelegt und wieder herausgehoben wird.

Möglichkeit 2:

- Decken Sie die verbrannten Körperteile möglichst keimfrei ab (am besten mit Alufolie) und verbinden Sie sie.
- Brandwunden sind trocken zu versorgen; es darf nichts aufgebracht werden (Öl, Kräuter o. ä.).
- Bei allen Verbrennungen soll dem Verletzten innerhalb der ersten Stunde 1 Liter Flüssigkeit (Wasser; besser salzige Getränke) verabreicht werden.
- Maßnahmen zur Schockbekämpfung sind noch vor dem Auftreten von Schockzeichen einzuleiten.
- Eine offene Behandlung (Einwirkung von frischer Luft und Sonne) ist auf Grund der situationsbedingt wesentlich erhöhten Infektionsgefahr (Insekten, Erde o. ä.) erst im fortgeschrittenen Heilungsstadium anzuraten.

## *Strahlungsschäden*

Es werden nur Schäden durch Sonnenbestrahlung, nicht jedoch solche durch Nuklearstrahlung besprochen, da die Möglichkeiten ihres Vorkommens vorläufig noch sehr begrenzt und daher eher unwahrscheinlich sind.

Die Sonnenstrahlung,welche die Erdoberfläche erreicht, besteht aus:

40% sichtbarem Licht
59% angrenzender langwelliger Infrarotstrahlung (Wärme)
1% angrenzender kurzwelliger Ultraviolettstrahlung (UV-Strahlung)

Die Wirkung dieser Sonnenstrahlung ist abhängig von:

— der Intensität (Wolken oder Industriedunst reduzieren die Bestrahlungsstärke um 15—30%),
— der Dauer,
— dem Auftreffwinkel (Sonnenstand),
— der Seehöhe (die Wirkung steigt pro 1000 m um 10—20%),
— der Reflexion (bei Wasser 5%, hellem Sand 15%, Schnee bis 80% der Gesamtstrahlung),

— der Lichtstreuung (diffuses Licht bei Nebel steigert die Wirkung bis zu 40%),
— der Lichtgewöhnung der Haut (nicht möglich bei Augen und Schleimhäuten),
— der individuellen Empfindlichkeit.

**Sonnenbrand**

Er entsteht durch eine Reaktion der Haut auf die UV-Strahlung.
Kennzeichen:
— Rötung und Schwellung der Haut, fallweise Blasenbildung,
— Berührungsschmerz,
— fallweise Benommenheit und Übelkeit (Brechreiz).

Maßnahmen:
- Schutz vor weiterer Sonnenbestrahlung (Schatten, Bekleidung),
- Kalte Umschläge (am besten mit Regenwasser), die bis zum Nachlassen der Beschwerden in kurzen Abständen erneuert werden.

**Augenentzündung** (sog. Schneeblindheit)

Sie entsteht durch eine Reaktion der Stirn- und Augenbindehaut auf die UV-Strahlung.
Kennzeichen:
— starker Schmerz in den Augen,
— Fremdkörpergefühl (»Sand in den Augen«),
— Rötung der Augen,
— in schweren Fällen Lichtscheu,
— Augenlidverkrampfung,
— Sehstörungen (vorübergehend).

Maßnahmen:
- beide Augen lichtundurchlässig verbinden,
- kühlende Umschläge machen.

Das Abdunkeln kann je nach Schwere der Entzündung bis zu einigen Tagen notwendig sein und ist durch Aufenthalt in einem dunklen Raum oder durch Verbinden der Augen zu erreichen.

Als Vorbeugung kann eine Sonnenbrille oder ein entsprechender Behelf (siehe Kapitel »Behelfe«), besonders bei hoher Reflexion (Schnee, Sand, Wasser) oder bei diffusem Licht (Nebel), verwendet werden.

## *Transport von Verletzten*

Wenn der Verletzte transportfähig ist (nach entsprechender Versorgung), wird es gut sein, ihn an einen zu seiner weiteren Behandlung besser geeigneten Platz zu bringen (Lagerplatz, Marschziel, Wasser o. ä.).
Die Art des Transportes ist abhängig von:
— dem Gewicht und der Größe des Verletzten,
— der Art und Schwere der Verletzung,
— der Anzahl der Helfer,
— den zur Verfügung stehenden Hilfsmitteln,
— der Art und Neigung des Geländes,
— der Länge des Transportweges.

Möglichkeiten:

*bei Gehfähigkeit*

*Tragen auf der Schulter*

*Tragen auf der Hüfte*

*Tragen auf den Armen*

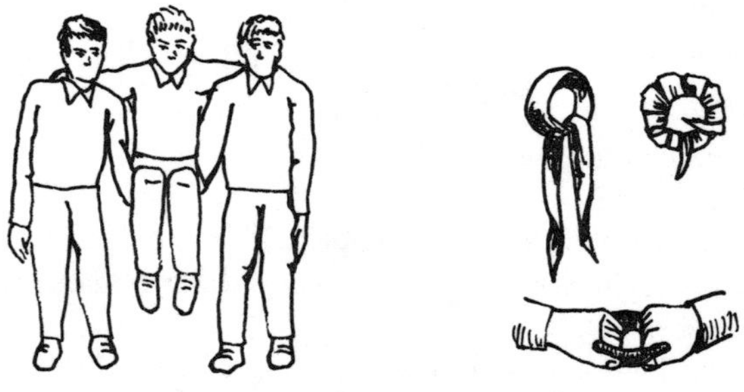

*Tragen mittels Tragring (Stock o. ä.)*

*Transport mittels Behelfstrage*

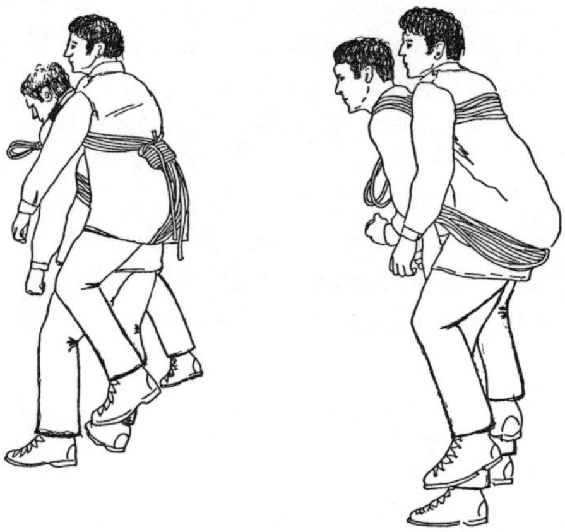

*Tragen mittels Hilfsitz (Seil, Hosengurt, Stoffstreifen o. ä.)*

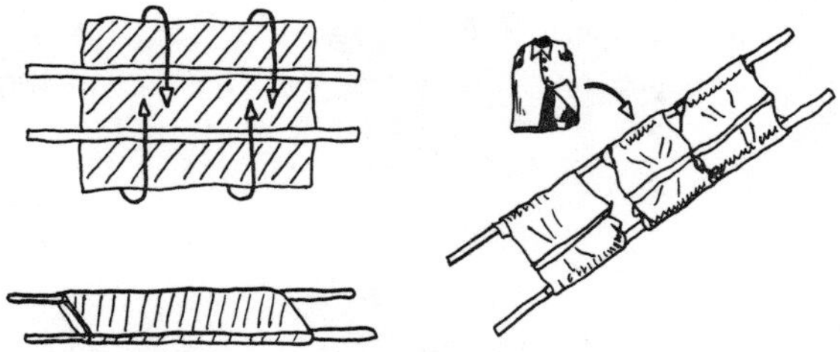

*Transport mittels Behelfsbahre*

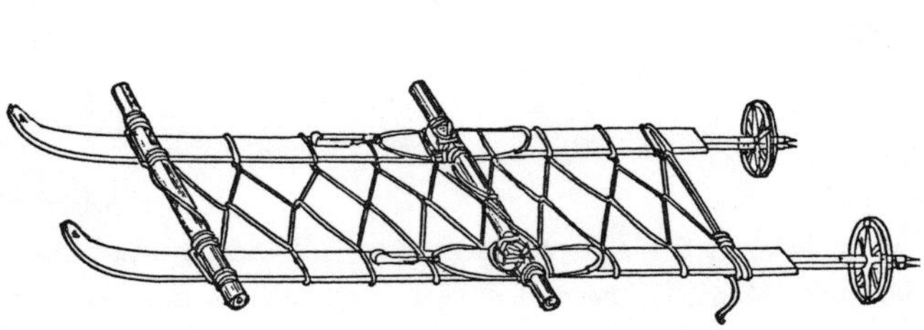

*Transport mittels Behelfsschleife*

Trotz der hohen körperlichen Belastung der (des) Helfer(s) ist der Transport so schonend als möglich durchzuführen, um zusätzliche Verletzungen bzw. eine Verschlechterung des Zustandes des Verletzten (z. B. Schock) zu vermeiden.

## *Sonstige lebensbedrohliche Zustände*

### Ertrinken

Maßnahmen:

- Sofort (wenn möglich noch während der Bergung) mit der Atemspende beginnen;
- nach Erreichen des Ufers den Geborgenen auf einer schrägen Fläche mit Kopf und Oberkörper nach unten lagern (so kann das Wasser aus Lunge und Magen durch die Druckwirkung bei einer Herzmassage abfließen);
- die Atemspende muß ohne Unterbrechung fortgesetzt werden;
- bei Kreislaufstillstand mit einer Herzmassage beginnen;
- vor Unterkühlung schützen (nasse Bekleidung ausziehen, zudecken, auf Unterlage betten).

Durch Schütteln kann nur das Wasser aus Mund, Rachen und den oberen Atemwegen (insgesamt ca. 0,1 l), nicht aber das in die Lungenbläschen eingedrungene Wasser (bis zu 3 l) entfernt werden. Es ist daher ineffizient und zeitraubend und sollte unterbleiben.

### Elektrounfall

Kennzeichen:
- Verbrennungen verschiedener Ausdehnung und Tiefe (bis zur Verkohlung);
- »Strommarken« (weißliche oder graue, etwas erhabene Zeichen, meist schmerzlos);
- versengte Körperhaare;
- angeschmolzene Metallgegenstände (Gürtelschnalle, Halskette, Uhr, Münzen);
- Erregung, Angst, Beklemmung;
- Bewußtlosigkeit, Herz- und Kreislaufstillstand;
- Verkrampfung, Muskelspannung, Blockierung der Atemmuskulatur;
- Lähmungserscheinungen;
- Schock.

Maßnahmen:

- Wenn erforderlich, bringen Sie den Verletzten aus dem Stromkreis.
- Führen Sie, falls nötig, eine Wiederbelebung durch.
- Beruhigen Sie den Verletzten (Schockbekämpfung) und
- versorgen Sie die Brandwunden.

### Vergiftungen

S c h l a n g e n b i ß

Schlagengift wirkt je nach Schlangenart nerven-, gefäß- oder blutschädigend und ist für Kleinkinder oder ältere Menschen besonders gefährlich (siehe Kapitel »Gefahren«).

Kennzeichen:
- zwei Bißmarken, die einige Millimeter auseinanderliegen;
- rasche, örtliche Schwellung und Rötung der Bißstelle;

— starke Schmerzen;
— Schwindel, Übelkeit, Brechreiz bis Erbrechen, Durstgefühl;
— Kopfschmerzen, fallweise Lähmungserscheinungen;
— fallweise blutiger Harn, blutige Durchfälle;
— Schock;
— fallweise Bewußtlosigkeit.

Maßnahmen:

- Binden Sie die Bißstelle sofort ca. 10 cm herzwärts ab (verhindert die Ausbreitung des Giftes).
- Der Gebissene muß sich ruhig verhalten.
- Verbinden Sie die beiden Bißmarken durch einen ca. 5 mm tiefen Schnitt.
- Verstärken Sie die Blutung aus der Wunde durch Drücken und Streichen in Richtung des Schnittes (Ausschwemmen des Giftes).
- Beruhigen Sie den Gebissenen (Schockbekämpfung).
- Die Wunde muß offen bleiben.
- Die Abbindung kann nach ca. 20 min gelöst werden.
- Der Gebissene sollte viel Flüssigkeit trinken.

Bei einem Biß direkt in ein Blutgefäß treten die Kennzeichen besonders rasch auf.

Wurde die beißende Schlange eindeutig als besonders giftig identifiziert (Buschmeister, Mamba o. ä.), und war der Biß besonders intensiv, muß als Maßnahme auch eine Kleinamputation in Erwägung gezogen werden.

Bisse von Giftspinnen und Stiche von Skorpionen sind wie Schlangenbisse zu behandeln. Sie sind in der Wirkung jedoch meist schwächer als diese.

### Pilzvergiftung

Die Vergiftungserscheinungen können, je nach Art des Giftpilzes, sehr rasch (ca. 1 1/2 bis 2 Stunden) oder erst nach längerer Zeit (8—24 Stunden) auftreten.

Kennzeichen:
— Bauchschmerzen,
— Übelkeit,
— Erbrechen,
— Durchfälle,
— Hitzegefühl, Schweißausbruch,
— fallweise Muskelzuckungen, Krämpfe, vorübergehende Sehstörungen,
— fallweise Unruhe bis starke Erregung, Halluzinationen,
— Bewußtlosigkeit.

Maßnahmen:

- Der Vergiftete muß sich erbrechen (Finger in den Hals stecken, wenn vorhanden Salz- oder Seifenwasser zu trinken geben).
- Der Vergiftete muß sich ruhig verhalten und viel trinken.
- Schützen Sie den Vergifteten vor Kälte und Nässe.

### Kohlenmonoxydvergiftung (CO)

CO ist ein farb- und geruchloses Gas und schon in geringen Mengen sehr gefährlich.

Es entsteht bei Feuern mit ungenügender Luftzufuhr (Feuer im Erdhaus, in der Höhle, im Iglu z. B. bei Verstopfung der Abzugsöffnung), ist aber auch in Auspuff- und Explosionsgasen sowie in Leuchtgas enthalten.

Seine Wirkung beruht auf der gegenüber Sauerstoff 300mal stärkeren Bindung an den roten Blutfarbstoff.

Damit verhindert es die Sauerstoffaufnahme des Blutes und führt zur »inneren Erstickung«.

Kennzeichen:
- Kopfschmerzen,
- Schwindel, Übelkeit, fallweise Erbrechen,
- Herzklopfen, Atemnot,
- Ohrensausen, Flimmern vor den Augen,
- Erregung, hoher Puls,
- Bewußtlosigkeit.

Maßnahmen:
- Bergen Sie den Vergifteten (Vorsicht: Atem anhalten oder feuchtes Tuch vor Nase und Mund binden).
- Der Vergiftete muß so rasch als möglich an die frische Luft.
- Falls erforderlich (Atem-/Kreislaufstillstand) führen Sie eine Wiederbelebung durch.
- Schützen Sie den Vergifteten vor Unterkühlung.

Der Vergiftete hat meist eine »gesunde« (hellrote) Gesichtsfarbe.

Kohlendioxydvergiftung ($CO_2$)

$CO_2$ ist wie CO farb- und geruchlos, jedoch nur in hoher Konzentration gefährlich (ab 8% giftig, ab 20% tödlich). Es ist schwerer als Luft und sammelt sich daher in Bodennähe. Es kommt in Gärkellern, Silos, Jauchegruben und in geringen Mengen (4%) auch in der menschlichen Ausatmungsluft vor. Es kann daher auch in einem längerdauernden Biwak ohne ausreichende Entlüftung zu Vergiftungen kommen.

Kennzeichen:
- wie bei der CO-Vergiftung sowie
- krampfartige Zuckungen.

Maßnahmen:
- wie bei CO-Vergiftung.

Im Biwak zeigt das Ausgehen einer auf dem tiefsten Punkt des Bodens stehenden, brennenden Kerze eine gefährlich hohe $CO_2$-Konzentration an.

**Erschöpfungstod**

Die Leistungsfähigkeit eines Menschen ist abhängig von
- biologischen Gegebenheiten,
- seinem Charakter,
- geistigen und seelischen Faktoren,
- seinem Gesundheitszustand,
- seiner Kondition,
- der Abhärtung

und somit individuell verschieden. Ein Überschreiten der Grenzen der Leistungsfähigkeit führt zu ihrer Verminderung im körperlichen und seelischen Bereich (Ermüdung). Erst eine weit über dieses Warnsignal hinausgehende Belastung bedingt schließlich den völligen Aufbrauch der Energievorräte und den Zusammenbruch der vegetativen Funktionen (Erschöpfung). Dabei sind im Normalfall die letzten Leistungsreserven willensmäßig nicht abrufbar (Selbstschutz).

Ein Freisetzen dieser letzten Leistungsreserven und damit ein Hinausschieben des endgültigen Versagens der lebenswichtigen Funktionen ist jedoch möglich durch:

- die Einnahme von Aufputschmitteln
  Dabei wird eine Ermüdung nicht mehr wahrgenommen, das Ruhebedürfnis beseitigt und die Stimmung kritiklos euphorisch.
- Streßeinwirkung (wie Wettersturz, Verletzung, falscher Ehrgeiz)
  Dabei kommt es durch eine komplizierte Wechselwirkung zwischen Hormondrüsen, dem vegetativen und Teilen des Zentralnervensystems zur Freisetzung von Leistungsenergien (Notfall- und Anpassungsreaktion).
- Notsituationen (Verfolgung, unmittelbare Todesgefahr o. ä.)
  Dabei setzt der Selbsterhaltungstrieb so starke Willensimpulse, daß die Leistungsreserven verfügbar werden.

Einfluß der Leistungsfähigkeit (körperlich, seelisch und geistig) auf den Erschöpfungsablauf.

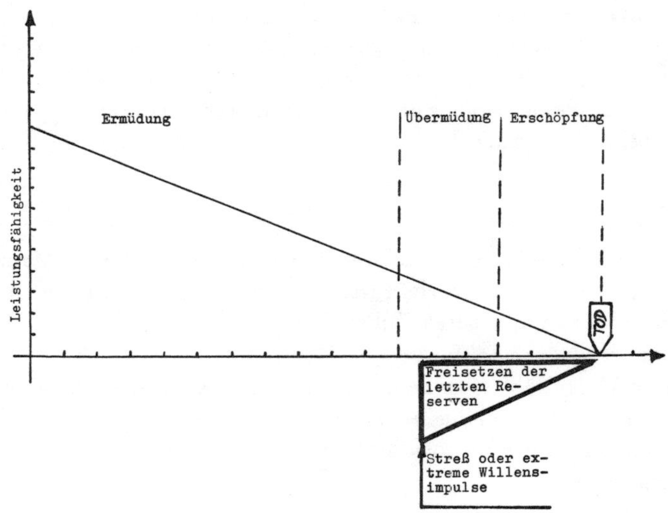


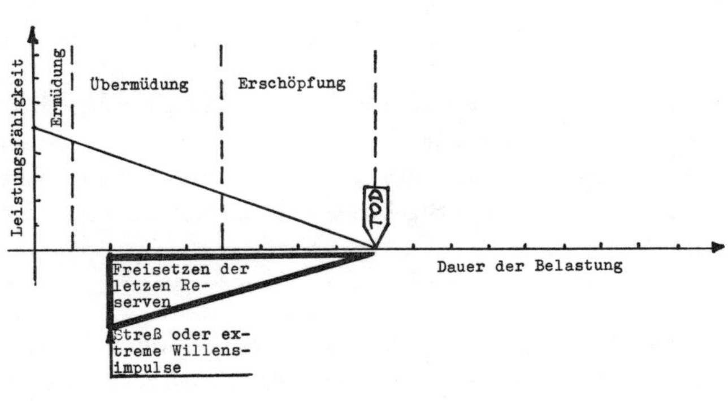


Bleibt die Belastung aufrecht, so stirbt der Betroffene nach Aufbrauchen auch der letzten Leistungsreserven durch endgültiges Versagen der lebenswichtigen Funktionen vor Erschöpfung.

Bei der Bergung und Rettung kann durch Wegfall des psychischen Stresses bzw. des Selbsterhaltungstriebes die Freisetzung dieser letzten Leistungsreserven unterbrochen werden. Der plötzliche Zusammenbruch der lebenswichtigen Funktionen führt zum Bergungstod (der Gerettete stirbt, weil er gerettet wird).

> Kennzeichen der Erschöpfung:
> — starke Müdigkeit, Schlafbedürfnis,
> — unsichere Bewegungen,
> — Herzklopfen, rascher Atem,
> — Gleichgültigkeit,
> — Verwirrtheit,
> — Bewußtlosigkeit,
> — Herz-/Kreislaufversagen.

Maßnahmen:
- sofortige Ruhigstellung;
- bei Bedarf Wiederbelebung;
- Schockbehandlung;
- heiße Getränke (wenn möglich stark gesüßt) verabreichen;
- psychische Beeinflussung: Hoffnung, aber nicht Gewißheit der Rettung geben (»Du bist zwar noch nicht in Sicherheit, aber wir haben gewisse Chancen...«);
- Aufgaben stellen, die zur Bergung und Rettung beitragen, aber keine körperliche Belastung darstellen (beobachten, zählen).

## *Entbindung*

Der Geburtsvorgang bedeutet eine schwere körperliche Arbeit für die Mutter. Die ersten Anzeichen einer herannahenden Geburt treten schon ca. vier Wochen vorher auf:
— Der Bauch wölbt sich im unteren Teil stärker nach vor;
— die Atmung der Mutter wird freier;
— ein Druck- und Zuggefühl in der Leistengegend und im Kreuz tritt auf (wie es viele Frauen vom Einsetzen der Regelblutung her kennen).
Der Geburtsablauf setzt sich aus folgenden Phasen zusammen:
— Eröffnungsphase,
— Austreibungsphase,
— Nachgeburt.

*Eröffnungsphase*

Dabei erweitert sich der Gebärmutterhals. Das Kind hat die Geburtslage (Kopf nach unten) bereits eingenommen. Diese Phase nimmt die längste Zeit der Geburt in Anspruch. Die Geburtswehen (rhythmisch an- und abschwellende und zunehmend schmerzhafte Anspannungen in der Gebärmutter) beginnen bei Erstgebärenden ca. 20 Stunden, sonst ca. 8—12 Stunden bevor das Kind zur Welt kommt.

> Kennzeichen:
> — Zu Beginn setzen kurze Wehen im Abstand von 20—30 Minuten ein.
> — Im Laufe der Eröffnungsphase nimmt die Dauer der Wehen zu und die Abstände dazwischen werden kürzer (Dauer 1/2—1 Minute in Abständen von 2—5 Minuten).

Maßnahmen der Mutter:
- Die Mutter soll nichts mehr essen und den Darm entleeren (voller Darm kann Geburtsarbeit stören).
- Eine sorgfältige Reinigung vom Nabel abwärts vermindert die Infektionsgefahr.

- Tiefe Bauchatmung während der Wehen vermindert die Schmerzen.
- Die Mutter soll bei den Wehen nicht mitpressen (Gefahr eines verfrühten Blasensprungs) und sich in den Wehenspausen bewußt entspannen.
- Die Körperhaltung kann nach Wunsch gewählt werden (liegen, hocken, herumgehen).

Die Wehenpausen sind zur Erholung für die Mutter, aber besonders für das Kind notwendig. Dieses wird durch das Zusammenziehen der Gebärmutterwand während der Wehe unter starken Druck gesetzt. Dadurch werden die Blutgefäße verengt, was die Sauerstoffversorgung vermindert.

Maßnahmen der Helfer:

- Treffen Sie die nötigen Vorkehrungen zur Zubereitung von warmem Wasser (Feuer, Holz, Gefäße).
- Bereiten Sie alles zur Sterilisation von Tüchern vor.
- Schneiden und reinigen Sie Ihre Fingernägel.
- Bereiten Sie ein Lager für die Mutter (harte Unterlage, Zugang von allen Seiten, Kälte- und Wetterschutz).

*Austreibungsphase*

In dieser Phase schlüpft das Kind durch den engen Geburtskanal ins Freie. Dabei platzt in einer Wehe die Fruchtblase (Blasensprung), und eine große Menge wässriger Flüssigkeit (Fruchtwasser, ca. 1/2 l) tritt plötzlich aus. Die Wehen werden zu Preßwehen (unwillkürliches Mitpressen), die dicht aufeinander folgen.

Das Kind wird normalerweise mit dem Kopf voran (Gesicht nach unten) mit jeder Preßwehe ein Stück weiter durch den Geburtskanal gedrückt. Das Mitpressen beschleunigt die Geburt des Kindes und ist daher sehr wichtig. Durch Verkrampfung (Widerstand der Beckenmuskulatur) wird die Geburt für Mutter und Kind länger und schmerzhafter.

Kennzeichen:
— Blasensprung,
— Einsetzen von Preßwehen.

Maßnahmen der Mutter:

- Sie muß sich auf den Rücken legen und
- bei Einsetzen der Preßwehen die Oberschenkel spreizen und von außen mit den Händen umfassen, damit der ganze Körper mitpressen kann.
- Die Hechelatmung während der Preßwehen lindert den Schmerz und verbessert die Sauerstoffversorgung.
- Das instinktive Mitpressen muß von der Mutter mit aller Kraft verstärkt werden.
- Zwischen den Wehen soll sie sich so weit wie möglich entspannen und ausruhen.
- Das Abgeben von Wasser oder Stuhl während des Pressens ist nicht ungewöhnlich. Scham würde den Geburtsvorgang nur unnötig erschweren.

Maßnahmen der Helfer:

- Haut und Haare um die Scheide der Mutter müssen mit warmem Wasser sorgfältig gereinigt werden (wenn vorhanden mit Seife).
- Bereiten Sie möglichst keimfreie Tücher o. ä. und sterilisiertes Schneidwerkzeug (zum Durchtrennen der Nabelschnur) vor.
- Reinigen Sie sorgfältig Ihre Hände und Unterarme mit heißem Wasser (wenn vorhanden mit Seife); sie sollten möglichst keimfrei sein.
- Berühren Sie nach der Reinigung nichts mehr, lassen Sie Ihre Hände an der Luft trocknen.
- Greifen Sie nicht in den Geburtskanal. Zeigen Sie einen freundlichen, ruhigen Gesichtsausdruck. Ekel, Angst oder Erschrecken können zur Verkrampfung der Mutter führen.

- Ermutigen Sie die Mutter (»gib nach«, »sei locker«). Damit können Sie eventuell einer Verkrampfung vorbeugen.
- Bei Sichtbarwerden des Kopfes bzw. kurz vorher bremsen Sie das Mitpressen der Mutter mit Worten (»jetzt nur wenig pressen«, »nicht so fest«). Sonst besteht die Gefahr eines Dammrisses (Einreißen des Gewebes zwischen Scheidenausgang und After).
- Stützen Sie den Damm durch leichten Gegendruck mit der flach aufgelegten Hand (oder mit einem Tuch).
- Beim Durchtreten des Kopfes stützen Sie diesen mit der Hand ab. Der Rest des Körpers folgt schnell und schmerzlos und muß abgefangen werden.
- Wischen Sie mit möglichst sterilem Finger oder Tuch (frisches Blut oder Fruchtwasser sind keine Verunreinigung) den Mund des Kindes aus.
- Halten Sie das Kind mit einer Hand an den Beinen hoch, den Kopf nach unten. Wenn es nicht von selbst schreit (atmet), geben Sie ihm einen kräftigen Klaps aufs Gesäß.
- Wenn das Kind auch jetzt noch nicht schreit (atmet) reiben Sie Stirn und Brust des Kindes mit einem kalten, nassen Tuch ab. Versagt auch diese Maßnahme, bringen Sie nach nochmaliger Reinigung von Mund und Nase das Kind in Bauchlage und beatmen es künstlich durch vorsichtigen Druck der flachen Hände auf die Seite der Brust (der Atemrhythmus eines Kindes ist ca. doppelt so schnell wie der eines Erwachsenen).
- Ungefähr 5 Minuten nach der Geburt des Kindes binden Sie die Nabelschnur ca. 15 cm oberhalb des kindlichen Bauches 2mal ab (mit einer möglichst sterilen Schnur oder einem Stoffstreifen) und trennen sie dazwischen mit einem keimfreien Schneidewerkzeug durch.
- Reinigen Sie das Kind mit warmem Wasser (Ellenbogenprobe).
- Verbinden Sie den Nabel mit einem sterilen Verband.

Nach dem Blasensprung sollte die Mutter nicht mehr aufstehen (die Nabelschnur könnte das Kind erwürgen). Das Kind atmet noch ca. 3—5 Minuten über die Nabelschnur. Dann hört der Blutstrom in dieser auf, und die Abnabelung muß erfolgen.

Die eigene Atmung des Kindes (erstes Füllen der Lungenbläschen) beginnt mit dem ersten Schrei.

*Nachgeburt*

Ihre Ausstoßung beendet den Geburtsvorgang (Mutterkuchen, das Gewebe zwischen Mutter und Kind, in welchem Atemgase und Nährstoffe zwischen den Kreisläufen von Mutter und Kind ausgetauscht wurden). Sie erfolgt ca. 1/2—1 Stunde nach Erscheinen des Kindes und wird von Nachwehen begleitet. Die Nachgeburt hat etwa 25 cm im Durchmesser, ist 2—3 cm dick, ungefähr 1/2 kg schwer und hängt an der Nabelschnur.

Kennzeichen:
— Die Nachwehen setzen ein (durch vorausgegangene starke Dehnung manchmal nur schwach fühlbar).

Maßnahmen der Mutter:
- Sie soll ruhen, bis die Gebärmutter wieder die Kraft hat, die Nachgeburt auszustoßen.
- Bei den Nachwehen muß sie nicht mitpressen.
- Nach ca. 24 Stunden kann sie das Kind zum ersten Mal anlegen.
- Ist die Brust zu hart, muß zuvor etwas Milch herausgedrückt werden.

Maßnahmen der Helfer:
- Überprüfen Sie die Nachgeburt auf Vollständigkeit (durch die Nabelschnur mit Wasser auffüllen; es darf nirgends Wasser austreten).
- Die Umgebung der Scheide der Mutter muß (wie vor der Geburt) gewaschen werden. Vorsicht: Es darf kein Wasser eindringen — Infektionsgefahr!

Durch das Abreißen der Nachgeburt entsteht in der Gebärmutter eine großflächige Wunde. Diese sondert im Zuge der Heilung (3—6 Wochen) eine anfänglich mit Blut vermischte Wundflüssigkeit ab, die durch die Scheide austritt (Wochenfluß).

Sind Teile (auch kleine) der Nachgeburt in der Gebärmutter geblieben, kommt es zu einer Infektion mit meist tödlichen Folgen. Ein Entfernen dieser Teile ist in den gegebenen Extremsituationen nicht möglich.

Während des ganzen Geburtsvorganges bis zum Versiegen des Wochenflusses ist wegen der hohen Infektionsgefahr größtmögliche Sauberkeit von Helfern, Mutter und Kind lebensnotwendig.

## *Schmerzbekämpfung*

Schmerz beeinträchtigt die Leistungsfähigkeit und Konzentration, kann zu einem Schock und bei besonders hoher Intensität zu Bewußtlosigkeit führen. Seine Bekämpfung in Extremsituationen ist nur bedingt möglich, Dämpfung auf ein erträgliches Maß schon ein Erfolg. Möglichkeiten:

### Alkohol

Falls vorhanden, sind alkoholische Getränke in entsprechender Dosierung (Rauschzustand) ein hervorragendes Mittel zur Schmerzbekämpfung. Kleinere chirurgische Eingriffe (z. B. Kleinamputationen, Zahnextraktionen, Einrichtungen von Brüchen) können im Alkoholrausch schmerzfrei durchgeführt werden.

Anwendung:

Verabreichen Sie alkoholische Getränke. Löffelweises Einnehmen, Aussaugen von alkoholgetränkten Tüchern und das Einatmen von Alkoholdämpfen beschleunigen die Wirkung.

Zeichen der eingesetzten Wirkung:

— lallende Sprache,
— Gleichgewichts- und Koordinationsstörungen,
— Benommenheit,
— Bewußtseinstrübung bis zu tiefer Bewußtlosigkeit,
— Erschlaffen der Körpermuskulatur, Starre der Skelettmuskulatur (in fortgeschrittenen Stadien).

Dosierung:

Die Alkoholtoleranz ist individuell sehr verschieden, bei Kindern in der Regel sehr gering. Daher muß die einsetzende Wirkung laufend beobachtet und die Menge langsam erhöht werden, bis der gewünschte Zustand erreicht ist (Bewußtseinstrübung, leichte Bewußtlosigkeit).

Bei Kleinkindern kann bereits die Aufnahme von nur 6—30 g Alkohol, bei Erwachsenen eine Menge von 300 g (etwa eine Flasche 42%iger Schnaps) eine tödliche Alkoholvergiftung durch akutes Herzversagen oder Atemlähmung bewirken.

**Kälte**

Die schmerzlindernde Wirkung der Kältebehandlung beruht auf dem Zusammenspiel folgender Faktoren:

— Verlängerung der Refraktärzeit in den Schmerzfasern,
— Reizkonkurrenzierung (»gate-control-theory«),
— Einschränkung von Produktion, Freisetzung und Weiterleitung der sogenannten »schmerzerzeugenden Substanzen«.

Die menschliche Haut besitzt sowohl statische als auch dynamische Wärmeempfänger (Thermorezeptoren). Daher ist für die rasche Schmerzlinderung durch Kältebehandlung nicht nur die absolute Temperaturerniedrigung, sondern auch deren Geschwindigkeit ausschlaggebend.

Die Eindringtiefe der Kälte ist begrenzt, da örtliche Gefrierschäden der Haut durch wiederholte, rasch aufeinanderfolgende Behandlungen vermieden werden müssen. Eine oberflächliche Temperaturerniedrigung bis zur lokalen Betäubung (Hauttemperatur unter 12° C) ist jedoch rasch zu erreichen.

Besonders geeignet ist die Kältebehandlung bei Schmerz nach Sturz- oder Schlagverletzungen (Prellungen).

Möglichkeiten:

*kaltes Wasser*

Vorteile:

— Es ist leicht auf einer niedrigen Temperatur zu halten; es kühlt den verletzten Körperteil rasch ab.

Nachteil:

— Die Anwendungstemperatur ist mit über 10° C relativ hoch.

Anwendung:

- Ein Stück Stoff, Schwamm, Moospolster o. ä. laufend abwechselnd in kaltem Wasser ausdrücken und auf die schmerzende Stelle pressen;
- verletzte Extremität in ein Kaltwasserbad tauchen und darin bewegen oder
- verletzte Extremität unter fließendes kaltes Wasser halten.

*Eis, Schnee*

Vorteile:

— wie Wasser, jedoch tiefe Anwendungstemperatur

Anwendung:

- Kältepackung (Eisstücke, Schneebälle) auf die schmerzende Stelle pressen und dort fixieren oder
- »Eismassage« durchführen: Durch laufende Massagebewegungen wird das Schmelzwasser weggedrückt und durch den direkten Eiskontakt eine größere Temperaturdifferenz erreicht.

Durch eine zu lange Kältebehandlung kann es zu örtlichen Gefrierschäden kommen. Weiße Hautstellen oder „Reifbildung“ sind Warnsignale. Die Behandlung muß immer wieder unterbrochen werden.

Ab ca. einminütiger Kälteanwendung kommt es zu einer Gefäßverengung in der Haut und der Muskulatur. Damit kann durch Kältebehandlung auch eine blutstillende und entzündungshemmende Wirkung erzielt werden.

**Akupressur:**

Möglichkeiten:

— Leichtes Beklopfen der betreffenden Punkte mit der Fingerkuppe während 2—3 Minuten. Dies ist besonders geeignet für Kinder oder bei allgemein schwacher Konstitution. Die Methode ist für leichte Fälle geeignet.

— Massieren der betreffenden Punkte mit einem Finger während ca. 30 Sekunden bis 2 Minuten und dabei kräftig aufdrücken. Diese Methode wird normalerweise angewendet.

— Massieren der betreffenden Punkte mit den Fingernägeln während ca. 30 Sekunden bis 2 Minuten. Diese Methode ist bei stärkeren Schmerzen geeignet. Bei allgemein schwacher Konstitution besteht die Gefahr von Herzklopfen.

— Massieren der betreffenden Punkte mit einem Holzstab (Ende abgerundet, bei spitzem Ende intensivere Wirkung) während 30 Sekunden bis 2 Minuten. Diese Methode ist nur bei sehr starken Schmerzen anzuwenden und bedarf entsprechender Übung und Beherrschung der Technik.

*Meisterpunkte der Akupressur*

Diese vier Punkte sind bei Schmerzzuständen jeglicher Art immer als erste zu behandeln und zwar von unten nach oben (erst die Punkte an den Knöcheln, dann die an den Waden). Beide Körperseiten sollten nach Möglichkeit zugleich behandelt werden. Ansonsten ist rechts zu beginnen.

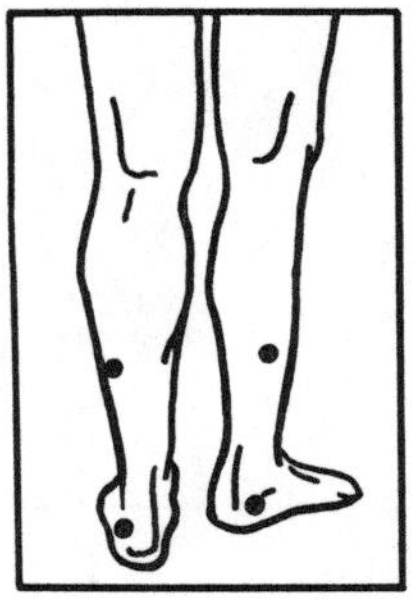

Auffinden des unteren Meisterpunktes:

Suchen Sie die Mulde zwischen den äußeren Fußknöcheln und den Fersen. Ertasten Sie mit Zeige- oder Mittelfinger die Mitte dieser Mulde. Drücken Sie etwas fester, bis Sie unter der Haut eine leichte Erhöhung feststellen, die druckempfindlicher ist als ihre Umgebung. Wenn Sie den Druck noch nach Minuten spüren, dann haben Sie den richtigen Punkt gefunden.

Auffinden des oberen Meisterpunktes:

Gehen Sie vom äußeren Knöchel eine Handbreit nach oben. Von hier aus gehen Sie einige Zentimeter nach rückwärts zur Wade in eine Mulde. Ertasten Sie in dieser Mulde die druckempfindlichste Stelle. Das ist der richtige Punkt.

Diese vier Meisterpunkte sind am Anfang jeder Schmerzbehandlung als erste zu massieren.

Weitere Akupressurpunkte:

K o p f s c h m e r z e n

*Lokus-dolendi-Punkt*

Dieser Punkt liegt jeweils am Ort des Schmerzes (z. B. Stirn, Schläfe, Hinterkopf). Ertasten Sie den jeweils druckempfindlichsten Punkt und massieren Sie ihn wie bereits beschrieben.

*Ohrläppchen*

Pressen Sie die Ohrläppchen zwischen Daumen und Zeigefinger und massieren Sie am empfindlichsten Punkt unter kräftigem Druck.

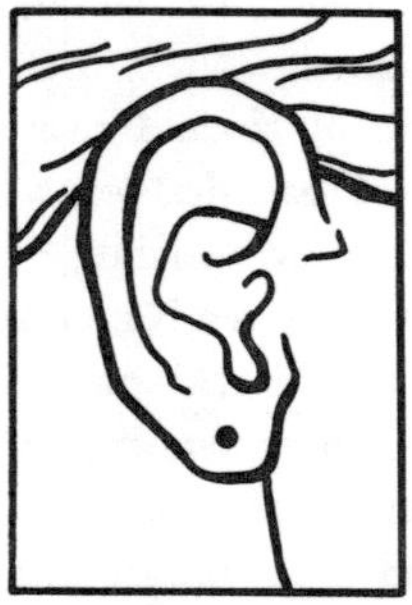

*Handrücken*

Legen Sie einen Finger der rechten Hand zwischen die Knöchel des kleinen und des Ringfingers der linken Hand. Fahren Sie senkrecht über den Handrücken bis zu einer Vertiefung vor dem Handgelenk. Ertasten Sie den druckempfindlichsten Punkt und massieren Sie ihn (linke Hand für die linke, rechte Hand für die rechte Kopfhälfte).

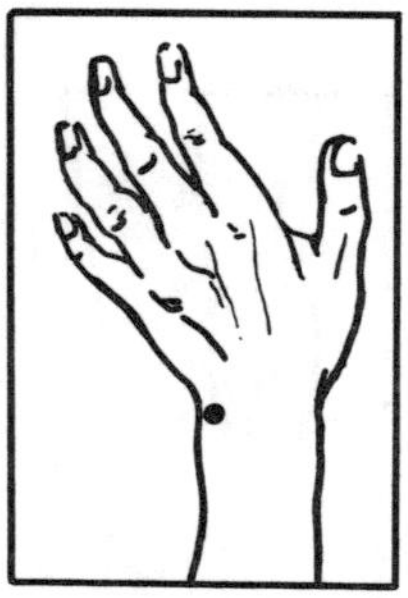

*Unterarm*

Tasten Sie in der Mitte der Innenseite des Unterarms ca. drei Fingerbreit vom Handgelenk in Richtung Ellenbogen. Suchen Sie den druckempfindlichsten Punkt und massieren Sie ihn (linker Unterarm für linke, rechter für rechte Kopfseite).

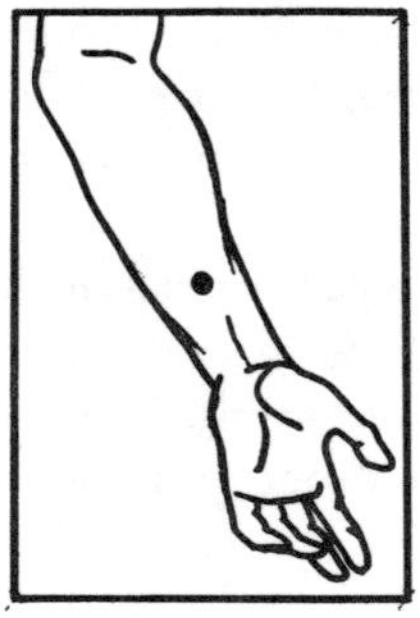

Zahnschmerzen

Der Punkt liegt auf dem Zeigefinger neben dem Fingernagel, etwa 2 mm neben dem Nagelbett. Suchen Sie mit dem Daumennagel den Punkt, der auf Druck schmerzhaft reagiert und massieren Sie ihn.

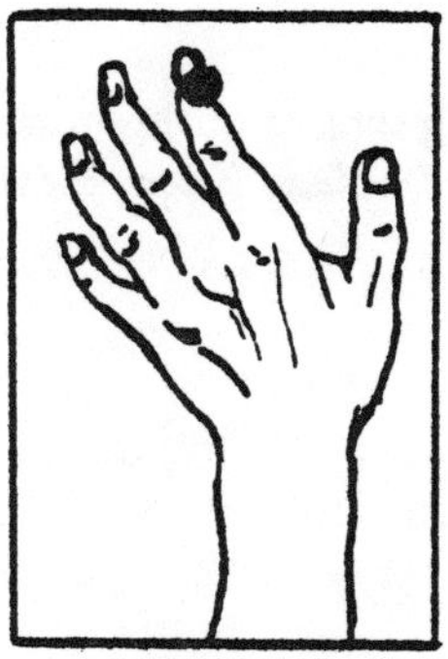

Es ist wichtig, die Akupressurpunkte genau zu treffen. Nehmen Sie sich Zeit beim Suchen und geben Sie nicht auf, wenn der erste Versuch nicht gelingt. Sie haben den richtigen Punkt, wenn der Druck dort mehr weh tut als in der Umgebung.

## *Desinfektion und Sterilisation*

Unter Desinfektion versteht man das Abtöten von Krankheitserregern. Sterilisation bedeutet das Entfernen oder Abtöten sämtlicher Mikroorganismen.

Auch in Überlebenssituationen ist es wichtig, daß Wunden möglichst desinfiziert und alle Gegenstände, die mit der Wunde in Berührung kommen, steril gemacht werden. Dieses Ziel wird in der klinisch gewohnten Form sicher nicht erreichbar sein. Dennoch unterstützen auch Teilerfolge die körpereigenen Abwehrreaktionen und erhöhen wesentlich die Überlebenschancen.

Möglichkeiten zur Sterilisation:

— Kochendes Wasser
— Wasserdampf
— Heißluft
— Alkohol (falls vorhanden)
— Energiereiche Strahlung

### Kochendes Wasser

Da Bakterien unterschiedlich temperaturresistent sind (teilweise bis 80° C), muß der Gegenstand für eine ausreichende Wirkung (z. B. Verband, Wundpolster) mindestens 10 Minuten im kochenden Wasser bleiben. Nur einige Dauerformen (Sporen) sind auch dadurch nicht abzutöten. Sollte auskochen nicht möglich sein, so bietet auswaschen in möglichst warmem Wasser (je wärmer, desto besser, Dauer mindestens 10 Minuten) auch einen gewissen sterilisierenden Effekt.

### Wasserdampf

Er hat eine ähnliche, jedoch schwächere Wirkung als kochendes Wasser. Dauer mindestens 15 Minuten.

### Heißluft

Es muß bei mindestens 200° C sterilisiert werden. (Gehen Sie mit der Handfläche so nahe an ein Feuer heran, wie Sie es aushalten können.) Dauer mindestens 5 Minuten. Stoffe könnten dabei zu brennen beginnen, daher Vorsicht! Das sogenannte »Ausglühen« (Messer, Nadel o. ä.) verändert die Struktur des Metalles und kann Ihr Messer unbrauchbar machen, ohne eine höhere sterilisierende Wirkung zu bieten, und ist abzulehnen.

### Alkohol

Er hat eine stark keimtötende Wirkung (je hochprozentiger, desto besser) und ist daher sowohl zur Desinfektion als auch zur Sterilisation sehr gut geeignet. In Extremsituation ist er allerdings kaum verfügbar.

### Energiereiche Strahlung

Als Strahlungsquelle steht die Sonne zur Verfügung. Die keimtötende Wirkung ist im Vergleich zu den anderen Möglichkeiten die schwächste, daher hauptsächlich als Ersatz oder zusätzlich anzuwenden. Die Sonne wirkt bei direkter Bestrahlung der Wunde heilungsbeschleunigend.

## *Heilpflanzen*

Die Wirkung von Heilpflanzen in den verschiedensten Bereichen ist heute eindeutig bewiesen. Trotzdem können sie die anderen Maßnahmen nicht ersetzen, sondern nur ergänzen oder unterstützen. Aus der Unzahl von Heilpflanzen wurde eine Auswahl nach folgenden Kriterien getroffen:

— geringe erforderliche Menge,
— vielseitige Verwendbarkeit,
— gute Heilwirkung,
— häufiges Vorkommen,
— leichte Erkennbarkeit.

Eine Beschreibung der einzelnen Heilpflanzen ersetzt die sichere Beherrschung der praktischen Pflanzenbestimmung nicht. Verwenden Sie nie eine Pflanze, die sie nicht absolut sicher identifizieren können und über deren Anwendung Sie nicht genau Bescheid wissen.

### Sammlung

Die Blüte- und auch die Erntezeit der einzelnen Heilpflanzen ist abhängig von der Witterung und der Seehöhe. Die angegebenen Zeiten sind daher Mittelwerte.

- Sammeln Sie nur Pflanzenteile, die Sie dann auch verwenden (siehe Tabelle auf S 70/71).
- Sammeln Sie nach Möglichkeit nicht bei feuchter Witterung (Nebel, Regen, Morgentau).
- Die beste Zeit ist der frühe Vormittag.
- Sammeln Sie nur saubere Pflanzen (Waschen verringert die Wirkung).
- Sammeln Sie nicht mehr, als Sie verwerten können.
- Sammeln Sie
  — Blätter in jungem, aber voll entfaltetem Zustand,
  — Blüten in jungem, aber voll erblühtem Zustand,
  — ganze Kräuter zu Beginn der Blütezeit,
  — Früchte in reifem Zustand,
  — Wurzeln in voll entwickeltem Zustand,
  — Rinden von jungen Zweigen.

### Konservierung

Grundsätzlich ist die Verwendung von frischen Heilpflanzen anzustreben. Zur Schaffung eines bestimmten Vorrates ist jedoch auch die Konservierung durch Trocknen ohne bedeutende Qualitätseinbuße möglich.

Lufttrocknung:

- Breiten Sie das Sammelgut auf einem trockenen, luftdurchlässigen Tuch (am besten Hängemattenprinzip) an einem schattigen, luftigen Ort aus oder
- hängen Sie es auf eine Schnur.

Feuertrocknung:

- Hängen Sie das Sammelgut in der Nähe des Feuers auf (die zulässige Höchsttemperatur zur Trocknung entspricht der menschlichen Körpertemperatur — daher Handprobe machen).

Wurzeln können vor dem Trocknen gewaschen und der Länge nach in dünne Streifen geschnitten werden (halbieren).

Nach dem Trocknen rebeln Sie die Blätter ab und zerkleinern die Wurzeln.

## Aufbewahrung

Die getrockneten Heilpflanzen sollten luftdicht und unter Lichtabschluß aufbewahrt werden. Da diese Forderungen in Extremsituationen meist nicht erfüllbar sind, wird eine Aufbewahrung ohne wesentliche Verringerung der Wirkung nur über höchstens einige Wochen möglich sein (langsame Lufttrocknung).

## Anwendung

Die Wirkstoffe der Heilpflanzen (frisch oder getrocknet) werden durch Ausziehen mit Wasser (heiß oder kalt) freigesetzt (Tee). Dieser Tee wird innerlich oder äußerlich angewandt.

Möglichkeiten der äußerlichen Anwendung:

*Gurgeln und Mundspülen*

Die reine Gurgelzeit (abzüglich der notwendigen Unterbrechungen) muß mindestens eine Minute betragen; eine Mundspülung sollte ca. 5 Minuten dauern.

*Waschungen*

Augen:

Waschen Sie das Auge mit einem teegetränkten Stoffstück von außen nach innen (von der Schläfe zur Nase) während ca. 3 Minuten aus.

Blutkrusten, Sekret, Eiter o. ä.:

Weichen Sie die Krusten mit einem teegetränkten Stoffstück erst auf und waschen Sie sie nach ca. 10 Minuten so heiß wie möglich ab.

*Teilbäder*

Baden Sie die verletzten Gliedmaßen (Finger, Hand, Fuß) ca. 10 Minuten in warmem Wasser (ca. 40° C).

*Verbände und Teeumschläge*

Legen Sie ein teegetränktes Tuch auf die Wunde und fixieren Sie es. Zur Erhaltung der Feuchtigkeit muß der Verband immer wieder mit Tee befeuchtet werden. Zur Erhöhung der Wirkung kann auch der Teesud zwischen einigen Stofflagen aufgelegt werden.

Dauer: mindestens 2 Stunden

Wichtig: Der Verband muß immer luftdurchlässig sein!

*Inhalationen*

Bedecken Sie Ihren Kopf und das Gefäß, das den siedenden Tee enthält (Regenschutz, Anorak) und atmen Sie die Dämpfe während ca. 10 Minuten tief und langsam durch Mund und/oder Nase ein.

| Heilpflanze | verwendeter Pflanzenteil | Vorkommen | Sammelzeit | Zubereitung | Anwendung | Dosierung | Wirkung |
|---|---|---|---|---|---|---|---|
| Arnika | Blüten | auf Bergwiesen; im Flachland auf humusreichen Wiesen | Juni-Juli | 1—2 Fingerspitzen Arnikablüten mit 1/4 l kochendem Wasser übergießen und 10 min. ziehen lassen. | Spülungen, gurgeln, Umschläge | 3—5× tägl. mehrmals tägl. | gegen Blutergüsse, Zerrungen, Quetschungen, Wunden, Mundschleimhaut- und Halsentzündungen |
| Augentrost | ganze Pflanze | auf Bergwiesen und Wiesen des Flachlandes | Juni-Oktober | wie Arnika | trinken, Spülungen | 1/4 l tägl. mehrmals tägl. | gegen Augenentzündungen, Lichtempfindlichkeit und Tränenfluß |
| Beinwell | Wurzel | auf feuchten Wiesen und an Waldrändern | Frühling oder Herbst | 1 kleine Handvoll (1 Eßlöffel) Beinwellwurzel mit 1/2 l Wasser ca. 10 min. lang kochen, dann abseihen | Umschläge, Teilbäder (Körpertemperatur) | mehrmals tägl. | gegen Blutergüsse, Eiterungen, offene Beine, Wunden |
| Blutwurz | Wurzel (wird beim Anschneiden rot) | auf sandigen, schotterigen Böden und feuchten Moorböden | Frühling oder Herbst | 1—2 Fingerspitzen Blutwurzwurzel mit 1/4 l Wasser 15 min. lang kochen; abseihen | trinken, Umschläge, gurgeln | 3 Tassen pro Tag, mehrmals tägl. | gegen Durchfälle (trinken), Entzündungen in Mund und Hals (gurgeln), Frostbeulen und -schäden |
| Eiche | Rinde | auf feuchten Wald- und Wiesenböden bis ins Mittelgebirge | ganzjährig möglich, am besten im Frühling oder Herbst | 2 Fingerspitzen Eichenrinde mit 1/4 l Wasser 5 min. lang kochen; abseihen | trinken, Umschläge, Teilbäder (lauwarm) | 2 Tassen tägl. 1× tägl., 1× tägl. | gegen Durchfälle (trinken), Wunden Frostschäden, Hämorrhoiden (Umschläge, Teilbäder) |
| Heidelbeere | Früchte | auf halbschattigen Waldböden | Sommer und Herbst | 1 kleine Handvoll Heidelbeeren mit 1/2 l Wasser 10 min. lang kochen; abseihen | trinken, spülen | mehrmals tägl. 1 Tasse 3—5× tägl. | gegen Durchfälle (trinken), Entzündungen in Mund u. Rachen (spülen, gurgeln). Besonders für Kinder geeignet |

| Heilpflanze | verwendeter Pflanzenteil | Vorkommen | Sammelzeit | Zubereitung | Anwendung | Dosierung | Wirkung |
|---|---|---|---|---|---|---|---|
| Huflattich | Blätter | auf lehmigen oder schotterigen Böden | April-Juni | 2 Fingerspitzen Huflattichblätter mit 1/4 l kochendem Wasser übergießen u. 10 min. ziehen lassen; abseihen | trinken | 3 Tassen pro Tag | gegen Husten, Reizhusten, Bronchitis, Asthma, Staublunge |
| Kamille | Blüten | auf Naturwiesen und Brachland | Mai-Juni | 1—2 Fingerspitzen Kamillenblüten mit 1/4 l kochendem Wasser übergießen u. 10 min. ziehen lassen; abseihen | trinken,<br>gurgeln, Teilbäder, Umschläge, Inhalation | 3× tägl. 1 Tasse,<br>mehrmals täglich,<br>2× tägl. | gegen Magen- und Darmbeschwerden (trinken), Entzündungen im Mund-/Rachenraum (gurgeln, inhalieren), Wunden (Teilbäder, Umschläge) |
| Linde | Blüten | auf Wiesen und Waldböden | Juni | 2 Fingerspitzen Lindenblüten mit 1/4 l kochendem Wasser übergießen und 10 min. ziehen lassen; abseihen | trinken | 3× tägl. 1 Tasse | gegen Erkältung u. Infektionskrankheiten; auch zur Vorbeugung. |
| Sanddorn | Früchte | auf schotterigen Böden, Wiesenböden, an Flußufern | September-Oktober | Fruchtfleisch zerquetschen und Getränken oder der Nahrung beigeben | trinken, essen | nach Bedarf | gegen Appetitlosigkeit, Vitamin- und Mineralstoffmangel |
| Wacholder | Früchte | auf Heide- u. Moorböden | Oktober-November | Beerenkur: 3× tägl. 1 Beere, aufsteigend bis 3× tägl. 20 Beeren absteigend bis 3× tägl. 1 Beere | essen | nach jeder Kur eine Pause von mind. 4 Wochen | gegen Rheuma, Gelenkserkrankungen Gicht; schlechte Verdauung, Appetitlosigkeit |
| Weißdorn | Blüten, Blätter, Früchte | auf steinigen Böden und in lichten Wäldern | Mai-Juni, September-Oktober | 2 Fingerspitzen Weißdornblüten (-blätter, -früchte) mit 1/4 l kochendem Wasser übergießen und 10 min. ziehen lassen; abseihen | trinken | 3× tägl. 1 Tasse | gegen Überanstrengung, Herz- und Kreislaufschwäche |

## *Persönliche Hygiene*

Die persönliche Hygiene (körperlich, geistig und seelisch) dient dem Schutz vor Krankheiten und Infektionen, der Aufrechterhaltung und Stärkung der Selbstdisziplin und verbessert das Zusammenleben in einer Gruppe.

Sie ist somit gerade in Extremsituationen von ausschlaggebender Wichtigkeit.

### Schutz vor Krankheiten und Infektionen

Durch mangelnde Körperpflege und schmutzige Wäsche werden Ungeziefer und Insekten besonders angezogen. Diese können eine Vielzahl von Krankheiten übertragen oder schaffen durch Stiche und Bisse Infektionsherde (siehe Kapitel »Gefahren«).

Auch kleine Kratzer oder Abschürfungen, in Extremsituationen kaum vermeidbar, können bei verschmutzter Haut oder Bekleidung zu eiternden Wunden werden, verringern die Leistungsfähigkeit und Widerstandskraft des Körpers und können bei Ausweitung der Infektion lebensbedrohlich sein.

Konsequente Körperpflege und Reinigung der Wäsche verringern dieses Risiko auf das mögliche Mindestmaß.

Maßnahmen:

- Waschen Sie täglich einmal, besser zweimal ihren ganzen Körper gründlich ab (wenn möglich mit Seife). Benützen Sie dazu fließendes oder stehendes Wasser (baden). Im Notfall kann aber auch der Tau von Bäumen abgeschüttelt (Naturbrause) oder vom Gras abgestreift werden (Waschung mit feuchtem Tuch).
- Bei Wassermangel waschen Sie wenigstens Hände, Gesicht, Achselhöhlen, Genitalbereich und Füße.
- Wenn kein Wasser zur Verfügung steht, setzen Sie Ihren Körper der Sonne eine Stunde lang aus (Desinfektionswirkung, Lüftung).
- Waschen Sie Ihre Wäsche und Bekleidung so häufig es geht (wenn möglich mit Seife) und flicken Sie auch kleine Schäden unverzüglich.
- Sollte es nicht möglich sein, die Wäsche zu waschen, hängen Sie sie ein bis zwei Stunden in der Sonne frei auf.
- Reinigen Sie Ihre Kleidung täglich mechanisch (ausschütteln, klopfen).
- Putzen Sie täglich zweimal die Zähne. Verwenden Sie als Behelf das fransig gekaute Ende eines Zweiges, ein dicht gebundenes Büschel Gras, ein Stückchen Stoff oder einfach einen Finger. Die Zahnzwischenräume reinigen Sie am besten mit einem Faden oder einem zugespitzten Holzstückchen.
- Rasieren Sie sich täglich (mit einem wirklich scharfen Messer eine durchaus lösbare Aufgabe). Sollte rasieren nicht möglich sein, achten Sie auf besondere Sauberkeit und Pflege des Bartes.
- Waschen Sie sich wöchentlich mindestens zweimal die Haare (wenn möglich mit Seife).
- Schneiden Sie sich regelmäßig die Finger- und Zehennägel und reinigen Sie sie täglich. Sollte Ihnen das Schneiden mit einem Messer nicht möglich sein (Vorsicht besonders mit der ungeübten Hand), so schleifen Sie die Nägel mit einem flachen Stein (Sandstein, Granit, o. ä.) ab.
- Sorgen Sie für ausreichenden Schlaf, besonders vor und nach großen körperlichen Anstrengungen.

Sie können Seife wie folgt selbst herstellen:

Waschseifen sind die Natrium- und Kaliumsalze der Fettsäuren. Sie werden im Prinzip dadurch hergestellt, daß Fett mit Natron-, Kalilauge oder Pottasche gekocht wird.

Es ist grundsätzlich fast jedes Fett pflanzlicher und tierischer Herkunft verwendbar (Ausnahme ist das Fett von Meerestieren).

Schmierseife:

Eine einfache Schmierseife erhält man, wenn man Fett in Pottaschelösung kocht.

Herstellung von Pottasche: Holzasche wird in einem größeren Gefäß mit Wasser mehrere Tage ausgelaugt (umrühren). Dabei löst sich die Pottasche (Kaliumkarbonat) im Wasser. Man gießt die entstandene Lauge ab. Zweckmäßig ist die Verwendung von Regenwasser für alle Arbeitsgänge der Seifenherstellung.

Diese Pottaschelösung wird jetzt mit Fett mehrere Stunden gekocht (für 1 l Lösung etwa 200 g, d.h. 2 Handvoll Fett). Nach dem Abkühlen erhält man die pastenförmige Schmierseife.

Kernseife:

Man kann versuchen, die noch heiße Schmierseifenlösung reichlich mit Kochsalz zu versetzen und damit die Schmierseife in Kernseife umzuwandeln, die sich nach dem Abkühlen als feste Kruste auf der Mutterlauge abscheidet.

Steht Soda (in Wasser auflösen) oder Natronlauge zur Verfügung, so kocht man das Fett darin.

Eine sehr gute Seife erhält man aus Rindertalg:

1 l 25%ige Sodalösung (250 g Soda und 3/4 l Wasser) werden mit etwa 200 g Rindertalg mehrere Stunden gekocht. Der Lösung wird reichlich Kochsalz zugesetzt, nach dem Abkühlen scheidet sich die feste Kernseife auf der Lösung ab.

Will man diese rohe Seife noch reinigen, so löst man sie nochmals in heißem Regenwasser und scheidet sie durch reichlichen Kochsalzzusatz wieder aus.

### Aufrechterhaltung und Stärkung der Selbstdisziplin

Gerade in Extremsituationen ist Selbstdisziplin lebenserhaltend. Jedes sich Treiben- oder sich Gehenlassen schwächt den eigenen Lebenswillen, die Aufmerksamkeit und die Leistungsbereitschaft und führt zu Panik, Depressionen und schließlich zur Selbstaufgabe.

Die Schwächung der Selbstdisziplin kann ein schleichender und zu Beginn nur an Kleinigkeiten erkennbarer Prozeß sein. Seien Sie daher besonders selbstkritisch in Bezug auf die konsequente Durchführung notwendiger Tätigkeiten.

Maßnahmen:

- Erstellen Sie einen, der gegebenen Situation entsprechenden, Tagesablauf und setzen Sie diesen konsequent um. Dieser Ablaufplan sollte enthalten:
  - Zeiten zur Körperpflege,
  - Essenzeiten,
  - Ruhezeiten.
- Zwingen Sie sich nicht nur dazu, regelmäßig zu essen und zu trinken (Hunger und Durst sind keine zuverlässigen Anzeiger für Nahrungs- und Flüssigkeitsbedarf des Körpers), sondern bereiten Sie Ihre Mahlzeiten sorgfältig und möglichst gefällig zu (die Augen essen mit). Machen Sie jede Mahlzeit zu einer angenehmen Unterbrechung Ihrer meist ohnehin anstrengenden Tätigkeiten.
- Setzen Sie sich bei jeder Tätigkeit (Marsch, Lagerarbeit, Bauarbeiten) ein Ziel, das in dem zur Verfügung stehenden Zeitraum erreichbar ist, und seien Sie bemüht, die gestellte Aufgabe zu erfüllen.
- Schieben Sie unangenehme oder lästige Tätigkeiten nicht vor sich her. Zwingen Sie sich dazu, Dinge dann zu erledigen, wenn es notwendig ist.

Es wird situationsbedingt (Flucht, Verfolgung, Unwetter) nicht immer möglich sein, den erstellten Tagesablauf einzuhalten. Trotzdem sollten Sie auch dann versuchen, möglichst vieles davon zu verwirklichen.

Stimmungsmäßig bedingte Abweichungen sollten Sie nur vereinzelt und dann auch ganz bewußt tolerieren.

### Verbesserung des Zusammenlebens in einer Gruppe

Sind mehrere Personen von einer Extremsituation betroffen, so kommen zu allen erforderlichen Überlegungen und Tätigkeiten auch gruppendynamische Aspekte.

Im allgemeinen sind die Überlebenschancen in einer Gruppe deutlich höher, es kann jedoch auch der gegenteilige Effekt eintreten, wenn der Kampf gegeneinander an anderer Stelle dringend benötigte Kräfte bindet.

Ein gutes Klima innerhalb der Gruppe ist daher nicht nur angenehm, es kann entscheidend sein.

Maßnahmen:

- Sorgen Sie durch ausreichende Körperpflege für ein angenehmes zwischenmenschliches Klima (Gestank stört).
- Erkennen Sie die Überlegenheit anderer auf bestimmten Gebieten auch dann an, wenn Ihre Eitelkeit darunter leidet. Ihre Stärke liegt vielleicht in einem anderen Bereich.
- Seien Sie ehrlich und sagen Sie, was Sie denken, auch wenn das nicht immer angenehm ist.
- Sagen Sie es aber so, daß Sie andere damit nicht kränken oder beleidigen.
- Seien Sie höflich und hilfsbereit, und halten Sie sich auch in Extremsituationen an die üblichen Umgangsformen (z. B. beim Essen).

# SELBSTVERTEIDIGUNG

## *Allgemeine Grundsätze*

Selbstverteidigung ist das unveräußerliche Naturrecht jedes Menschen, um gegenüber dem Unrecht bestehen zu können. In zivilisierten Gesellschaftsformen ist die Selbstverteidigung in Notwehr gesetzlich genau geregelt.

In Österreich z. B. lautet der entsprechende Gesetzestext (§ 3 des Strafgesetzbuches):

»Nicht rechtswidrig handelt, wer sich nur der Verteidigung bedient, die notwendig ist, um einen gegenwärtigen oder unmittelbar drohenden, rechtswidrigen Angriff auf Leben, Gesundheit, körperliche Unversehrtheit, Freiheit oder Vermögen von sich oder einem anderen abzuwehren.

Die Handlung ist jedoch nicht gerechtfertigt, wenn es offensichtlich ist, daß dem Angegriffenen bloß ein geringer Nachteil droht und die Verteidigung, insbesondere wegen der Schwere der zur Abwehr nötigen Beeinträchtigung des Angreifers, unangemessen ist.«

### Voraussetzungen für eine gerechtfertigte Notwehr

Eine Verteidigung darf nur in dem Ausmaß erfolgen, als sie zur Abwehr des Angriffes erforderlich ist.

Eine Angriffssituation ist kein Freibrief, um jedes Mittel einzusetzen! Wer sich mehr als notwendig verteidigt, macht sich strafbar, entweder wegen vorsätzlicher Handlung oder, bei einer Überreaktion »aus Bestürzung, Furcht oder Schrecken«, unter Umständen wegen Fahrlässigkeit.

Beispiel:
Der körperlich starke A erwischt den Schwächling B beim Diebstahl. Er nimmt ihm die Beute ab und verprügelt ihn gleichzeitig, wobei B verletzt wird.
A ist wegen vorsätzlicher Körperverletzung strafbar.
Grundsatz:
*Auch in Notwehrsituationen ist der Angegriffene für die Art der Verteidigung verantwortlich.*
In vielen Fällen kann ein Ausweichen vor einem Angriff die zweckmäßigste »Verteidigung« sein, das gilt insbesondere bei Angriffen von Kindern, Unreifen, Geisteskranken oder Betrunkenen, also offensichtlich Unterlegenen.
Selbstverteidigung beschränkt sich nicht auf reine Abwehr. Verteidigung kann unter Umständen auch durch einen Gegenangriff geführt werden. Sogenannte initiative oder offensive Notwehr ist aber immer nur dann erlaubt, wenn die Möglichkeit eines drohenden Angriffes anders nicht gebannt werden kann, d. h. ein Zuvorkommen die einzige Chance ist.
Wer einen Angriff provoziert, um dann gegen den Gegner in »Notwehr« vorgehen zu können (sogenannte »Absichtsprovokation«), kann sich auf Notwehr nicht berufen.
Es ist daher wichtig, sich für vorstellbare Angriffssituationen schon vorausschauend eine angemessene Abwehr zurechtzulegen und einzuprägen (Siehe auch das Kapitel »Psychische Belastungen«).

**Gegenwärtig oder unmittelbar drohender Angriff**

Notwehr ist erst zulässig, wenn ein Angriff bereits im Gange ist oder unmittelbar bevorsteht.
Ist ein Angriff erst in Zukunft zu erwarten, darf die Notwehr noch nicht in Anspruch genommen werden.
Wenn der Angriff vorbei ist, ist Notwehr nicht mehr zulässig, insbesondere dann, wenn der Angreifer aufgegeben hat, der Angriff erfolgreich abgewehrt wurde oder der Angriff sonst mißlungen ist.
Beispiel:
A weiß, daß B ihn bestehlen will. Um das wirksam zu verhindern, schlägt A B vorsorglich krankenhausreif. Ein Angriff steht nicht unmittelbar bevor, daher ist A wegen vorsätzlicher Körperverletzung strafbar.
Grundsatz:
*Verteidigungshandlungen dürfen erst gesetzt werden, wenn ein unmittelbar bevorstehender Angriff objektiv erkennbar ist.*
In »angriffsträchtigen« Situationen ist eine erhöhte Aufmerksamkeit und Beobachtung des potentiellen Gegners erforderlich, um nicht voreilig oder verspätet zu reagieren.

**Notwehr bei Angriffen auf »notwehrfähige Güter«**

Nur gegen Angriffe auf
— Leben, Gesundheit, körperliche Unversehrtheit (Verletzung, Tötung, dauernde Schäden),
— Freiheit (Fesselung, Anhaltung),
— Vermögen (vorsätzliche Sachbeschädigung, Diebstahl).
*Alle anderen Rechte, insbesondere die Ehre, sind keine »notwehrfähigen Güter«!*
Beispiel:
A beschimpft B. Um ihn zum Schweigen zu bringen, gibt A B einen Stoß, so daß dieser umfällt und sich verletzt.
A ist wegen fahrlässiger Körperverletzung strafbar.
Grundsatz:
*Wenn kein notwehrfähiges Gut betroffen ist, darf grundsätzlich keine Gewalt zu Abwehr gebraucht werden.*

## Rechtswidriger Angriff

Gegen Handlungen, die rechtmäßig (insbesondere in Ausübung einer Amts- oder Dienstpflicht) vorgenommen werden, ist keine Notwehr zulässig. Das gilt auch für die Ausübung der Erziehungsgewalt oder wenn man aufgrund des allgemeinen Anhaltungsrechtes nach der Strafprozeßordnung als verdächtige Person von einer Zivilperson festgehalten wird (es sei denn, die betreffende Person weiß, daß sie jemanden festhält, der nicht der Täter ist).

Beispiel:

A, gegen den Exekution geführt wird, verschanzt sich in seiner Wohnung. Als der Exekutor die Türe aufbrechen läßt, wirft er ihn die Treppe hinunter.

A ist strafbar, da der Exekutor zum (auch gewaltsamen) Öffnen von Wohnungen befugt ist.

Grundsatz:

*Gegen Amtspersonen (in Ausübung ihres Dienstes) dürfen niemals Abwehrhandlungen gesetzt werden.*

## Abwehr von Angriffen auf sich oder andere

Auch zur Verteidigung Dritter kann man einschreiten, die sogenannte »Nothilfe« ist erlaubt.

Sie unterliegt den gleichen Grundsätzen wie die Notwehr. Eine Pflicht zur Nothilfe besteht nicht. Wer Nothilfe übt, trägt das volle Risiko.

Beispiel:

Der körperlich überlegene A fällt über den wehrlosen B her. C bringt A durch einen gezielten Schlag zur Raison.

C ist straflos, weil er (die notwendige) Nothilfe geleistet hat.

Grundsatz:

*Für Dritte kann man gleich wie für sich selbst Verteidigungshandlungen setzen, ist jedoch dafür voll verantwortlich.*

Es empfiehlt sich, nur in ganz eindeutigen Fällen zur Nothilfe zu schreiten.

## Angemessenheit

Die Notwehr muß immer angemessen sein. Wenn die erforderliche Verteidigung zu einer Beeinträchtigung (Schädigung bzw. Verletzung) des Angreifers führt, die in keinem Verhältnis zu den möglichen Auswirkungen des Angriffes auf den Angegriffenen steht, ist Notwehr unzulässig.

Beispiel:

Der an den Rollstuhl gefesselte, gehunfähige A bemerkt B, der Kirschen von seinem Baum stiehlt. Da B auf Zurufe und selbst einen Warnschuß nicht reagiert, schießt A auf ihn.

A ist strafbar wegen vorsätzlicher Körperverletzung bzw. Mord.

Grundsatz:

*Bei Einsatz schwerwiegender Verteidigungsmittel ist zusätzlich zur Notwendigkeit dieser Mittel auch der Schaden des Angreifers im Verhältnis zur eigenen Beeinträchtigung durch den Angriff abzuwägen.*

Wer zu empfindlich reagiert und seine eigene Rechtssphäre überbewertet, reagiert oft unangemessen. Bagatellangriffe können auch durch Ahndung oder Schadenersatzklage auf gerichtlichem Weg vergolten werden.

## Vermeintliche Notwehrsituationen

Wenn irrtümlich jemand eine Notwehrsituation (Angriff) annimmt und eine Notwehrhandlung setzt, spricht man von Putativnotwehr.

Strafbarkeit wegen vorsätzlicher Handlung scheidet naturgemäß aus, nicht jedoch unter Umständen Strafbarkeit wegen Fahrlässigkeit, wenn der in Putativnotwehr Handelnde bei gehöriger Aufmerksamkeit erkennen konnte oder erkennen hätte müssen, daß in Wirklichkeit keine Notwehrsituation gegeben war. Die Strafbarkeit hängt von der Erkennbarkeit im Einzelfall ab, Schadenersatzpflicht besteht immer.

Grundsatz:

*Wer leichtfertig eine nicht gegebene Notwehrsituation annimmt, haftet für die entstandenen Schäden und ist unter Umständen wegen Fahrlässigkeit strafbar.*

Man muß grundsätzlich davon ausgehen, daß im normalen Alltag im Zweifelsfall eher keine Notwehrsituation vorliegt. Nicht jeder Mitbürger ist von einer dauernden Aggressivität geprägt, falsche Überängstlichkeit ist unangebracht.

### Waffengebrauch

Schußwaffen:

Soweit nicht durch besondere Vorschriften geregelt (Polizei, Gendarmerie, Zollwache, militärische Wachen, Jagdschutzorgane), ist der Gebrauch gegen Personen nur nach den Grundsätzen der Notwehr zulässig. Also nur, wenn

- keine andere Abwehrmöglichkeit besteht,
- eine Androhung des Gebrauches (z. B. Warnschuß) keine hinreichende Wirkung zeigt,
- der Angriff zu schwersten Folgen für den Angegriffenen führen würde (Angemessenheit).

In der Praxis ist der Waffengebrauch also nur dann zulässig, wenn auch der Gegner offensichtlich und unmittelbar eine Schußwaffe gebrauchen will.

Selbst wenn alle Voraussetzungen erfüllt sind, muß doch der Einsatz möglichst schonend erfolgen (Schuß in die Beine oder sonst einen Körperteil, der nur zur Kampfunfähigkeit und nicht zur Tötung des Gegners führt).

Die Gefahr — auch psychologisch durch das Mitführen einer einsatzbereiten Waffe bedingt —, davon unrechtmäßig bzw. übermäßig Gebrauch zu machen, ist bei Personen, die im Umgang mit Waffen nicht geübt sind, erfahrungsgemäß höher als die Wahrscheinlichkeit, in eine Situation zu gelangen, die den Waffengebrauch rechtfertigt.

Sonstige Waffen:

Für den Gebrauch gilt das Notwehrrecht. Die Gefahr des Fehleinsatzes ist zwar gegeben, aber geringer als bei Schußwaffen.

Für den Besitz und das Mitführen von Waffen gelten genaue gesetzliche Vorschriften.

## *Waffenlose Selbstverteidigung*

### Grundsätze

Eine Kampfsituation entsteht blitzschnell, schlagartig und immer unerwartet — und gleich darauf ist der Kampf schon entschieden. Das Handgemenge hat in dem Augenblick seinen Höhepunkt erreicht, in dem es beginnt. Entgegen einer weitverbreiteten Meinung gibt es keine »schönen« Kämpfe, und »edel« ist die Kunst der waffenlosen Selbstverteidigung keinesfalls.

Ein Handgemenge dauert — als Faustregel — kaum länger als 5 bis 10 Sekunden (in den allermeisten Fällen erheblich weniger lang). Ist der Gegner dann noch nicht geschlagen, hat man kaum noch Chancen, zu gewinnen. Daher kommt es gerade zu Beginn des Kampfes darauf an, durch entschlossenes Handeln rasch eine Entscheidung herbeizuführen.

Folgende Grundsätze sind zu beachten:

- Durch einen explosiven Angriff reißt man die Initiative an sich und nützt die Schrecksekunde beim Gegner aus. Das bringt am ehesten den Erfolg.

— Gute Kämpfer haben als wirkungsvolle Waffen Fäuste und Füße. Dagegen hat der Laie kaum ein wirksames Gegenmittel. Der Einsatz von Faust und Fuß erfordert aber die richtige Distanz zum Gegner. Indem man näher an den Gegner herangeht und die sogenannte Halbdistanz sucht, kann man diese Waffen des Gegners unterlaufen.
— Es ist sinnlos, einen Schlag auszuführen und dann zu warten, welche Wirkung er zeigt. In einer ununterbrochenen Abfolge von Einzelangriffen (Serienangriff) muß der Gegner an wirksamer Abwehr gehindert und dann kampfunfähig gemacht werden.

## Die empfindlichen Körperstellen

Jede Kampfsportart kann mit einer Liste »empfindlicher Körperstellen« aufwarten, deren Sensibilität überzeugend vertreten wird. Am geläufigsten und am häufigsten zitiert ist der Treffer zum Sonnengeflecht, dem plexus solaris. Tatsächlich ist ein Plexustrauma, dessen physiologische Wirksamkeit einer Sympathikusausschaltung gleichkommt, überaus wirksam. Der Haken an der Sache ist nur, daß Plexustraumata überaus selten vorkommen. Die auf äußere Erschütterungen sensibel reagierende Plexusfläche ist kaum handtellergroß und liegt zuhinterst im Abdomen, knapp vor der Wirbelsäule. Man muß die Bauchdecke an einer ganz bestimmten Stelle und unter einem ganz bestimmten Winkel treffen, damit der Mechanismus des Solarplexustreffers wirksam wird — in der Aufregung des Kampfes ist das so gut wie nie zu schaffen. Darüber hinaus ist das Sonnengeflecht von der muskulösen Bauchdecke gut geschützt.

Nur ganz wenige vitale Zentren liegen derart ungeschützt, daß sie durch ein stumpfes Trauma eine Handlungsunfähigkeit bewirken könnten. Es kommt hinzu, daß dieser Effekt unabhängig von der körperlichen Konstitution des Getroffenen erzielt werden muß. Mag das Ellbogengelenk zehnmal ein Scharniergelenk sein, ein Leichtgewicht wird sich beim Versuch, einen Anderthalb-Zentner-Mann zu hebeln, bestenfalls blamieren.
So kommen primär nur folgende Zielpunkte in Betracht
— Hals (Kehlkopf),
— Genital,
— Kniegelenk,
— Genick und
— Kopf.

### Der Hals

Der Hals ist seitlich durch den großen Halsseitenmuskel (m. sternocleidomastoideus) geschützt.

Schläge, auch solche mit der Handkante, zur Halsseite lassen also nur sehr bedingt Erfolg erwarten. An der Halsvorderseite aber liegt der Kehlkopf, ein knorpeliger Hohlkörper an der Luftröhre. Er ist leicht mit Schlag oder Druck zu erreichen. Die sofort eintretende Schwellung der Schleimhäute blockiert die Atemwege.

Die Folge ist unweigerlich Bewußtlosigkeit nach etwa 10 bis 15 Sekunden. Bis dahin schlägt der Getroffene aber heftig um sich.

Der Kehlkopf verdient deshalb besondere Beachtung, weil seine Widerstandsfähigkeit unabhängig von der Konstitution des Betreffenden ist. Ob Riese oder Zwerg, der Kehlkopf ist bei allen gleich empfindlich und wird durch Konditions- oder Muskeltraining nicht widerstandsfähiger.

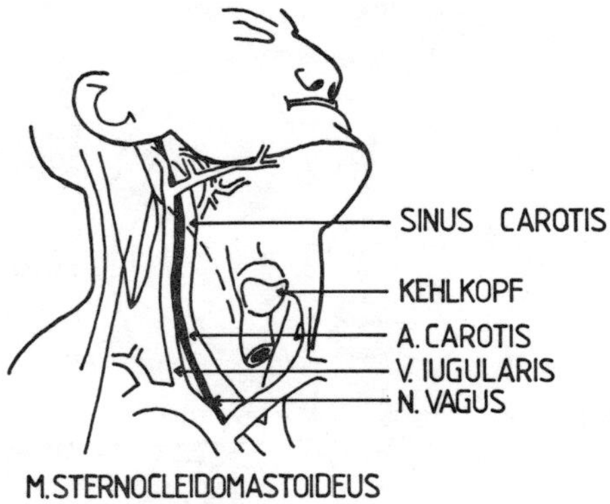


Beiderseits des Kehlkopfes verlaufen die großen Blutgefäße zur Versorgung des Kopfes, unter ihnen der Hauptnerv vom Gehirn zum übrigen Körper (nervus vagus).

Die große Halsschlagader (arteria carotis) verzweigt sich in einen Ast, der den Gesichtsschädel versorgt, und einen zweiten für die Versorgung des Gehirns und des übrigen Kopfes. Der Verzweigungspunkt ist der sinus carotis (Sinusknoten), der gleichzeitig als Ventil fungiert. Bei einem Trauma des sinus carotis kommt es durch das vegetative Nervensystem zu einer Fehlregulation, wobei der Sinusknoten den Blutdurchgang drosselt oder gar abschnürt. Die Folge ist eine Mangelversorgung des Gehirns (Bewußtlosigkeit).

Gleichzeitig wird das Signal an den Vagus-Nerv weitergegeben, der bei entsprechend schwerer Einwirkung einen reflektorischen Herzstillstand bewirken kann.

Unter der arteria carotis liegt die große Halsvene (vena jugularis). Sie ist besonders gegen Druck empfindlich. Arterien leisten zum Transport des Blutes Pumparbeit, Venen nicht. Während normalerweise eine 20 bis 40 kg entsprechende Kraft erforderlich ist, um eine Schlagader abzudrücken, genügen bei der vena jugularis 3,5 bis 4 kg. Es kommt zu einem Blutstau, der sich in kürzester Zeit auch auf die arteria carotis ausdehnt, weil das Blut aus dem Kopf nicht abfließen kann. Dieser massive Blutstau bewirkt Bewußtlosigkeit innerhalb von etwa 4 Sekunden.

Diese sensiblen Punkte liegen hoch am Vorderhals beiderseits des Kehlkopfes knapp unterhalb des Unterkieferwinkels.

### Das Genick

Das Eindrücken des siebenten Halswirbels (zwischen den Schulterblättern), bewirkt eine Quetschung oder Durchtrennung des Rückenmarks mit Lähmung oder Tod als Sofortfolge. Eine weitere sehr empfindliche Stelle des Genicks liegt im Bereich des Atlas, des obersten Nackenwirbels, auf dem der Schädel aufsitzt. Zwischen den beiden Warzenfortsätzen befindet sich das Hinterhauptloch, durch das das Rückenmark in die Schädelhöhle reicht und sich weiter ins Stammhirn fortsetzt. Der Schädel sitzt relativ locker auf dem Atlas auf, weil sonst seine Beweglichkeit beeinträchtigt wäre. Genau diese Stelle ist im Nackenbereich die empfindlichste.

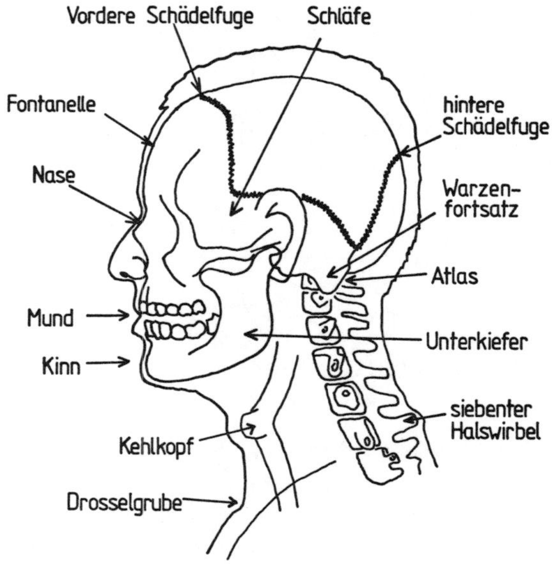


Stöße unter das Kinn schleudern den schweren Kopf zurück (Peitschensyndrom). Ist der Schlag ausreichend kräftig, so kann es zu schweren Verletzungen der oberen Nackenwirbel mit Schädigung des Rückenmarks kommen.

### Der Kopf

Der Kopf ist das »Glashaus des Menschen«, die meisten lebenswichtigen Zentren haben hier ihren Sitz. Sie sind einerseits durch den knöchernen Schädel, andererseits noch durch eine besondere Schmerzempfindlichkeit dieser Region geschützt. Allerdings ist zu berücksichtigen, daß diese Schmerzempfindlichkeit individuell unterschiedlich ist und manche Menschen auch im Kopfbereich Schläge sehr gut ertragen. Daher kann der Kopf nur ein drittrangiges Angriffsziel sein.

Immerhin ist ein Schlag zur Nase nicht nur schmerzhaft, sondern auch mit Tränenbildung verbunden, was den Getroffenen zusätzlich beeinträchtigt. Stöße von unten unter die Nase können nicht nur die Nasenknorpel schmerzhaft verletzen, sondern manchmal auch das hinter der Nasenwurzel liegende poröse Siebbein treffen, in Ausnahmefällen dieses sogar nach rückwärts in das Stirnhirn drücken.

Den Schlägen gegen Nasenwurzel und Schläfe kommt keine besondere Bedeutung zu. Ihre Wirkung ist eine Gehirnerschütterung, die sich durch jede beliebige Stelle des Kopfes erzielen läßt.

Die Gehirnerschütterung mündet nur dann in sofortige Handlungsunfähigkeit, wenn das Stammhirn in Mitleidenschaft gezogen wird. Stöße zur Kinnspitze (den »Punkt«), in einem bestimmten Winkel schräg nach oben ausgeführt, erzeugen eine Erschütterungswelle, die auf Grund ihrer Fortpflanzungsrichtung auch das Stammhirn durchläuft. Das Ergebnis ist das hinlänglich bekannte »Box-K.o.«

Sehr empfindlich sind darüber hinaus noch Augen und Ohren, also Körperöffnungen, die Zugang zum Kopfinneren gewähren.

Schläge mit der offenen Hand gegen die Ohren, möglichst gleichzeitig ausgeführt, bauen im Gehörgang einen großen Überdruck auf, wodurch die Trommelfelle zerreißen. Neben starkem Schmerz wird auch der Gleichgewichtssinn beeinträchtigt. Sie kommen nur gegen angeschlagene Gegner in Betracht, weil man im Handgemenge so gut wie nie so weit ausholen kann, ohne selbst sofort Treffer zu kassieren.

Fingerstöße gegen die Augen sind einfach auszuführen, bedürfen aber, um das kleine Ziel auch im Handgemenge sicher zu treffen, eines laufenden Trainings. Da jedoch bei Fehlstößen hohe Eigenverletzungsgefahr (Fingerbruch) besteht, ist diese Technik Ungeübten nicht zu empfehlen.

### Das Genital

Der Mann ist an keiner anderen Stelle des Körpers so empfindlich wie an seinen Keimdrüsen. Damit er diese ganz automatisch vor Verletzungen schützt, wurden sie von der Natur mit einem besonders empfindlichen Warnsystem ausgestattet: In den Hoden enden zahlreiche Schmerznerven, sogenannte »C-Fasern«, die jeden Druck oder Stoß wahrnehmen, und einen dumpfen, anhaltenden Schmerz auslösen. Dieser Schmerz ist besonders stark bei Schlag oder Quetschung und kann im Extremfall auch zu Bewußtlosigkeit führen.

### Das Knie

Es ist das dankbarste Ziel im Handgemenge.

- Es ist am stärksten exponiert und mit den Händen nicht zu schützen. Wer stabil steht, hat einen Fuß vorne und damit auch ein Knie (in der Regel ist das Knie der am weitesten vorragende Körperteil).
- Es ist in der Empfindlichkeit von der individuellen Konstitution weitgehend unabhängig.
- Es zwingt bei kraftvollen Treffern den Getroffenen zu Boden.
- Es macht den Gegner sofort kampfunfähig. Ein starker, beinahe lähmender Schmerz setzt unmittelbar ein, gefolgt von Schwellung und Bewegungsunfähigkeit. Auch nach Ausbildung der Schwellung, die eine natürliche Schiene darstellt, kann das Knie nicht mehr belastet werden.

Für keine andere Körperstelle lassen sich derart viele Vorteile aufzählen. Das Knie bietet sich als Ziel regelrecht an, zudem kann es mit einem Fußtritt noch aus der Distanz heraus getroffen werden, der persönliche Mut wird dabei kaum auf eine allzu harte Probe gestellt.

Das Kniegelenk ist ein Scharniergelenk. In ihm trifft der Femurknochen mit der fast planen Gelenkfläche der Tibia zusammen. Zur besseren Druckverteilung sind die beiden Menisci dazwischengelagert. Eine Verschiebung des Gelenks über den normalen Bewegungsumfang hinaus wird durch Seiten- und Kreuzbänder verhindert. Auch die sehr feste Gelenkskapsel trägt zur Stabilität bei. Die Kniescheibe (patella) und zahlreiche Schleimbeutel dienen zum Schutz des Gelenks.

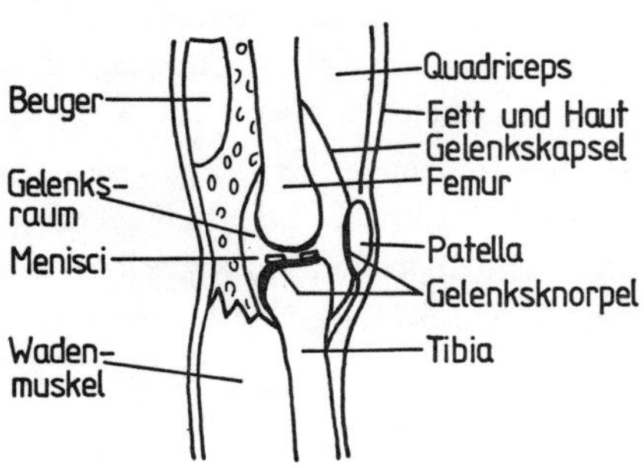


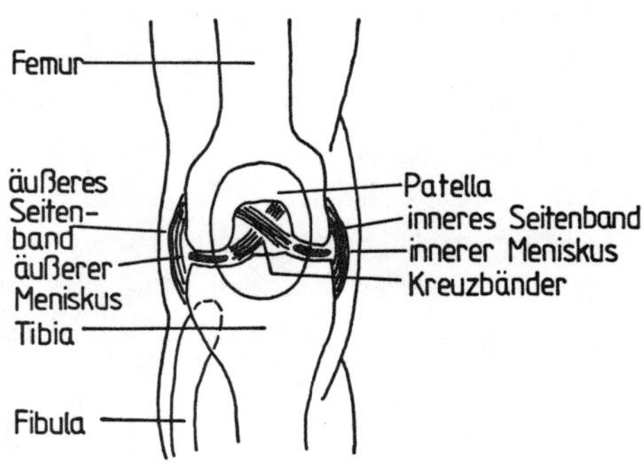


Der Angriff zum Knie erfolgt in der Hauptsache durch Fußtritte

- von vorne,
- seitlich,
- von rückwärts.

Der Angriff von vorne ist die Regel, da sich die Kontrahenten im Handgemenge zumeist frontal gegenüberstehen. Der Fußtritt wird etwa eine Handbreit unter die Kniescheibe plaziert. Dadurch wird

- bei zuwenig kräftigen Tritten zumindest ein Schmerz im empfindsamen Schienbein erzielt,
- bei Volltreffern aber die Hebelwirkung der Tibia ausgenützt, indem sie nach rückwärts aus dem Gelenk hinausgestoßen wird.

Der Angriff von der Seite ist am günstigsten, weil das Gelenk hier keine Ausweichmöglichkeiten hat und ein nur geringer Kraftaufwand für eine folgenschwere Gelenksverletzung ausreicht.

Der Angriff von rückwärts durch einen Fußtritt in die Kniekehle dient meist nur zum Brechen des Gleichgewichts und kann zu Beginn eines Kampfes sehr nützlich sein.
Kräftige Tritte »fällen« den Gegner blitzartig; eine Dislokation des Kniegelenks ist unter Umständen möglich.

Sofern es die Situation erlaubt, sollte das Kniegelenk des Standbeines angegriffen werden, da es am stärksten belastet ist und daher die Verletzung am schwersten wiegt.

Die Palette der möglichen Kniegelenksverletzungen reicht von schmerzhafter Dislokation über Bänder- und Gelenkskapselriß bis zur Fraktur.

## Die Distanz

Wenn der Gegner körperlich überlegen ist (was vorsichtshalber angenommen werden muß), bleibt einem nichts anderes übrig, als zu versuchen, ihn an den wenigen vitalen und ungeschützten Stellen zu treffen, deren Trauma seine Handlungsunfähigkeit bewirkt.

Dem Gegner ist noch ein weiterer Vorteil zuzugestehen: Er ist wahrscheinlich geübt. Darunter ist nicht nur die Ausbildung in einer der gängigen Kampfsportarten oder eine Schulung im Rahmen militärischer Nahkampfausbildung zu verstehen. Auch Gewaltkriminelle verfügen stets über ein gerütteltes Maß an Erfahrung. Man hat selten das Glück, von vorneherein der Stärkere zu sein, meist ist man Opfer.

Diese Überlegenheit des Gegners läßt sich am erfolgversprechendsten durch das Unterlaufen der Distanz ausgleichen.

Fußtritt und Fauststoß sind die gängigsten Kampfbewegungen in einem Handgemenge. Ihr wirkungsvoller Einsatz ist aber von einer ganz bestimmten Entfernung zum Ziel abhängig: der Distanz. Liegt das Ziel zu nahe oder zu weit entfernt, ist die Technik wirkungslos.
Somit bieten sich zwei Entfernungen zum Gegner an:

1. Man hält sich außerhalb der Reichweite von Armen und Beinen des Gegners und wählt die Entfernung so, daß er einen Schritt nach vorne machen muß, um einen Fußtritt landen zu können. Das läßt ausreichend Zeit für eigene Gegenmaßnahmen (reagieren, ausweichen).
2. Im Handgemenge selbst ist es die Tuchfühlung (Halbdistanz), in der man vor gegnerischen Schlägen am sichersten ist. Die Faust kann nur bedingt (Körperhaken), der Fuß überhaupt nicht mehr eingesetzt werden, man ist also mit diesen Mitteln kaum mehr angreifbar. Umgekehrt bleiben einem noch zahlreiche überaus wirkungsvolle Möglichkeiten, den Gegner an empfindlichen Stellen nachhaltig zu treffen.

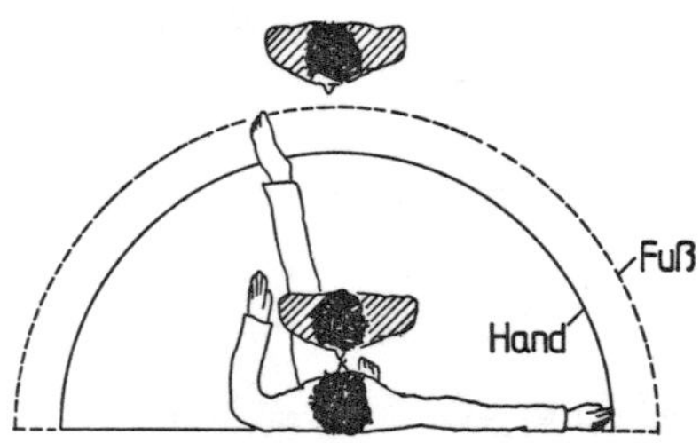

Daher gilt im Handgemenge der Grundsatz der Verzahnung:
Suchen Sie die Halbdistanz, um die überlegene Technik des Gegners zu unterlaufen.

## Die Mittel zur waffenlosen Selbstverteidiung

### Physikalische Grundlagen

Der landläufige Begriff der »Wucht« einer Kampftechnik meint deren möglichst hohen Gehalt an kinetischer Energie. Physikalisch ist die kinetische Energie eine Funktion von Masse und Geschwindigkeit nach der Gleichung

$$\text{kinetische Energie} = \frac{\text{Masse} \times \text{Geschwindigkeit}^2}{2}$$

Die »Wucht« der Kampftechnik steigt also linear mit der zur Wirkung gebrachten Masse (beispielsweise der zuschlagenden Faust), hingegen quadratisch mit ihrer Geschwindigkeit.

Eine Kampftechnik ist somit umso wirkungsvoller, je schneller sie ausgeführt wird. Wird sie doppelt so schnell ausgeführt, ist ihre Wirkung im Ziel vierfach größer. Es lohnt sich, dieser Tatsache gebührendes Augenmerk zu schenken.

Ein zweiter physikalischer Grundsatz ergibt sich beim Treffen des Gegners. Dieser nimmt die Energie, beispielswiese eines Fauststoßes, nicht zur Gänze auf. Ein Teil davon muß von dem, der zuschlägt, in Form eines »Rückstoßes« verkraftet werden. Das bedeutet, daß es beim Treffen zu einer Kollision von gerichteten Kräften kommt (Impuls).

Mit »Hinhauen« allein ist es nicht getan, man muß dieses Hinhauen auch selbst aushalten, das heißt, daß der Körperteil, mit dem ein Schlag ausgeführt wird, relativ unempfindlich sein muß.

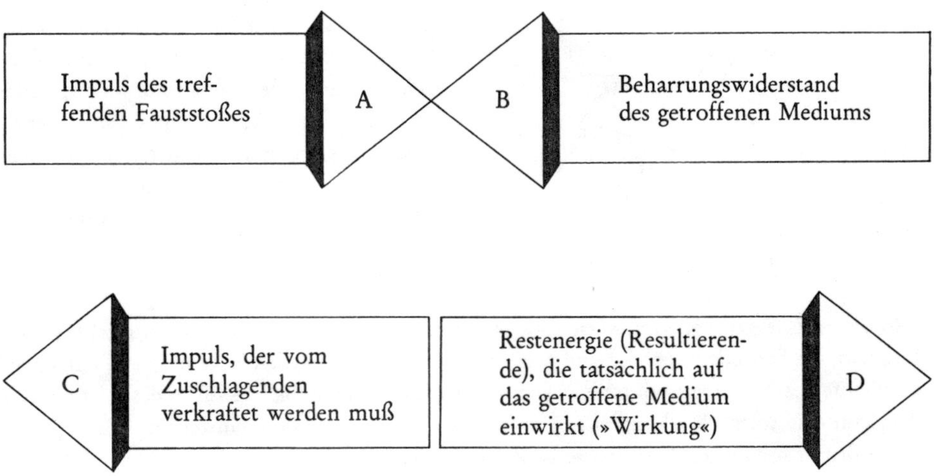


$A = C + D \qquad C = A - B$

Die als Waffen in Frage kommenden Körperteile müssen
— mit großer Geschwindigkeit einsetzbar,
— selbst schmerzunempfindlich und
— aus der Halbdistanz heraus vorteilhaft anwendbar sein.

Der Handballen

Kämpfen mit den Händen hat den Vorteil großer Schnelligkeit. Zwar sind die Beine kräftiger, Fußtritte können aber nur wesentlich langsamer ins Ziel gebracht werden.

Am bekanntesten und verbreitetsten ist der Faustschlag oder Fauststoß, es ist wohl auch die beste Kampftechnik.

Leider ist er nur für Könner geeignet. In der Selbstverteidigung ist er vor allem deshalb nicht zu gebrauchen, weil Handgelenk und Faustknöchel des Ungeübten viel zu schwach und schmerzempfindlich sind, um schwere Treffer anzubringen.

Eine vorzügliche Waffe hingegen ist der Handballen. Er ist unempfindlich und läßt sich gerade aus der Halbdistanz heraus wie maßgeschneidert einsetzen.

Am besten ist es, ihn unter das Kinn des Gegners zu stoßen, dabei verleiht ihm eine Aufwärtsbewegung des Körpers enorme Wucht. Der Kopf des Gegners wird zurückgeworfen. Kräftig ausgeführt kann er einen Bruch der Halswirbel mit Verletzung des Rückenmarks bewirken.

Das zweite Angriffsziel für den Handballen ist die Nase. Wieder wird von unten nach oben gestoßen. Diese Technik ist eine »Aufweichtechnik«, sie macht kaum kampfunfähig. Aber der Schmerz eines gebrochenen Nasenbeins, verbunden mit starker Tränenentwicklung, lenken den Gegner ab und beschäftigen ihn kurze Zeit mit sich selbst.

In dieser Zeit kann er dann entscheidend getroffen werden. An der Nasenwurzel liegt das Siebbein, ein besonders spröder und poröser Knochen. Theoretisch ist es möglich, Knochenfragmente des Nasenbeins durch das Siebbein mit einem Handballenstoß in das Stirnhirn zu drücken; eine solche Wirkung wird sich aber zweifellos nur selten einstellen.

Ein drittes mögliches Angriffsziel ist der Kehlkopf.

Steht man Brust an Brust mit dem Gegner, und ist dieser zudem vornübergebeugt, läßt sich der Handballenstoß zum Kehlkopf vorteilhaft einsetzen. Gegenzug am Genick vervielfacht die Wirkung. Das Ziel ist weich, man kann sich dabei kaum verletzen.

Das Knie

Das Knie ist eine ganz hervorragende Halbdistanzwaffe. Ein Kniestoß ist wegen der kräftigen Beinmuskulatur überaus wuchtig, ist einfach auszuführen und findet sein Ziel von selbst zwischen den Beinen des Gegners, Zielen ist nicht nötig. Die männlichen Keimdrüsen liegen ungeschützt, Treffer sind schmerzhaft und von paralysierender Augenblickswirkung, sie können sogar zu Bewußtlosigkeit führen.

Die Stelle ist bei allen Männern gleich empfindlich. Man muß sie auch nicht unbedingt voll treffen, ein leichter Streifschlag hat schon beträchtliche Wirkung. Und nicht zuletzt bildet das angehobene und zustoßende eigene Knie einen vorzüglichen Schutz des eigenen Genitalbereiches.

Bei einem bereits angeschlagenen Gegner verspricht auch ein Kniestoß zum Kopf gute Wirkung. Sie wird durch einen Armzug am Genick (Gegenbewegung) noch beträchtlich erhöht. Knietreffer im Gesicht haben selten ernsthafte Verletzungen zur Folge, verursachen aber immer starke Schmerzen. Zumindest wird eine Gehirnerschütterung erreicht, ein Bruch der Gesichtsknochen ist möglich.

### Der Kombinationsstoß

Er ist ein geradezu ideales »Finish«, sogar Ungeübte haben damit große Erfolgsschancen.

Bei einem Kombinationsstoß wird gleichzeitig das Knie zum Genital und der Handballen unter das Kinn gestoßen. Kräftig ausgeführt beenden diese Stöße jeden Kampf. Die große Wirkung liegt u. a. darin, daß der Körper durch das Genitaltrauma sich nach vorne krümmt, durch den Stoß unter das Kinn aber wieder gestreckt wird. Diese Gegenbewegung vergrößert den Effekt.

Freilich muß man dazu erst einmal in die Halbdistanz kommen, und darin liegt eine gewisse Schwierigkeit. Die Halbdistanz ist eine bewußte taktische Kampfstellung, aus der sich der Kombinationsstoß in idealer Weise ausführen läßt. Das Anbringen des Kombinationsstoßes ist das alleinige Ziel im Handgemenge.

Nicht immer sind aber beide Zielpunkte, Genital und Kinn, zugänglich, häufig deckt der Gegner einen dieser beiden Körperteile ab. Die Stöße müssen dann hintereinander ausgeführt werden.

### Kopfstöße

Eine andere ideale Waffe im Halbdistanzkampf ist der Kopf. Kopfstöße können mit großer Wucht ausgeführt werden, sind in der Wirkung jedoch ebenfalls als »Aufweich-Technik« zu werten.

Kopfstöße lassen sich nach vorne und nach rückwärts ausführen. Der Kopfstoß nach vorne eignet sich vorzüglich als Angriffstechnik beim Einbrechen in die Halbdistanz oder bei Umklammerung. Kopfstöße nach rückwärts bieten sich an, wenn der Gegner einen von hinten umklammert. Ihre Wirkung gleicht dem Kniestoß ins Gesicht.

### Der Fußtritt

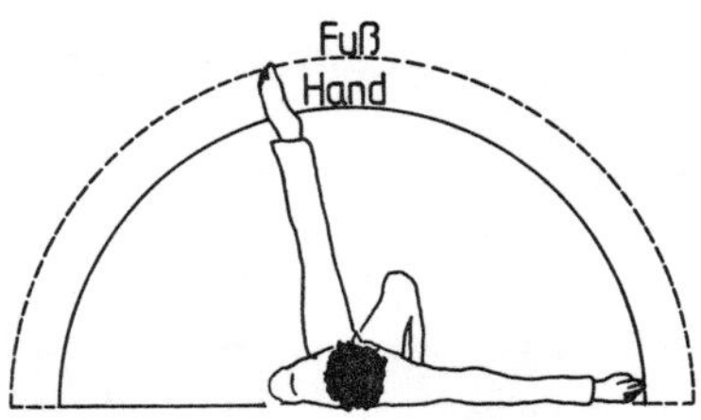


Die Beine sind fünfmal kräftiger als die Arme und übertreffen deren Reichweite um 1/3 bis 1/4.

Fußtritte können nicht sehr rasch ausgeführt werden. Das ist der Grund, warum ihnen nicht dieselbe Bedeutung wie den Handtechniken zukommt. Darüber hinaus bleibt im Halbdistanzkampf in der Endphase eines Handgemenges für den Fußtritt kaum noch eine Möglichkeit.

Die schwierigste Phase des Handgemenges jedoch, das Einbrechen in die Halbdistanz, läßt sich mit ihm sehr gut überbrücken. Ein kräftiger Tritt eine Handbreite unter die Kniescheibe kann üble Gelenksverletzungen bewirken und ist zudem überaus schmerzhaft. Das beschäftigt den Gegner ausreichend, um selbst in die Halbdistanz zu kommen und das »Finish«, einen Kombinationsstoß, anbringen zu können.

Darüber hinaus lassen sich ungestüm angreifende Gegner sehr gut mit einem Fußtritt stoppen, er eignet sich auch vorzüglich zur Abwehr gegnerischer Fußtritte.

Schließlich wird der Fuß durch den Schuh »gepanzert«, was einerseits seine Wirkung erhöht, ihn anderseits auch schmerzunempfindlich macht.

Zum Treten wird das Spielbein angezogen und so rasch wie möglich zum Ziel hin durchgestreckt. Der Tritt ist umso wirkungsvoller, je schneller dieser Streckungsvorgang vor sich geht. Der Gegner soll mit dem Absatz getroffen werden.

Das Ziel des Fußtrittes ist das Knie des Gegners. Der günstigste Zielpunkt liegt etwa eine Handbreite unterhalb der Kniescheibe. Trifft der Absatz dort, nützt er den Hebel der Tibia und drückt sie nach rückwärts aus dem Kniegelenk heraus.

## Die Kampfstellung

### Allgemeines

Eine Kampfstellung ist jene Stellung, aus der man optimal kämpfen kann. Der Kämpfer muß in ihr, unter voller Ausnützung seiner Technik, sowohl angreifen als auch abwehren können.

Ganz allgemein hat eine Kampfstellung folgende Bedingungen zu erfüllen:
- Standsicherheit (Erhaltung des Gleichgewichts muß einfach und möglich sein),
- Beweglichkeit,
- Deckung,
- Gewährleistung einer freien Sicht (Überblick),
- Angriffsmöglichkeit.

Es gibt Kampfstellungen, die die Verteidigung begünstigen, andere wieder bieten optimale Angriffsmöglichkeiten. In der Selbstverteidigung gegen eventuell überlegene Gegner gebührt letzteren eindeutig der Vorrang.

Jede Kampfstellung kann in zwei Teile zergliedert werden:
- den »Unterbau«, d. h. die Stellung der Beine, die Standsicherheit und Beweglichkeit sichern sollen, sowie
- den »Oberbau«, d. h. die Haltung von Oberkörper und Armen, die vor allem Deckung und Überblick gewährleisten.

### Die Standfestigkeit

Die Standfestigkeit ist die Voraussetzung für die Anwendung aller Kampftechniken. Unebenheiten des Geländes, Treffer des Gegners u. ä. sind Faktoren, die den Körper aus seiner stabilen Lage bringen können, womit gleichzeitig das Gleichgewicht verloren ist. Jemand, der taumelt oder fällt, kann zumindest für die Zeitdauer dieses Taumelns oder Fallens nicht kämpfen. Daher ist die Erhaltung des Gleichgewichtes (was gleichbedeutend mit der Erhaltung der Kampfstellung ist) von enormer Bedeutung für den Ausgang des Kampfes.

Gleichgewicht bedeutet, daß der Schwerpunkt des Körpers sich stets über seiner Auflagefläche befindet. Wandert der Schwerpunkt aus, so ist auch das Gleichgewicht verloren.

Verlust des Gleichgewichtes bedeutet Kampfunfähigkeit.

Stabiles, labiles und indifferentes Gleichgewicht sind bekannte Begriffe aus der Physik:

Gleichgewicht

Die Kampfstellung soll stabil sein, also größtmögliche Standfestigkeit gewährleisten.

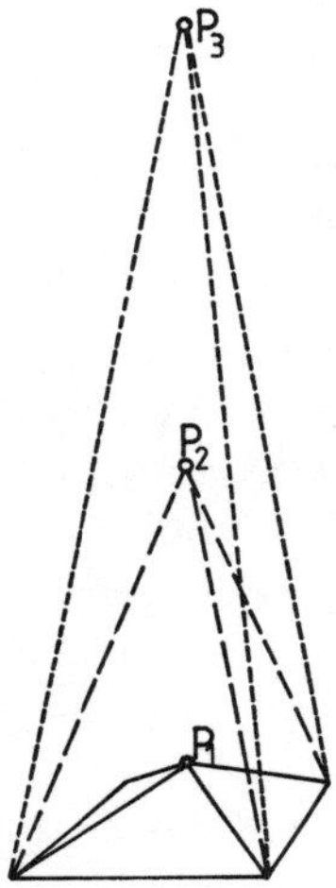


Pyramide 1:
große Auflagefläche
tiefer Schwerpunkt
GUTE STABILITÄT

Pyramide 2:
mittlere Auflagefläche
mittlerer Schwerpunkt
MITTLERE STABILITÄT

Pyramide 3:
kleine Auflagefläche
hoher Schwerpunkt
SCHLECHTE STABILITÄT

Die Standfestigkeit ist abhängig von
— der Auflagefläche und
— der Lage des Schwerpunktes

| große Auflagefläche | mittlere Auflagefläche | kleine Auflagefläche |
|---|---|---|
| tiefer Schwerpunkt | mittlerer Schwerpunkt | hoher Schwerpunkt |
| GUTE STABILITÄT | MITTLERE STABILITÄT | SCHLECHTE STABILITÄT |

Die beste Standfestigkeit bietet eine extrem tiefe Stellung mit weit gespreizten Beinen.

Die hohe Standfestigkeit in tiefer Stellung hat allerdings einen beträchtlichen Nachteil: Sie beeinträchtigt die Beweglichkeit sehr stark.

### Die Beweglichkeit

Beweglichkeit ist immer dann von Bedeutung, wenn der Gegner kräftiger, schwerer und damit stärker ist als man selbst. Fehlende Beweglichkeit kann nur durch entsprechend gesteigerte Nehmerqualitäten ausgeglichen werden, die aber nur eine Minderheit der Menschen besitzt.

Das bedeutet: Die Beweglichkeit des Kämpfers muß optimal sein.

Bewegen bedeutet Verschieben des Schwerpunktes. Der Schwerpunkt kann aber, wenn er tief liegt, nur nach vorherigem Heben verschoben werden. Bewegungen in stabilen Stellungen sind also nur mit großem Zeitaufwand möglich. Das widerspricht der Grundforderung nach Schnelligkeit im Kampf.

Beweglichkeit wird erreicht durch
— einen nicht zu tiefen Schwerpunkt (verbunden mit einer mittleren Auflagefläche) und
— Spannungsreserven dank gebeugter Knie.

Letzteres sei näher erklärt.

Beweglichkeit bedeutet schnellstmögliches Verschieben des Körperschwerpunktes, der etwa beim Nabel liegt, in der Horizontalen. Durch Vorsetzen des Spielbeines vor das Standbein (Schritt) kann dies nur langsam erreicht werden. Das Durchstrecken gebeugter Gelenke hingegen kann sehr viel schneller erfolgen. Wird nun diese Streckbewegung zur Verlagerung des Schwerpunktes verwendet, so können sehr rasche Bewegungen in der Horizontalen ausgeführt werden.

Mit einem Sprung verbunden, ermöglicht diese Bewegung einen plötzlichen und großen Raumgewinn.

Daher müssen in der Kampfstellung die Knie gebeugt sein.

### Synthese

Die Kampfstellung der Beine hat nun den geradezu diametral entgegengesetzten Forderungen nach größtmöglicher Standfestigkeit und optimaler Beweglichkeit weitestgehend zu entsprechen, wozu ein Kompromiß erforderlich ist.

Die Standfestigkeit soll nach allen Seiten möglichst stabil sein. Ein negatives Extrem ist beispielsweise der Ausfall des Fechters: nach vorne und rückwärts extrem stabil, seitwärts aber extrem labil.

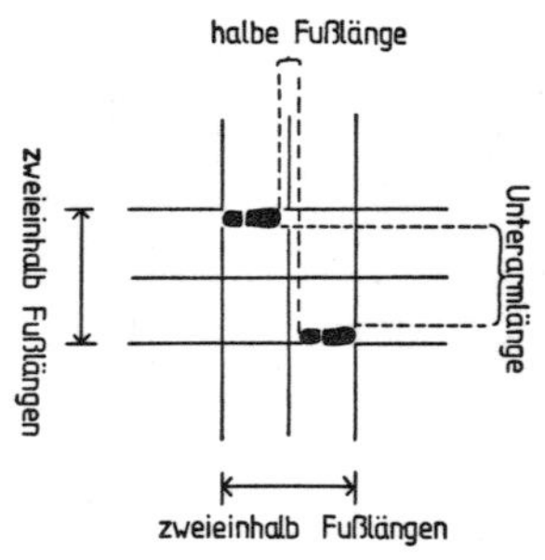


*Optimale Beinstellung: Auflagefläche quadratisch, Seitenlänge zweieinhalb Fußlängen*

Allseitige Stabilität wird durch eine breite Schrittstellung erreicht.

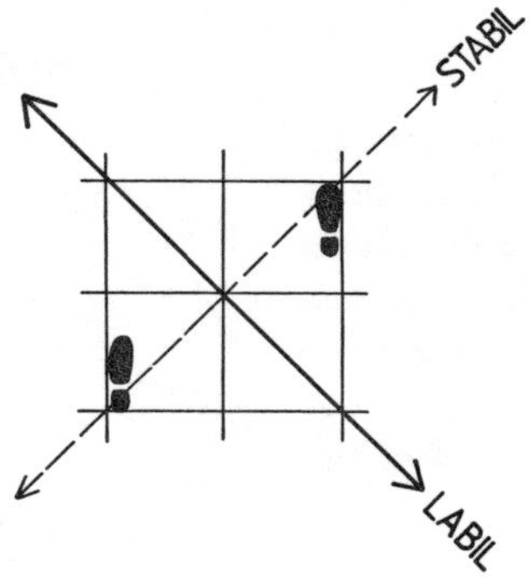


Diese Fußstellung hat aber eine jeder Schrittstellung eigene Schwäche: In der Achse senkrecht zur Fußachse ist das Gleichgewicht gefährdet. In dieser Richtung ist die Kampfstellung besonders labil.

Dieser Nachteil kann durch Beweglichkeit in der Vertikalen ausgeglichen werden.

Die folgende Skizze zeigt das Prinzip:

Durch ungewollten Gleichgewichtsverlust droht der Körper zu fallen — der Schwerpunkt über der Auflagefläche ist ausgewandert. Durch ein rasches Beugen der Beine ist es nun möglich, ihn aufzufangen und wieder über die Auflagefläche zurückzubringen. Damit ist das stabile Gleichgewicht wieder hergestellt.

Erst durch Zusammenwirken von Standfestigkeit und Beweglichkeit kann das Gleichgewicht gewahrt werden.

## Der Angriff

Steht man einem kampfbereiten Kontrahenten gegenüber, so ist ein Angriff der beste Weg, diese Gefahr auszuschalten.

Es wäre verfehlt, zu glauben, der Reagierende könne den Vorsprung des Agierenden jemals einholen. Die Zeit, die einer braucht, um zum Schlag auszuholen und ihn im Ziel zu landen, beträgt wenige Zehntelsekunden (wenn nicht völlig stümperhaft zugeschlagen wird), die durchschnittliche Reaktionszeit ist stets länger.

Man sollte in der Selbstverteidigung also stets danach trachten, dem Angreifer zuvorzukommen, da dieser sonst einen kaum mehr einzuholenden Vorsprung hat. Allerdings müssen dabei die allgemeinen Grundsätze der Notwehr (siehe dort) beachtet werden.

Eine gute Deckung kann jedoch davor schützen, bei einem Angriff getroffen zu werden.

Die beste Kampfstellung — etwas verallgemeinernd ausgedrückt — ist die, in der beide Arme vor dem Kopf (in Höhe des Halses oder noch höher) gehalten werden. Sie stellen eine sehr gute Deckung dar, durch die kaum durchzukommen ist (sofern man einmal von bloßem Krafteinsatz und dem Einsatz von Fußtritten absieht).

Das Überwinden der gegnerischen Deckung ist die schwierigste Phase des Kampfes. Wenn man erst einmal in der Halbdistanz ist, ist der Kampf schon fast gewonnen.

Es kommt also zunächst einmal darauf an, die gegnerische Deckung zur Seite zu schlagen, um sich Zugang zur Halbdistanz und den vitalen und sensiblen Körperstellen zu verschaffen.

Die praktische Voraussetzung dafür ist, eine gegengleiche Fußstellung zum Gegner einzunehmen. Sehr häufig muß die sogenannte Rechtsauslage angewendet werden.

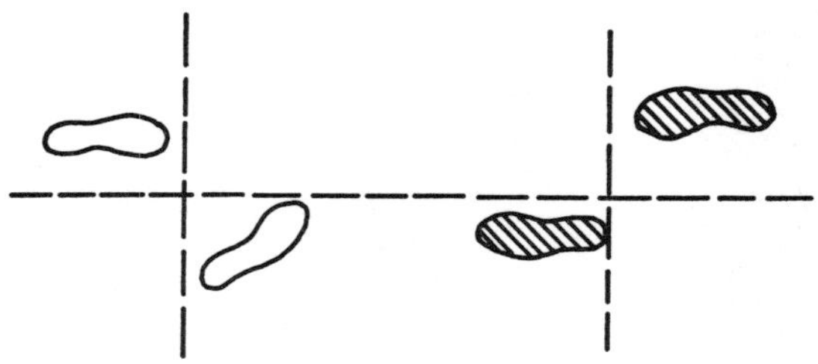

Aus dieser Stellung ist nun der Angriff zu starten. Er setzt sich aus drei Bewegungsabläufen zusammen, die unbedingt möglichst gleichzeitig erfolgen sollten:

1. Die Grundlage des Angriffs ist der Ausfall, ein katapultartiges Vorschnellen des Körpers mit dem Zweck, Raum zu gewinnen und in die Halbdistanz vorzudringen. Der Ausfall erfolgt durch plötzliches Strecken des rückwärtigen Standbeines und kann sehr schnell durchgeführt werden. Manchmal wird diese Bewegung auch »Gleitschritt« genannt.
2. Der Ausfall würde den Angreifer geradewegs in die Führungshand des Gegners, sozusagen »ins Messer« laufen lassen, wenn ebendiese Führungshand nicht zur Seite geschlagen wird. Dazu schlägt man mit dem Handballen des vorgestreckten Armes nach innen. Angriffspunkt ist dabei möglichst der Ellbogen des Gegners, weil dann die erzielte Hebelwirkung und auch die potentielle Verletzung am Arm am größten ist.
   Nicht immer wird ein Schlag gegen den Ellbogen glücken. Wichtig ist jedenfalls
   — daß der Arm des Gegners nach innen gedrückt und
   — damit freie Bahn für den eigenen Angriff geschaffen wird.
   Dieses Eindrücken behindert nicht nur die Kontermöglichkeit des Gegners, sondern sperrt zusätzlich auch seinen anderen Arm, wodurch zumindest kurzfristig beide Arme paralysiert sind.
3. Gleichzeitig stößt die andere Hand zum Angriff gegen den Kopf vor.

Anzustreben wäre eigentlich ein Handballenstoß zur Kinnspitze, der ein klassisches Box-K.o. bewirken könnte. Aber in der Aufregung des Kampfes muß man froh sein, wenn man den Kopf überhaupt trifft. Zielt man mitten ins Gesicht, trifft man meistens die Nase von unten, von der Nasenscheidewand her. Das bringt zumindest kurzfristig Erfolg. Die Beeinträchtigung des Gegners dauert lange genug, um endgültig in die Halbdistanz zu kommen.

Diese erste und wichtigste Phase des Kampfes muß unbedingt erfolgreich sein. Dazu ist ein blitzschnelles und energisches Handeln notwendig. Es ist unnütz, finten zu wollen oder es mit Tricks zu versuchen. Eine Erfolgsgarantie bringen nur das Ansichreißen der Initiative, der entschlossene und kräftige Angriff sowie die Gleichzeitigkeit der drei Bewegungen. Dann hat der Gegner keine Chance.

Das Einbrechen in die Halbdistanz ist an sich nicht sonderlich schwierig; wenn es aber mißlingt, dann ist der Kampf in den meisten Fällen beendet, und zwar zu eigenen Ungunsten.

Auch wenn der Einbruch in die Halbdistanz einmal gelungen ist, darf man dem Gegner keine Atempause gönnen, bis er kampfunfähig ist. Dies ist jedoch relativ einfach, denn seine empfindlichsten Ziele, Kinn und Genital, sind nun leicht erreichbar und die eigenen Waffen — vor allem das Knie — in idealer Ausgangsposition.

Ist der Gegner vornübergebeugt, bietet sich ein Kniestoß zum Kopf an. Nach dem Handballenstoß zur Nase fährt die stoßende Hand seitlich am Kopf vorbei, erfaßt den Gegner im Nacken und zieht den Kopf gegen das hochschnellende Knie. Nachhaltige Verletzungen sind so gut wie immer die Folge. Ideale Knietreffer sind solche zum Kopf oder Hals.

Ist der Gegner nicht nach vorne gebeugt, ist es einfach, mit einem Schritt noch näher an ihn heranzugehen und einen Kombinationsstoß anzubringen. Der Gegner bleibt meist aufrecht stehen, wenn die ersten Phase des Angriffs, das Einbrechen in die Halbdistanz, zwar gelungen, aber zu wenig kräftig ausgefallen ist, oft auch dann, wenn der Angriff nicht überraschend geführt wurde; der Ausgang des Kampfes ist in diesem Fall allerdings ungewiß, weil der Gegner unter Umständen lang genug Zeit hat, um Gegenmaßnahmen zu treffen.

Dieselbe Bewegungsfolge läßt sich auch defensiv anwenden, dann also, wenn es gilt, einen Fauststoß des Gegners abzuwehren. War schon der Angriff schwierig, obwohl das Überraschungsmoment auf der Seite des Angreifers lag, so ist die Abwehr noch ungleich schwieriger: Der Abwehrende muß unter der Bürde der Reaktionszeit mit seiner Abwehrbewegung zurechtkommen, ehe der Angriff gelungen ist.

Darum muß die Abwehr im taktischen Konzept des Handgemenges möglichst die Ausnahme bleiben. Aber nicht immer kann man sich die Situation aussuchen und notfalls muß man — in Überraschungsfällen — in die Defensive ausweichen. Es empfiehlt sich aber, von der Defensive so rasch wie irgend möglich zu einem Gegenangriff (Konter) überzugehen. Die Bewegungsfolge bei einem Konter ist dieselbe wie beim Angriff.

Man kann einen Angriff auch durch einen Fußtritt einleiten, entweder zum Knie, um die gegnerische Verteidigung aufzuweichen, oder zum Rist, um einen gegnerischen Fußtritt abzuwehren.

## Abwehr gegnerischer Angriffe

### Fassen am Revers oder Würgen von vorne

Wenngleich solche Angriffe nicht unterschätzt werden dürfen, weil sie grundsätzlich nur von körperlich Überlegenen angewandt werden, so liegen dennoch alle Nachteile beim Gegner. Er begibt sich selbst in eine ungünstige Lage. Er provoziert richtiggehend die Halbdistanz, in der er unterlegen ist, indem er den Angegriffenen eng an sich heranzieht. Sein Genitalbereich ist für Kniestöße völlig offen.

Gleichzeitig beraubt er sich selbst jeglicher Deckung, indem er seine Hände im Festhalten bindet.

Die richtige Antwort auf einen derartigen Angriff ist der Kombinationsstoß, also ein Kniestoß zum Genital und ein Handballenstoß zum Kinn. Der Gegner wird dann vermutlich von seinem Angriff ablassen.

Eine zweite Möglichkeit besteht darin, mit einem kräftigen, kreisförmigen Einwärtsschlag des Unterarmes den Haltegriff zu brechen. Die Arme des Gegners werden dadurch nicht nur zur Seite geschlagen, es ist ihnen vorläufig auch jede Möglichkeit genommen, dagegen Maßnahmen zu ergreifen.

Nachdem sich die Abwehrbewegung ausschließlich gegen die zupackenden Arme gerichtet hat, ist der Oberkörper unverändert geblieben. Das ist wichtig, denn er steht jetzt in der richtigen Ausgangsposition für einen vernichtenden Kombinationsstoß.

### Fassen am Kragen oder Würgen von hinten

Diese Situation sieht auf den ersten Blick übel aus, begünstigt aber den Verteidiger mehr als den Angreifer. Dieser hat ihn von rückwärts am Kragen gepackt und sein Gleichgewicht nach hinten gebrochen. Er scheint hilflos zu sein. Der Angegriffene hat das Überraschungsmoment ganz auf seiner Seite, wenn er trotzdem angreift.

Der Gegner zieht nach rückwärts. Das eigene Gleichgewicht läßt sich nur wahren, wenn man den Schwerpunkt wieder über die Beine verlagern kann. Dies gelingt nur durch einen Schritt nach rückwärts, auf den Gegner zu. Man braucht nur dem Zug seiner Hand zu folgen. Es ist leicht, sich bei diesem Rückwärtsschritt um die eigene Achse zu drehen und die zugreifende Hand zur Seite zu schlagen. Es genügt, den Unterarm einfach nach oben zu halten, das Zurseiteschlagen besorgt die Drehung von selbst. Danach steht man in der idealen Halbdistanzposition und kann gegen den überraschten Gegner mühelos einen Kombinationsstoß landen.

### Abwehr eines Halbkreisfußtrittes

Zwei Grundsätze muß sich der Angegriffene vergegenwärtigen:

1. Voraussetzung für einen gegnerischen Treffer ist die richtige Distanz. Da der Halbkreisfußtritt lange dauert, hat der Angegriffene Zeit, dem Gegner auszuweichen. Dann geht der Fußtritt ins Leere.
2. Weicht man dem Fußtritt aus, indem man auf den Gegner zugeht, hat man auch noch Zeit, einen Gegenschlag auszuführen.

Die Abwehr eines Halbkreisfußtrittes ist lediglich eine Frage des Zeitkalküls.

Ein Halbkreisfußtritt wird durch Anheben des Spielbeines signalisiert. Auf dieses Signal hin muß der Verteidiger in die Halbdistanz vorspringen. Unter Einrechnung der Reaktionszeit wird der Fußtritt während des Vorspringens schon »unterwegs« sein. Man wird also sicherheitshalber versuchen, ihn abzublocken.

Der Block muß am Kniegelenk ansetzen, weil das Knie beim Treten wenig bewegt wird. Das Blocken des Knies ist einfach und ohne Kraftanstrengung durchführbar. Ist es einmal unter Kontrolle, geht der wuchtig tretende Fuß des Gegners ins Leere.

Das eigene Vorspringen in die Halbdistanz wird gleichzeitig mit einem Angriff verbunden: Der Handballen schnellt vor und trifft den Angreifer auf der Nase.

Das Nachsetzen und Anbringen eines Kombinationsstoßes fällt jetzt leicht. Nicht selten wird der Gegner auch zu Boden geworfen, weil er während des Tretens ja nur auf einem Bein im labilen Gleichgewicht steht.

Tritte mit der Ferse oder der Schuhspitze gegen Genital und Kopf machen ihn dann endgültig kampfunfähig.

### Abwehr von Schwingern

Für Schwinger gilt prinzipiell dasselbe wie für den Halbkreisfußtritt, nur ist die Zeit, die zur Abwehr bleibt, kürzer, weil der Schwinger einen engeren Kreisbogen beschreibt.

Wieder ist es die »Flucht nach vorne«, das rasche Vordringen in die Halbdistanz, die am ehesten Gewähr bietet, dem Schwinger zu entgehen. Allerdings muß man jetzt ganz nahe, auf

Tuchfühlung, an den Gegner herangehen. Daher bietet sich der Kopfstoß als verzugloseste Angriffstechnik an, zudem fällt er mit der Vorwärtsbewegung in idealer Weise zusammen.

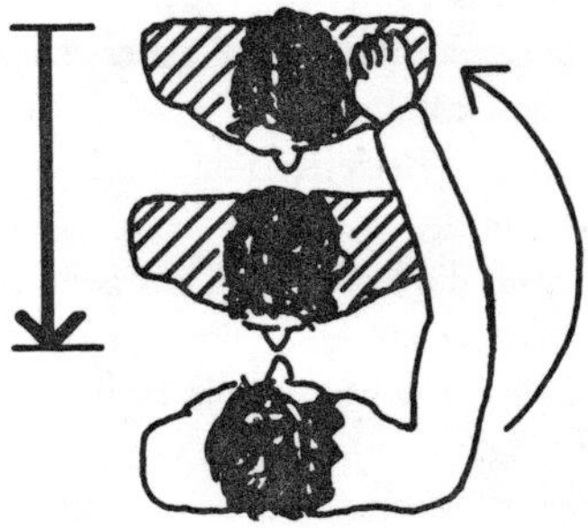

Mindestentfernung, auf die man in den Gegner hineingehen muß, damit der Schwinger ins Lere geht.

Gleichzeitig mit dem Sprung nach vorne wird dem Gegner der Kopf ins Gesicht gestoßen. Der senkrecht erhobene Unterarm blockt dabei den Schwinger ab. Das Nachgehen mit einem Kombinationsstoß ist dann einfach.

## Bedrohung mit einem Messer — von vorne

Diese Situation sieht viel gefährlicher aus, als sie in Wirklichkeit ist, vorausgesetzt, der Angreifer hat nicht die Absicht, das Messer einzusetzen und verwendet es nur als Drohung. Derartige Angriffe können sehr leicht abgewehrt werden.

Der Bedroher hält seinem Opfer das Messer von vorne an die Kehle. Er will nicht zustechen, sonst hätte er es schon getan. Durch die Drohung mit dem Messer glaubt er sich überlegen und rechnet nicht mit einer Abwehr, das garantiert dem Angegriffenen ein Überraschungsmoment.

Erhobene Arme sind die ideale Ausgangsstellung, um den Messerarm zur Seite zu schlagen. Diese Abwehrbewegung ist auch für Ungeübte schnell genug, um den Bedroher zu überraschen. Wenn das Zurseiteschlagen der Messerhand noch mit einem Vorwärtsschritt verbunden wird, befindet man sich auch schon in der Halbdistanz, aus der ein vernichtender Kombinationsstoß gelingt.

Der Angreifer braucht zum Reagieren länger als der ganze Bewegungsablauf dauert. Er ist also dem Gegenangriff stets hilflos ausgeliefert.

## Bedrohung mit einem Messer — von hinten

Die Abwehrmethode ist dieselbe, nur ist der Bedroher noch schlechter dran. Er glaubt, alles sicher unter Kontrolle zu haben, da er von hinten droht und für den Angegriffenen unsichtbar ist. Um seine Überlegenheit zu beweisen, muß er ihn das Messer fühlen lassen — und kommt damit freiwillig in die Halbdistanz.

In der zum Gegenangriff nötigen Körperdrehung ist immer genug Kraft, die Messerhand zur

Seite zu schlagen. Der Angegriffene dreht sich und schlägt mit dem nach oben gehaltenen Arm nach unten. Der Gegner muß den Kombinationsstoß hilflos hinnehmen, weil seine Reaktionszeit es ihm nicht ermöglicht, Gegenmaßnahmen zu setzen.

Schwieriger ist es, wenn der Angegriffene die Hände nicht nach oben hält. Aber das Heben der Hände signalisiert dem Gegner Angst und Aufgabe, macht ihn selbstsicher und für die Abwehr noch anfälliger.

Diese wenigen Beispiele zeigen schon die Grundprinzipien einer erfolgreichen Abwehr im Handgemenge:

1. Zuerst muß die Bedrohung zur Seite geschlagen werden; erst dann hat man freie Bahn für weitere Aktionen.
2. Sodann ist es wichtig, in die Halbdistanz zu kommen. Manchmal besorgt das der Gegner unfreiwillig.
3. Zuletzt gilt es, einen Kombinationsstoß anzubringen, der den Gegner handlungsunfähig macht.

Diese Prinzipien gelten immer und überall, gleichgültig ob man selbst angreift oder einen Angriff des Gegners abwehrt. Zurseiteschlagen — Halbdistanz — Kombinationsstoß ist der Dreitakt, der zum Erfolg führt.

## *Selbstverteidigung mit dem Messer*

### Stichwunden

Die Wirkung von Messerstichen hängt von mehreren Umständen ab. Dazu gehören

- der Streßzustand des Körpers und
- traumatologische Umstände, d. h. inwieweit vitale Organe und Nervengeflechte betroffen sind.

Im allgemeinen läßt sich ein kausaler Zusammenhang zwischen der Dauer der Handlungsunfähigkeit des Getroffenen und dem Ausmaß an zerstörtem Gewebe feststellen.

Messer verursachen glattrandige, zweidimensionale Verletzungen, die wenig umfangreiche Gewebszerstörungen bewirken. Das Schockausmaß ist daher relativ gering, und ein gelungener Stich muß noch lange nicht das Ausschalten des Gegners bedeuten. Der Stich mag sich wenig später als tödlich herausstellen — im Moment des Kampfes ist nur eine abrupt eintretende Handlungsunfähigkeit des Getroffenen (»Mannstoppwirkung«) von Bedeutung. In dieser Hinsicht darf — trotz allgemein schwerwiegender Wirkung von Messerwunden — von Stichverletzungen nicht allzuviel erwartet werden.

Es sind Fälle bekannt, in denen z. B. eine getroffene Halsschlagader sich lange genug zusammengezogen hat, um dem Getroffenen das Überleben zu sichern und in einem Fall (Oberschenkelstich) haben sich die Muskeln so kontrahiert, daß es unmöglich war, das Messer aus der Wunde herauszuziehen. Nicht selten passiert es in der Hitze des Kampfes, daß der Getroffene den Stich gar nicht bemerkt. Stichverletzungen sind zwar in jedem Fall ernste Verletzungen, den Ausgang eines Handgemenges entscheiden sie aber in viel geringerem Maße, als allgemein angenommen wird.

### Das Messer als Waffe

Unter dem Begriff „Messer“ faßt man Griffwaffen mit kurzen Klingen (Blankwaffen) mit Gesamtlängen von etwa 15 bis 60 cm zusammen. In der Handhabung eignen sich längere Messer eher zum Hauen, kurze Taschenmesser eher zum Stoßen. Mittlere Messer (wie etwa Gebrauchsmesser) liegen dazwischen und sind am vielseitigsten im Kampf verwendbar.

Selbstverteidigung ist gekennzeichnet durch
- Überraschung,
- blitzschnellen Ablauf und
- das Streben, die Handlungsunfähigkeit des Kontrahenten so rasch wie möglich herbeizuführen.

Dazu muß das Messer
- jederzeit und rasch zur Hand sein,
- verzugslos eingesetzt werden,
- Verletzungen herbeiführen, die »mannstoppend« bzw. abhaltend wirken.

Grundsätzlich ist das Messer nichts weiter als der verlängerte und auf Schnitt und Stoß spezialisierte Arm des Kämpfers. Gegenüber den im vorhergehenden Abschnitt besprochenen waffenlosen Kampftechniken ist das Messer eine gewisse Verbesserung: Anstatt mit dem Handballen zuschlagen zu müssen kann das Messer — den selben Bewegungsabläufen folgend — mit besserer Wirkung eingesetzt werden.

## Trageweise

Die Trageweise eines Messers hängt in erster Linie von Lebensgewohnheiten und von dem geplanten Verwendungszweck des Messers ab. In der Regel soll das Messer
- nicht stören,
- rasch griffbereit sein.

Auch ist es von Bedeutung, ob man ein Arbeitsmesser nur im Notfall zur Selbstverteidigung einzusetzen gedenkt (was meistens der Fall sein wird), oder ob man es als reines Kampfmesser mit sich führt (siehe Kapitel »Ausrüstung und Bekleidung«).

Vom Standpunkt der Selbstverteidigung sind folgende Trageweisen abzulehnen:
- am Rucksack bzw. an einem Gepäckstück, denn mit dem Gepäck legt man auch das Messer ab;
- in der Überbekleidung (z. B. Anorak) aus demselben Grund;
- am Ober- oder Unterarm, da beim Herausziehen beide Hände bzw. Arme gebunden sind und das zu einem Zeitpunkt, wo man sie dringend zur Abwehr des gegnerischen Angriffes benötigt.

## Greifen der Waffe

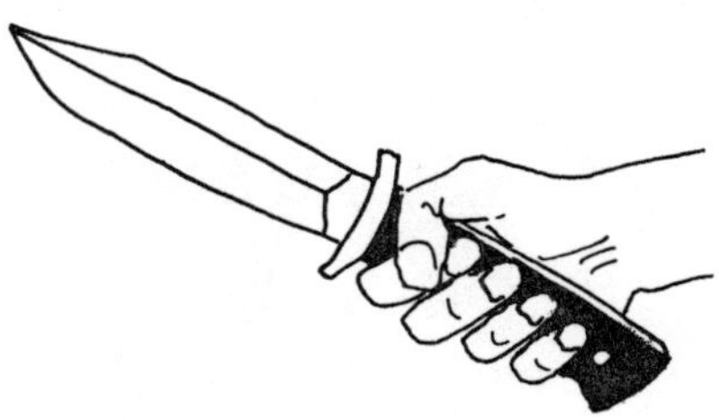

In der Selbstverteidigung ist das Messer mit der ganzen Hand am Griff zu erfassen. Der Daumen soll am ersten Zeigefingergelenk aufliegen. Der Griff muß fest und kräftig sein, er darf den Messergriff ruhig pressen.

Im Streß der Selbstverteidigungssituation krampft sich die Hand ohnehin um den Griff, daher ist es unsinnig, etwas anderes zu üben.

Es ist zwar richtig, daß man bei einem florettähnlichen Griff das Messer flexibler halten und beim Schnitt besser einsetzen kann. Beim Messerstoß aber trifft man leicht auf Knochen, und dann wird einem die Waffe unweigerlich und schmerzhaft aus der Hand geschlagen, was zu einer Verstauchung oder auch zu einem Bruch des Daumens führen kann.

Nachdem es eines der markantesten Charakteristika der Notwehr ist, daß eine Selbstverteidigungssituation stets unerwartet und völlig überraschend auftritt, ist es entscheidend, daß das

Messer auch blitzschnell ergriffen werden kann. Die Trageweise hat darauf einen nicht unbedeutenden Einfluß. Nachdem das Messer häufiger als Werkzeug denn als Waffe zum Einsatz kommt, ist die Trageweise immer ein Kompromiß zwischen Bequemlichkeit und Idealfall.

## Einsatz des Messers im Handgemenge

Nehmen wir an, unser Gegner hat die Rechtsauslage eingenommen, d. h. die rechte Hand ist vorne und die linke hinten in Bereitschaft. Er stößt nun auslagenseitig eine rechte Gerade.

Alle früher besprochenen Kampfgrundsätze haben ungeschmälerte Gültigkeit: Man muß in die Halbdistanz einbrechen, um den Gegner zu unterlaufen und den Angriff mit dem Handballen zur Seite schlagen. Gleichzeitig führt man mit der anderen Hand einen Gegenangriff aus, nur daß sie jetzt statt mit dem Handballen mit dem Messer zustößt.

(1) (2) (3)

Während der linke Handballen den Angriffsarm zur Seite schlägt, greift die rechte Hand zur Waffe (1). Gleichzeitig mit dem Ausfall wird das Messer nach vorne gestoßen (2). Hat man getroffen, steht der Gegner vornübergebeugt und damit in idealer Position, um einen Kombinationsstoß anzubringen (3), der den Gegner ausschaltet.

Weil hier ein klassischer Kombinationsstoß nicht anzubringen war, trifft das Knie den Kopf, und der Messerknauf kann nun zum Genick geschlagen werden.

Steht der Gegner in linker Auslage, also mit dem linken Arm vorne, so sind für den Verteidiger zwei Möglichkeiten denkbar:

— Er handelt genauso wie zuvor; das hat den Vorteil, daß er mit einer Bewegungsfolge das Auslangen findet. Er schlägt mit der linken Hand den Auslagearm des Gegners zur Seite — diesmal aber nicht von außen nach innen, sondern von innen nach außen.

Der Rest spielt sich wie bisher ab: Der Messerstoß nach vorne wird von einem Kombinationsstoß gefolgt. Funktioniert das nicht so wie gewünscht, stößt man das Knie zum Kopf des Gegners und stößt ihm den Messerknauf ins Genick.

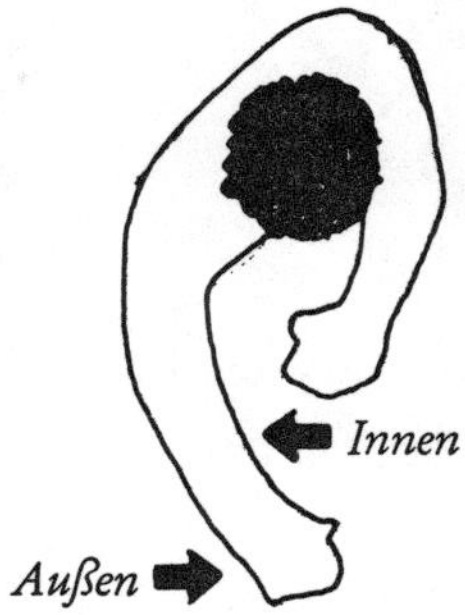


Diese Kombination hat einen Nachteil: Schlägt man den Auslagearm des Gegners von außen nach innen, dann sperrt man ihm damit automatisch den rückwärtigen Arm. Schlägt man ihn aber von innen nach außen, kann der Gegner den rückwärtigen Arm sofort zum Konter einsetzen. Der Messerstoß muß also nach der Handballenparade blitzschnell erfolgen — sonst kommt der Gegenangriff des Kontrahenten.

— Bei der zweiten Möglichkeit wird spiegelbildlich verfahren. Man schlägt den Auslagearm des Gegners mit der rechten Hand nach innen. Allerdings hält man ausgerechnet in dieser Hand das Messer. Bei näherem Hinsehen ist das kein Malheur: Statt des Handballens setzt man zum Wegschlagen eben das Messer ein, und die Nachteile dabei liegen allesamt beim Gegner.

Der weitere Bewegungsablauf ist derselbe wie zuvor: Mit einem Kombinationsstoß (oder einer Variante davon) wird das Handgemenge beendet.

Man mag einwenden, daß hier das Messer ein wenig zweckentfremdet zum Einsatz kommt. Das ist wohl richtig, man darf aber nicht vergessen, daß im Handgemenge der siegt, der schneller irgend etwas einsetzt und nicht der, der das ideale Mittel zu spät zur Anwendung bringt.

**Einsatz der Beine**

Der Einsatz der Beine für Fußtritte unterliegt den bereits beschriebenen Grundsätzen. Der Fußtritt gewinnt an Bedeutung, wenn man ihn einsetzt, um Zeit für das Ziehen des Messers zu gewinnen.

Mit einem Fußtritt wird der Gegner auf Distanz gehalten, bis man das Messer freigemacht hat.

Gegenangriff: Der Handballen schlägt zum Auslagearm des Gegners, gleichzeitig stößt das Messer zu.

Der Kampf wird mit einem Kombinationsstoß oder ersatzweise mit einem Kniestoß zum Kopf und einem Knaufstoß ins Genick beendet.

**Messerabwehr mit ebenbürtigen Waffen**

Steht man selbst unbewaffnet einem mit einem Messer bewaffneten und zum Angriff entschlossenen Gegner gegenüber, läßt sich das sinnvollste Verhalten auf folgende Regel zusammenfassen:

Entweder gelingt es einem, sich ebenbürtig zu bewaffnen, oder man setzt sich ab.

Läßt man Letzteres außer Betracht, so kann man Zeit gewinnen, indem man den Gegner mit rasch ergriffenen Gegenständen wie Flaschen, Steinen u. dgl. bewirft. Doch dann muß rasch eine ebenbürtige Bewaffnung zu Hand sein.

Vor Fußtritten ist dringend abzuraten. Man handelt sich mit Sicherheit zerstochene Beine ein. Es wurde schon dargelegt, daß Fußtritte zwar kräftiger, aber auch viel langsamer als Armtechniken sind. Die Beine sind eine ungeeignete Waffe gegen Messer.

Eine »ebenbürtige Bewaffnung« ist eine solche, die den Messerkämpfer auf Distanz hält und es erlaubt, ihn aus der Distanz heraus unschädlich zu machen. Dazu gehören

Schußwaffen aller Art

Man beachte aber, daß selbst tödlich Getroffene selten ihre Aggression sofort einstellen! Man muß immer damit rechnen, daß der Messerstecher auch dann noch vortaumelt und um sich sticht.

Sessel

Ein Sessel ist eine recht praktikable Waffe gegen ein Messer. Man hält ihn so, daß die Füße zum Gegner zeigen; mit ihnen versucht man, ihm Stöße zu versetzen. Durch Drehen des Sessels kann man ihn irritieren, weil er sich nicht auf ein Sesselbein konzentrieren kann; so wird er ununterbrochen von einem der vier Sesselbeine getroffen; zwar kaum allzu fest, aber er ist beschäftigt und selbst ist man vor Messerstichen durch den Sesselboden halbwegs geschützt.

Jetzt darf man dem Gegner keine Chance lassen, sich auf die Situation einzustellen. Durch aggressives Vorgehen mit ständigen Sesselstößen wird er zurückgedrängt, bis sich die Gelegenheit bietet, ihn zu Boden zu werfen. Es dürfen auch die Beine eingesetzt werden, weil sie jetzt kaum in Gefahr laufen, Stiche zu kassieren.

Ist der Gegner einmal am Boden, nähert man sich ihm von der Kopfseite und kann ihn nun – falls noch erforderlich – mit Steinen, dem Sessel o. ä. kampfunfähig machen, oder man schlägt gegen die Messerhand und kann, sobald das Messer keine Gefahr mehr darstellt, auch mit Tritten vorgehen.

### Prügel, Latten, Stöcke

Die ideale Länge liegt um 1,50 m. Damit kann man den Angreifer durch Stockstöße auf Distanz halten und selbst außerhalb der Reichweite des Messers bleiben. Man versucht, Stockstöße gegen den Kopf zu landen oder schlägt seitlich zum Knie; ist einmal ein Bein verletzt, kann der Gegner kaum noch gefährliche Angriffe durchführen. Beendet wird der Kampf oft durch einen kräftigen Hieb zum Kopf.

Man hüte sich vor weit ausholenden Bewegungen: Ein geübter Gegner nützt das rücksichtslos zum Angriff aus. Dann verkehren sich die Chancen, weil der Stock in der Halbdistanz nichts mehr nützt.

**Waffenlose Messerabwehr**

Ist eine »ebenbürtige Bewaffnung« nicht möglich, verbleiben nur noch waffenlose Abwehrtechniken.

Es muß jedoch gesagt werden, daß diese ein relativ hohes Risiko beinhalten und meist nur gegen ungeübte Gegner Erfolg bringen. Allerdings ist auch nicht anzunehmen, daß jeder Gegner, der Sie mit einem Messer angreift, ein geübter Messerkämpfer ist. Sie sollten diese Techniken daher nur im äußersten Notfall einsetzen. Dabei sind folgende Grundsätze zu beachten:

— Im Affekt sind kräftige Messerstiche von oben nach unten am häufigsten.
  Der wirkungsvollste und am schwersten abzuwehrende Messereinsatz ist der gerade Stoß; er ist meist zu schnell, um mit den Augen rechtzeitig erfaßt zu werden.
— Die größte Gefahr droht vom Messer; man muß daher trachten, die Messerhand zu erfassen und das Messer solange zu blockieren, bis man den Gegner kampfunfähig gemacht hat oder sie so zu verletzen, daß sie kein Messer mehr halten kann.

*Messerstich von oben*

*Messerstich von unten*

Die entscheidende Abwehrbewegung ist das Neutralisieren der Messerhand, bis der Gegner durch einen Kombinationsstoß kampfunfähig gemacht worden ist.

Man darf nie vergessen, daß alles blitzschnell geht — dieses beengende Zeitkalkül muß alle Überlegungen bestimmen.

**Messer gegen Messer**

Nur ganz selten kommt es zu solchen Situationen. Das Messer ist eine Waffe des Hinterhaltes, des Affektes und der Notwehr, aber nicht des planmäßigen Kampfes.

Darum lassen sich auch kaum gültige Regeln dafür aufstellen. Der Schnellere gewinnt in der Regel, ähnlich wie beim waffenlosen Kampf.

Es lassen sich jedoch folgende Hinweise geben:

— Meist hat der Kämpfer die Messerhand zurückgezogen und die andere zum Finten und Parieren vorne (Auslagehand). Man kann nun versuchen, diese Auslagehand mit einem schnellen Schnitt zu verletzen, um den Gegner abzulenken und um diese Ablenkung für den entscheidenden Angriff auszunützen.

- Wird man selbst am Handgelenk vom gegnerischen Messer getroffen, und man blutet, sollte man dem Gegner das Blut mit einer schnellen Bewegung des Handgelenkes ins Gesicht schleudern. Auch Sand, Erde oder Gegenstände eignen sich zum Werfen, um damit den Gegner abzulenken.
- Hat der Gegner die Messerhand vorne, können die Techniken des Handgemenges angewandt werden.

**Messerwerfen**

Im allgemeinen ist Messerwerfen als Sport anzusehen und hat mit Selbstverteidigung oder Messerkampf nur sehr am Rande zu tun.

Da aber eben in diesen Randbereichen Situationen, in denen ein gelungener Messerwurf zumindest eine gewisse Hilfe darstellt (z. B. bei Nothilfe), nicht ausgeschlossen werden können, soll hier auch auf diese Techniken eingegangen werden.

Messer werden mit der Klinge oder mit dem Griff geworfen. Das Messer überschlägt sich dabei in der Luft, was eine bestimmte Beschaffenheit des Wurfmessers erfordert:

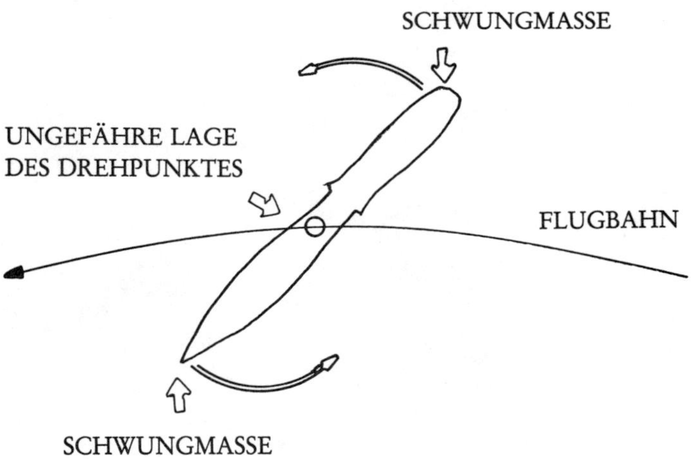


Die Skizze zeigt, daß für einen guten Wurf das Messer eine Schwungmasse besitzen muß — entweder im Griff oder in der Klinge nahe an der Spitze.

Diese »Schwungmasse« ist der Schwerpunkt des Messers. Liegt er im Griff, eignet sich das Messer zum Wurf mit der Klinge. Liegt er in der Klinge, wirft man das Messer am besten mit dem Griff oder, bei glattem Griff, auch von unten.

Die meisten guten Gebrauchsmesser mittlerer Größe haben ihren Schwerpunkt im Zentrum und eignen sich für beide Wurfarten, wenn auch lange nicht so gut wie bei einem dezentrierten Schwerpunkt.

Der Wurf mit der Klinge gelingt am leichtesten, weil das Messer nur eine halbe Umdrehung auszuführen braucht. Außerdem ist es leichter, das Messer an der Klinge gleichmäßig zu greifen. Die Klinge sollte möglichst gerade, der Griff schwer sein.

*Wurfregeln*

Man greift die Klinge so, daß die Spitze am Übergang des Handgelenkes zum Handballen zu liegen kommt. Wichtiger als die genaue Lage dieses Punktes ist, daß die Spitze der Klinge bei jedem Wurf genau an derselben Stelle zu liegen kommt, weil dem Messer nur dann immer dieselbe gleichmäßige Drehung erteilt wird.

Man wirft immer mit steifem Handgelenk. Ein Nachwippen im Handgelenk wirft das Messer unweigerlich aus der gleichmäßigen Drehung, und der Wurf muß mißlingen.

Das Messer muß locker und entspannt geworfen und der Wurf durchgezogen werden, auch wenn das Messer die Hand längst verlassen hat.

Alle drei Wurfregeln bezwecken nichts weiter, als die Drehung gleichmäßig zu gestalten. Gelingt es, dann wird auch jeder Wurf sein Ziel erreichen.

AUSHOLEN WERFEN DURCHZIEHEN

Ehe man an die ersten praktischen Wurfübungen geht, braucht man ein geeignetes Ziel. Hier wird meist schon der erste Fehler gemacht: Holz (Bretter, Bäume) ist völlig ungeeignet!

Holz ist zu hart und ein nicht mit der Spitze auftreffendes Messer prallt leicht zurück. Nicht selten sind Verletzungen die Folge.

Außerdem wird bei Holz die Messerspitze über Gebühr beansprucht: Beim Wurf mit halber Drehung vollführt das Messer (oft unerkannt) auch eine Drehung um die eigene Achse. Wirft man gegen einen längsgemaserten Baum, dann trifft die Spitze meist mit querliegender Klinge auf. Beim Eindringen wird die Eigendrehung des Messers hart abgebremst, wobei die Spitze beschädigt werden kann.

Daher besorgt man sich am besten alte Kartons, heftet sie in Lagen von 5 bis 10 Stück übereinander und hat damit ein billiges und ungefährliches Ziel.

*Wurf mit Klinge*

Nun stellt man sich mit dem Messer zweieinhalb bis drei Meter vom Ziel entfernt auf und beginnt, vorsichtig zu werfen. Wahrscheinlich wird es nicht gleich am Anfang stecken bleiben. Trifft es mit dem Griff nach oben auf, ist man zu weit weg; trifft es mit dem Griff nach unten auf, ist man zu nahe am Ziel.

Man korrigiert die Entfernung und, wenn das Messer gleichmäßig (am »Punkt«) gegriffen und ohne Nachwackeln im Handgelenk geworfen wurde, wird es regelmäßig stecken.

Im Laufe des Übens bekommt man ein gutes Gefühl für die richtige Entfernung und damit mehr Sicherheit beim Wurf.

Nach einigem Üben kann man wechselnde Entfernungen durch höheres Fassen an der Klinge sowie durch Vor- oder Zurückbeugen des Oberkörpers ausgleichen. Später kann man sich auch an eineinhalbfachen Drehungen versuchen; diese sind allerdings schwierig, weil sich auch schon geringe Fehler deutlich bemerkbar machen.

*Wurf mit Griff*

Für einen Wurf mit dem Griff sind ein Schwergewicht in der Klinge und ein glatter Griff erforderlich. Professionelle Wurfmesser werden mit dem Griff geworfen.

Im Handel sind allerdings auch sogenannte »Wurfmesser« erhältlich, die sich zum Werfen überhaupt nicht eignen; Vorsicht beim Kauf ist daher geboten.

Der Wurf mit dem Griff folgt denselben Gesetzen wie der Wurf mit der Klinge; nur muß das Messer jetzt eine volle Umdrehung machen. Daszu muß man sich einen guten halben Meter weiter vom Ziel entfernen.

*Wurf von unten*

Am einfachsten zu erlernen ist der Wurf von unten. Man nimmt das Messer in die Hand und schleudert es in einer kreisförmigen Bewegung nach vorne.

Das funktioniert zwar nur auf höchstens 2 m Entfernung, dafür braucht man aber die schwierige Drehung des Messers nicht zu beherrschen. Der Wurf von unten ist also sehr einfach. Allerdings muß der Schwerpunkt einwandfrei vorne in der Spitze liegen, sonst wird das Messer gleich nach dem Verlassen der Hand unstabil. Mit den üblichen Messern läßt sich dieser Wurf nicht durchführen.

## Selbstverteidigung mit Faustfeuerwaffen

Nach den bloßen Händen und Füßen und dem Messer ist die Faustfeuerwaffe das Mittel der Wahl, sich seiner Haut zu wehren. Von den in diesem Kapitel besprochenen Kampfmitteln ist sie mit großem Abstand das aussichtsreichste. Dennoch darf man Faustfeuerwaffen nicht überschätzen: Letzlich ist auch die Pistole oder der Revolver kein hundertprozentiges Mittel, einen Angreifer zu stoppen — immerhin aber doch ein recht nachhaltiges.

Faustfeuerwaffen stellen einen Kompromiß zwischen Leistungsfähigkeit und Bequemlichkeit dar. Durch den kurzen Lauf wird zwar beim Schuß nicht allzuviel Energie frei, ein langer

Lauf aber würde die Waffe unhandlich machen. Eine Waffe muß man aber bei sich haben, wenn man sie einsetzen will. Hände und Füße als Waffen hat man immer bei sich, dafür sind sie im Kampf viel weniger wirksam, Faustfeuerwaffen sind von hoher Wirksamkeit, es besteht jedoch die Gefahr, sie aus Bequemlichkeit gerade im entscheidenden Augenblick nicht griffbereit zu haben.

### Grundsätze

1. Man muß bewaffnet sein.

Ist man das nicht, hilft die Faustfeuerwaffe wenig, d. h. die Verteidigungswaffe muß leicht und bequem zu führen sein. Ist sie das nicht, bleibt sie über kurz oder lang zu Hause. Deshalb muß die Waffe bequem sitzen und kein zu umfangreiches Zubehör erfordern. Man muß so eine Waffe 16 Stunden am Tag und auch länger bei sich tragen können, ohne dauernd unangenehm oder gar schmerzhaft an die erhöhten Selbstverteidigungschancen erinnert zu werden.

Freilich hängt das auch von der Statur des Waffenträgers ab: Schmächtige werden schon Taschenrevolver als Belastung empfinden, für Kräftige sind auch schwere Faustfeuerwaffen kein Problem.

2. Man muß schnell sein.

Selbstverteidigungssituationen, besonders solche mit Schußwaffengebrauch, verlaufen atemberaubend schnell. Im statistischen Mittel dauern sie — die Vorwarnzeit nicht mitgerechnet — zwei Sekunden. Denkt man daran, daß die »Schrecksekunde« durchschnittlich 1,3 s lang dauert (0,5 s Blickzuwendung, 0,5 s Objektfixierung und 0,3 s Umsetzung zur motorischen Reaktion), so kann man ermessen, wie kurz diese 2 Sekunden sind. Statistisch gesehen werden in dieser kurzen Zeit 2,6 Patronen abgefeuert.

Das aber bedeutet, daß das Schwergewicht der Ausbildung nicht beim Schießen, sondern beim Ziehen liegen muß. Das größte Problem liegt nicht so sehr darin, den Gegner zu treffen, sondern die Waffe überhaupt in die Hand zu bekommen. Das gewinnt umso mehr an Bedeutung, als die durchschnittliche Schußentfernung zwischen Tuchfühlung und maximal 3 m (in wenigen Ausnahmefällen 5 m) liegt. Auf solch kurze Distanzen braucht man sich um das Treffen relativ wenig Sorgen zu machen.

3. Man muß treffen.

Die Wirkung beim Gegner wird von der Anzahl und der Lage der erzielten Treffer bestimmt. Andere Faktoren sind bedeutungslos. Treffer erzielt man durch gezieltes Schießen am sichersten (und übrigens in kürzester Zeit, so erstaunlich das auch klingt).

Dazu reißt man die Waffe auf Augenhöhe hoch, visiert kurz und schießt. Als Standardwerte gilt eine Doublette (zwei schnelle Schüsse hintereinander) in 1,5 s auf 10 m im Zentrum. Zweifellos ist das die beste Art, wirkungsvolle Treffer zu erzielen.

Sie hat allerdings einen Nachteil: Dieses Können läßt sich erst nach intensivem Training erwerben, was einen Zeitaufwand verlangt, der im Durchschnitt nicht zur Verfügung steht. Wer nur wenig Zeit zum Üben hat, muß noch ein zweites Faktum bedenken: die Semiflexion der Gliedmaßen im Streß. Das heißt: Wer Angst hat (und das hat jeder, wenn es um Leben und Tod geht), ist nicht in der Lage, Arme oder Beine zu strecken. Es ist aussichtslos, einen Menschen ohne intensives Training dazu bringen zu wollen, im Ernstfall die zum Zielen erforderliche gestreckte Armhaltung einzunehmen. Er wird daher den Arm auf Brusthöhe heben und als Zielverfahren das Deutschießen (grobes Visieren über Arm und Waffe) verwenden.

## Die geeignete Waffe

Bei der Frage nach der idealen Verteidigungswaffe ist zu klären, ob es Pistole oder Revolver sein soll. Für jede der Alternativen werden zumeist unsachliche Argumente angeführt. Die geringe Kapazität der Revolver (5 bis 6 Patronen) verliert an Bedeutung, wenn man durchschnittlich nicht mehr als drei pro Feuergefecht benötigt. Die Robustheit des Revolvers wiederum ist ein Märchen: Pistolen halten heutzutage mindestens soviel aus wie die besten Revolver.

Revolver sind (ein wenig) einfacher zu handhaben als Pistolen. Revolver haben dafür bei gleicher Gesamtlänge kürzere Läufe als Pistolen, was bedeutet, daß letztere ihre Geschosse auf höhere Geschwindigkeiten beschleunigen können, und das wirkt sich im Ziel durch mehr abgegebene Energie aus. Revolver verdauen unterschiedliche Munitionsarten, aus ihnen läßt sich auch billige Übungsmunition verfeuern. Dafür sind Pistolen flacher und daher bequemer zu führen.

PISTOLE

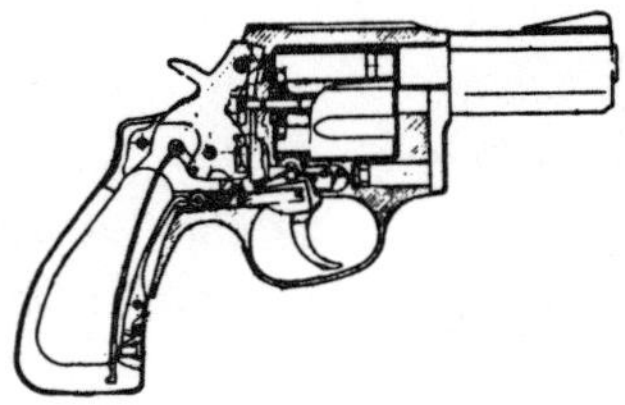

REVOLVER

Der auch in Fachkreisen immer noch tobende »Glaubenskrieg« zum Thema Pistole oder Revolver erscheint vor dem Hintergrund einer echten Überlebenssituation allerdings geradezu lächerlich. Denn da ist sicher die Waffe die beste, die Sie gerade in der Hand haben.

## Wundballistik

Das Waffenmodell ist, abgesehen vom bequemen Führen, fast bedeutungslos. Wichtiger ist die Munition, denn mit ihr will man den Gegner treffen und von ihrer Wirkung hängt es ab, wie der Kampf ausgeht.

So rückt die Frage nach dem Kaliber, also dem Durchmesser des Geschosses, in den Vordergrund: Welches Kaliber ist wirksamer?

Das Geschoß fliegt bei Faustfeuerwaffen mit einer Geschwindigkeit von 250 (selten 150) bis 350 m/s zum Ziel. Beim Eindringen in das Gewebe bildet es eine Wundhöhle, je nach ihrer Tiefe spricht man von Durchschüssen oder Steckschüssen. Durchschüsse geben nicht ihre gesamte Energie an den getroffenen Körper ab.

Das Gewebe besteht zu 60% aus Wasser, und wie dieses verhält es sich auch beim Eindringen schnell fliegender Geschosse. Das Gewebe weicht radial aus, dabei überdehnt es sich und es kommt zu großflächigen Gewebsrissen. Wie ein Gummi fällt es nach der Dehnung (»Blähung«) wieder in sich zusammen, prallt neuerlich auseinander und fällt wieder zusammen. Die Wundhöhle durchlebt einen Wechsel von Blähungen und Verengungen, »Pulsieren« genannt. Je schneller ein Geschoß fliegt, desto mehr Energie besitzt es und desto größer ist die entstehende Wundhöhle und damit auch die Wirkung — vorausgesetzt, daß es sich um einen Steckschuß handelt. Am stärksten wirken die schweren Kaliber (.44 Magnum, .41 Magnum, .357 Magnum, .45 ACP usw.), aber die dazugehörigen Waffen sind ebenfalls schwer und nicht bequem zu führen.

GESCHOSSFORMEN

Am geeignetsten sind daher Taschenwaffen. Ihr Kaliber beträgt .38 special bei Revolvern und 9 mm kurz oder 9 mm Para bei Pistolen. Abzulehnen sind 7.65 mm, 6.35 mm und die Kleinkaliber .22 l.r. und .22 Magnum (Randfeuerpatronen), weil sie zu schwach sind und daher besonders präzise Treffer voraussetzen.

Durchschüsse lassen sich verhindern, wenn das Geschoß eine Hohlspitze besitzt und mit einer Geschwindigkeit zwischen 300 und 350 m/s auf das Ziel trifft (Geschoßaufsitzung). Diese Geschwindigkeit erreicht jedoch die kleinkalibrige Munition aus Taschenwaffen zumeist nicht.

## Biologische Geschoßwirkung

Der Organismus verfügt über ein natürliches Abwehrsystem, das schwere traumatische Schädigungen wie Schußwaffentreffer absorbiert und die vitalen Lebensfunktionen möglichst lange aufrechterhalten hilft. Dieses Abwehrsystem ist hormongesteuert: Adrenalin, im Nebennierenmark produziert, steigert die Lebensfunktionen, alarmiert den Gesamtorganismus und schaltet sozusagen auf »Kriegsorganisation«. Die in der Hirnanhangdrüse produzierten Endorphine (morphiatähnliche Substanzen) machen den Körper schmerzunempfindlich.

Diese biologischen Abwehrkräfte sind allerdings von Mensch zu Mensch sehr verschieden. Manche werden schon durch den Knall zutiefst erschreckt, andere können selbst nach schwersten Zentrumstreffern dank des erhöhten Adrenalinspiegels noch weiterkämpfen.

In diesem Zusammenhang muß darauf hingewiesen werden, daß der Körper selbst den Ausfall vitaler Organe für kurze Zeit kompensieren kann. Selbst Herztreffer verhindern oft nicht, daß der Sterbende noch weiterfeuert. 20% aller tödlich Getroffenen schießen weiter, und 13% von ihnen tun dies noch 5 Minuten lang; 7% bringen es auf ganze 10 Minuten. Dies bewirken die Endorphine.

Daraus ergibt sich, daß die Munition nicht die Bedeutung besitzt, die ihr gemeinhin beigemessen wird. Man sollte zwar versuchen, möglichst starke Patronen einzusetzen, noch wichtiger ist es aber, im Ernstfall überhaupt eine Waffe bei der Hand zu haben. Schwere Faustfeuerwaffen legt man jedoch aus Bequemlichkeit viel häufiger ab.

## Zubehör

Wegen der überragenden Bedeutung des schnellen Ziehens einer Waffe ist das geeignete Halfter wichtig (möglicherweise wichtiger als die Waffe selbst). Es muß
- die Waffe verläßlich festhalten,
- sie beim Ziehen problemlos freigeben,
- die Bekleidung vor Verschmutzung schützen.

Die folgenden Punkte sind besonders zu beachten:
- Das Halfter muß am Hosengürtel getragen werden und dort eisenfest sitzen (kein Verrutschen oder Pendeln, daher sind genau passende Halfterschlaufen wichtig).
- Es muß am Gürtel fest sitzen und darf sich nicht abstreifen lassen, wie dies bei Federklemmen möglich ist.
- Das Halfterleder muß den Abzug verdecken, um zu verhindern, daß der Abzugfinger zu

früh an den Abzug kommt und der Schuß losgeht, während die Waffe noch gar nicht gezogen ist.

- Schnäpperhalfter, die mit dem Daumen geöffnet werden müssen, sind veraltet. Der Daumen sollte beim Ziehen keine eigenständige Bewegung ausführen müssen, weil das schwer zu erlernen ist. Es gibt genügend Modelle, bei denen sich eine Daumenbewegung erübrigt.
- Innenbundhalfter eignen sich meist nur für Pistolen.
- Es gibt auch Schulterhalfter, die jedoch weit weniger bequem sind als allgemein angenommen. Außerdem dauert das Ziehen länger.

*Viele Modelle eignen sich; das Yaqui-Modell besticht durch Einfachheit und Funktionalität.*

**Technik**

Der Einsatz der Faustfeuerwaffe im Notwehrfall setzt sich zusammen aus:
- Ziehen,
- Anschlagen,
- Abziehen (Schießen).

*Ziehen*

Es macht den bedeutendsten und hauptsächlichsten Teil des Gesamtvorganges aus und bedarf auch der meisten Übung.

Am einfachsten ist der Stoßgriff zu erlernen. Man bringt die ziehende Hand zuerst über die Waffe, »stößt« dann auf sie hinunter, wobei man sie am Griff fest packt, zieht sie heraus und bringt sie in den Anschlag nach vor.

STOSSGRIFF

Schon aus dem Bewegungsablauf des Stoßgriffes ist ersichtlich, wie wichtig es ist, daß sich die Waffe immer an ein und derselben Stelle befindet — andernfalls greift man unweigerlich daneben. Ein gut sitzendes Halfter ist also unabdingbar.

Hat man eine Jacke übergezogen — und das ist der Regelfall — muß die ziehende Hand diese zuerst zur Seite schieben. Mit einiger Übung funktioniert das recht gut. Notfalls kann die linke Hand die Jacke zur Seite wegziehen und so das Halfter freimachen. (»Clear-the-Jacket«-Methode).

*Kreuzgriff*
*Waffe an der Hüfte*

*Waffe im Schulterhalfter*

*Ziehen der Waffe unter der Jacke*

*a) ohne Zuhilfenahme der linken Hand*

*b) mit Zuhilfenahme der linken Hand (»Clear-the-Jacket«-Methode)*

Etwas einfacher tun sich Leute, die ihre Waffe links an der Hüfte oder im Schulterhalfter führen. Sie wenden den einfachen Kreuzgriff an und haben dadurch mit der Überbekleidung keine Probleme.

Dafür hat der Kreuzgriff gewisse andere Nachteile, wie die Querbewegung der Mündung.

Ungeübte sind mit beiden Methoden gleich langsam; Könner erreichen allerdings beim Kreuzgriff nicht die selben Ziehgeschwindigkeiten wie beim Stoßgriff. 1,5 Sekunden sollten höchstens bis zum Schuß vergehen (vom Kommando weg gerechnet). Das läßt sich durch Übung in beiden Zieharten erreichen.

Beim Schulterhafter sind Bedenken angebracht: Diese Halfter neigen am ehesten zum Pendeln und bei ihnen greift man am ehesten daneben.

Anschlagen

Der beste Anschlag ist der beidhändige, die Schußhand durchgestreckt, wobei grob über Kimme und Korn (Zieleinrichtung an der Waffe) gezielt wird. Dieser Anschlag ist ebenso schnell einzunehmen wie der Hüftanschlag, und auch das gezielte Schießen bedeutet gegenüber dem Deutschuß in der Praxis keinen Zeitnachteil.

Im Streß neigt man jedoch zu Muskelverkrampfungen, die Muskeln werden in Semiflexion gehalten. Die Gelenke werden weder gestreckt noch voll gebeugt, sondern sind halbgebeugt. Dies ist nur mit intensivem Training zu verhindern. Da dieses Training aber häufig nicht möglich ist, müssen weniger schwierige Techniken für den Überlebensfall genügen.

Der Mensch ist nur nach intensivem Training in der Lage, im Streß des Ernstfalles gezielt zu schießen.

Aber bei den geringen Schußentfernungen in der Notwehr (3 m und darunter) ist Zielen nicht unbedingt notwendig; der Deutanschlag reicht aus.

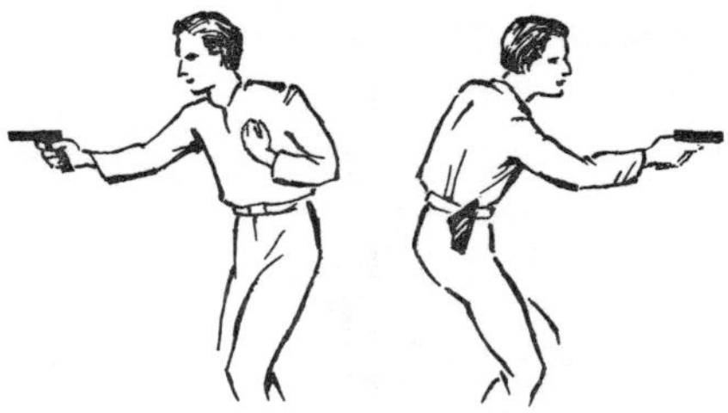

DER DEUTANSCHLAG

Dazu wird die Waffe nach dem Ziehen in eine natürliche Position etwa in Brusthöhe nach vorne gebracht. Die Mündung »deutet« auf das Ziel. Um zu treffen, ist es wichtig, daß der Ellbogen vor die Körpermitte und die Mündung unter das Führungsauge (bei Rechtshändern in der Regel das rechte, bei Linkshändern das linke) gehalten wird.

Schon mit wenig Übung trifft man damit Ziele auf 3 m Entfernung regelmäßig.

Abziehen

Hier ist zwischen Revolver und Pistole zu unterscheiden. Revolverabzüge gehen schwer; aber das größere Abzugsgewicht ist gleichzeitig eine Sicherung, denn eine andere Sicherung gibt es bei dieser Waffe meist nicht. Die heute üblichen Double-Action-Pistolen verfügen ebenfalls über einen Revolverabzug. Der erste Schuß geht, wie beim Revolver, relativ schwer. Die Pistole repetiert jedoch automatisch und alle Folgeschüsse können mit wesentlich geringerem Abzugsdruck abgegeben werden.

Beim Double-Action-Abzug wird der Hahn mit der Abziehbewegung des Abzugsfingers gespannt, bei Single-Action-Waffen (Hahnspanner) muß zuerst mit dem Daumen der Hahn gespannt und dann mit dem Zeigefinger abgezogen werden.

Jeder Mensch hat unterbewußt Angst vor dem Brechen des Schusses. Zieht er bewußt ab, wird ihn diese Angst dazu verleiten, die Waffe zu verreißen. Der Schütze muß sich also selbst überlisten und darf nicht wissen, wann der Schuß bricht. Zu diesem Zweck muß er den Abzug langsam und gleichmäßig bis zum Abschlagen des Hahnes betätigen (»Verlieren« des Schusses). Falsch ist das »Reißen«, bei dem der Abzug ruckartig durchgezogen wird; es ist regelmäßig von einem Verreißen der Waffe begleitet.

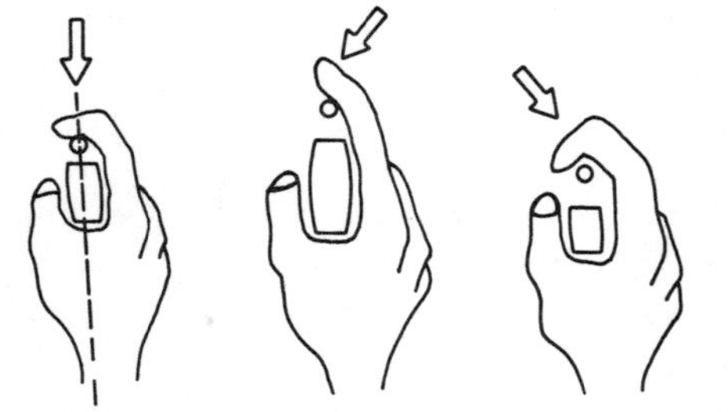

*Richtig* *Falsch* *Falsch*
*Schuß im Ziel* *Griff zu groß* *Griff zu klein*
*Schuß links* *Schuß rechts*

Wichtig ist die richtige Lage der Waffe im Griff. Der Lauf bildet dann eine Verlängerung des Speichenknochens, erst dadurch wird das Deutschußverfahren ermöglicht.

Abgezogen wird mit dem letzten Zeigefingergelenk. Der Druck des abziehenden Fingers muß genau auf die Handgabel zurück wirken, andernfalls kommt es zu einem seitlichen Verreißen der Waffen.

Ist der Griff der Waffe für die Hand zu groß, liegt der Zeigefinger nur am Abzug an und verreißt die Waffe nach links. Ist der Griff zu klein, reicht der Zeigefinger weit über den Abzug hinaus und verreißt die Waffe beim Abziehen nach rechts.

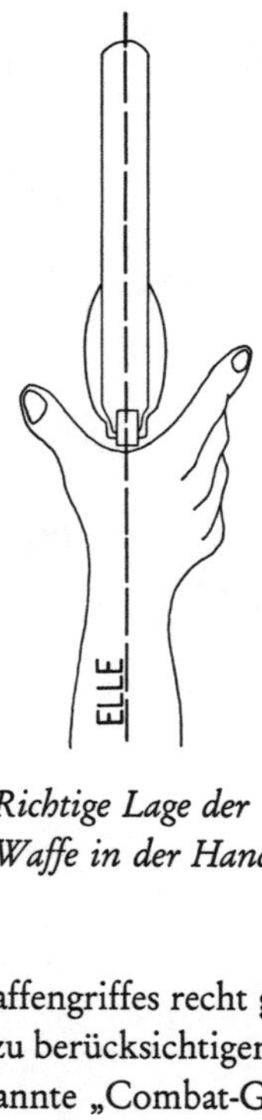


*Richtige Lage der Waffe in der Hand*

Das bedeutet, daß die Größe des Waffengriffes recht genau auf die Handgröße abgestimmt sein muß. Das ist bei der Waffenwahl zu berücksichtigen. Bei Revolvern gibt es eine Fülle von Adaptionsmöglichkeiten durch sogenannte „Combat-Griffe". Bei Pistolen sind die Möglichkeiten geringer, aber immer noch vorhanden.

## Selbstausbildung

In der Folge wird ein einfaches Schießprogramm vorgeschlagen, das der Wirklichkeit des Ernstfalles nahe kommt und gleichzeitig den Ungeübten nicht überfordert.

Man benötigt dazu drei Scheiben von der ungefähren Größe 40×60 cm. Die drei Scheiben werden in 3 m Entfernung nebeneinander aufgestellt.

Ein Kugelfang (Wall, Damm, Hang) muß vom Schützen 10 bis 20 m entfernt sein, weil Splitter und Geschoßteile etwa so weit zurückspritzen können.

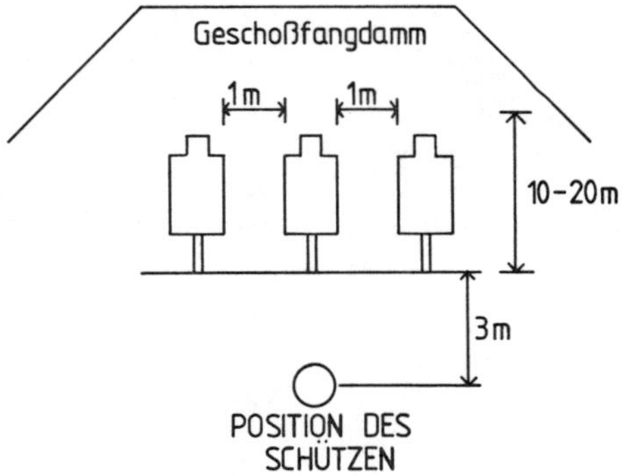


Das Schießprogramm erfordert 18 Patronen und besteht aus 3 Durchgängen:

1. Durchgang

Der Schütze nimmt 3 m vor einer Scheibe Aufstellung. Auf Kommando zieht er und gibt einen Schuß auf eine beliebige Scheibe ab. Dies wird fünfmal wiederholt. Am Ende des Trainings sollten zwischen Kommando und Schußabgabe höchstens 1,5 Sekunden vergehen.

2. Durchgang: Dauerfeuer

Der Schütze nimmt 3 m vor einer beliebigen Scheibe Aufstellung. Er zieht und gibt 6 Schuß rasch hintereinander ab. Die Gesamtdauer soll 1 Sekunde für das Ziehen und eine halbe Sekunde pro Schuß, zusammen also nicht mehr als 4 Sekunden betragen. Das ist nicht leicht zu erreichen, und man wird dazu schon einigemale üben müssen. Wer nur 5 Patronen in der Trommel hat, schießt nur diese fünf und darf nicht länger als 3,5 s benötigen.

3. Durchgang: Mehrfach-Ziele

Der Schütze nimmt 3 m vor der mittleren Scheibe Aufstellung. Auf Kommando zieht er und feuert je einen Schuß auf die linke, die mittlere und schließlich auf die rechte Scheibe ab. Die Übung wird in der Reihenfolge rechts-Mitte-links wiederholt. Die Dauer für 3 Schuß inklusive Ziehen soll 4 Sekunden betragen.

Das ist natürlich noch lange kein wirklich realistisches Ernstfall-Simulationstraining (ein solches sollte man nur unter fachlich hochqualifizierter Anleitung durchführen).

Aber es bietet eine solide Grundausbildung, und wer die drei Übungen innerhalb der Zeitlimits mit Zentrumstreffern absolviert, hat gelernt, mit seiner Waffe umzugehen.

## Faustfeuerwaffen im Handgemenge

Kaum ein Schußwechsel in Notwehrfällen findet auf Entfernungen über 3 m statt. Sehr viele passieren sogar auf Tuchfühlung; darauf sollte man sich einstellen.

Die größte Gefahr dabei ist, daß man sich selbst in die linke Hand schießt. Um das zu vermeiden, legt man diese am besten vor die Brust.

Auf Entfernungen bis 1 Meter und knapp darüber genügt der Hüftschuß: Man bringt die Waffe nicht nach vorne, sondern feuert bereits von der Hüfte. An diese Technik sollte sich aber erst heranwagen, wer die Waffenhandhabung beherrscht, sonst wird sie für den Schützen gefährlicher als für den Gegner.

Im Handgemenge hat man das Problem, daß man an die Waffe nicht herankommt. Man muß sich erst einmal Luft schaffen, und das besorgt der Kombinationsstoß. Wird man beispielsweise umklammert oder sonstwie festgehalten, stößt man dem Gegner das Knie in den Unterleib und schlägt gleichzeitig mit dem Handballen unter das Kinn. Das schafft soviel Distanz, daß man an die Waffe herankommt.

Ist man mit dem Ziehen der Waffe nicht schnell genug und der Gegner noch in der Distanz, kann man sich mit einem Fußtritt soviel Zeit verschaffen, daß die Waffe sicher gezogen werden kann.

Hat der Gegner im Handgemenge die Waffe erfaßt, ist als erstes zu trachten, sie wieder freizubekommen. Das Mittel der Wahl ist der Kombinationsstoß, der fast immer wirkt.

Gelingt das nicht, wird der Ellbogen nach vorne geschoben, die Waffe aus dem Griff herausgewunden und in einer fließenden Bewegung zum Kopf geschlagen.

## *Selbstverteidigung mit Schulterfeuerwaffen*

Während man Faustfeuerwaffen im allgemeinen zum Zwecke der Selbstverteidigung beschafft, dienen Schulterfeuerwaffen im zivilen Bereich der Jagd oder dem Sport. Sie sollen primär auf große Entfernungen treffsichere Schüsse ermöglichen; dazu verfügen sie über lange Läufe, die möglichst schwere Geschosse möglichst hoch beschleunigen, und über eine voluminöse Schäftung, die einen optimalen Anschlag gewährleistet. Das alles macht die Schulterfeuerwaffe für Selbstverteidigungszwecke unhandlich.

Dennoch kann es erforderlich werden, sich mit einer solchen Waffe in Notwehr verteidigen zu müssen.

### Einsatz als Schußwaffe

#### Wundballistik

Dazu ist vorerst festzustellen, daß die Büchsenmunition zur Selbstverteidigung nicht gut geeignet ist. Sie ist viel zu rasant, führt immer zu Durchschüssen und gibt daher wenig Energie an den Menschen ab. Auch Hohlspitzen ändern daran nur wenig.

Die Mechanik der Schußverletzung ist prinzipiell dieselbe wie bei der Faustfeuerwaffe. Während bei letzterem aber die temporäre Wundhöhle höchstens 5 mal pulsiert, erzeugen Projektile großkalibriger Schulterfeuerwaffen Pulsierungen von 20 bis 30 Blähungen innerhalb weniger Hundertstelsekunden. Das bedeutet relativ mehr zerstörtes Gewebe und damit mehr wundballistische Wirkung.

Ganz anders die Schrotmunition: Zahlreiche Kugeln geben ihre Energie an den getroffenen Körper ab (Steckschüsse) und erzeugen so eine optimale »Mannstoppwirkung«.

#### Schuß von der Schulter

Grundsätzlich reißt man die Waffe zur Schulter hoch und feuert, nachdem man kurz gezielt hat. Das hat — wie bei der Faustfeuerwaffe — die besten Trefferaussichten.
Zwei Faktoren sind zu bedenken:
- Der Anfänger wird sich im Streß des Ernstfalles kaum dazu durchringen können, zu zielen;
- mechanische Visiereinrichtungen lassen einen raschen Visiervorgang, wie er im Selbstverteidigungsfall nötig ist, selten zu.

Das ist der Grund, warum auch hier das Deutschußverfahren Anwendung findet.

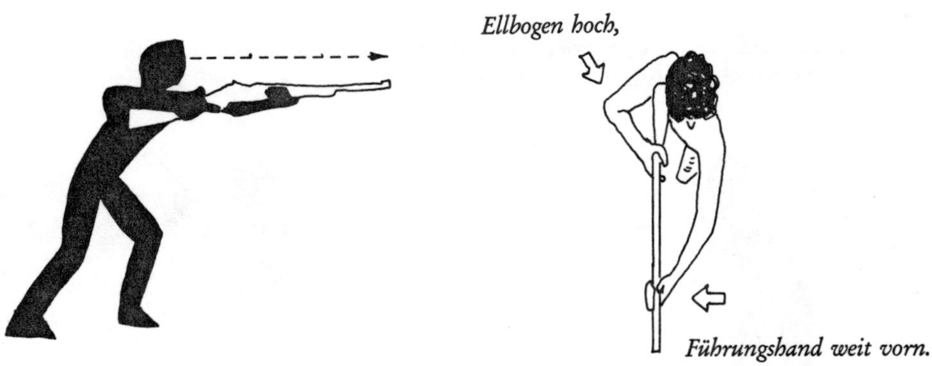


Dabei wird die Waffe zur Schulter hochgerissen und grob über den Lauf gezielt. Auf Entfernungen bis zu 10 m, mit Übung auch über 15 m (Könner 25 m) lassen sich so Zentrumstreffer in kurzer Zeit erzielen.

Wichtig ist es, den Ellbogen hochzuziehen und den Schaft mit der Führungshand weit vorne zu fassen.

### Schuß von der Achsel

Steht nicht genügend Zeit zur Verfügung, wendet man den knapp schnelleren »Hüftschuß« an. Der Ausdruck ist insofern irreführend, als nicht direkt von der Hüfte, sondern von möglichst hoch am Körper geschossen wird. Man reißt dazu die Waffe nach oben und klemmt den Kolben in der Achsel ein.

Die Waffe soll so nahe wie möglich an das Auge herangebracht werden, weil damit die Trefferaussichten steigen.

Zusätzlich muß man trachten, die Lauf- mit der Blicklinie so weit wie möglich parallel zu stellen. Das gelingt zwar nicht immer, aber je näher man dem Ideal kommt, desto eher trifft man.

Hat man einen Deutschuß angebracht, so ist die Waffe möglichst schnell zu repetieren und der Schulteranschlag einzunehmen. So ist man bereit, einen präzise gezielten Schuß nachzuschießen, falls das erforderlich sein sollte.

## Einsatz als Hiebwaffe

Im Handgemenge ist es schwierig bis unmöglich, eine Schulterfeuerwaffe in artgemäßer Verwendung, also zum Schießen, einzusetzen. Dazu sind solche Waffen zu lang und unhandlich. Erfolgversprechender ist in diesen Fällen der Einsatz als Hiebwaffe.

Die wichtigsten Techniken werden mit dem Lauf oder dem Kolben ausgeführt, und zwar gerade als Stöße oder kreisförmig als Hiebe.

*Laufstoß:*
*Gegen Bauch oder Brustbein*

*Laufhieb:*
*Seitlich zum Kopf oder Hals*

*Kolbenstoß:*
*Zum Kopf oder zur Brust*

*Kolbenhieb:*
*Zum Kopf; er kann sowohl von unten nach oben (aufwärts) unter das Kinn geführt werden als auch horizontal nach innen.*

Diese Techniken sind besonders als Kombinationen wirkungsvoll. Dabei kommt es darauf an, dem Gegner Serien von Hieben und Stößen zu versetzen, wobei ein Wechsel zwischen Lauf- und Kolbentechnik am zweckmäßigsten ist.

Als Beispiel sei eine 5-teilige Kombination mit zwei möglichen Variationen dargestellt:

FÜNFTEILIGE ANGRIFFSSERIE
(Beschreibung für Rechtshänder)

*Ausgangs-*
*stellung*

*Schritt links vor*
*Laufstoß*
*(»kurzer Stoß«)*

*Schritt rechts vor*
*Laufstoß*
*(»langer Stoß«)*

*Schritt links vor*
*Kolbenhieb*
*aufwärts*

*Schritt rechts vor*
*Kolbenstoß*

*Schritt links vor*
*Laufhieb*

*Ausgangs-
stellung*

*Schritt links
Laufstoß*

*Schritt rechts
Laufstoß*

*Schritt links
Kolbenhieb
einwärts*

*Schritt rechts
Kolbenstoß*

*Schritt links
Laufhieb*

*Laufstoß
abwärts*

*Kolbenstoß
abwärts*

*gegen zu Boden gestürzten Gegner*

ZWEITE VARIATION

*Wurfstoß*

*Ausfallschritt und kurzer Laufstoß*

*Kolbenhieb aufwärts zum Genital*

*Laufstoß aufwärts gegen vornüber-gebeugten Gegner*

*Kolbenhieb seitwärts zum Kopf*

*Laufhieb zum Kopf*

*Laufstoß abwärts*

Stehen sich zwei mit Schulterfeuerwaffen ausgerüstete Männer zum Kampf gegenüber, werden dieselben Techniken angewandt, doch kommt es jetzt darauf an, die Deckung des Gegners zuvor zu öffnen. Dazu wird seine Waffe mit einem Laufhieb nach innen geschlagen und mit einem Laufstoß nachgegangen. Daran schließt sich die Fünferkombination an.

*Laufhieb*

*Laufstoß*

Eine gewisse Gefahr liegt darin, daß der Gegner, wenn ihm der Lauf nach innen weggeschlagen wird, mit einem Kolbenhieb seitlich kontert: Das ist zwar schwierig, aber immerhin möglich. Das wirksamste Gegenmittel heißt Schnelligkeit. Ein rasches Nachgehen mit dem Laufstoß, gefolgt von anderen Techniken, unterläuft den Konter.

gegen Angriff von oben:
hoher Block, gleichzeitig Fußtritt
Fünferkombination

gegen Angriff von rechts:
Block rechts, nachgehen mit einem Laufstoß, anschließend
Fünferkombination

gegen Angriff von
links:
Block links, nach-
gehen mit Kolben-
stoß, anschließend Fünferkombi-
nation

gegen Fußtritt:
Stopptritt, gleichzeitig
Laufstoß, nachgehen
mit Fünferkombination

Wenn der Gegner die Waffe faßt, geht man folgendermaßen vor:

– Der Gegner greift die Waffe mit breitem Griff: Herangehen, Waffe hochreißen und mit Fußtritt oder Kniestoß den Griff lösen; anschließend mit Fünferkombination nachgehen.

– Der Gegner faßt mit schmalem Griff am Lauf:
Kolbenhieb seitlich einsetzen: Das löst den Griff und wirft den Gegner gleichzeitig zu Boden; falls nötig mit Kolbenstößen und Laufhieb nachgehen.

# KONTAKTAUFNAHME

## *Allgemeines*

Die Notwendigkeit, in Überlebenssituationen Verbindung mit möglichen Helfern herzustellen, ist einsichtig und wird in der Dringlichkeit unmittelbar nach den lebenserhaltenden Maßnahmen einzureihen sein.

Die Kontaktaufnahme muß auch unter besonders schwierigen Verhältnissen möglich sein, wobei sich der Bogen z. B. vom Brausen eines Sturmes oder Wasserfalles bis zu Flucht, Bedrohung oder Verfolgung spannen kann und fallweise auch die Notwendigkeit mit einschließt, die Informationen für Dritte nicht erkennbar zu empfangen oder zu übermitteln.

Weitere Bereiche sind die Markierung von Wegen oder bestimmten Plätzen für sich selbst oder für andere bzw. das Identifizieren Unbekannter oder das Erkennen von bekannten Personen bei Nacht und unsichtigem Wetter.

Ein Kontakt wird immer in Form von Zeichen hergestellt, die auf folgenden Wegen übermittelt werden können:

1. optisch
2. akustisch
3. technisch

Diese Übermittlungsarten können auch kombiniert angewandt (z. B. rufen und winken), manche Zeichen auf mehreren Wegen übermittelt werden (z. B. Morsezeichen: blinken, klopfen oder funken).

Folgende Zeichen sind international als Notzeichen bekannt und können je nach gegebener Möglichkeit ausgesandt werden:

— SOS: Es kann auch mit den Buchstaben des Morsealphabets dargestellt werden: kurz, kurz, kurz — lang, lang, lang — kurz, kurz, kurz (akustisch oder technisch), ...———... (optisch).
— Das Wort »MAYDAY« (ausgesprochen Meïdeï): Es wird meist nur bei technischer Übermittlung (Funk) verwendet.
— Bergnotsignal: Es werden 6 Zeichen pro Minute (optisch oder akustisch) übermittelt, eine Wiederholung erfolgt nach einer Pause von einer Minute.
Antwort: 3 Zeichen pro Minute, 1 Minute Pause.

## *Optische Verbindungsmittel*

Ihre Erkennbarkeit ist abhängig von
— der Tageszeit,
— den Witterungsverhältnissen (Sonne, Nebel, Schneetreiben, Regen),
— der Größe, Farbe und Intensität und
— der Lage im Gelände (sichtbehindernde Geländerippen, Baumkulissen).

### Leuchtzeichen

Sie haben sich besonders auf See und im Gebirge sehr gut bewährt. Je nach Leistungsfähigkeit des Abschußgerätes können die Leuchtsätze Höhen zwischen 50 und 200 m erreichen. Für die Leuchtsätze ist als Farbe Rot zu empfehlen, da Rot bei Tag und bei Nacht sehr gut gesehen wird.

Da es Abschußgeräte schon in der Größe eines Kugelschreibers gibt und auch die dazugehörigen Leuchtsätze nicht größer als eine Kugelschreiberkappe sind, ist die räumliche und gewichtsmäßige Mehrbelastung vernachlässigbar, insbesondere angesichts der ausgezeichneten Wirksamkeit.

## Feuer

Es ist vor allem bei Nacht und entsprechender Lage im Gelände (Übersichtspunkt) auf sehr große Entfernungen sichtbar, ist jedoch auch bei Tag ein ausgezeichnetes Verbindungsmittel.

Da ein einzelnes Signalfeuer auch als Lagerfeuer mißverstanden werden könnte, sind am besten 3 Feuer in Form eines gleichschenkeligen Dreiecks mit einer Schenkellänge von mindestens 50 m vorzubereiten.

Dabei sind folgende Punkte zu beachten:

- Der Holzstoß für ein Signalfeuer sollte mindestens 2 m hoch sein.
- Nach Möglichkeit ist nur trockenes, rasch brennendes Holz zu verwenden.
- Im Inneren des Holzstoßes sollte, für ein rasches Entzünden gut zugänglich, auch der Zunder schon vorbereitet sein.

- Um ein rasches Entflammen des Feuers zu erleichtern, ist es günstig, dieses auf einem Holzgestell (Rost) aufzubauen. Damit ist immer ein guter Zug, auch von unten, gewährleistet.
- Bei Bedarf ist das vorbereitete Feuerholz durch Abdecken mit Planen oder zur Not auch mit dichten Ästen vor Regen oder Schnee zu schützen.
- Im entscheidenden Moment müssen Mittel zum Entzünden des Feuers zur Hand sein (brennender Ast aus einem Wärmefeuer, funktionierendes Feuerzeug, ausreichend Streichhölzer).
- Bei mehreren Personen ist zu vereinbaren, wer welches Feuer womit entfacht. Damit verkürzt sich die Reaktionszeit erheblich.

## Rauch

Die Wirksamkeit von Rauchzeichen ist an das Tageslicht und die Windstärke gebunden (zu starker Wind verbläst den Rauch und macht ihn wirkungslos). Sie sind jedoch bei guten Verhältnissen während des Tages dem Feuer überlegen.

Es kann zweierlei Rauch erzeugt werden:
- dunkler Rauch (durch Einbringen von feuchtem Moos, Laub oder durch Verbrennen von Gummiteilen oder ölgetränkten Tüchern),
- weißer Rauch (durch Besprengen der Flammen mit Wasser).

Die Wahl des Rauches ist abhängig vom Hintergrund und der Bewölkung.

| | |
|---|---|
| dunkler Hintergrund (Wald, dunkler Fels o. ä.) und dunkel bewölkter Himmel | = *weißer Rauch* |
| heller Hintergrund (Wasser, heller Fels o. ä.) und blauer Himmel | = *dunkler Rauch* |

Um die Wirkung der aufsteigenden Rauchsäule zu verstärken und sie von einem Lagerfeuer deutlich zu unterscheiden, kann sie mit einer feuchten Plane, Decke o. ä. (dunkler Rauch) bzw. durch entsprechende Abstände beim Besprengen mit Wasser (weißer Rauch) in einem bestimmten Rhythmus unterbrochen werden.

Unter besonders günstigen Verhältnissen können damit sogar Morsezeichen (SOS) gegeben werden. Auch ein Wechsel von weißem und dunklem Rauch ist möglich.

**Bewegung**

Auch mit Bewegung kann man Helfer auf sich aufmerksam machen. Ihre Wirksamkeit ist abhängig von:
- den örtlichen Gegebenheiten (gute Sichtbarkeit nach allen Seiten) und
- den Sichtverhältnissen.

Sie kann durch Verwendung von Hilfsmitteln wesentlich gesteigert werden (Schwenken von Tüchern, Bekleidungsstücken oder sonstigen Gegenständen, Aufsteigenlassen von selbstgefertigten Drachen). Dabei ist zu beachten, daß die Bewegung desto besser gesehen werden kann,
- je größer das verwendete Hilfsmittel und
- je greller und auffälliger dessen Farbe

ist.

Am deutlichsten sichtbar sind grelle Schockfarben in allen Rot- und Orangetönen, da diese großflächig in der Natur nicht vorkommen.

Durch Winken kann man jedoch nicht nur allgemein auf sich aufmerksam machen, sondern durch bestimmte Winkzeichen jede Information übermitteln. Dazu dienen das Deutsche Winkeralphabet oder das Semaphor-Alphabet.

Beide beruhen auf beidhändigen Winkzeichen, wobei die Buchstaben durch eine bestimmte Winkelstellung der Arme gebildet werden.

Voraussetzung für die Anwendung eines dieser Systeme ist, daß sowohl die sendende als auch die empfangende Stelle nicht nur das jeweilige System beherrscht, sondern auch wissen muß, welches von beiden zur Anwendung kommt. Wenn statt der erwähnten Hilfsmittel Lichtquellen (z. B. Taschenlampen) verwendet werden, ist eine Nachrichtenübermittlung (bedingt) auch bei Nacht möglich.

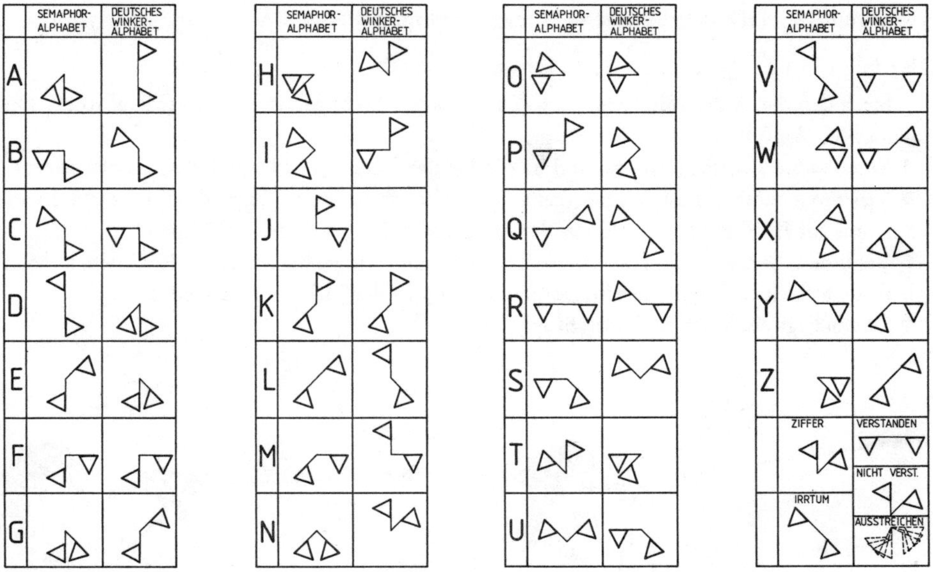


**Spiegel**

Seine Wirkung als Verbindungsmittel beruht darauf, daß man auftreffende Sonnenstrahlen zur Gegenstelle (Suchtrupp, Flugzeug, Schiff) reflektiert. Dabei sind folgende allgemeine Punkte zu beachten:

- Blinkzeichen mit dem Spiegel können nur bei Sonnenschein gegeben werden.
- Bei guter Sicht können die Blinkzeichen auf Entfernungen von 10 km und mehr wahrgenommen werden.
- Durch entsprechende Winkelstellung sind Blinkzeichen bei fast jedem Sonnenstand möglich.
- Auf Entfernungen über 100 m sind bewußte Blinkzeichen aus freier Hand kaum mehr möglich, da durch die natürliche Unruhe der Hand der Strahl nicht für längere Zeit im Ziel gehalten werden kann.
- Ist kein Spiegel vorhanden, können als Ersatz alle glänzenden Gegenstände wie z. B. Messerklingen, blanke Metallstücke, Dosendeckel oder Glasscherben verwendet werden.

Je nach verwendetem Spiegel sind spezielle Techniken anzuwenden, um mit den reflektierten Sonnenstrahlen das beabsichtigte Ziel zu treffen:

S i g n a l s p i e g e l

Dieser hat, unabhängig von seiner Größe, in der Mitte eine durchsichtige Stelle mit einem im Zentrum erscheinenden weißen oder roten Punkt (je nach Modell) und wird wie folgt gehandhabt:

- Wenden Sie sich dem Ziel zu und halten Sie den Spiegel ca. 15 cm vor das eine Auge.
- Schauen Sie über den Spiegel und drehen oder kippen Sie diesen solange, bis Sie den reflektierten Lichtstrahl an einem beliebigen Punkt in Ihrer Umgebung zwischen Ihnen und dem Ziel sehen können.
- Visieren Sie nun das Ziel durch das Loch in der Spiegelmitte an, bis der weiße (oder rote) Punkt genau auf das Ziel zeigt.

● Damit liegt auch der reflektierte Sonnenstrahl im Ziel.

Beidseitig spiegelnder Ersatz

durch den Sie in der Mitte ein Loch (Durchmesser 2—5) gebohrt haben (Metallstück, Dosendeckel, Alufolie):

● Wenden Sie sich dem Ziel zu und halten Sie den Behelf ca. 15 cm vom Gesicht entfernt.
● Visieren Sie durch das Loch das Ziel an. Dabei wirft die Sonne durch das Loch einen Lichtstrahl auf Ihr Gesicht, was Sie in der spiegelnden Rückseite sehen können.
● Verändern Sie den Winkel des Behelfes zur Sonne solange, bis der in der Rückseite sichtbare Lichtfleck in Ihrem Gesicht durch das Loch in der Mitte verschwindet.
● Damit liegt auch der Reflexstrahl im Ziel.

● Bei sehr stumpfem Winkel zwischen Sonne und Ziel halten Sie den Behelf so, daß der Lichtstrahl auf Ihre Hand fällt.
● Dann visieren Sie durch das Loch das Ziel an und verändern die Lage des Behelfes solange, bis der Lichtfleck von der Hand wieder durch das Loch in der Mitte verschwindet.

Einseitig spiegelnder Ersatz mit Visierloch in der Mitte

Da Sie jetzt den Lichtfleck in Ihrem Gesicht an der nicht spiegelnden Rückseite nicht sehen und daher sein Auswandern nicht erkennen können, brauchen sie eine andere behelfsmäßige Visiereinrichtung. Schneiden Sie sich dazu einen Ast L-förmig so zu, daß der längere Teil ca. 30 cm mißt und der kürzere halb so lang ist wie der Durchmesser des Spiegelbehelfes.

● Legen Sie den Behelf direkt ans Gesicht vor ein Auge und visieren Sie das Ziel an.
● Legen Sie die Visiereinrichtung von vorne so an den Behelf, daß der längere Teil unten den Rand des Behelfes berührt und der kürzere Teil senkrecht vor dem Visierloch steht (Abstand ca. 30 cm).
● Bringen Sie nun Auge, Visierloch, Visierstachel und Ziel in eine Linie und verändern Sie die Lage des Spiegelbehelfes so lange, bis der reflektierte Strahl die Spitze des Visierstachels trifft.
● Damit liegt auch der Strahl im Ziel.

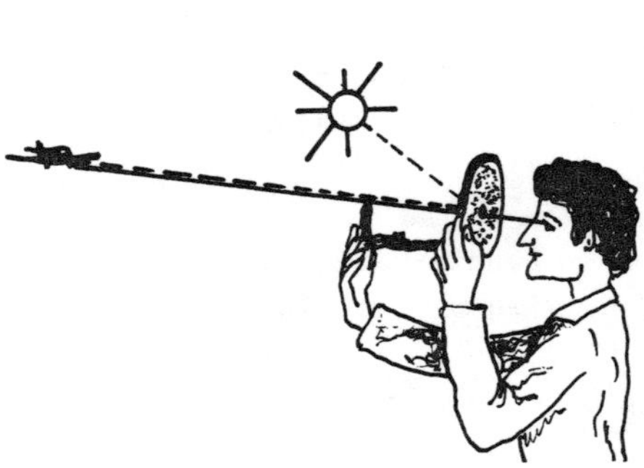

Ein- oder beidseitig spiegelnder Behelf ohne Loch
(Messerklinge, Glasscherben o. ä.)

- Halten Sie den Behelf so nahe wie möglich neben oder unter Ihr Visierauge und schließen Sie das andere Auge.
- Strecken Sie den zweiten Arm aus und stellen Sie die Handfläche so auf, daß Sie mit den Fingerspitzen das Ziel verdecken.
- Verändern Sie die Lage des Behelfes so lange, bis der reflektierte Strahl die Fingerspitzen der ausgestreckten Hand trifft.
- Ziehen Sie nun die Fingerspitzen weg — der Strahl trifft das Ziel.

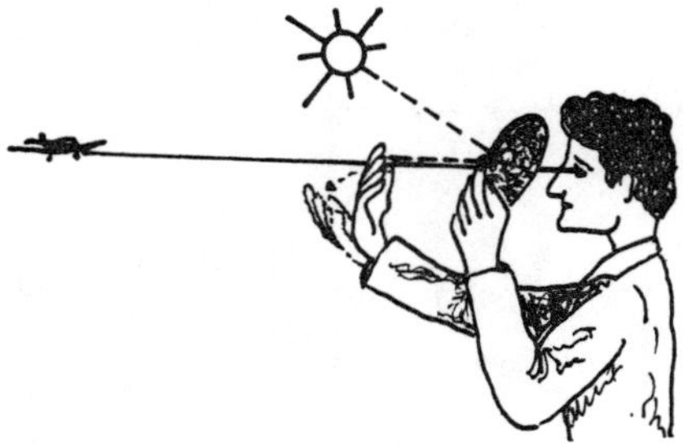

**Bodenzeichen**

Sie dienen meist der Kontaktaufnahme mit Luftfahrzeugen. Nur an stark geneigten Berghängen können sie auch von tiefergelegenen Orten aus gesehen werden. Da diese Zeichen meist aus großer Entfernung in einer durch Formen, Farben und Schatten stark gegliederten Umgebung gefunden werden sollen, ist beim Auslegen der Zeichen nach folgenden Regeln vorzugehen:

- Wählen Sie als Platz zum Auslegen der Zeichen nach Möglichkeit eine in sich ebene und farblich gleichmäßige Fläche (Sand, Schnee, Wiese).
- Als Material ist alles geeignet, was sich farblich deutlich vom Untergrund abhebt (z. B. Bekleidungsstücke, dicht belaubte Äste, Steine, Rasenziegel, Blätter, Knüppelholz, jeweils abgestimmt auf den Untergrund).
- Bei Schnee, Sand oder Erde können die Zeichen auch gegraben werden, wobei die dadurch entstehenden Schatten ihre Erkennbarkeit sicherstellen. Die Tiefe der Gräben sollte dabei 50 cm nicht unterschreiten (bei lockerem Schnee können die Zeichen auch durch Festtreten, in lockerem Sand durch Aufhäufen sichtbar gemacht werden).
- Die erfahrungsgemäß günstigste Größe der Zeichen liegt bei 8 bis 10 m (Breite ca. 1 m); sie sollten jedoch nie kleiner als 3 m sein. Bei mehreren Zeichen ist ein Seitenabstand von mindestens 3 m einzuhalten.

Als reines Notzeichen wird dabei meist der Schriftzug SOS verwendet. Wollen Sie zusätzlich (oder auch ausschließlich) andere Informationen übermitteln, verwenden Sie dazu folgende, international festgelegte Boden-Luft-Zeichen (Größe ca. 3 m):

*Zeichen Boden — Luft*

*Die Zeichen »Ja, »Nein« und »Nicht verstanden« sind als Antwort auf eine Anfrage oder Mitteilung des Fliegers, die dieser z. B. abgeworfen hat, zu geben. Der Flieger bestätigt, daß er die Zeichen verstanden hat, durch Wackeln mit dem Flugzeug oder Abwurf einer Mitteilung.*

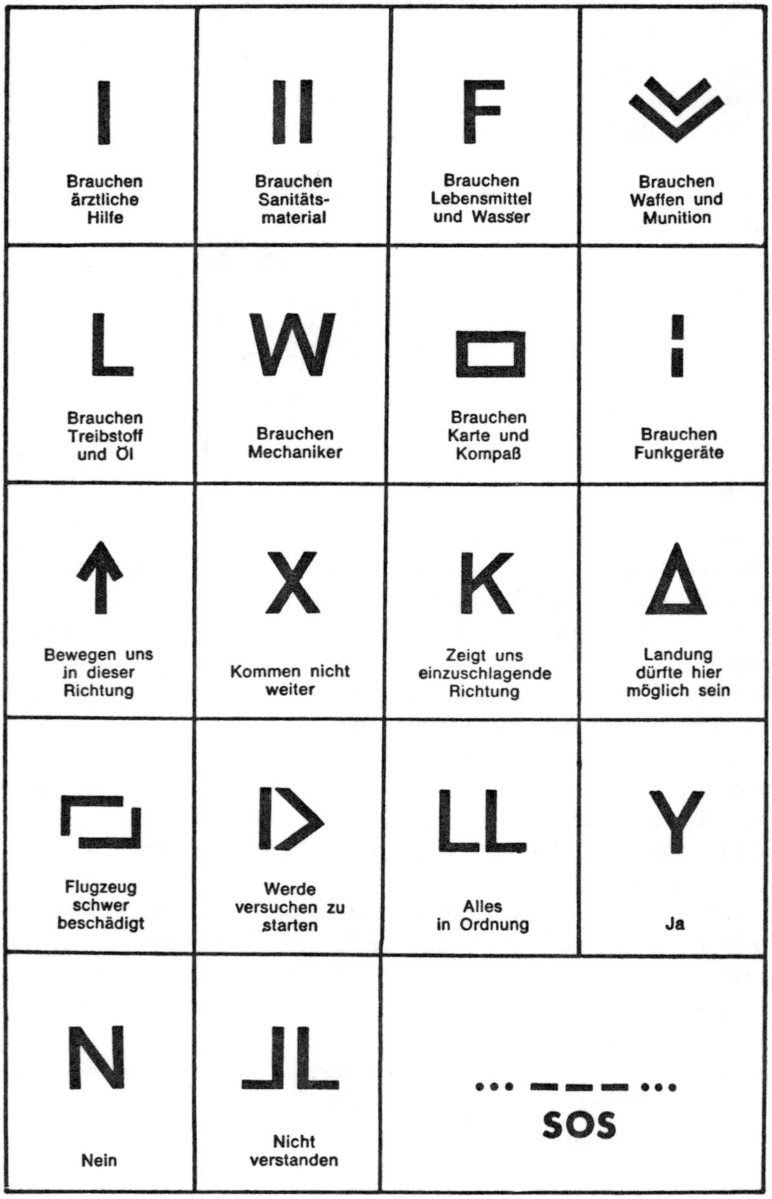

Haben Sie mit dem Luftfahrzeug Kontakt aufgenommen, können Sie Ihre Bitten oder Ihre weiteren Absichten auch mit folgenden Körperzeichen ausdrücken:

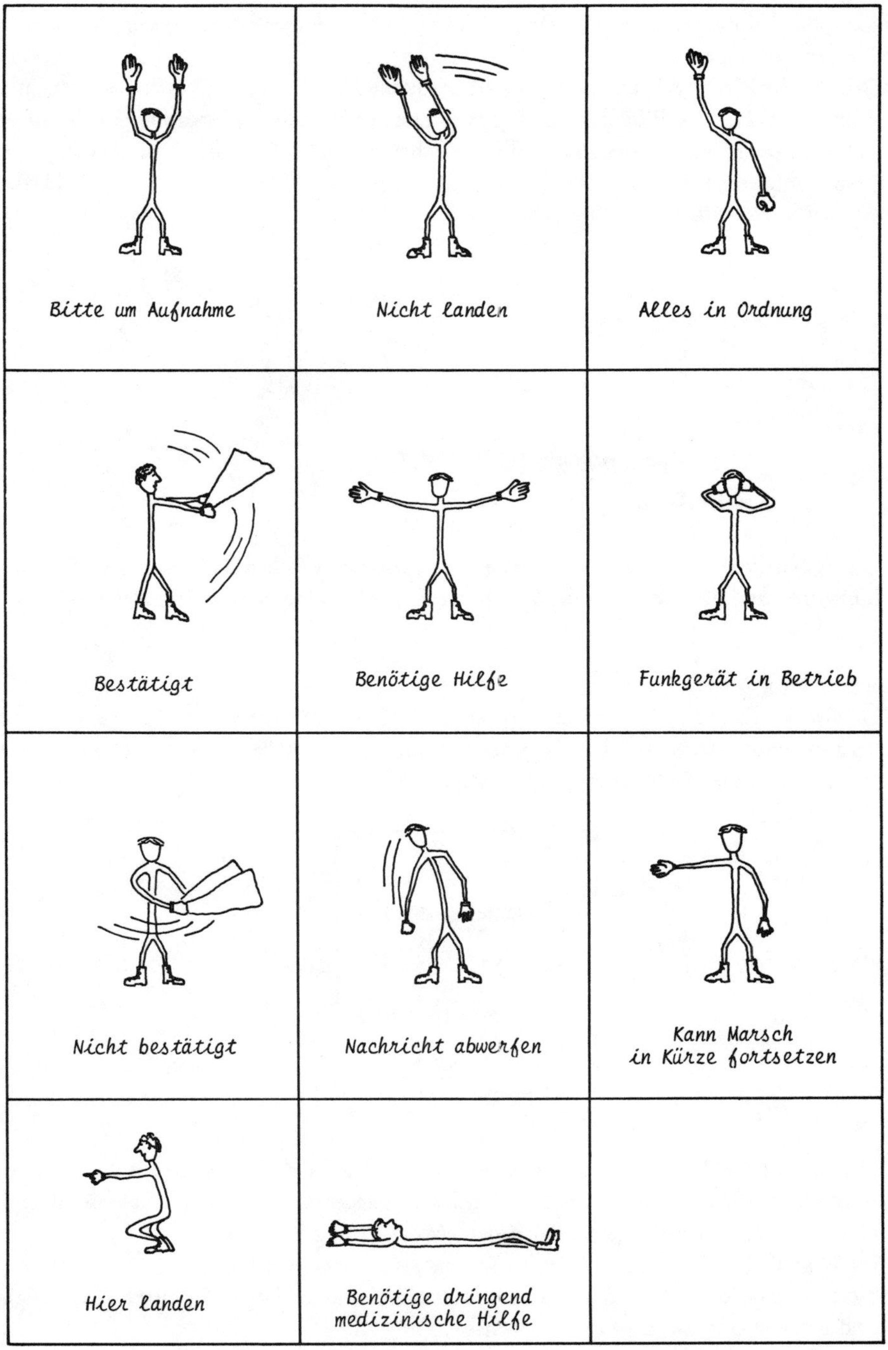


Sie beschleunigen und erleichtern die für Sie angelaufenen Hilfsmaßnahmen wesentlich, wenn Sie für den Abwurf von Bedarfsgütern (durch Flächenflugzeuge) eine Abwurfzone bzw. zur Anlandung (für Hubschrauber) einen entsprechenden Landeplatz vorbereiten.

Dabei sind folgende Gesichtspunkte zu berücksichtigen:

Abwurfzone

- Ihre Mindestgröße sollte ca. 200×300 m betragen und auf einem unbedeckten Geländeteil liegen.
- Sie sollte frei von Hindernissen (Seilbahnen, Hochspannungsleitungen) sein, besonders in An- und Abflugrichtung.
- Bringen Sie Markierungen an, um die Abwurfzone für die Flugzeugbesatzung erkenntlich zu machen. Dabei soll die Entfernung zwischen den Einzelmarkierungen 25 m betragen.
- Da der Abwurf meist in einem Anflug zwischen 50 und 200 m über Grund erfolgt, muß zum rechtzeitigen Erkennen der Markierungen durch die Flugzeugbesatzung eine Maskenfreiheit von mindestens 1:10 gegeben sein.

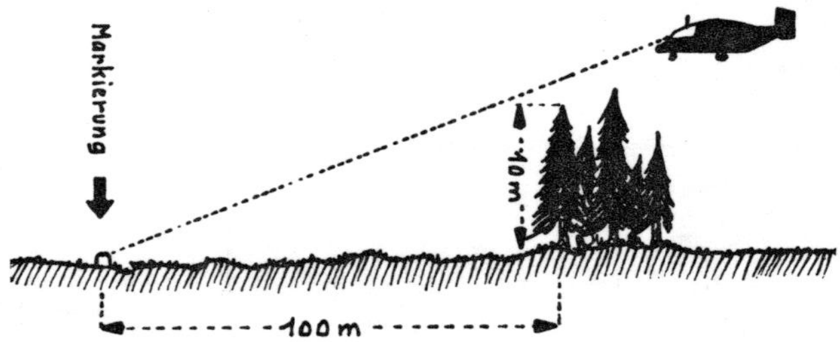


- Die Maskenfreiheit ist das Verhältnis der Entfernung zwischen Markierung und Sichtbehinderung und der Höhe des die Sichtbehinderung verursachenden Hindernisses.

Hubschrauber-Landeplatz

- Es wird ein ebener und fester Platz von etwa 20×20 m mit einer in der Mitte gelegenen, ca. 5×5 m großen Aufsetzfläche und einer Querneigung bis 10% benötigt. Die Ebenheit ist insbesondere für Nachtlandungen unbedingt erforderlich.

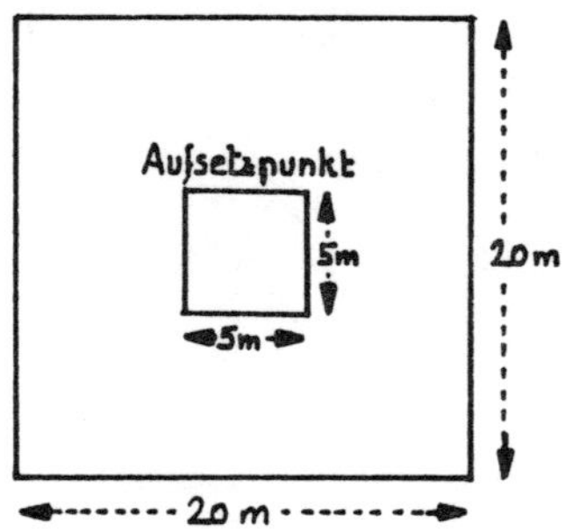


- Befreien Sie den Platz von herumliegenden, leicht aufwirbelbaren Gegenständen (Gras, kleine Äste, leichte Ausrüstungs- oder Bekleidungsgegenstände), um eine Beschädigung des Hubschraubers zu verhindern. Bei Bedarf ist der Platz zu markieren.
- Im Winter muß der weiche, pulvrige Schnee festgetreten werden.
- Meiden Sie bei der Auswahl des Landeplatzes Mulden und schmale Terrassen. Gut geeignet sind Kuppen oder sonstige ebene Flächen.

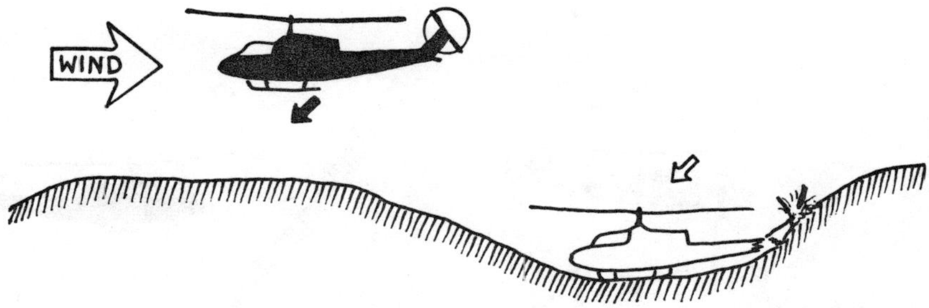


- Achten Sie auf Hindernisse. Ihre Höhe darf ein Verhältnis von 1:7 zu ihrer Entfernung vom Landeplatz nicht unterschreiten (z. B. 15 m hoch — 100 m vom Landeplatz entfernt).

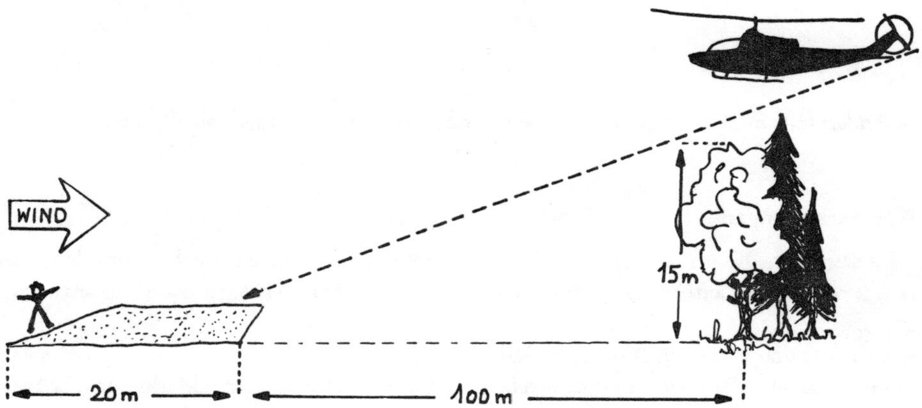


- Zeigen Sie die Windrichtung an, indem Sie mit dem Rücken zum Wind und seitwärts gestreckten Armen an der windzugekehrten Seite des Landeplatzes stehen.

  Nach der Landung des Hubschraubers verhalten Sie sich wie folgt:
- Bleiben Sie außerhalb des Landeplatzes stehen, bis der Rotor stillsteht oder der Pilot ein Zeichen zum Annähern gibt.
- Bei laufendem Rotor dürfen Sie sich dem Hubschrauber nur von vorne oder von der Seite und immer von der Talseite aus nähern (bei entsprechendem Gelände).
- Halten Sie leichte Ausrüstungsgegenstände (Kappe, Umhang) fest oder verpacken Sie sie.
- Längere Gegenstände (Stöcke, Schier, Bögen) müssen unbedingt waagrecht getragen werden, um eine Beschädigung des Rotors zu vermeiden.

Grundsätzlich werden Hubschraubereinsätze nur unter bestimmten Bedingungen durchgeführt:

— Es muß eine horizontale Sichtweite von mindestens 1,5 km gegeben sein;
— der Einsatzraum muß wolkenfrei sein;
— die Windstärke darf 50 km/h nicht übersteigen.

Diese Werte können zwar in Notsituationen unterschritten werden, im allgemeinen sollte man damit jedoch nicht rechnen.

Sollte das Gelände eine Landung nicht erlauben (Steilgelände z. B.), können durch besonders ausgestattete Hubschrauber Personen mittels Seilwinde unter folgenden Voraussetzungen aufgenommen werden:

— bei Steilwänden oder Graten mit Neigungen über 60° müssen Schultern oder Vorsprünge von mindestens 20 m Breite vorhanden sein.

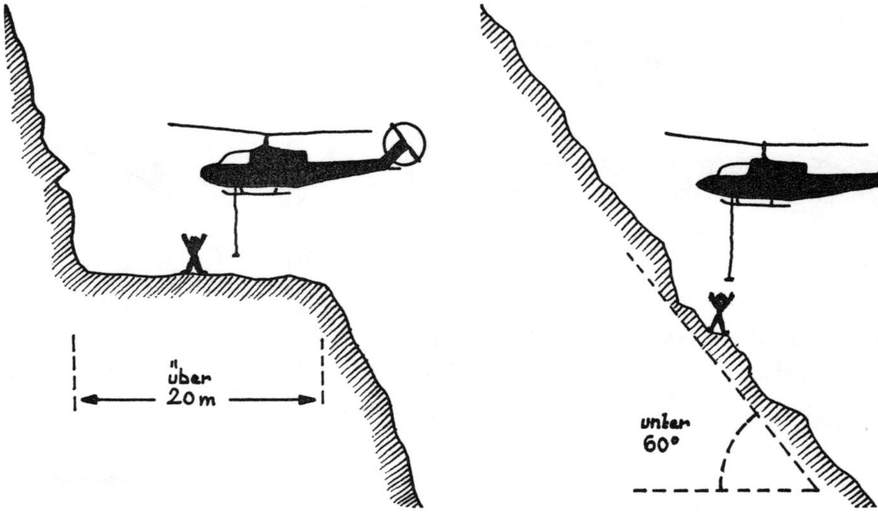


— Andernfalls muß die Neigung des Grates oder der Flanke weniger als 60° betragen.

**Wegmarkierungen**

Sie dienen zur Kennzeichnung von Wegen oder Plätzen, um diese für sich selbst oder andere jederzeit wieder auffindbar zu machen. Dabei sind die Markierungen jeweils so anzubringen, daß

— sie leicht und eindeutig erkennbar sind;
— sie von allen in Betracht kommenden Seiten (Rückmarsch entlang der Markierung, Schneiden eines markierten Weges, Lagerplatz) gesehen werden können;
— von einer Markierung aus auch bei schlechter Witterung die nächste gesehen werden kann;
— nach Möglichkeit Materialien verwendet werden, die durch Witterung oder Tiere nicht entfernt oder unkenntlich gemacht werden können.

Möglichkeiten:

*Baumkerben*

Sie werden am besten in Augenhöhe angebracht und mindestens in der Größe einer halben Handfläche bis aufs Holz durchgeschlagen. Achtung: Bei Nadelbäumen dunkeln Kerben in spätestens 2 Tagen soweit nach, daß sie kaum mehr gefunden werden können. Auch die Rückseite des Baumes muß markiert werden (für die Rückkehr).

*Astbruch*

Dünne Äste werden ca. 30 bis 50 cm von der Spitze abgeknickt, aber hängen gelassen. Entrinden (Weißschälen) erleichtert das Auffinden.

*Stangen*

Sie sind nur in relativ offenem Gelände sinnvoll.

*Farbe*

Falls vorhanden, ist sie zur Markierung gut geeignet.

*Große Blätter, Grasbüschel*

Sie werden auf Äste aufgespießt und gegen Herunterfallen gesichert.

*Steinmänner*

Aufgeschichtete Steinhaufen.

*Steintauben*

Aufgestellte, einzelne Steine.

*Grasknoten*

Hohes Gras, in Knoten gebunden, ist gut sichtbar, wenn das Gras in der unmittelbaren Umgebung ausgerissen oder niedergetreten wurde.

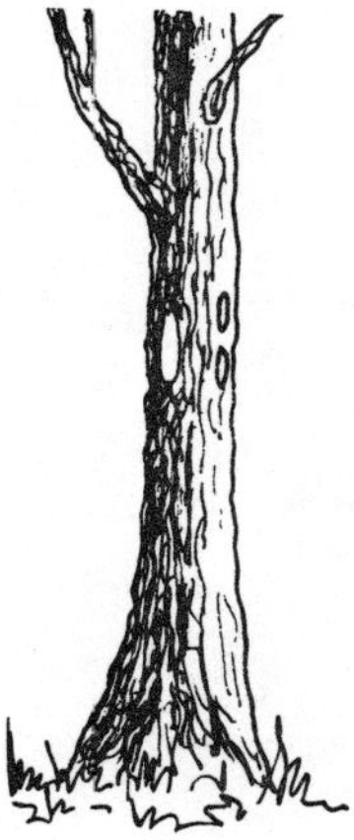

*Baumkerben*

*Astbruch*

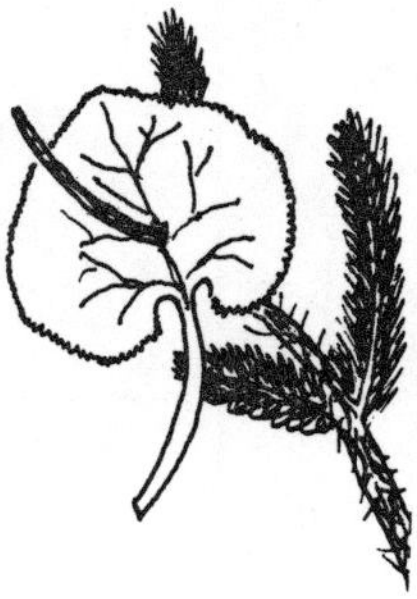

*große Blätter*

*Steinmänner*

*Steintauben*

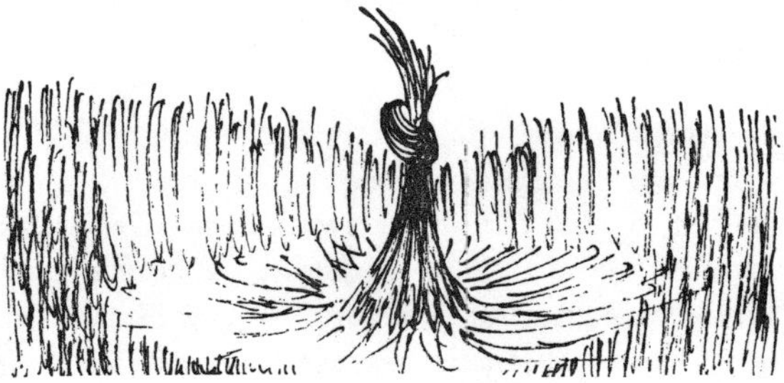

*Grasknoten*

Die angeführten Möglichkeiten können je nach Phantasie und vorhandenen Mitteln beliebig ergänzt oder auch kombiniert werden. Wichtig ist dabei nur, daß die allgemein für die Markierung wichtigen Punkte beachtet werden.

Sollen neben der einfachen Kennzeichnung auch noch andere Hinweise gegeben werden, so kann das mit folgenden, besonders im europäischen Raum bekannten, Bruchzeichen geschehen.

*Bruchzeichen*

*Können bei Bedarf auch mit Steinen gelegt, in den Boden gekratzt oder auf andere Art dargestellt werden.*

| | |
|---|---|
|  | *Wegweiser* |
|  | *Halt!*<br>*Hier warten!* |
|  | *Warten aufgegeben*<br>*In diese Richtung*<br>*weitergegangen* |
|  | *Nicht folgen!* |
|  | *Achtung!*<br>*Vorsicht!*<br>*Gefahr!* |

## Handzeichen

Sie dienen dem Übermitteln von Informationen (Anweisungen, Hinweise, Fragen) und werden dann angewandt, wenn eine andere Übermittlung über eine gewisse Entfernung nicht möglich (Wasserrauschen, Sturm) oder nicht zweckmäßig (Geräuschentwicklung bei der Jagd) ist. Die Handzeichen sind natürliche Zeichen von allgemeinverständlicher Symbolik, die der menschlichen Mimik entnommen wurden. Mit ihrer Hilfe ist, unter Beachtung einiger allgemeinen Regeln, eine inhaltsreiche Zeichensprache möglich.

Allgemeine Regeln:

- Handzeichen können, je nach Situation, durch ein akustisches Signal (Ruf, Pfiff) oder durch Berührung (Bewerfen mit Tannenzapfen, kleinen Steinen) angekündigt werden.
- Die »Gesprächs«-Partner sind einander zugekehrt.
- Richtungsangaben gelten so, wie sie der Empfänger sieht (deutet z. B. der Zeigende nach rechts, so heißt das für den Empfänger links).
- Die Geschwindigkeit bei der Übermittlung bestimmt die Geschwindigkeit der Durchführung (wird z. B. das Zeichen »Marsch« schnell gegeben, so heißt das schnelles Weitergehen oder Laufen).

– Eine Pause zwischen den einzelnen Zeichen kann entfallen, wenn ein Aneinanderreihen die Verständlichkeit der einzelnen Zeichen nicht einschränkt.
– Soweit sinnvoll, sind zur Bestätigung, daß richtig verstanden wurde, vom Empfänger die Zeichen zu wiederholen.

Halt
Folgen
Zurück
Sammeln
Nach rechts (links)
Auseinander
Reihe
Horchen
Hier
Alles in Ordnung

Achtung Gefahr
Auf
Nieder
Anfangen
Beenden
Bedarf an ...
Wegkreuzung
Hindernis
Beobachten
Haus
Gehöft
Leise

## Fingersprache

Sie dient der lautlosen Übermittlung detaillierter Informationen und wird meist dort angewandt, wo Handzeichen inhaltlich nicht mehr ausreichen oder aus anderen Gründen (z. B. zu auffällig) nicht verwendet werden können. Dabei wurde von amerikanischen Kriegsgefangenen in Vietnam ein einhändig darstellbares Alphabet entwickelt, das wegen seiner Unauffälligkeit von Dritten nur schwer erkennbar ist, eine Hand für andere Tätigkeiten freiläßt und sich in der Praxis ausgezeichnet bewährt hat.

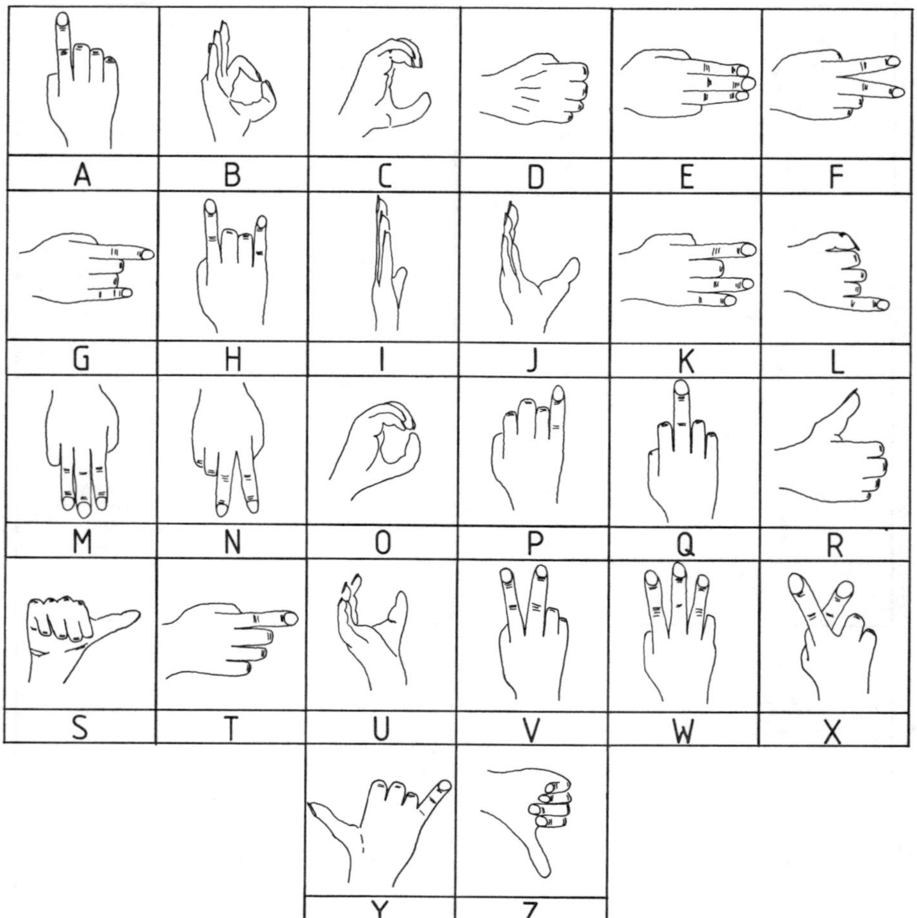

### Lichtzeichen

Sie können am leichtesten mit einer Taschenlampe, aber auch mit jeder anderen beweglichen Lichtquelle gegeben werden (z. B. Fackel, glühendes Holzstück). Folgende einfache Zeichen können sowohl zur Einweisung von Personen als auch von Kraftfahrzeugen verwendet werden:

| Lichtzeichen | Bedeutung |
|---|---|
| — Licht senkrecht vor dem Körper auf- und abbewegen | Geradeaus gehen oder fahren |
| — Licht waagrecht vor dem Körper hin- und herbewegen | Halt |
| — Licht vor dem Körper kreisen. Die Richtung des Kreises zeigt entgegen der geforderten Bewegungsrichtung: | |
| kreisen über links | nach rechts gehen oder fahren |
| kreisen über rechts | nach links gehen oder fahren |
| — Mit dem Licht vor dem Körper blinken. Es wird so lange geblinkt, wie der Empfänger sich zurückbewegen soll | zurückgehen oder fahren |

Weitere Zeichen können beliebig vereinbart werden. Mit Lichtquellen (beweglich oder fest) können auch Blinkzeichen gegeben werden. Dazu wird die Lichtquelle entweder im entsprechenden Rhythmus ein- und ausgeschaltet oder so abgedeckt, daß sie für den Empfänger kurzzeitig nicht sichtbar ist (z.B. mit Bekleidungsstücken, dem Körper). Dadurch können mit Hilfe des internationalen Morsealphabets Informationen jeder Art übermittelt werden.

| *Buchstaben:* | | | *Zahlen:* | *Satzzeichen:* |
|---|---|---|---|---|
| a ·– | i ·· | r ·–· | 1 ·–––– | Punkt ·–·–·– |
| ä ·–·– | j ·––– | s ··· | 2 ··––– | Komma ––··–– |
| b –··· | k –·– | t – | 3 ···–– | Fragezeichen ··––·· |
| c –·–· | l ·–·· | u ··– | 4 ····– | Apostroph ·––––· |
| ch –––– | m –– | ü ··–– | 5 ····· | |
| d –·· | n –· | v ···– | 6 –···· | |
| e · | o ––– | w ·–– | 7 ––··· | *Sendezeichen:* |
| f ··–· | ö –––· | x –··– | 8 –––·· | Irrung ········ |
| g ––· | p ·––· | y –·–– | 9 ––––· | Verstanden ···–· |
| h ···· | q ––·– | z ––·· | 0 ––––– | Schlußzeichen ·–·–· |

### Erkennungszeichen

Sie sind vor allem in Situationen erforderlich, in denen es um das Erkennen
- — bestimmter Personen,
- — der Zugehörigkeit bestimmter Personen zu bestimmten Gruppen,
- — bestimmter Situationen

geht, was besonders bei Bedrohung, Flucht oder Verfolgung der Fall sein kann. Voraussetzung ist eine Sichtverbindung und die Kenntnis der Bedeutung der einzelnen Zeichen. Erkennungszeichen können optisch dargestellt werden durch

— ein bestimmtes Verhalten von Personen oder
— einen bestimmten Zustand von Objekten.

Die Möglichkeiten sind abhängig von den gegebenen Voraussetzungen und der Phantasie. Einige Beispiele sollen die mögliche Bandbreite demonstrieren:

Verhalten von Personen

(meist verwendet zur Identifizierung oder der Feststellung der Gruppenzugehörigkeit):

*Bekleidung*

Tragen einer bestimmten Kopfbedeckung (Form, Farbe, Größe);

Tragen bestimmter Bekleidungsstücke (z. B. blauer Mantel, heller Pullover, Bundhose, Turnschuhe);

Tragen bestimmten Zubehörs (Tasche bestimmter Form, Farbe oder Größe, Stecktuch, Regenschirm, bestimmte Zeitung in einer bestimmten Hand).

*Tätigkeiten*

Schuhriemen binden;

Bekleidungsstücke aus- oder anziehen;

kämmen, kratzen;

Betrachten bestimmter Gegenstände oder Örtlichkeiten;

Sitzen auf bestimmten Sitzgelegenheiten.

Diese Tätigkeiten können auch an eine bestimmte Zeit und/oder an einen bestimmten Ort gebunden werden, z. B. an das Trinken eines bestimmten Getränkes an einem bestimmten Ort (Tisch, Lokal) oder an das Passieren eines bestimmten Ortes zu einer bestimmten Zeit aus einer bestimmten Richtung.

Zustand von Objekten

(meist verwendet zur Darstellung bestimmter Situationen)

Bestimmtes Fenster eines Gebäudes geöffnet heißt: Kontaktaufnahme möglich; alles in Ordnung; keine Änderung.

Dasselbe Fenster geschlossen heißt: Kontaktaufnahme nicht möglich; Achtung, Gefahr; neue Situation usw.

Einige weitere Möglichkeiten:

Fahrzeug an bestimmter Stelle in bestimmte Richtung geparkt;

Licht brennt in bestimmten Räumen (zu einer bestimmten Zeit);

Vorhänge offen oder zugezogen;

bestimmte Gegenstände (Blumen, Zeitung, Stein z. B.) sind an bestimmten Orten (Fenster, Tisch, Baumstrunk z. B.) plaziert.

## *Akustische Verbindungsmittel*

Sie werden im allgemeinen zur Ergänzung von optischen Zeichen oder dann angewandt, wenn diese wegen mangelnder Sichtverhältnisse oder aus sonstigen Gründen nicht verwendet werden können.

Die Reichweite akustischer Verbindungsmittel ist meist geringer als die der optischen; Lärm oder sonstige Geräusche (Sturm, Rauschen von Wasser) schränken ihre Wirksamkeit weiter ein und können ihre Verwendung im Extremfall überhaupt sinnlos machen.

Dennoch können akustische Verbindungsmittel in manchen Situationen (Verschüttung, dichter Wald) die einzigen wirksamen Möglichkeiten der Kontaktaufnahme sein.

### Rufzeichen

Mit Rufzeichen kann jede beliebige Information übermittelt werden. Soll eine Verbindung über weite Entfernung hergestellt werden, ist besonders auf folgende Punkte zu achten:

- Rufen Sie möglichst von Übersichtspunkten aus (je weiter der Blick, desto weiter der Schall).
- Verwenden Sie Rufzeichen mit möglichst vielen Selbstlauten. E und I können am lautesten gerufen werden und eignen sich daher am besten.
- Wenn Sie mit den Händen oder sonstigen Behelfen einen Schalltrichter vor dem Mund bilden, engen sie zwar den Ausbreitungsbereich des Schalls ein (Richtungseffekt), erreichen aber im Wirkungssektor eine höhere Reichweite.
- Gemeinsames Rufen mehrerer Personen erhöht die Lautstärke und damit die Reichweite erheblich.
- Rufzeichen sind bei Nacht und am frühen Morgen am weitesten zu hören.
- Leichter Wind kann, je nach Richtung, die Reichweite der Rufzeichen erhöhen oder verringern.
- Hohe Luftfeuchtigkeit und Nebel tragen den Schall weiter.
- Vergessen Sie nicht, zwischen den Rufzeichen Pausen einzuschalten und auf Antwort zu horchen.

### Mündungsknall

Er ist im allgemeinen das lauteste Schallzeichen. Voraussetzung dafür ist das Vorhandensein einer Schußwaffe. Die Lautstärke steigt mit dem Kaliber der Waffe.

Da ein einzelner Schuß, besonders in der Natur, durchaus nicht auf in Not geratene Personen hinweisen muß, haben sich in der Praxis drei rasch hintereinander abgegebene Schüsse als Notsignal eingebürgert.

### Pfeifzeichen

(oder Hupen, Sirenen-, Glocken- oder Trompetenzeichen)

Da diese Zeichen meist willkürlich unterbrochen werden können, ist es möglich, alle Zeichen des Morsealphabets akustisch darzustellen und somit jede Information zu übermitteln.

Die Reichweite ist von der verwendeten Schallquelle abhängig; diese Zeichen sind jedoch meist weithin hörbar.

### Klopfzeichen

(oder klappern, trommeln, scheppern, klatschen)

Ihre Reichweite ist meist geringer.

### Erkennungszeichen

Sie sind die akustische Ergänzung zu den optischen Erkennungszeichen. Grundsätzlich gibt es folgende Möglichkeiten, die allerdings den jeweiligen Gegebenheiten angepaßt werden müssen:

#### Kennwort

Es dient meist der einseitigen Identifikation des Ankommenden und kann entweder durch Anruf gefordert werden oder, besser, der Ankommende sagt es freiwillig. Es kann bei Bedarf auch unauffällig in ein harmloses Gespräch eingefügt werden.

Bei bereits bestehendem Kontakt können Kennwörter auch zur Darstellung bestimmter Situationen verwendet werden. Wird zum Beispiel während eines Telefongespräches ein bestimmtes Kennwort *nicht* in das Gespräch eingeflochten, kann das bedeuten, daß das Gespräch abgehört wird oder man nicht allein ist und jetzt nicht sprechen kann, daß man zum Gespräch gezwungen wird oder daß Gefahr besteht, der Kontakt abgebrochen werden sollte o. ä.

### Kennzahl

Eine vereinbarte Zahl (nach Möglichkeit nicht über 10) wird durch Frage und Antwort ergänzt.
Beispiel: Zahl 7
Frage: 2
Antwort: 5

Die Kennzahl wird wie das Kennwort angewendet und dient zugleich der Identifizierung beider Gesprächspartner.

### Parole und Gegenparole

Die Verwendung ist dieselbe wie bei der Kennzahl, nur werden anstatt der Zahlen einander ergänzende Sätze verwendet.
Beispiel:
Frage: »Man kann sich drehen wie man will...«
Antwort: »die Nase bleibt immer im Gesicht.«

### Befragung auf Geschehnisse und Faktoren,

die nur einer bestimmten Personengruppe bekannt sein können.

### Verwendung eines bestimmten Dialektes

### Imitation von Tierstimmen

Sie ist nur in der natürlichen Umgebung der imitierten Tiere verwendbar; bei richtiger Anwendung ist sie sehr unauffällig und daher für Dritte als Zeichen nur schwer erkennbar.

Bei der Wahl des Lautes ist auf die Lebensgewohnheiten des jeweils imitierten Tieres Rücksicht zu nehmen (Jahreszeit, Tageszeit, Lautstärke, Wiederholungen).

Am besten werden dazu Lockpfeifen, wie man sie von der Jagd kennt, verwendet. Manche Tierstimmen können auch ohne Hilfsmittel mit einiger Übung täuschend echt nachgeahmt werden, z. B.:

- Hundebellen;
- Hühnergackern oder Krähen eines Hahnes;
- Grillenzirpen (nur im Sommer) entweder indem man über einen zwischen die Daumen gespannten Grashalm bläst oder pfeift und dabei den Buchstaben R sagt;
- Angstfiepen von Kleintieren: Man feuchtet den Handrücken an und gibt mit spitzen Lippen einen langgezogenen Kuß darauf;
- Vogelstimmen, z. B. Wildtaube: Man legt die Daumen aneinander und bildet mit den Händen dahinter einen Hohlraum. Dann deckt man mit dem Mund den zwischen den Daumen gebildeten Spalt zur Hälfte ab und ruft in den Hohlraum den Selbstlaut U in folgendem Rhythmus — U — Uuuhh — U (Betonung auf langem U in der Mitte) — mehrfach wiederholt.

  Der Ruf der Eule bzw. des Uhu wird genauso gebildet, nur der Ruf selbst lautet — Uh — Uuhh — mehrfach wiederholt.

  Das Imitieren von Tierstimmen kann auch bei der Jagd erfolgversprechend sein.

## *Technische Verbindungsmittel*

Unter dieser Bezeichnung werden alle Arten der Kontaktaufnahme zusammengefaßt, die nicht unmittelbar den optischen oder akustischen Verbindungsmitteln zugeordnet werden können.

### Berührungszeichen

Wenn die Notwendigkeit absoluter Lautlosigkeit, Dunkelheit oder starker Lärm auch auf kürzeste Distanz einen Informationsaustausch unmöglich macht, sind häufig Berührungszeichen erforderlich. Abgesehen von speziellen Vereinbarungen haben sich folgende Zeichen bewährt.

| Berührungszeichen | Bedeutung |
|---|---|
| leichter Schlag auf den Kopf | Achtung, Vorsicht, Gefahr |
| Druck nach abwärts auf Kopf, Schultern oder Körper | niedersetzen, hinlegen |
| Aufwärtsziehen an der Bekleidung | aufstehen |
| wiederholtes, kurzes Ziehen an der Bekleidung nach unten | hier warten |
| leichtes Ziehen oder Schieben nach rückwärts | vorgehen oder zurückgehen |
| leichtes Ziehen oder Schieben am Arm nach links oder rechts | nach links oder nach rechts gehen |
| kurzes Zurückziehen des Vordermannes | halt |
| leichter Stoß in den Rücken des Vordermannes | weitergehen |

### Flaschenpost

Sie ist nur dann brauchbar, wenn die entsprechenden Voraussetzungen gegeben sind und ihre Verwendung vorbereitet wurde. Dabei sind folgende Punkte zu beachten:

- Zum Transport der Informationen kann jeder schwimmfähige, wasserdichte oder wasserdicht gemachte Behälter verwendet werden. Als günstigste Form hat sich ein möglichst kugelähnlicher, glattflächiger Hohlkörper erwiesen. Je nach Situation ist eine Schock- oder Tarnfarbe zu wählen.
- Als Transportmittel eignet sich jedes fließende Gewässer (vom Großstadtkanal bis zum Aufluß), dessen Lauf frei von künstlichen oder natürlichen Hindernissen ist (Stauwehre, Rechen, Wasserfälle, Rücksogzonen).
- Die Entgegennahme der Information muß durch entsprechende Maßnahmen (Rechen, Netz, bewußt ausgewählter oder künstlich herbeigeführter Stau oder Rücksog) an einer günstigen Stelle des Gewässers möglich sein.
- Die voraussichtliche Dauer und der Ablauf vom Start bis zum Ziel sollten ausprobiert werden. Damit wird bei Vereinbarung einer bestimmten Absetzzeit folgendes erreicht:
  Die Zielstelle muß nur kurzfristig besetzt sein, da die Ankunftszeit der Information ungefähr bekannt ist;
  der Absender kann Reaktionen auf seine Information zeitlich genauer kalkulieren;
  ein eventueller Verlust kann sofort festgestellt werden.
- Ein Kontakt ist mit diesem Verfahren nur in eine Richtung möglich.

### Brieftauben

Sie können auf Entfernungen bis etwa 700 km eingesetzt werden. Diese Art der Verbindung ist kaum stör- oder verhinderbar, benötigt aber entsprechend dressierte Tauben und den jeweiligen Transport der einzelnen Brieftauben vom Ziel zum Absender. Auch dieses Verfahren kann nur in eine Richtung (vom Absender zum Ziel) angewandt werden. Folgende Faktoren sind dabei zu bedenken:
- Schlechte Witterung behindert den Flug;
- Gebirge zwingen zu Umwegen;
- Tauben fliegen nur bei Tageslicht;
- der Verlust durch Raubvögel ist möglich und nicht kalkulierbar;
- eine Taube kann höchstens 50 Gramm tragen.

### Hunde

Sie brauchen, um als Verbindungsmittel eingesetzt zu werden, eine entsprechende Ausbildung und die Möglichkeit, den beabsichtigten Meldeweg vorher kennenzulernen. Unter diesen Voraussetzungen sind Hunde zur Übermittlung von Informationen gut geeignet.
- Sie können bei Tag und Nacht eingesetzt werden;
- am Weg auftauchende Hindernisse oder Gefahren können zu Umwegen führen, verhindern aber im allgemeinen die Übermittlung nicht;
- das gleiche gilt für schlechte Witterung;
- die Transportkapazität beträgt, abhängig von Größe und Trainingszustand des Hundes, der Streckenlänge und der Schwierigkeit des Geländes, bis zu mehreren Kilogramm;
- eine Verbindung ist in beiden Richtungen möglich;
- ein Verlust durch Unfall oder Abschuß kann eintreten und ist nicht kalkulierbar.

### Funkgeräte

Sie sind heute schon so weit verbreitet, daß ihr Vorhandensein in Extremsituation (mitgeführt oder vorgefunden) nicht mehr als Ausnahme, sondern eher schon als Regel angesehen werden muß. Die Kenntnis der Grundbegriffe wird daher vorausgesetzt.

Die besprochenen Maßnahmen und Möglichkeiten beziehen sich auf den Einsatz eines Funkgerätes in Notsituationen und behandeln folgende Punkte:
- Inbetriebnahme
- Notverkehr
- Notruffrequenzen
- Antennen

Diese Punkte gelten sowohl für den Sprech- als auch für den Tastfunk (Morsealphabet).

#### Inbetriebnahme

Die angeführten Maßnahmen zur Inbetriebnahme eines Funkgerätes beziehen sich hauptsächlich auf Handfunksprechgeräte und kleine Funkstationen, treffen aber in weiten Bereichen auch auf Großstationen zu.

Da es international keine einheitlichen Baunormen gibt, ist es nicht möglich, allgemeingültige Hinweise über Art und Lage von Schaltern, Einstellarmaturen, Sichtfenstern, Batteriebehältern usw. zu geben. Um das Suchen der benötigten Bedienungselemente wird man bei fremden Geräten meist nicht herumkommen.

Bei Inbetriebnahme sind folgende Punkte zu beachten:
- Wahl des Aufstellungsplatzes;

— Erden des Gerätes;
— Sicherstellen der Stromversorgung;
— Anschluß der Antenne;
— Wahl der Frequenz und der Ausgangsleistung;
— Verwendung der Geräuschunterdrückung;
— Einschalten des Gerätes;
— Aufnahme der Verbindung.

*Wahl des Aufstellungsplatzes*

Dieser kommt eine besondere Bedeutung zu, da sie neben der verwendeten Antenne und der Beschaffenheit des Zwischengeländes für das Erzielen einer hohen Reichweite ein entscheidendes Kriterium darstellt.

An einen guten Aufstellungsplatz müssen folgende Forderungen gestellt werden:

- Er muß auf einem Aussichtspunkt liegen (d. h. höher als die unmittelbare Umgebung und das Zwischengelände, z. B. Berggipfel, hoher Baum, Hügel).
- Es dürfen keine Eisenkonstruktionen, Freileitungen, Hochspannungsanlagen, in Betrieb befindliche unentstörte elektrische Maschinen oder Kfz-Motoren in der näheren Umgebung sein.
- Er darf weder bewachsen noch bebaut sein. Wälder, enge Täler, Niederungen, Innenhöfe, Seilbahnen o. ä. behindern die Abstrahlung und den Empfang.

*Erden des Gerätes*

Darunter ist ein Verbinden des Funkgerätes und der Erde mittels leitfähigen Materialien (am besten Kupferdraht) zu verstehen. Dabei sollte als Erdleitung nur Leitungsmaterial mit möglichst großem Querschnitt (dünne Drähte mehrfach nehmen) verwendet und die kürzeste Verbindung zur Erde angestrebt werden.

Die Verbindung mit der Erde erfolgt meist mit Erdspießen, zur Not reicht aber auch ein Nagel oder das Einstecken des blanken Drahtes in die Erde.

Bei Böden mit schlechter Leitfähigkeit (Stein, Schotter, Sand) sind entweder mehrere Erdspieße (oder Behelfe) mit dem Erdungskabel zu verbinden oder es ist ein Gegengewicht auszulegen. Darunter wird ein Kabel (oder Draht) verstanden, der bei Stabantennen sternförmig, bei Drahtantennen unter der Antenne ausgelegt wird und, wie das Erdungskabel, an der Erdungsklemme des Geräts oder an einer Gehäuseschraube (Farbe abkratzen; guter Kontakt zum Gehäuse muß sichergestellt sein) angeschlossen wird.

Eine Erdung ist nicht zwingend erforderlich, erhöht jedoch die Wirksamkeit der Antenne wesentlich und ist daher dringend anzuraten.

*Stromversorgung*

Dazu gibt es verschiedene Möglichkeiten:

Stromnetz:

Besitzt das Gerät eine Anschlußmöglichkeit für höhere Spannungen, so ist vor Anschluß (meist mittels Netzkabel) zu überprüfen, ob die Betriebspannung des Gerätes mit der vorhandenen Netzspannung übereinstimmt.

Die Betriebsspannung kann meist auf einer außen am Gerät angebrachten Plakette abgelesen werden.

Kfz-Batterie:

Die Kennzeichnung des Anschlusses erfolgt meist mit + (plus) oder — (minus) sowie dem Wert der Betriebsspannung. Stimmt diese mit der Batteriespannung überein (Achtung: Kfz-Batterien können verschiedene Spannungswerte haben, z. B. 6 V, 12 V, 24 V) so verbindet man den mit + gekennzeichneten Anschluß des Gerätes mit dem Pluspol oder Batterie, den mit — gekennzeichneten Anschluß mit dem Minuspol.

Trockenbatterien:

Es gibt sie in den verschiedensten Stärken und Formen. Zum Aus- und Einbauen muß das Gerät meist geöffnet werden. Hiezu sucht man am besten nach Schraub-, Dreh- oder Schnappverschlüssen. In vielen Fällen ist im Inneren des Batteriebehälters dargestellt, wie die Batterien einzulegen sind.

Da Batterien bei großer Kälte sehr rasch an Leistungsfähigkeit und Lebensdauer verlieren, sollten sie nach Möglichkeit warmgehalten oder zumindest vor Gebrauch erwärmt werden. Das kann in der Nähe einer Wärmequelle oder zur Not auch direkt am Körper erfolgen.

*Anschluß der Antenne*

Die Antenne ist jener Teil eines Funkgerätes, der es ermöglicht, die im Sender erzeugte Hochfrequenz als elektromagnetische Welle in den Raum abzustrahlen, oder umgekehrt eine elektromagnetische Welle am Empfangsort aufzunehmen und einem Empfänger zuzuleiten. Die erzielbare Reichweite eines Funkgerätes hängt daher nicht zuletzt von der Wirksamkeit der dabei verwendeten Antenne ab. Bei Geräten, die Anschlüsse für kurze und lange Stabantennen haben, gilt als Faustregel für die Reichweite:

Kurzer Stab — kurze Reichweite
langer Stab — lange Reichweite

Eine erhebliche Vergrößerung der Reichweite bringt eine Stabantenne, deren Abstand zur Erdoberfläche vergrößert wurde. Dies erreicht man dadurch, daß man die Antenne auf einen Mast setzt.

Die Antenne kann durch Steckkontakt, Schraubverschluß oder Koax-Anschluß angeschlossen werden.

Die Bezeichnungen dieses Anschlusses lauten meist: —ANT, — HF input, — Koax.

*Anschluß eines Handapparates*

Sollten das Mikrophon und der Lautsprecher nicht im Gerät eingebaut sein, ist ein Handapparat anzuschließen (meistens bei einer Mehrkontaktbuchse).

Der Anschluß kann mit AUDIO, MIKRO-TEL o. ä. bezeichnet sein.

*Wahl der Frequenz und Ausgangsleistung*

Geräte mit fest eingestellten Frequenzen (Quarz):

Bei diesen Geräten ist es nicht möglich, die Frequenz zu ändern, da dazu der Quarz ausgetauscht werden müßte. Bei Geräten mit mehreren quarzgesteuerten Frequenzen ist die Frequenzwahl mittels Kanalwahlschalter möglich. Die wählbaren Frequenzen kann man in vielen Fällen an einem Metallschild an der Außenseite des Gerätes ablesen.

Geräte mit von Kanal zu Kanal stufenweise schaltbaren Frequenzen:

Die Frequenzwahl erfolgt bei diesen Geräten durch Drehknöpfe. Ablesen kann man die eingestellte Frequenz meist bei kleinen Schaufenstern. Sind viele Kanäle vorhanden, so ist es möglich, daß die Frequenzen in ein oberes und unteres Band unterteilt sind, sodaß zur Frequenzwahl noch ein Bandwahlschalter eingestellt werden muß.

Geräte mit durchstimmbaren Frequenzbändern:

Bei dieser Art von Funkgeräten ist das genaue Einstellen einer Frequenz für den Ungeübten schwierig, da hier ein Eichvorgang notwendig ist, dieser von Gerät zu Gerät verschieden abläuft und daher nicht allgemein beschrieben werden kann. Trotzdem kann man, den Eichvorgang nicht beachtend, grob die Frequenz, auf der man arbeiten will, einstellen und versuchen, eine Verbindung zu bekommen.

Achtung: Bei der Frequenzeinstellung darf die Sprechtaste des Gerätes nicht gedrückt werden, da dies zu Schäden führen könnte.

*Ausgangsleistung*

Bei mittleren und größeren Geräten ist häufig ein Leistungsschalter eingebaut. Um eine sichere Verbindung herzustellen, schaltet man das Grät auf die größte Ausgangsleistung. Die Leistung wird in Watt (W), Kilowatt (kW) und Voltampere (VA) angegeben, wobei man diese

Bezeichnungen neben der Größenangabe der Ausgangsleistung fast immer im näheren Umkreis des Leistungsschalters finden kann.

*Geräuschunterdrückung*

Sie kann träger- oder tonfrequenzgesteuert erfolgen und hat die Aufgabe, das Empfangsrauschen zu unterdrücken und damit die Qualität der Verbindung zu heben. Da dabei jedoch die Gefahr besteht, nur schwach empfangene Signale ebenfalls unterdrücken, sollte in Notfällen bis zum Herstellen einer sicheren Verbindung auf die Annehmlichkeit der Geräuschunterdrückung verzichtet werden. Die Geräuschunterdrückung wird meist mit SQUELCH bezeichnet, die Bedienung erfolgt häufig mittels Drehschalter.

*Einschalten des Gerätes*

Hiezu ist es notwendig, den Hauptschalter am Gerät zu kennen. Dieser kann als Drehschalter oder Kippschalter ausgelegt sein. Die Kennzeichnung der Schaltstellungen kann mit

OFF — ON

AUS — EIN

○ — ⊙

○ — ●

○ — 

erfolgen.

Das Gerät ist eingeschaltet, wenn bei voll aufgedrehter Laustärke und ausgeschaltetem Geräuschunterdrücker aus dem Lautsprecher ein Rauschen vernehmbar ist.

*Aufnahme der Verbindung*

Folgende Punkte sind dabei zu beachten:

- Schreiben Sie die Nachricht vor der Sendung, wenn möglich, auf.
- Horchen Sie zuerst, ob die Frequenz, auf der Sie senden wollen, frei ist, bevor Sie die Sprechtaste drücken.
- Warten Sie danach etwa 1 Sekunde, bevor Sie mit dem Sprechen (senden) beginnen.
- Sprechen (senden) Sie langsam und deutlich.
- Halten Sie die Sendung so kurz wie möglich.

## Notverkehr

Die Abwicklung des Notverkehrs ist für Tastfunk und Sprechfunk ähnlich. Wegen seiner Wichtigkeit wird er jedoch für beide Übermittlungsmöglichkeiten getrennt angegeben.
Er besteht aus folgenden Zeichen, Rufen und Meldungen:

*Notzeichen*

Es besagt, daß der Rufende von ernster Gefahr bedroht ist und um sofortige Hilfe bittet.

Es besteht im Tastfunk aus der Gruppe . . .— — —. . . (im allgemeinen als SOS dargestellt), die als einziges Zeichen ausgesendet wird, im Sprechfunk aus dem Wort MAYDAY (gesprochen Meïdeï).

*Alarmzeichen*

Sein Zweck ist, die selbsttätigen Funkalarmgeräte auszulösen bzw. am Gerät befindliche Personen aufmerksam zu machen.

Im Tastfunk wird eine Reihe von 12 Strichen innerhalb einer Minute ausgesendet, wobei die Dauer jeden Striches 4 Sekunden, die der dazwischenliegenden Pausen 1 Sekunden beträgt.

Im Sprechfunk ist das international vereinbarte Zeichen (2.200 Hz und 1.300 Hz im Wechsel von 1/4 Sekunden) nur mechanisch erzeugbar.

*Peilzeichen*

Es soll den Peilfunkstellen ermöglichen, den Standort der rufenden Funkstelle zu bestimmen.

Es besteht im Tastfunk aus zwei Strichen von je 10—15 Sekunden Dauer.

Für den Sprechfunk gibt es kein vereinbartes Zeichen.

*Notanruf*

Er darf bei Zeitnot verkürzt oder sogar ausgelassen werden.

Er besteht

im Tastfunk aus

- dem Notzeichen SOS (3× gesendet);
- dem Wort DE;
- dem Rufzeichen der Funkstelle in Not (3× gesendet).

im Sprechfunk aus:

- dem Notzeichen MAYDAY (3×);
- den Wörtern HIER IST, oder, bei Sprachschwierigkeiten, den Buchstaben DE (gesprochen DELTA ECHO);
- dem Rufzeichen der Funkstelle in Not (3×).

*Notmeldung*

Sie besteht

im Tastfunk aus

- dem Notzeichen SOS;
- der Kennzeichnung (Name oder andere Angaben) der Funkstelle in Not;
- der Angabe des Standortes;
- der Angabe der Art des Notfalls und der gewünschten Hilfe;
- jeder anderen Angabe, die die Hilfeleistung erleichtern könnte.

im Sprechfunk aus:

- dem Notzeichen MAYDAY;
- denselben Angaben wie beim Tastfunk.

Das Gesamtverfahren für den Notverkehr läuft wie folgt ab:

im Tastfunk sendet man nacheinander:

- das Alarmzeichen;
- den Notanruf (mit einer Pause von 2 min);
- die Notmeldung;
- das Peilzeichen.

im Sprechfunk:

- das Alarmzeichen (wenn mögich);
- den Notanruf;
- die Notmeldung.

Die Bestätigung des Empfanges einer Notmeldung wird in folgender Form gegeben: im Tastfunk:

- Rufzeichen der Funkstelle in Not (3×);
- das Wort DE;
- Rufzeichen der Funkstelle, die den Empfang bestätigt (3×);
- die Gruppe RRR;
- das Notzeichen.

im Sprechfunk:

Es werden dieselben Zeichen wie beim Tastfunk gesendet, wobei DE durch HIER IST (bei Sprachschwierigkeiten durch DELTA ECHO) und die Gruppe RRR durch

ERHALTEN (bei Sprachschwierigkeiten durch ROMEO, ROMEO, ROMEO) ersetzt wird. Es folgen Angaben über:
- den Namen der antwortenden Funkstelle;
- ihren Standort;
- die Zeit, die voraussichtlich nötig ist, um Hilfe zu bringen.

### Notruffrequenzen

Notruffrequenzen sind stets von Sendungen freizuhalten und werden laufend überwacht. International wurden folgende Frequenzen dafür vereinbart:

495—505 kHz

für beweglichen Funkdienst (Notfall und Anruf). Die Frequenz 500 kHz ist die internationale Not- und Anruffrequenz für Telegraphiefunk.

2173,5—2190,5 kHz

für beweglichen Funkdienst (Notfall und Anruf). Die Frequenz 2182 kHz ist die internationale Not- und Anruffrequenz für Sprechfunk.

156,7625—156,8375 MHz

für beweglichen Seefunkdienst (Notfall und Anruf). Die Frequenz 156,8 MHz ist die internationale Not-, Sicherheits- und Anruffrequenz für den beweglichen UKW-Sprech-Seefunkdienst.

Im übrigen ist jede Frequenz, auf der Notverkehr abgewickelt wird, automatisch ebenfalls Notruffrequenz.

### Antennen

Qualität und Reichweite einer Funkverbindung ist immer von der verwendeten Antenne abhängig. Diese arbeitet nur dann wirksam, wenn ihre Länge in einem bestimmten Verhältnis zur Wellenlänge der Arbeitsfrequenz steht.

Das Wissen um diese Wellenlänge ist besonders dann notwendig, wenn eine beschädigte Antenne repariert oder überhaupt durch eine Behelfsantenne ersetzt werden muß. Sie kann aus der Arbeitsfrequenz nach folgender Formel erreichnet werden:

$$\text{Wellenlänge in m} = \frac{\text{Ausbreitungsgeschwindigkeit in km/s}}{\text{Frequenz in kHz}}$$

Die Ausbreitungsgeschwindigkeit ist stets gleich der Lichtgeschwindigkeit und beträgt 300.000 km/s.

Beispiel:

Arbeitsfrequenz 60 MHz = 60.000 kHz

$$\frac{300.000}{60.000} = 5 \text{ m}$$

Da die Ausbreitungsgeschwindigkeit in der Antenne geringer ist als im Raum, muß für die Errechnung der Antennenlänge der Verkürzungsfaktor 0,95 verwendet werden, im angeführten Beispiel 5 m × 0,95 = 4,75 m

Diese errechnete Wellenlänge wird mit λ (Lambda) bezeichnet.

Die geringste Länge, bei der eine Antenne arbeitet, liegt bei λ/4, im angeführten Beispiel

$$\frac{4,75}{4} = 1,18 \text{ m}$$

Antennenlängen in einem Vielfachen davon, wie λ/2, λ3/4 oder λ sind möglich.

Der Wert von λ/4 kann auch mit Hilfe der Verhältniszahl 71.250 (dabei ist der Verkürzungsfaktor bereits berücksichtigt) direkt aus der Arbeitsfrequenz wie folgt errechnet werden:

$$\frac{71.250}{\text{Arbeitsfrequenz (kHz)}} = \text{Antennenlänge } \lambda/4 \text{ in Meter}$$

im angeführten Beispiel:

$$\frac{71.250}{60.000} = 1{,}18 \text{ m}$$

Antennen werden nach ihrer Abstrahlcharakteristik eingeteilt in

- Antennen mit Rundstrahlcharakteristik (meist Stab- und Mastantennen);
- Antennen mit zwei bevorzugten Abstrahlrichtungen (z. B. Dipolantennen);
- Antennen mit einer bevorzugten Abstrahlrichtung (da diese Antennen zur Errichtung eines Abschlußwiderstandes bestimmter Leistung und Belastbarkeit bedürfen, dessen Vorhandensein in Notsituationen nicht angenommen werden kann, werden sie im weiteren Verlauf nicht näher behandelt).

Je nach Situation und Möglichkeit ist die entsprechende Antennenart zu wählen.

*Instandsetzung beschädigter Antennen*

Ist der Antennenstab gebrochen, so ist wie folgt vorzugehen:

- Reinigen Sie die Bruchstelle und polieren Sie an jedem Bruchstück ca. 5 cm blank, um einen guten elektrischen Kontakt sicherzustellen.
- Fügen Sie die Antennenteile an den blanken Stellen zusammen und fixieren Sie sie mit Draht (am besten Kupferdraht).
- Versteifen Sie die Bruchstelle mit Holzstücken, die sie an die Antenne binden (Schnur, Bänder).

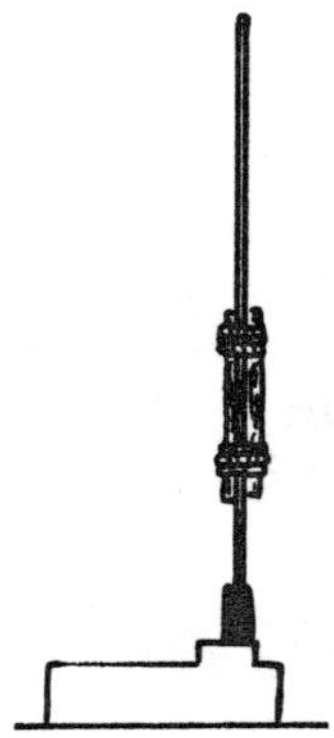

Ist der Antennenstab gebrochen und sind die Bruchstücke verlorengegangen oder unbrauchbar:

- Befestigen Sie am verbliebenen Rest der Antenne (Antennensockel) ein Stück Holz (Ast, Latte).
- Befestigen Sie ein Stück Kabel (oder Draht, am besten aus Kupfer) in der Länge der Antenne oder des fehlenden Antennenstückes entlang des Holzstückes.
- Fixieren Sie das Drahtende (bei Kabel abisolieren) im Antennensockel oder am verbliebenen Antennenteil und sorgen Sie für einen guten elektrischen Kontakt (siehe oben).

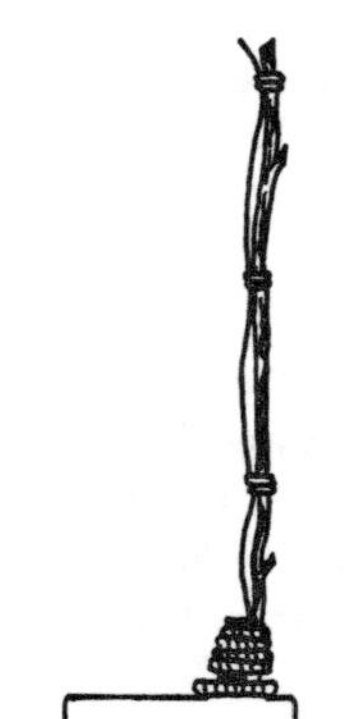

*Behelfsantennen*

Sie werden meist verwendet, um eine beschädigte und nicht mehr zu reparierende Originalantenne zu ersetzen.

Da jedoch auch Originalantennen hinsichtlich ihres elektrischen Wirkungsgrades nicht immer befriedigen, ist es häufig möglich, durch Verwendung einer Behelfsantenne die Reichweite eines Gerätes gegenüber einer Stabantenne wesentlich zu vergrößern (besonders für UKW-Funksprechgeräte und Kurzwellengeräte).

Bei der Auswahl der Behelfsantenne ist die jeweilige Arbeitsfrequenz zu berücksichtigen, da nicht jede Antenne für jede Frequenz geeignet ist.

Nachstehende Übersicht zeigt die günstigsten Frequenzbereiche für die jeweiligen Antennen.

| | |
|---|---|
| Halbrhombusantenne | 20—80 MHz |
| Vertikal-Dipolantenne | über 20 MHz |
| Horizontal-Dipolantenne | unter 20 MHz |
| Vertikalantenne | Kurzwelle und UKW |
| L-Antenne | unter 20 MHz |
| Eindrahtantenne | unter 20 MHz |

Folgendes Material wird zum Bau benötigt:
- Kabel oder Draht, am besten aus Kupfer, zur Not geht aber auch jedes andere leitende Material;
- Isolatoren, um die Antenne gegen die Erde zu isolieren, sie können aus jedem nichtleitenden Material improvisiert werden.

Einige Beispiele:

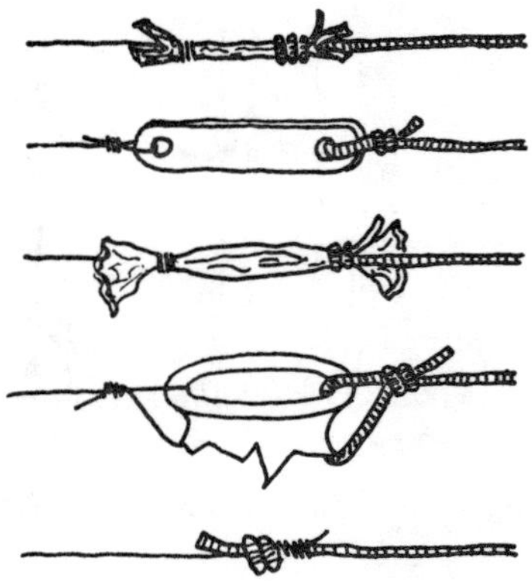


*Halbrhombusantenne:*

Hier haben praktische Erfahrungen gezeigt, daß über die gesamte verwendbare Bandbreite nicht die ermittelten λ-Werte, sondern die in der Zeichnung angegebenen Maße optimale Leistungswerte ergeben. Daher kann in diesem Fall die Umrechnung der Arbeitsfrequenz in den λ-Wert entfallen. Für jede Arbeitsfrequenz (innerhalb 20—80 MHz) gelten die gleichen Antennenmaße (Schenkellänge 15 m, Gipfelhöhe ca. 10 m).
Die Halbrohmbusantenne ist ein Rundstrahler.

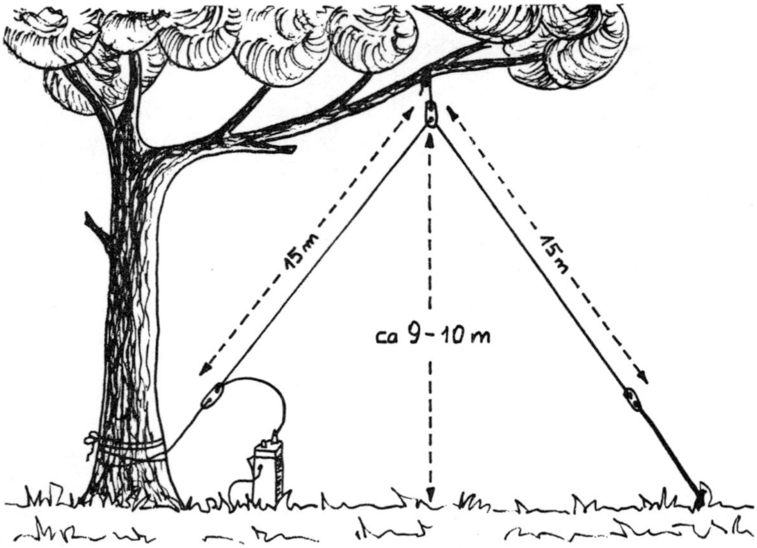


*Vertikal-Dipolantenne:*

Die Länge jedes Antennenschenkels ist λ/4. Die Antennenzuleitung (2 zusammengedrehte Kabel oder Drähte) soll so kurz wie möglich sein und wird mit einem Pol am Antennenanschluß, mit dem anderen an der Erdungsklemme (oder einer Gehäuseschraube) angeschlossen.

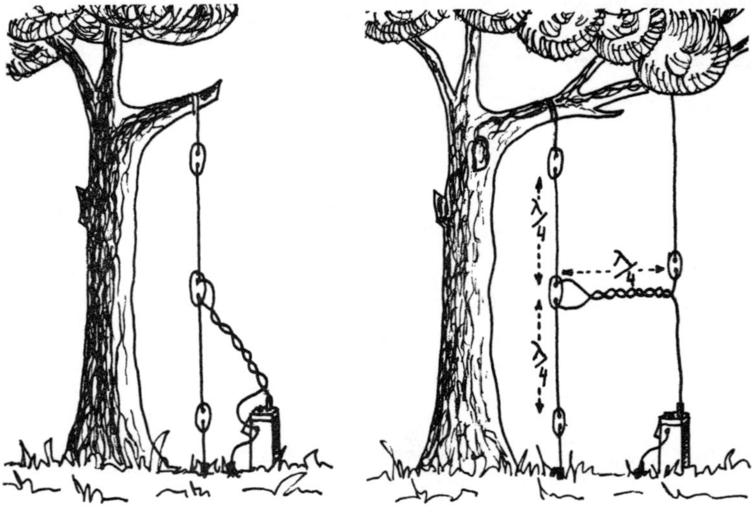


Wenn möglich, soll die Antennenzuleitung in der Länge von λ/4 vom Antennenmittelpunkt aus im rechen Winkel wegführen.
Die Vertikal-Dipolantenne ist ein Rundstrahler.

*Horizontal-Dipolantenne:*

Für die Länge der Antennenschenkel, die Art und den Anschluß der Antennenzuleitung gilt dasselbe wie für die Vertikal-Dipolantenne. Die Länge der Antennenzuleitung soll 85% der Länge eines Antennenschenkels betragen. Die Antenne ist so hoch als möglich, mindestens jedoch 2 m über dem Erdboden zu spannen.

Die Horizontal-Dipolantenne hat eine Richtwirkung in Richtung der Breitseiten (Achtercharakteristik).

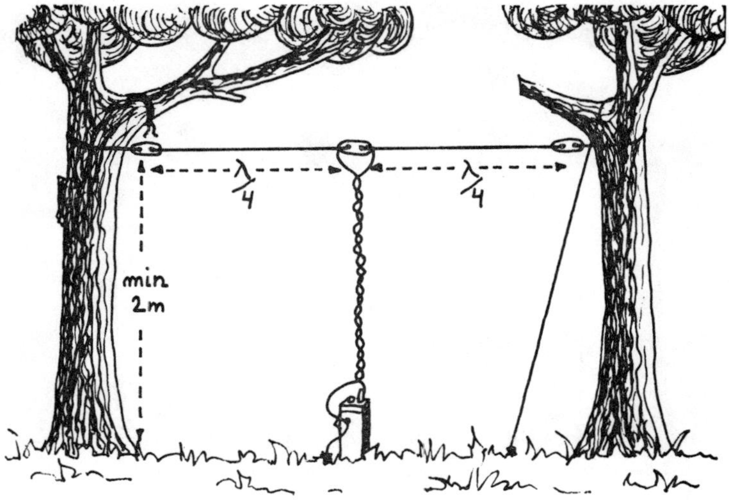


*Vertikalantenne:*

Die Länge der Antenne beträgt λ/4. Sie dient lediglich als Ersatz für eine Stabantenne.

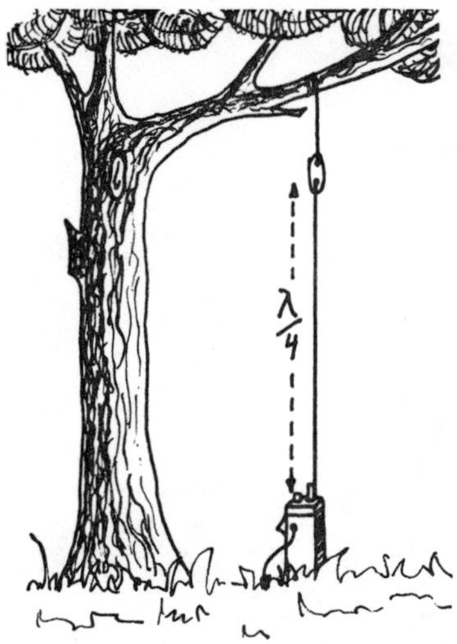


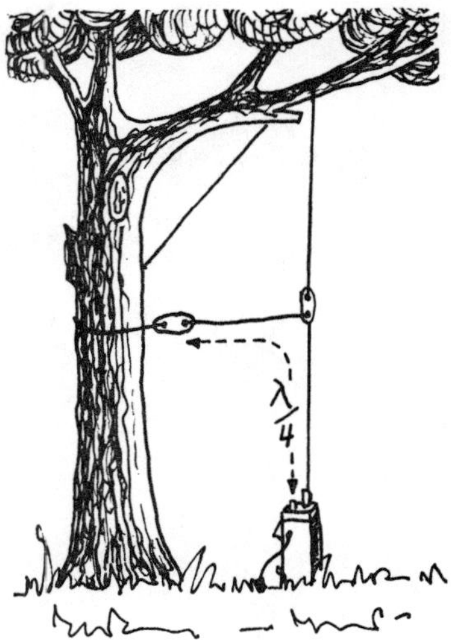


Bei Bedarf kann die Antenne auch geknickt werden.
Die Vertikalantenne ist ein Rundstrahler.

*L-Antenne:*

Die Gesamtlänge beträgt λ/2, λ oder ein Vielfaches davon. Sie ist in einer Höhe von mindestens 2 m zu spannen, wobei die Länge des senkrechten (oder schrägen) und waagrechten Teils von der Höhe abhängig ist. Die L-Antenne hat eine geringe Richtwirkung in die Richtung des waagrechten Teiles.

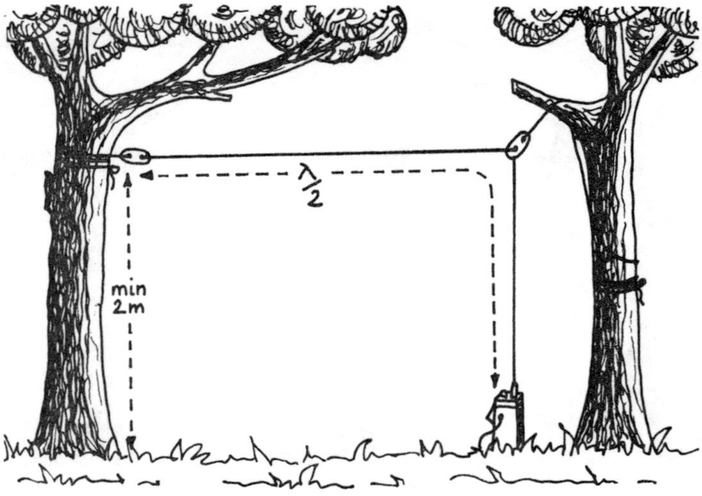


*Eindrahtantenne:*

Die Länge beträgt λ/2 oder λ, der Winkel zwischen Antenne und Erdboden zwischen 30° und 60°. Die Eindrahtantenne hat eine Richtwirkung in Richtung der Antennenenden. Sie soll so aufgebaut werden, daß das lose Ende in Richtung des Empfängers (soweit bekannt) zeigt.

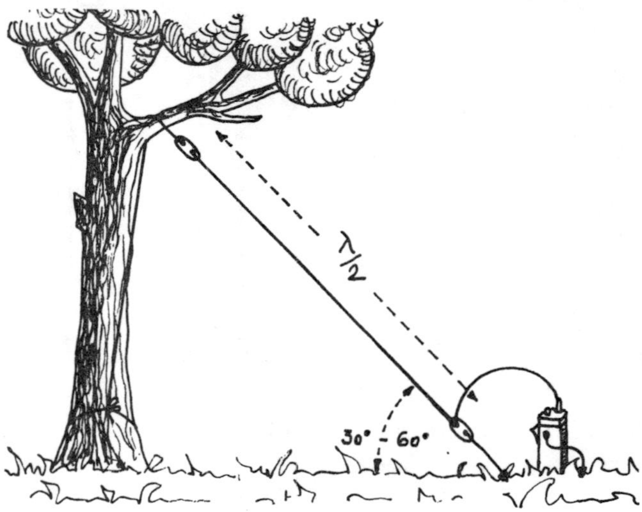

# ERNÄHRUNG

## *Allgemeines*

Gerade in Notsituationen, in denen die Versorgung mit Nahrung nicht sichergestellt ist, z. B.

- in Wirtschaftskrisen,
- bei Unruhen,
- Kriegsereignissen,
- Epidemien oder
- Mißernten

ist es von ausschlaggebender Bedeutung, über das nötige Grundwissen der Zusammenhänge von Ernährung, Gesundheit und Leistungsfähigkeit zu verfügen, um aus den gegebenen Möglichkeiten das Optimum herauszuholen.
Das betrifft hauptsächlich die Bereiche der

- Beschaffung von Nahrungsmitteln, deren
- Auswahl und, meist vorbeugend, auch deren
- Zubereitung und das Anlegen eines Vorrates.

Es wäre z. B. falsch, viel Arbeit, Zeit oder auch Geld dafür aufzuwenden, einige Kilo Schweinefleisch zu besorgen oder zu lagern, wenn mit demselben Aufwand auch eine vergleichbare Menge Getreide beschafft werden kann. Getreide beinhaltet fast alles, was der menschliche Körper braucht, ist einfach zu lagern und zuzubereiten und lange haltbar; Schweinefleisch ist die für den menschlichen Genuß am wenigsten geeignete Fleischsorte, muß aufwendig zubereitet werden und bedarf, wenn es haltbar gelagert werden soll, der entsprechenden Einrichtungen und einer Menge Energie (Tiefkühlgerät, elektrischer Strom).

Ist der Nahrungsbedarf in Extremsituationen wegen der mangelnden Infrastruktur oder aus sonstigen Gründen nicht zu decken, so wird zur Ergänzung der erforderlichen Nahrung auf deren Beschaffung aus der Natur zurückgegriffen werden (Siehe Kapitel »Nahrung aus der Natur«).

## *Nahrungsbedarf*

Der menschliche Körper besteht aus:

| Bestandteile | in Prozent | in kg (bei 50 kg Körpergewicht) |
|---|---|---|
| Wasser | 64 | 32 |
| Eiweiß | 20 | 10 |
| Fett | 10 | 5 |
| Kohlehydrate | 1 | 0,5 |
| Mineralien | 5 | 2,5 |

Die aufgenommene Nahrung dient dem Wachstum und der Erhaltung des Körpers und der Erzeugung der für die Lebensvorgänge notwendigen Energie.

Der Nahrungsbedarf des Menschen ist abhängig

- vom Alter (in höherem Alter rationellere, geringere Bewegung, kein Wachstum und verminderter Stoffwechsel, daher geringerer Bedarf);
- vom Gewicht (je größer oder schwerer, desto höher der Bedarf zur Versorgung der Zellen);
- von der Leistung (je größer die Muskelarbeit, desto mehr Nährstoffe müssen zur Gewinnung der erforderlichen Energie verbrannt werden).

Der Nahrungsbedarf oder, besser, der Energiebedarf des Körpers wird in Joule (J) gemessen. Bisher erfolgte diese Messung in Kalorien (cal) und diese Einheit wird auch allgemein noch häufig verwendet.

1 cal sind 4,187 J,
1 J sind ca. 0,24 cal

1000 cal entsprechen 1 Kilokalorie (kcal), 1000 J einem Kilojoule (kJ).

Der Mindestbedarf des Körpers bei völliger Ruhigstellung, der sogenannte Grundumsatz, beträgt pro kg Körpergewicht 4,2 kJ pro Stunde.

Bei einem Körpergewicht von 70 kg ergibt das etwa 7050 kJ pro Tag.

Da jedoch selbst im Liegen immer wieder Bewegungen erfolgen, ist dieser Wert rein theoretisch. Er wird in der Praxis immer überschritten.

Der genaue Verbrauch des Körpers an Joule pro Tag kann nur im Experiment genau ermittelt werden. In der Praxis ist dies nur überschlagsmäßig möglich. Dabei werden dem Grundumsatz die für die geleisteten Arbeiten ermittelten Gebrauchswerte zugeschlagen. Als Anhaltspunkt können dazu folgende Werte dienen:

| geleistete Arbeit (30 min) | Energieverbrauch (in kJ). |
|---|---|
| Laufen (15 km/h) | 1.615 |
| Eislaufen | 735 |
| Fußballspielen | 971 |
| Radfahren | 976 |
| Reiten | 619 |
| Schwimmen | 651 |
| Schilaufen | 1.323 |
| Turnen | 441 |
| Tischtennisspielen | 1.162 |
| Paddeln | 347 |
| Wildwasserfahren | 1.029 |
| Pirschen | 439 |
| Holzhacken | 1.276 |
| Schneeschaufeln | 1.046 |
| Liegestatt herrichten | 381 |
| Holz sammeln | 370 |
| Aufräumen | 239 |

Unter Berücksichtigung dieser Werte ergibt sich folgender Durchschnittsverbrauch:

| Geschlecht | Alter | Leistung | Energieverbrauch in kJ pro Tag | Nährstoffbedarf in g pro Tag | | |
|---|---|---|---|---|---|---|
| | | | | Eiweiß | Fett | Kohlehydrate |
| Männer | Erwachsene | hohe Belastung | 19.000 und darüber | 100 | 110 | 750 |
| | | mittlere Belastung | 15.000 | 90 | 90 | 550 |
| | | geringe Belastung | 12.000 | 80 | 70 | 450 |
| | | Ruhe | 10.000 und weniger | 70 | 60 | 390 |
| | Jugendliche 9—12 | | 11.000 | 70 | 60 | 420 |
| | 12—15 | | 13.000 | 80 | 60 | 540 |
| | 15—18 | | 15.000 | 90 | 80 | 590 |
| Frauen | Erwachsene | hohe Belastung | 14.000 | 80 | 80 | 550 |
| | | mittlere Belastung | 13.000 | 70 | 70 | 500 |
| | | geringe Belastung | 12.000 | 70 | 60 | 480 |
| | | Ruhe | 9.000 | 60 | 50 | 350 |
| | Jugendliche 9—12 | | 10.000 | 60 | 60 | 350 |
| | 12—15 | | 10.500 | 70 | 60 | 450 |
| | 15—18 | | 11.000 | 70 | 70 | 450 |
| Kinder | 1—3 | | 5.000 | 30 | 40 | 170 |
| | 3—6 | | 6.500 | 40 | 40 | 250 |
| | 6—9 | | 8.500 | 50 | 50 | 350 |

Dieser durchschnittliche Verbrauch bezieht sich auf ein durchschnittliches Körpergewicht, das allgemein als Normalgewicht bezeichnet wird und das nach oben nicht überschritten werden sollte.

Das optimale Leistungsgewicht, das Idealgewicht, liegt deutlich darunter.

Dieses Gewicht ist abhängig vom Konstitutionstyp. Man unterscheidet drei Typen:

| Konstitutionstyp | Erscheinungsbild | Beschreibung |
|---|---|---|
| leptosom |  | schlank, geringes Breitenwachstum bei normaler Größe; lange, schmale, scharfgeschnittene Gesichtsform; wenig entwickelte, sehnige Muskulatur, graziler Knochenbau, schmale Schultern, flacher Brustkorb; lange, schlanke Gliedmaßen |
| pyknisch |  | starkes Dickenwachstum, hoher Kopf-, Brust- und Bauchumfang, mittelgroße und gedrungene Statur; Neigung zu Fettansatz; regelmäßige Gesichtsform, gewölbte Stirn, leicht gebogenes Profil; weiche, mäßig entwickelte Muskulatur; zarter Knochenbau, geringe Schulterbreite, aber gewölbter, breiter Brustkorb; kurze und zarte Gliedmaßen, schlanke Handgelenke |
| athletisch | 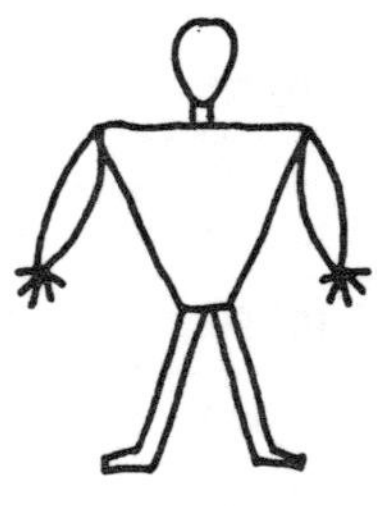 | mittelgroß bis groß, robust, Skelett und Muskulatur kräftig entwickelt; hohe, schmale Gesichtsform, kräftiges Kinn, oft stumpfe Nase; sehr starke, profilierte Muskulatur; kräftiger bis grober Knochenbau, breite Schultern, starker Brustkorb; kräftige, lange Gliedmaßen |

Diese Konstitutionstypen treten selten in reiner Form, sondern meist als Mischtypen auf.

Die Ermittlung des Normalgewichtes kann, grob gerechnet, nach folgender Formel erfolgen:

Körpergröße in cm — 100 = Normalgewicht in kg

Das Idealgewicht liegt bei Männern um 10%, bei Frauen um 15% darunter.

Wesentlich genauer läßt sich das Normalgewicht feststellen, wenn auch auf den Konstitutionstyp und damit auf den jeweiligen Knochenbau Rücksicht genommen wird.

| Männer (Normalgewicht) | | | | Frauen (Normalgewicht) | | | |
|---|---|---|---|---|---|---|---|
| cm | Körperbau leicht kg | Körperbau mittel kg | Körperbau schwer kg | cm | Körperbau leicht kg | Körperbau mittel kg | Körperbau schwer kg |
| 157 | 57,6 | 61,4 | 66,3 | 148 | 47,7 | 51,0 | 56,0 |
| 158 | 58,2 | 62,0 | 66,9 | 152 | 49,7 | 53,1 | 58,2 |
| 160 | 59,4 | 63,0 | 68,1 | 155 | 51,5 | 54,9 | 60,0 |
| 162 | 60,6 | 64,6 | 69,5 | 157 | 52,5 | 56,0 | 61,0 |
| 165 | 62,4 | 66,3 | 71,6 | 158 | 53,1 | 56,7 | 62,3 |
| 167 | 63,7 | 67,6 | 72,9 | 160 | 54,3 | 57,9 | 62,9 |
| 170 | 66,0 | 70,1 | 75,5 | 162 | 55,6 | 59,3 | 64,2 |
| 171 | 66,8 | 70,8 | 76,3 | 165 | 57,3 | 61,3 | 66,6 |
| 172 | 67,5 | 71,7 | 77,4 | 167 | 57,6 | 63,1 | 68,1 |
| 173 | 68,4 | 72,6 | 78,3 | 170 | 60,9 | 65,4 | 70,5 |
| 174 | 69,2 | 73,4 | 79,1 | 171 | 61,8 | 66,2 | 71,2 |
| 175 | 70,0 | 74,1 | 79,9 | 172 | 62,5 | 67,0 | 72,0 |
| 176 | 70,7 | 74,9 | 80,6 | 173 | 63,3 | 67,9 | 728 |
| 177 | 71,6 | 75,8 | 81,5 | 174 | 64,1 | 68,6 | 73,6 |
| 178 | 72,5 | 76,6 | 82,3 | 175 | 65,0 | 69,4 | 74,4 |
| 180 | 74,1 | 78,5 | 84,0 | 176 | 65,8 | 70,2 | 75,2 |
| 183 | 76,5 | 81,0 | 87,0 | 177 | 66,7 | 71,0 | 76,1 |
| 186 | 78,9 | 83,6 | 90,0 | 178 | 67,5 | 71,7 | 77,0 |
| 188 | 80,6 | 85,4 | 91,6 | 180 | 69,1 | 73,4 | 78,8 |
| 190 | 82,2 | 87,3 | 93,6 | 183 | 71,5 | 75,7 | 81,5 |
| Idealgewicht | | | | | | | |
| Normalgewicht —10% | | | | Normalgewicht —15% | | | |

Allgemein wird angenommen, daß das Hungergefühl den Nahrungsbedarf des Körpers anzeigt.

Dies trifft jedoch nur sehr bedingt zu. Hungergefühl funktioniert als Regelmechanismus nur bei ungestörtem, gleichbleibendem Lebensrhythmus und einem bestimmten Bewegungsniveau und ist selbst dann nicht immer verläßlich.

Dieser Mechanismus versagt jedoch bei psychischer und physischer (besonders bei ungewohnter) Belastung und dann, wenn der tägliche Jouleverbrauch unter 10.080 kJ fällt.

Unter Belastung kann auch bei dringendem Nahrungsbedarf das Hungergefühl völlig fehlen (es muß dann durch den Verstand ersetzt werden, d. h., man muß sich zum Essen zwingen), während bei Unterschreiten des Bewegungsniveaus vermeintliches Hungergefühl bzw. Appetit auch dann empfunden wird, wenn der Bedarf schon längst gedeckt ist (auch hier sollte der Verstand eingesetzt werden).

## *Die wichtigsten Nahrungsbestandteile*

### Eiweißstoffe (Proteine)

Sie sind die Grundsubstanzen aller menschlichen, tierischen und pflanzlichen Zellen. Eiweiße sind die Träger aller Lebensvorgänge im Körper und bilden auch jene Substanzen, die für den Stoffwechsel der Zellen verantwortlich sind (Enzyme).

Sie setzen sich hauptsächlich aus den Elementen Kohlenstoff, Wasserstoff, Sauerstoff, Stickstoff, Schwefel und Phosphor zusammen. Ihre Grundbausteine sind die Aminosäuren. Die meisten Aminosäuren kann der menschliche Körper selbst aufbauen, 8 muß er unmittelbar durch die Nahrung aufnehmen (essentielle Aminosäuren); fehlt auch nur eine einzige davon, treten Schädigungen des Eiweißstoffwechsels auf. Die Aminosäuren verbinden sich in ganz verschiedener Reihenfolge zu großen Eiweißmolekülen.

Eiweißstoffe sind Baustoffe, die dem Aufbau der Zellen und verschiedener Körpersäfte (Enzyme, Blutfarbstoff, Hormone) dienen. Nur in Ausnahmefällen werden Eiweißstoffe zur Energiegewinnung verwendet:
— bei langdauerndem Hungern (wenn die anderen Energiereserven verbraucht sind);
— bei körperlichen Höchstleistungen;
— bei einseitiger Ernährung mit Eiweiß.

Man unterscheidet tierische (Milch, Eier, Käse, Fleisch, Fisch) und pflanzliche Eiweißstoffe (Soja und Sojaprodukte, Getreide, Hülsenfrüchte, Nüsse, Kartoffel, Mais, Hefe, Blumenkohl).

Der Körper vermag fast kein Eiweiß zu speichern, es muß daher in der täglichen Kost vorhanden sein. Der Eiweißanteil in der Nahrung bei einem Erwachsenen soll pro Tag ca. 1 g/kg Körpergewicht betragen. Ein zehnjähriges Kind braucht die doppelte Menge, ein sechzehnjähriger Jugendlicher das Eineinhalbfache. Im hohen Alter braucht man zwar weniger Eiweiß, die essentiellen Aminosäuren müssen jedoch weiterhin vorhanden sein.

Über den erforderlichen Anteil an tierischem und pflanzlichem Eiweiß in der Nahrung bestehen Meinungsunterschiede (früher wurde tierisches Eiweiß als hochwertiger angesehen, heute ist diese Ansicht überholt).

Die Wertigkeit eines Einweißstoffes ist abhängig von seinem Gehalt an essentiellen Aminosäuren und von seiner Verdaulichkeit.

Es kommt nicht so sehr auf die biologische Wertigkeit der Einzeleiweiße (Milch, Ei, Weizenmehl, Fleisch) an, sondern auf die Wertigkeit der Proteinkombination in der Nahrung. Deshalb ist ein ausgewogenes und vielfältiges Nahrungsangebot wichtig.

Man weiß heute, daß der Proteinbedarf des Körpers durch rein pflanzliche Frischkost besser gedeckt wird als durch gekochte Nahrung. Bei überwiegender Fleischkost, die meist in gekochter Form aufgenommen wird, muß mehr Protein zugeführt werden, da dieses vom Körper nicht so gut verwertet werden kann.

Alle Proteine werden schon beim Erhitzen auf 70° denaturiert, das heißt, in ihrem Grundaufbau verändert (Eiklar des rohen Eies — Eiklar des gekochten Eies).

Das denaturierte Eiweiß ist von geringerer Wertigkeit, doch der Mensch hat sich im Laufe seiner Geschichte darauf eingestellt, denaturierte Eiweiße bis zu einem gewissen Grad zu verwerten, gesund bleibt man dabei aber nur, wenn die anderen Nahrungsbestandteile vollwertig sind.

Vollwertige Kost kann, aber muß nicht unbedingt Fleisch enthalten, da auch andere tierische Produkte essentielle Aminosäuren enthalten.
— 1/2 l Milch deckt bereits den täglichen Bedarf an lebenswichtigen Aminosäuren;
— dasselbe gilt für die Kombination von Weizen und Milchprodukten;
— 1/2 kg Kartoffel und 1 Hühnerei ergeben ebenfalls eine ausreichende Proteinversorgung für einen Tag.

Von den Milchprodukten werden Buttermilch, saure Milch, Joghurt und Quark oft besser vertragen als Frischmilch.

Erhöhter Bedarf an Eiweißstoffen liegt vor:
— in der kindlichen Wachstumsphase,
— in der Schwangerschaft und Stillperiode,
— in der Rekonvaleszenz,
— bei bestimmten Erkrankungen, z. B. der Leber,
— bei Kraftsportlern oder sonstiger hoher körperlicher Belastung.

Einer der wertvollsten Eiweißlieferanten ist die Milch.

Neugeborene Tiere und auch der menschliche Säugling können allein von der Muttermilch leben. Sie enthält alle notwendigen Nährstoffe im richtigen Mengenverhältnis.

Der Erwachsene kann sich kaum nur von Milch ernähren, sie enthält zu viel Wasser und müßte daher in größeren Mengen, etwa 3—5 l pro Tag, zu sich genommen werden; es fehlen auch die Ballaststoffe, die zu einer geregelten Darmfunktion nötig sind. Im Magen gerinnt sie zu Quark, sie ist dann ein festes Produkt, das weiterzerlegt wird.
Sie besteht aus:

3,5% Fett
3,5% Milcheiweiß (Kasein)
5,0% Milchzucker (Kohlehydrate)
1,0% Salze und Vitamine
87,0% Wasser

Die festen Stoffe sind außer dem Fett, das in Form winziger Kügelchen in der Flüssigkeit verteilt ist, alle in ihr gelöst.

In 1 $cm^3$ Milch sind ca. 5 Millionen Fettröpfchen enthalten.

## Fette

Sie sind die energiereichsten Nahrungsstoffe: Die Gesamtfettmenge sollte pro Tag 30—50 g nicht überschreiten (einschließlich der versteckten Fette in der Nahrung); darin sollten mindestens 20 g hochungesättigte Fettsäuren enthalten sein.

Fette sind wichtige Wärme- und Energiespender, spielen auch als Speicherstoffe des Körpers und als Transportmittel für fettlösliche Vitamine eine Rolle.

Die chemischen Grundbestandteile des Fettes sind Glycerin und Fettsäuren, die aus den chemischen Elemente Kohlenstoff, Wasserstoff und Sauerstoff bestehen.

Es gibt tierische und pflanzliche Fette.
Pflanzliche Fette sind enthalten in:
Getreide, Leinsamen, Sonnenblumenkernen, Oliven, Disteln, Erdnüssen, Kokosnüssen, Walnüssen, Sojabohnen, Sesamsamen usw.,
tierische Fette in:
Butter, Schmalz, Speck usw.
Die Fettsäuren sind nicht gleichwertig.

Man unterscheidet gesättigte und ein- oder mehrfach ungesättigte Fettsäuren.

Gesättigte Fettsäuren sind reaktionsträge, ungesättigte Fettsäuren sind reaktionsfreudige, aktive Substanzen, ohne die der Stoffwechsel nicht richtig ablaufen kann. Bei ihrem Fehlen treten Mangelkrankheiten auf.

Sie kommen hauptsächlich in Pflanzen vor, z. B. in Sojabohnen, Sonnenblumen, Disteln und Leinsamen.

Butter enthält sowohl gesättigte als auch ungesättigte Fettsäuren.

In den ungesättigten Fettsäuren sind außerdem die fettlöslichen Vitamine, z. B. die Vitamine A, D, E und F, gelöst.

In der Natur kommen Fette niemals isoliert vor, sondern immer zusammen mit Vitalstoffen wie Vitaminen, Geschmacks-, Geruchs-, Farb- und Schleimstoffen. Die aufbauenden und gesundheitserhaltenden Aufgaben entfalten Fette nur im Zusammenhang mit den ihnen entsprechenden Vitaminen; die Vitalstoffe bleiben nur bei einer bestimmten Methode der Ölgewinnung erhalten: bei der Pressung. Diese Produkte bezeichnet man als kaltgeschlagene oder kaltgepreßte Fette bzw. Öle. Sie haben jedoch bei der Aufbewahrung den Nachteil, daß sie schneller ranzig werden.

Die meisten angebotenen Fette sind zwar haltbarer und meist auch neutraler im Geschmack, doch sind sie denaturiert und enthalten weder hochungesättigte Fettsäuren noch fettlösliche Vitamine.

Die ungesättigten Fettsäuren sind unersetzlich für die Leistungsfähigkeit lebenswichtiger Organe wie Herz, Hirn, Leber und Drüsen.

Tierische Fette bestehen hauptsächlich aus gesättigten Fettsäuren, kaltgepreßte und naturbelassene Pflanzenöle sind daher gesünder.

Durch Erhitzen (Braten, Kochen) werden die wertvollen ungesättigten Fettsäuren in gesättigte umgewandelt; beim Erhitzen über 250° C entstehen krebserzeugende Stoffe, über 170° C erhitzte Fette können immer noch z. B. leberschädigend sein (Pommes frites etwa werden auf 180—200° C erhitzt).

Es ist daher besser, Gemüse oder auch Fleisch im eigenen Saft zu dünsten und erst dann naturbelassenes Fett oder Öl hinzuzufügen.

## Kohlehydrate

Sie decken, zusammen mit den Fetten, den Energiebedarf des Körpers, sind seine wichtigsten Brennstoffe und zugleich die Kraftquellen für Muskeln und Nerven.

Sie bilden die Hauptmenge und Grundlage unserer Nahrung und sind in stärke- und zuckerhaltigen Pflanzen sowie in tierischer Stärke oder Milchzucker enthalten.

Die chemischen Elemente, die die Kohlehydrate aufbauen, sind Kohlenstoff, Wasserstoff und Sauerstoff.

60 bis 75% (bei Extrembelastung) der Nahrung sollten Kohlehydrate bilden (den restlichen Anteil Eiweiß und Fette).

Der Körper eines Erwachsenen speichert in der Leber bis etwa 8400 kJ Kohlehydrate in Form von tierischer Stärke (Glycogen). Bei extremer Belastung sind diese bald verbraucht. Der Energiebedarf wird dann durch Fettabbau gedeckt, dazu muß aber die Sauerstoffzufuhr erhöht werden. Deshalb ist ein Kohlehydratvorrat bei hoher körperlicher Belastung wichtig.

Im Stoffwechsel werden die Kohlehydrate in ihre Grundbestandteile, die Zuckermoleküle, zerlegt, diese werden in den Zellen verbrannt, dabei wird Energie gewonnen und gleichzeitig Kohlensäure und Wasser ausgeschieden.

Zum Kohlehydratabbau sind Vitalstoffe erforderlich, besonders der Vitamin-B-Komplex.

### Getreide

Getreide und Zucker sind zwei sehr kohlehydrathaltige Nahrungsmittel.

Getreide ist zweifelsohne das wichtigste pflanzliche Lebensmittel (Milch das wichtigste tierische Lebensmittel).

Getreide war schon vor Jahrtausenden ein Hauptnahrungsmittel der Menschen. Mühsam verwandelten sie die Böden, die ihnen zur Verfügung standen, in Kulturlandschaften, es entwickelte sich der Ackerbau; Getreidearten mit großen Körnern, vollen Ähren, einer bestimmten Wuchshöhe wurden im Laufe der Zeit gezüchtet.

Anfangs zerkauten die Menschen die Getreidekörner, die sie aus den Ähren herauslösten.

Die einfachste Zubereitungsart des Getreides war bzw. ist der Brei, wobei die zerkleinerten und zerstampften Körner mit Wasser vermischt werden (siehe Kapitel »Nahrung aus der Natur«).

Schon die Ägypter trockneten und rösteten (darrten) das Getreide, die Körner ließen sich dann leichter zerreiben.

Später begann man, den Getreidebrei auf heißen Steinen zu backen, es entstanden die ersten Fladenbrote.

Aus dem kultivierten Weizen und Roggen konnte man dann Gärbrote herstellen, da diese beiden Getreidesorten zähe, klebrige Stoffe enthalten, die beim Gären Gasblasen entwickeln und dadurch den Teig vergrößern und lockern. Dieses Brot (Sauerteig) ist gut verdaulich.

Gemäß der Verwendung der Getreide wurden entsprechende Öfen und Mühlen erfunden.

Getreide verwendet man aber nicht nur zur Brot- und Gebäckherstellung, es bildet mit den verschiedenen Mehlsorten die Grundlage der verschiedensten Speisen, Back- und Teigwaren. Getreide kann wie folgt zubereitet werden:

- Reinigung und Trocknung der Körner;
- Einweichen der vollständigen Körner in Wasser. Dadurch wird die Kochzeit verkürzt (das Getreide quillt auf und wird weicher); sie sollen aber nicht länger als 10 Stunden quellen;
- Garkochen der aufgeweichten Körner mit Wasser;
- Darren der ganzen Körner, indem sie auf eine Unterlage verteilt und 30 bis 60 Minuten lang auf 60—80° C erhitzt werden. Sie sollten aber nicht zu braun werden, da sonst die Keimfähigkeit verloren geht. Durch das Darren werden die Körner besser haltbar und leichter verdaulich;
- Schroten oder Mahlen ist die üblichste, einfachste Aufbereitung. Anschließend kann der Getreideschrot in Wasser eingeweicht, das Mehl zu Teigprodukten verarbeitet werden.

Getreidebrei kann man aus allen Getreidearten herstellen, er ist gesund und erfordert keine lange und aufwendige Zubereitung. Das reife, ganze Getreidekorn ist ein kleiner lebendiger Samen, da es nur wenig Wasser enthält, ist sein Stoffwechsel gering, es befindet sich in einem Ruhezustand. So hält es sich lange, ohne daß wertvolle Stoffe verlorengehen. Es enthält und schützt den Keimling, auch ein Nährgewebe ist für ihn vorhanden.

Bei den heute üblichen Vermahlungsformen werden jedoch Frucht- und Samenschale sowie der gesamte Keimling, aber auch die Aleuronschichte, die wertvolle Stoffe enthält, entfernt. Es bleibt nur der stärkehaltige Mehlkörper, der Innenteil des Samens über, die anderen lebenswichtigen Substanzen fehlen.

Was alles verlorengeht, kann man erkennen, wenn man das Nährgewebe des Keimlings, die Frucht- und Samenschale untersucht.

Der Nährkörper enthält:

Eiweiß, Fett und Keimöl, Vitamine der B-Gruppe ($B_1$, $B_2$, $B_6$), zahlreiche Mineralien wie Kalzium, Kalium, Magnesium, Phosphate und Spurenelemente wie Eisen, Zink, Mangan, Kupfer, Jod und Zinn.

Der Keimling enthält ferner die Vitamin E und K, die Samenschale und die Fruchtschale enthalten Eiweiße, Mineralien und Fette.

Das oben beschriebene Mehl hat zwar fast soviele Kalorien wie das vollständige Korn, es wird nicht ranzig, ist gut haltbar (zerteilte, vollständige Körner werden bald ranzig), man kann es außerdem noch bleichen, und es stellen sich keine Schädlinge ein. Dieses sogenannte »Auszugsmehl« ist aber ungesund, weil es ein reines, isoliertes Kohlehydrat ist.

### Zucker

Man muß zwei Formen des Zuckers unterscheiden:

- Der in der Natur gebildete Zucker, der durch Umwandlung der Sonnenenergie in den grünen Pflanzenanteilen entsteht, enthält auch Vitamine, Mineralien, Spurenelemente und andere wichtige Stoffe.
- Der raffinierte Zucker, der mit Hilfe von chemischen und physikalischen Methoden gewonnen wird, ist ein isolierter Zucker ohne die entsprechenden Begleitstoffe.

Der im Körper gebildete Zucker, der durch Umwandlung der Kohlehydrate entsteht, ist lebenswichtig, durch seine Verbrennung entsteht die Energie, die wir zum Leben brauchen. Ebenso wie beim Auszugsmehl handelt es sich beim raffinierten Zucker um ein isoliertes Kohlehydrat.

Der Zucker, der meist im Haushalt verwendet wird, ist der Rohrzucker und setzt sich aus Traubenzucker und Fruchtzucker zusammen. Er spaltet sich während der Verdauung in diese Bestandteile auf; beide gelangen schnell durch die Darmwand ins Blut.

Die Bezeichnung Rohrzucker gibt keinen Aufschluß über die Herkunft (ob aus Zuckerrohr oder Zuckerrübe), sondern nur über die chemischen Bestandteile.

Der braune »Rohrzucker« ist auch ein Fabrikszucker, ein isoliertes Kohlehydrat, bei dem nur der Produktionsvorgang der Bleichung fehlt.

Der Zucker kann im Körper nur mit Hilfe des Vitamin-$B_1$ abgebaut werden. Da dieses Vitamin nur im natürlichen Zucker, nicht aber im Fabrikszucker enthalten ist, ist letzterer ein sogenannter »Vitamin-Räuber«. Das Vitamin-$B_1$ fehlt dann dort, wo es normalerweise gebraucht wird (z. B. für die Arbeit der Nervenzellen). Außerdem entzieht der Zucker dem Körper Kalk.

Auch der Zucker gekochter Früchte hat sich als wertlos herausgestellt.

Zucker, Auszugsmehl und gesättigte Fettsäuren sind die Ursache vieler Zivilisationserkrankungen wie Rheuma oder Karies.

Zucker ist aber nicht nur ein Nahrungs-, sondern auch eine Genußmittel, das zur Sucht führen kann. Er galt lange Zeit als wertvolles Gewürz. Inzwischen ist es ein für jedermann zugängliches Genußmittel. Man sollte Zucker wieder als Gewürz betrachten. Zuckergenuß ist überflüssig, er schadet dem Körper. Bei einer ausgeglichenen Lebensweise erhält er Zucker aus Früchten, Milch usw. Wenn Zucker notwendig erscheint, dann ist es am günstigsten, ihn in Form von Honig zu sich zu nehmen.

### Vitalstoffe

Sie sind lebenswichtige Substanzen, die der Körper zum Teil nicht selber aufbaut; sie müssen mit der Nahrung zugeführt werden. Dazu gehören
— Vitamine,
— Mineralien,
— Spurenelemente,
— Fermente (Enzyme),
— hochungesättigte Fettsäuren,
— Aromastoffe,
— ätherische Öle,
— Hormone.

Sie werden durch mechanische Methoden in der Nahrungsmittelverarbeitung abgetrennt oder (mit Ausnahme der Mineralien und Spurenelemente) meist durch Konservieren und Erhitzen zerstört.

Nahrungsmittel, die durch diese Verfahren hergestellt werden, sind zwar nährend, aber nicht gesundheitserhaltend und vollwertig.

Eine optimale Vitalstoffversorgung ist dann gegeben, wenn die Nahrungsmittel so naturbelassen wie möglich sind.

#### Vitamine

Sie sind lebensnotwendige organische Stoffe (Ergänzungsstoffe), die zum Großteil dem Körper zugeführt werden müssen; nur wenige werden von ihm gebildet.

Sie sind schon in kleinsten Mengen wirksam. Die Gesamtmenge, die der Körper täglich braucht, beträgt etwa 0,5 g, bei Belastungen (Wachstum, Genesung) ist der Bedarf erhöht.

Pflanzliche Vitamine sind oft in Vorstufen vorhanden (Provitamine), die der Körper mit Hilfe von Bakterien zu reinen Vitaminen umsetzt. Alle Vitamine dienen im Körper der Verwertung von Nährstoffen und regulieren die Stoffwechselvorgänge. Bei Vitaminmangel kommt es zu Mangelerscheinungen (z. B. Skorbut). Alle Vitamine sind in einem bestimmten Milieu (saurer, basischer oder neutraler Lösung) hitzeempfindlich und vertragen keine chemische Behandlung; auch bei längerer Lichteinwirkung, Lagerung und Konservierung werden viele zerstört.

Man unterscheidet:

1. wasserlösliche Vitamine: die Vitamine der B-Gruppe, Vitamin C
2. fettlösliche Vitamine: Vitamin A, D, E und K

Jedes Vitamin hat seinen speziellen Wirkungsbereich und kann durch kein anderes ersetzt werden; die meisten Vitamine ergänzen einander jedoch in ihrer Wirkung.

Einen Überblick über die wichtigsten Vitamine gibt die folgende Tabelle:

| Vitamin | Eigenschaften | täglicher Mindestbedarf in Milligramm | Wirkung | Vorkommen |
|---|---|---|---|---|
| A | fettlöslich, hitzefest in saurer Lösung | 1—2 | baut den Sehpurpur auf, schützt die Schleimhäute, spielt eine Rolle im Stoffwechsel der Haut<br>bei Mangel:<br>Augenschäden, Nachtblindheit, Hautschäden; Wachstumsverlangsamung bei Kleinkindern | als Vorstufe (Carotin): in Karotten, Spinat, Salat, Kohlarten als Vitamin: in Leber (auch Lebertran), Fisch, Eigelbin Käse, Milch und Butter nur zur Zeit der Grünfütterung |
| $B_1$ | wasserlöslich, hitzefest in saurer Lösung | 1—2 | sehr wichtig für das Nervensystem und den Kohlehydratstoffwechsel (Glykogenspeicherung)<br>bei Mangel:<br>Nervenschäden, Lähmungen, Muskelschwund, Herzmuskelschwäche (Beriberi) | hauptsächlich in Hefe, in Randschichten und Keimen des Getreides (auch Reis), frischem Gemüse, Früchten, aber auch in Leber, Niere, Muskelfleisch, Ei, Milch, Butter<br>Die B-Vitamine kommen in den genannten Produkten gemeinsam vor. Darmbakterien können sie im menschlichen Körper selbst erzeugen |

| Vitamin | Eigenschaften | täglicher Mindestbedarf in Milligramm | Wirkung | Vorkommen |
|---|---|---|---|---|
| $B_2$-Gruppen | wasserlöslich, hitzefest in saurer Lösung | 2—20 | sehr wichtig für Kohlehydrat- und Eiweißstoffwechsel, Blutfarbstoff und Zellatmung<br>bei Mangel:<br>Augen-, Haut-, Darm- und Leberschäden<br>Wachstumsstörungen bei Kleinkindern | hauptsächlich in Hefe, in Randschichten und Keimen des Getreides (auch Reis), frischem Gemüse, Früchten, aber auch in Leber, Niere, Muskelfleisch, Ei, Milch, Butter<br>Die B-Vitamine kommen in den genannten Produkten gemeinsam vor. Darmbakterien können sie im menschlichen Körper selbst erzeugen |
| $B_6$ | wasserlöslich, hitzefest in saurer Lösung | 2 | wichtig für Haut und Nerven<br>bei Mangel:<br>Haut- und Nervenkrankheiten | |
| $B_{12}$ | wasserlöslich | 0,02 | wichtig zur Blutbildung und für Leber und Haut<br>bei Mangel:<br>Störung bei der Bildung der roten Blutkörperchen, bösartige Blutarmut (Anämie) | |
| $B_{15}$ | wasserlöslich | | verbessert die Aufnahmefähigkeit des Blutes für Sauerstoff und damit die Sauerstoffversorgung des gesamten Körpers | in allen pflanzlichen Samen und Keimen |

| Vitamin | Eigenschaften | täglicher Mindestbedarf in Milligramm | Wirkung | Vorkommen |
|---|---|---|---|---|
| C | wasserlöslich | 50—80 | spielt eine Rolle bei der Bildung von Hormonen und körpereigenen Abwehrstoffen und zur Kapillarabdichtung; bei Mangel: Anfälligkeit für Infektionen, Blutungen in Haut, Muskulatur, Zahnfleisch und Gelenken, Lockerung der Zähne, Muskelschwund, Herzschwäche (Skorbut) | in Kartoffeln (500 g decken den Tagesbedarf), rohem Sauerkraut, frischen Salaten, in Gemüse und Früchten, besonders Citrusfrüchten, Sanddorn, Johannisbeeren, Preiselbeeren und Hagebutten |
| D | fettlöslich | 5 | wichtig für die Entwicklung des Knochenbaues bei Mangel: Störung der Knochen- und Zahnbildung (Rachitis), Knochenerweichung | als Vorstufe (Ergosterin): wird dem Körper durch Grünpflanzen (auch Hefe) zugeführt und dann in der Haut durch Einwirkung von UV-Licht (Sonne) in Vitamin D umgewandelt als Vitamin: in Milch, Butter, Leber, Lebertran, Ei |
| E | fettlöslich | 10—20 | wichtig für die Keimdrüsen und die Funktion des Herzmuskels bei Mangel: Störungen im Geschlechtshormonhaushalt, Muskeldegeneration, Leberverfettung | in Getreidekeimen, Keimölen, grünen Pflanzen; in Eigelb, Fleisch |
| K | fettlöslich | 2 | wichtig zur Gerinnung des Blutes; bei Mangel: verzögerte, schlechte Blutgerinnung | in Leber, grünen Pflanzen |

Mineralstoffe

Sie sind lebenswichtige Schutzstoffe, die im Stoffwechsel ständig verwendet werden. Sie sind unentbehrlich für den Aufbau der Zelle. Sie werden in den Körperflüssigkeiten (Schweiß, Harn, Tränen) ausgeschieden. Man muß daher darauf achten, daß sie auch tatsächlich in der Nahrung enthalten sind und nicht durch irgendwelche Zubereitungs- oder Konservierungsverfahren verloren gehen. Frisch- bzw. Rohkost ist ein sicherer Mineralstofflieferant.

Mineralstoffe dienen auch zum Aufbau des Blutfarbstoffes, der Knochensubstanz und sind in der Schwangerschaft von ganz besonderer Bedeutung.

Eine ideale Quelle für Mineralstoffe ist das Meersalz (der Import nach Österreich ist jedoch verboten, weil hier die Steinsalzproduktion Staatsmonopol ist).

Über den Tagesbedarf findet man in der einschlägigen Literatur noch relativ verschiedene Angaben. Der menschliche Körper besteht zu 4% aus Mineralstoffen und Spurenelementen, in keiner pflanzlichen und tierischen Zelle fehlen sie, bei Mangel kommt es zu Stoffwechselstörungen. Der Mensch benötigt fast alle Mineralien der Erde (nicht aber die radioaktiven).

Mineralien kommen entweder in Kristallen, in wässrigen Lösungen oder glasartig erstarrt in der Natur vor.

Die Nahrung enthält sie in Form von Salzen in ganz verschiedenen Mengen; verschiedene Regulationsmechanismen im menschlichen Körper sorgen dann für die richtige Konzentration in den Körperflüssigkeiten.

| Mineralstoff | täglicher Mindestbedarf in Milligramm | Wirkung | Vorkommen |
|---|---|---|---|
| Eisen | 0,02 | wichtig für den Aufbau des roten Blutfarbstoffes (Sauerstofftransport); erhöhter Bedarf während der Schwangerschaft<br>bei Mangel:<br>Müdigkeit, Schwindel, Kopfschmerzen; Nachlassen der Leistungsfähigkeit, Blutarmut (Anämie); Schlaflosigkeit, Nervosität, Konzentrationsschwäche; rissige Fingernägel | in grünen Pflanzen, Früchten, Leber, Eigelb |
| Kalium | 2 | steht im Zusammenhang mit der Erregungsleistung in den Nerven; siehe Kalzium | in Gemüse, Früchten, Fleisch |

| Mineralstoffe | täglicher Mindestbedarf in Milligramm | Wirkung | Vorkommen |
|---|---|---|---|
| Kalzium | 0,9 | wichtig für den Aufbau der Zähne, der Haut und der Knochen; auch sehr wichtig bei der Erregungsleistung der Nerven, bei der Aktivierung der Muskulatur, bei der Herztätigkeit und Blutgerinnung<br>bei Mangel:<br>Müdigkeit, Zittern, Muskelkrämpfe, Knochenschwund, erhöhte Brüchigkeit der Knochen, Zahnschäden; Nervosität, Schlafstörungen; rheumatische Erkrankungen; Störungen der Herz- und Nierentätigkeit | in grünen Pflanzen, Milch, Käse, Butter |
| Magnesium | 0,4 | sehr wichtig für Eiweißaufbau und Kohlehydratstoffwechsel, für die Fettverwertung und die Funktion des Nervensystems<br>bei Mangel:<br>Bluthochdruck (erhöhte Gefahr des Herzinfarktes), Durchblutungsstörungen, Migräne, Muskelkrämpfe; Nervosität, Schlafstörungen | Hefe, Getreide, Nüsse Gemüse |
| Natrium | 3 | meist in Verbindung mit Magnesium, Kalium und Kalzium (im Blut), wird nur in Anwesenheit der Gegenspieler Kalium und Kalzium verarbeitet Bedeutung siehe Kalzium | in Käse, Eiern, Fleisch, Fisch, Salz |

| Mineralstoffe | täglicher Mindestbedarf in Milligramm | Wirkung | Vorkommen |
|---|---|---|---|
| Phosphor | 0,8 | Wichtig für den Aufbau von Knochen und Zähnen sowie für die Eiweißbildung und die Energieübertragung im Körper Sonst siehe Kalzium | in Milch, Käse, Eiern, Getreide, Nüssen, Hülsenfrüchten |

Aus der Tabelle geht hervor, daß die Mineralstoffe ihre Wirkung nur gemeinsam entfalten können.

Als Ergänzung noch ein paar Bemerkungen über das allgemein verwendete Kochsalz:

Es wurde schon in prähistorischen Zeiten von den Menschen geschätzt, war ein kostbares Gut, das sogar mit Gold aufgewogen wurde. Man gewinnt es auskristallisiert durch Verdunstung von Meerwasser oder in Salzbergwerken, wo man es mit Wasser aus dem Gestein herauslöst (Salinen).

Das heute übliche Speisesalz ist reines, isoliertes Natriumchlorid (NaCl), dem alle begleitenden Mineralstoffe fehlen. Bis ins vorige Jahrhundert wurde das Speisesalz nur in geringen Mengen zur Geschmacksverbesserung verwendet. In diesem Jahrhundert steigt der Salzverbrauch immer mehr an. Sogar Säuglinge erhalten, wenn sie an feste Nahrung gewöhnt werden sollen, schon gesalzene Speisen. Der menschliche Körper braucht nicht mehr als 3 g NaCl pro Tag. Diese Menge verarbeitet er als zweiprozentige Lösung. Meist liegt aber der Tagesverbrauch wesentlich höher (ca. 20 g). Stark gesalzene Speisen machen durstig, der Körper verlangt nach Flüssigkeit, um das Salz, daß er so hochkonzentriert nicht bewältigen kann, zu verdünnen. Kochsalz bindet das Wasser in den Geweben; geschieht das regelmäßig, so kommt es zu Kochsalzvergiftungen.

Kreislauf und Nieren werden durch Kochsalz stark in Mitleidenschaft gezogen. Man nimmt heute an, daß der zu hohe Speisesalzverbrauch wesentlich zur Entstehung des Bluthochdruckes beiträgt.

Viele Menschen haben sich seit ihrer Kindheit an einen zu hohen Kochsalzverbrauch gewöhnt, viele erkranken im Laufe der Zeit an Herz-, Leber- und Milzleiden. NaCl ist zwar unentbehrlich, es ist im Blut enthalten, fehlen aber seine Gegenspieler (Kalium und Kalzium) in der Nahrung, so werden diese dem Körper entzogen, weil sie zur Verarbeitung des NaCl benötigt werden.

Es ist daher empfehlenswert, Speisen so wenig wie möglich zu salzen (in vielen Nahrungsmitteln sind ausreichend Mineralstoffe vorhanden). Wenn unbedingt gesalzen werden muß, sollte nach Möglichkeit Vollmeersalz verwendet werden (das normale Meersalz ist durch die Umweltverschmutzung verunreinigt, z. B. durch Abwässer, DDT), oder Kräutersalze, die heute schon in vielen Lebensmittelgeschäften angeboten werden. Kochsalz sollte nicht ein Genußmittel, sondern ein sparsam zu gebrauchendes Gewürz sein.

### Spurenelemente

Sie sind in ganz geringen Mengen im Körper vorhanden und sind u. a. Bestandteile von Vitaminen, Hormonen und Fermenten. Sie sind für den Stoffwechsel unentbehrlich. Befinden sich genügend Spurenelemente und Mineralsalze im Körper, so wird z. B. ein zu hoher Fettgehalt im Blut verhindert.

Der Übergang zwischen Mineralstoffen und Spurenelementen ist fließend, Spurenelemente werden jedoch in wesentlich geringeren Mengen benötigt.

Ein länger dauernder Mangel bestimmter Spurenelemente führt zur Erkrankung der Körperzellen.

Bekannte Spurenelemente sind Kupfer, Zink, Mangan, Kobalt, Molybdän, Jod, Fluor.

### Fermente (Enzyme)

Sie sind komplizierte, lebenswichtige Eiweißverbindungen, die der Körper selbst erzeugt. Sie werden bei allen Stoffwechselvorgängen im Körper benötigt. Sie funktionieren als Biokatalysatoren, als Substanzen, die einen chemischen Vorgang auslösen, beschleunigen oder dessen Verlauf in eine bestimmte Richtung lenken. Jedes Enzym hat nur eine bestimmte Aufgabe und steuert nur eine bestimmte Reaktion.

Es gibt Enzyme, die Eiweiße in Aminosäuren zerlegen, rohzuckerspaltende Fermente, die für die Zuckerspaltung verantwortlich sind, Fermente, die die Verarbeitung der Fette ermöglichen usw.

Gegen Hitze sind sie, wie alle Eiweiße, empfindlich, sie verlieren schon bei 43° C ihre Wirkung (bei einer Körpertemperatur von 43° C stirbt der Mensch).

Alle Lebewesen produzieren eine ungeheure Anzahl von Fermenten; es ist daher notwendig, will man den biologischen Wert pflanzlicher und tierischer Lebensmittel ausnützen, diese so oft als möglich als Frischkost zu sich zu nehmen.

### Aromastoffe

Das sind die Geruchsstoffe der Lebewesen; kommen Aromastoffe in einer Pflanze in besonderem Ausmaß und bestimmter Art vor, so sprechen wir von Gewürzen. Sie haben eine große Wirkung als Appetitanreger.

### Ätherische Öle

Das sind leichtflüchtige Öle pflanzlicher Herkunft, die von der Haut und den Schleimhäuten des Menschen aufgenommen werden. Man verwendet sie daher in der Medizin z. B. zur Förderung der Durchblutung, zur Desinfektion der Atemwege, zur Förderung der Magensaftproduktion oder als krampflösende Mittel. Bei Überdosierung kommt es zu Vergiftungen.

### Ungesättigte Fettsäuren

Siehe »Fette«.

### Hormone

Sie werden vom Körper selbst produziert. In der Nahrung kommen sie als pflanzliche Hormone und als tierische Hormone vor, ihre Konzentration ist sehr gering. Ihre Wirkung auf den menschlichen Körper ist noch nicht geklärt. Künstliche Hormone, die an Tiere verfüttert werden, können aber schädlich sein.

Die folgende Tabelle zeigt die Anteile dieser Stoffe in den wichtigsten Nahrungsmitteln:

| Nahrungsmittel | Anteile in % | | | | | | | kJ pro 100 g |
|---|---|---|---|---|---|---|---|---|
| | Eiweiß | Fett | Kohlehydrate | Mineralstoffe | Zellulose | Säuren | Wasser | |
| Fleisch (fett) | 15 | 37 | 0 | 2 | 0 | 0 | 46 | 1.680 |
| Fleisch (mager) | 21 | 2 | 0 | 1 | 0 | 0 | 76 | 440 |
| Hering (frisch) | 14 | 9 | 0 | 2 | 0 | 0 | 75 | 680 |
| Huhn | 20 | 5 | 0 | 1 | 0 | 0 | 74 | 640 |
| Ei (50 g) | 13 | 12 | 0 | 1 | 0 | 0 | 74 | 370 |
| Milch | 3 | 3 | 6 | 1 | 0 | 0 | 87 | 280 |
| Käse (mager) | 37 | 12 | 4 | 4 | 0 | 0 | 43 | 880 |
| Butter | 1 | 83 | 1 | 2 | 0 | 0 | 13 | 3.300 |
| Weizen (Roggen) | 10 | 0 | 74 | 1 | 2 | 0 | 13 | 1.550 |
| Hafer | 14 | 6 | 67 | 2 | 2 | 0 | 9 | 1.690 |
| Brot (Roggen) | 8 | 1 | 47 | 1 | 2 | 0 | 41 | 1.000 |
| Reis | 6 | 2 | 70 | 3 | 8 | 0 | 11 | 1.540 |
| Bohnen (Erbsen) | 24 | 2 | 50 | 3 | 8 | 0 | 13 | 1.500 |
| Kartoffeln | 2 | 0 | 21 | 2 | 0 | 0 | 75 | 290 |
| Kohl | 3 | 1 | 6 | 1 | 2 | 0 | 87 | 120 |
| Spinat | 5 | 0 | 2 | 2 | 0 | 2 | 89 | 100 |
| Kirschen | 1 | 0 | 11 | 1 | 5 | 1 | 81 | 260 |
| Apfel | 1 | 0 | 10 | 1 | 1 | 0 | 87 | 200 |

## Ballaststoffe

Sie sind unentbehrliche, unverdauliche Bestandteile unserer Nahrung. Sie dienen der normalen Tätigkeit des Darmes, wir nehmen sie als Pflanzenfasern oder tierisches Bindegewebe mit der Nahrung auf.

## Wasser

Wasser ist kein Nährstoff, aber trotzdem lebenswichtig und unentbehrlich; der menschliche Körper besteht zu einem hohen Prozentsatz aus Wasser (siehe Kapitel »Wasser«).

Die chemischen Prozesse in den Zellen erfolgen stets in wässrigen Lösungen. Wasser ist nicht nur durch Flüssigkeiten, sondern auch in fester Nahrung (Obst, Brot, Fleisch) enthalten.

Im Körper kommt es einerseits zu einem dauernden Wasseraustausch zwischen den einzelnen Organen, andererseits wird Wasser bei der Verbrennung der Nährstoffe in den Zellen gebildet.

Die Abgabe von Wasser erfolgt über die Nieren und die Haut, es wird mit der Zeit immer wieder im Körper erneuert.

Wichtige Faktoren zur Regelung des Wasserhaushaltes sind Durstgefühl und Nierentätigkeit.

## *Das Säure-Basen-Gleichgewicht*

Ein ausgewogenes Verhältnis von Säuren und Basen in der Nahrung ist notwendig, damit sie vom Körper optimal ausgenützt werden kann.
Es gibt
*Nahrungsmittel mit ausgewogenem Säure-Basen-Gehalt:*
z. B. Vollkornbrot, Vollkornprodukte, Reis- und Weizenkeimlinge, frische Nüsse, Zuckererbsen, Bohnen in der Schale, Sojaprodukte, frische Butter.
*Nahrungsmittel mit Säureüberschuß:*
stark sauer: z. B. Schweinefleisch, Rind- und Kalbfleisch, Huhn, Leber, Quark, Wurst, Erdnüsse, Hafermehl, Weißbrot.
schwach sauer: z. B. Eier, Schinken, Schokolade, Erbsen, Blumenkohl, Schweineschmalz, Aal, Hecht.
*Nahrungsmittel mit Basenüberschuß:*
stark basisch (alkalisch): z. B. Milch, Rosinen, Gurken, Tomaten, Karotten, rote und gelbe Rüben, Spinat, Kopfsalat.
schwach alkalisch: Kartoffeln, Blumenkohl, Kohlrabi, Spargel, Feldsalat, alle Kohlarten, Bananen, Steinpilze, Äpfel, Birnen, Kirschen.

Wenn die basischen Nahrungsmitteln fehlen, versäuern die Gewebe, weil der Körper die Säuren nicht ausscheiden kann.

Sie werden in Muskeln, Sehnen, Knochen, Nerven und Organen abgelagert, wodurch Stoffwechselerkrankungen entstehen können (Rheuma, Arthritis), ferner werden auch andere Krankheiten gefördert (Zahnfäule, Zahnfleischschwund, Magen-, Herz- und Leberleiden, Migräne).

Das Säuren-Basen-Verhältnis soll einen mittleren pH-Wert ergeben (der pH-Wert ist eine Maßeinheit für den Säuregehalt), die Wertskala reicht von 1—14, 7 ist neutral, Werte unter 7 entsprechen dem sauren Bereich, Werte über 7 dem alkalischen Bereich.

Im Stoffwechsel des menschlichen Körpers muß der pH-Wert zwischen 7,25 und 7,41 liegen; basenüberschüssige oder Speisen in ungefährem Säuren-Basen-Gleichgewicht sind daher vorzuziehen.

Aus den angegebenen Fakten ergibt sich daher zur Aufrechterhaltung der vollen Leistungsfähigkeit die Notwendigkeit einer ausgewogenen Mischkost mit einem hohen Anteil (ca. 1/3) an Roh- und Frischkost und nur einem geringen Anteil an Fleisch und tierischen Fetten.

## *Anlegen eines Vorrates*

Um in Notsituationen die Überlebenschancen zu verbessern oder, je nach Lage, überhaupt erst zu schaffen, sollte ein Vorrat an Lebensmitteln angelegt werden, der die Versorgung für 2 Wochen sicherstellt.

Dabei sind die Kriterien Auswahl und Lagerung besonders zu beachten.

Eine Tagesration sollte den Energiebedarf bei mittlerer Belastung abdecken, wobei eine Mischkost mit möglichst vollwertiger Nahrung (wenig denaturierte Nahrungsmittel) zu empfehlen ist. Eßgewohnheiten und der persönliche Geschmack können dabei, soweit möglich, berücksichtigt werden, wobei jedoch die Erhaltung der Gesundheit und der körperlichen Leistungsfähigkeit im Vordergrund stehen muß.

### Auswahl

Dabei sind folgende Punkte zu beachten:

- Wählen Sie nur hochwertige Lebensmittel, die neben den erforderlichen Joule (Kalorien) viele Vital- und andere lebenswichtige Nährstoffe enthalten.

- Sorgen Sie auch für die nötigen Ballaststoffe und die leichte Verdaulichkeit der Nahrungsmittel.
- Die ausgewählten Lebensmittel sollten möglichst lange haltbar sein, um die Handhabung des Vorrates (Austausch nach Ablauf der Haltbarkeitsfrist) zu erleichtern.
- Bedenken Sie, daß die Bedürfnisse von Kleinkindern, Kranken und alten Menschen anders sind und auch berücksichtigt werden müssen (z. B. Diätnahrung, Kindernahrung).
- Gerade in Notsituationen ist auch mit dem Zusammenbruch der Energieversorgung zu rechnen. Achten Sie daher besonders darauf, daß ein Großteil Ihres Vorrates roh, kalt oder nur eingeweicht verzehrt werden kann.

## Lagerung

Nur durch richtige Lagerung kann die Haltbarkeit der Lebensmittel über einen bestimmten Zeitraum sichergestellt werden. Die Lagerfähigkeit von Nahrungsmitteln ist jedoch nie unbegrenzt. Sie müssen daher regelmäßig gegen frische Produkte ausgetauscht werden.
Zur richtigen Lagerung sind folgende Grundsätze zu beachten:

- Wärme, Feuchtigkeit und intensive Lichteinwirkung beeinträchtigen die Haltbarkeit wesentlich.
- Wählen Sie daher nur kühle, trockene, luftige und dunkle, aber frostsichere Lagerplätze.
- Achten Sie auf staubdichte und wasserfeste, aber luftdurchlässige Verpackung.
- Um Rost an gelagerten Dosen zu verhindern, fetten Sie diese am besten mit säurefreiem Mineralöl dünn ein.
- Wählen sie keine Lagermethoden, die Energie verbrauchen (Kühlschrank, Tiefgefrieren).

## Vorschlag für einen Grundvorrat für zwei Wochen

Er wurde unter weitmöglichster Berücksichtigung aller bisher erwähnten Grundsätze erstellt.

Die angegebene Mengen beziehen sich auf eine Person und bieten neben allen erforderlichen Grundstoffen einen Verbrennungswert von ca. 15.000 kJ pro Tag.

Die angegebene Haltbarkeitsdauer gilt bei richtiger Lagerung.

Dieser Grundvorrat ermöglicht die volle Erhaltung der körperlichen Leistungsfähigkeit über den angegebenen Zeitraum. Wenn möglich, sollte er mit frischer Pflanzenkost ergänzt oder gestreckt werden.

Er kann noch durch weitere Lebensmittel erweitert und ergänzt werden.

<table>
<tr><th>Lebensmittel</th><th>Menge</th><th>entspricht pro Tag ca.</th><th>Haltbarkeit</th><th>Bemerkungen</th></tr>
<tr><td>Getreide</td><td>1 kg</td><td>7 dag</td><td>1/2—1 Jahr</td><td>die ganzen Körner aufbewahren. Mahlen, schroten erst vor dem Verzehr und nur für den jeweiligen Bedarf. Kann eingeweicht auch ungemahlen gegessen werden</td></tr>
<tr><td>Vollwertreis</td><td>1 kg</td><td>7 dag</td><td>1/2—1 Jahr</td><td>muß gekocht werden (Energiebedarf)</td></tr>
<tr><td>kaltgepreßtes Öl</td><td>1/2 l</td><td>3—4 dag</td><td>1/2 Jahr</td><td>Aufbewahrung in dunklen Flaschen (lichtempfindlich)</td></tr>
<tr><td>Trockenfisch</td><td>1/2 kg</td><td>3—4 dag</td><td>1 Jahr</td><td rowspan="2">trockene, luftige Lagerung besonders wichtig. Kann roh oder beliebig zubereitet gegessen werden</td></tr>
<tr><td>Trockenfleisch</td><td>1/2 kg</td><td>3—4 dag</td><td>1 Jahr</td></tr>
<tr><td>Trockenobst</td><td>1 kg</td><td>7 dag</td><td>1 Jahr</td><td rowspan="2">Lagerung wie oben<br>Erbsen, Linsen, Bohnen sind gut geeignet</td></tr>
<tr><td>Trockengemüse</td><td>1 kg</td><td>7 dag</td><td>1—2 Jahre</td></tr>
<tr><td>Nüsse</td><td>1 kg</td><td>7 dag</td><td>1 Jahr</td><td></td></tr>
</table>

| Lebensmittel | Menge | entspricht pro Tag ca. | Haltbarkeit | Bemerkungen |
|---|---|---|---|---|
| Milchpulver | für 28 l | für 2 l | 1 Jahr | ist nicht so wertvoll wie Frischmilch, die jedoch nicht gelagert werden kann |
| Honig | 1 kg | 7 dag | 1—2 Jahre | fester, bereits auskristallisierter Honig ist haltbarer |
| Salz | 100 g | 6—7 g | mehrere Jahre | am besten ist Vollmeersalz, aber auch Kräutersalze sind gewöhnlichem Kochsalz überlegen |
| Mineralwasser | 24 l | 2 l | mehrere Jahre | |

Möglichkeiten für einen Ergänzungsvorrat:

| Lebensmittel | Haltbarkeit | Bemerkungen |
|---|---|---|
| Dauerbrot, Knäckebrot, Dosenbrot | 1—2 Jahre | beschädigte Verpackungen vermindern die Haltbarkeit sehr stark |
| Kartoffelpulver | ca. 2 Jahre | trocken lagern, luftdicht verpacken |
| Sauerkraut, Gurken | 1/2 Jahr | in Gläsern oder Dosen |
| Dauerwurst | 1/2—1 Jahr | luftige, trockene Lagerung besonders wichtig |
| Speck (mager) | 1/2—1 Jahr | luftige, trockene Lagerung besonders wichtig |
| Fisch- und Fleischkonserven | 2 Jahre | Ablaufdatum beachten; bei Bombierung (nach außen gewölbter Deckel und Boden) verdorben — Vergiftungsgefahr |
| Dosengerichte | 2 Jahre | wie oben |
| Gemüse- und Obstkonserven | 2 Jahre | in Dosen oder Gläsern Lichtschutz besonders wichtig |
| Essig | 1 Jahr | am besten Naturessig |
| Senf, Ketchup | 1 Jahr | |
| Gewürze | | trocken lagern |
| Kaffeepulver | 1 Jahr | |
| Kräutertee | 3 Jahre | luftdicht verpacken (Glas, Dose) |

*Teil 2*

# ÜBERLEBEN IN DER NATUR

## AUSRÜSTUNG UND BEKLEIDUNG

### *Allgemeines*

Der Mensch ist ein Warmblüter. Er hat die Fähigkeit, seine Körpertemperatur automatisch zu regulieren. Diese Körpertemperatur muß zwischen 36° und 37° C liegen, wenn er voll leistungsfähig sein soll. Abweichungen bis ca. 3° C nach unten und ca. 4° C nach oben sind bereits lebensbedrohlich, darüber oder darunter liegende Temperaturen auch bei nur kurzfristiger Dauer meist tödlich (siehe Kapitel »Selbst- und Kameradenhilfe«, Abschnitt »Kälte- und Hitzeschäden«).

Um die Körpertemperatur konstant zwischen 36° und 37° C zu halten, erzeugt der Körper Wärme oder gibt sie ab, je nach der Bluttemperatur. Dazu übermitteln Hautsensoren die in den Kapillaren (Blutgefäße an der Körperoberfläche) herrschende Bluttemperatur dem Gehirn, welches dann veranlaßt, die Oberflächenblutgefäße zu erweitern oder zu verengen, die Schweißdrüsen zu öffnen (schwitzen) oder die Hautoberfläche zu verdichten (Gänsehaut, Aufstellen der Körperhaare, Kältezittern) oder die Energiereserven des Körpers zur Wärmeerzeugung zu mobilisieren.

Körperwärme wird abgegeben durch:

- Abstrahlung über die Haut an die umgebende Luft;
- Verdunstung der normalen Hautfeuchtigkeit und des Schweißes;
- Übertragung von Wärme, z. B. beim Sitzen auf kalten Steinen, beim Stehen im Schnee oder beim Schwimmen im Wasser (Nässe);
- Vorbeistreichen der Luft an der Haut (Konvektion).

Wie stark die Wirkung der Luftbewegung auf die Lufttemperatur ist, zeigt folgendes Verhältnisdiagramm:

| Windgeschwindigkeit in km/h | Temperaturrückgang durch Wind bei Grad (C) | | | | | | | | | | | | | | | | |
|---|---|---|---|---|---|---|---|---|---|---|---|---|---|---|---|---|---|
| | +2° | -1° | -4° | -7° | -9° | -12° | -15° | -18° | -21° | -23° | -26° | -29° | -32° | -34° | -37° | -40° | -43° |
| 8 | +0,5 | -2 | -6 | -9 | -11 | -14 | -17 | -21 | -24 | -26 | -29 | -32 | -35 | -37 | -41 | -44 | -48 |
| 16 | -6 | -9 | -13 | -17 | -19 | -22 | -26 | -30 | -32 | -35 | -39 | -43 | -47 | -50 | -53 | -57 | -61 |
| 24 | -8 | -12 | -17 | -21 | -24 | -28 | -32 | -36 | -40 | -43 | -46 | -51 | -54 | -57 | -61 | -65 | -68 |
| 32 | -11 | -16 | -19 | -23 | -27 | -31 | -36 | -40 | -45 | -47 | -51 | -56 | -60 | -63 | -67 | -71 | -75 |
| 40 | -14 | -18 | -21 | -26 | -30 | -34 | -38 | -43 | -47 | -50 | -55 | -59 | -64 | -67 | -71 | -75 | -80 |
| 48 | -15 | -19 | -24 | -28 | -32 | -36 | -41 | -45 | -49 | -53 | -57 | -61 | -66 | -70 | -74 | -78 | -83 |
| 56 | -16 | -19 | -25 | -29 | -32 | -37 | -42 | -47 | -51 | -55 | -58 | -64 | -68 | -72 | -76 | -81 | -86 |
| 64 | -17 | -21 | -26 | -30 | -34 | -38 | -43 | -48 | -52 | -56 | -60 | -66 | -70 | -74 | -77 | -82 | -89 |
| 72 | -17 | -21 | -27 | -31 | -35 | -39 | -43 | -48 | -53 | -57 | -61 | -66 | -70 | -74 | -78 | -83 | -89 |
| 80 | -18 | -22 | -27 | -31 | -35 | -39 | -44 | -49 | -53 | -57 | -62 | -67 | -71 | -75 | -79 | -84 | -89 |
| | | geringe | | | wachsende (innherhalb 60 Sekunden) | | | | | | große (innerhalb 30 Sekunden) | | | | | | |
| | | Einfriergefahr von unbedeckter Muskulatur | | | | | | | | | | | | | | | |

Die zusätzlich verstärkende Wirkung der Nässe kann nicht so exakt erfaßt werden, da sie nach Art und Grad der Durchnässung stark schwankt. Erfahrungen in der Praxis haben jedoch gezeigt, daß die Wirkung von Wind und Kälte durch zusätzliche Nässe wesentlich verstärkt wird.

Von besonderer Bedeutung ist die Art, wie der Körper einen Wärmeverlust ausgleicht.

Das Blut nimmt die Wärme in den wärmeren Teilen des Körpers, wie z. B. der Leber, auf und transportiert sie an die Körperoberfläche, wo sie an die Haut abgegeben wird. Die Menge der abgegebenen Wärme ist dabei abhängig von der Intensität der Blutzirkulation. Diese Intensität wird nun stark herabgesetzt, wenn im Kopfbereich eine »Kältemeldung« erfolgt. Das Gehirn wird, um sich selbst und das Körperinnere warm zu erhalten, Hände und Beine als unwichtigere Teile unterversorgen.

Der bei weitem höchste Wärmeverlust erfolgt über Kopf und Nacken, jener Körperzone also, deren Durchblutung vordringlich ist, die aber am wenigsten geschützt ist (der Bluttransport erfolgt unmittelbar unter der Haut und ist somit allen äußeren Einflüssen besonders stark ausgesetzt). Der alte Spruch »Wenn die Füße kalt werden, setz eine Kappe auf« beruht auf dieser Tatsache.

## *Bekleidung*

Sie hat in erster Linie den Zweck, den Körper vor Kälte, Hitze, Wind, Nässe und mechanischen Verletzungen (Kratzern, Stichen, Bissen) zu schützen.

Um die Bekleidung entsprechend diesen Anforderungen optimal auszuwählen, müssen folgende Punkte berücksichtigt werden:
- Material
- Schnitt und Paßform
- Wirkung der Farben und
- Bekleidungssystem

Diese Grundkenntnisse ermöglichen es, Bekleidung für bestimmte Unternehmungen zweckmäßig auszuwählen und zusammenzustellen. Was aber wesentlich wichtiger ist, Sie können damit in Extremsituationen die gerade vorhandene Bekleidung, die vermutlich nicht immer der gegebenen Situation angepaßt sein wird, ihren Eigenschaften gemäß verwenden oder Fehlendes durch entsprechende Behelfe ergänzen und somit den bestmöglichen Effekt herausholen.

**Material**

Der überwiegende Teil unserer Bekleidung ist aus einem der folgenden Materialien gefertigt:

B a u m w o l l e

| | |
|---|---|
| Grundstoff | Pflanzenfasern |
| Brandverhalten | mittelmäßig brennbar |
| Reißfestigkeit trocken | mittel |
| Reißfestigkeit naß | ca. 10% höher als trocken |
| Wasseraufnahmefähigkeit in % | bis über 30% |
| fühlt sich feucht an bei % Wasseraufnahme | ab ca. 10%, trocknet langsam |
| elektrostatische Aufladung | wegen der hohen Wasseraufnahmefähigkeit (guter Leiter) in der Auswirkung im allgemeinen nicht feststellbar. |
| Trageeigenschaften | abhängig von der Verarbeitung; im allgemeinen sehr angenehm und hautfreundlich; fühlt sich jedoch schon ab ca. 10% Wasseraufnahme am Körper feucht an. |

W o l l e

| | |
|---|---|
| Grundstoff | Tierhaar (meist von Schaf, Ziege, Kamel, Hase) |
| Brandverhalten | brennt sehr schlecht; Geruch nach verbranntem Horn |
| Reißfestigkeit trocken | geringer als Baumwolle |
| Reißfestigkeit naß | ca. 10% geringer als trocken |
| Wasseraufnahmefähigkeit in % | bis über 40% |
| fühlt sich feucht an bei % Wasseraufnahme | ab ca. 20%, trocknet rascher als Baumwolle |
| elektrostatische Aufladung | keine |
| Trageeigenschaften | bei empfindlicher Haut meist etwas kratzig, fühlt sich fast immer trocken und warm an. |

Chemiefasern

| | |
|---|---|
| Grundstoffe | – natürliche Polymere pflanzlicher Fasern (Zellulose) oder tierischer Herkunft (Tiereiweißfasern)<br>– synthetische Polymere aus Kohle oder Erdöl (z. B. Polyester, Polyamid, Polyacryl) |
| Brandverhalten | brennen leicht und schnell, zusätzliche Gefahr durch schmelzen |
| Reißfestigkeit trocken | sehr hoch |
| Reißfestigkeit naß | wie trocken |
| Wasseraufnahmefähigkeit in % | synthetische Polymere praktisch keine |
| fühlt sich feucht an bei % Wasseraufnahme | praktisch nie |
| elektrostatische Aufladung | hoch |
| Trageeigenschaften | abhängig von der Verarbeitung; meist angenehm weich und trocken; kleben durch die hohe Aufladung am Körper; ziehen dadurch auch Schmutzteilchen an. |

Diese Materialien können, je nach Verwendungszweck, verschieden verarbeitet werden und zeigen dann ein völlig unterschiedliches Erscheinungsbild (z. B. Baumwolle: Anorak und Unterwäsche). Die Materialeigenschaften bleiben jedoch unverändert.

Besonders Kunstfasern können in Gestaltung und Verarbeitung sehr weit variiert werden (vom glatten, wasser- und luftundurchlässigen Perlongewebe bis zur flauschigen Holofillfaser als Isoliermaterial).

Alle diese Materialien können rein oder auch als Mischgewebe (Baumwolle/Perlon, Wolle/Polyester) verarbeitet werden, wobei letztere das Ziel verfolgen, für einen bestimmten Verwendungszweck die positiven Eigenschaften der Materialien auszunützen oder zu ergänzen und zugleich die negativen Auswirkungen so gering wie möglich zu halten (z. B. Baumwolle/Kunstfaser-Mischgewebe: Erhöhung der Widerstandsfähigkeit durch den Kunstfaseranteil, Herabsetzung der elektrostatischen Aufladung dieses Materials durch den Baumwollanteil).

Bei verschiedenen Geweben können die Gebrauchseigenschaften noch durch Imprägnierung verbessert werden.

Die häufigsten Imprägnierungen sind:

knitterfrei:

Pflegeleichtausrüstung bei Baumwoll- und Baumwollmischgeweben;

wasserabweisend:

bewirkt ein Abperlen des Wassers bei Woll-, Baumwoll- und Mischgeweben;

ölabweisend:

bewirkt, daß fetthaltiger Schmutz vom Gewebe nicht sofort aufgenommen wird und leichter zu entfernen ist;

flammhemmend:
bewirkt, daß auf kurze Zeit in Brand gesetzte Textilien nicht mehr weiterbrennen, wenn die Flamme entfernt wird;

antistatisch:
verhindert die elektrostatische Aufladung von Textilien (vor allem von Kunstfasergeweben).

Die meisten dieser Imprägnierungen haben allerdings den Nachteil, daß die Wirkung bei längerem Tragen, aber vor allem nach mehrmaligem Waschen bzw. Reinigen (auch bei der Chemisch-Reinigung) verlorengeht.

Einige dieser Imprägnierungen (wasserabweisend, antistatisch) können nach dem Reinigen neu aufgebracht oder aufgefrischt werden.

Wärmehaltevermögen

Alle textilen Materialien sind bessere Wärmeleiter als Luft. Für den wirklichen Wärme- bzw. Kälteschutz eines Gewebes ist daher nicht das Material, sondern die in den Faser- und Gewebehohlräumen eingeschlossene und festgehaltene Luft entscheidend.

Da sie die eigentliche Isolationsschicht bildet, ist die Wärmeschutzwirkung abhängig vom jeweiligen Mengenverhältnis Luft — Material.

Durch entsprechende Verarbeitung muß nun die in den Hohlräumen der Fasern und des Gewebes festgehaltene Luftschicht in Ruhe gehalten, d. h. das Abfließen der warmen Innenluft nach außen verzögert und das Eindringen der kälteren Außenluft nach innen verhindert werden.

**Paßform**

Neben der Schutzfunktion muß die Paßform der Bekleidung folgenden Kriterien gerecht werden:
- keine Beeinträchtigung der Beweglichkeit;
- keine Behinderung der Durchblutung (Einschnürung);
- möglichst geringe Geräuschentwicklung (bei Bedarf).

Beweglichkeit

Diese wird durch folgende Gegebenheiten am meisten beeinträchtigt:

*zu tiefer Schritt*
Er behindert das Heben oder Spreizen der Beine. Der Schritt sollte maximal 3 cm, besser weniger, unter dem Damm liegen.

*zu schmaler Rücken*
Er behindert die Bewegung der Arme nach oben und nach vor. Der Rücken muß so breit sein, daß die Ellbogen leicht vor dem Körper gekreuzt werden können.

*zu schmale Brust*
Er behindert die Bewegung der Arme nach oben und nach hinten. Die Brustweite muß so gewählt werden, daß die Arme ungehindert nach rückwärts gestreckt werden können.

*zu enge Ärmel*
Sie behindern das Beugen der Ellbogengelenke. Zwischen dem Stoff des Ärmels und dem Arm sollte rundum ein Abstand von mindestens 2 cm gehalten werden.

*zu enge Hosenbeine*

Sie behindern das Beugen der Kniegelenke. Abstand wie bei Ärmel.

*allgemein zu weite Bekleidung*

Entgegen der vorherrschenden Meinung wirkt zu weite Bekleidung nicht nur behindernd, sondern kann auch eine Gefährdung darstellen. Sie stört die Bewegung durch die weite Oberfläche, die leicht beschädigt wird und noch leichter an allen möglichen Vorsprüngen (Fels, Baum, Strauch) hängen bleiben und damit in schwierigem Gelände oder unter Zeitdruck (Verfolgung) zu lebensbedrohlichen Stürzen, Abstürzen oder Zeitverlust führen kann. Abhilfe bringt das Festbinden der Bekleidung am Körper.

*allgemein zu enge Bekleidung*

Sie behindert, abgesehen von der Beweglichkeit, auch das Anspannen der Muskulatur und die Ausdehnung des Brustkorbes beim Atmen und kann durch die Kompressionswirkung auch die Durchblutung beeinträchtigen.

Durchblutung

Sie kann besonders durch Einschnürung so weit behindert werden, daß Kältegefühl, Steifheit, Taubheit oder sogar, meist in den betroffenen Extremitäten, Erfrierungen auftreten können.

Die häufigsten Ursachen dafür sind:

Zu enger Bund behindert die Durchblutung der unteren Extremitäten, beeinträchtigt die Verdauung und kann zu Bauchkrämpfen führen. Der Bund sollte zwar eng genug sein, um das Herunterrutschen der Hose zu verhindern, sollte aber freie Bauchatmung auch im Sitzen ermöglichen.

Einschnürung im Bund wird am einfachsten durch Verwendung von Hosenträgern vermieden.

Auch der Bundgummi der Unterwäsche sollte weit genug sein, um nicht einzuschneiden.

Zu enge Abschlüsse an Ärmeln oder Hosenbeinen behindern die Durchblutung von Händen und Füßen und sind daher entsprechend zu lockern oder zu öffnen.

Geräuschentwicklung

Gerade bei der Jagd oder bei Bedrohung kann es äußerst wichtig sein, sich geräuschlos bewegen zu können.

Dies ist besonders bei nasser oder gefrorener Bekleidung fast unmöglich, da bei jedem Schritt das Reiben der Hosenbeine (meist zwischen Knie und Knöchel) gegeneinander bzw. das Reiben der Arme gegen den Oberkörper (meist im Brust-Oberarm-Bereich) schon von weitem zu hören ist.

Am einfachsten kann dem durch entsprechend engen (aber nicht beengenden) Schnitt der Kleidung begegnet werden. Ist das nicht gegeben, kann durch Festbinden der Bekleidung am Körper die Geräuschentwicklung unterbunden werden.

**Wirkung der Farben**

Es ist bekannt, daß die Wirkung der alubeschichteten Rettungsdecken auf dem Prinzip der Wärmereflexion beruht (dabei werden 80% der auftretenden Wärmestrahlen reflektiert). Dieses Prinzip gilt, mit wesentlich schwächerer Wirkung, natürlich auch für Textilien.

Die Stärke der Reflexion ist unter anderem sehr von der Farbe abhängig: Je heller die Farbe, desto stärker die Reflexionswirkung; ein weißer Stoff z. B. reflektiert stark, darunter bleibt es daher kühler; ein schwarzer Stoff nimmt die gesamte Wärmestrahlung auf, darunter wird es wärmer.

Durchgeführte Messungen haben Temperaturunterschiede bis zu 2° C ergeben.

Ein weiterer Aspekt der Farbe ist ihre Sichtbarkeit. Signal- oder Schockfarben sind schon von weitem und auch bei kleineren Flächen sichtbar, gedeckte oder Naturfarben verschmelzen mit der Umgebung und sind daher wesentlich schwerer zu erkennen. Die Beachtung dieser Tatsachen kann maßgeblich zum Erfolg (oder Mißerfolg) einer Aktion beitragen (siehe auch Kapitel »Kontaktaufnahme« und Kapitel »Nahrung aus der Natur«).

**Bekleidungssystem**

Die richtige Bekleidung trägt entscheidend dazu bei, Wärmeverluste des Körpers zu vermeiden. Eine Bekleidung in mehreren Schichten ist dazu bei weitem am besten geeignet. Zusätzlich zum Wärmehaltevermögen der einzelnen Bekleidungsschichten werden zwischen mehreren dünnen Lagen wesentlich mehr isolierende Luftschichten geschaffen als zwischen wenigen dicken Lagen. Nicht nur die Isolierung wird dadurch besser, sie läßt sich auch besser dosieren.

Die innerste Bekleidungsschicht direkt an der Haut und die äußerste Schicht haben die größte Bedeutung.

Die innerste Schicht, meist lange Unterwäsche, hat die Aufgabe, Körperfeuchtigkeit von der Haut abzutransportieren, ohne selbst naß zu werden oder die Isolierfähigkeit zu verlieren. Wolle (besonders Angora) und Kunstfaser (Polypropylen) führen die Feuchtigkeit gut ab und wärmen auch in feuchtem Zustand. Baumwolle saugt die Feuchtigkeit auf und wird dann zu einem feuchten, wärmefressenden Umschlag.

Die derzeit beste Kombination besteht aus Kunstfaser mit einer darüberliegenden Woll- oder Baumwollschicht. Dabei transportiert die Kunstfaser die Körperfeuchtigkeit ab, ohne selbst feucht zu werden und gibt diese an die darüberliegende, stark saugfähige Woll- oder Baumwollschicht ab. Damit ist die an der Haut liegende Schicht immer trocken und isoliert gut, und die darüberliegende Schicht kann die Feuchtigkeit, ohne Wärmeverluste zu verursachen, weiter abgeben. Diese Kombination funktioniert aber nur, wenn beide Schichten engsten Kontakt haben.

Die äußerste Schicht soll die inneren Isolierschichten vor Wind, Wasser, Schnee und Feuchtigkeit schützen. Dazu muß sie aber atmungsaktiv sein, da sich sonst an der Innenseite Kondenswasser bildet, das die inneren Isolierschichten durchnässen und damit unwirksam machen kann. Derzeit erfüllen wasserundurchlässige, aber atmungsaktive Kunstfasergewebe (z. B. GORE-TEX) diese Aufgabe am besten, aber auch Mischgewebe (z. B. Baumwolle/Polyester — 60/40 oder Baumwolle/Nylon — 65/35) sind geeignet. Integrierte Kapuzen erhöhen die Schutzwirkung beträchtlich.

Dazwischen liegen mehrere Isolierschichten, bestehend aus Hemd, dünnem Pullover, Weste o. ä. nach eigener Wahl und Vorstellung.

Diese Schichten können dann, je nach Witterung, Temperatur und körperlicher Betätigung, jeweils an- oder ausgezogen werden.

Das gleiche Prinzip gilt auch für Beine, Arme und Kopf.

Tragen Sie mindestens zwei paar Socken (ein dünnes und ein etwas dickeres) am besten aus Wolle oder nach dem bei der Unterwäsche erwähnten Feuchtigkeits-Transport-System. Lassen Sie ausreichend Platz für die Zehen (beengte Zehen bedeuten schlechte Blutzirkulation und damit kalte Zehen) und legen Sie eine Isolierzwischensohle in die Schuhe.

Wollfäustlinge unter wasserdichten Überfäustlingen ermöglichen die beste Blutzirkulation in den Händen und schützen optimal vor Kälte und Nässe. Die ungeschicktesten Finger sind vor Kälte steife Finger; daher sind Fäustlinge Handschuhen immer vorzuziehen.

Kopfstrümpfe (Balaklava), Wollmützen oder Wollschals unter einer wasserdichten Kapuze sind der beste Schutz für den Kopf und verhindern die gerade in diesem Bereich besonders hohen Wärmeverluste.

## *Ausrüstung*

Sie dient im allgemeinen dazu, das Leben (oder Überleben) in einer bestimmten Umwelt zu erleichtern oder überhaupt erst zu ermöglichen. Meist ist sie auf ganz bestimmte Aufgaben oder Situationen zugeschnitten und wird je nach geplanter Unternehmung ausgewählt und zusammengestellt. Dabei erstreckt sich die mögliche Bandbreite von Zelt und Schlafsack über Kocher und Kochgeschirr bis zu Klemmkeilen, Karabinern und Steigeisen für alpine Bereiche oder Tauchermaske, Schnorchel und Schwimmflossen für Gewässer.

Diese Ausrüstung erfüllt sicher auch dann noch voll und ganz ihren Zweck, wenn aus einer geplanten und vorbereiteten Gipfelbesteigung oder Wüstendurchquerung plötzlich durch unvorhersehbare Ereignisse eine echte Überlebenssituation entsteht.

Gefährlich wird es, wenn man unerwartet und unvorbereitet und nur mit dem, was man am Körper trägt, einer solchen Überlebenssituation gegenübersteht.

Sicherlich ist es in manchen Fällen möglich, in solchen Situationen auch ohne jegliche Ausrüstung zu überleben.

Dazu braucht man jedoch sehr viel Glück; von einem Beherrschen der Situation kann jedenfalls nicht die Rede sein.

Jedoch schon mit einem Minimum an Ausrüstung verbessern sich die Überlebenschancen so wesentlich, daß nur die Unkenntnis der anzuwendenden Techniken den Erfolg beeinträchtigen können.

Dieses Minimum an Ausrüstung, der »Überlebens-Satz«, muß folgenden Kriterien entsprechen:

— Er muß die wichtigsten Bereiche abdecken;
— muß immer mitführbar sein und
— durch Ergänzungen erweitert werden können.

Zu den wichtigen Bereichen gehören in unerwarteten Extremsituationen

— die Möglichkeit, ein Feuer zu machen;
— Schutz vor Kälte, Nässe und Wind;
— Beschaffung, Lagerung und Transport von Wasser und Verpflegung;
— Kontaktaufnahme mit Suchtrupps;
— Instandhalten der Bekleidung und Herstellen von Behelfen.

Dieser Überlebens-Satz muß jederzeit am Körper (Bekleidung) mitgeführt werden können, unabhängig davon, ob man gerade einen Smoking, einen Arbeits- oder einen Jogginganzug trägt.

Diese Forderung setzt dem Gewicht und der Größe deutliche Grenzen. Als Anhaltspunkt kann gelten, daß die Größe einer Brieftasche (ca. 10×15 cm) und ein Gewicht von 300 g nicht überschritten werden dürfen.

Bei der durch diese Vorgaben notwendigen Beschränkung auf das Allernotwendigste sollen Ergänzungen durch Einzelausrüstungsgegenstände oder ganze Ausrüstungssätze die Möglichkeiten des Überlebens-Satzes nahtlos erweitern, ohne nur bereits Vorhandenes durch Besseres zu ersetzen.

Basierend auf diesen Grundlagen und im Rahmen der vorgegebenen Grenzen sind folgende Lösungen denkbar:

## Feuer

Entsprechend präparierte Zünder sind von Ausmaß und Gewicht her am geeignetsten. Alternativ dazu wäre ein Gasfeuerzeug möglich, das aber den Nachteil des höheren Gewichtes und des größeren Volumens hat. Firestarter kommt aus diesen Gründen schon nicht mehr in Betracht (siehe auch Kapitel »Feuer«).

## Schutz

Am besten geeignet erscheint in erster Linie eine dünne, leichte, aber feste, durchsichtige Kunststoffolie im Ausmaß von ca. 1×1,5 m mit einem Gewicht von ca. 100—150 g. Beschichtete Rettungsdecken sind zwar in der Wirkung bei weitem überlegen, sind aber, bei gleichem Gewicht, kaum mehrmals verwendbar (knittern, reißen), in der stabilen Ausführung jedoch fast doppelt so schwer und voluminös und daher höchstens als Ergänzung geeignet.

Diese Folie kann unter anderem als Regenumhang, Windschutz, Unterschlupf, Unterlage, Sonnendestille und Auskleidung für eine Kochmulde verwendet und durch eine Rettungsdecke sinnvoll ergänzt werden (siehe auch Kapitel »Schutz und Obdach«).

## Wasser und Nahrung

Zur Beschaffung von Wasser kann unter anderem auch die oben erwähnte Kunststoffolie dienen (andere Möglichkeiten sieh Kapitel »Wasser«). Zum Aufbewahren und Transportieren dienen am besten ein oder mehrere Kunststoffsäckchen. Sie sind leicht, nehmen zusammengelegt kaum Platz ein und erfüllen, durch andere Materialien unterstützt (siehe Kapitel »Behelfe«), ihre Aufgabe als Wasserbehälter ausgezeichnet. Sie können außerdem noch als Kapuze, Überfäustlinge oder Übersocken und für viele andere Aufgaben verwendet werden. Wasserentkeimungstabletten belasten nicht und ermöglichen auch die Verwendung zweifelhaften Wasssers.

Zum Fallenbau (tierische Nahrung, siehe Kapitel »Nahrung aus der Natur«) wird Draht und Schnur benötigt. Am günstigsten sind ganz dünner Binde- oder Stahldraht und ca. 1—2 mm starke Perlonschnüre. Beides wird auch zum Bau von Behelfen (siehe Kapitel »Behelfe«) oder von Unterschlupfen benötigt.

Einige Angelhaken wiegen nichts, erhöhen jedoch die Möglichkeiten der Beschaffung tierischer Nahrung wesentlich.

## Kontaktaufnahme

Das von Gewicht und Größe einzige entsprechende Gerät ist ein Signalspiegel, am besten aus beidseitig poliertem, dünnem Metall mit Visierloch (ca. 5×8 cm). Er ermöglicht eine sehr gezielte Kontaktaufnahme und ergänzt die anderen Möglichkeiten (siehe Kapitel »Kontaktaufnahme«). Er kann auch als Hilfsmittel beim Fischen wirkungsvoll eingesetzt werden (siehe Kapitel »Nahrung aus der Natur«).

## Instandhaltung

Diese kann von ausschlaggebender Bedeutung sein (Bekleidung, Schuhwerk). Das dazu nötige Material stellt keine Belastung dar. Einige Nadeln (auch für Leder), dünner, aber starker Kunstfaserzwirn, ein Einfädler, einige Sicherheitsnadeln und Knöpfe reichen für fast alle Fälle. Das gleiche Material ist auch bei der Herstellung von Behelfen jeder Art ausgezeichnet verwendbar.

Eine unabdingbare Voraussetzung für fast jede Tätigkeit ist aber ein Schneidwerkzeug. Schon eine Rasierklinge ermöglicht Schneidarbeiten in bestimmten Bereichen. Ein Skalpell erweitert den Anwendungsbereich. Weitere Möglichkeiten bieten die neu auf dem Markt befindlichen »Universal-Survival-Werkzeuge«. Am geeignetsten erscheint aber ein Messer. Es gibt sie in so vielfältiger Form, Größe und Qualität, und sie sind gerade in Extremsituationen so wichtig und universell anwendbar, daß darüber in einem eigenen Abschnitt noch gesprochen wird.

Aus den angeführten Möglichkeiten kann folgender Lösungsvorschlag als einer von mehreren möglichen festgehalten werden:

— 10 präparierte Streichhölzer mit Reibfläche
— 1 Kunststoffolie ca. 1×1,5 m
— 6 Wasserentkeimungstabletten
— 10 m dünner Bindedraht
— 10 m Perlonschnur, Durchmesser 2 mm
— 1 Signalspiegel, Metall, ca. 5×8 cm
— 10 m dünner Kunstfaserzwirn
— 3 Knöpfe
— 2 Nähnadeln, 1 Ledernadel, 3 Sicherheitsnadeln
— 5 Angelhaken mit Silk
— 1 kleines Taschenmesser, Klingenlänge ca. 5 cm, feststellbar
— 1 Schleifstein, ca. 3×30×60 mm
— 2 Plastiksäckchen verschiedener Größe
— 1 m Tesa-Gewebeklebestreifen

Dieser Überlebenssatz wiegt 200—270 g und ist ca. 2×8×14 cm groß. Diese Größe ist je nach Art der Verpackung beliebig änderbar und kann noch verringert werden, wenn z. B. ein Taschenmesser und/oder Zünder (Gasfeuerzeug) ständig in der Hosentasche mitgeführt werden.

Die Qualität dieser Ausrüstung sollte den höchsten Ansprüchen genügen, da Haltbarkeit und Leistungsfähigkeit lebensentscheidend sein können.

### Ergänzende Ausrüstungsgegenstände

Wie die Zusammenstellung des Überlebenssatzes, sind auch die Ergänzungen eine Frage der individuellen Einstellung. Wichtig dabei ist jedoch, daß auch diese möglichst häufig mitgeführt werden können oder einige davon vielleicht überhaupt in den Überlebenssatz aufgenommen werden. Aus der Vielzahl der Ergänzungsmöglichkeiten seien hier die wichtigsten herausgegriffen.

Rettungsdecke

Sie besteht aus widerstandsfähigem, meist mit Aluminium bedampftem Material, reflektiert bis zu 80% der Körperwärme und ist luft- und wasserundurchlässig. Ihr Gewicht beträgt ca. 200—350 g. Sie kann bei Gewitter auch wie ein Faraday-Käfig verwendet werden (siehe Kapitel »Gefahren«).

Sägedraht

Sein Gewicht beträgt 40 g, kann klein zusammengerollt werden (Durchmesser ca. 10 cm) und ist ein ausgezeichneter Ersatz für eine Säge. Er kann durch Einspannen eines Stockes wie bei einem Bogen als Bogensäge verwendet werden.
Nachteil: Er ist sehr empfindlich gegen Knicke (Bruchgefahr).

Bussole

Sie ist wichtig zur genauen Orientierung. In der erforderlichen Qualität wiegt sie meist zwischen 150 und 250 g (für eine genauere Beschreibung siehe Kapitel »Orientierung«).

## Das Messer

Es ist der am universellsten einsetzbare und daher besonders wichtige, aber auch besonders beanspruchte Ausrüstungsgegenstand. Richtige Auswahl, Handhabung und Pflege können gerade in Überlebenssituationen lebensrettend sein.

Verwendungszweck

Das Band der Einsatzmöglichkeiten ist äußerst breit und erstreckt sich vom Schneiden verschiedenster Materialien (Fleisch, Holz usw.) über Hacken (Knochen, Holz, Trockenfleisch) bis zum Stecken (Jagd, Selbstverteidigung), wobei im allgemeinen das Schneiden bei weitem überwiegt.

Konstruktion

Die robusteste Konstruktion besteht aus in gleicher Stärke durchgehendem Material, das vorne als Klinge und hinten als Griff ausgebildet ist.

Material

Es ist entscheidend für Qualität und Leistungsfähigkeit. Es soll rostfrei, von hoher Schneidhaltigkeit, von ausreichender Geschmeidigkeit und Elastizität sein und dabei in der Härte zwischen 58 und 62 HRC (Härtegrade in »Rockwell«) liegen. Diese Forderungen werden derzeit am besten von dem amerikanischen Stahl 154 C erreicht, gefolgt von den ebenfalls amerikanischen Stählen 440 B oder C und D2.

Klingenlänge, -höhe und -stärke

Für den erforderlichen universellen Einsatz hat sich eine Klingenlänge von 12—14 cm als am besten geeignet erwiesen. Sie ist einerseits kurz genug, um noch als handlich bezeichnet zu werden, reicht aber andererseits beim Abfangen von Wild oder in der Selbstverteidigung für fast alle Gegebenheiten aus.

Die Höhe der Klinge sollte zu ihrer Länge ein Verhältnis von 1:3 nicht über-, ein Verhältnis von 1:5 nicht unterschreiten.

Die Stärke der Klinge sollte zwischen 5 und 7 mm liegen.

Klingenform und Griff

Diese ist so zu wählen, daß damit zwar in erster Linie geschnitten, bei Bedarf aber auch zugestoßen werden kann.

Dazu verläuft die Schneide vom Griff ausgehend zunächst relativ gerade (zum Abschneiden von Ästen, Fleisch usw.) und wird dann, ungefähr im letzten Drittel, nach oben zur Spitze gezogen (zum Schneiden aus dem Handgelenk in größerem oder festerem Schnittgut).

Die Spitze liegt oberhalb der Klingenmitte; je höher darüber, desto besser die Schneid- aber desto schlechter die Stoßeigenschaften.

Zweischneidige Klingen schwächen das Material, schränken die Anwendbarkeit ein und sind daher weniger geeignet.

Die Grifform sollte oval bis flach sein, um ein unbeabsichtigtes Drehen des Messers in der Hand zu verhindern, jedoch gut in der Hand liegen. Als Material für die Griffschalen eignen sich auch Holz und Horn, am widerstandsfähigsten ist allerdings Kunststoff (Micarta).

Das Abgleiten der Hand auf die Klinge kann durch entsprechende Formgebung oder eine Parierstange verhindert werden (die auch in der Selbstverteidigung von Vorteil sein kann).

Zur Gewichtseinsparung können auch die Griffschalen weggelassen und Bohrungen im Griff ohne Stabilitätsverlust angebracht werden. Das bedingt jedoch bei längerer Arbeit einen nicht optimal liegenden und im Winter sehr kalten Griff.

S c h l i f f

Die Schärfe des Messers hängt von dem Winkel ab, unter dem sich die beiden Seiten der Klinge in der Schneide treffen. Je spitzer dieser Winkel, desto schärfer die Schneide, sie ist dann aber auch anfälliger gegen Beschädigung und wird rascher abgenützt. Für den praktischen Gebrauch hat sich ein Schleifwinkel zwischen 10 und 20 Grad als beste Lösung erwiesen.

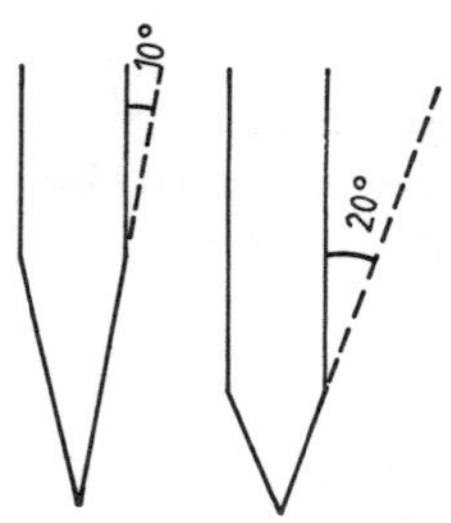


Dabei erreicht man bei 10 Grad eine Schneide von großer Schärfe und brauchbarer Haltbarkeit (geeignet zum Schneiden von weicherem Schnittgut, wie z. B. Fleisch), bei 20 Grad eine Schneide von brauchbarer Schärfe und guter Haltbarkeit (geeignet für härteres Schnittgut, wie z. B. Holz).

S c h ä r f e n

Das Schärfen sollte ausschließlich mit nassen Schleifsteinen erfolgen (Wetzstahl eignet sich nur für minderwertigen, weichen Stahl; bei harten Hochleistungsstählen ist er fast wirkungslos). Die Schwierigkeit dabei ist das Einhalten des beabsichtigten Schleifwinkels über den gesamten Schleifvorgang.

Als Anhaltspunkt gilt, daß bei Einhaltung eines Schleifwinkels von 10—20 Grad der Klingenrücken 3—4 mm über dem Schleifstein steht.

Im allgemeinen wird mit hohem Kraftaufwand und gegen die Schneide geschliffen. Dabei ist wie folgt vorzugehen:

- Netzen Sie den Schleifstein mit Wasser (Speichel) oder Öl (Fett).
- Legen Sie die Klinge flach auf den Stein. Dabei zeigt die Schneide von Ihrem Körper weg.
- Heben Sie nun den Klingenrücken in den beabsichtigten Schleifwinkel.
- Schieben Sie die Klinge von sich weg, als ob Sie dünne Scheiben von dem Stein schneiden wollten (3—4 mal).
- Drehen Sie das Messer nun mit der Schneide zum Körper (gleicher Schleifwinkel).
- Ziehen Sie nun das Messer zu sich und versuchen Sie wieder, dünne Scheiben vom Stein zu schneiden (ebenfalls 3—4 mal).
- Achten Sie darauf, daß jede Klingenseite gleich oft abgezogen wird.

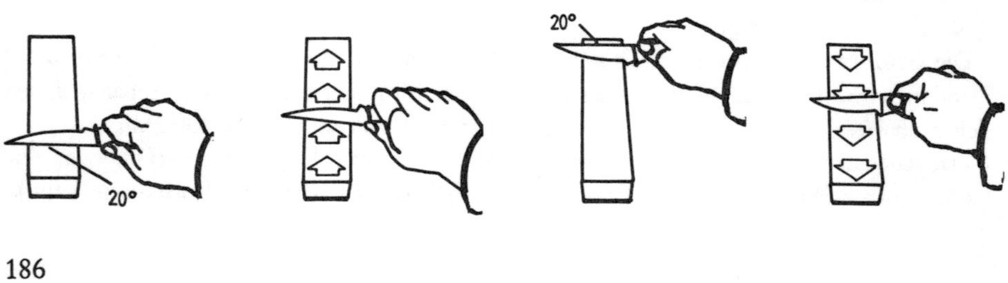

Das Messer hat die erforderliche Schärfe, wenn Sie Ihre Armhaare leicht damit abrasieren können.

Es ist wesentlich einfacher und müheloser, ein scharfes Messer durch häufiges Abziehen scharf zu halten, als ein einmal stumpf gewordenes wieder scharf zu schleifen.

Alles, was nicht unmittelbar den zu lösenden Aufgaben (schneiden, stechen, mit Vorbehalt hacken und schlagen) und der Erhaltung der Stabilität dient, ist abzulehnen. Sogenannte Vielzweckklingen mit Sägerücken, gezahnter Anreißklinge, verbreiterter Hammerfläche o. ä. beeinträchtigen die Handlichkeit und die universelle Einsetzbarkeit, erhöhen die Gefahr der Eigenverletzung, schwächen die Klinge und entsprechen daher nicht den harten Anforderungen von Überlebenssituationen.

### Die Messerscheide

Sie hat folgende Forderungen zu erfüllen:
- Sie soll die Klinge vor Beschädigungen und den Träger vor Verletzungen schützen;
- sie soll die Schneide des Messers nicht abstumpfen (Reibung);
- sie soll das Messer sicher festhalten;
- sie soll das leichte Herausziehen und Versorgen des Messers gewährleisten;
- sie soll einfach aber sicher anzubringen sein;
- sie soll nach Möglichkeit in einem Zusatzfach auch den Schleifstein aufnehmen können.

Da diese Forderungen einander zum Teil widersprechen, wird jede Lösung nur ein Kompromiß sein können. Besonders wichtig erscheinen die Forderungen nach Sicherheit für den Träger (Sturz, Sprung, Zusammenkauern) und nach sicherem Festhalten des Messers (Verlust kann entscheidend sein).

Um einen Verlust zu vermeiden, kann das Messer noch mit einer Schnur (etwas länger als die Reichweite des Arbeitsarmes) festgebunden werden.

Als Material für die Messerschneide werden Leder, Metall und Kunststoffe verwendet, wobei bei entsprechender Konstruktion und Verarbeitung mit allen drei Materialien die gestellten Forderungen erfüllt werden können.

Es gibt die verschiedensten Systeme für das Festhalten des Messers und die Befestigung der Scheide. Die Entscheidung für eines von ihnen wird individuell verschieden sein, sollte aber erst nach gründlichem Ausprobieren erfolgen.

### Führen des Messers

Zum Führen eines Messers gibt es so viele Möglichkeiten, daß eine Patentlösung nicht angeboten werden kann. Die Entscheidung über das »wie« wird immer individuell zu treffen sein und kann von Situation zu Situation wechseln.

Allgemein sind dabei folgende Forderungen zu stellen:
- rasche und leichte Zugänglichkeit;
- rasches und leichtes Versorgen;
- keine Behinderung;
- für andere nicht sichtbar (nur bei Bedarf).

Lösungsmöglichkeiten und deren wichtigste Vor- und Nachteile zeigt folgende Tabelle:

| Trageart | Lage | Vorteile | Nachteile |
|---|---|---|---|
| am Gürtel (wird der Gürtel über der Oberbekleidung getragen, entfällt der Nachteil der schweren Zugänglichkeit; ein Verdecken ist aber dann nicht möglich) | – hinter dem Hüftknochen auf der Seite der Arbeitshand, Griff nach vorne geneigt | guter und rascher Zugriff, leicht zu versorgen, bei kurzer Oberbekleidung gut zu verdecken | bei langer und dicker Bekleidung (Winter) schwer zu erreichen, stört beim Sitzen |
| | – am Rücken fast waagrecht, Griff in Richtung der Arbeitshand | rascher Zugriff, sehr gut zu verdecken | schlecht zu versorgen, behindert beim Tragen von Rücksäcken, sonst wie oben |
| | – vor dem Hüftknochen der der Arbeitshand abgewandten Körperseite, sehr schräg, Griff in Richtung Arbeitshand | guter und rascher Zugriff, leicht zu versorgen, gut zu verdecken, keine Behinderung beim Sitzen oder Rucksacktragen | stört beim Zusammenkauern, Kriechen und Liegen auf dem Bauch |
| am Rücken | Griff nach oben, so hoch getragen, daß die Arbeitshand diesen leicht erreichen kann | guter und rascher Zugriff, keine Behinderung, gut zu verdecken | sehr schwierig zu versorgen, stört beim Tragen von Rucksäcken, spezielle Scheide erforderlich |
| unter der Achsel | in einer Art Schulterhalfter, Griff nach oben oder nach unten, auf der der Arbeitshand gegenüberliegenden Körperseite | guter Zugriff, leicht zu versorgen, keine Behinderung, sehr gut zu verdecken | stört beim Tragen von Rucksäcken, spezielle Scheide erforderlich |
| am Arm | Griff nach unten am Ober- oder Unterarm des Gegenarmes | guter und rascher Zugriff, leicht zu versorgen, keine Behinderung, gut zu verdecken (nur am Unterarm) | zum Erreichen des Messers sind beide Arme notwendig, das Messer muß bei jeder Bewegung des Tragearmes mitbewegt werden |
| am Bein | am Ober- oder Unterschenkel des der Arbeitshand entsprechenden Beines, an der Vorder- oder Innenseite, Griff nach oben | guter und rascher Zugriff, leicht zu versorgen, (dann allerdings nicht zu verdecken) oder gut zu verdecken (dann ungünstiger und langsamer Zugriff), keine Behinderung | bei jeder Beinbewegung muß das Messer mitbewegt werden; stört beim Liegen |

Taschenmesser

Sie weisen gegenüber einem Messer mit feststehender Klinge folgende Vorteile auf:
- Sie sind kompakt, klein und daher einfach zu tragen;
- es besteht kaum Verletzungsgefahr, da die Klinge bei geschlossenem Messer verdeckt ist;
- es ist möglich, mehrere Klingen oder sonstige Werkzeugbehelfe anzubringen.

Nachteile:
- begrenzte Klingenlänge;
- bei gleicher Klingenlänge höheres Gewicht;
- kein Handschutz;
- Klingenbefestigung empfindlich gegen harte Beanspruchung;
- Griff selten handgerecht;
- wenn kein Fixiermechanismus vorhanden, besteht Verletzungsgefahr bei unbeabsichtigtem Zuschnappen;
- muß vor Gebrauch erst umständlich geöffnet werden;
- bedarf vermehrter Pflege.

Bezogen auf den Überlebenssatz heißt das, daß der Vorteil der Kompaktheit alle anderen Nachteile zwar überwiegt, eine Ergänzung durch ein vielseitiges und robustes Gebrauchsmesser aber sehr wünschenswert erscheint. Dabei könnte die Aufgabenverteilung dann so aussehen:
- Taschenmesser mit extrem scharfer Schneide (8—10 Grad Schleifwinkel) für feinste Schneidarbeiten in weichem Schnittgut, das auch an nur schwer zugänglichen Stellen einsetzbar ist.
- Gebrauchsmesser mit brauchbarer Schärfe (18—20 Grad Schleifwinkel) für gröbere Schneidarbeiten und sonstige hohe Beanspruchung.

## Tragen der Ausrüstung

In Überlebenssituationen muß jede Tätigkeit so rationell und kräftesparend wie irgend möglich durchgeführt werden, da die Ökonomie der Kräfte von entscheidender Bedeutung sein kann.

Das trifft in besonderem Maße auch für den Transport der Ausrüstung oder sonstiger Güter zu. Gleichgültig ob Sie schon voll ausgerüstet und versorgt waren oder ob Sie Ausrüstungsbehelfe und Vorräte an Wasser und Nahrung in der Überlebenssituation erst mühsam geschaffen haben: Bei einem freiwilligen oder erzwungenen Ortswechsel wird es notwendig sein, das alles auch zu transportieren.

Dazu sollten Sie schon beim vorbereitenden Verpacken folgende Regeln beachten:

- Verpacken Sie jeweils gemeinsam:
  alles was Sie während des Tages öfters brauchen (z. B. Wasser, Nahrung, Kochgeschirr);
  was Sie nicht täglich brauchen (z. B. Reservewäsche, Nahrungsreserven);
  was Sie selten brauchen (z. B. Unterlage, Schlafsack).
- Machen Sie daraus 3 verschiedene Packen und kennzeichnen Sie sie so, daß Sie wissen, welcher Packen was enthält.
- Alles, was nicht naß werden darf (bei Regen, Sturz ins Wasser), sollte wasserdicht verpackt werden.

Zum Beladen des Traggestells (oder Rucksacks) gibt es drei verschiedene Techniken:

1. Horizontalzonensystem
2. Vertikalzonensystem
3. Kombination von beiden

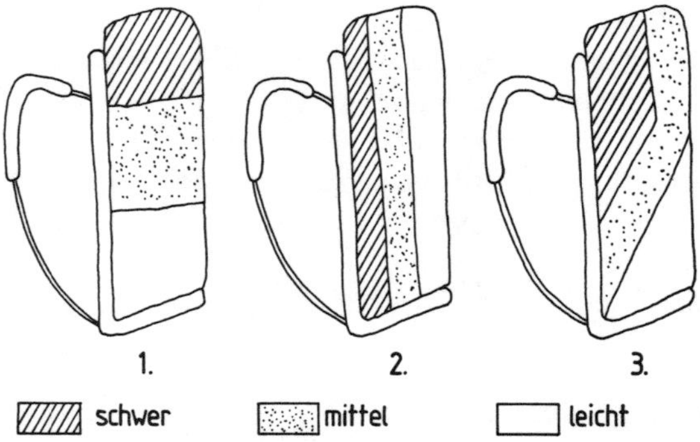


Alle diese Systeme bezwecken, die Zug- und Hebelwirkung der Traglast so klein wie möglich zu halten und somit das Tragen angenehm und »leicht« zu machen.

Obwohl die Beladetechniken 2 und 3 rein theoretisch gewisse Vorteile haben, hat sich in der Praxis wegen der optimalen Umsetzungsmöglichkeiten die Technik 1, das Horizontalzonensystem, am besten bewährt und ist daher zu empfehlen.

Das Aufnehmen des beladenen Traggestells kann auf zwei Arten erfolgen:

- Stellen Sie das Traggestell auf einen in der Höhe entsprechenden Stein oder Baumstumpf (höchster Punkt der hochgezogenen Tragegurten ca. 20 cm unter der Schulterhöhe), schlüpfen Sie in die Tragegurten und heben Sie durch Vorneigen und Strecken der Kniegelenke das Traggestell von der Unterlage.
- Heben Sie das Traggestell auf den vorgestellten Oberschenkel (Rückenteil zum Körper), schlüpfen Sie mit einer Hand in den Tragegurt, strecken Sie die Knie, drehen Sie das Traggestell auf Ihren Rücken und schlüpfen Sie nun mit dem zweiten Arm in den anderen Tragegurt.

# WASSER

## *Allgemeines*

Der Mensch besteht zu 60% aus Wasser. Bei einem 70 kg schweren Menschen entspricht das 42 Litern. Schon das zeigt, welch dominierende Bedeutung der Wasserhaushalt für den Organismus hat.

Auch die Sensibilität, mit der der Körper auf Schwankungen des Wasserhaushaltes reagiert, ist bemerkenswert: Ohne Wasser kann der Mensch im allgemeinen nicht länger als 2—4 Tage leben, während der Hungertod erst nach Wochen eintritt.

TOD nach **3** MINUTEN ohne LUFT
TAGEN ohne WASSER
WOCHEN ohne NAHRUNG

Diese Faustregel gilt bei hohen Temperaturen und körperlicher Belastung.

Unter größtmöglicher Einschränkung der Schweißabsonderung, der Bewegung und des Energieaufwandes kann der Mensch, abhängig von der Umgebungstemperatur, folgende Zeitspanne ohne Wasser überleben:

| | |
|---|---|
| 50° C | 2 Tage |
| 30° C | 5—7 Tage |
| 10° C | 9—10 Tage |

## *Der Wasserbedarf des Körpers*

**Normalbedarf**

Der Körper scheidet Wasser aus als
- Harn (zur Ausscheidung wasserlöslicher Abbauprodukte über die Nieren),
- Schweiß (Verdunstung von Feuchtigkeit an der Körperoberfläche, um die für die vitalen Lebensprozesse wichtige konstante Körpertemperatur sicherzustellen),
- Feuchtigkeit der ausgeatmeten Luft.

| | abgegebene Wassermenge (pro Tag) |
|---|---|
| Harn | 1,5 l |
| Schweiß | 0,5 l |
| Atemluft | 0,5 l |
| | 2,5 Liter täglich |

Diese 2.5 Liter müssen dem Körper täglich zugeführt werden, um die normalen Wasserverluste auszugleichen. Diese Menge steigert sich bei körperlicher Arbeit, Hitze, Kälte und Streß beträchtlich und kann dann 10 Liter täglich und mehr ausmachen.

Werden diese Wasserverluste nicht rasch ersetzt, reagiert der Organismus mit folgenden Symptomen:

| Wasserverlust des Körpers in Prozent | Wirkung |
|---|---|
| 2.5 | Durst, Unbehagen, Appetitlosigkeit, Austrocknung schreitet voran |
| 5 | Übelkeit, beschleunigter Puls, gerötete Haut |
| 6—10 | Kopfschmerzen, Schwindel, Juckreiz, Gliederkribbeln, undeutliche Aussprache, mühsames Atmen, Unfähigkeit zu laufen |
| 10—15 | geschwollene Zunge, Schlucken wird unmöglich, Haut schrumpelt, taubes Gefühl in der Haut, Zuckungen, Taubheit, Sehtrübung |
| 15—20 | lebensgefährdend (bei 30° Umgebungstemperatur Delirium) |
| 25 | Tod selbst in kühler Umgebung |

### Wasserbedarf bei Dauerleistungen

Die wichtigste Dauerleistung in Überlebenssituationen ist das Marschieren. Kalorienbedarf und Schweißabsonderung sind dabei besonders hoch, dementsprechend ist auch der Trinkwasserbedarf.

Faustregel:

Wer pro Stunde Marsch einen halben Liter elektrolythaltige Flüssigkeit trinkt, bleibt voll leistungsfähig.

Die Bauernregel, am Marsch so wenig wie möglich zu trinken, ist grundfalsch. Sie ist irgendwann in der Zwischenkriegszeit aufgekommen und hat sich bis heute hartnäckig gehalten, obwohl schon kurz nach dem 2. Weltkrieg diese Anschauung widerlegt wurde.

TRINKEN IST NIE FALSCH

Man trinkt nicht, weil man Durst hat, sondern um verbrauchte Reserven zu ersetzen.

### Elektrolyte

Kochsalz

Das Wasser wird im Körper als ca. 0,9prozentige (»physiologische«) Kochsalzlösung gebunden. Salz macht Wasser elektrisch leitend. Man bezeichnet es als »Elektrolyten«. Eine Kochsalzlösung ist daher »elektrolythaltiges Wasser«.

Wasser zu trinken, ohne gleichzeitig für eine ausreichende Salzzufuhr zu sorgen, kann im Extremfall zu einer Wasservergiftung mit epileptischem Krampfbild führen.

Das Trinken von salzhaltigem Meerwasser ist jedoch ebenfalls schädlich, selbst dann, wenn es nur zur Streckung von Trinkwasser verwendet wird:

Das Salz entzieht dem Körper die so dringend benötigte Flüssigkeit und kann ein Blockieren der Niere herbeiführen.

Auch Salztabletten haben sich nicht bewährt, weil sie den vom Durst schon überreizten Magen noch zusätzlich belasten.

Am bekömmlichsten werden Elektrolyte über Suppen zugeführt. Sie sollten jedoch nur 3 bis höchstens 5 g Kochsalz pro Liter enthalten.

K a l i u m

Es wird gerne übersehen, daß beim Schwitzen auch das Spurenelement Kalium aus dem Körper austritt, was zu vorzeitiger Leistungsminderung, Ermüdung und Erschöpfung führt. Schlimmer noch, Kalium-Mangel bewirkt eine erhöhte Krampfbereitschaft nicht nur des Wadenmuskels sondern insbesondere auch des Herzmuskels (Hitzschlag).

Gute Kaliumlieferanten sind Obst (Pflaumen, Feigen, Rosinen), Knollenfrüchte (z. B. Kartoffeln), Milch und Milchprodukte.

**Verhalten bei Durst**

Ist kein Getränk vorhanden, helfen zur zeitlich begrenzten Dämpfung des Durstgefühls folgende Maßnahmen:

- Durch das Kauen oder Lutschen kleiner Kieselsteine, Holzstücke, Obstkerne o. ä. im Mund wird die Unterzungenspeicheldrüse angeregt.
- Da Früchte relativ viel Wasser enthalten, stillen beispielsweise Obst oder Gemüse (Gurken, Kürbis) den Durst recht gut.
- Akupressur zur Unterdrückung des Durstgefühls: Der »Schleimhautpunkt« an der Zungenspitze wird mit den vorderen Schneidezähnen rhythmisch zwanzigmal eine Sekunde lang gepreßt.

**Vermeiden von Wasserverlusten**

Die vordringlichste Aufgabe dabei ist es, das Schwitzen völlig zu vermeiden oder wenigstens Ausmaß und Dauer möglichst gering zu halten.

Maßnahmen:

- langsam und ohne Hast bewegen,
- Schatten soweit als möglich ausnützen,
- während der Zeit der größten Hitze regungslos ruhen (»Siesta«),
- körperliche Anstrengungen in die Nachtstunden verlegen (Wüstenerfahrungen haben gezeigt, daß der Trinkwasserverbrauch dadurch um bis zu 40% gesenkt werden kann),
- bei schwülem und heißem Wetter Kleider anbehalten, unter der Kleidung verdunstet der Schweiß weniger rasch als auf der nackten Haut.

Wer wenig schwitzen will, behält immer ein den Körper an den Hauptschweißstellen vollständig bedeckendes Unterhemd (»Schweißhemd«) an. Die Überbekleidung sollte hingegen möglichst locker und burnusartig sein.

*Schweißhemd*

*Arabischer Burnus*

## *Wassergewinnung*

### Wasservorkommen

Das in der Natur vorkommende Wasser läßt sich unterteilen in
- Oberflächenwasser,
- Grundwasser,
- Meteorisches Wasser (Schnee, Regen, Hagel).

O b e r f l ä c h e n w a s s e r

Dies sind stehende und fließende Gewässer. Der alte Grundsatz, »ein Wasser, das über 7 Steine fließt, ist rein«, stimmt heute längst nicht mehr. Grundsätzlich ist jedes Oberflächenwasser als »hygienisch verdächtig« einzustufen. Unbedenklich sind nur Gebirgsquellen.

G r u n d w a s s e r

Sein Reinheitsgrad hängt von der Filterwirkung der geologischen Struktur ab und läßt sich daher nicht beurteilen.

M e t e o r i s c h e s  W a s s e r (Schnee, Regen, Hagel)

Es ist von fadem Geschmack, aber sauber. Eine Verunreinigung erfolgt praktisch erst beim Auftreffen am Boden (Ausnahme bilden Industrieregionen, aber nach halbstündigem Regen ist die Luft auch dort bereits rein). Es ist nur in ganz frischem Zustand unbedenklich.

### Techniken der Wassergewinnung

Diese Wasservorkommen lassen sich erschließen durch:
- Graben,
- Auffangen u. Aufsaugen,
- Verdunsten,
- Schmelzen.

G r a b e n

Graben nach Grundwasser kann selbst dann Erfolg haben, wenn die Erdoberfläche keine Spur von Wasser zeigt. Wasserfündig wird man am ehesten
- an auffallend grünen Rasenflächen,
- an feuchten Stellen lehmiger Abhänge,
- in der Außenkurve ausgetrockneter Bachbette,
- an Stellen mit auffallend dunkler Erde, mit Wasserpflanzen oder stark wasserhältigen Gewächsen,

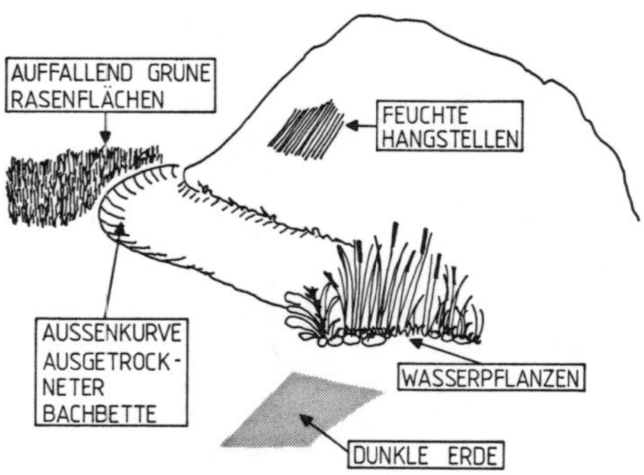

— am Meeresstrand, indem bei Ebbe eine Grube in Höhe der Flutlinie bis zum Erreichen des Grundwasserspiegels gegraben wird. Da Salzwasser schwerer als Süßwasser ist, ist die obere Wasserschicht meist trinkbar (Kostprobe).

Auffangen und Aufsaugen

Meteorisches Wasser ist eine willkommene Quelle; es ist allerdings elektrolytfrei.

Regenwasser fängt man am besten mit Hilfe eines Regenschutzes auf.

Auch durch Auslegen saugfähiger Gewebe (Baumwollbekleidung) läßt sich das Wasser auffangen; die Tücher bzw. Kleider werden anschließend über einem Sammelgefäß ausgewunden.

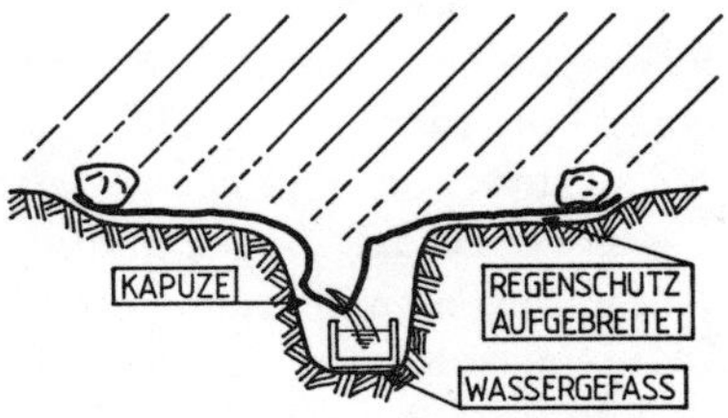

Auffangen von Regenwasser

Tau ist umso reichlicher vorhanden, je größer die Temperaturunterschiede zwischen Tag und Nacht sind. Man sammelt ihn am raschesten, indem man ein saugfähiges Tuch über die taufeuchte Wiese zieht und hinterher auswindet. Auf diese Art läßt sich bis zu 1 Liter Wasser pro Stunde gewinnen. Ist der Bewuchs wenigstens kniehoch, kann man auch beim Gehen mit einem Becher den Halmen entlangstreifen und so rasch und problemlos Wasser sammeln.

Kalkgestein ist wasserundurchlässig, im Kalkgebirge finden sich daher nur selten Quellen. Fallweise ziehen sich dünne Rinnsale über die Felsen. Es ist sinnlos, daran die Lippen benetzen zu wollen; man wischt die feuchte Stelle mit einem Tuch auf, windet es aus und gewinnt so wenigstens einige Schluck Wasser.

Verdunsten

Selbst in ausweglos scheinenden Situationen läßt sich die Feuchtigkeit der tiefen Bodenschichten gewinnen und in Trinkwasser verwandeln:

Eine klare Folie wird über eine Grube gespannt. Bei hoher Außentemperatur beschlägt sich die Folie unten mit der kondensierten Luftfeuchtigkeit, die in ein bereitgestelltes Sammelgefäß abtropft.

Zumindest in heißen Gegenden funktioniert diese Methode, die Wasserausbeute ist aber meist bescheiden (ca. 1 l Wasser in 24 Stunden).

Die Ausbeute läßt sich erhöhen, wenn der Boden mit ungenießbarem Wasser (Salzwasser, Kühlerwasser, Tierharn o. ä.) getränkt wird oder sonstige zusätzliche wasserhältige Gegenstände (Pflanzen, verschwitzte Wäsche o. ä.) hineingelegt werden.

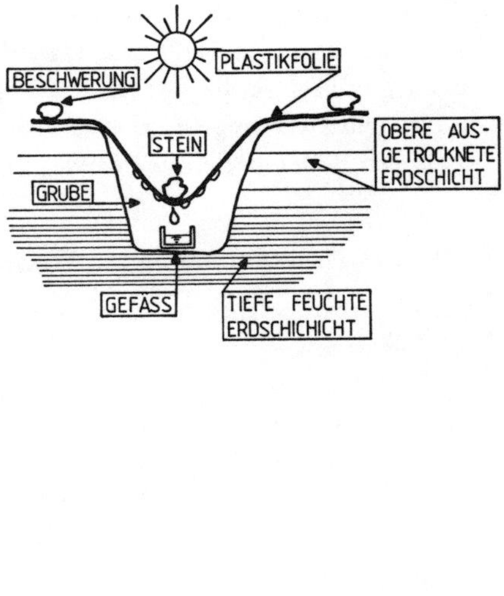

### Kondensieren

Dabei wird verunreinigtes, ungenießbares Wasser erhitzt, der daraus aufsteigende (reine) Wasserdampf aufgefangen und durch Kondensieren zu Trinkwasser umgewandelt:

- Erhitzen Sie die Flüssigkeit (z. B. Meerwasser, alkalihaltiges oder verunreinigtes Wasser, Urin) bis zum Kochen.
- Fangen Sie den aufsteigenden Dampf auf, indem Sie einen Stoff oder Plastik zeltförmig über dem Kochbehälter aufspannen.
- Wird Stoff verwendet, nimmt er die Feuchtigkeit nach dem Kondensieren des Dampfes auf und kann dann in ein Gefäß ausgewunden werden.
- An Plastik rinnen die kondensierten Wassertropfen an der Innenseite ab und können mit einem Gefäß aufgefangen werden. Schlagen Sie dazu den unteren Rand der Folie dachrinnenförmig nach innen und befestigen Sie ihn.

Um ein Verbrennen des überhängenden Stoffes (Plastik) durch das Feuer zu verhindern, wird die zu verdampfende Flüssigkeit am besten in eine Mulde gegossen und mit glühenden Steinen erhitzt.

### Schmelzen von Schnee und Eis

Schnee und Eis sind beträchtliche Wasserreservoirs.

Schnee darf nicht gelutscht oder gegessen werden, denn:

- Schnee ist meistens verschmutzt;
- der kalte Schnee reizt die bei Durst ohnehin schon sensibilisierten Magenschleimhäute noch mehr; Gastritis oder zumindest eine verminderte Resorptionsfähigkeit ist die Folge.
- Schnee ist elektrolytfrei, löscht daher das Durstgefühl nur kurzfristig und kann zur Wasservergiftung führen.

Schnee als Wasserlieferant findet sich in höheren Lagen schattenseitig und in unmittelbarer Nähe von Quellen auch im Sommer als Firnschneeflecken oder -felder.

Beim Schmelzen von Schnee und Eis sollte das gewonnene Wasser gleich aufgekocht und damit keimfrei gemacht werden.

Am schnellsten wird Schnee geschmolzen, wenn Sie erst wenig davon zergehen lassen und dann in das sich bildende Wasser zunehmend größere Schneeklumpen einbringen.

- Eis ist dichter als Schnee. Wenn Sie die Wahl haben, nehmen Sie Eis zum Schmelzen, das geht wesentlich schneller.
- Altes Meereseis (bläuliche Farbe, runde Kanten) hat seinen Salzgehalt weitgehend verloren und kann zu Trinkwasser geschmolzen werden (Kostprobe!).
- Auch Sonnenenergie kann zum Schmelzen verwendet werden: Bilden Sie an einer windgeschützten, sonnigen Stelle mit wasserdichtem Material (Regenschutz, Anorak) eine möglichst großflächige, flache Pfanne und legen Sie den Schnee oder das Eis hinein.

  Das geht zwar langsam, aber es spart Brennstoff. Dunkle Folien und eine Isolierschicht zwischen Boden und Folie beschleunigen den Schmelzvorgang.

## Trinkbarmachen verunreinigten Wassers

Dabei werden gefährliche Viren und verunreinigende Schwebstoffe aus dem Wasser entfernt. Die dazu angewandten Verfahren sind

- Wasserklärung und
- Wasserentkeimung.

W a s s e r k l ä r u n g

Sie wird durch Filtern besorgt. Für kleine Trinkwassermengen reichen Stoffilter aus; wenn man die Möglichkeit hat, sollte man den Stoff mit einem Filterpulver aus
— 50 Teilen Kieselgur,
— 33 Teilen Alaun,
— 17 Teilen Soda
imprägnieren.

Statt dieses Filterpulvers kann auch Sand verwendet werden (Sand in ein Tuch, Rohr- oder Plastiksäckchen geben — dabei Abfluß nicht vergessen).
Gute Filterwirkung haben auch
— Kies,
— Holzkohle,
— Zellulosefilter wie Melitta-Tüten, Papiertaschentücher, Mullbinden.

Daraus und aus Sand lassen sich einfache, aber wirkungsvolle Behelfsfilter machen. Je mehr Schichten aufgebracht werden, desto besser ist die Wirkung.

Haben Sie gar nichts, um das Wasser zu filtern, lassen Sie es ca. 12 Stunden stehen, damit sich die verunreinigenden Schwebstoffe setzen können.

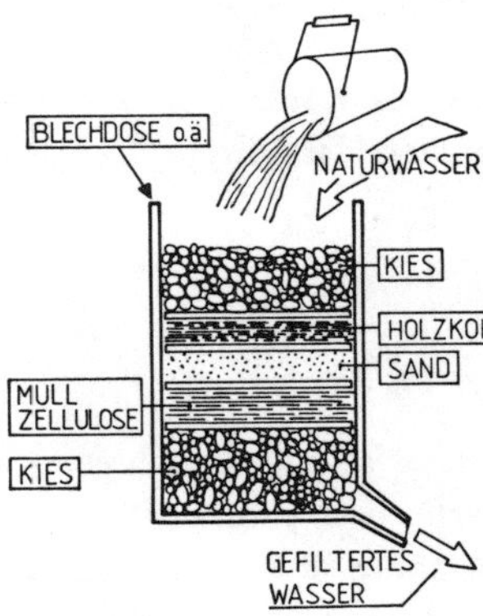


W a s s e r e n t k e i m u n g

*Kochen*

Das einfachste und zugleich wirkungsvollste Mittel zur Wasserentkeimung ist Abkochen. Meist genügt schon ein einfaches Aufkochen; besser ist es, das Wasser 15 Minuten kochen zu lassen. Dadurch gehen mit großer Wahrscheinlichkeit alle durch chemische Mittel nicht sicher erfaßbaren Keime zugrunde.

*Chlor*

Diese Methode ist umständlich und in Extremsituationen nur sehr selten möglich. Man verwendet 33prozentigen Chlorkalk. 2 g davon reichen für 1000 l Rohwasser bei einer Einwirkungszeit von 10 Minuten. Diese Menge gilt für Quellwasser und das Grundwasser von Brunnen. Die Menge an Chlorkalk erhöht sich
— bei Wasser aus großen Oberflächengewässern mit einer gewissen Selbstreinigungskraft und geringer Besiedelung der Umgebung auf 4—8 g,
— bei Tümpeln, Wasserlachen o. ä. auf 10 g.

10 g Chlorkalk auf 1000 l Rohwasser bei einer Einwirkungszeit von 1 bis 2 Stunden reichen immer aus, sämtliche Keime abzutöten.

Wollte man den Wohlgeschmack des Wassers nach der Chlorung wiederherstellen, müßte das überschüssige Chlor mit Natriumthiosulfat entfernt werden, und das übersteigt mit Sicherheit die Möglichkeiten in einer Überlebenssituation. Im Alltag empfiehlt sich diese Methode aus gesundheitlichen Gründen ebenfalls nicht.

*Jod*

3 bis 6 Tropfen Jodtinktur auf 1 l Wasser bei einer Einwirkungszeit von 30 Minuten entkeimen das Wasser.

*Kaliumpermanganat*

Es ist unzuverlässig in der keimtötenden Wirkung und darf nur für kleine Wassermengen verwendet werden. Man setzt es im Verhältnis 1:2000 (0,5 g auf 1 l Wasser) zu und läßt es 1 bis 2 Stunden einwirken (Wasser wird rosa). Eine Entfärbung ist durch ein Stück Zucker oder eine Prise Kaffeepulver möglich.

Sauerstoffanreicherung

Abgekochtes oder auch nur abgestandenes Wasser schmeckt fade, weil es wenig Sauerstoff enthält. Dieser Mangel läßt sich beheben, indem man das Wasser mit Ruten schlägt oder von einem Gefäß in ein anderes mehrmals umschüttet. Dadurch wird der Geschmack spürbar verbessert, allerdings birgt diese Behandlung die Gefahr einer neuerlichen Verunreinigung in sich.

All das so gewonnene und gereinigte Wasser ist elektrolytfrei. Der Körper benötigt aber Elektrolyte ebensosehr wie das Wasser. Verwenden Sie dieses Wasser daher, wann und wo immer es geht, zum Kochen von Suppen.

Ist überhaupt kein Salz verfügbar, dann sollten Sie zumindest etwas Holzasche (die weißpulvrigen Rückstände von verbrannten Harthölzern) zu sich nehmen (bestreuen Sie die Speisen damit).

## *Transportieren und Bewahren von Wasser*

Ist Wasser da, gilt es, das kostbare Naß aufzubewahren.

Soll abgekochtes Wasser aufbewahrt oder transportiert werden, sollte es vor dem Gebrauch möglichst nochmals gefiltert bzw. entkeimt werden.

Die Lagerung soll kühl (Abdecken gegen Sonnenbestrahlung) und keimfrei (Abdichten der Gefäße) erfolgen. Es empfiehlt sich, den Behälter einzugraben.

Ist man mit einem Fahrzeug unterwegs, läßt sich schal und warm schmeckendes Wasser gut kühlen, wenn Sie die Feldflasche während der Fahrt in den Fahrtwind halten.

Eine Marschbewegung sollten Sie nie mit weniger als 1 bis 2 l Wasser antreten (2 Feldflaschen, Plastikflaschen, zur Not auch Plastiksäckchen); das gilt nicht bloß für die Tropen (dort käme man damit nicht aus), sondern vor allem auch für die gemäßigten Klimazonen.

Es ist besser, in Überlebenssituationen das wenige vorhandene Wasser zu trinken und mit belastungsfähigem und gestärktem Organismus aktiv zu sein als vor sich hin zu dursten, lächerliche Wasservorräte aufzubewahren und zu schwach zu sein, um zur Rettung Entscheidendes beitragen zu können.

# FEUER

## *Allgemeines*

Schon bei + 10° C können beim Leben im Freien die Reaktionen verlangsamt werden; bei gleichzeitigem Auftreten von Nässe und Wind können auch Erfrierungen die Folge sein. Feuer hilft, die normalen physiologischen Funktionen des Menschen zu erhalten und Kälteschäden zu vermeiden.

Im einzelnen wird Feuer benötigt, um
— sich, den Unterschlupf oder die Unterkunft zu wärmen,
— die Verpflegung zuzubereiten,
— Trinkwasser abzukochen,
— Bekleidung zu trocknen.

Nach der Versorgung mit Wasser kommt dem Feuer die größte Bedeutung im Überlebensfall zu.

## *Vorbereitungen*

Ehe man ein Feuer anlegt, muß man sich über seinen Zweck im klaren sein. Grundsätzlich ist zu beachten:

— Feuer braucht Sauerstoff und damit Luftzufuhr.
— Feuerstellen in Unterkünften bzw. Unterschlupfen dürfen nur bei ausreichender Belüftung und Entlüftung unterhalten werden (Gefahr der Kohlenmonoxydvergiftung).
— Feuerstellen dürfen nicht unter schneebedeckten Bäumen eingerichtet werden; der Schnee taut und löscht beim Herunterfallen das Feuer.
— Feuer ist vor scharfem Wind zu schützen, um Funkenflug zu vermeiden.
— Große Feuer sind zu vermeiden. Kleine Feuer erfordern weniger Brennstoff und lassen sich leichter regulieren; ihre Hitze kann konzentriert werden.
— Um das Feuer unterhalten zu können, muß immer genügend Brennstoff bereitliegen, nach Möglichkeit verschieden dicke Hölzer, vom fingerdicken Stock bis zum dicken Ast.
— Das Feuer muß immer von der Windseite her angezündet werden.
— Streichhölzer und sonstige künstliche Zündmittel sollten nur sehr sparsam verwendet werden.
— Das Feuer darf nach dem Anzünden nicht durch zu schweres Brennmaterial ersticken.
— Feuerstellen in Unterkünften sollen tiefer liegen als die Schlafstellen (Wärme steigt auf).
— Wird ein Feuer von mehreren Personen unterhalten, soll unbedingt eine Feuerwache eingeteilt werden. Sie verhindert das Entstehen von Bränden und sorgt für den Unterhalt des Feuers.

### Brandgefahr

Im allgemeinen ist die Natur nicht sehr feuergefährdet. Im Frühjahr und Herbst aber können Brände entstehen, die nur winzige Wärmequellen als Ursache haben. Zumeist wird diese Gefahr unterschätzt.

Nach dem Wegschmelzen der Schneedecke (Ausapern) ist der Boden trocken und das alte Gras braun und dürr. Bis junges, grünes Gras nachwächst, herrscht größte Brandgefahr. Das gilt auch im Herbst nach dem Austrocknen des Bodens bis zum Schneefall.

Durch Auslegen der Feuerstelle mit Steinen bzw. durch Befeuchten des Bodens mit Schnee oder Wasser kann man dieser Gefahr vorbeugen.

**Vorbereitung der Feuerstelle**

- Machen Sie den Untergrund von brennbaren Materialien frei.
- Bereiten Sie Feuerholz in ausreichender Menge vor (einerseits zum Nähren des Feuers, andererseits zum Trocknen feuchter oder noch grüner Hölzer).
- Im Winter muß der Boden vollständig von Schnee gesäubert werden; ist das nicht möglich, muß eine feste Unterlage aus grünen Stämmen oder Steinen geschaffen werden.
- Gegen zu schnelles Herunterbrennen, gegen Funkenflug bei starkem Wind und gegebenenfalls zur Abdeckung des Feurscheins ist häufig ein Windschutz oder eine Blende erforderlich. Dazu eignen sich Zeltbahnen, Flecht- oder Pflockschirme oder Wälle aus Steinen, Erde bzw. Schnee. (Siehe Kapitel »Schutz und Obdach«).

**Holz als Brennstoff**

Holz ist der häufigste Brennstoff zum Entfachen und Nähren eines Feuers. Je trockener es ist, desto leichter läßt es sich anzünden und umso besser brennt es bei geringer Rauchentwicklung.

Allgemeine Regeln:
- Weichholz brennt schnell ab, erzeugt eine helle Flamme und gibt wenig Glut;
- Hartholz brennt langsam ab und ergibt lang anhaltende Glut;
- Nadelholz brennt meist auch feucht gut, weil es harzhaltig ist.

Bezogen auf seine Verwendung ist Holz wie folgt einzuteilen:
- Zunder,
- Anzündmaterial,
- Feuerholz.

Zunder

Das wichtigste Material zum Anfeuern ist der Zunder. Er ist unerläßlich, insbesondere wenn weder Streichhölzer noch Feuerzeug vorhanden sind.

Seine Aufgabe ist es, selbst den geringsten Funken aufzunehmen und zu halten, damit er durch vorsichtiges Blasen zum Glimmen gebracht werden kann. Schließlich muß er aufflammen, damit mit seiner Flamme das Anzündmaterial und später das Brennholz entzündet werden kann.

Als Zunder eignen sich:
- sehr trockenes, mehlig zerriebenes Holz,
- ganz klein zerbröckelte Trockenrinde,
- Fasern von ausgefasertem Tuch (Baumwolle),
- zerfaserte Verbandgaze oder zerfaserte Seilstücke,
- zerkrümelte, trockene Pflanzenteile,
- feine Vogelfedern,

— Feldmausnester,
— Holzstaub, der von Insekten in oder hinter Baumrinden erzeugt wird.

Dieser Zunder muß vollkommen trocken sein und sollte in größerer Menge hergestellt werden. Die nicht verwendete Menge wird wasserdicht (Plastikbeutel oder dichtschließende Büchse) aufbewahrt.

Man sollte jede Gelegenheit nützen, solchen Zunder zu sammeln.

Anzündmaterial

Das Verbrennen des Anzündmaterials ermöglicht es, anschließend größere und sogar feuchte Holzstücke wie feuchte Wurzeln oder Treibholz zu verbrennen. Das Anzündmaterial muß klein genug sein, um sich rasch zu entzünden. Ein reichlicher Vorrat ist bereitzustellen, ehe das Feuer angemacht wird.

Als Anzündmaterial eignen sich
- harzige, aufgeschnittene Späne,
- in kleine Teile gebrochenes Nadelholzreisig,
- Baumrinde, möglichst Birkenrinde,
- dürre Baumflechten und Zapfen,
- gespaltenes Fichtenholz,
- aufgeriebene Torfstücke, Tierdung,
- Stroh, Schilf, verdorrte Gras- und Farnbüschel.

*Zunder* *Anzündmaterial*

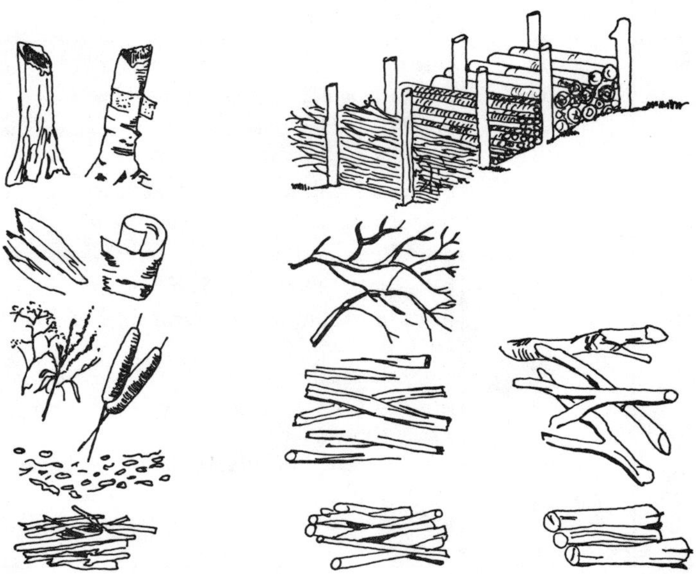

Birkenrinde eignet sich auch bei ungünstigem Wetter zum Anzünden eines Feuers. Man sollte von diesem guten Anzündmaterial immer eine ausreichende Menge sammeln und bereithalten.

Es gibt auch künstliches Anzündmaterial wie:
- Papier, Wachspapier, klein zerrissene Pappe,
- kleine Kerzenstummel,
- Trockenspiritus, in Splitter zerbrochen,
- Pulver aus Patronen,
- Benzin und/oder Öl.

### Feuerholz

In den meisten Fällen wird als Brennmaterial Holz zur Verfügung stehen. Je trockener es ist, umso leichter ist das Feuer anzufachen.

Feuerholz dient dem Nähren des Feuers und soll einen hohen Heizwert aufweisen.

Das beste und trockenste Holz findet man eher an Bäumen und Büschen als am Boden.

Bei hohem Schnee und großer Kälte wird es nicht leicht sein, trockenes Holz zu finden. Man kann trockene, abgestorbene Bäume von frischen Bäumen unterscheiden, indem man sie mit einem harten Gegenstand abklopft. Frisches Holz klingt dumpf, trockenes sehr hell. Auch abgefallene Rinde und kahle Äste bei Nadelhölzern deuten auf einen abgestorbenen Baum hin.

Abgestorbene Bäume liefern auch bei nasser Witterung trockenes Holz, manchmal allerdings erst nach Entfernen der durchfeuchteten Rinde oder der äußeren Holzschicht.

### Holzarten und ihr Heizwert

Heizwert 100 entspricht guter Glut bei lebhafter Flamme. Die einzelnen Holzarten weisen, ausgehend von diesem Index, folgende Heizwerte auf:

| Holzart | Heizwert | Eigenschaft |
|---|---|---|
| Hagebutte | 100 | gute Glut, lebhafte Flamme |
| Eiche | 99 | brennt langsam, ausgezeichnete Glut |
| Esche | 92 | brennt langsam, gute Glut |
| Ahorn | 91 | gute Flamme |
| Birke | 89 | brennt schnell, wärmt gut, helle Flamme |
| Ulme | 84 | brennt langsam, gibt aber viel Wärme |
| Buche | 80 | gutes Brennholz, gute Glut, helle Flamme |
| Weide | 71 | helle, rasche Flamme, läßt sich leicht entzünden |
| Tanne | 70 | lebhafte Flamme, wärmt schnell, gibt Rauch und ist rasch verbrannt |
| Erle | 67 | brennt schnell und gibt viel Wärme, ist rasch verbrannt |
| Kiefer | 67 | lebhafte Flamme, gibt viel Wärme, verbrennt schnell, starke Rußentwicklung |
| Fichte u. Lärche | 66 | mittelmäßiges Brennholz, brennt leicht an, aber ohne Glut |
| Kastanie | 20 | schlechtes Brennholz, wenig Wärme, gefährliche Funken |

Steht kein Holz zur Verfügung, dann kann man als Notbehelf auch nachfolgende Stoffe als Brennmaterial verwenden:

- — tierische Fette (auf Stöcke oder Knochen gelegt),
- — Knochen,
- — Tierlosung (getrocknet) ergibt eine heiße Flamme,
- — zu festen Bündeln gebundenes, trockenes Gras, Blätter, Rinde (siehe Kapitel »Behelfe«),
- — getrocknetes Moos oder getrockneter Torf,
- — Benzin oder/und Öl.

## *Anzünden des Feuers*

Das Anzünden eines Feuers läuft in Form einer Kettenreaktion ab, der sogenannten Anzündkette:

| | | | | | | |
|---|---|---|---|---|---|---|
| FUNKE | ▶ | GLIMMEN | ▶ | ENTFLAMMEN | ▶ | FEUER |
| | | ZUNDER | | ANZÜNDMATERIAL | | FEUERHOLZ |

Um den zur Auslösung der Reaktion erforderlichen Funken zu erzeugen, können
— künstliche Hilfsmittel oder
— natürliche Hilfsmittel
verwendet werden.

### Künstliche Hilfsmittel

S t r e i c h h ö l z e r

Streichhölzer sollte man immer bei sich haben. Sie müssen unter allen Umständen trocken gehalten, daher unbedingt in einem wasserdicht verschlossenen Plastiksäckchen transportiert werden. Eine Kondenswasserbildung im Säckchen ist zu vermeiden. Zum Transport gut geeignet ist auch eine kleine Plastikdose, die mit Isolierband luftdicht verschlossen wird.

Um Streichhölzer zu versiegeln, taucht man die Streichholzköpfe einfach in flüssiges Wachs. Man läßt entweder Wachs von einer brennenden Kerze darauftropfen oder schmilzt etwas Kerzenwachs in einer Blechdose und taucht die Köpfe ein.

Die Reibfläche sollte am besten von der Schachtel abgetrennt und auf die gleiche Weise versiegelt werden.

Um Streichhölzer optimal ausnützen zu können, kann man sie spalten. Gespaltene Streichhölzer mit nur einem halben Kopf sind allerdings bei Wind viel schwerer anzuzünden als ganze. Ein gespaltenes Streichholz muß man so anzünden, daß es nicht zerbricht.

Fassen Sie das Streichholz mit Daumen und Mittelfinger etwa 1 cm unterhalb des Kopfes und drücken Sie mit dem Zeigefinger auf den Streichholzkopf. Ziehen Sie es auf der Reibfläche entlang, wobei Sie mit dem Zeigefinger leichten Druck ausüben, bis das Streichholz aufflammt.

Es gibt auch besondere Sturmstreichhölzer. Sie haben eine lange, langsam abbrennende Brandmasse. Auch wenn ihre Flamme vom Wind ausgeblasen wird, brennt die Glut weiter. Sturmstreichhölzer sind eine gute Hilfe; bei Beachtung aller Regeln gelingt es aber auch mit normalen Streichhölzern unter fast allen Bedingungen, ein Feuer anzumachen.

## Feuerzeug

Gasfeuerzeuge geben eine bläuliche, wenig heiße Flamme.

Benzinfeuerzeuge haben eine bessere Hitzeentwicklung, man kann sie zudem bei jedem Kraftfahrzeug nachfüllen. Allerdings ist das Benzin rascher verbraucht oder auch verdunstet. Gasfüllungen halten länger, verdunsten nicht und sind daher vorzuziehen. Bei Wind sind alle Feuerzeuge bald leer, daher ist beim Anzünden auf Windschutz zu achten.

## Feuerstarter

Er besteht aus einem Magnesiumblock, von dem Späne geschabt werden müssen. Mit Hilfe eines im Block eingelassenen Metallstabes werden Funken geschlagen, die die Magnesiumspäne entzünden.

Mit dem Magnesium wird das Anzündholz entflammt. Man erspart sich dabei den Zunder. Ein 40 g schwerer Block in den Maßen 2,5 × 7,5 cm reicht für ca. 1000 Zündvorgänge.

## Schießpulver

Man entfernt bei einer Patrone das Geschoß und schüttet das Pulver aus der Hülse. Es ersetzt den Zunder, hat aber den großen Nachteil, daß es rasch verbrennt und keine Glutnester hinterläßt. Es eignet sich am besten zum Anzünden in Verbindung mit einer Lupe, einer Batterie oder einem Feuerbohrer.

Stehen Leuchtpistole und Leuchtmunition zur Verfügung, kann man die Hitzeentwicklung des Leuchtsatzes ausnützen. Man muß hierzu nur gegen einen weichen Gegenstand, am besten ein kleines Erdloch (Abfallgrube) oder gegen einen steilen Hang (Hohlweg) oder ein sonst dazu geeignetes Hindernis schießen und dann sehr schnell vorbereitetes Anzündmaterial auf die glühende Leuchtmasse legen. Selbst ein Signalstift mit seinen kleinen Signalpatronen ist dazu geeignet.

## Elektrische Batterie

Hat man eine Batterie zur Verfügung (Auto, Flugzeug, Funkgerät), so kann man durch Reiben von Drahtenden (am besten die Stahldrähte eines Kabels), die an Plus- undd Minuspol angeschlossen sind, Funken erzeugen und diese in den Zunder leiten. Ein noch besseres Ergebnis erzielt man, wenn dem Zunder Pulver aus Patronen beigefügt wird.

Auch eine kleine Taschenlampenbatterie von 1,5 Volt genügt, um einen dünnen Stahldraht, der stark geknickt wird, am Knickpunkt zum Glühen zu bringen und so Pulver und trockenen Zunder zu entzünden.

Steht eine intakte Taschenlampe zur Verfügung, die nicht für wichtigere Zwecke gebraucht wird, kann das Glas der Birne vorsichtig zerstört werden, sodaß der Glühdraht freiliegt. Beim Einschalten der Batterie beginnt der Glühfaden zu glühen und kann mit Hilfe des Pulvers einen Zunder anzünden. Der Glühdraht wird dabei allerdings zerstört.

## Lupe, Brennglas

Brenngläser bündeln das Sonnenlicht und zentrieren es auf einen Punkt. Den Brennglaseffekt kann man zum Anzünden des Zunders nützen. Dies gelingt selbst mit leeren Flaschen oder Glasscherben — Geschick und Geduld vorausgesetzt. Dabei ist das im Brennpunkt gebündelte Licht solange auf den Zunder zu richten, bis dieser zu glosen beginnt.

Auch eine Fotokamera kann man dazu verwenden. Die Linsen müssen dazu nicht ausgebaut werden: Die Kamera wird an der Rückseite geöffnet, die größte Blende und die Belichtung auf B eingestellt, so daß die Blende offenbleibt, solange man auf den Auslöser drückt.

Mit der Linse werden dann die Sonnenstrahlen gebündelt und auf den Zunder gerichtet.

## Natürliche Hilfsmittel

### Feuerbohrer

Es gibt zahlreiche Methoden, durch Reibungswärme Feuer zu erzeugen. Alle erfordern sehr viel Geduld, Geschick und als Voraussetzung absolut trockenes Holz.

Der Feuerbohrer ist mit Abstand die praktikabelste Möglichkeit (siehe Kapitel »Behelfe«): In ein handliches Brett wird eine Kerbe geschnitten und in diese der Reibstock gesetzt. Dieser Reibstock wird nun zügig und unter Druck auf dem Brett gedreht, entweder mit den Händen oder mit Hilfe eines Bogens. Entscheidend ist, daß das Holz sowohl des Reibstockes als auch des Brettes staubtrocken ist. Allmählich löst sich beim Bohren zunehmend dunkleres und wärmeres Holzpulver, das, wenn es zu glosen beginnt, vorsichtig durch leichtes Blasen zu einem Glutnest vergrößert wird. Rasch wird obenauf ein wenig Zunder gelegt und weiter geblasen, bis er aufflammt. Schließlich wird die Flamme rasch in die vorbereitete Pyramide aus Holzspänen eingebracht.

Auch das Reiben von Hanfseilen an Holzstücken wird manchmal empfohlen. Dies funktioniert jedoch nur unter der Voraussetzung, daß Seil wie Holz völlig trocken sind.

### Feuerstein

Aus Feuerstein (Pyrit) lassen sich mit Stahl Funken schlagen. Zur Not kann dazu aber auch jeder andere harte Stein (Kiesel, Granit) verwendet werden.

Der Stein wird direkt über den trockenen Zunder gehalten und dann wird die Klinge eines Messers oder ein anderes Stahlstück mit scharfen, kratzenden Bewegungen flach nach unten geschlagen, so daß die Funken in den Zunder fallen.

## Anzündvorgang

### Pyramidenfeuer

Man schichtet aus trockenem Anzündholz eine kleine Pyramide auf, in deren Mitte man den Zunder plaziert. Späne und Feuerholz müssen daneben bereitliegen. Man achte auf den Wind: Man muß ihn im Rücken haben! Zuviel Wind löscht jedes aufkommende Flämmchen aus, daher ist ein Windschutz erforderlich.

Ein gewisser Luftzug muß jedoch vorhanden sein, damit die Flamme nicht erstickt.

Man nähert sich mit der Flamme oder dem Funken – Wind im Rücken – dem Zunder und entfacht diesen. Ist als Wärmequelle nur ein Funken vorhanden, versucht man, im Zunder Glutnester zu schaffen, sie durch vorsichtiges Blasen zu vergrößern und schließlich die Flamme zu entfachen.

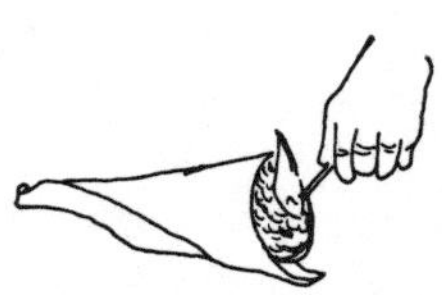

Bei Wind hilft folgende Technik: Man dreht aus Papier eine Spitztüte, hält sie mit der Spitze in die Pyramide und entzündet das Streichholz in die Öffnung der Tüte.

P a g o d e n f e u e r

Eine andere Anzündmethode ist das sogenannte Pagodenfeuer: Um ein zu einer Fackel zusammengeknülltes Blatt Zeitungspapier oder sonstiges Zunder- oder Anzündmaterial stellt man kegelförmig trockene Holzstäbchen. Darüber kommt zeltähnlich eine Lage Zeitungspapier und darüber wiederum eine Pyramide aus dickeren Ästen. In dieser Weise werden — immer durch eine Lage Zeitungspapier getrennt — Schichten zunehmend stärkeren Feuerholzes geschichtet. In Windrichtung muß die Holzverkleidung weniger dicht gelegt werden, um für ausreichenden Luftzug in der Pyramide zu sorgen.

**Feuchtigkeit**

Nasse Holzstücke kerbt man tief ein, um das trockene Kernholz freizulegen. Selbst bei starkem Regen gelingt damit immer ein Feuer.

Sind Streichhölzer feucht geworden, reibt man die Streichholzköpfe im Haar. Die dabei entstehende elektrostatische Aufladung entzieht ihnen Feuchtigkeit. Der Trick funktioniert bei mäßig feuchten Streichholzköpfen gut. Besonders muß man auf die Reibflächen der Streichholzschachteln achten: Es gibt keine Methode, sie rasch zu trocknen.

Hat man erst einmal ein Feuer entfacht, sollte man immer feuchtes Holz auf Vorrat trocknen. Auch Zunder kann man für das nächste Mal am Feuer vorbereiten.

## *Die Feuerstelle*

**Feuerarten**

Die Art der Feuerstelle ist nach dem Zweck des Feuers auszuwählen:

— Wärmefeuer sollen bei geringer Rauchentwicklung in die Breite strahlende Wärme abgeben.
— Kochfeuer müssen nach oben auf begrenzter Fläche starke Hitze entwickeln oder ein Glutbecken haben. Alle Wärmefeuer lassen sich aushilfsweise auch als Kochfeuer verwenden.

Als Koch- oder Wärmefeuer sind folgende Arten von Feuerstellen geeignet:

Grundfeuer
- Schichten Sie Anzündmaterial pyramidenförmig auf.
- Stellen Sie dünne Äste oder Scheite um das Anzündmaterial herum, und zünden Sie das Feuer an.
- Legen Sie nach dem Abbrennen dickeres Holz nach.
- Die Brenndauer ist abhängig von Länge und Stärke des verwendeten Holzes.

Grundfeuer

Sternfeuer
- Legen Sie Scheite bzw. Äste sternförmig um die Brennstelle.
- Um das Feuer zu nähren, schieben Sie die Scheite zur Mitte hin nach.
Die Brenndauer beträgt bei Scheiten von ca. 10 × 70 cm 4—5 Stunden.

Sternfeuer

Balkenfeuer
- Schichten Sie zwei oder drei trockene Balken oder Stämme zwischen Pfosten mit etwa fauststarken Zwischenräumen übereinander.
- Bearbeiten Sie die Balken oder Stämme so, daß zu den Zwischenräumen hin Späne abstehen;
- Füllen Sie die Zwischenräume mit Holzspänen, Reisig oder Kleinholz aus.

Die Brenndauer beträgt bei einer Balken- bzw. Stammstärke von 25 cm etwa 10 Stunden, sofern das Feuer windgeschützt ist. Es schwelt und entwickelt bei kleiner Flamme und wenig Rauch ausreichende Wärme. Es ist vor allem als Wärmefeuer geeignet.

Balkenfeuer

J ä g e r f e u e r

- Legen Sie drei oder mehrere armdicke Rundhölzer oder Scheite kreuzförmig auf zwei Rundhölzer (Scheite).
- Zünden Sie das Feuer unter der Kreuzstelle mit Anzündmaterial an.
- Schieben Sie die aufgelegten Rundhölzer (Scheite) allmählich nach.

  Die Brenndauer beträgt bei Scheiten von ca. 10 × 70 cm 4—5 Stunden.

  Das Jägerfeuer brennt langsam und erzeugt ausreichende Wärme; es eignet sich als Wärme- und als Kochfeuer.

Jägerfeuer

G r u b e n f e u e r

- In einer Grube von etwa einem halben Meter Tiefe und Durchmesser stellen Sie Holzscheite oder Rundhölzer dicht nebeneinander in mehreren Lagen an der Grubenwand auf.
- Setzen Sie das Brennholz in der Grubenmitte mit Anzündmaterial in Brand.
- Um einen Glutvorrat über längere Zeit zu bewahren, decken Sie die Grube nach Abbrennen des Holzes teilweise ab (z. B. mit Rasenziegeln).

  Das Feuer eignet sich besonders gut als Kochfeuer. Der Holzverbrauch ist gering, es entsteht viel Wärme, die fast ausschließlich nach oben abstrahlt.

Grubenfeuer

H ö h l e n f e u e r

- Graben Sie etwa 15 cm über der Sohle der Erdhöhle in die Wand eine Öffnung von 50 cm Tiefe, Breite und Höhe, die als Feuerstelle dient.
- Versehen Sie diese Öffnung mit einem Rauchabzug. Er sollte 15 cm Durchmesser haben und im Bogen zur Erdoberfläche führen.

- Es ist zweckmäßig, nur ganz trockenes Holz zu verfeuern und das Feuer nur nachts brennen zu lassen.

  Das Feuer eignet sich besonders zur Beheizung eines Schutzbaues, sofern das entsprechende Gelände gegeben ist.

Höhlenfeuer

G l u t o f e n

Erlaubt die verfügbare Zeit nicht die aufwendige Herstellung eines Höhlenfeuers, kann man sich mit Hilfe eines Glutofens erwärmen:

- Bohren Sie Luftlöcher im unteren Drittel eines Blecheimers oder auch nur einer Konservendose;
- Füllen Sie den Eimer bzw. die Dose mit Glut;
- Hängen Sie den Eimer bzw. die Dose an einem Dreibein auf, oder stellen Sie sie auf einen Erdwall oder auf Steine (Brandgefahr!).

  In geschlossenen Räumen mit schlechter Durchlüftung wärmt der Glutofen gut, es entstehen kaum gefährliche Verbrennungsgase.

  Allerdings: Ein wenig Frischluftzufuhr muß sichergestellt sein.

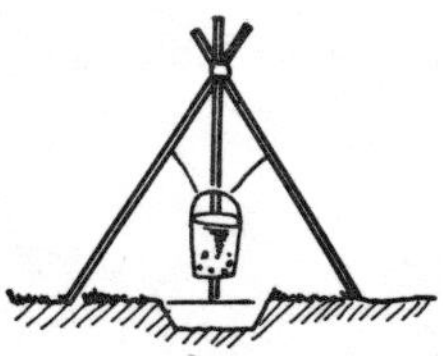

Blecheimer in Dreifußaufhängung

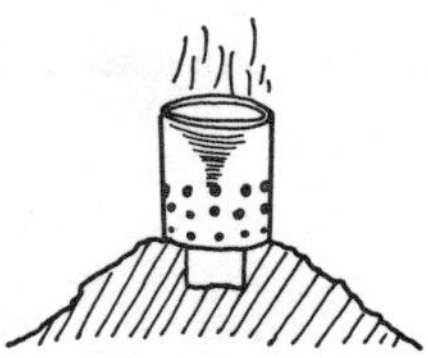

Konservendose mit Holzkohle auf einem Wall aus Erde

B e n z i n d o s e

- Versehen Sie eine leere Konservendose seitlich mit Luftlöchern, und füllen Sie sie bis auf diese Höhe mit grobem Sand bzw. feinem Kies.
- Tränken Sie diese Füllung mit einem Benzin-Öl-Gemisch im Mischungsverhältnis von etwa 1:2.

### Besonderheiten von Feuerstellen im Winter

Im Winter wird das Feuer auf einer Plattform aus Holz oder flachen Steinen angefacht. Die Plattform soll auf dem durch die Feuerwärme allmählich schmelzenden Schnee tiefer sinken und verhindern, daß Feuchtigkeit zur Glut vordringt.

Im Winter benötigt man mehr Zunder als im Sommer bei Hitze. Findet man harzige Äste (Kiefer), kann das Feuer auch damit entfacht werden.

Im Winter sind nicht alle Holzarten gleich gut geeignet wie im Sommer. Weichholzarten (Weide, Pappel), deren Holz im Sommer wegen seiner luftdurchlässigen, leichten Struktur schnell zum Brennen kommt, saugen sich im Herbst und Winter mit Feuchtigkeit voll. In der kalten Jahreszeit ist daher meist Hartholz zu bevorzugen (Buche, Eiche, Esche, aber auch Birke). Eventuell muß man die Äste aufspalten, um das trockene Kernholz freizulegen.

### Kochen auf offenem Feuer

Zum Kochen stellt man Kochgefäße direkt in die Glut (dünnwandige brennen dabei durch!) oder hängt sie über das Feuer (siehe Kapitel »Nahrung aus der Natur«).

Während des Kochens sollten die Gefäße zugedeckt werden, um die Kochzeit zu verkürzen und Rauchgeschmack zu vermeiden.

### Wärmereflektoren

Das Erwärmen sollte bei offenen Feuern weniger durch die direkte Wärmestrahlung, sondern vielmehr indirekt durch Wärmereflexion erfolgen.

Viele kennen die kühlen Nächte am Lagerfeuer, bei denen die Vorderseite des Körpers von der Hitze glüht, während an der der körperabgewandten Seite Kälte den Rücken hinaufkriecht.

Um dem abzuhelfen, baut man einen Wärmereflektor, vor dem man auch sein Schlaflager errichten kann. Als Reflektoren eignen sich gut:

— Regenschutz,
— Planen,
— Zeltbahnen,
— Felsen usw.

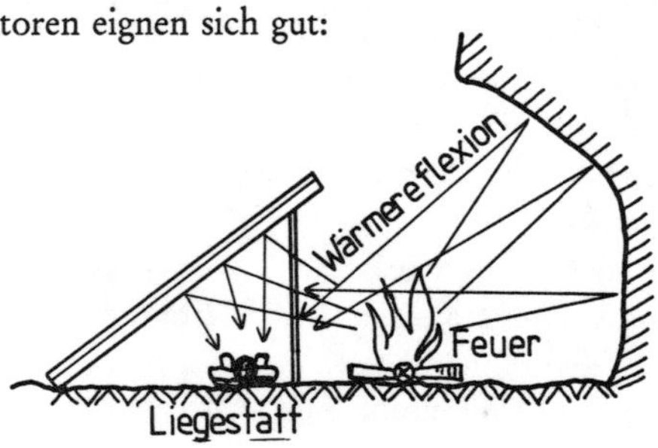


Wenig geeignet sind die oft empfohlenen Balkenwände oder Holzstapel, weil Holz Wärme nur unzureichend reflektiert.

## *Erhaltung des Feuers*

### Feuerwache

Sie hat dafür zu sorgen, daß
— das Feuer in der nötigen Größe brennt,
— Bekleidung und sonstige, zum Trocknen nahe an das Feuer herangebrachte Gegenstände nicht Feuer fangen,
— Wasser, Sand oder Erde zum Löschen oder Abdecken des Feuers reichlich bereitsteht (besonders wichtig bei Bedrohung, siehe Kapitel »In unbekanntem Gelände«),
— bei Feuerstellen in Behelfsunterkünften oder Höhlen ausreichende Frischluftzufuhr sichergestellt ist.

Feuerwachen sind im Überlebensfall von außerordentlicher Wichtigkeit. Sind nur zwei Personen zusammen, muß immer eine am Feuer wach bleiben.

### Bewahren des Feuers

Regen

Hat man Feuer in einem Wald entfacht, kann ihm Regen kaum etwas anhaben. Bei Wolkenbrüchen und schweren Regenschauern muß das Feuer, zumindest die Glut, mit einem Regendach (ähnlich einem Unterschlupf) geschützt werden. Vorbereitetes Reserveholz ist durch Überwerfen von Planen, Plastiksäcken oder Reisig vor dem Feuchtwerden zu bewahren.

### Über Nacht

Abends vor dem Schlafengehen wird ein gespaltener trockener Stamm vor das Lager (mit Reflektor) gelegt. Er soll hoch auflodern. Im Schutze der großen Hitzeentwicklung entledigt man sich zum Schlafen der Überkleidung und wäscht sich. Auch wärmt man so den ganzen Körper zum Einschlafen auf. Später brennt der Stamm herunter und bildet Glut. Die Asche überdeckt mit der Zeit die Glut und bewahrt sie so. Am Morgen wird die Glut von der Asche befreit und das Feuer wieder entfacht.

Diese Methode kann jedoch nur bei Windstille angewandt werden.

Eine andere Möglichkeit ist das Abdecken des Feuers mit Moos- oder Rasenpolstern (ca. 10—20 cm dick). Dabei muß jedoch ein Luftloch (Durchmesser ca. 5 cm) freigelassen werden.

Bei mangelhafter Beherrschung dieser Techniken (Gefahr des Erstickens des Feuers) empfiehlt es sich, anfangs ein zweites Feuer mit kleiner Flamme die ganze Nacht über brennen zu lassen, bis man sich genügend Routine angeeignet hat.

### Transport des Feuers

Wechselt man den Aufenthaltsort, muß das Feuer transportiert werden. Streichhölzer und sonstige Anzündmittel sind kostbar und sollten nur im akuten Notfall verwendet werden.

In eine Dose (Eimer oder anderes Metallgefäß) werden Luftlöcher geschlagen und, ähnlich wie beim Glutofen, wird die Glut eingelegt. Es kommt nun darauf an, die Glut gerade noch zu erhalten und sie nicht durch Sauerstoffzufuhr frühzeitig zu verbrennen. Daher wird sie mit Asche zugedeckt.

Um aber zu verhindern, daß die Glut erstickt, wird die Asche von Zeit zu Zeit entfernt und die Glut durch heftiges Schwenken des Gefäßes angeheizt. Droht sie auszugehen, muß sofort mit den Glutresten ein Feuer angefacht und neue Glut hergestellt werden.

Hat man nur dünnwandige Konservendosen zur Verfügung, müssen sie mit Lehm innen verkleidet werden, damit sie nicht durchbrennen. In dieser Art lassen sich auch feuchte, vermodernde Baumstrünke in handlichen Abmessungen zum Transport der Glut verwenden.

Ein anderes Transportmittel sind trockene Baumschwämme; man findet sie recht oft auf abgestorbenen Bäumen. Sie eignen sich, nachdem sie am Feuer getrocknet worden sind, sehr gut dazu, Glut zu transportieren, ohne daß dabei stärkerer Rauch entsteht. Je nach Größe glüht ein solcher Schwamm bis zu 12 Stunden. An der neuen Feuerstelle wird die Glut des Schwammes durch Anblasen entfacht und das Feuer mit Anzündmaterial entzündet. Der Schwamm kann in einer Konservendose, die an einem Draht aufgehängt wird, aber auch an einer Schnur in der Hand transportiert werden. Durch öfteres Drehen glüht er regelmäßig weiter, da mehr Zugluft entsteht.

# SCHUTZ UND OBDACH

## *Allgemeines*

Eine der ersten und wichtigsten Tätigkeiten in einer Überlebenssituation wird es sein, sich einen Schutz gegen Witterungseinflüsse zu schaffen. Dabei ist die Dringlichkeit abhängig von

- der Jahreszeit,
- der Witterung und
- der körperlichen Verfassung.

Ziel dieses Schutzes ist es meist, die Einwirkung von Wind, Nässe und Kälte auf den Körper zu verhindern oder herabzusetzen; je nach Situation kann das aber auch für eine mögliche Hitzeeinwirkung gelten.

Die Auswahl des Platzes für die Errichtung eines Schutzes erfolgt nach den Gesichtspunkten des Lagerbaues (siehe Kapitel »In unbekanntem Gelände«), was besonders bei Bedrohung oder Gefahr zu berücksichtigen ist.

Die Qualität des zu errichtenden Schutzbaues steht in engem Zusammenhang mit

— der zur Verfügung stehenden Zeit,
— dem vorhandenen Baumaterial und
— der beabsichtigten Dauer des Aufenthaltes.

Je länger man an einem Ort zu bleiben beabsichtigt, desto stabiler sollte das Bauwerk sein, desto höher ist allerdings auch der Arbeits- und Materialaufwand.

Je nach Art des Schutzbaues sind dabei, zusätzlich zur richtigen Auswahl des Aufstellungsplatzes, folgende Punkte zu berücksichtigen:

— Der Eingang soll immer an der windabgelegenen Seite liegen und bei geschlossener Bauweise so klein als möglich sein (Ausnahme: bei Schutz vor Hitze. In diesem Falle ist, am besten durch zwei in Windrichtung gegenüberliegende Öffnungen, für Durchzug als zusätzliche Kühlung zur Schattenwirkung zu sorgen).
— Die Stabilität des Baues muß ausreichen, um starkem Wind, Regen und Schneefall standzuhalten.
— Der mindeste Platzbedarf beträgt pro Person ca. 1,5 m² (eine Fläche von ca. 2 m × 80 cm), wobei der Abstellplatz für eventuelle Notausrüstung und Bekleidung bereits inbegriffen ist.
— Zusätzlich wird Platz für ein Wärme- und Kochfeuer und für das Brennholz benötigt.
— Die Höhe des Schutzbaues sollte zumindest ein freies, aufrechtes Sitzen auf der Lagerstätte ermöglichen (ca. 1 m) und bei Beheizung im Inneren je nach Abdeckmaterial einen ausreichenden Abstand zu den Flammen des Feuers (ca. 1,50 m) gewährleisten.

Grundsätzlich gibt es folgende Möglichkeiten, einen Schutzbau zu errichten:

— Ausnutzung der natürlichen Gegebenheiten:
  Diese können sich vom einfachen Windschutz bis zur komfortablen Wohnhöhle erstrecken.
— Unterschlupf:
  Darunter sind Schutzbauten zu verstehen, die nur für einen kürzeren Aufenthalt vorgesehen sind (von einigen Stunden bis zu einigen Tagen).
— Unterkunft:
  Sie ist für einen längeren Aufenthalt (ab ca. 5 Tagen) gedacht.

Dabei ist die Grenze zwischen den einzelnen Kategorien nicht immer scharf zu ziehen. Wichtig ist, daß je nach den Gegebenheiten immer die geeignetste Art des Schutzbaues ausgewählt wird, was zwangsläufig zu folgendem Ablauf führt:

— Beurteilung der Lage nach Zeit, Aufenthaltsdauer, Material und Witterung;
— Entscheidung über die Art des Schutzbaues;
— Durchführung, wobei weniger das handwerkliche Geschick als vielmehr Phantasie und Improvisationskunst über das Gelingen entscheiden.

## *Ausnutzung der natürlichen Gegebenheiten*

### Windschutz

(kann meist einfach zu einem Unterschlupf ausgebaut werden)
Ein umgestürzter Baum ist zwischen Stamm und Wurzel meist windgeschützt und trocken.

Die tief ausladenden Äste eines Baumes sind nahe am Stamm an der windabgekehrten Seite trocken und bilden einen Windschutz.

Schneewehen, große Felsblöcke, Geländekanten bieten meist nur Schutz gegen Wind, nicht aber gegen Nässe (Regen, Schnee).

### Unterschlupf

Überhang

Er bietet schon in seiner natürlichen Form Schutz vor Wind und Nässe und dient zugleich einem Feuer als wirkungsvoller Reflektor.

Er kann mit jeder Art von Abdeckung (siehe dort) seitlich und auch von vorne geschlossen und damit in seiner Wirkung wesentlich verbessert werden.

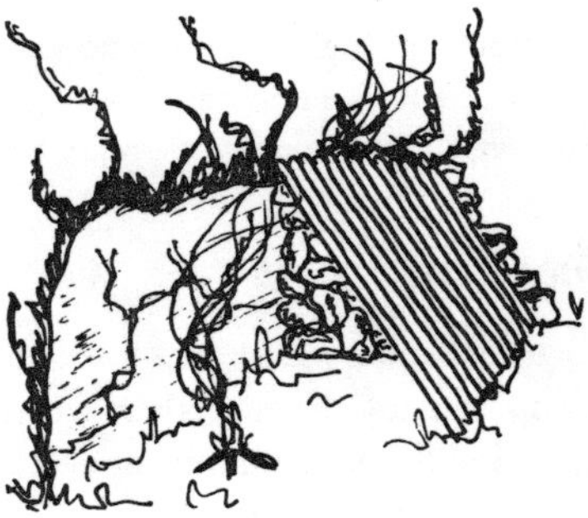

Blockhöhlen

Das sind Hohlräume in Blockfeldern, die meist in gebirgigem Gelände durch Erdrutsch oder Steinlawinen entstanden sind. Bei ausreichender Größe bieten sie hervorragenden Schutz. Allerdings müssen die zwischen den übereinandergetürmten Felsblöcken gebildeten Spalten und Löcher soweit möglich mit kleinen Steinen, mit Erde, Moos oder Schnee abgedichtet werden, um Zugluft und Eindringen von Wasser (Regen, Schmelzwasser) zu verhindern. Sonstige Kriterien siehe Höhlen.

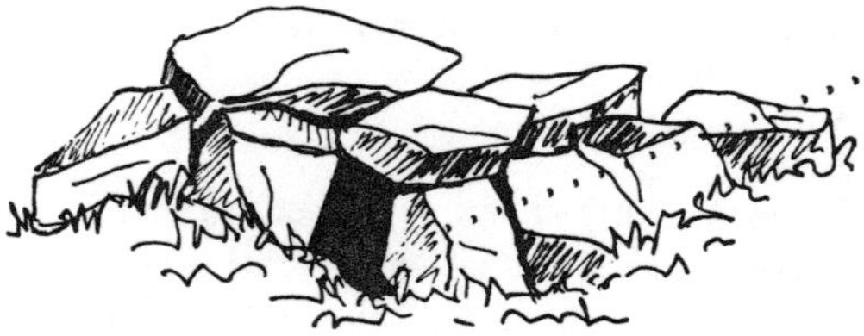

**Unterkunft**

Höhlen

Sie können auch auf längere Zeit eine ausgezeichnete Unterkunft darstellen und sind meist einfach auszubauen. Da sie jedoch auch leicht zu einer tödlichen Falle (durch Wassereintritt) werden können, sind sie auf folgende Zeichen zu überprüfen:
— Wasserränder an den Seitenwänden,
— feiner Schwemmsand am Boden,
— feuchter Boden, Moos,
— Schwemmholz.

Ist keines dieser Zeichen vorhanden, kann die Höhle als Unterkunft verwendet werden. Der günstigte Platz ist meist nahe dem Ausgang, wobei man sich vor der meist gegebenen kalten Zugluft durch Schließen des Einganges mit irgendeiner Art von Abdeckung schützen kann.

Alle angeführten Möglichkeiten sind auch im Winter unverändert geeignet.
Bevor man sich zum Errichten eines aufwendigen Schutzbaues entschließt, sollte man immer versuchen, die natürlichen Gegebenheiten auszunützen.

## *Bau eines Unterschlupfs*

Die mögliche Bandbreite erstreckt sich vom Windschutz als der primitivsten Form bis zum stabilen Unterschlupf, der fast schon Unterkunftsqualität besitzt.
Beim Bau sind folgende Punkte zu beachten:

— Es muß rechtzeitig damit begonnen werden, damit der Unterschlupf samt Einrichtung vor Einbruch der Dunkelheit fertiggestellt werden kann.
— Es ist günstiger, mehr Zeit für den Bau zu verwenden, wenn damit ein qualitativ hochwertiger Ruheplatz geschaffen wird, anstatt Arbeitszeit zu sparen und damit zwar Ruhezeit zu gewinnen, die dann aber, aufgrund mangelnder Bequemlichkeit, keine wirkliche Erholung bringt.

Da schon mit Regenumhang, Zeltplane, Rettungsdecke oder Kunststoffolie und Bindematerial ohne weitere Hilfsmittel ein guter Unterschlupf errichtet werden kann, sollte immer erst diese Möglichkeit überlegt werden. Sie ist zeit-, material- und kräftesparend und läßt die verschiedensten Ausführungen zu.

*Windschutz*

*vollwertiger Unterschlupf*

Haben Sie diese Möglichkeit nicht, oder sprechen andere Gründe dagegen (z. B. Sturm, dringender Bedarf des Regenumhanges für andere Zwecke), ist es fast immer möglich, sich aus den vorhandenen natürlichen Mitteln einen Unterschlupf zu bauen.

Jeder so errichtete Unterschlupf besteht aus zwei Bestandteilen:
– dem Rahmen und
– der Abdeckung.

**Der Rahmen**

Beim Rahmen unterscheidet man vier mögliche Formen:

Schrägdach

Dieses liegt mit einer Breiteseite am Boden auf. Die andere wird durch Anlehnen, Aufhängen, Unterstützen oder Einklemmen hochgehalten. Der Neigungswinkel ist meist von den

Gegebenheiten abhängig, sollte aber nicht unter 45° liegen, um ein rasches Abrinnen des Regens zu gewährleisten. Bei einer Sitzhöhe von 90 cm ergibt sich daraus eine Breite des Rahmens von ca. 2 m. Seine Länge sollte mindestens Körpergröße + 60 cm betragen. Um die Wirkung zu erhöhen, können auch die freien Seiten geschlossen werden. Zur besseren Ausnützung des Feuers können bei mehreren Personen Schrägdächer auch einander gegenüber, in Dreieckform oder als Viereck errichtet werden.

### Doppeldach

Es besteht praktisch aus zwei aneinandergelehnten Schrägdächern, wobei die Firstlinie gerade oder auch schräg sein kann. Je nach Größe kann es auch mehreren Personen als Schutz dienen und von innen beheizt werden. Durch Schließen der offenen Seiten kann die Schutzwirkung weiter verbessert werden.

### Spitzdach

Dazu werden die Rahmenstangen pyramidenartig zusammengestellt und durch abstehende Aststummel so gegeneinander verklemmt, daß die erforderliche Stabilität gegeben ist.

Ist Bindematerial vorhanden, so genügt es, 3 Rahmenstangen zu einem Dreibein zu binden und weitere dagegenzulehnen. Die Länge der Stangen sollte so bemessen werden, daß in der Mitte mindestens Stehhöhe gegeben ist, muß also ca. 4 m betragen.

Spitzdachkonstruktionen sind geräumig, von innen beheizbar, bieten nach allen Seiten Schutz und sind daher meist die günstigste Art, einen Unterschlupf zu errichten, wenn das entsprechende Baumaterial vorhanden ist.

### Runddach

Es wird durch Zusammenbinden von entsprechend stehenden Jungbäumen oder elastischen, in den Boden gesteckten Gerten gebildet. In der Schutzwirkung ist es ähnlich dem Doppeldach, bietet jedoch durch steilere Seitenwände bei gleicher Grundfläche mehr Raum. Bei Regen (oder Schneedruck) kann sich jedoch die flache Oberseite als Nachteil erweisen, weil sie schwieriger wasserdicht zu machen ist.

*Schrägdach*

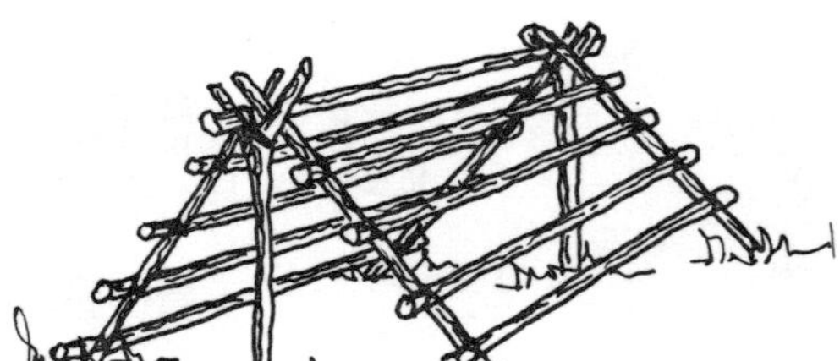

*Doppeldach*

*Spitzdach*

*Runddach*

## Die Abdeckung

Die Abdeckung kann durch folgende Materialien erfolgen:

- Ein Regenschutz gibt eine ausgezeichnete Rahmenabdeckung für alle Formen ab.
- Stangenholz wird in mehreren Lagen dicht an dicht gestellt und befestigt.
- Dünne Zweige und Gerten werden dicht durch den Rahmen gewoben (zur Technik siehe Kapitel »Behelfe«).
- Dichte Laub- oder Nadelholzzweige werden mit der Oberseite nach oben so in den Rahmen gesteckt und fixiert, daß sie einander mindestens zur Hälfte überdecken und damit eine mehrschichtige Abdeckung ergeben. Begonnen wird dabei an der Unterkante, von wo aus man Reihe für Reihe zum First hin legt.
- Rinde wird in möglichst großen riß- und lochfreien Stücken dachziegelartig von unten nach oben in den Rahmen gelegt und fixiert (mit Aststummeln, Holzsplitter oder durch Einklemmen).
- Große Blätter werden wie Rinde verarbeitet, meist in Verbindung mit eingeflochtenen dünnen Zweigen als Unterlage.
- Gras, Schilf, Stroh o. ä. wird zu ca. 3—5 cm dicken Büscheln gebunden und dann ebenfalls dachziegelartig einander überdeckend von unten nach oben am Rahmen befestigt.

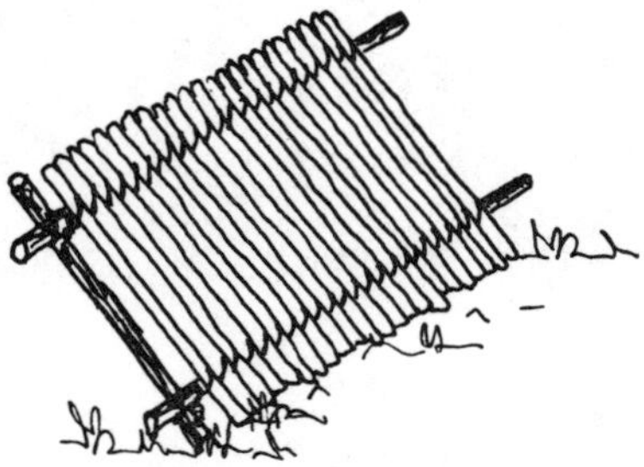

*Abdeckung mit Stangenholz*

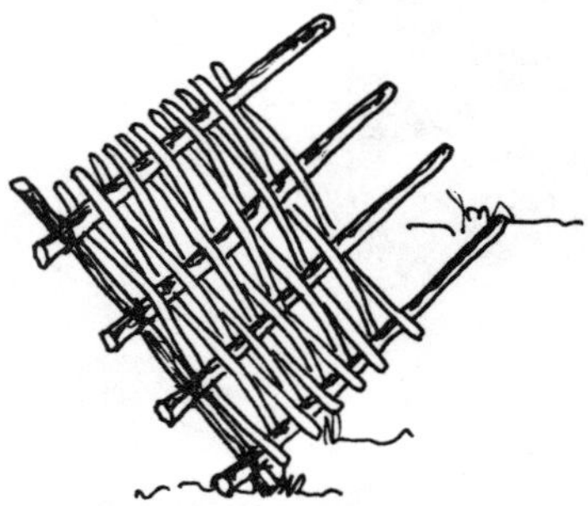

*Abdeckung mit Zweigen und Gerten*

*Abdeckung mit Laub- oder Nadelholzzweigen*

*Abdeckung mit Gras, Schilf oder Stroh*

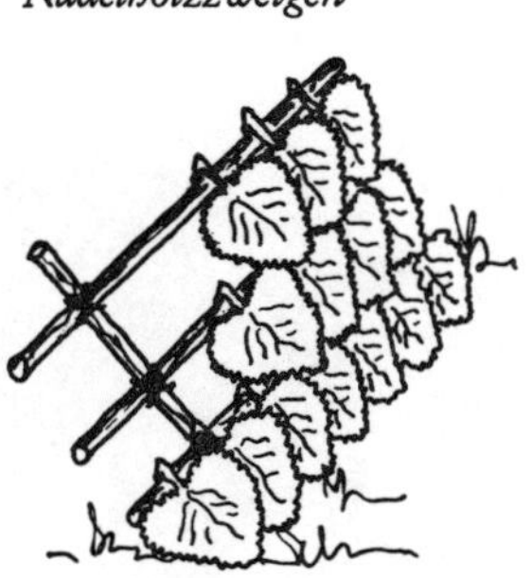

*Abdeckung mit großen Blättern*

*Abdeckung mit Rinde*

Soll die Abdeckung nicht nur Wind und Regen abhalten, sondern auch eine isolierende Dämmschicht gegen die Kälte bilden, sollte sie mindestens 15—20 cm dick sein. Dazu können die oben angeführten Abdeckungen noch zusätzlich mit Rasenziegeln, Erde oder Schnee in einer möglichst dicken Schicht überdeckt werden, oder man baut in 15—20 cm Entfernung vom ersten einen zweiten Rahmen und stopft den Zwischenraum mit Laub, Gras, Moos oder kleinen Zweigen aus.

Rahmen und Abdeckungen können beliebig kombiniert werden, wobei der Rahmen immer so stabil sein muß, daß das Gewicht der Abdeckung mit Sicherheit getragen werden kann. Um einen Eindruck von der Vielfalt der Möglichkeiten zu geben, hier einige Beispiele:

*Schrägdach*

*Doppeldach*

*Spitzdach*

*Runddach*

Alle diese Rahmen und Dächer bieten auch im Winter Schutz, wobei durch eine hohe Schneeauflage eine hervorragende Isolierung erreicht wird. Ist auf Grund der Gegebenheiten (z. B. fehlendes Baumaterial) ein Bau nicht möglich, können im Schnee mit verhältnismäßig geringem Arbeitsaufwand auch andere Unterschlupfarten errichtet werden.

## Unterschlupfarten aus Schnee

### Schneeloch

Es kann mit jedem Hilfsmittel (Messer, Holzbrett, Schi), zur Not auch mit den Händen gegraben werden und ist das einfachste Mittel, sich z. B. bei Schneesturm schnell einen Schutzbau gegen Erfrierungen zu errichten.
Dabei ist wie folgt vorzugehen (Voraussetzung: Schneetiefe mindestens 50 cm):

- Legen Sie sich auf den Rücken.
- Graben Sie sich durch Stoßen mit den Beinen, Herumdrehen mit dem Körper und Schaufeln mit den Händen ein Loch, das Ihren Körpermaßen entspricht.
- In ca. 50 cm Tiefe graben Sie sich seitlich unter die Schneedecke und schließen die seitliche Öffnung teilweise oder ganz.
- Je kleiner Sie den Raum belassen, desto wärmer wird er sein.

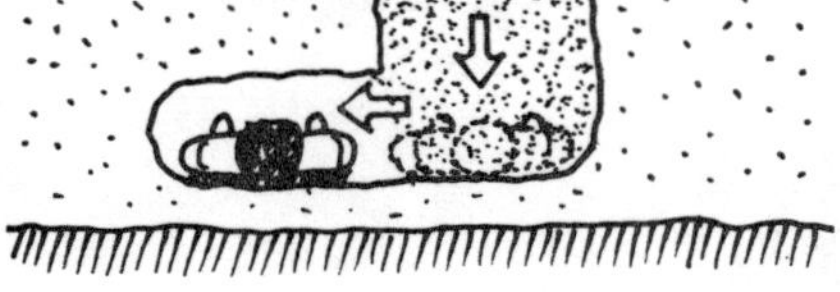

Diese Methode kann in abgewandelter Form auch zum Schutz vor Hitze (eingraben in Sand oder Erde) mit ausgezeichnetem Erfolg angewandt werden.

Ist der Schnee nicht tief genug, graben Sie eine offene Mulde und decken Sie sie mit Schneeblöcken ab.

Schneegrube

Sie kann, je nach Größe, auch mehreren Personen als Unterschlupf dienen. Ist nur begrenzt Abdeckmaterial vorhanden, kann durch schräge Seitenwände (nach oben hin zusammenlaufend) der Bedarf auf ein Minimum gesenkt werden. Reicht die Schneetiefe nicht (Mindesterfordernis ca. 80 cm), müssen die Grubenränder durch Aufschütten von Schnee erhöht werden. Beim Bau wird wie folgt vorgegangen:

- Heben Sie einen mindestens 80 cm tiefen Graben (ca. schulterbreit, bei Bedarf so schmal wie möglich) in der beabsichtigten Länge der Schneegrube aus.
- Verbreitern Sie den Graben nach unten hin beidseitig bis zur beabsichtigten Breite (soll die Schneegrube beheizt werden, mindestens 1,5 m).
- Decken Sie die Schneegrube nach oben ab (alle zur Verfügung stehenden Abdeckungen, auch Schneeblöcke, können verwendet werden), und bringen Sie eine mindestens 30 cm dicke Isolierschicht aus Schnee darüber.
- Verschließen Sie den Eingang mit Schneeblöcken teilweise oder vollständig, aber vergessen Sie nicht, 2 ca. 5 cm große Luftlöcher offen zu lassen.

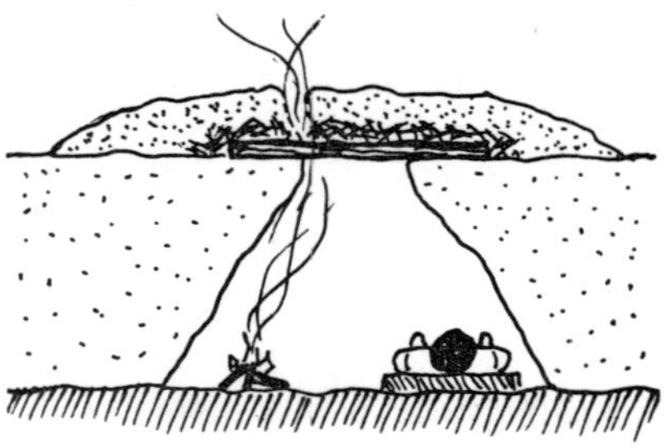

Schneehütte

Dies ist ein an eine Schneewand gelehntes Schrägdach. Die Schneehütte kann aus einem Hang gegraben und beliebig geformt werden (Sitzbank, Ablagen). Der Rahmen (Material nach Gegebenheit) wird mit Schneeblöcken abgedeckt, die Seiten verschlossen. Der Rahmen kann sehr schmal und damit materialsparend gehalten werden, wenn die Schneehütte nur sitzend benützt wird.

S c h n e e h ö h l e

Sie ist unter der Voraussetzung ausreichender Schneetiefe (mindestens 2 m) die beste Art von Unterschlupf im Winter und kann bei entsprechendem Ausbau auch als Unterkunft verwendet werden. Sie sollte aus statischen Gründen nicht größer als für max. 8 Personen gebaut werden, wobei bei Bedarf mehrere Höhlen durch Gänge verbunden werden können.

Sie sollte an einem kurzen, steilen Hang liegen. Am besten sind ungefährliche Wächten oder kurze Steilabbrüche an der windabgekehrten Seite geeignet.
Beim Bau ist auf folgendes zu achten:

- Der Eingang soll von unten nach oben verlaufen, um das Einfließen von (schwererer) kalter Luft zu verhindern.
- Ein Steilgelände unterhalb des Einganges erleichtert die Arbeit wesentlich, weil ausgegrabenes Material von selbst abrutscht.
- Das Innere der Schneehöhle soll in Spitzbogenform gestaltet und die Wände sollen geglättet werden, um ein Abrinnen des Schmelz- und Kondenswassers sicherzustellen und ein dauerndes Tropfen zu verhindern.
- Bei größeren Höhlen kann, falls mehrere Personen anwesend sind, von zwei oder drei Seiten aus zugleich gearbeitet werden. Nicht benötigte Eingänge werden nach Fertigstellung wieder verschlossen.
- Die Deckenstärke sollte 50 cm nicht unterschreiten (je stärker die Decke, desto besser die Isolierwirkung). Dazu werden vor Beginn des Baues Holzstücke in der Länge der geplanten Deckenstärke so in den Schnee gesteckt, daß beim Aushöhlen von innen das Erreichen der beabsichtigten Stärke erkannt werden kann.
- Der Eingang ist bei Nichtbenützung zu schließen (Schneeblöcke).
- Durch die Körperwärme oder Beheizung wird der Schnee an der Innenseite der Höhle bis zur Vereisung verdichtet (nach ca. 24 Stunden) und somit luftundurchlässig. Es ist daher immer mindestens ein Luftloch (besser 2) mit einem Durchmesser von 2—5 cm vorzusehen und laufend offen zu halten (wird bei Wind leicht zugeweht).

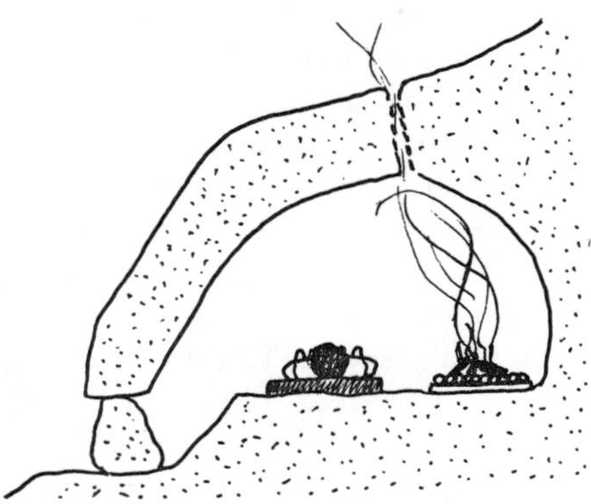

Beim Bau von Schneeunterschlupfen sind, abgesehen von den bautechnischen Maßnahmen, zur Erhaltung der körperlichen Leistungsfähigkeit noch folgende allgemeine Punkte zu beachten, sofern der Unterschlupf nicht ausreichend beheizt werden kann:

- Tragen Sie nach Möglichkeit zum Bau des Unterschlupfs Kleidung, die vor Nässe schützt oder die bereits naß ist. Heben Sie trockene Bekleidung, soweit vorhanden, für das Unterziehen nach der Fertigstellung auf.

- Tragen Sie während der Benützung des Unterschlupfes die trockene Bekleidung auf der Haut, die nasse darüber (soweit möglich).
- Ist der Unterschlupf nicht beheizt, ziehen Sie alle vorhandenen Bekleidungsstücke an und schützen dabei besonders den Kopf vor Kälte.
- Nützen Sie jede gegebene Möglichkeit, sich vor Kälte zu schützen (Papier, trockene kleine Nadelzweige, Laub oder Moos zwischen die Bekleidungsschichten stopfen).
- Lockern Sie alle Einschnürungen (Hosenbund, Gurte, Schuhriemen, Gummizüge).
- Sind mehrere Personen anwesend, rücken Sie zur gegenseitigen Erwärmung eng aneinander.
- Zur Isolierung gegen die Bodenkälte siehe Liegestatt (S. 228).

## *Bau einer Unterkunft*

Sie bietet ein den Umständen entsprechendes Höchstmaß an Schutz und Bequemlichkeit, bedarf jedoch zum Bau bestimmter Voraussetzungen an Werkzeug, Baumaterial und Zeit.

Als Werkzeug sind Axt, Säge und Schaufel meist unabdingbar.

Als Baumaterial wird vor allem Holz, aber auch Stein, Erde und Rasen benötigt, wobei Art und Menge von der jeweils gewählten Konstruktion abhängig sind (meist ergibt sich jedoch die jeweilige Konstruktion aus den vorhandenen Materialien).

Der Bau und die Fertigstellung dauern im allgemeinen bis zu einer Woche. Dieser Wert kann jedoch je nach Anzahl der Personen und der Greifbarkeit des Materials erheblich nach oben und unten schwanken.

Im folgenden werden drei Unterkünfte näher beschrieben, wobei auf die Einfachheit der Konstruktion und die Möglichkeit der Errichtung durch Einzelpersonen besonders geachtet wurde.

### Erdhütte

Sie stellt, verglichen mit anderen Möglichkeiten, die beste Unterkunftsart dar und bietet optimalen Schutz vor Kälte und Unwetter zu jeder Jahreszeit, besonders aber im Winter. Folgende Grundsätze sind dabei zu beachten:

- Von entscheidender Bedeutung ist die Wahl des Bauplatzes. Niederungen, Bodensenken, Schluchten bzw. alle anderen Orte, an denen sich Regen- oder Schmelzwasser sammeln können, sind unbedingt zu meiden. Am besten eignet sich trockenes, abfallendes Gelände mit tiefem Grundwasserspiegel.
- Der Aushub für die Hütte muß 1 bis 1,5 m tief sein. Dabei ist darauf zu achten, daß der Fußboden der Hütte mindestens 50 cm über dem Grundwasserspiegel liegt. Nach Möglichkeit sind dabei Geländeformen auszunützen, die Grabarbeit ersparen.
- Je nach Jahreszeit und verwendetem Material muß die Abdeckung 20 bis 60 cm stark sein. Dabei müssen die tragenden Teile der Konstruktion eine entsprechende Stabilität aufweisen.
- Ein an der Hangseite angelegter Wassergraben mit seitlich an der Hütte vorbeilaufenden Abflüssen verhindert ein Eindringen von abfließendem Wasser (Schrägdach). Das Gefälle des Wassergrabens muß mindestens 2 cm/m betragen.
- Das Dach muß Niederschlags- oder Schmelzwasser einwandfrei ableiten. Dazu ist eine Neigung von 45° anzustreben. Wird das Dach isoliert (Kunststoffolie, Lehmschicht), genügen auch schon 30°.
- Von den Bodenarten eignen sich vor allem Lehmböden, aber auch Löß oder Walderde.

Erdhütten können mit verschiedenen Dacharten gebaut werden. Im angeführten Beispiel wird eine Erdhütte mit Schrägdach für eine Person dargestellt. Die einzelnen Maße sind der Skizze zu entnehmen. Bei Vorhandensein des erforderlichen Baumaterials in naher Umgebung und des Werkzeuges (Schaufel, Axt, Säge) kann diese Hütte von einem Mann bei einer täglichen Arbeitsleistung von 12—14 Stunden in 3 Tagen bezugsfertig errichtet werden.

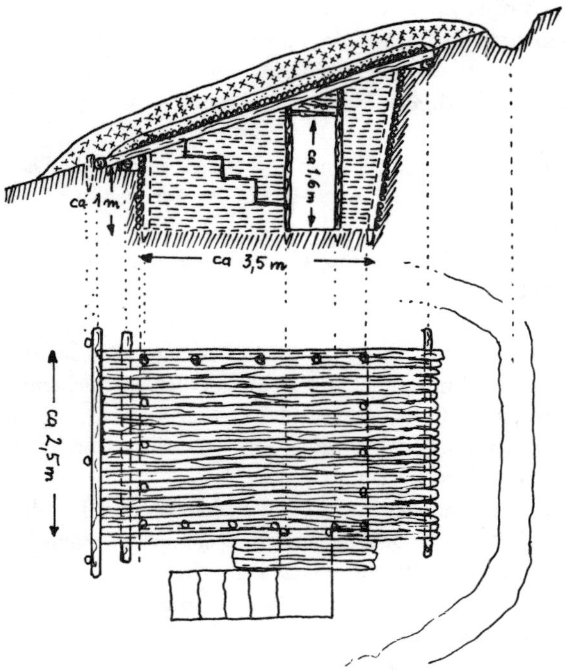


Beim Bau wird folgende Reihenfolge der Tätigkeiten empfohlen:

- Markieren Sie den geplanten Hüttengrundriß durch Pflöcke. Dabei sind für die Innenverkleidung auf jeder Seite ca. 15 cm dazuzuschlagen (siehe Skizze).
- Stechen Sie den Grundriß aus und heben sie den Rasen ab. Dabei kann der Rasen in Streifen aufgerollt oder in Rasenziegeln (ca. 20×40 cm) gestapelt und abseits gelagert werden. Er wird als letzte Schicht der Abdeckung wieder verwendet.
- Heben Sie die Grube aus. Dabei ist darauf zu achten, daß das ausgehobene Erdreich mindestens 50 cm vom Grubenrand entfernt angeworfen wird, um beim Auflegen der Dachträger zu vermeiden, daß die Erde ein zweitesmal weggeschaufelt werden muß. Die Grubenwände werden senkrecht gegraben. Vergessen Sie nicht, einen Zugang (Stufen) zur Erdhütte vorzusehen. Erst dann sind die Wände auf 1—1,5 m Tiefe ca. 20 cm nach oben-außen abzuböschen. Auch dieser 20-cm-Rand sollte erst durch Pflöcke markiert und angezeichnet werden.
- Berechnen Sie die notwendige Menge an Baumaterial für Bodenrost, Wandverkleidung und Dachfläche und schneiden Sie es auf die richtige Länge zu. Im dargestellten Beispiel wird nur Holz verwendet. Die Wandverkleidung könnte jedoch auch aus trockengemauerten Steinwänden bestehen, der Bodenrost aus Holz durch ein Steinpflaster oder dicke Grasmatten ersetzt oder überhaupt weggelassen werden.

  Um die Holzteile miteinander zu verbinden, verwenden Sie am besten Nägel oder Klammern. Draht oder Schnüre erfüllen den Zweck genauso, brauchen aber mehr Zeit zur Verarbeitung.

- Bringen Sie die Wandverkleidungen an, um ein Abbröckeln und Nachrutschen weichen Erdreichs zu verhindern. Dazu werden in Abständen von ca. 1 m Pfosten (Durchmesser ca. 10 cm) etwa 10 cm vom Grubenrand senkrecht 50 cm tief in die Erde eingetrieben (oder gegraben). Dahinter legen Sie quer Stangenholz (Durchmesser ca. 4—6 cm), das mit Erde fest hinterfüllt wird. Damit keine Erde zwischen dem Stangenholz durchrieselt, legen Sie dichte Nadel- oder Laubholzzweige in die Zwischenräume.
- Legen Sie die Dachträger auf. Dabei wird je nach vorhandenem Material verschieden vorgegangen. Ist ausreichend Bauholz in der entsprechenden Stärke (Durchmesser 12—15 cm) und Länge (ca. 5 m) vorhanden, werden die Stämme nebeneinander am oberen und unteren Rand der Grube gemäß Skizze aufgelegt. Dabei muß die Auflagefläche auf jeder Seite mindestens 30 cm betragen.
  Ist Baumaterial nur in begrenzter Menge vorhanden, werden die Dachträger im Abstand von höchtens 50 cm voneinander aufgelegt und mit Stangenholz (Durchmesser ca. 3 cm) eng durchflochten.
  Ist die Tiefe der Unterkunft (vom Eingang aus gesehen) geringer als ihre Breite, und sind Dachträger in der benötigten Länge nicht vorhanden, können kürzere auch quer aufgelegt werden.
  Alle langen Dachträger sind an der Talseite mit Stützschwellen (siehe Skizze) abzufangen.
- Bringen Sie die Abdeckung auf. Sie besteht aus mehreren Schichten:
  Direkt auf die Dachträger (oder das Geflecht) kommt eine dachziegelartig verlegte Schicht aus Rindenstücken, großen Blättern, Moos oder Laub. Sie verhindert das Durchrieseln von Erde oder trockenen Tannennadeln.
  Darauf folgt eine ca. 10 cm dicke Schicht von Nadelholz- oder Laubholzzweigen, ebenfalls dachziegelartig verlegt und schließlich eine ca. 20 cm dicke Erdschicht, die mit den Rasenziegeln bedeckt wird. Diese Schicht schützt ausreichend vor Kälte, wird aber andererseits durch die Innenbeheizung nicht soweit erwärmt, daß daraufliegender Schnee schmilzt. Im Winter (bei Temperaturen unter 0° C) reichen daher diese 3 Schichten völlig aus. Die Erdhütte muß nicht zusätzlich wasserdicht gemacht werden. Bei Tauwetter muß der aufliegende Schnee entfernt werden.
  Bei wärmeren Temperaturen müssen Sie diese Erdabdeckung allerdings noch mit einer wasserundurchlässigen Schicht versehen. Am einfachsten wird dazu eine Kunststoffolie darübergespannt und eine weitere Erdschicht aufgelegt. Ist diese Möglichkeit nicht gegeben (was meist der Fall sein wird), genügt auch eine dachziegelartige Abdeckung aus flachen Steinplatten oder Lehm. Verarbeiten Sie ihn mit Wasser zu einem dickflüssigem Brei und durchtränken Sie damit eine 5—10 cm dicke Schicht von Laub- oder Nadelholzzweigen bzw. Gras- oder Schilfmatten.
  Ist auch kein Lehm vorhanden, kann der wasserabweisende Effekt durch eine 50 cm dicke Schicht von wie oben dachziegelartig verlegtem Material erzielt werden.
- Legen Sie einen Wassergraben an.
- Bauen Sie bei Bedarf den Bodenrost ein, lassen Sie aber die Feuerstelle frei.
- Errichten Sie Liegestatt (siehe dort) und Feuerstelle. Letztere ist auf einer aus Steinen gebildeten Plattform (ca. 15 cm hoch, 80 × 80 cm im Quadrat) anzulegen. Die günstigste Lage ist in einer der beiden Ecken der Hütte, dort wo die Decke am höchsten ist. Es ist unbedingt darauf zu achten, daß die angrenzenden Wandabdeckungen entweder aus Steinen bestehen oder das Holz durch Steinmauern oder eine Lehmschicht (mindestens 10 cm) geschützt wird.
  Der Rauchabzug (ca. 15 × 15 cm) ist an der höchsten Stelle der Hütte zwischen Dach und Erdwand anzulegen und dient zugleich auch als Belüftung. Er sollte bei Bedarf mit Rasenziegeln oder Holz verschlossen werden können.
- Konstruieren Sie einen Verschluß für die Türöffnung. Grundsätzlich ist diese möglichst

klein zu halten (ca. 60 × 100 cm ist ausreichend). Das Eindringen von Kaltluft wird am einfachsten durch Vorhängen eines Regenschutzes, von Decken oder im Notfall von Gras- oder Zweigmatten oder Tierfellen verhindert. Eine um ca. 15 cm erhöhte Türschwelle (Holz, Erde, Stein) und seitlich um ca. 10 cm vorspringende Türbalken ermöglichen ein besseres Abdichten, indem der Vorhang von innen gegen die vorstehenden Teile gedrückt und befestigt wird. Mehrere Vorhänge verbessern die Wirkung noch weiter.

- Ist durchsichtige Kunststoffolie, Glas oder Fettpapier vorhanden, können in entsprechender Größe (mindestens 30 × 40 cm) gebundene Holzrahmen damit bespannt und als Fenster eingesetzt werden. Meist wird man jedoch mit künstlichem Licht (Feuer, Fackel, Kerze) auskommen müssen.

Diese Konstruktion kann beliebig variiert und auch für Gruppen verwendet werden.

## Dachhütte

Sie besteht aus zwei gegeneinander geneigten Dachflächen (Dachneigung jeweils mindestens 45°) und den Seitenwänden. Gebaut wird sie meist dann, wenn
— kein Grabwerkzeug zur Verfügung steht,
— der Boden für Grabarbeiten nicht geeignet ist (Sand, Schotter, stark steinig),
— der Boden feucht oder das Grundasserniveau zu hoch ist,
— eine sehr gute Wärmedämmung nicht unbedingt notwendig ist.

Da diese Art der Unterkunft der Witterung mehr Angriffsflächen bietet als eine Erdhütte, ist der Bauplatz nach Möglichkeit an windgeschützten Stellen (Baumgruppe, Leehang) zu wählen.

Die Form der Dachhütte ist auch für ein Erdhaus geeignet, wenn ein Schrägdach geländebedingt nicht möglich ist.

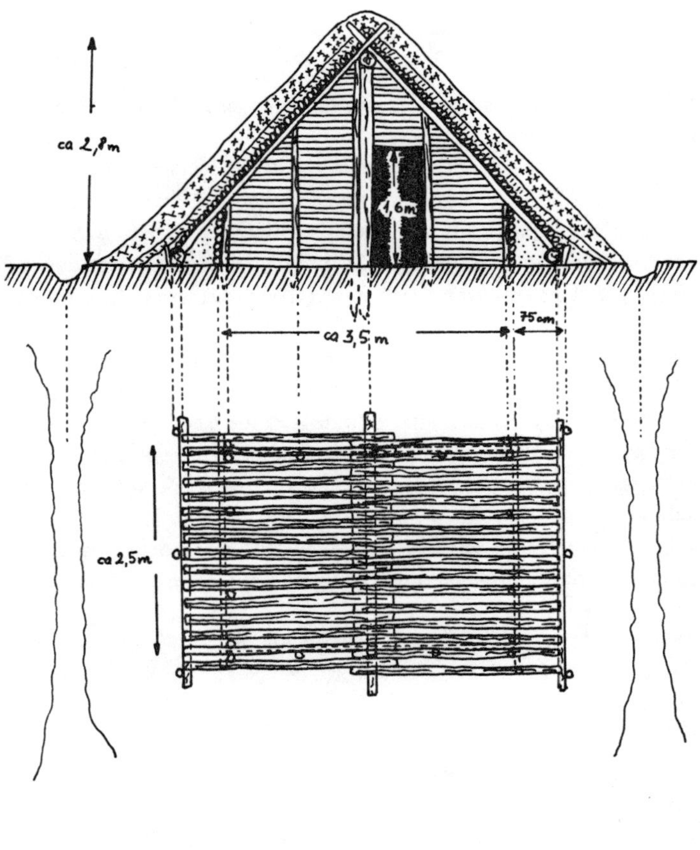

Ist der Boden besonders feucht oder sogar sumpfig, kann entweder eine mindestens 30 cm hohe Schüttung (Sand, Schotter) aufgebracht oder der ganze Bau auf einem entsprechenden Holzplateau errichtet werden.

Im angeführten Beispiel werden die gleichen Voraussetzungen wie bei der Erdhütte angenommen. Auch Arbeitsbelastung und Bauzeit sind etwa gleich.

Folgender Bauablauf hat sich in der Praxis bewährt:

- Markieren Sie den Grundriß im Gelände und bringen Sie bei Bedarf eine Schüttung auf.
- Berechnen Sie die notwendige Menge an Baumaterial und bereiten Sie es vor.
- Bauen Sie den Dachträger auf (Durchmesser ca. 15 cm, Höhe ca. 2,50 m). Von den benötigten Abstützungen (alle 1,50 m) kann meist nur eine durch natürliche Gegebenheiten (Astgabel an einem Baum, Felsblock, Erdkante) gebildet werden. Die anderen werden am einfachsten gemäß Skizze angefertigt.

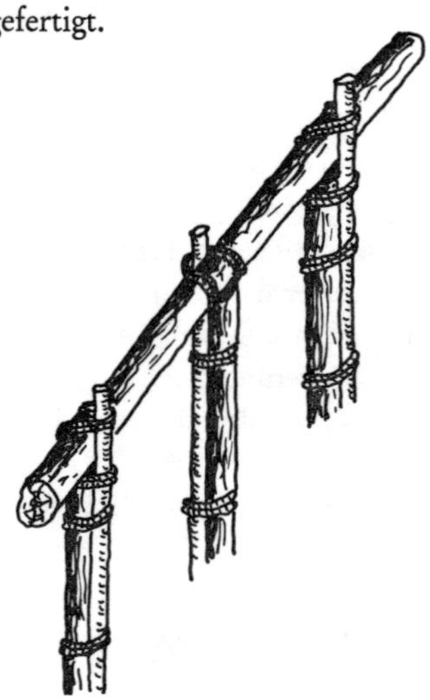

  Graben Sie die Stützen 30—40 cm tief ein; in weichem Boden ist es ratsam, einen Holzblock oder eine Steinplatte zu unterlegen.
- Errichten Sie das Dach. Je nach der Menge vorhandenen Materials werden die Dachsparren nun rechts und links im Wechsel eng aneinander oder in Abständen von höchstens 50 cm voneinander aufgelegt, paarweise oben am Dachträger befestigt und unten mit einem durchlaufenden Querstamm abgestützt (Befestigung dieses Stammes durch Pflöcke oder leichtes Eingraben). Der Überstand der Sparren am Dachträger sollte mindestens 20 cm betragen.
- Errichten Sie die Seitenwände. Diese haben keinerlei tragende Funktion und können daher mit jeder Art von Abdeckung (siehe Unterschlupf) errichtet werden. Am einfachsten ist es, Stangenholz quer an die Sparren und Stützbalken zu legen, es mit einer 10 cm dicken Schicht von Laub- oder Nadelzweigen zu bedecken und dann von außen mit Erde oder Rasenziegeln abzudecken. Die kurzen Dachwände (ca. 75 cm hoch), werden wie bei der Erdhütte errichtet.
- Setzen Sie für die Türöffnung aus Pfählen und Stangenholz einen entsprechenden Rahmen zusammen (am einfachsten binden) und bauen Sie ihn in eine der Wände (windabgekehrt) ein.

  Ist entsprechendes Material vorhanden, können auf gleiche Weise auch Fenster eingesetzt werden. Es sollte dabei jedoch bedacht werden, daß gerade durch Tür und Fenster die meiste Kaltluft eindringen kann.
- Legen Sie die Abdeckung auf. Die erste Schicht sollte aus Stangenholz bestehen, das eng aneinander, quer zu den Sparren gelegt wird. Ist das nicht möglich, kann bei schmalem Spar-

renabstand quergelegtes Reisig, Gras oder Schilf verwendet werden. Bei weitem Sparrenabstand sind diese mit Stangenholz locker zu durchflechten. Der weitere Schichtaufbau erfolgt wie bei der Erdhütte.

Da die Dachneigung in diesem Fall meist steiler ist, ist das Dach schon mit einer ca. 30 cm dicken Reisigschicht wasserdicht.

- Bauen Sie (bei Bedarf) den Bodenrost ein. Bei einem Holzrost aus Stangenholz (Durchmesser 3—5 cm) ist darauf zu achten, daß der Durchmesser der verwendeten Stangen möglichst gleich ist und die darunter querliegenden Polsterhölzer (Durchmesser 5—8 cm) einen Abstand von höchstens 70 cm voneinander aufweisen.
- Errichten Sie Liegestatt und Feuerstelle wie bei der Erdhütte. Der günstigste Platz für die Feuerstelle ist jetzt jedoch an der Rückwand, in der Mitte unterhalb des Dachfirstes. Vergessen Sie nicht, einen Rauchabzug bzw. eine Lüftung vorzusehen.
- Das Verschließen der Türöffnung erfolgt wie bei der Erdhütte.

## Iglu

Der Iglu ist in Gegenden ohne Steilhänge (für Schneehöhlen) die einzige Möglichkeit, nur aus Schnee eine auch für längere Zeit benützbare Unterkunft zu bauen.

Sein Grundriß ist kreisförmig, die Baukonstruktion wegen der geringen Zugfestigkeit des verwendeten Baustoffes kuppelförmig. Er wird aus Schneeziegeln beliebiger Größe aufgemauert. Als die für einen Einzelnen handlichste Größe hat sich dabei das Maß 25 × 50 cm bei 20 cm Höhe herausgestellt.

Zur Herstellung dieser Ziegel ist entweder windgepreßter Schnee oder solcher mit Temperaturen um —2° bis —3° C geeignet; bei pulvrigem, bindungslosem Schnee können Ziegel durch Besprengen oder Vermengen mit Wasser hergestellt werden.

Die Ziegel werden mit dem Messer, einer Schaufel oder einem aus Holz gefertigten Schneemesser ausgeschnitten. Am rationellsten ist es, immer eine ganze Reihe Ziegel zu schneiden und gleich zu verarbeiten. Nach der zweiten Reihe ist auch das Abschneiden von der Schneedecke kein Problem mehr.

Das Gewölbe selbst kann auf verschiedenste Arten aufgebaut werden. Die hier beschriebene ist die einfachste und rascheste. Ein Iglu der angegebenen Größe (siehe Skizze) kann bei guter Schneebeschaffenheit von einem einzelnen leicht an einem Tag gebaut werden.

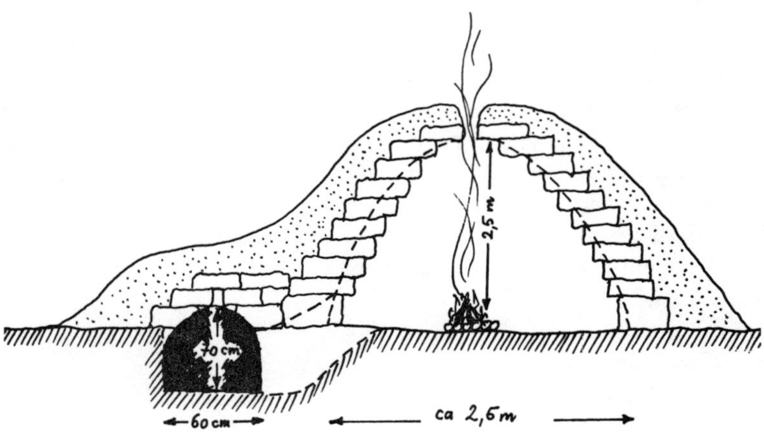


Beim Bau ist am günstigsten wie folgt vorzugehen:

- Wählen Sie einen ebenen Bauplatz entsprechender Größe aus.
- Markieren Sie den kreisförmigen Grundriß. Dabei ist die Ziegeldicke dem Radius zuzugeben. Die Markierung erfolgt am einfachsten, indem Sie im beabsichtigten Mittelpunkt ei-

nen Stock einstecken, an einer daran befestigten Schnur den Radius (mit Zuschlag) abmessen und einen Kreis ziehen.

Die gesamte Fläche des Grundrisses muß dann festgestampft werden.

- Stechen Sie die Ziegel aus. Der Platz dazu sollte möglichst nahe am Bauplatz gelegen sein, um den Transportweg kurz zu halten.
- Bauen Sie nun den Iglu Schicht um Schicht auf. Dabei werden die einzelnen Reihen mit steigender Höhe immer mehr nach innen versetzt. Der Schlußziegel wird zuletzt als Keil aufgesetzt.

  Der Eingang wird erst nach Fertigstellung ausgestochen (höchsten 60 × 70 cm) oder, besser, unten durchgegraben.
- Verputzen Sie danach den Iglu außen mit zusätzlichem Schnee. Je dicker die zusätzliche Schicht, desto besser die Isolierung. Durch Besprengen mit Wasser kann der Iglu auch vereist und damit seine Festigkeit erhöht werden.
- Glätten Sie anschließend die Innenseite oder verputzen Sie sie wie die Außenseite.
- Errichten Sie Liegestatt und Feuerstelle. Da warme Luft aufsteigt, sollten Sie die Liegestatt auf einer ca. 40 cm hohen Plattform bauen. Die Feuerstelle errichten Sie in der Mitte unter dem höchsten Punkt auf einem Holzrost, Rauchabzug und Lüftung (ca. 20 × 20 cm) am höchsten Punkt.

  Beim erstmaligen Beheizen muß, sobald an der Innenwand Schmelzwasser entsteht, das Feuer wieder gelöscht werden, bis die Schmelzschicht zu einer Eisschicht gefriert. Erst dann kann (entsprechend vorsichtig) weitergeheizt werden.
- Zur Beleuchtung können Fenster, wie bei der Erd- bzw. Dachhütte, oder auch Eistafeln eingesetzt werden.

  Der Eingang wird bei häufigem Gebrauch wie bei den anderen Unterkünften verschlossen, sonst mit Schneeziegeln vermauert. Vor dem Eingang ist nach Möglichkeit ein Windfang mit um 90° versetztem Ausgang zu errichten.
- Bei Tauwetter und starker Sonneneinstrahlung kann der Iglu vor dem Abtauen bewahrt werden, indem an der Außenseite eine 10 cm dicke Schicht aus Isoliermaterial (Reisig, Erde, Moos) und darüber eine mindestens 10 cm dicke Schneeschicht aufgeschüttet wird.

## Die Liegestatt

Nach Fertigstellung des Schutzbaues ist das Errichten einer Liegestatt von ausschlaggebender Wichtigkeit. Sie dient sowohl der Isolierung gegen die Bodenkälte und -feuchtigkeit als auch der weichen Lagerung und ermöglicht somit erst ein entspanntes Ruhen. Ihre Qualität ist entscheidend für die Erhaltung der körperlichen und psychischen Leistungsfähigkeit. Eine Liegestatt ist auch dann zu errichten, wenn auf Grund besonders günstiger Verhältnisse auf jede andere Art von Schutz verzichtet werden kann.

Als Baumaterial eignet sich alles, was weich ist und isolierend wirkt, z. B.:

— dichte, ca. 30 cm lange Laub- oder Nadelholzzweige;
— trockenes Gras, Laub oder Moos;
— Felle von Beutetieren;
— gewebte Gras- oder Schilfmatten;
— vorhandene Bekleidung.

Diese Materialien können auch kombiniert verwendet werden. Die optimale Isolierwirkung wird durch Bilden eines Luftpolsters ab 20 cm Schichtstärke erreicht. Ein Holzrahmen verhindert das Auseinandergleiten der einzelnen Lagen.

Um die Elastizität und Isolierwirkung zu erhalten und ein Einnisten von Insekten oder sonstigem Getier zu vermeiden, sollte die Liegestatt täglich frisch gefüllt werden.

Auf feuchtem Boden, sumpfigem Gelände oder bei Schlangengefahr kann die Liegestatt auch auf einem auf Pfählen ruhenden Rost gebaut werden.

Auch das Geäst eines Baumes ist geeignet (z. B. um einen erhöhten Aussichtspunkt dauernd besetzen zu können oder als Hochstand für die Jagd). Bei Bedarf kann natürlich auch ein Unterschlupf oder eine Unterkunft auf Pfähle gestellt bzw. auf geeigneten Bäumen errichtet werden (Baumhaus).

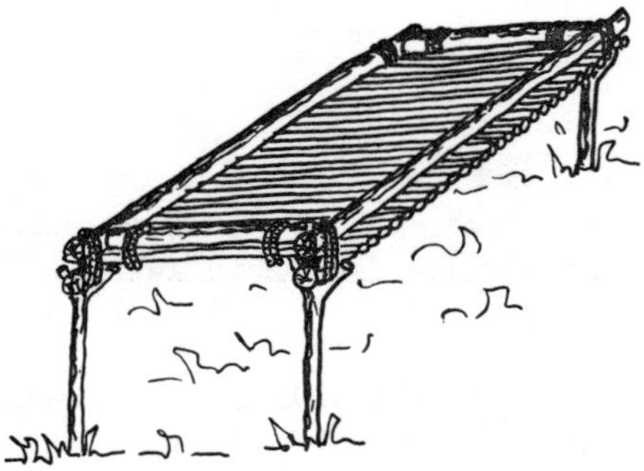

**Beheizung des Schutzbaues**

Fast alle Schutzbauten können auch beheizt werden. Dazu wird entweder im Schutzbau ein in der Größe entsprechendes Feuer entfacht, oder es werden Steine in einem außerhalb befindlichen Feuer erhitzt und in den Unterschlupf gelegt.

Folgende Punkte sind dabei zu beachten:

- Wenn Sie eine Feuergrube ausheben (ca. 20 cm), können Sie bei gleicher Raumhöhe ein größeres Feuer unterhalten.
- Stellen Sie sicher, daß der Rauch nach oben abziehen kann.
- Umgeben Sie das Feuer mit einem Funkenschutz aus grünem Holz (ca. 20 cm hoch; entsprechend lange Holzstücke eng nebeneinander in den Boden stecken).
- Legen Sie das Feuer in gerader Linie mit dem Eingang vor der Mitte des Raumes an, damit Ihnen mehr Platz im hinteren (wärmeren) Teil bleibt.
- Soll das Feuer auf Schnee brennen, legen Sie es auf einem Holzrost (grünes Holz) oder einer Steinplattform an.
- Legen Sie glühende Steine auf einen Haufen, um sich nicht irrtümlich an einem einzeln herumliegenden Stein zu verbrennen.

  Eine weitere Methode, einen Schutzbau zu beheizen, ist der »finnische Ofen«:
- Es wird außerhalb des Unterschlupfes ein Feuer nach den Grundsätzen des Höhlenfeuers (siehe Kapitel »Feuer«) angefacht.
- Der Rauchabzug wird schräg aufwärts im Boden unter dem Schutzbau angelegt und geht schließlich in einen nicht zu niedrigen Schornstein über (damit ein ausreichender Zug gewährleistet ist).

  Dazu zieht man durch den Schutzbau einen leicht aufwärts steigenden Graben, der so abgedeckt werden muß, daß kein Rauch in das Innere zieht. Man dichtet ihn mit Plastikplanen ab oder verwendet dicht gestampfte, feuchte Erde.
- Ist der Graben dicht und der Zug des finnischen Ofens reichlich (das sind die beiden Hauptschwierigkeiten), dann wärmt er das Innere des Schutzbaues wie eine Fußbodenheizung.

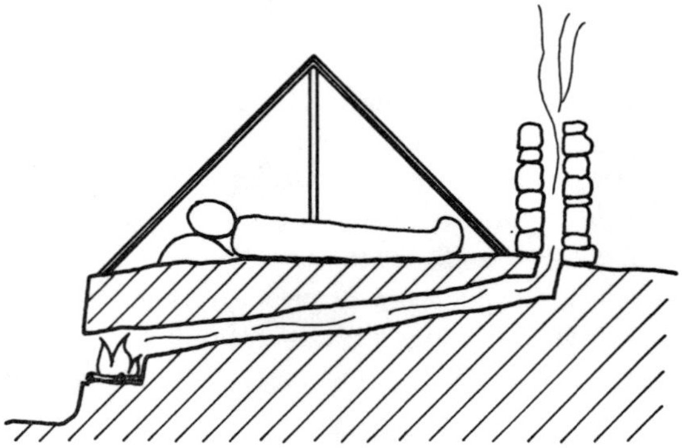

**Beheizung der Liegestatt**

Wenn erforderlich, kann auch die Liegestatt selbst beheizt werden. Das bringt zwar einen erhöhten Arbeitsaufwand, garantiert aber Wärme während der ganzen Nacht und ist besonders im Winter oder für Verletzte wichtig. Dazu gibt es zwei Möglichkeiten:

Strahlungswärme

Sie wird auf folgende Art zur Erwärmung der Liegestatt ausgenützt:

- Graben Sie eine ca. 25 cm tiefe Grube (ca. 60 × 170 cm).
- Legen Sie den Boden dieser Grube ca. 15—20 cm dick mit Steinen aus.
- Entzünden Sie auf dieser Steinfläche ein Feuer und unterhalten Sie es, bis die Steine glühen.
- Entfernen Sie dann Glut und Asche so gut wie möglich.
- Bedecken Sie die glühenden Steine mit einer 7—10 cm dicken Erdschicht und darüber mit mindestens 15 cm Reisig, Laub oder Gras.

Je nach Witterung und umgebendem Schutz ist die Wärmeabstrahlung bis zu 12 Stunden deutlich fühlbar.

Warmluft

Dabei wird der heiße Rauch in einer Art Kamin längs unter dem Bett durchgeleitet. Die Konstruktion muß den jeweiligen Gegebenheiten angepaßt werden und ist nicht einfach, arbeitet aber nach Fertigstellung zuverlässig und ohne weiteren Arbeitsaufwand.

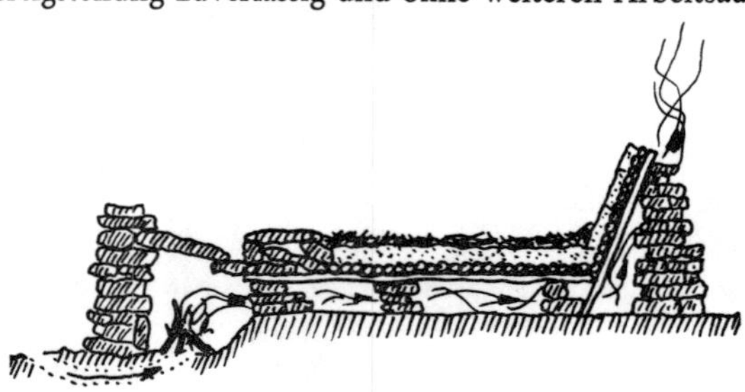

Grundsätzlich ist beim Bau wie folgt vorzugehen:

- Errichten Sie im Abstand von ca. 40 cm zwei parallele Stein- oder Erd(Rasenziegel)mauern, die mindestens 20 cm breit und hoch, und ca. 1,5 mal so lang wie die Liegestatt sind.

- Graben Sie an einem Ende eine Feuergrube mit einem Luftkanal.
- Am anderen Ende errichten Sie einen ca. 1 m hohen Rauchschirm oder Kamin aus Steinen, Rasenziegeln oder Holz.
- Überdecken Sie, vom Rauchschirm ausgehend, den gebildeten Schacht mit Stangenholz (Durchmesser 3—5 cm, Länge ca. 80 cm) in der beabsichtigten Länge der Liegestatt so, daß die Stangen eng aneinander und mit den beiden Enden jeweils voll auf den errichteten Mauern aufliegen.
- Den restlichen Teil (ca. 70—80 cm), einschließlich der Feuergrube, überdecken Sie mit Steinplatten.
- Die Liegestatt ist jetzt noch mit einer ca. 5—7 cm dicken Erdschicht und mindestens 10 cm Polsterung zu überdecken und kann dann benützt werden.
- Wenn Sie nun in der Feuergrube ein Feuer entzünden, wird der heiße Rauch unter der Liegestatt durchziehen und diese erwärmen, ohne den Holzrost in Brand zu setzen.

# NAHRUNG AUS DER NATUR

## *Allgemeines*

Mit Ausnahme der Wüsten (auch der Schnee- und Eiswüsten) bietet die Natur im allgemeinen Nahrung im Überfluß, sodaß auch Kranke oder Verletzte nicht in die Gefahr geraten, verhungern zu müssen. Man muß allerdings die Techniken zur Beschaffung, Zubereitung und Konservierung dieser vorhandenen Nahrungsmittel kennen.
Grundsätzlich kann zwischen
— pflanzlicher Nahrung und
— tierischer Nahrung
unterschieden werden.

Jede für sich ist durchaus in der Lage, eine bestimmte Zeit lang den menschlichen Bedarf zu decken. Auf längere Sicht aber sind, zur Vermeidung einer einseitigen Ernährung und den damit zusammenhängenden Mangelerscheinungen, sicherlich beide Arten von Nahrung erforderlich.

Zwar ergibt sich diese Ausgewogenheit in der Praxis meist von selbst; dennoch sollte bewußt darauf geachtet werden, um die volle körperliche Leistungsfähigkeit zu erhalten (siehe Kapitel »Ernährung«).

Der für die Nahrungsbeschaffung notwendige Zeitaufwand wird oft unterschätzt. Er ist zwar abhängig von den Gegebenheiten, aber fast immer weit höher als allgemein angenommen, eine Tatsache, die besonders bei der Planung von Arbeitsabläufen zu berücksichtigen ist.

Die Nahrungsaufnahme selbst wird ausschließlich von zwei Faktoren bestimmt, nämlich von
— der vorhandenen Nahrung und
— der Notwendigkeit, die Leistungsfähigkeit zu erhalten.

Persönlicher Geschmack, Eßgewohnheiten, Aussehen der Nahrung, vorhandener Appetit oder Ekel sind in diesem Zusammenhang nicht maßgeblich und müssen, wenn sie zur Barriere werden, bewußt überwunden werden.

Das mag im Moment schwierig erscheinen, wird aber in der Praxis bei entsprechendem Hunger kaum noch als Problem empfunden.

Ist kurzfristig überhaupt keine Nahrung vorhanden, ist auch das kein Grund zur Besorgnis. Nahrungsentzug kann ohne wesentlichen Abfall der körperlichen Leistungsfähigkeit bis zu einer Woche relativ leicht ertragen werden. Wird die physische Belastung stark reduziert, kann man, abhängig von der individuellen Konstitution, bis zu vier Wochen ohne Nahrung auskommen. Voraussetzung dazu ist allerdings die Möglichkeit, ausreichend zu trinken.

## *Nahrungsbeschaffung*

Dazu gibt es zwei Möglichkeiten:
- Sammeln
- Jagen

### Sammeln

Pflanzliche Nahrung, jedoch auch ein Teil der tierischen Nahrung, wird meist gesammelt. Dies hat den Vorteil, daß das Sammelgut an sich jederzeit verfügbar ist. Der Nachteil besteht darin, daß die Einzelstücke meist klein sind und man daher zur Bedarfsdeckung größere Mengen sammeln muß.

Meist beginnt die Nahrungsbeschaffung mit Sammeln und wird erst im weiteren Verlauf durch die (schwierigere) Jagd ergänzt.
Folgende Nahrung kann durch Sammeln beschafft werden:

#### Tierische Nahrung

*Insekten und Kleinstgetier*

Heuschrecken, Larven, Maden, Ameisen, Ameiseneier, Schnecken, Regenwürmer, Tausendfüßler o. ä. sind nahrhaft und können fast überall gefunden werden.

Sie können zum Teil auch roh gegessen werden; besser ist es jedoch, sie zu braten, zu rösten oder gemeinsam mit anderer Nahrung zu kochen. Letzteres erleichtert das Überwinden der Ekelgrenze, da die Insekten in diesem Brei einzeln kaum wahrgenommen werden.

*Vogeleier*

Auch bebrütet sind sie eine hochwertige Nahrung. Sie können roh, gekocht oder gebraten gegessen werden.

*Muscheln, Seegurken, Seeigel*

Diese Meeresbewohner sind leicht zu sammeln (Seegurken meist durch Tauchen auf Sandgrund, sonst an oder unter Felsen) und können roh oder gekocht gegessen werden. Von Seeigel und Seegurke werden nur die innenliegenden Muskelstränge verwendet.

#### Pflanzliche Nahrung

Der überwiegende Teil aller wildwachsenden Pflanzen ist ungiftig und kann gegessen werden. Es ist in der Praxis aber sicher eine Überforderung, all diese Pflanzen zu kennen; nicht einmal Fachleute sind dazu in der Lage. Meist sind einige Pflanzen bekannt, der überwiegende Teil jedoch nicht. Sind nun bekannte Pflanzen nicht greifbar, sind folgende Punkte zu beachten:

- Meiden Sie Pflanzen mit milchigem Saft und/oder schlechtem Geruch.
- Pflanzen, die von Tieren vertragen werden, sind meist auch für Menschen verträglich (Freßspuren).

Ergänzend dazu ist der Eßbarkeitstest durchzuführen (bei Pilzen sind dabei die Wartezeiten bei den Wirkungsüberprüfungen jeweils auf 40 Stunden zu erhöhen):

- Erste Geschmacksprüfung: Prüfen Sie vorsichtig mit der Zunge, ob die Pflanze bitter, scharf, ätzend oder nach Bittermandel schmeckt. Verschwindet dieser Geschmack auch nicht nach einstündigem Schwemmen in fließendem Wasser oder 15minütigem Kochen (bei Wurzeln oder Knollen 30 min), so ist die Pflanze ungenießbar.
- Zweite Geschmacksprüfung: Behalten Sie ein Stück der Pflanze ca. 5 min lang im Mund, kauen und bewegen Sie den Brei. Spüren Sie kein Brennen, schlucken Sie ihn hinunter.
- Erste Wirkungsüberprüfung: Warten Sie mindestens 8 Stunden, ob irgendwelche negativen Auswirkungen auftreten (Übelkeit, Erbrechen, Magenschmerzen, Kopfschmerzen, Durchfall, Schüttelfrost, Schwächegefühl, Schweißausbrüche).
- Zweite Wirkungsüberprüfung: Zeigen sich keinerlei negative Auswirkungen, essen Sie eine kleine Portion (ca. eine halbe Handvoll) und warten weitere 8 Stunden. Treten auch danach keine Schwierigkeiten auf, dann ist die Pflanze eßbar.

Dieser Test kann jeweils nur mit einer Pflanzenart gemacht werden. Erst nach Abschluß des Tests kann eine zweite Art überprüft werden.

Die Kenntnis der im folgenden angeführten Giftpflanzen ist sehr wichtig und kann helfen, unangenehme Erscheinungen beim Eßbarkeitstest zu verhindern. Um die Übersichtlichkeit zu wahren, wurden in die Tabelle nur Pflanzen und deren Früchte aus den gemäßigten Klimazonen aufgenommen, die bei geschwächter Konstitution tödlich wirken können.

Tabelle siehe S. 234 ff.

Pflanzen sind nur selten als Ganzes eßbar; in den meisten Fällen sind nur Teile davon genießbar; der Rest ist zu zäh, zu strohig, zu holzig, zu faserig oder zu hart.

Grundsätzlich sind, je nach Pflanze, folgende Teile genießbar:

- Blätter (auch Gräser)
- Stengel
- Blüten (Pollen, Nektar)
- Jungtriebe (auch von Nadelbäumen)
- Kolben
- Rinde (nur die weiche Innenrinde)
- Wurzeln
- Knollen
- Samen (Körner, Kerne)
- Früchte
- Nüsse
- Beeren

Es ist kaum möglich (und auch nicht notwendig), von allen eßbaren Pflanzen auch die am besten zu verwendenden Teile zu kennen. In der Praxis ergibt sich die Auswahl durch Probieren von selbst. Was gegessen werden kann, wird verstärkt gesammelt, was sich als nicht brauchbar herausstellt, beim nächsten Mal nicht mehr genommen.

Die meisten eßbaren Pflanzenteile können zwar auch roh gegessen werden, es ist jedoch zu empfehlen, alle Pflanzen schon aus hygienischen Gründen (Schmutz, Parasitenbefall) zu kochen oder zu dünsten; manche können auch gebraten oder geröstet werden.

Aus folgenden Pflanzenteilen kann ein Mehlersatz hergestellt werden:

- Samenkörnern von Gräsern (Wildgetreide) werden getrocknet oder geröstet und (zwischen Steinen) zu Mehl vermahlen. Vorsicht: Samenkörner können durch Pilzbefall schwarz werden (Mutterkorn) und sind dann hochgiftig!
- Die Innenrinde (Cambium) von Bäumen und Sträuchern ist meist weiß oder grün, wird abgeschält oder abgekratzt, getrocknet und zerrieben. Fast alle Bäume sind geeignet.
- Eicheln: Zuerst muß die Gerbsäure (Tannin, ungiftig, aber unverträglich) entfernt werden. Dazu werden entweder die getrockneten Eicheln ausgekocht (mindestens eine Stunde) oder das aus getrockneten und zerriebenen Eicheln gewonnene Mehl mit frischem Wasser ausgelaugt (in einen Stoffbeutel füllen und mindestens eine Stunde in fließendes Wasser hängen oder immer wieder vollsaugen lassen und dann auswinden). Dieses Mehl kann auch als Kaffee-Ersatz verwendet werden.
- Edelkastanien werden geschält, geröstet und gemahlen.

| Giftpflanzen | Vorkommen | Kennzeichen | Giftiger Pflanzenteil | Vergiftungserscheinungen |
|---|---|---|---|---|
| Aronstab | feuchte Wälder und Gebüsche, kalkhaltige Lehmböden | 15—50 cm hoch, pfeilförmige, dunkelgrüne Blätter, rote Früchte | alle Pflanzenteile | Erbrechen, Durchfall, Blutungen, Erregung |
| Bilsenkraut | Schutthalden, Gartenland | 30—60 cm hoch, Stengel haarig, klebrig, Blüten graugelb, unangenehmer Geruch | alle Pflanzenteile | erweiterte Pupillen, Sehstörungen, hochgradige Erregung, Krämpfe |
| Schneerose | Laubwälder, Gartenland | 10—15 cm hoch, einblütiger Stengel mit weißen Blüten | alle Pflanzenteile | Erbrechen, Durchfälle, Sehstörungen, Erregung, Lähmungserscheinungen |
| Eibe | Laub- und Mischwälder | bis zu 10 m hoher, immergrüner Strauch oder Baum, Nadellänge 1—3 cm, rote Früchte mit sichtbarem Kern | alle Pflanzenteile, außer dem roten Fruchtfleisch | Erbrechen, Durchfälle, Herz-/Kreislaufstörungen, Leber- und Nierenschmerzen |
| Eisenhut (alle Arten) | feuchte Berg- und Hochgebirgswiesen | bis zu 1 m hoch, mehrlappige Blätter, blaue, ährenähnliche Blüten | alle Pflanzenteile | Mundbrennen, Erregung, Herz-/Kreislaufstörungen, Lähmungserscheinungen |
| Fingerhut (alle Arten) | Bergwälder und Bergwiesen | bis zu 2 m hoch, Laubblätter, rote, ährenähnliche Blüten | alle Pflanzenteile | Erbrechen, Herzrhythmusstörungen |
| Herbstzeitlose | feuchte Wiesenböden | 10—30 cm hoch, einblütiger Stengel, blaue Blüte | alle Pflanzenteile | Mundbrennen, Erbrechen, Durchfälle, Krämpfe, Kreislaufstörungen, Lähmungserscheinungen |

| Giftpflanzen | Vorkommen | Kennzeichen | Giftiger Pflanzenteil | Vergiftungserscheinungen |
|---|---|---|---|---|
| Küchenschelle (alle Arten) | trockene, sonnige Berghänge | 10—20 cm hoch, behaarter Stengel, blaue Blüte | alle Pflanzenteile | Blasenbildung auf der Haut, blutige Durchfälle, Nierenversagen, Krämpfe, Lähmungserscheinungen |
| Maiglöckchen | Buchenwälder | bis zu 20 cm hoch, zwei große, längliche Blätter, weiße, glockenförmige Blüten, rote Früchte | alle Pflanzenteile | Erbrechen, Herzrhythmusstörungen |
| Oleander | meist in südlichen Regionen | bis zu 3 m hoher Strauch, ledrige, spitze Blätter, rote oder weiße Blüten | alle Pflanzenteile | Erbrechen, Durchfälle, Krämpfe, Herzrhythmusstörungen |
| Pfaffenhütchen | Au- und Mischwälder, auch Waldränder | bis zu 2 m hoher Strauch oder Baum, weißliche Blüten, rote Fruchtkapseln | alle Pflanzenteile | Durchfälle, Krämpfe, Kreislaufstörungen |
| Gefleckter Schierling | Ödland, Wegränder | 1—2 m hoch, röhrenförmiger, verzweigter Stengel, gefiederte Blätter, kleine, weiße Blüten, bräunliche Früchte | alle Pflanzenteile | Mundbrennen, Speichelfluß, Sehstörungen, Erbrechen, Lähmungserscheinungen |
| Wasserschierling | Sümpfe, Ufer | ca. 1 m hoch, röhrenförmiger Stengel, gefiederte, gezahnte Blätter, kleine weiße Blüten, bräunliche Früchte | alle Pflanzenteile | Mundbrennen, Übelkeit, Krämpfe, Atemstörungen |

| Giftpflanzen | Vorkommen | Kennzeichen | Giftiger Pflanzenteil | Vergiftungserscheinungen |
|---|---|---|---|---|
| Seidelbast | Ufer, Waldränder | bis zu 2 m hoher Strauch, schmale Blätter, rosa-rote Blüten, rote, beerenartige Früchte | alle Pflanzenteile | Verätzungen, Erbrechen, Durchfälle, Krämpfe, Herz-/Kreislaufstörungen |
| Stechapfel | Schotter, Ödland, Wegränder | ca. 1 m hoch, verzweigter Stengel, weiße Blüten, grüne Früchte, stachelig, Samen schwarz | alle Pflanzenteile | Sehstörungen, Erregung, Krämpfe |
| Zaunrübe | Waldränder, Buschland | rankende Staude, fünfzackige Blätter, Blüten weiß oder weißlich, rote oder schwarze, beerenartige Früchte | alle Pflanzenteile | Erbrechen, Durchfall, Krämpfe, Nierenschmerzen |
| Stechpalme | Wälder, Hecken | bis zu 3 m hoher Strauch oder Baum, ledrige, stachelige Blätter, Blüten gelblich bis rötlich; rote, beerenartige Früchte | Beeren | Erbrechen, Durchfälle, Kreislaufstörungen |
| Tollkirsche | Wälder, Lichtungen, Wegränder | bis zu 1,5 m hoher Strauch, glockige, bräunlich-gelbe Blüten, grüne bis blauschwarze, beerenartige Früchte | alle Pflanzenteile | Krämpfe, Erregung, Sehstörungen |

## Jagdbare Tiere

Das Jagen ist im allgemeinen die zeitaufwendigere und technisch schwierigere Art der Nahrungsbeschaffung und erfordert, um den Erfolg sicherzustellen, die Kenntnis einer ganzen Reihe von Grundbegriffen. Mit einigem Jagdglück kann damit allerdings auf einen Schlag Nahrung für mehrere Tage sichergestellt werden.
Jagen kann man:

### Kleintiere

Mäuse, Eidechsen, Frösche (Kröten sind ungenießbar), Schlangen, Fledermäuse, Igel, Krabben, Krebse und dergleichen sind ohne große Schwierigkeiten zu fangen und dürfen als Fleischlieferanten nicht unterschätzt werden.

### Vögel

Sie sind eine sehr gute Fleischquelle, allerdings schwierig zu bejagen. Der hohe Aufwand rechtfertigt daher meist nur die Jagd nach größeren Exemplaren. Dabei ist es wichtig zu wissen, daß Vögel keinen Geruchssinn haben und ihr Gehör ausgesprochen schlecht ist, sie jedoch hervorragend sehen können.

### Fische

Sie sind an Flüssen, Seen oder am Meer meist problemlos und in ausreichender Menge zu fangen und somit wichtige Fleischlieferanten.

Nicht jeder Fisch kann bedenkenlos gegessen werden. Essen Sie daher niemals einen Fisch, der nicht wie ein typischer Fisch aussieht oder keine Schuppen hat, es sei denn, sie kennen die Art und wissen sicher, daß Sie nicht giftig ist. Essen Sie auch nie einen Fisch, der nicht frisch ist und meiden Sie unbedingt die Innereien, besonders die Leber (kann tödlich sein).

### Wild

Es ist die wichtigste Fleischquelle und liefert zusätzlich noch Materialien verschiedenster Art zum Anfertigen von Behelfen (siehe Kapitel »Behelfe«). Die meisten Wildtiere sind dem Menschen in der Leistungsfähigkeit von Augen, Gehör und Geruchsinn weit überlegen. Es gibt jedoch von Art zu Art große Unterschiede.

| Wild | Sehvermögen | Gehör | Geruchsinn |
|---|---|---|---|
| Schwarzbär | durchschnittlich | durchschnittlich | ausgezeichnet |
| Braunbär | schlecht | schlecht | ausgezeichnet |
| Elch | ausgezeichnet | ausgezeichnet | ausgezeichnet |
| Bergschaf | ausgezeichnet | durchschnittlich | gut |
| Rotwild | ausgezeichnet | ausgezeichnet | ausgezeichnet |
| Bergziege | ausgezeichnet | durchschnittlich | gut |
| Wildrind/Wildpferd | ausgezeichnet | ausgezeichnet | ausgezeichnet |
| Wildschwein | schlecht | durchschnittlich | ausgezeichnet |
| Wildhühner | ausgezeichnet | ausgezeichnet | keinen Geruchsinn |

Um diese Überlegenheit des Wildes im Bereich des Wahrnehmungsvermögens zumindest teilweise auszugleichen und damit günstige Voraussetzungen für ein erfolgreiches Jagen zu schaffen, sind Grundkenntnisse über
— das Verhalten des Wildes,
— Spurenlesen und
— Tarnung
unbedingt erforderlich.

## Verhalten des Wildes

Die angegebenen Regeln treffen natürlich nicht immer in allen Details und bei allen Tieren in gleicher Weise zu; sie sind durch praktische Erfahrung entstanden und stellen ausgezeichnete Hilfen zur Anpassung des eigenen Verhaltens dar.

- Das Wild benützt bevorzugt hindernisfreie Wege, meist zu Futter- und Wasserstellen. Damit ergeben sich geländebedingt stärker frequentierte Wildpfade (Wildwechsel).
- Auch an sich ungefährliche Tiere können angreifen, wenn sie verletzt sind, in die Enge getrieben werden oder Junge haben.
- Wild hält sich tagsüber meist im Wald oder Dickicht auf, wechselt in der Abenddämmerung meist in freies Gelände (zum Äsen) und kehrt im Morgengrauen wieder zurück; bei hellem Mond bleibt es meist auch während der Nacht im Wald (das Licht reicht zum Äsen auch im Wald).
- Beim Äsen wirft das Wild in ziemlich regelmäßigen Abständen (meist ca. 20 Sekunden) den Kopf hoch und beobachtet die Umgebung.
- Fühlt es sich nicht ganz sicher, kann es zum »Scheinäsen« kommen. Dabei senkt das Wild den Kopf, wirft ihn aber fast sofort wieder hoch, um die verdächtige Stelle zu beobachten.
- Veränderungen von Gegenständen in Größe oder Form kann es zwischen zwei Beobachtungsintervallen nicht feststellen.
- Wild erwartet Bedrohung eher von unten oder aus gleicher Höhe als von oben.
- Wild flieht, sobald es sich bedroht fühlt, sofort. Wird es erschreckt, meidet es dieses Gelände anschließend meist mehrere Tage.
- Schwer verletztes Wild, das nicht verfolgt wird, legt sich meist 100—300 m nach dem Anschuß nieder und ist nach einiger Zeit nicht mehr in der Lage, aufzustehen. Bei Verfolgung jedoch kann es noch bis zu mehreren Kilometern laufen.

## Spurenlesen

Richtiges Erkennen von Spuren ist die Voraussetzung für die Entscheidung, ob überhaupt und wo zu jagen ist und ermöglicht die optimale Anpassung der Jagdtechnik und der erforderlichen Mittel an das zu jagende Wild. Das Erkennen und Auswerten menschlicher Spuren kann das Suchen oder Vermeiden menschlicher Nähe (z. B. bei Bedrohung) sehr erleichtern.

### Tierspuren

Grundsätzlich unterscheidet man zwischen folgenden Spuren:
— Trittspuren (Huf- oder Fußabdrücke in verschiedenster Form),
— Losung (Tierkot in verschiedenster Form),
— Freßspuren (abgerissene Blätter, zernagtes Gras, abgefressene Rinde junger Bäume, Kadaver von Beutetieren),

— Lagerspuren (zerdrücktes Gras, Schlammsuhlen),
— Reib- und Scheuerspuren (ausgerissene Haare, abgestreifte Bastfetzen, abgeworfenes Geweih, Scheuerspuren an Bäumen).

Die bildliche Darstellung der wichtigsten Spuren auf den folgenden Seiten soll deren Erkennen und Zuordnen ermöglichen.

Die angeführten Spuren sind bei verschiedenen Tieren verschieden ausgeprägt und daher als Hinweise nicht immer gleichwertig. Bei größerem Wild sind meist folgende Spuren besonders deutlich:

| Wild | Wichtige Spuren |
|---|---|
| Schwarzbär | Trittspuren, Haufen von Losung, ausgerissene Baumstümpfe und Baumstämme, ausgerissene Haarbüschel an rauher Rinde |
| Braunbär | Trittspuren, Haufen von Losung, angefressene Kadaver anderen Großwildes |
| Elch | Trittspuren, Losung, regelmäßig benützte Wildpfade, niedergetrampelte Hindernisse am Wildpfad, Eindrücke von Liegeplätzen, abgeworfenes Geweih, Kratz- und Scheuerspuren während der Brunft |
| Bergschaf | Trittspuren, Losung, gut ausgetretene Wildpfade zum Queren steiler Hänge, Eindrücke von Liegeplätzen |
| Rotwild | Trittspuren, Losung, Eindrücke von Liegeplätzen in dichtem Jungwald oder Dickicht, abgeworfene Geweihstangen, begangene Wildwechsel, Geweihscheuerspuren an Bäumen |
| Bergziege | Trittspuren in felsfreien Geländeteilen, Losung, gut ausgetretene Wildpfade zum Queren steiler Geländeteile, ausgerissene oder abgeriebene Haare an Felsblöcken |
| Wildrind/Wildpferd | Trittspuren, Haufen von Losung, Eindrücke von Liegeplätzen |
| Wildschwein | Trittspuren, Haufen von Losung, Wühlspuren auf Grasplätzen, Suhlgruben in Schlammlöchern |

### Bestimmen des Alters der Spuren

Eine genaue Bestimmung der Entstehungszeit wird nur in den seltensten Fällen möglich sein, ist aber auch kaum erforderlich. Meist ist eine ungefähre Zeitbestimmung völlig ausreichend. Voraussetzung dafür ist eine entsprechende Bodenbeschaffenheit und die Kenntnis des Wetterablaufes mindestens der letzten zwei Tage.

Die für den Verfallprozeß einer Spur wichtigsten Faktoren sind:
— Wind,
— Niederschlag,
— Temperatur und
— Sonneneinstrahlung.

Sie können eine Spur über lange Zeit konservieren (z. B. Frost) oder in kürzester Zeit völlig verschwinden lassen (z. B. starker Regen oder Wind).

| Tier | Einzelabdruck | Größe | Fährtenbild | Bemerkungen |
|---|---|---|---|---|
| Hirsch | 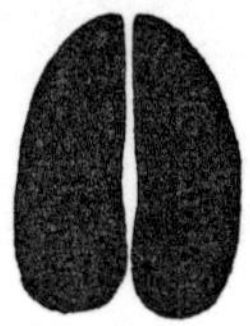 | 5—9 cm |  | Ballenlänge ca. 1/3 der ganzen Schalenlänge; bei Flucht Abdrücke der Afterzehen sichtbar; Schalen stark gespreizt, Sprungweiten bis zu 7 m |
| Gemse |  | 5—6 cm |  | deutlicher Zwischenraum zwischen den Schalenabdrücken; bei Flucht Abdrücke der Afterzehen sichtbar; meist unregelmäßige Triffolge |
| Reh |  | 4—4,5 cm |  flüchtend ziehend | schmale, meist spitze Form; bei Flucht Schalenabdrücke stark gespreizt mit deutlichen Afterzehenspuren; Sprungweite bis 4 m |
| Schaf |  | 5—6 cm |  | Gerundete Schalenspitzen, zwischen den Schalenabdrücken deutlicher Zwischenraum sichtbar |

| Tier | Einzelabdruck | Größe | Fährtenbild | Bemerkungen |
|---|---|---|---|---|
| Ziege |  | 5—6 cm |  | bogenförmige Schalenabdrücke, an den Spitzen deutlich gerundet |
| Wildschwein | 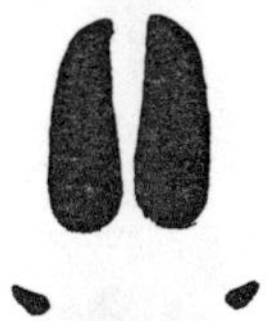 | 5—7 cm |  | deutlicher Abdruck der Afterzehen; beim Ziehen zum Teil einander überdeckende Abdrücke |
| Rind | 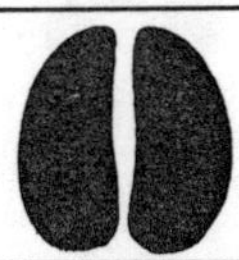 | 10—12 cm |  | breit und bogenförmig; keine Eindrücke der Afterzehen |
| Pferd |  | 10—12 cm |  | fast kreisrunder Abdruck mit tiefem, keilförmigem Einschnitt an der Hinterseite |
| Hund |  | 4—6 cm |  | ähnlich dem Fuchs, jedoch breiter und weniger Ballenzwischenraum; abgerundete Krallenabdrücke |

| Tier | Einzelabdruck | Größe | Fährtenbild | Bemerkungen |
|---|---|---|---|---|
| Katze |  | 3—3,5 cm |  schleichend<br>flüchtend | fast kreisrunde Abdrücke mit deutlichen Ballen; keine Krallenzeichen; bei schleichenden Katzen Abdrücke sehr dicht beisammen |
| Fuchs |  | 4,5—5 cm |  flüchtend<br>ziehend | ovaler Abdruck mit fast kreisförmigem Zwischenraum zwischen den Ballen; beim Traben Eindrücke in gerader Linie hintereinander |
| Dachs |  | 5—6 cm |  | besonders lange und kräftige Krallenabdrücke; auch deutliche Ballenabdrücke |
| Hase |  | 5—6 cm |  | die größeren Abdrücke der Hinterpfoten liegen vor den kleineren Abdrücken der Vorderpfoten; deutliche Krallenabdrücke |

| Tier | Einzelabdruck | Größe | Fährtenbild | Bemerkungen |
|---|---|---|---|---|
| Igel |  | 2—3 cm |  | ähnlich dem Dachs, nur kleiner; Krallenabdrücke deutlich erkennbar |
| Eichhörnchen |  | 4—5 cm |  | Abdrücke der 5zehigen Hinterpfoten liegen vor denen der 4zehigen Vorderpfoten |
| Storch |  | 12—15 cm |  | relativ breite Vorderzehen; Hinterzehe bildet nur einen rundlichen Abdruck |
| Reiher |  | 15—16 cm |  | alle vier Zehen lang und gleichmäßig schmal; lange, spitze Krallenabdrücke |
| Möwe |  | 3,5—4 cm |  | typischer Abdruck der Schwimmhäute, wie bei Ente und Gans, nur kleiner |
| Ente |  | 7—8 cm |  | Schwimmhautabdrücke, Tritte stark einwärts gedreht, verlaufen meist in Schlangenlinie |

| Tier | Einzelabdruck | Größe | Fährtenbild | Bemerkungen |
| --- | --- | --- | --- | --- |
| Taube |  | 4—5 cm | 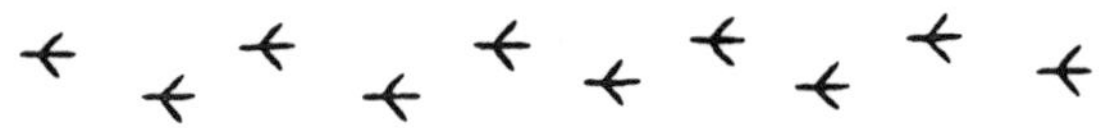 | wegen des meist trippelnden Ganges Abdrücke geradlinig hintereinander |
| Krähe |  | 5,5—7 cm |  | Hinterzehe fast gleich lang wie Mittelzehe; Tritte stark einwärts gedreht und im Zickzack angeordnet |
| Rebhuhn |  | 4—5 cm |  | ähnlich dem Fasan, nur kleiner; bei mehreren Vögeln Fährten meist als nebeneinander laufende oder verschlungene Ketten |
| Fasan |  | 7—8 cm |  | meist gut ausgeprägt; deutliche Krallenzeichen, Hinterzehe kropfartig; Tritte mit gleichen Abständen hintereinander |

Kennzeichen einer frischen Trittspur:
- meist weich,
- noch nicht ausgetrocknet,
- deutlich erkennbare Umrisse,
- scharfe Kanten (abhängig von Bodenbeschaffenheit).

Kennzeichen einer alten Trittspur:
— meist hart,
— ausgetrocknet,
— meist die gleiche Farbe wie der umgebende Erdboden,
— Kanten entweder hart und rissig oder verwischt und unscharf.

Kennzeichen frischer Losung (je nach Tierart):
— kugelig, elastisch und dunkel glänzend,
— länglich, knollig oder wurstförmig, hell bis dunkel, hart bis weich oder
— fladig, weich, mittel bis dunkel.

Kennzeichen alter Losung:
— ausgetrocknet,
— faserig oder bröckelig,
— fallweise bereits in Auflösung begriffen,
— meist fast geruchlos.

Kennzeichen frischer Scheuer- oder Freßspuren an Bäumen:
— glatte, scharfe Schadränder an der Rinde,
— wo die Rinde entfernt wurde, helles Holz,
— meist fühlbare Feuchtigkeit auf Holz und Rindenrändern,
— eventuell an der Rinde haftende Haare oder Haarbüschel.

Kennzeichen alter Scheuer- oder Freßspuren an Bäumen:
— eingerissene, fallweise aufgerollte Schadränder an der Rinde,
— freiliegendes Holz ist dunkel und nur noch undeutlich erkennbar,
— verharzte Ränder,
— trockenes Holz.

Kennzeichen frischer Eindrücke von Liegeplätzen:
— stark niedergedrücktes Gras,
— noch warmer Erdboden,
— eventuell noch vorhandener Tiergeruch.

Kennzeichen alter Eindrücke von Liegeplätzen:
— teilweise schon wieder aufgerichtetes Gras,
— kühler Erdboden.

Kennzeichen der Bewegungsrichtung:
— Bei Paar- oder Mehrzehern zeigen die Zehenspitzen in Bewegungsrichtung, bei Einzehern die geschlossene Seite des Hufes,
— Gras wird in Richtung der Bewegung niedergetreten.

Menschliche Spuren

— Trittspuren eines Menschen werden im allgemeinen wesentlich genauer auszuwerten sein, da sie, je nach Situation, Rettung oder Gefahr bedeuten können.
— Ein Schifahrer hinterläßt neben der Schispur eine keilförmige Schleifspur (Schistöcke), an deren Ende der Eindruck der Stockspitze liegt.
  Diese Schleifspur zeigt, gesehen vom Eindruck der Stockspitze aus, entgegen der Bewegungsrichtung.
— Steil bergauf sind meist nur die Eindrücke der Schuhspitze bis zum Ballen erkennbar.
— Steil bergab nur die Eindrücke der Fersen.

Abgesehen von der Entstehungszeit und der Bewegungsrichtung kann aus einer Trittspur noch abgeleitet werden.
— die Körpergröße,
— das Marschtempo,
— die Gewichtsbelastung.

*Körpergröße*

Für ihre annähernde Bestimmung sind die Fußgröße (Länge × 6 = ungefähre Körpergröße) und die Schrittlänge meist sehr verläßliche Anhaltspunkte. Dabei ist es am einfachsten, diese mit den eigenen Maßen oder denen eines Kameraden zu vergleichen (Vergleichsspur anlegen).

*Marschtempo oder stehender Aufenthalt*

— Zeigt die Spur in ebenem Gelände klar abgezeichnete Fußeindrücke in einem Abstand (von der Fußspitze des einen zur Ferse des nächsten Eindruckes) von ca. ein- bis eineinhalbfacher Fußgröße, dann handelt es sich mit Sicherheit um eine Gehspur (Vergleichsspur anlegen). Steigung, Gefälle und die Beschaffenheit des Untergrundes können das Spurbild stark verändern.
— Zeigt die Spur in ebenem Gelände undeutliche, mit frischer Erde beworfene Fußeindrücke (durch den Abstoß von Ballen und Zehen) mit besonders tiefem Ferseneindruck (durch das Auffangen des Körpergewichtes) und einem meist größeren Abstand vom Eindruck zu Eindruck (abhängig von der Geschwindigkeit), dann handelt es sich um eine Laufspur (Vergleichsspur anlegen).
— Zeigt die Spur auf engem Raum Doppel- oder Mehrfacheindrücke, Einfachabdrücke eines Absatzes mit mehreren Sohleneindrücken (Drehen auf der Ferse) oder Einfachabdrücke einer Sohle mit mehreren Absatzeindrücken (Drehen auf den Ballen), dann handelt es sich um eine Standspur.

*Gewichtsbelastung*

Diese kann nur dort eindeutig festgestellt werden, wo die Last abgenommen wurde. Dabei ergeben sich Fußeindrücke verschiedener Tiefe unmittelbar nebeneinander.

Besonders kurze Schritte oder tiefe Eindrücke sind nur unverläßliche Hinweise auf die Gewichtsbelastung.

Sind mehrere Spuren vorhanden, wird es, besonders im Falle der Bedrohung, von ausschlaggebender Wichtigkeit sein, festzustellen, ob es sich dabei um
— verschiedene Spuren der gleichen Person,
— die Spuren mehrerer verschiedener Personen oder um
— Spuren verschiedenen Alters handelt.

Dazu ist es notwendig, die einzelnen Spuren so eindeutig zu identifizieren, daß sie von anderen Spuren unterschieden werden können. Dabei sind zu berücksichtigen:
— das Spurenbild,
— die Fußgröße,
— besondere Merkmale.

Das Spurenbild setzt sich aus drei Elementen zusammen:
— Schrittwinkel (kann für den rechten und linken Fuß verschieden sein)

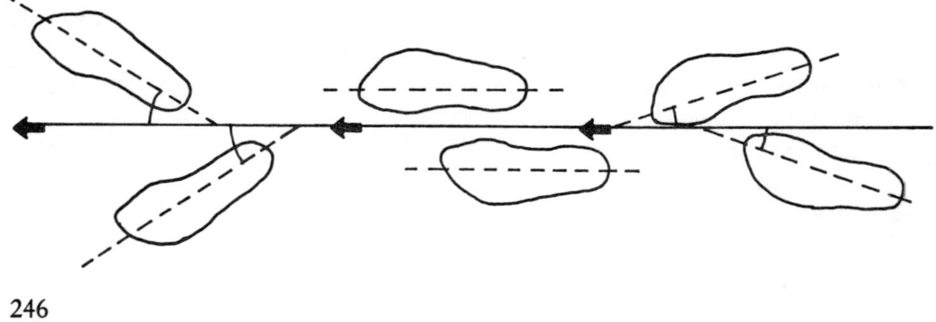

— Schrittlänge

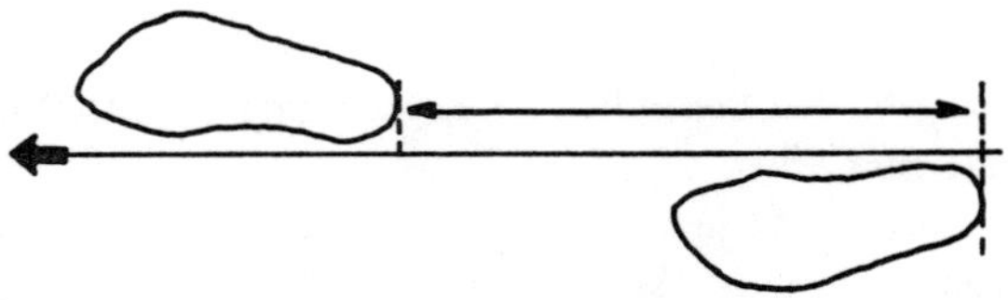

— Schrittbreite

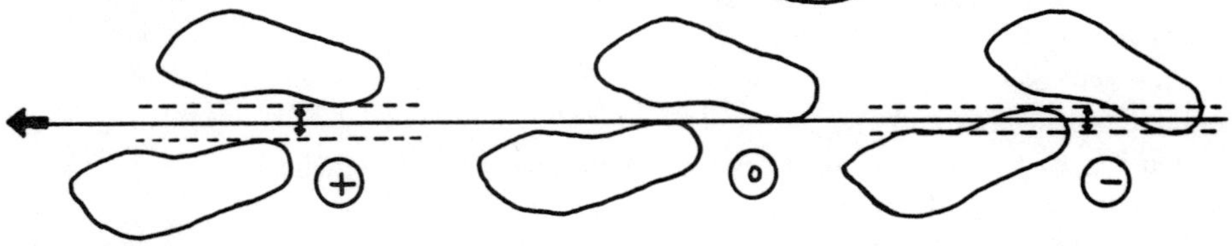

Die Fußgröße ist in ihrer größten Länge und Breite auszumessen und mit den anderen Spuren zu vergleichen.

Als besondere Merkmale gelten z. B.:

— eine besondere Fußform,
— fehlende Zehe(n),
— ein bestimmtes Profilmuster der Schuhe,
— bestimmte Schäden an der Schuhsohle oder am Profilmuster,
— Form und Muster des Absatzes,
— Beschläge verschiedener Art (z. B. Spitze, Absatz).

Neben den Trittspuren können noch folgende Spuren ausgewertet werden:

Lagerspuren wie
— Feuerstellen (Art, Größe, Temperatur der Asche),
— Liegeplätze (Art, Anzahl, Anlage),
— Nahrungsreste (Knochen, Fellstücke, Federn, Gräten, sonstige Speisereste),
— Latrine (Größe, Benützung),
— zurückgelassene Gegenstände (vergessen, verloren, weggeworfen),
— zusätzliche Spuren von eventuellen Begleittieren, Transportmittel, Waffen o. ä.,
— Blutspuren.

Arbeitsspuren wie
— Grabspuren,
— Schleifspuren,
— Hack- oder Sägespuren,
— Schnittspuren,
— Schlagspuren,
— Bruchspuren,
— Bauspuren,
— Transportspuren.

Dabei sollte versucht werden, festzustellen, mit welchen Mitteln diese Spuren verursacht wurden und welchem Zweck die entsprechenden Tätigkeiten dienen könnten.

Nach erfolgter Auswertung sämtlicher vorgefundener Spuren muß eine Beziehung zur eigenen Situation hergestellt werden. Dabei sind folgende Fragen zu beantworten:

— Ist die Spur für mich wichtig?
— Bedeutet sie eher Hilfe oder Gefahr?
— Sind Maßnahmen zu treffen? Sofort? Später?
— Wie groß ist ihr Einfluß auf mein weiteres Verhalten?

## Tarnung

Tarnung ist ein maßgeblicher Bestandteil des Lebenskampfes in der Natur. Viele Tiere sind große Könner auf diesem Gebiet.

Beim Menschen kann gute Tarnung bei der Jagd für den Erfolg ausschlaggebend sein, bei Bedrohung durch andere Menschen sogar lebensrettend werden.

Die Tarnung darf jedoch nie
- die eigene Sicht,
- die Beweglichkeit und
- den Einsatz von Waffen (auch Behelfswaffen, siehe Kapitel »Behelfe«)

behindern.

Tarnen heißt, sich der Umgebung anpassen. Dabei ist besonders auf folgende Punkte zu achten:

- Umriß (Verzerren der typischen Konturen, vermeiden von Silhouettenbildung),
- Farbe (ein helles Gesicht oder Bekleidungsstück ist auch im dichtesten Gestrüpp von weitem sichtbar),
- Schatten (Körperschatten, Lochschatten),
- Spiegelungen (Lichtreflexe, glänzende Gegenstände, Feuer),
- Bewegung (schon die geringste Bewegung kann die beste Tarnung zunichte machen),
- Geräusche (hier gilt das gleiche),
- Geruch (gilt besonders für die Jagd),
- Spuren (besonders bei Bedrohung wichtig),
- Rauch (nur bei Bedrohung).

Es bieten sich folgende Tarnmöglichkeiten an:

Natürlicher Tarnschutz
- Bodenbedeckung (Ausnützung von Gebüschen, Bäumen, Gras),
- Bodenform (Ausnützen von Mulden, Gräben, Geländekanten),
- Schatten (Ausnützen von natürlichen Schatten zur Beobachtung und Bewegung. Vorsicht: wandern aus!),
- Vermeiden und Verwischen von Spuren,
- Witterung (Nebel, Regen, Schneefall),
- Dunkelheit (nur bedingt gültig).

Dieser natürliche Tarnschutz wird von der Natur geboten und sollte immer ausgenützt werden.

Künstlicher Tarnschutz mit künstlichen Tarnmitteln
(Tarnbekleidung, Tarnnetze)

Sie werden in Notsituationen kaum vorhanden sein. Normale Bekleidung kann jedoch durch Einfärben mit Erde, zerquetschten Blättern, Gras, Ruß, Asche o. ä. in eine Tarnbekleidung verwandelt, Tarnnetze können geknüpft werden.

Künstlicher Tarnschutz mit natürlichen Tarnmitteln

*Gesichts- und Kopftarnung*

Sie wird verwendet, wenn man selbst liegt und der Körper durch Ausnützen eines natürlichen Tarnschutzes der Sicht entzogen ist.

*Gesichtstarnung* (gilt auch für Hände und andere unbedeckte Körperteile):
Das Gesicht wird wenn möglich mit mehreren Farben (braun, grün, schwarz) der Umgebung angepaßt. Dabei ist darauf zu achten, daß die Flecken und Streifen groß genug sind (mindestens 8 × 8 cm), um die Konturen des Gesichtes zu verwischen.

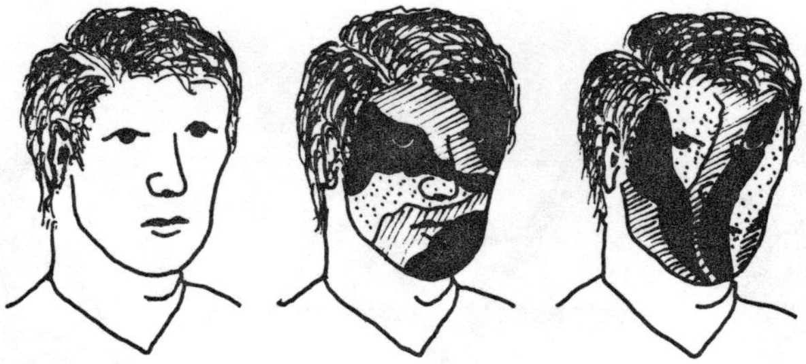

Gesichtsfarben, die in Extremsituation kaum verfügbar sein werden, können wie folgt selbst angefertigt werden:
Vermischen Sie trockene, staubfreie Erde (braun), von angekohlten Holzstücken abgeschabten Kohlenstaub oder Ruß (schwarz) oder zu einem Brei zerstampftes Gras oder Blätter (grün) mit etwas Fett oder Öl zu einer Paste und tragen Sie diese auf. Es ist günstig, vorher das ganze Gesicht leicht mit Fett oder Öl einzureiben.
*Kopftarnung* hat den Zweck, die runden Kopf- und die scharfen Hals- und Nackenlinien zu verwischen.
- Tarnnetz: Dieses kann einfach geknüpft werden (siehe Kapitel »Behelfe«). Der Abstand von Knoten zu Knoten sollte ca. 5—7 cm betragen. Dieses Netz wird dann mit kleinen Zweigen, Gras oder Blättern durchflochten und besteckt (Oberseite der Blätter und Zweige nach außen) und dann über den Kopf gelegt. Bei entsprechender Gesichtstarnung sollte dieses frei bleiben. Wird das Tarnnetz über dem Gsicht getragen, ist meist die Sicht eingeschränkt.
- Tarnfächer: Er sollte eine Höhe von ca. 50 cm und etwas mehr als Schulterbreite haben. In der Bespannung werden, wie beim Tarnnetz, Zweige, Gras oder Blätter befestigt. Nachteil: Seine Tarnwirkung ist nur in eine Richtung gegeben.
- Tarnhaube: Höhe und Breite sollten 30—40 cm betragen, der um ca. 10—15 cm höher befestigte untere Querträger dient als Auflage im Genick.
  Das Tarnmaterial wird wie beim Tarnfächer befestigt und kann bei Bedarf an der Spitze zusammengebunden werden.

*Körpertarnung*
Sie wird verwendet, wenn das Ausnützen eines natürlichen Tarnschutzes zur Tarnung des Körpers nicht ausreicht, überhaupt kein natürlicher Tarnschutz vorhanden ist oder man gezwungen ist, sich zu bewegen (z. B. Pirschjagd).
- Tarngirlanden: Dies sind ca. 2 m lange Schnüre oder Stoffstreifen, in die in Abständen von 15—20 cm Grasbüschel oder kleine Zweige eingebunden werden.
  Diese Schnüre werden dann entsprechend (ohne die Bewegung zu behindern) um den Körper gebunden.
- Tarnnetzhemd: Es wird wie das Netzhemd (siehe Kapitel »Behelfe«) gefertigt, kann aber auch mit Ärmeln gemacht werden. Das Tarnmaterial wird wie beim Tarnnetz angebracht.
  Nachteil: Beim Durchstreifen dichten Gebüsches bleibt man sehr leicht hängen (Beschädigung, Geräusch), daher sollte es möglichst eng sitzen.

– Tarnsegel: Es sollte in Höhe und Breite etwas größer als die Körpermaße sein.
Das Anbringen des Tarnmaterials und die Verwendung erfolgen wie beim Tarnfächer.

– Tarnkorb: Er wird zur Volltarnung im Liegen oder beim Kriechen verwendet.
Das Tarnmaterial wird wie beim Tarnsegel angebracht. Zusätzlich können hier auch dünne Rasenziegel verwendet werden. Die Länge sollte ca. 2,5 m, die Breite ca. 80 cm, die größte Höhe ca. 45 cm betragen.

*Tarnnetz*

*Tarnfächer*

*Tarnhaube*

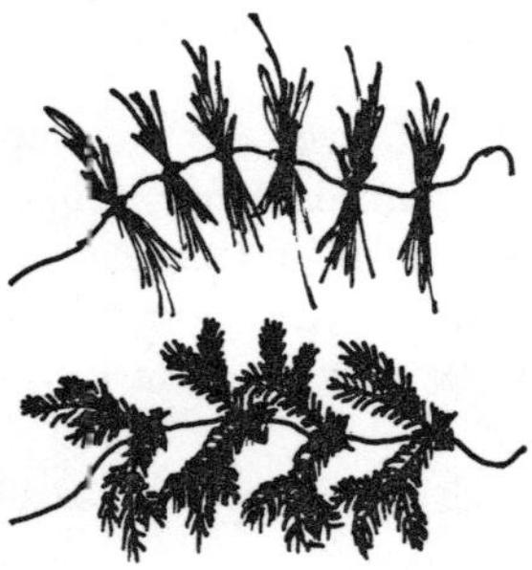
*Tarngirlanden*

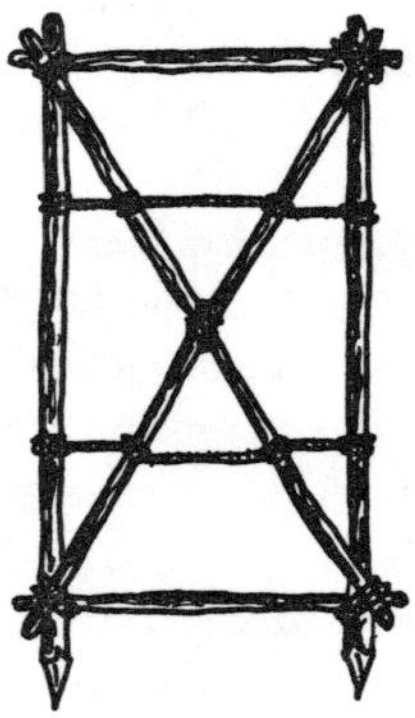
*Tarnsegel*

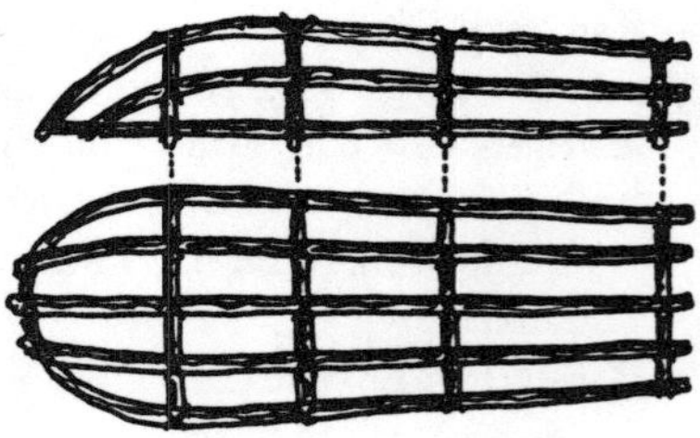
*Tarnkorb*

### Geräuschtarnung

Schlaggeräusche (Einschlagen von Pflöcken) werden gedämpft, indem man die Schlagstelle mit Rasenziegeln, dicht gedrehten Grasbüscheln, mehrfach zusammengelegter Bekleidung oder Fellen abdeckt.

Schrittgeräusche vermeidet man wie folgt:

- Vor dem Aufsetzen des Fußes überprüfen Sie den beabsichtigten Platz auf Zweige, Äste, dürres Laub (am Tag mit den Augen, in der Nacht mit den Händen).
- Nach erfolgtem Schritt belasten Sie den Fuß erst, wenn Sie mit der Fußsohle keine unerwarteten Unebenheiten oder Hindernisse erfühlen.
- Das Aufsetzen des Fußes erfolgt:
  im Gras mit der ganzen Fußsohle zugleich,
  auf weichem Boden mit der Ferse zuerst,
  auf hartem Boden mit den Zehenspitzen oder der Außenkante des Fußes zuerst.

G e r u c h s t a r n u n g

Körpergeruch wird am zuverlässigsten durch die Wahl des Standortes getarnt. Dieser muß so liegen, daß der Wind (auch ein Windhauch genügt) vom beobachteten (oder erwarteten) Standplatz des Wildes auf Sie zuweht und Ihr Geruch somit vom Wild weggetragen wird.

Das Beschmieren mit Tierblut, Tierurin oder Tierexkrementen oder das »Räuchern« (stehen für einige Minuten in dichtem Rauch) haben zwar eine gewisse Tarnwirkung, beseitigen jedoch den Eigengeruch nicht. Gegenstände (z. B. beim Fallenstellen) verlieren durch gründliches Waschen (am besten unter fließendem Wasser) oder durch Einwirkung von Hitze und Rauch (wiederholt über das offene Feuer ziehen) den ihnen anhaftenden menschlichen Geruch weitgehend.

## Jagdtechniken

Das jagdbare Wild benützt alle Sinne dazu, Gefahr zu erkennen und ihr auszuweichen. Es kommt daher bei der Jagd darauf an, schlauer zu sein als das gejagte Tier.

Unter Anwendung des bisher dargestellten Grundwissens können verschiedene, den Gegebenheiten angepaßte Jagdtechniken eingesetzt werden.

Diese haben nichts mit Sport, jagdlichen Traditionen oder dergleichen zu tun, sondern dienen einzig und allein dem Zweck, in Extremsituationen das Überleben zu ermöglichen.

F a l l e n s t e l l e n

Der Bau von Fallen ist mühsam und zeitaufwendig und bringt nicht immer den erwarteten Erfolg. Es ist daher wichtig, einfache und zuverlässig funktionierende Fallen zu bauen. Folgende allgemeine Regeln sind dabei zu beachten:

- Ausschlaggebend für den Erfolg ist der Platz, an dem eine Falle gestellt wird. Geeignet sind:
  begangene Wildpfade oder Wildwechsel (am günstigsten an natürlichen oder künstlich geschaffenen Engstellen),
  Wasserstellen, Futterplätze,
  Baue (Wohnhöhlen).
- Die Falle muß in Konstruktion und Stabilität dem zu fangendem Tier angepaßt sein. Ein Hase z. B. wird die für ein Reh gedachte Schlinge glatt unterlaufen, während ein Reh eine Hasenfalle zwar auslöst, aber kaum darin gefangen wird.
- Jede Falle kann so konstruiert werden, daß sie entweder das Wild selbst oder der Jäger auslösen kann.
  Vorteile der Selbstauslösung:
  Es können mehrere Fallen zugleich gestellt werden, die dann nur noch auf gefangene Beute zu überprüfen sind.
  Nachteile der Selbstauslösung:
  Das gefangene Wild kann sich selbst wieder befreien;
  durch die Befreiungsversuche wird die Falle zerstört und das Wild kann entkommen;
  gefangenes Wild kann von anderem Raubwild gefressen werden, wenn es der Jäger nicht sofort aus der Falle nimmt.
  Vorteile der Auslösung durch den Jäger:
  Der Auslösezeitpunkt kann genau dem Verhalten des Wildes angepaßt werden;
  gefangenes Wild kann sofort getötet und verarbeitet werden.

Nachteil:
Es ist nicht möglich, gleichzeitig mehrere Fallen zu bedienen.

- In fast alle Fallen kann man Köder legen, was die Erfolgsaussicht erhöht. Dabei muß allerdings ein Köder vorhanden und dem zu fangendem Wild angepaßt sein (Fleisch, Körner).
- Alle Teile der Falle müssen einer Geruchstarnung unterzogen werden, da Wild auf Gerüche sehr stark reagiert und es zu lange dauert, bis sich der anhaftende Geruch von selbst verliert.
- Die beste Falle ist wirkungslos, wenn sie nicht stabil genug gebaut ist. Wild kann in Todesangst unerwartete Kräfte entwickeln.
- Auch Fallen müssen getarnt werden, um dem Wild nicht aufzufallen. Die Tarnung erfolgt nach den gleichen Regeln wie die Körpertarnung.
- Als Baumaterial genügen Draht, Schnur oder entsprechende Behelfe, Holz und/oder Steine.

Grundsätzlich gibt es folgende Typen von Fallen:

- Schlingenfallen (auch mit Springschlingen) für Wild aller Art, auch für Vögel;
- Schlagfallen für jedes Wild und für Vögel;
- Stoßfallen für mittleres und großes Wild;
- Fallgruben für mittleres und großes Wild.

Die dargestellten Fallen und Auslösesysteme sind Beispiele, die den jeweiligen Gegebenheiten angepaßt und mit entsprechendem Einfallsreichtum beliebig abgeändert werden können.

*Schlingenfallen*

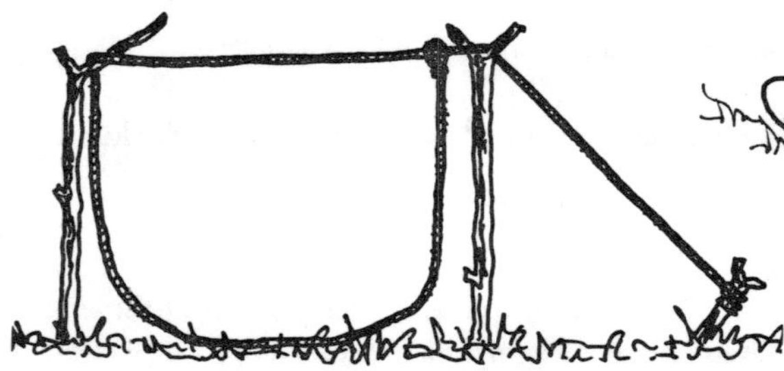

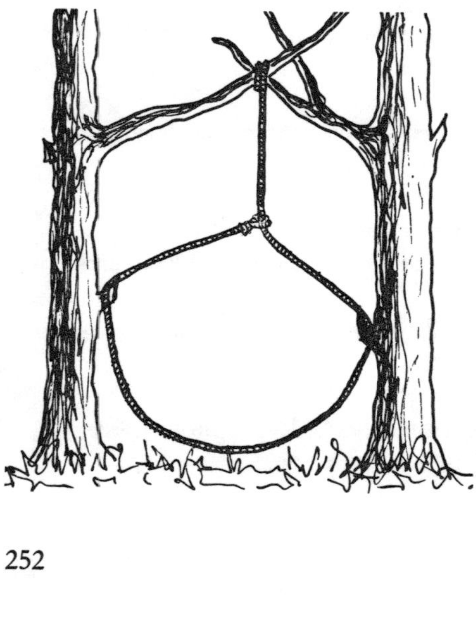

*einfache Schlingen*

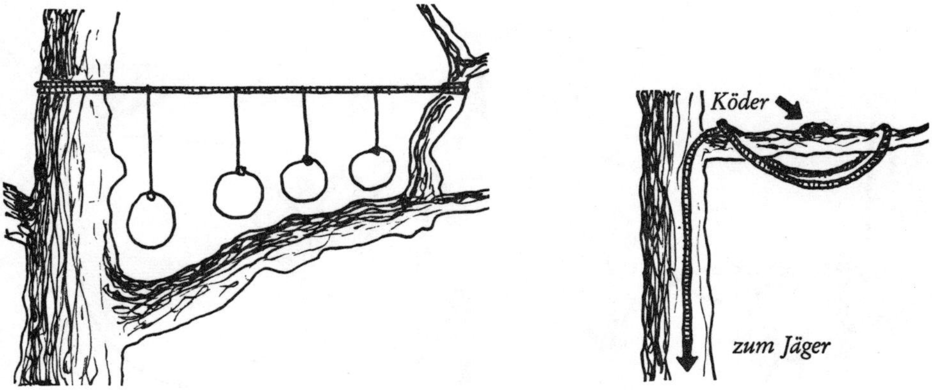


*Baumschlingen für Vögel*

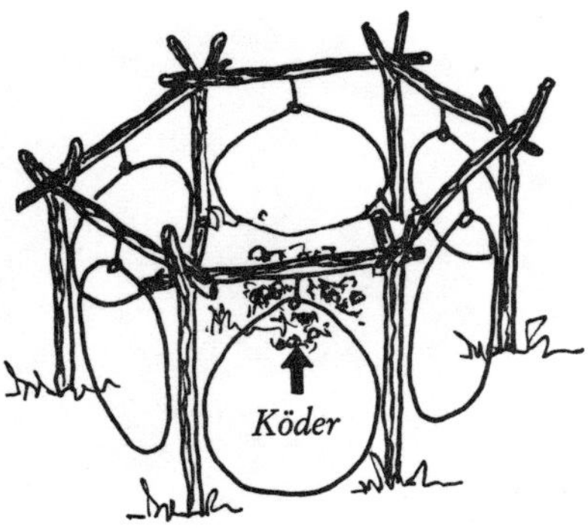


*Laufvogelschlingen*

*Rollspringschlinge*

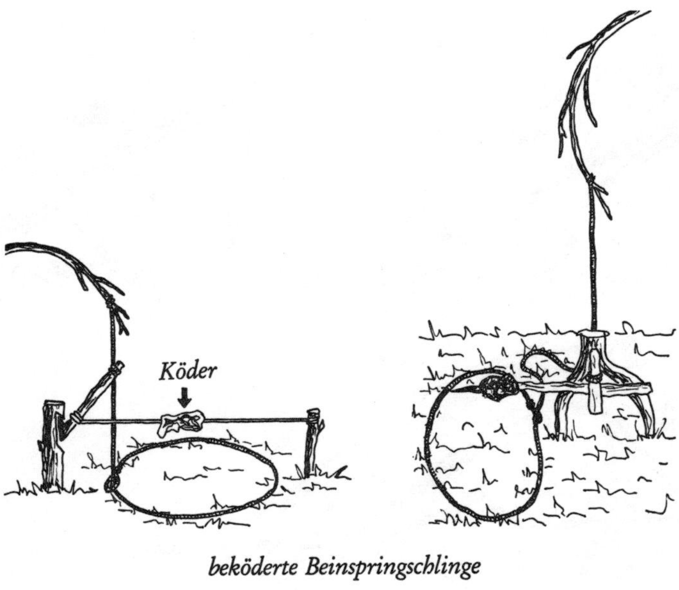


*beköderte Beinspringschlinge*

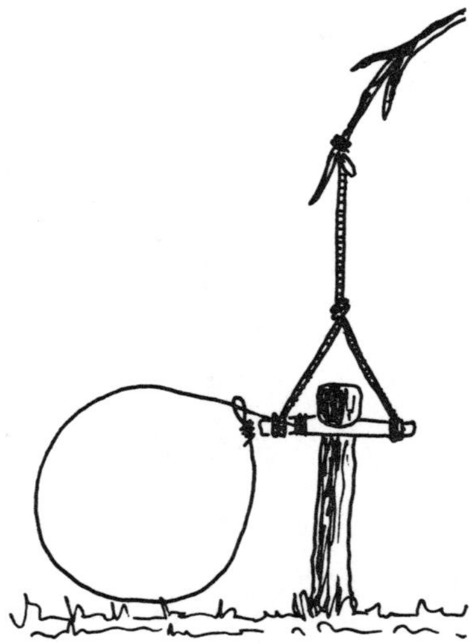

*unbeköderte Springschlingen*

*Schlagfallen*

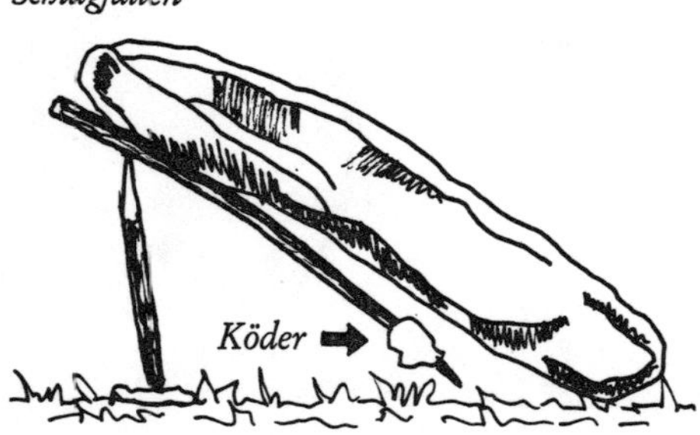


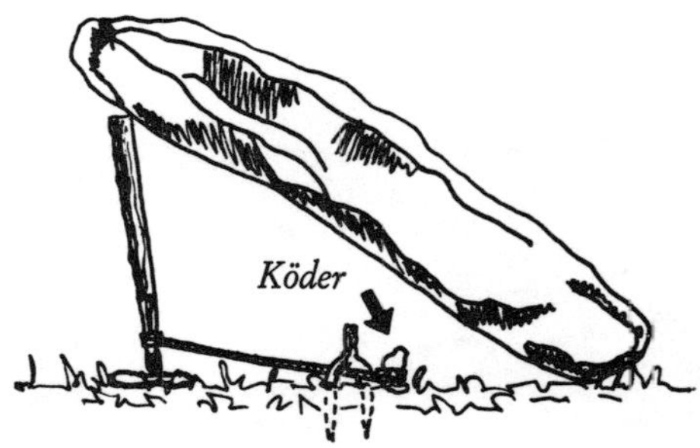


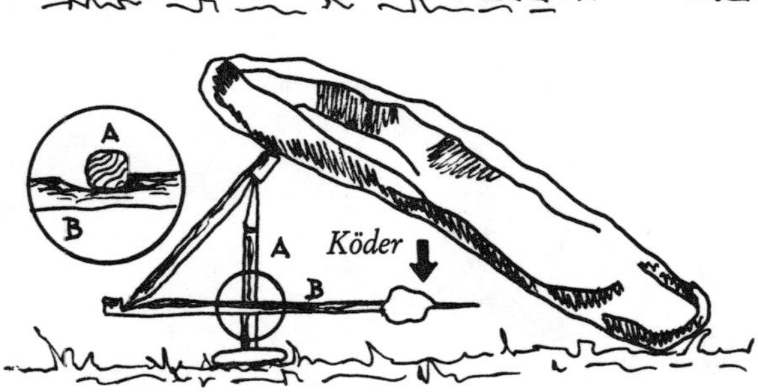


*Schlagsteinfallen*

*Schlagschlinge*

*Baumschlagfalle*

*beköderte Schlagfalle*

*Stoßfallen*

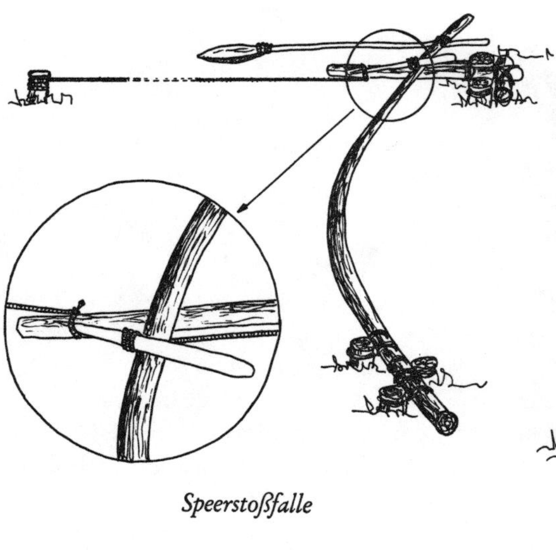

*Speerstoßfalle*

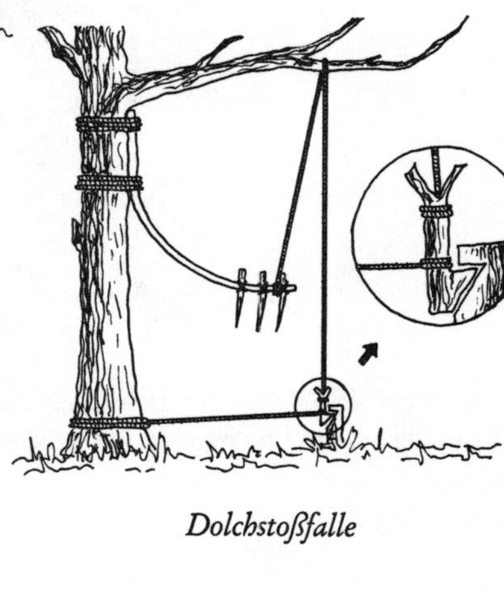

*Dolchstoßfalle*

*Fallgrube*

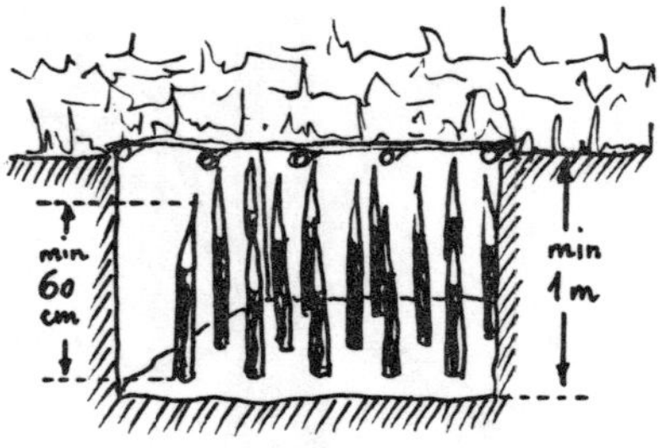


*Pfahlgrube*

## Jagd mit Waffen

Sowohl Ansitzen als auch Pirschen bedeutet, mit einer Waffe zu jagen. Allerdings wird nicht angenommen, daß in Überlebenssituationen eine Schußwaffe vorhanden ist oder, wenn vorhanden, eingesetzt werden kann (besonders bei Bedrohung wird damit die eigene Anwesenheit verraten). Die hier angegebenen Maßnahmen beziehen sich daher im allgemeinen auf die Verwendung von Pfeil und Bogen bzw. bei kürzeren Distanzen auch der Schleuder und (mit noch kürzeren Entfernungen) des Speers.

Bei Verwendung von Schußwaffen können die folgenden Maßnahmen an die meist höhere Reichweite entsprechend angepaßt werden.

### Ansitzen

Ansitzen heißt, an einem Standplatz auf das Auftauchen von Wild zu warten und hoffen, daß dieses auch in die Reichweite der jeweils eingesetzten Waffe kommt. Das Auslegen von Ködern oder das Anlocken von Tieren (Angstfiepen z. B., siehe Kapitel »Kontaktaufnahme«) kann die Erfolgsaussichten bedeutend erhöhen.

Ansitzen ist die leichteste und meist wirkungsvollste Art, Wild zu erlegen. Besonders günstig ist diese Technik in dichten Wäldern und im Unterholz, wo ein lautloses Bewegen kaum möglich ist.

Die bei weitem beste Möglichkeit für das Ansitzen ist ein Baumstand. Dieser sollte zwischen 3 und 5 m über dem Boden sein und bietet folgende Vorteile:

- Sie befinden sich oberhalb der normalen Sichtlinie des Wildes;
- Ihr Geruch wird auch bei »falschem« Wind über das Wild hinausgetragen und kann daher von diesem nicht wahrgenommen werden;
- er ist leicht zu tarnen und bietet auch Ihnen selbst guten Sichtschutz.

Auf jeden Fall sollten Sie sich am Baumstamm festbinden, um nicht abzustürzen.

Beim Schießen von einem Baumstand nehmen Sie als Zielentfernung nicht die tatsächliche Entfernung, sondern die geschätzte Horizontalentfernung, da Sie sonst über das Ziel hinausschießen.

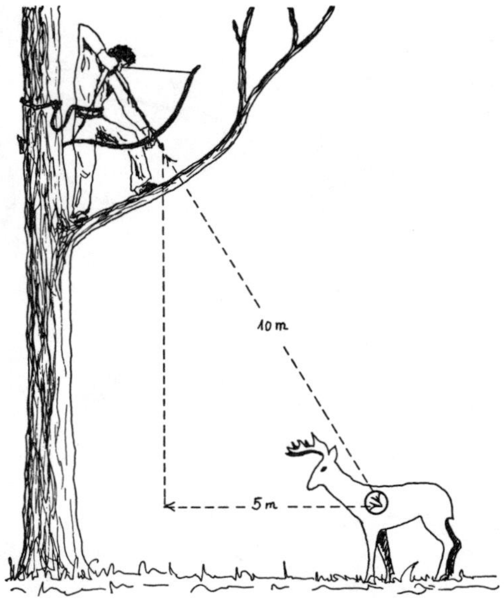


Zur Auswahl des passenden Standplatzes, gleichgültig ob auf einem Baum, an einer sonst überhöhten Stelle (z. B. einem Felsblock) oder am Boden und beim Verhalten am Standplatz sind folgende Regeln zu beachten:

- mit größter Aussicht auf Erfolg können Standplätze ausgewählt werden an
  - begangenen Wildwechseln,
  - Wasserlöchern,
  - Waldrändern und Lichtungen,
  - Geländeeinschnitten und Übergängen.
- Die beste Jagdzeit für das Ansitzen sind die ersten 2—3 Stunden des Tagesanbruchs und die letzten 2—3 Stunden vor Einbruch der Dunkelheit. Dazwischen ist das Pirschen vorzuziehen.
- Verhalten Sie sich beim Ansitzen möglichst geräusch- und bewegungslos. Spannen Sie den Bogen in einem Moment, in dem das Tier in eine andere Richtung sieht.
- Warten Sie, bis das Wild innerhalb einer sicheren Schußentfernung ist (für einen ungeübten Schützen mit selbstgefertigten Pfeil und Bogen max. 15 m) und bedenken Sie, daß Sie meist nur eine Chance haben — den ersten Pfeil.
- Warten Sie nach Möglichkeit, bis das Wild so steht, daß Sie es tödlich treffen können.
- Zielen Sie nicht auf das ganze Tier, sondern genau auf den Punkt, den Sie treffen wollen.

Um einen möglichst rasch wirkenden, tödlichen Treffer anzubringen, muß man die ungefähre Lage der lebenswichtigen Organe im Körper des Tieres kennen.

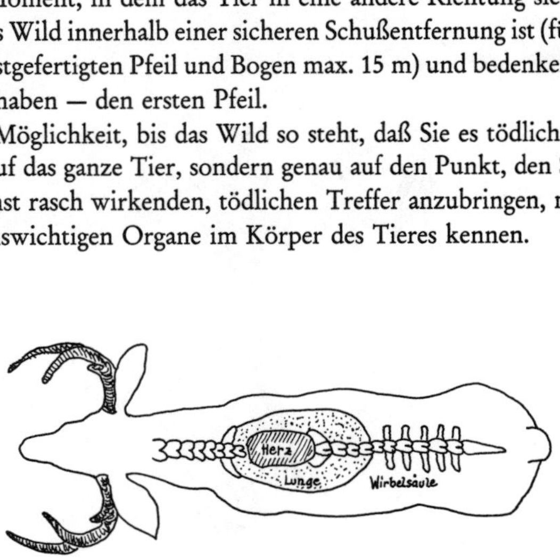

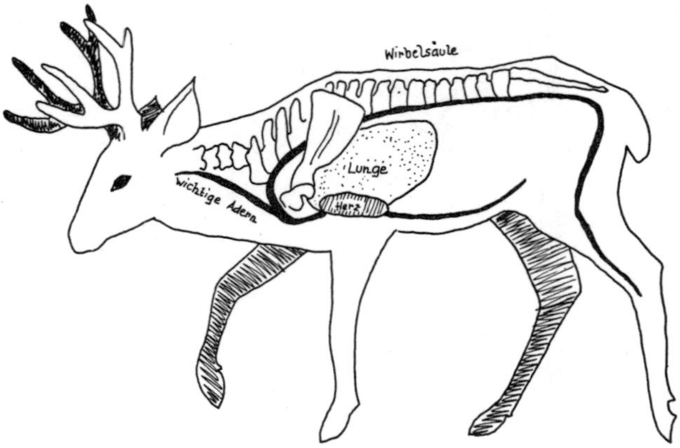


Daraus ergeben sich folgende Trefferpunkte:
*Breitseitig:*
*Treffer in Lunge, Herz, Leber oder Rückgrat*

*von schräg hinten:*
*Treffer in Lunge, Herz, Leber, rückwärtigen Oberschenkel*

*von schräg vorne:*
*Treffer in Lunge, Herz*

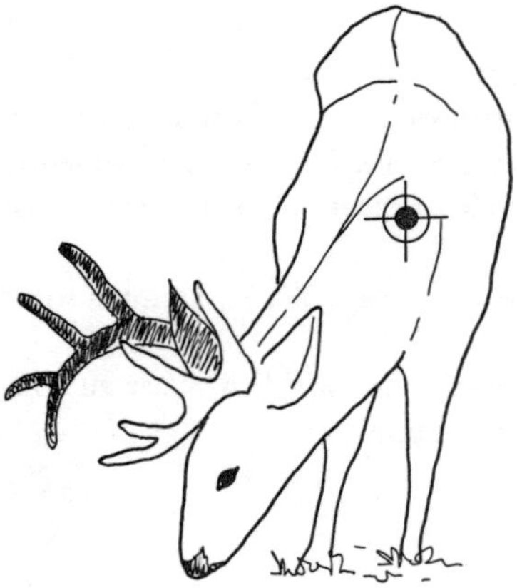

*von vorne:*
*Treffer in Lunge, Herz*

*von hinten:*
*Treffer in den Oberschenkel.*
*Der Treffer in den Oberschenkel ist nur mit mehrschneidigen Spitzen von Pfeil oder Speer tödlich, da die großen Adern zerschnitten werden und das Tier rasch verblutet. Für alle anderen Waffen, einschließlich Schußwaffen, ist dieser Punkt nicht geeignet.*

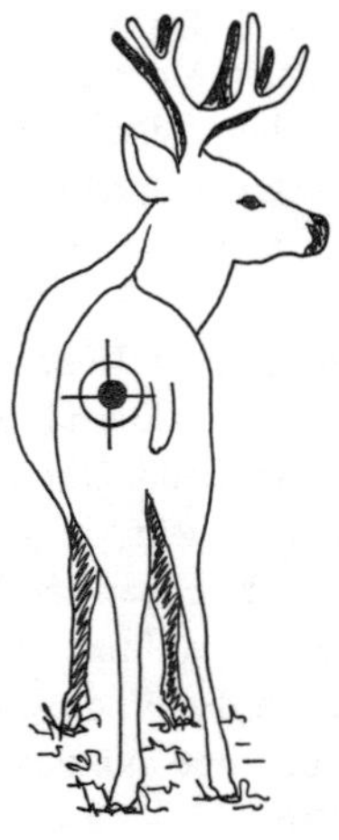

*von oben:*
*Treffer in Lunge, Herz, Rückgrat*

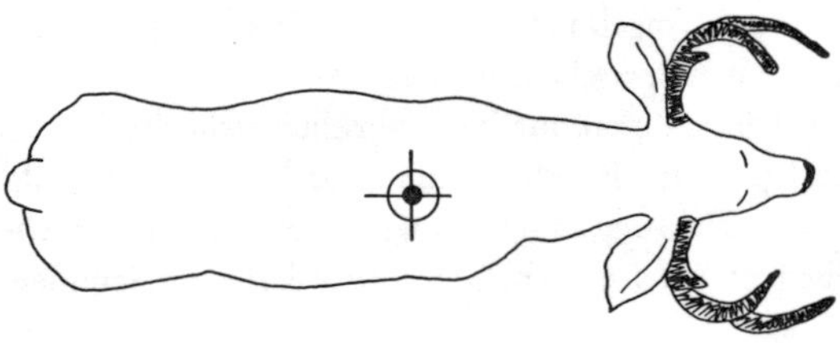

Vermeiden Sie nach Möglichkeit einen Treffer in den Bauch. Kopftreffer (Gehirn) sind möglich, aber auf Grund des kleinen Zieles und der behelfsmäßigen Bewaffnung extrem schwierig und daher nur in Ausnahmefällen zu versuchen.

Haben Sie getroffen, das Tier ist jedoch nicht sofort gefallen, sondern geflohen, (was auch bei guten Treffern fallweise möglich ist) verhalten Sie sich wie folgt:

- Merken Sie sich die Stelle, an der das Wild stand, als es getroffen wurde, und verfolgen Sie seinen Fluchtweg soweit wie möglich mit den Augen.
- Warten Sie 15—30 Minuten, bevor Sie dem Wild folgen.
- Nehmen Sie an der Stelle, an der das Wild getroffen wurde, seine Spur (Blutspur, Trittspur) auf, und folgen Sie dieser (bei innerer Blutung kann auch gar keine Blutspur zu sehen sein).
- Markieren Sie die Spur so deutlich, daß Sie sie leicht wiederfinden können, wenn Sie sie verloren haben.
- Gehen Sie immer neben der Spur und bleiben Sie dabei auf einer Seite; Sie könnten sonst Spuren zerstören.
- Seien Sie ausdauernd. Verlassen Sie nie diesen Geländeteil, ohne wirklich sicher zu sein, daß das Tier nicht getroffen wurde oder den Treffer überlebt hat.

### Pirschen

Diese Technik besteht aus zwei Phasen. In der 1. Phase durchstreifen Sie das Gelände in der Hoffnung, Wild zu sehen, bevor Sie selbst gesehen werden. In der 2. Phase geht es darum, sich an ein erkanntes Wild so nahe heranzuschleichen, daß ein sicherer Schuß möglich wird.

Pirschen ist wesentlich schwieriger und anstrengender als Ansitzen und sollte daher nur dann angewendet werden, wenn Ansitzen keine Aussicht auf Erfolg hat.

Bei der Pirschjagd sind folgende Regeln zu beachten:

- Steigen Sie nie auf etwas, wenn Sie auch darüber hinweg treten können.
- Bewegen Sie sich nicht ununterbrochen. Machen Sie ein paar Schritte, bleiben Sie stehen, schauen und horchen Sie. Dann machen Sie wieder einige Schritte.
- Bewegen Sie sich lautlos. Machen Sie kurze Schritte. Gewöhnen Sie sich an, mit den Augen das Gelände gleich für mehrere Schritte im voraus zu überprüfen. Damit gewinnen Sie Zeit zum Beobachten und Horchen.
- Halten Sie Ausschau nach unpassenden Farbflecken und waagrechten Linien. Bücken Sie sich ab und zu und schauen Sie unter tiefhängende Äste.
- Bewegen Sie sich gegen oder quer zum Wind. Überprüfen Sie laufend die Windrichtung.
- Haben Sie Wild entdeckt, beobachten Sie sein Verhalten. Meistens frißt das Wild ca. 20 Sekunden lang, hebt dann den Kopf und beobachtet die Umgebung. Beobachten Sie dabei auch seinen Schwanz. Meist bewegt es ihn, knapp bevor es den Kopf hebt.
- Bewegen Sie sich nur in der Zeit, in der das Wild frißt, und nützen Sie aus Sicherheitsgründen auch hier nicht die gesamte Zeitspanne. Nützen Sie nur ca. 10 Sekunden, und bleiben Sie dann wieder bewegungslos stehen.
- Wenn Sie halbwegs gut getarnt sind, wird Sie das Tier nicht wahrnehmen, solange Sie sich nicht bewegen. Bleiben Sie daher bewegungslos, aber entspannt, solange es die Umgebung beobachtet.
- Überprüfen auch Sie die Umgebung. Ein anderes Tier könnte Sie bemerken und das Tier, an das Sie sich gerade heranpirschen, warnen.
- Schleichen Sie nahe genug heran, um auch wirklich sicher treffen zu können.
- Im Gegensatz zum langsamen Pirschen kann es auch vorkommen, daß es günstiger ist, unter Beachtung der Windrichtung so schnell wie möglich zu einer Stelle zu laufen, an der ein beobachtetes, ziehendes Wild innerhalb der erforderlichen Schußentfernung vorbeikommen könnte.

## Fischen

Fischen ist eine relativ einfache und erfolgversprechende Möglichkeit der Jagd. Dabei gibt es folgende Techniken:
— Handfischen,
— Fangen mit Fallen oder Schlingen,
— Angeln,
— Speeren (auch mit Pfeil und Bogen).
Alle Arten von Fischen bevorzugen:

> — schattige Flußabschnitte und Gewässer,
> — Wasserlöcher und Kehrwässer,
> — Plätze unter Felsblöcken oder Holzstämmen,
> — überhängende Uferbänke oder Erdlöcher.

Bei Hochwasser bieten sich Kehrwässer hinter Ufervorsprüngen oder bei Einmündungen kleinerer Bäche an, bei warmem Wetter und seichtem Wasser Wasserlöcher und schattige Abschnitte und bei Kälte seichte Stellen, die von der Sonne erwärmt werden.

### Handfischen

Dies ist die einfachste und meist auch erfolgreichste Möglichkeit, in Bächen mit klarem Wasser und einer maximalen Tiefe von 50—60 cm (ideale Wassertiefe 15—20 cm) zu fischen, wenn Versteckmöglichkeiten für den Fisch, wie Steine, Steinhöhlen oder eine Uferböschung vorhanden sind.
Beim Handfischen sind folgende allgemeine Regeln zu beachten:

> - Nähern Sie sich dem Bach langsam und vorsichtig, um den Standort der Fische zu entdecken.
> - Beobachten Sie, unter welchem Stein oder in welchen sonstigen Schlupfwinkeln der Fisch bei seiner Flucht verschwindet.
> - Um Verletzungen zu vermeiden und um sicher zu stehen, betreten Sie das Gewässer mit Schuhen.
> - Fischen Sie immer bachaufwärts und versuchen Sie, frei im Bach schwimmende Fische bachaufwärts zu treiben (unterstützt das natürliche Verhalten der Fische).
> - Nützen Sie nach Möglichkeit die gesamte Bachbreite.
> - Untersuchen Sie auch unscheinbare Steine.
> - Fischen Sie immer mit beiden Händen.
> - Sobald Ihre Hände durch die Kälte des Wassers gefühllos werden, unterbrechen Sie das Fischen und wärmen Sie sie wieder auf.
> - Meiden Fische bestimmte Steinhöhlen oder fliehen sie flußabwärts, deutet das auf das Vorhandensein von Schlangen hin (im europäischen Raum meist Ringel- und Würfelnattern, beide ungiftig).
> - Fische (hauptsächlich Forellen) stehen meist im ruhigen Wasser. Als Fluchtbereich streben sie zuerst den bewegteren Teil des Baches an und suchen erst bei weiterer Verfolgung Schutz in einer Höhle.

Wenn Sie einen Bach mit den entsprechenden Voraussetzungen gefunden haben, gehen Sie wie folgt vor:
- Bei Annäherung an das Versteck eines Fisches beurteilen Sie zuerst grob seine Möglichkeiten. Durch Freiwaschen des Grundes oder Übereinanderliegen mehrerer Steine bilden sich

im Bach meist Höhlen mit einem oder mehreren Ausgängen. Daher muß die Höhle, in der sich der Fisch aufhält, durch vorsichtiges Abtasten des Steinrandes mit beiden Händen, genauer erkundet werden.

- Bei Höhlen mit einem Ausgang dringen Sie langsam mit leicht gespreizten Fingern so ein, daß möglichst die gesamte Höhlenöffnung abgesperrt ist.
- Ertasten Sie durch Vorfühlen den Standort des Fisches. Bei Berühren des Fisches nicht zucken!
- Erfassen Sie den Fisch knapp hinter dem Kopf im Kiemenbereich. Der Fisch wird versuchen, davonzuschwimmen und zu entkommen. Packt jedoch eine Hand im Kiemenbereich, die andere in einem gewissen Abstand am Körper (abhängig von seiner Größe) zu, hat er kaum eine Chance.
- Ziehen Sie den Fisch vorsichtig aus der Höhle und halten Sie ihn sehr fest. Besonders wenn Sie ihn aus dem Wasser heben, wird er durch kräftiges Schlagen und Rucken wiederholt zu entkommen versuchen.
- Bei zwei Höhlenausgängen wird je ein Ausgang mit einer Hand gesperrt.
- Dann dringen Sie mit jener Hand, die den größeren Ausgang versperrt, in die Höhle.
- Nach dem Ertasten des Fisches dringen Sie auch mit der anderen Hand in die Höhle ein und fassen ihn mit beiden Händen.
- Das Herausziehen des Fisches erfolgt mit jener Hand, die den Kiemenbereich gefaßt hat. Dabei versuchen Sie, mit Daumen und Zeigefinger gleichzeitig in die Kiemenseiten einzudringen und den Fisch wie in einer Zange zu halten. Die zweite Hand unterstützt diesen Versuch durch Festhalten im Bereich vor der Schwanzflosse.
- Bei mehreren Höhlenausgängen müssen diese mit Steinen vorsichtig verschlossen werden, sodaß nur noch eine oder höchstens zwei offenstehen.
- Bei höherem Wasserstand (ab ca. 30—40 cm) bleiben die Fische meist frei oder nur an Steine angelegt stehen. Sie versuchen gar nicht, Höhlen zu erreichen. Durch besonders feinfühliges Vortasten kann auch hier ein Fangerfolg erzielt werden, jedoch hängt die Erfolgsquote sehr von der Geschicklichkeit des Jägers ab. Zweckmäßiger ist es daher, die Fische nach Möglichkeit in flacheres Wasser zu treiben (flußaufwärts).
- Ähnlich ist die Situation beim Abfischen des Uferbereiches. Durch Auswaschungen entstehen oft so große Hohlräume, daß sich dort nicht nur eine größere Anzahl von Fischen verstecken kann, sondern diese auch fast unbegrenzte Fluchtmöglichkeiten haben.
- In fischreichen Gewässern halten sich auch in kleineren Höhlen oft mehrere Fische auf. Diese können bei vorsichtigem Vorgehen nacheinander gefangen werden.

### Fang mit Fallen oder Schlingen

Fischfallen bringen meist größeren Erfolg als das Angeln oder Speeren. Je besser diese Fallen in Baumaterial und Konstruktion den natürlichen Gegebenheiten angepaßt sind, desto größer ist ihre Wirkung.

*Fischreuse*

(für ein Beispiel siehe Kapitel »Behelfe«)

Sie kann in allen Arten von Gewässern verwendet und zur Erhöhung der Wirkung auch beködert werden. Sie hat den Vorteil, daß sie tagelang (bis zu einer Woche) unbeaufsichtigt bleiben kann, ohne daß ein Verlust der gefangenen Fische befürchtet werden muß.

*Trichterfallen*

Sie sind besonders an Küsten oder schmalen Bächen wirkungsvoll. Als Baumaterial werden Steine, Holzpflöcke oder Holzstämme verwendet. Ihre Grundkonstruktion kann vielfältig den Gegebenheiten angepaßt und verändert, am Meer können dazu auch die Gezeiten ausgenützt werden. Dazu wird die Falle bei Ebbe möglichst nahe der Wasserlinie errichtet. Bei Flut steht die Falle dann unter Wasser und bei Einsetzen der nächsten Ebbe bleiben durch das Abfließen des Wassers Fische und andere Meerestiere in der Falle und können einfach gefangen werden.

Um die Vielfalt der Möglichkeiten aufzuzeigen hier einige Beispiele:

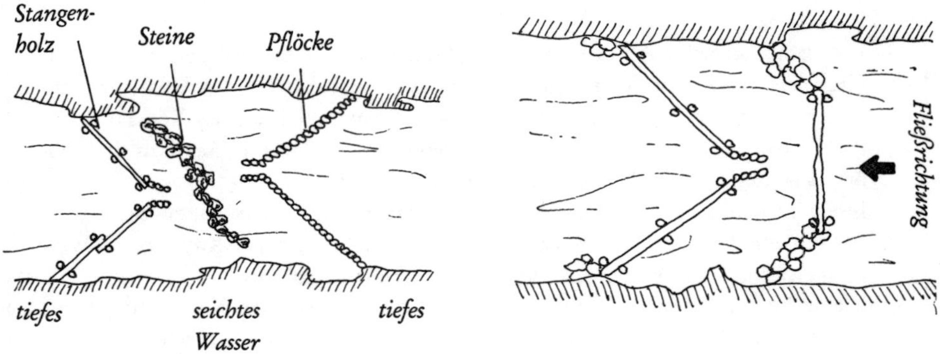


Zur Beschleunigung des Fanges können die Fische auch gegen die Strömung in die Falle getrieben werden.

*Schlingen*

Voraussetzung dafür ist klares Wasser und das Vorhandensein von dünnem Draht.

Die an einem Stock befestigte, in der gewünschten Größe geöffnete Schlinge wird von hinten über den Schwanz gebracht und dann langsam bis auf Höhe der Kiemen geführt. Dann wird der Fisch mit einem schnellen Schwung aus dem Wasser geschleudert.

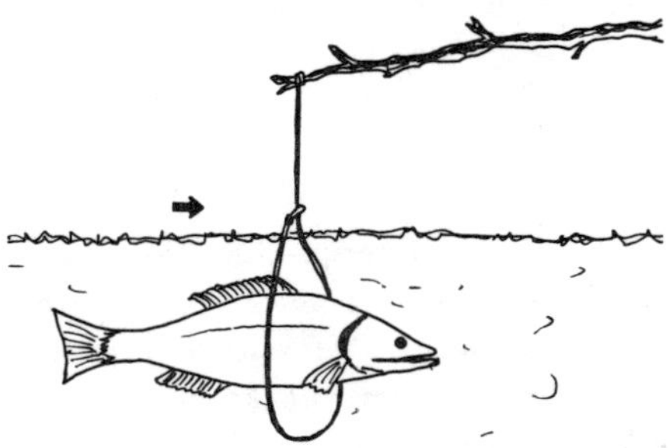

*Angeln*

Bei dem in der angenommenen Situation vorhandenen primitiven Material (siehe Kapitel »Behelfe«) bringt diese Art der Jagd, gemessen am Aufwand, meist die schlechtesten Ergebnisse. Sie ist in jeder Art von Gewässer anwendbar.

Man braucht als Material lediglich Haken und Schnur.

Um zu Erfolg zu kommen, sind folgende Regeln zu beachten:

— Von ausschlaggebender Bedeutung ist der Köder. Finden Sie nach Möglichkeit heraus, wovon die Fische an Ihrem Aufenthaltsort hauptsächlich leben. Das ist abhängig von Jahreszeit, Wasserstand und Fischart. Einge meist erfolgreiche Köder sind:
Insekten
Raupen
Würmer

Maden, Larven
Muschelfleisch
Schweinsleber
Fleischfetzen
Kleinfische

- Haben Sie mit einem Köder keinen Erfolg, wechseln Sie diesen solange, bis Sie einen Fisch gefangen haben. Schneiden Sie ihn auf und versuchen Sie, die Art seiner Nahrung festzustellen. Verwenden Sie dann diese Art von Nahrung als Köder.
- Auch lebende Köder können verwendet werden. Besonders geeignet dazu sind größere Insekten (Heuschrecken, Käfer) und kleine Fische.
  Insekten: Versuchen Sie, beim Beködern des Hakens das Insekt nicht zu töten. Werfen Sie dann die Angel ohne Beschwerung aus, so daß der lebende Köder an der Wasseroberfläche bleibt und durch seine Bewegung Fische anlockt.
  Kleine Fische: Befestigen Sie den Haken an einem fleischigen Körperteil (oberer Rücken oder Schwanzgegend), verhindern Sie durch einen entsprechend starken Schwimmer (Holzstück), daß der kleine Fisch bis zum Boden absinkt und werfen Sie dann die Angel aus.
- Hat ein Fisch angebissen, lassen Sie sich Zeit. Warten Sie immer erst, bis der Fisch den Köder geschluckt hat, bevor Sie die Leine anschlagen.

Die wirkungsvollste Art des Angelns ist die Legangel. Sie bringt den meisten Erfolg bei einem Minimum an Aufwand. Der einzige Punkt, der beachtet werden muß, ist der Köder. Dieser muß ziemlich widerstandsfähig sein (kleiner Fisch, Fleischfetzen) und nach Möglichkeit zusätzlich an den Haken gebunden werden, damit er nicht von diesem abgefressen werden kann.
Eine Legangel kann für mehrere Tage unbeaufsichtigt bleiben.

S p e e r e n

Bei klarem Wasser ist dies eine sehr erfolgversprechende Art des Fischfangs. Allerdings muß dabei die Lichtbrechung des Wassers beachtet werden. Diese bewirkt, daß unter Wasser befindliche Gegenstände näher an der Wasseroberfläche erscheinen, als sie tatächlich sind. Je flacher der Blickwinkel, desto stärker ist dieser Effekt. Nur wenn Sie senkrecht auf die Wasseroberfläche blicken, kommt die Lichtbrechung nicht zum Tragen.

Um diese Wirkung auszugleichen, bieten sich drei Möglichkeiten an:

- Bei einem Stoß von oben müssen keine besonderen Vorkehrungen für das Zielen getroffen werden.
- Sie tauchen vor dem Zustoßen die Spitze des Fischspeeres ins Wasser (ca. 10—20 cm tief). Damit sind Fisch und Speerspitze in gleichen optischen Verhältnissen und Sie können direkt auf das Ziel anrichten.

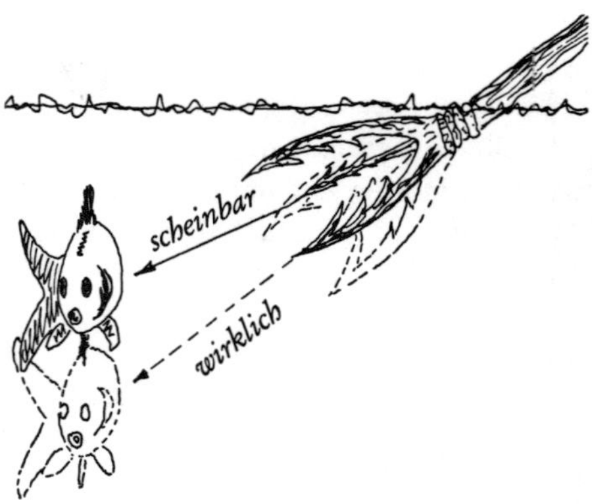

– Sie zielen unter den Fisch, da dieser ja in Wirklichkeit tiefer steht, als es Ihnen optisch erscheint. Es ist reine Übungsssache zu wissen, wie weit der Zielpunkt verlegt werden muß, kann jedoch bereits nach einigen Versuchen ausreichend abgeschätzt werden. Die Mehrfachspeerspitze sollte dabei so gehalten werden, daß ein größerer Tiefenbereich abgedeckt wird.

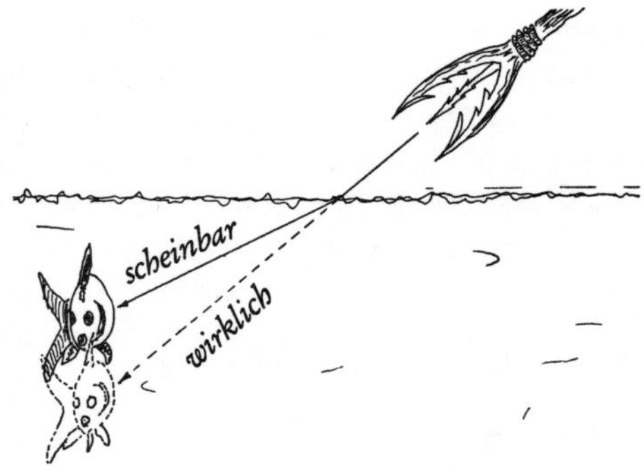


Folgende weitere Maßnahmen erhöhen die Jagdausbeute wesentlich:

- Schleudern Sie den Speer nicht; ein Stoß ist wesentlich zielsicherer und wirkungsvoller.
- Der Speer muß sehr kräftig und die Spitze sehr scharf sein (siehe Kapitel »Behelfe«). Ein stumpfer Speer würde von den Schuppen eines größeren Fisches abgleiten.
- Sorgen Sie für wirkungsvolle Widerhaken, damit der Fisch sich nicht befreien kann.
- In seichten Gewässern kann der Fisch in den Grund gespießt werden. Dann sind Widerhaken nicht erforderlich.
- Die beste Wirkung (leichteres Treffen, bessere Haltewirkung) wird mit 3-Zack-Speeren erreicht.
- Steht ein Helfer zur Verfügung, jagen Sie zu zweit.
  *Bei Tag:* Der Helfer hebt im Flußbett liegende Steine von der flußabwärtigen Seite aus langsam an. Wenn das Wasser wieder klar ist, kann jeder darunterliegende Fisch erkannt und gespeert werden.
  *Bei Nacht:* Der Helfer lockt mit einer Fackel oder sonstigen Lichtquelle Fische an, die Sie dann einfach speeren können.

Sind Sie allein, kann in hellen Mondnächten mit einem auf den Flußgrund gelegten Spiegel oder sonstigen glänzenden Gegenstand die gleiche Wirkung erzielt werden.

Beim Fischen mit Pfeil und Bogen gelten die gleichen Grundsätze. Zusätzlich dazu ist folgendes zu berücksichtigen:

– Der Bogen braucht nicht besonders leistungsfähig zu sein, da nur auf sehr kurze Entfernung geschossen wird.
– Fischpfeile sind länger (ca. 1,50 m) als normale Pfeile und brauchen keine Befiederung.
– Ihre Spitzen sind wie die eines Fischspeeres.
– Die Pfeile sollten an ihrem Ende mit einer Schnur (max ca. 3 m) versehen und am besten am Körper befestigt werden, damit ein getroffener Fisch nicht mitsamt dem Pfeil abschwimmen kann.

## Töten des Fisches

Dieses erfolgt am einfachsten entweder durch Aufschlagen des Kopfes auf einem Stein oder durch Zurückdrehen des Kopfes:

Halten Sie den Fisch mit einer Hand im Kiemenbereich fest und greifen Sie mit dem Daumen der anderen Hand in das Fischmaul. Drücken Sie nun den Kopf in Richtung Fischrücken, bis ein Knacken zu hören ist.

Diese Methode ist sehr rasch und zuverlässig, jedoch für größere Raubfische nicht geeignet (Verletzungsgefahr).

### Transport von Fischen

Am einfachsten ist es, die Fische aufzureihen. Dazu wird ein ca. fingerdicker, ausreichend langer Ast von allen Nebenzweigen befreit. Nur am unteren Ende wird ein ca. 5 cm langer Seitenast als Haltehaken belassen. Nun wird das obere Astende seitlich durch den Kiemenbereich und beim Fischmaul wieder nach außen geführt. Auf diese Weise können die gefangenen Fische am Ast aufgereiht und einfach transportiert werden.

## *Vorbereitung der Nahrung*

### Pflanzliche Nahrung

Sie bedarf meist nur einer gründlichen Reinigung. Haarige oder holzige Teile sind zu entfernen. Pflanzen mit hohem Gerbstoffanteil (Tannin) werden durch längeres Ausschwemmen oder durch mehrfachen Wechsel des Kochwassers davon befreit.

### Tierische Nahrung

Tiere müssen, nachdem sie erlegt oder gefangen wurden, meist für die Zubereitung erst präpariert werden.

#### Fische

- Waschen Sie den Fisch gründlich ab.
- Schaben Sie mit dem Messer vom Schwanz in Richtung Kopf des Fisches (gegen den Strich) die Fischschuppen sauber ab.
- Schneiden Sie den Bauch des Fisches auf, und entfernen Sie die Innereien.
- Waschen Sie die Bauchhöhle gründlich aus. Die entfernten Eingeweide können als Köder verwendet werden.

#### Vögel

- Rupfen (Entfernen des Gefieders) ist besser als abhäuten, da die Haut als Nahrung erhalten bleibt. Die Arbeit des Rupfens wird wesentlich erleichtert, wenn das Tier vorher kurz in kochendes Wasser getaucht oder damit übergossen wird. Wird es in Lehm gebraten, ist Rupfen nicht erforderlich.
- Sengen Sie den Vogel ab, um die noch verbliebenen kleinen Teile des Gefieders abzubrennen. Halten Sie dazu das Tier kurz über das Feuer.
- Nehmen Sie den Vogel möglichst rasch nach dem Fang aus. Dazu wird der Bauch vom Brustbein bis zum After aufgeschnitten (Vorsicht: Gedärme nicht verletzen) und der After mit einem Rundschnitt von der umgebenden Haut gelöst.
- Greifen Sie in die Bauchhöle und nehmen Sie die Innereien vorsichtig heraus. Dann reißen Sie die Luft- und Speiseröhre möglichst hoch ab.
- Waschen Sie den Vogel gründlich aus.
- Herz, Leber (Achtung: vorher vorsichtig Gallenblase entfernen) und Magen (aufschneiden und auswaschen) können Sie verwenden.
- Soll das Tier vor der Zubereitung noch transportiert werden, sollte das Rupfen erst nach dem Transport erfolgen. Dadurch bleibt das Fleisch frischer und geschützter.
- Eingeweide können als Köder verwendet werden.

#### Kleintiere

Alle felltragenden Tiere werden grundsätzlich wie Wild behandelt.

Schlangen, Frösche, Eidechsen usw. müssen ausgenommen und enthäutet werden. Bei Schlangen ist der Kopf zu entfernen. Bei Fröschen bieten nur die hinteren Schenkel, bei der Eidechse nur diese und der Schwanz eine brauchbare Fleischmenge.

Krebse und Krabben werden am besten lebend gefangen und transportiert, da sie tot rasch verderben. Durch Eintauchen in kochendes Wasser (Kopf zuerst) werden Sie getötet.

### Wild

Nehmen Sie das Wild möglichst rasch nach dem Erlegen aus. Es gibt dazu mehrere, speziell auf bestimmtes Wild abgestimmte Verfahren. Das erscheint jedoch in Extremsituationen weder zweckmäßig noch erforderlich. Die hier dargestellte Methode ist einfach und für jedes Wild anwendbar:

- Legen Sie das erlegte Tier auf den Rücken und knien Sie sich zwischen seine Hinterbeine, die Sie mit Ihren Knien gespreizt halten.
- Durchtrennen Sie mit einem Rundschnitt das Fell rund um den After des Tieres.
- Öffnen Sie mit einem Schnitt vom After bis zum Brustbein die Bauchhöhle (Vorsicht: die Gedärme nicht verletzen). Nehmen Sie dazu das Messer so zwischen Zeige- und Mittelfinger der linken Hand, Handfläche nach oben, daß die Klinge, Schneide nach oben, die beiden Finger (in Richtung der Bauchhöhle) nicht überragt. Dabei wird das Messer mit der rechten Hand geführt.
- Durchtrennen Sie das Zwerchfell ringsum direkt an den Brustwänden.
- Durchtrennen Sie mit einem tiefen Schnitt möglichst hoch am Hals Luft- und Speiseröhre des Tieres.
- Entfernen Sie nun sämtliche Innereien vorsichtig aus der Bauch-/Brusthöhle.
  Leber (Vorsicht: vorher die Gallenblase entfernen), Herz und Nieren sollten immer, der Rest und das Blut (auffangen) in besonderen Fällen auch verwendet werden.
  Die verbleibenden Teile sind gute Köder.
  Das Wild kann jetzt sehr gut transportiert werden.
- Zum Abhäuten legen Sie nun das Wild auf den Rücken.
- Verlängern Sie den Bauchschnitt über den Hals bis zum Querschnitt, der zum Durchtrennen von Luft- und Speiseröhre gemacht wurde.
- Dann trennen Sie das Fell rund um die Beine (auf Höhe der Sprunggelenke) und rund um den Hals (auf Höhe des vorhandenen Querschnittes) durch.
- Verbinden Sie die Rundschnitte an den Beinen an deren Innenseite jeweils durch gerade Schnitte mit dem verlängerten Bauchschnitt.
- Ziehen Sie das Fell nach Möglichkeit mit Faust und Fingern ab. Nehmen Sie das Messer nur wenn unbedingt erforderlich zu Hilfe.

Das Zerteilen des Wildes muß nicht in einer bestimmten Form durchgeführt werden, sondern wird sich nach Ihren Bedürfnissen richten. Wichtig ist, daß eventuell ausgelöste Röhrenknochen nicht weggeworfen, sondern ebenfalls verwendet werden (Knochenmark, Knorpelteile der Gelenke).

## *Zubereitung der Nahrung*

Die so gesammelte oder erjagte und entsprechend präparierte Nahrung kann auf verschiedene Art und Weise zubereitet werden:

— Kochen,
— Dünsten,
— Braten,
— Backen.

Beim Kochen und Dünsten geht am wenigsten Nährwert verloren, was in Extremsituationen von ausschlaggebender Bedeutung sein kann.

Braten bezieht sich im allgemeinen auf tierische, Backen auf pflanzliche Nahrung. Dabei sind allerdings die Grenzen verwischt und abhängig von den unmittelbaren Gegebenheiten.

### Kochen

Dabei ist zu bedenken, daß der Siedepunkt des Wassers mit zunehmender Höhe sinkt (pro 300 Höhenmeter um 1° C) und damit die zur Garung des Kochgutes notwendige Zeit steigt. Damit ist zwangsläufig auch ein höherer Brennstoffbedarf verbunden. Ab ca. 3.000 m liegt der Siedepunkt schon unter 90° C, dann ist Kochen nicht mehr effizient. Daher sind in diesem Fall andere Möglichkeiten zu wählen.

Hat man zum Kochen ein Gefäß zur Verfügung, kann dieses auf die vielfältigsten Arten über dem Feuer gehalten werden. Die dargestellten grundsätzlichen Möglichkeiten können beliebig geändert und den örtlichen Gegebenheiten angepaßt werden.

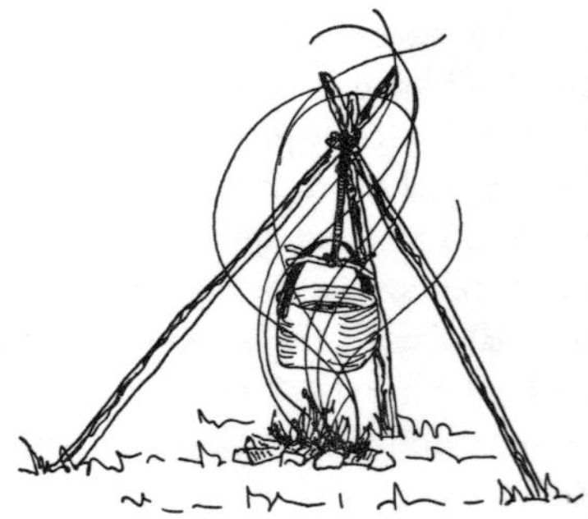

Ist kein Gefäß vorhanden, kann man sich wie folgt behelfen:

Geben Sie das Wasser in die Vertiefung eines natürlich oder künstlich geformten Steines und legen Sie rund um den Stein ein Feuer an. Der Stein wird erhitzt und bringt das Wasser zum Kochen.

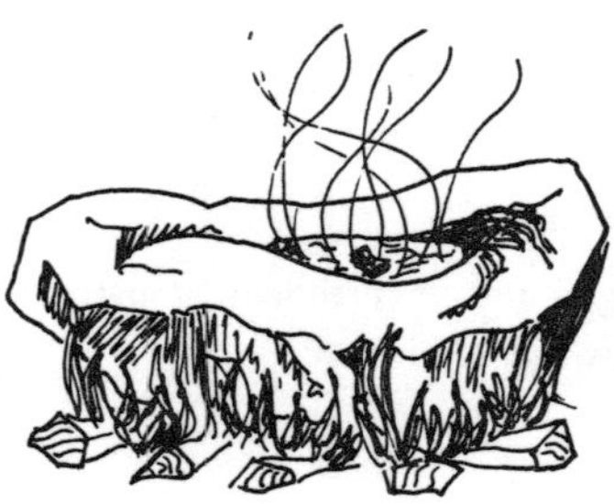

Graben Sie eine kleine Grube und kleiden Sie diese möglichst wasserundurchlässig aus (Regenschutz, Anorak, Folie, Tierfell). Füllen Sie diese Kochmulde mit Wasser. Erhitzen Sie in einem Feuer faustgroße Steine (20—30 Stück) und legen Sie diese nacheinander, sobald Sie fast glühen, in das Wasser, bis dieses kocht. Um die Auskleidung vor Beschädigung durch die heißen Steine zu schützen, kann Rinde oder sauberer Kies unterlegt werden.

### Dünsten

Der dazu benötigte Erdofen wird wie folgt hergestellt und benützt:

- Heben Sie eine Grube aus (Größe nach Bedarf, jedoch mindestens 50 cm tief).
- Kleiden Sie den Boden, wenn möglich auch die Seitenwände, mit Steinen aus.
- Entzünden Sie in der Grube ein Feuer, und unterhalten Sie dieses so lange, bis die Steine fast glühen (ca. 1—2 Stunden).
- Entfernen Sie Glut und Asche so gut wie möglich, und bedecken Sie die Steine mit feuchtem Gras oder mit Blättern.
- Legen Sie darauf das Gargut, besprengen es gut mit Wasser und bedecken Sie es wieder mit einer dichten Schicht aus feuchtem Gras, aus Blättern, eventuell mit einem Fell.
- Füllen Sie die Grube mit Erde, und drücken Sie diese fest, damit kein Dampf entweichen kann.

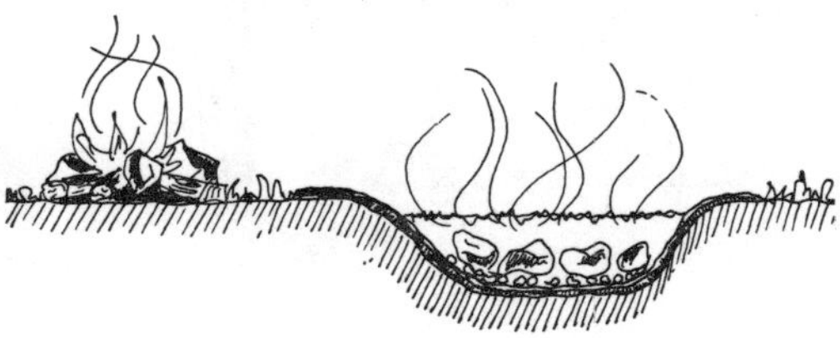

Dabei muß mit folgenden Garzeiten gerechnet werden:

| Gargut | ungefähre Garzeit |
|---|---|
| frisches Fleisch am Stück | 2 1/2—3 Stunden pro kg |
| Fleisch in kleinen Stücken | 1—1 1/2 Stunden |
| Vögel | 3—4 Stunden |
| Fische | 1 Stunde |
| Schalentiere (Krebse, Krabben) | 1—2 Stunden |
| Gemüse (Gräser, Blätter, Triebe) | 1—1 1/2 Stunden |
| Wurzeln und Knollen | 3—4 Stunden |
| Algen, Seegras | 4—5 Stunden |
| Körner und Samen | 4 Stunden |
| Rinde (Innenschicht) | 6—7 Stunden |

Diese Garzeiten gelten auch für das Kochen.

Da die Steine mit der Zeit abkühlen, ist ein Überschreiten der Zeiten unbedenklich.

### Braten

Dazu sollte kein offenes Feuer, sondern der Glutstock benützt werden. Es gibt folgende Möglichkeiten:

Braten über der Glut (Grillen)

Es hat den Nachteil, daß dabei durch Abtropfen meist relativ viel Fett verloren geht.

Die Garzeit liegt, abhängig von der Größe des Gargutes und der Hitze des Glutstockes, zwischen einer halben und mehreren Stunden.

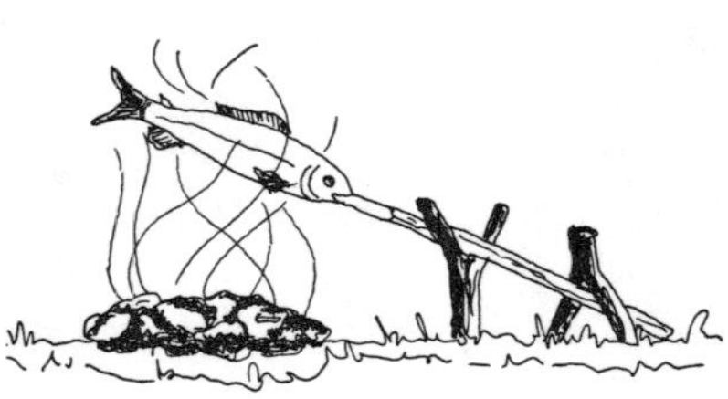

Braten in Lehm

Das Bratgut wird im eigenen Saft gegart und behält daher Saft und Nährwert. Die Garzeit beträgt, abhängig von der Größe, eine halbe bis zwei Stunden.

Das Bratgut wird mit einer ca. 3 cm dicken Lehmschicht umgeben, in die Glut gelegt und mit Glut bedeckt. Bei dieser Methode können Vögel, großschuppige Fische und Igel mit Gefieder, Schuppen oder Stachelkleid gebraten werden. Wenn nach der Garung der hartgebrannte Lehm zerschlagen wird, bleiben Federn, Schuppen oder Stacheln daran haften und werden mit der Lehmschicht entfernt.

Braten in einem Gefäß

Auch hier gehen Saft und austretendes Fett nicht verloren. Um zu vermeiden, daß das Bratgut anbrennt, sollte nicht zu nahe an der Glut gebraten werden. Das Gefäß wird wie beim Kochen über die Feuerstelle gehalten.

## Backen

Zur Not kann auf einer heißen Steinplatte oder mit einem Spieß über der Glut gebacken werden. Dazu wird im ersteren Fall der Teig zu ca. 1 cm dicken Fladen geformt, die auf die heißen Steine gelegt und beidseitig (wenden) gebacken werden. Im letzteren Fall wird der Teig zu einer ca. 1—1,5 cm dicken Wurst ausgerollt, diese dann um einen Spieß gewunden und über der Glut gebacken.

Am besten allerdings gelingt das Backen in einem Backofen. Dieser kann relativ einfach aus Steinen (Steinofen) oder aus Lehm (Lehmofen) gebaut werden.

Steinofen

Ist dabei die Anlage einer Feuerstelle unter der Bodenplatte nicht möglich, kann das Feuer auch direkt im Ofen entzündet werden (siehe Lehmofen). Sind die Steine heiß, wird es entfernt und das Backgut eingelegt.

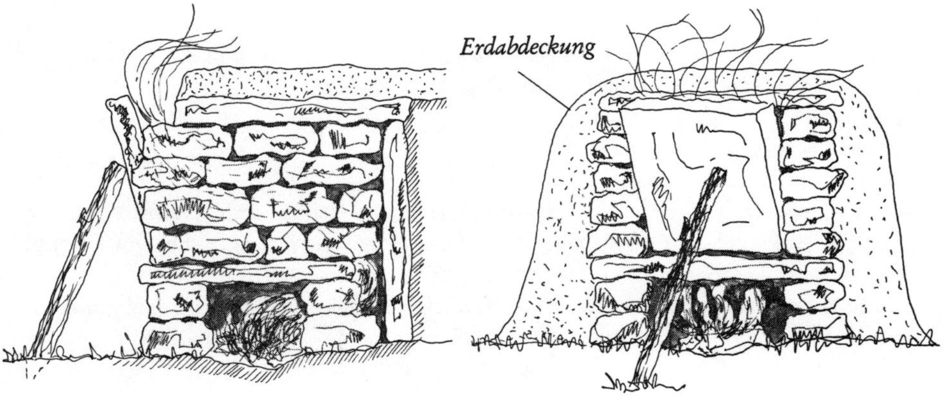


L e h m o f e n

Er kann entweder in eine Lehmbank gegraben oder mit ausgestochenen Lehmziegeln (wie ein Iglu) aufgebaut werden, wobei Steine oder Holz als stützendes Gerüst verwendet werden können.

Die Stärke der Lehmschicht sollte zwischen 10 und 20 cm betragen, die Oberschicht beim gegrabenen Modell aus Stabilitätsgründen mindestens 30 cm.

Da beim Lehmofen das Feuer immer im Ofen selbst entzündet wird, ist auf eine später verschließbare Rauchabzugsöffnung (5—10 cm Durchmesser) zu achten.

Während des Backvorganges müssen alle Öffnungen verschlossen sein.

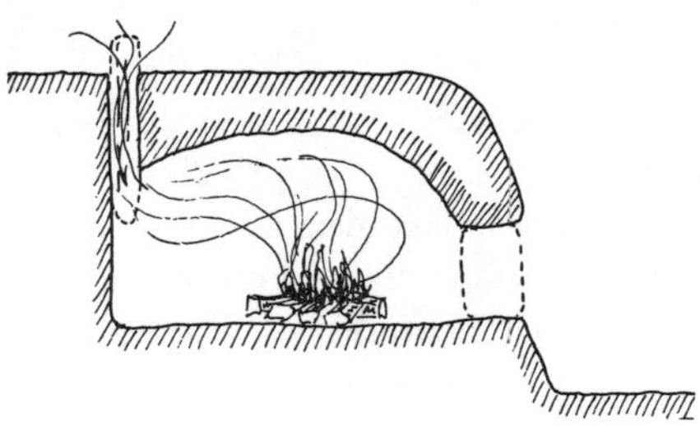

## *Konservierung der Nahrung*

Zur Schaffung eines größeren Nahrungsvorrates müssen besonders Fleisch und Fisch, aber auch Früchte oder Kräuter für längere Zeit haltbar gemacht werden. Dazu gibt es folgende Methoden:
- Einfrieren,
- Trocknen,
- Räuchern.

### Einfrieren

Dazu bedarf es sehr niedriger Temperaturen (ca. — 20° C), die meist nur in polaren Gebieten oder entsprechenden Höhenlagen über längere Zeiträume erreicht werden. Bei Wind werden die erforderlichen Temperaturen wesentlich leichter erreicht (siehe Kapitel »Bekleidung und Ausrüstung«). Schon eine Windstärke von 16 km/h kann bei —9° C den gewünschten Kälteeffekt schaffen.

Hängen (oder legen) Sie daher das einzufrierende Gut möglichst in den Wind und lassen Sie es mindestens 24 Stunden durchfrieren. Zur weiteren Lagerung genügt dann eine Temperatur von ca. — 10° C. Dabei bleibt das Gefriergut in Größe und Gewicht praktisch unverändert. Die Vorbereitung des Gefriergutes ist dieselbe wie beim Trocknen oder Räuchern.

## Trocknen

Getrocknet wird in der Sonne. Um den Trockenvorgang zu beschleunigen, wird das Fleisch in dünne Streifen (ca. 0,5 cm dick) geschnitten und entweder
— auf flache Steine gelegt,
— auf eine Schnur gefädelt oder
— auf ein Holzgerüst gehängt
und der Sonne einige Tage lang ausgesetzt. Da ihm dabei Feuchtigkeit entzogen wird, schrumpft das Fleisch und wird auch leichter (1 kg Frischfleisch wiegt nach dem Trocknen nur noch ca. 400 Gramm).

Sobald es hart und spröde (und meist auch fast schwarz) geworden ist, kann es abgenommen und gelagert werden.

Um während der Trocknung Fliegen abzuhalten, sollte das Fleisch an einem luftigen, windigen Ort getrocknet werden. Früchte werden grundsätzlich gleich getrocknet.
Kleine Tiere und Vögel können als Ganzes getrocknet werden:

- Nach dem Abhäuten und Ausnehmen schneiden Sie den Brustkorb bis zum Hals auf.
- Brechen Sie die Beine in den Hüftgelenken so auseinander, daß sie flach neben dem Köprer liegen.
- Halten Sie die Brust-/Bauchhöhle mit einem quer eingespreizten Holzspieß weit (und möglichst flach) offen.
- Legen Sie das Tier auf einen Stein und lassen Sie es in der Sonne trocknen.
- Wenn das Tier durchgetrocknet ist, klopfen Sie es mit einem runden Stein, bis alle Knochen zerbrochen sind.
- Ein weiterer Tag in der Sonne trocknet auch das Knochenmark und stellt die Konservierung sicher.

Fisch kann auf zwei verschiedene Arten getrocknet werden.

— In Streifen geschnitten:
Dazu wird der vorbereitete Fisch entlang dem Rücken in zwei Hälften geteilt und dann das Fleisch in Streifen von den Rippen geschnitten und getrocknet (siehe oben). Dabei werden allerdings die Knochen nicht mitverwendet, was in einer echten Überlebenssituation eine unentschuldbare Verschwendung darstellt.

— Im Ganzen:
Der vorbereitete Fisch wird dazu entlang dem Rücken in zwei Hälften geteilt und diese in der Sonne aufgehängt. Die getrockneten Hälften können dann mit einem Stein zerschlagen oder zu Fischmehl zerrieben werden, welches dann Suppen oder Eintöpfen beigegeben oder zu eigenen Speisen (braten, backen) verarbeitet werden kann.

Wegen der Möglichkeit des Befalls durch Parasiten sollte getrockneter Fisch vor dem Verzehr nach Möglichkeit gekocht werden.

## Räuchern

Geräuchert wird, wenn das Trocknen in der Sonne nicht möglich ist. Dabei ist die geschmackliche Verbesserung des Räuchergutes nebensächlich, der Rauch dient hauptsächlich dem Fernhalten von Fliegen. Die Trocknung erfolgt durch die Strahlungshitze des Feuers. Achten Sie darauf, das Räuchergut weit genug von den Flammen entfernt zu lagern, um zu verhindern, daß es gebraten wird (Handprobe — die auf das Räuchergut einwirkende Hitze muß mit der bloßen Hand leicht ertragen werden können).

Am einfachsten ist es, die Fleischstreifen (Vorbereitung wie beim Trocknen) auf einen Holzrost aufzulegen, der entsprechend hoch über dem Feuer befestigt wird.

Das Feuer sollte dabei nur klein sein. Besondere Rauchentwicklung durch Einlegen von Gras oder Blättern ist nicht erforderlich.

Die Haltbarkeit von richtig getrocknetem und gelagertem Fleisch, von getrockneten Früchten und sonstiger pflanzlicher Nahrung beträgt im allgemeinen mindestens mehrere Monate (meist wesentlich länger), was mit Sicherheit für den in Extremsituationen gegebenen Bedarf ausreicht.

## Zubereitung konservierter Nahrung

Trockennahrung kann in fast jeder beliebiger Form (vom einfachen Zerbrechen und Kauen bis zur raffinierten Zubereitung) zu sich genommen werden.

Die nach den beiden folgenden Rezepten zubereitete Nahrung kann einfach und platzsparend transportiert werden und deckt auch über einen längeren Zeitraum hinweg den gesamten Bedarf des Körpers.

### Pemmikan

Zu seiner Herstellung gibt es unzählige Variationen. Hier das Grundrezept:

- Mischen Sie zerriebenes oder zerstampftes Trockenfleisch und ebenso vorbehandelte Trockenfrüchte (Beeren z. B.) und/oder sonstige Pflanzen (Tannentriebe, Gräser, Blätter — gut getrocknet) im Verhältnis 1:1 bis 2:1.
- Verarbeiten Sie diese Masse mit zerlassenem Fett zu einem steifen Brei.
- Formen Sie den Brei zu Klumpen (bis max. Faustgröße).
- Verpacken Sie diese Klumpen luftdicht in entsprechendem Material (z. B. Plastikbeutel, mit Harz oder Wachs getränktes Tuch, Leder). Ist kein solches vorhanden, kann dazu auch der gereinigte Darm größerer Tiere verwendet werden.
- Versiegeln Sie nochmals die Verpackung (mit Fett, Wachs oder Harz) und lagern Sie die verpackten Klumpen kühl und trocken.

### Brot

Es ergänzt Pemmikan geradezu perfekt und ist leicht und einfach herzustellen. Jede Art von Mehl (Eicheln, Rinde, Körner) kann verarbeitet werden.

Das Grundrezept:

- Mischen Sie Mehl und Wasser (wenn vorhanden auch etwas Salz) zu einem Teig und formen Sie daraus dünne Fladen. Dem Teig können Sie nach Belieben Früchte, Pilze, sonstige Pflanzen, Nüsse, Fleischmehl usw. beigeben.
- Um das Kleben des Teiges an den Fingern zu verhindern, halten Sie diese entweder laufend naß oder mehlig.
- Backen Sie diese Fladen auf eine der angeführten Arten auf beiden Seiten durch.
- Leichtes Bemehlen oder Anfetten der Backfläche (Gefäß, Stein) verhindert das Ankleben.

- Soll nicht nur zum unmittelbaren Verzehr, sondern auf Vorrat gebacken werden, machen Sie die Brotfladen etwas dünner und lassen Sie sie hart durchbacken.
- Trocken und kühl gelagert sind diese Fladen sehr lange haltbar.

## *Aufbewahrung der Nahrung*

Abgesehen vom Transport kann Nahrung auf zwei verschiedene Arten sicher und geschützt aufbewahrt werden, nämlich durch
— Eingraben oder
— Aufhängen.

### Eingraben

Dies ist besonders für pflanzliche Nahrung geeignet, wenn eine Lagerung über einen längeren Zeitraum ohne häufigen Zugriff erfolgen soll.

- Wählen Sie einen trockenen und regengeschützten Platz (unter Felsüberhängen, in Höhlen).
- Heben Sie eine Grube von ca. 60 cm Tiefe und der benötigten Größe aus.
- Kleiden Sie diese mit trockenem Gras aus (ca. 10—20 cm stark).
- Legen Sie darauf die getrockneten Nahrungsmittel.
- Decken Sie diese mit trockenen, großen Blättern (ca. 5—10 cm Schichtstärke) und dann mit einigen Schichten Rinde ab.
- Schütten Sie mindestens 20 cm trockene Erde auf.

An einem geschützten Platz in trockenem Boden angelegte Vorratsgruben bleiben jahrelang trocken und werden kaum von Insekten oder sonstigem Getier befallen.

### Aufhängen

Es entzieht das aufzubewahrende Gut (nicht nur Nahrungsmittel) dem Zugriff der meisten Tiere und bietet trotzdem jederzeit leichten Zugang.

Dazu wird das Gut in einem Behälter (Netz, Korb, Sack, Tierfell) so an Bäumen aufgehängt, daß er mindestens 3 m vom Erdboden und 2 m vom Baumstamm entfernt ist.

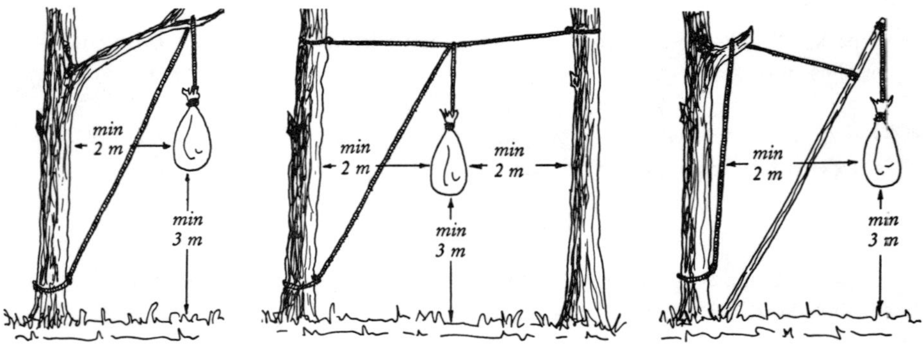

# GEFAHREN

Überlebenssituationen stellen an Einzelpersonen, Gruppen und deren Führer hohe Anforderungen. Neben den körperlichen Belastungen und den psychischen Schwierigkeiten sind auch Gefahren verschiedenster Art zu meistern.

Die genaue Kenntnis dieser Gefahren, ihrer Ursachen, Erscheinungsformen und Wirkungen sowie das Wissen um die richtigen Gegenmaßnahmen sind lebensnotwendige Voraussetzungen zu ihrer Bewältigung.

Dabei ist zu unterscheiden zwischen
- subjektiven Gefahren und
- objektiven Gefahren.

Subjektive Gefahren entstehen durch menschliches Fehlverhalten; objektive Gefahren sind durch den Menschen nicht beeinflußbar. In der Praxis ist die Grenze fließend, wobei subjektives Fehlverhalten eine objektive Gefahr erst auslösen oder zu einer Fehleinschätzung führen kann.

Subjektive Gefahren:
- Überschätzung des eigenen Könnens,
- Überschätzung der körperlichen Leistungsfähigkeit,
- mangelhafte Bekleidung und Ausrüstung,
- mangelhaftes Wissen und fehlende Ausbildung,
- übertriebener Ehrgeiz,
- Leichtsinn.

Objektive Gefahren:
- Lawinen,
- Gletscherspalten und Eisbrücken,
- Steinschlag,
- Blitzschlag,
- Waldbrand,
- Tiere.

## *Lawinen*

Lawinen sind plötzlich von einem Hang abgleitende Schneemassen.

Sie sind im gebirgigem Gelände (bei entsprechender Höhenlage und Witterung auch im Sommer) die größte und unberechenbarste Gefahr.

Nur die Kenntnis der Zusammenhänge zwischen den lawinenbildenden Faktoren (Schneefall, Wetter, Aufbau der Schneedecke) und dem Einfluß des Geländes ermöglicht das rechtzeitige Erkennen dieser Gefahr.

Es gibt verschiedene Arten von Schnee:

**Neuschneearten**

(Die ursprüngliche Form der Schneekristalle ist erhalten)
- Wildschnee (fällt bei sehr großer Kälte und Windstille) besteht aus Einzelkristallen, bildet keine Flocken, ist sehr leicht und flaumig und läßt sich nicht ballen.
- Pulverschnee (fällt bei Kälte) bildet kleine Flocken, ist leicht und locker und läßt sich nicht ballen.

– Pappschnee (fällt bei Temperaturen um 0° C) bildet größere Flocken, ist filzig und läßt sich gut ballen.
– Reif (kein »echter« Neuschnee) bildet sich bei großer Kälte durch Kristallisieren an der Schneeoberfläche (Oberflächenreif) oder setzt sich an stark unterkühlten Gegenständen (Gras, Bäumen) ab (Rauhreif).

**Altschneearten**

(Die Schneekristalle wurden durch Temperatur, Wind, Setzung und andere Faktoren in Schneekörner umgewandelt)

Packschnee/Preßschnee

Die einzelnen Schneekristalle werden durch den Wind zerschlagen und verfrachtet. Dabei können sie entweder im Windschatten dicht abgelagert (Packschnee) oder an der Windseite vom Winddruck in viele, fest verbundene, dünne Schichten gepreßt werden (Preßschnee).

Packschnee und Preßschnee lassen sich nicht immer deutlich voneinander unterscheiden. Diese beiden Schneearten bilden die häufigsten und gefährlichsten Schneebretter (sehr hart bis spurfähig weich).

feinkörniger Altschnee

(Korndurchmesser unter 2 mm)

grobkörniger Altschnee

(Korndurchmesser über 2 mm) Er kann eine Gleitschicht für den Abgang einer Lawine bilden.

Firnschnee

Er ensteht durch mehrmaliges Schmelzen und Wiedergefrieren von Altschnee. Bei Sonnenbestrahlung ist er weich, nach Sonnenuntergang glashart.

Bei der durch die täglichen Schmelzvorgänge zunehmenden Durchfeuchtung bildet sich Sulzschnee.

Wenn der Nachtfrost nicht mehr bis in die Tiefe der Schneedecke eindringen kann, entsteht in den aus Schwimmschnee zusammengesetzten, unteren Schneeschichten ebenfalls sulziger Naßschnee (Faulschnee).

Harsch

Ensteht durch Wind oder Temperaturwechsel; es bildet sich dabei eine verhärtete und verkrustete Altschneeoberfläche.
Man unterscheidet:

*Schmelzharsch*

Dieser wird durch Schmelzen und Wiedergefrieren der Schneeoberfläche und der oberen Schneeschicht hervorgerufen. Das Schmelzwasser bildet einen dünnen Film zwischen den Schneekörnern. Nach Abkühlung bildet sich eine harte, glasige Oberfläche (Firnspiegel).

*Windharsch*

Die einzelnen Schneeteilchen werden durch den Wind entweder dicht gepackt und eingerüttelt oder aber auch durch den Druck des Windes gepreßt. Oft entstehen dabei wellenförmige, verharschte, vom Wind ausgenagte Verwehungen.

*Bruchharsch*

Seine Oberfläche ist nicht tragfähig.

Schwimmschnee

Er entsteht durch länger dauerndes Frostwetter im Inneren der Schneedecke, häufig in Bodennähe, als eine Art »Tiefenreif«. Dabei bilden sich zahlreiche kleine Hohlräume, und die reiskornförmigen Kristalle wirken als Kugellager für die darüberliegende Schneedecke. Diese kann, vor allem bei zusätzlicher Belastung, durchbrechen und auf dieser Gleitfläche abrutschen. Schwimmschnee ist eine von außen schwer erkennbare, häufige Ursache von Lawinenabgängen.

### Schneegewicht und Luftgehalt

Nachstehende Übersicht soll einerseits eine Vorstellung davon geben, wieviel Luft die Schneedecke enthalten kann, andererseits aber auch zeigen, welche Wirkung schon der kleinste Schneerutsch mit nur wenigen Kubikmetern Schneemasse für den Verschütteten hat.

| Schneeart | Gewicht in kg/m³ | Luftgehalt in % |
|---|---|---|
| Wildschnee | 10— 30 | 97—99 |
| Pulverschnee | 30— 60 | 94—97 |
| Pappschnee | 60—150 | 85—94 |
| Packschnee | 100—300 | 70—90 |
| Preßschnee | 150—300 | 70—85 |
| Altschnee | 200—600 | 50—80 |
| Firnschnee | 600—800 | 20—40 |
| Schwimmschnee/Reif | 200—300 | 70—80 |
| Eis (zum Vergleich) | 800—900 | 8—20 |

Durch das Eigengewicht des Schnees gleitet die Schneedecke auf geneigten Flächen langsam abwärts (Schneekriechen). Diese Gleitbewegung ist wegen der unterschiedlichen Stärke der Schneedecke, der ungleichmäßigen Reibung auf der Hangoberfläche und wechselnder Hangneigung ungleichmäßig schnell. Dadurch entstehen gefährliche Zug-, Scher- und Druckspannungen in der Schneedecke, die bei Störung zu deren Bruch führen und damit eine Lawine auslösen können.

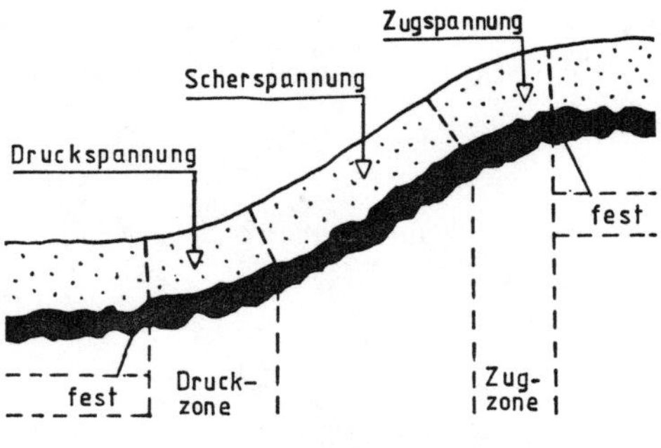


### Lawinenarten

Naturerscheinungen lassen sich nicht in ein Schema pressen. Misch- und Übergangsformen werden immer wieder vorkommen. Um Mißverständnisse zu verhindern, ist jedoch eine einheitliche Bezeichnung der Lawinen erforderlich.
Nach der Beschaffenheit der Schneedecke unterscheidet man:
— trockene und nasse Lawinen,
— lockere und gebundene Lawinen.

Daraus ergeben sich vier Hauptarten von Lawinen:
— trockene Lockerschneelawinen
— nasse Lockerschneelawinen
— trockene Schneebrettlawinen
— nasse Schneebrettlawinen

### Lockerschneelawinen

Sie entstehen aus bindungslosem, lockerem, trockenem oder nassem Schnee. Bei ihrem Abgang werden meist die oberen Schneeschichten erfaßt. Der Anbruch ist punktförmig, und es gibt keine deutliche Schichtgrenze zwischen dem abgleitenden Schnee und seiner Unterlage. Einzelne kleinere Schneeteile geraten in Bewegung und nehmen im Abgleiten immer mehr Schnee und kleine Klumpen mit. Lockerschneelawinen haben ein birnenförmiges Aussehen. Ihr Anbruch erfolgt meist an der Störungsstelle. Diese Lawinenart entsteht in der Regel während oder nach starken Schneefällen oder nach starker, die Schneedecke durchweichender Schmelzung.

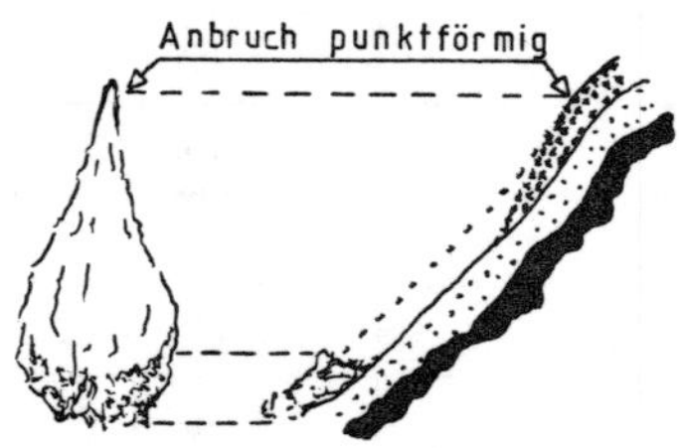


Lockerschneelawine

### Schneebrettlawinen

Sie entstehen aus Schneebrettern. Ihr Anbruchrand ist scharfkantig, in die Breite gehend und steht immer im rechten Winkel zur Gleitfläche, wobei sich oft Sprünge nach den Seiten hin fortsetzen. Beim Abgang werden meist mehrere Schichten gleichzeitig erfaßt. Dabei ist die Schichtgrenze zwischen den abgegangenen und den als Gleitfläche dienenden Schichten deutlich zu erkennen.

Schneebrettlawinen haben ein brettartiges Aussehen. Sie zerbrechen während des Abgleitens in Schollen oder in lockeres Schneematerial und sind sehr gefährlich, weil sie meist weit oberhalb der Störungsstelle abbrechen.

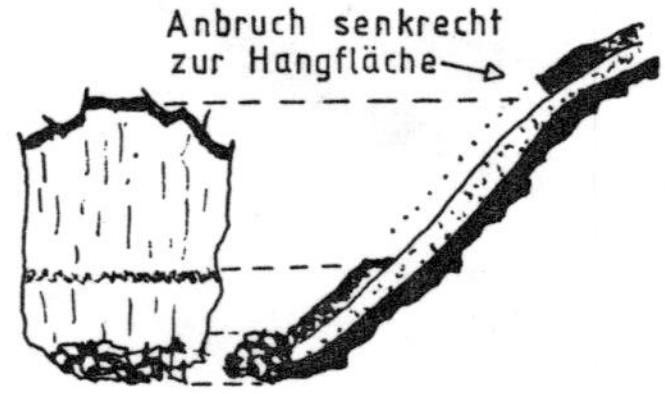


Schneebrettlawine

## Beurteilung der Lawinengefahr

Die Wirkung von Lawinen beruht auf:
- ihrer Geschwindigkeit und
- ihrer Wucht.

Beide steigen mit zunehmender Steilheit des Geländes, mit der Länge der Lawinenbahn und der Schneemenge.

### Geschwindigkeit

Die Geschwindigkeit einer Lawine ist abhängig von:
- der Schneeart,
- der Schneemenge,
- dem Untergrund und
- der Steilheit des Geländes.

Naßschneelawinen erreichen eine Geschwindigkeit zwischen 60 und 120 km/h, Schneebretter bis über 200 km/h und Trockenschneelawinen (Staublawinen) sogar 300 km/h und mehr. Dabei bewegt sich innerhalb der Lawine die Oberfläche schneller als die Tiefe und die Mitte schneller als der Rand.

### Wucht

Beim Aufprall auf ein Hindernis entsteht eine Druckwirkung bis zu 20 Tonnen pro Quadratmeter. Ein Schneebrett von ca. 5 × 10 m erreicht bei einer Schneehöhe von rund 50 cm je nach Schneeart ein Gewicht von 10—20 Tonnen. Schon eine einzelne Scholle kann einige hundert Kilogramm wiegen. Bei Staublawinen muß zur Schneemasse auch die Wirkung des Luftdruckes gerechnet werden, der selbst bei kleineren Lawinen in der Lage ist, ganze Waldabschnitte umzumähen.

Die Lawinengefahr ist abhängig von:
- der Steilheit des Geländes,
- der Bodenoberfläche und -form,
- der Hangrichtung,
- dem Wetter,
- der Beschaffenheit der Schneeschichten.

### Steilheit des Geländes

Am Hangfuß von Steilhängen besteht schon bei einer Hangneigung von 5—10 Grad Lawinengefahr, weil in diesem Bereich (Druckzone) die gesamte Schneedecke des darüberliegenden Steilhanges abgestützt wird. Im allgemeinen steigt die Lawinengefahr mit der Hangneigung, wobei die größte Gefahr bei einer Neigung von 20 bis 50 Grad besteht. Bei größerer Hangneigung können sich nur schwer größere Schneemassen bilden, sodaß sich die Lawinengefahr wieder verringert.

### Bodenfläche und -form

Sie beeinflussen wesentlich die Lawinengefahr. Felsplatten, Grashänge oder feinschotterige Halden bieten der Schneedecke keinen Halt und sind daher gute Gleitflächen. Eingeschneite Sträucher und lichter Wald sind kein Schutz vor Lawinen. Zwischen Steinen und Sträuchern bildet sich häufig Schwimmschnee, damit stellen sie eine nur schwer erkennbare Gefahrenquelle unter der Schneedecke dar.

Jede Gliederung eines Hanges durch Absätze, Felsblöcke, Geländestufen oder Weganschnitte verringert die Lawinengefahr, da sich die Schneedecke auf ihnen abstützen kann.

Werden diese zugeweht (Hangausgleich), so entsteht ein gleichmäßig abfallender Hang, der zur Gleitfläche für neue Schneeschichten wird.

Hangrichtung

Auf sonnseitigen Hängen kann der Abgang von Lawinen zeitlich annähernd vorausgesagt werden. Diese Hänge sind daher weniger gefährlich als schattenseitige, wo sich der Schnee langsamer setzt und es häufig zur Schwimmschneebildung kommt.

Wetter

Für die Beurteilung der Lawinengefahr ist die Kenntnis des Wetterverlaufes über einen längeren Zeitabschnitt und der gegenwärtigen örtlichen Witterungsverhältnisse notwendig.
Lawinenfördernd sind folgende Wetterlagen:

- ergiebige Neuschneefälle mit und ohne Wind (alle Lawinenarten);
- starke, langandauernde Warmwettereinbrüche, intensive Sonnenbestrahlung, Regen (Naßschneelawinen);
- Wind, wobei die dadurch verursachte Lawinengefahr am längsten anhält und am wenigsten erkennbar ist (Schneebretter);
- langandauernde Frostperioden (Schwimmschneebildung).

Bei Nebel werden lawinengefährdete Hänge oft nicht erkannt, daher ist hier besondere Vorsicht geboten.

Beschaffenheit der Schneeschichten

Durch Sondieren (mit einem Stock) kann die Beschaffenheit der oberen Schneeschichten festgestellt werden. Dies ist allerdings nur eine Ergänzung der laufenden Beobachtung und Beurteilung.

### Vermeiden von Lawinen

Lawinengefahr bedeutet Lebensgefahr. Erfahrungen haben gezeigt, daß ca. 1/5 der Verschütteten getötet wird, solange die Lawine noch in Bewegung ist.
Um das Auslösen einer Lawine zu vermeiden, sind

- Vorbereitung und Planung,
- Wahl des Weges und
- Kenntnis der zu ergreifenden Maßnahmen

von ausschlaggebender Bedeutung.

Vorbereitung und Planung

- Studieren Sie die Karte gründlich (falls vorhanden).
- Errechnen Sie die voraussichtliche Marschdauer.
- Legen Sie danach die Abmarschzeit fest (im Spätwinter oder Frühjahr sind sonnseitige Hänge meist nur am Morgen bis zum Vormittag lawinensicher).
- Bereiten Sie eine Schnur als Lawinenschnur vor (ca. 25 cm lang, möglichst dunkel gefärbt, auf einen Knäuel aufgewickelt; nur sinnvoll in Gruppen).
- Beurteilen Sie die Lawinengefahr im Bereich des geplanten Marschweges.

Wahl des Weges

- Nützen Sie Rippen, Grate, Buckel, Hangverflachungen, Terrassen und Geländerücken aus.
- Meiden Sie Rinnen, Gräben und Mulden, Geländeknicke (Zugzone) und Hangteile unter Schneewächten.
- Meiden Sie den auslaufenden Hangfuß (Druckzone). Auch Hangverflachungen und Terrassen sollten Sie an ihrem äußeren, talseitigen Drittel benützen.

- Meiden Sie längere Hangquerungen. Ist das nicht möglich, dann steigen Sie entweder in der Fallinie auf und queren den Hang ganz oben unter den Felswänden oder fahren Sie auf den Schiern in leicht fallender Linie ab.
- Nützen Sie herausragende Blöcke, Felstürme, Baum- oder Buschgruppen, abgeblasene (apere) Hänge und feste Firnhänge.
- Wählen Sie zum Rasten oder Sammeln (bei Gruppen) sichere Geländepunkte aus.
- Wenn Sie in einer Gruppe unterwegs sind, halten Sie ca. 5—15 m Abstand. Dies vermindert die Druckbelastung der Schneedecke und die gegenseitige Behinderung bei Sturz und ermöglicht außerdem eine leichtere Anpassung des Marschtempos.
- Fahren Sie den Hang auf Schiern langsam ab.
- Nehmen Sie Richtungsänderungen (Bogen, Schwünge, Spitzkehren) nur an sicheren Stellen vor.

Maßnahmen bei akuter Lawinengefahr

- Legen Sie die vorbereitete Lawinenschnur an (um den Oberkörper binden und so auswerfen, daß sie bis zum Ende glatt ausliegt; dient zum leichteren Auffinden bei Verschüttung).
- Ziehen Sie warme Bekleidung an (Schutz vor Unterkühlung bei Verschüttung).
- Schließen Sie alle Bekleidungsöffnungen (verhindert das Eindringen von Schnee).
- Wenn Schier vorhanden: Öffnen Sie die Fangriemen, und nehmen Sie die Hände aus den Stockschlaufen.
- Bei Gruppen: Das Überwinden der Gefahrenstelle darf nur einzeln erfolgen. Der Rest wartet jeweils bei sicheren Sammelpunkten.
- Beobachten Sie den Gefahrenbereich und darüberliegende Geländeteile laufend und achten Sie auf Abbruchgeräusche.
- Seien Sie auf einen Lawinenabbruch gefaßt.

*Richtig gewählter Marschweg*

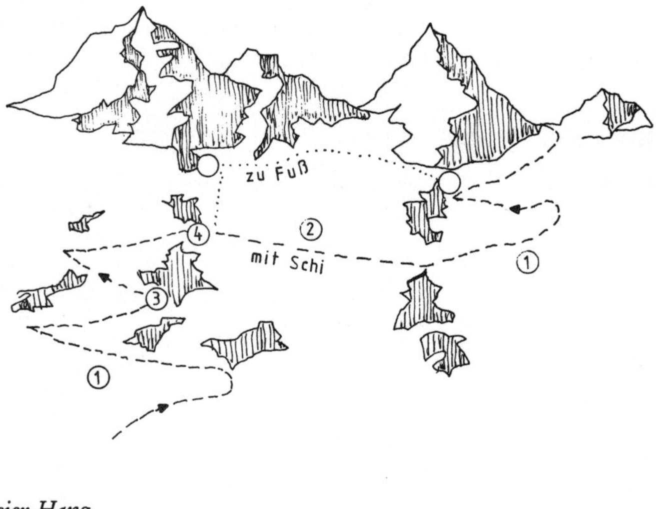


*1 Lawinenfreier Hang*

*2 Lawinenverdächtiger Hang*

*3 Mögliche Rast- und Sammelpunkte*

*4 Ergreifen der Maßnahmen bei unmittelbarer Lawinenbedrohung*

## Lawinenabgang

Wenn es trotz aller Vorsicht zum Abgang einer Lawine kommt, so ist durch richtiges Verhalten und der nötigen Portion Glück unter Umständen eine Flucht aus der Lawine oder auch eine Selbstbefreiung möglich.
Maßnahmen:

- Sind Sie am oberen Abbruchrand, versuchen Sie durch Einrammen von Stöcken oder Schiern Halt zu finden und ein Abgleiten zu verhindern.
- Sind Sie nahe am Lawinenrand, versuchen Sie, in Schrägfahrt über den Lawinenrand aus der Lawine zu fahren (»Schußflucht«, nur mit Schiern möglich, hohes Fahrkönnen erforderlich).
- Sind Sie im Hauptstrom der Lawine, werfen Sie Schier, Stöcke und Rucksack ab, und versuchen Sie, durch Sprünge, Abrollen und schließlich durch Schwimmbewegungen an der Oberfläche zu bleiben und den nähergelegenen Lawinenrand zu erreichen.
- Trachten Sie danach, aus den gleitenden Schneemassen herausragende Felsblöcke, Höcker oder Bäume zu erreichen.
- Wenn Sie in den Schneemassen versinken, nehmen Sie Kauerstellung ein (Beine einziehen, Knie an die Brust, Arme in Boxerhaltung vor das Gesicht). Vermeiden Sie unbedingt eine Streckhaltung und warten Sie den Stillstand der Lawine ab.
- Nach dem Stillstand schaffen Sie sich durch Streckung Atemraum und versuchen Sie, sich zu befreien. Je nach Lage und Schneefestigkeit kann eine Verschüttungstiefe von ca. 50 cm aufgebrochen werden.
- Mißlingt dieser Versuch, schaffen Sie sich Atemraum und stellen Sie fest, wo oben ist (aus dem Mund fließender Speichel rinnt nach unten).
- Ist Kameradenhilfe zu erwarten, sparen Sie Kräfte und Atemluft, bekämpfen Sie das Schlafbedürfnis nicht.
- Rufen Sie erst nach Hilfe, wenn Sie die Schritte der Kameraden in unmittelbarer Nähe hören und diese stehen bleiben.
- Ist keine Kameradenhilfe zu erwarten, versuchen Sie weiter, sich selbst zu befreien.
- Bekämpfen Sie bewußt Panikstimmung; geben Sie niemals auf (ein Fall einer Selbstbefreiung nach 11 Tagen aus 7 m Tiefe ist bekannt).

## Hilfe durch Kameraden

Langjährige Erfahrungen zeigen für Verschüttete folgende Überlebenschancen:

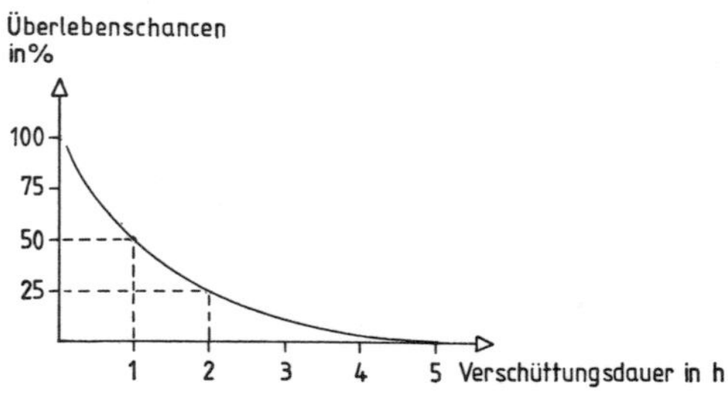


*Die Lebendbergung ist ein Wettlauf mit der Zeit. Der Erfolg hängt weitgehend von der Aufmerksamkeit der Kameraden ab.*

Im Augenblick eines Lawinenabgangs müssen die nicht selbst Gefährdeten den von der Lawine Erfaßten genau beobachten.

Folgende Punkte sind festzuhalten:

- Wo wurde der Verschüttete erfaßt (Erfassungspunkt)?
- Wo wurde er in den Schneemassen zum letztenmal gesehen (Verschwindepunkt)?
- Wo liegt er vermutlich (vermutlicher Liegepunkt)?

Die gedachte Linie vom Erfassungspunkt über den Verschwindepunkt hinaus ergibt die Fließlinie.

Maßnahmen:

- Die Retter müssen darauf achten, daß sie sich nicht selbst im Bereich einer möglichen Nachlawine befinden.
- Bei ausreichender Personenanzahl sind Warnposten aufzustellen (rechtzeitige Warnung vor Nachlawine).
- Fluchtwege aus dem Suchgebiet müssen festgelegt und vorbereitet werden.
- Erfassungspunkt, Verschwindepunkt und vermutlichen Liegepunkt sind im Gelände zu markieren.
- Die Oberflächen müssen gründlich abgesucht werden (horchen und schauen), insbesondere entlang der Fließlinie und beim vermutlichen Liegepunkt (dabei befinden sich leichte Ausrüstungsgegenstände überwiegend talwärts des Verschütteten).
- Während des Suchens empfiehlt es sich, gemeinsam laut zu rufen.
- Eine Suche mit Behelfssonden (Stöcken, Ästen, Schiern) ist besonders in Stauräumen (Hindernisse und Richtungsänderungen in der Lawinenbahn, Hangverflachungen, Kuppen) durchzuführen.

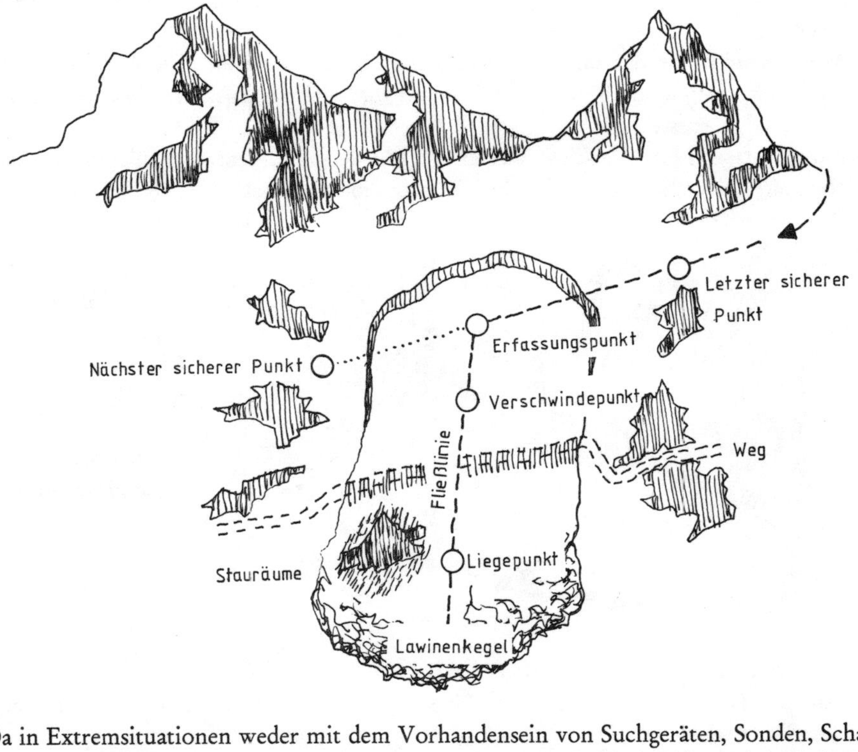


Da in Extremsituationen weder mit dem Vorhandensein von Suchgeräten, Sonden, Schaufeln oder Rettungsmannschaften gerechnet werden kann, ist die Kameradensuche mit den gegebenen Möglichkeiten so lange als möglich weiterzuführen.

## *Gletscherspalten und Eisbrüche*

Weite Teile der Erdoberfläche sind von Eis bedeckt. Das gilt besonders für die Polargebiete, aber auch für bestimmte Bereiche der Hochgebirge. Das Eis wird in seiner eher bewegungsarmen Form als Inlandeis (rund 98%, Polargebiete), in seiner fließenden Form als Gletscher (in den Alpen rund 3.500 km²) bezeichnet.

Das Gletschereis ist zäh und plastisch und paßt sich stets der Form des Untergrundes an. Seine Fließgeschwindigkeit ist abhängig von
— der Größe des Gletschers und
— der Neigung und Art seines Untergrundes.

Die Fließgeschwindigkeit ist zeitlich und örtlich verschieden (im europäischen Raum durchschnittlich etwa 40 m pro Jahr).

Die Farbe ist von der Art und Dichte des Eises und den Lichtverhältnissen abhängig und geht von weißlich-grau über grün bis blau. So kann z. B. dasselbe Gletschereis bei Regen blaugrün und bei Sonnenschein weiß erscheinen.

Gletscherspalten und Eisbrüche entstehen durch Zug- und Druckspannungen des fließenden Eises und werden nach folgenden Arten unterschieden:

- Längsspalten (wenn der Gletscher über einen in Stromrichtung verlaufenden Rücken fließt);
- Querspalten (wenn der Gletscher über eine quer zur Stromrichtung liegende Geländestufe fließt);
- Kreuzspalten (wenn der Gletscher über einen Felsbuckel fließt);
- Randspalten (weil die Fließgeschwindigkeit des Eises in der Gletschermitte höher ist als am Gletscherrand);
- Radialspalten (wenn sich der Gletscher in seinem Bett ausbreiten kann; meist an der Gletscherzunge);
- Bergschrund (wenn das am Fels festgefrorene Eis vom fließenden Eis abreißt);
- Randkluft (wenn durch Wärmeabstrahlung des Felsens zwischen Fels und Eis eine Schmelzkluft entsteht);
- Eisbruch (wenn ein Gletscher über eine Steilstufe fließt, dabei zerreißt und ein dichtes Netz offener Spalten und senkrechter Eisabbrüche entsteht).

*1 Längsspalten*
*2 Querspalten*
*3 Kreuzspalten*
*4 Randspalten*
*5 Bergschrund*
*6 Randkluft*
*7 Gletscherbruch*

Gletscherspalten lassen sich auch nach der Form unterscheiden:

- V-Spalten (wenn der Gletscher über Hügel oder Kuppen fließt, sind die Spalten an der Oberfläche weiter und verengen sich nach unten = V).
- A-Spalten (wenn der Gletscher durch Mulden fließt, sind die Spalten an der Oberfläche schmal, erweitern sich nach unten und gehen bis zum Grund = A)

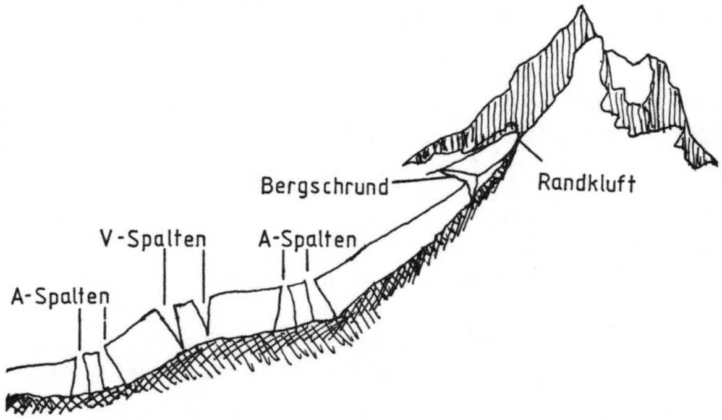


Das Begehen von Gletschern ist verhältnismäßig sicher,
- wenn die Spalten durch Schneefälle oder Verwehungen mit einer dicken, in sich gefestigten Schneedecke überzogen sind (meist im Winter und Frühling),
- wenn die Gletscher schneefrei, die Spalten offen und daher sichtbar sind,
- wenn Eisbrüche bei großer Kälte und Windstille durchgefroren und daher stabiler sind. Ihre Bewegung ist aber auch dann unberechenbar und das Zusammenstürzen von Eistürmen nicht vorherzusehen.

Es ist besonders gefährlich,
- wenn die Spalten unter einer dünnen, nicht tragfähigen Schneedecke verborgen oder ihre Ränder stark überwächtet sind,
- wenn Eisbrüche durch Wärmeeinflüsse nur lose Bindung aufweisen oder wenn durch Wind oder Regen erhöhte Eisschlaggefahr besteht.

Der Verlauf verschneiter Spalten ist an einer leichten Einsenkung der Schneedecke und an einer etwas dunkleren Färbung des darüberliegenden Schnees zu erkennen. Bei schlechter Sicht (Nebel, Schneetreiben, Regen, diffuse Beleuchtung) sind die Kenntnis der spaltenbildenden Geländeformen und ein genaues Kartenstudium die einzigen Möglichkeiten, die Gefahr zu erkennen.

Maßnahmen bei Spaltengefahr:
- Berücksichtigen Sie beim Begehen des Gletschers die Witterung (Wärme, Regen, Wind).
- Vergrößern Sie die Auftrittflächen (Schneereifen, Schier).
- Sondieren Sie gefährdete Stellen und Schneebrücken vor dem Überqueren (Stock).

- Um das Körpergewicht auf eine möglichst große Fläche zu verteilen, überwinden Sie Schneebrücken o. ä. kriechend oder auf dem Bauch gleitend.
- Überqueren Sie Spalten immer auf kürzestem Weg (rechtwinkelig).
- Beim Einbrechen in eine Spalte werfen Sie den Oberkörper mit vorgestreckten Armen auf die gegenüberliegende Spaltenseite.

- Rasten und Halten Sie nie auf spaltenverdächtigen Stellen oder unter Eisbrüchen.

Für Gruppen:

- Seilen Sie sich wenn möglich an.
- Halten Sie Abstand zum Vordermann.
- Verteilen Sie sich zum Rasten über eine größere Fläche.

Falls Schier vorhanden sind:

- Schnallen Sie die Schier nicht ab.
- Fahren Sie langsam und ruhig.
- Vermeiden Sie Sprünge oder Stürze.

Jeder Sturz in eine Gletscherspalte bedeutet höchste Lebensgefahr. Zudem wird gerade in Extremsituationen die zur Eigen- oder Kameradenrettung erforderliche spezielle Ausrüstung (Steigeisen, Pickel, Seil, Karabiner) wahrscheinlich nicht vorhanden sein.

Rettungschancen sind damit nur in seltenen, besonders günstig gelagerten Fällen (keine oder nur geringe Verletzung, Sturz wurde nach wenigen Metern durch Schneebrücken, Eisschuppen oder sonstige Hindernisse abgefangen, ein Minimum an Ausrüstung vorhanden) gegeben:

- Eigenrettung durch Stufenhacken (mit Eispickel, Hammer, Messer) ist nur in kleinen Spalten auf kurze Entfernung möglich.
- Kameradenrettung mit dem Seil (Knotenseil, Flaschenzug — toter Mann; siehe Kapitel »Überwinden von Hindernissen«).

## *Steinschlag*

Steinschlag entsteht durch Gesteinsverwitterung. Durch große Temperaturschwankungen (Nachtfrost — Sonnenbestrahlung — Nachtfrost z. B.) bilden sich im Gestein Sprünge und Risse. In diese dringt Schmelz- oder Regenwasser, das bei entsprechenden Kältegraden zu Eis wird. Da sich Wasser beim Gefrieren ausdehnt, wirkt es in diesem Fall wie ein eingetriebener Keil — es sprengt das Gestein. Sobald das Eis wieder schmilzt, verlieren die abgesprengten Teile ihren Halt und führen zum Steinschlag. Weiters kann Steinschlag ausgelöst werden durch

- starken Wind, Schmelzwasser und Regen (lockere Steine werden in Bewegung gesetzt, was fallweise sogar ganze Steinlawinen auslöst),
- Blitzschlag in felsigem Gelände (Absprengen von Felsbrocken und Felsblöcken),
- Tiere (Lostreten von Steinen),
- Menschen (Unachtsamkeit, Leichtsinn).

Kennzeichen der Steinschlaggefahr:

- Geröll und Schutthalden am Fuß von Felswänden und Abbrüchen,
- Schuttkegel am Fuß von Rinnen und Schluchten,
- frische Abbruchstellen im Felsgelände,
- helle, mit Steinstaub bedeckte Schlagmale auf Felsplatten.

Besondere Vorsicht ist bei plötzlichen Temperaturänderungen (Sonnenbestrahlung nach kalter Nacht, meist im Frühling und Herbst) und bei Wind und Regen geboten.

Maßnahmen:

- Meiden Sie nach Möglichkeit steinschlaggefährdete Stellen.
- Beobachten Sie laufend das Gelände hangaufwärts. Überwinden Sie die gefährdeten Zonen während Steinschlagpausen.
- Schützen Sie den Kopf (Polstern der Kopfbedeckung, Rucksack über den Kopf halten).
- Überwinden Sie den Gefahrenbereich schnell.
- Nützen Sie natürliche Deckungen (Felsvorsprünge, Überhänge, tote Winkel) aus, und springen Sie von Deckung zu Deckung.
- Beobachten Sie einzeln fallende Steine und weichen Sie erst im letzten Moment gezielt aus.
- Stoppen Sie Steine, die gerade erst in Bewegung geraten sind, ab.

Für Gruppen:

- Überwinden Sie den Gefahrenbereich immer nur einzeln. Warten Sie an sicheren Stellen.
- Zur Verringerung der Steinschlaggefahr schließen Sie im Felsgelände eng auf und bewegen sich vorsichtig.

## *Blitzschlag*

Täglich gehen auf der Erde rund 45.000 Gewitter mit etwa 8 Millionen Blitzen nieder. 3 Milliarden Blitze pro Jahr töten ca. 3000 Menschen, zünden Häuser an und lösen Waldbrände aus (allein in den Vereinigten Staaten 10.000).

Der Blitz ist eine atmosphärische elektrische Entladung mit einer Dauer von einigen zehntausendstel bis millionstel Sekunden. Bei Spannungswerten bis zu 100 Millionen Volt beträgt seine Stromstärke meist 20.000 bis 30.000 Ampere, fallweise aber auch bis über 100.000 Ampere (zum Vergleich: Glühlampen haben einige zehntel Ampere). Bereits 1 millionstel der bei einem Blitzeinschlag freiwerdenden Energie ist für den Menschen gefährlich.

Die Wirkung des Blitzes ist von der Elektrizitätsmenge abhängig.

Die Elektrizitätsmenge setzt sich aus der Stromstärke und der Durchlaufzeit zusammen. Zum Unterschied von anderen Elektrizitätsunfällen ist im Falle des Blitzschlages die Durchlaufzeit meist so kurz, daß den Körper bis zu 100 Ampere durchlaufen können, ohne Schaden anzurichten.

Die Hauptgefahr liegt in der Störung oder dem Stillstand von lebenswichtigen Funktionen wie Atmung oder Herzschlag durch eine Verkrampfung der Muskeln. Auch schwere Verbrennungen sind bei längerdauerdem starkem Stromdurchgang wahrscheinlich.

Der Verlauf des Stromes im Körper ist vom getroffenen Körperteil abhängig und beeinflußt somit ebenso den Grad der Verletzung.

Ein relativ schwacher Stromstoß, von einer Hand über das Herz zur anderen Hand oder vom Kopf über das Rückgrat zum Fuß ist bedeutend gefährlicher als ein wesentlich stärkerer Stromstoß von einem Fuß zum Becken oder von einer Hand zur Schulter.

Zwei Arten der Blitzeinwirkung auf den menschlichen Körper sind gefährlich:

- direkter Blitzeinschlag,
- Erdströme eines nahegelegenen Blitzeinschlages.

Ein direkter Blitzeinschlag trifft am häufigsten Personen, die sich an exponierten Stellen befinden. Dazu zählen:

— Gipfel, Grate,
— ebenes, freies Gelände,
— größere Wasserflächen.

Dabei übernimmt der menschliche Körper die Funktion eines Blitzableiters und zieht somit Blitze an.

Direkter Blitzeinschlag ist meist tödlich.

Trifft der Blitz auf die Erdoberfläche, so sucht sich der Strom den für ihn günstigsten Weg. Dieser kann im Gelände nicht immer leicht festgestellt werden. Auf kompaktem, feuchtem Grund wird er meist an der Oberfläche verlaufen, wobei kurze Vertiefungen eher übersprungen als ausgelaufen werden. Wenn nun der menschliche Körper zwischen diesen Punkten eine Brücke bildet, wird er vom Strom durchlaufen.

Die den Körper durchlaufende Strommenge ist abhängig von

— der Gesamtstromstärke an der Oberfläche,
— der Isolierung des Körpers gegen die Oberfläche (Haut, Kleidung, sonstiges Material),
— dem Abstand der Berührungspunkte (je größer der Abstand desto stärker die Wirkung).

Durch Nässe kann der Widerstand der Haut auf ein zwanzigstel vermindert werden (Widerstand der trockenen Hautoberfläche von Hand zu Hand 100.000 Ohm, bei Nässe 5.000 Ohm oder weniger).

Maßnahmen zum Schutz vor Blitzschlag:

- Meiden Sie ausgesetzte Stellen wie Grate, Berggipfel oder freies, ebenes Gelände (Blitzableiter).
- Meiden Sie feuchten Boden, Bäche, Wasserfälle und verlassen Sie unverzüglich Wasserflächen (Blitzableiter, Kurzschlußbrücke).
- Meiden Sie steinschlaggefährdete Rinnen und Risse (Steinschlag, Kurzschlußbrücke).
- Benützen Sie, falls vorhanden, ein Auto (Fenster schließen, keine Metallteile berühren) als Faraday'schen Käfig; es bietet den besten Schutz.
- Meiden Sie Überhänge, Vorsprünge, einzelne große Felsblöcke, kleine Grotten und Höhlen (Kurzschlußbrücken).
- Meiden Sie hohe einzelstehende Bäume, Masten, Türme (Blitzableiter).
- Benützen Sie Vertiefungen nur, wenn Sie mindestens 1,50 m tief sind.
- Benützen Sie eine Höhle nur, wenn Eingang, Decke und Wände mindestens 1,50 m entfernt sind.
- Benützen Sie die Schutzzone einer Erhebung. Die Höhe der Erhebung sollte mindestens 8 Körperlängen, der Abstand von der Erhebung mindestens eine Körperlänge betragen.
- Nehmen Sie Hockstellung ein (bei geschlossenen Füßen und Knien, damit Sie nur einen Berührungspunkt mit der Umgebung haben), nach Möglichkeit auf einer isolierenden Unterlage (Bekleidung, Regenschutz, trockener Stein; ca. 10—30 cm hoch).
- Falls eine Rettungsfolie (Alu) vorhanden ist, ziehen Sie diese über den Körper (wichtig: Kontakt mit dem Boden). Sie wirkt als behelfsmäßiger (schwacher) Faraday'scher Käfig.

Der menschliche Körper hat einen geringeren elektrischen Widerstand und ist größer als Ausrüstungs- oder Gebrauchsgegenstände aus Metall; er hat daher die größere Blitzableiterwirkung. Somit besteht keine Notwendigkeit, sich von Metallgegenständen (meist wichtige Gebrauchsgegenstände) zu trennen.

*Blitz an einem Überhang*

*Blitz über eine Vertiefung*

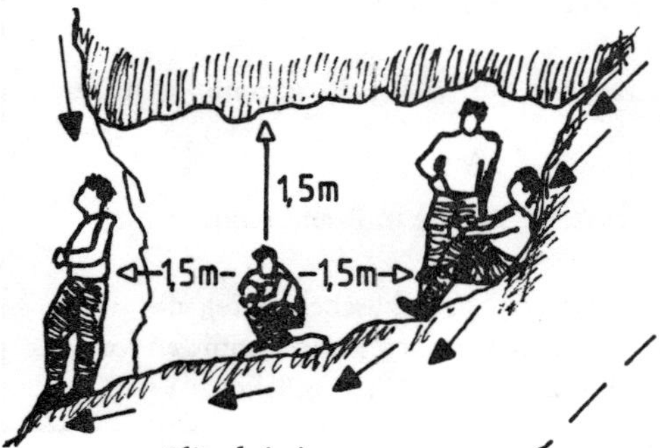


*Blitz bei einer Höhle*

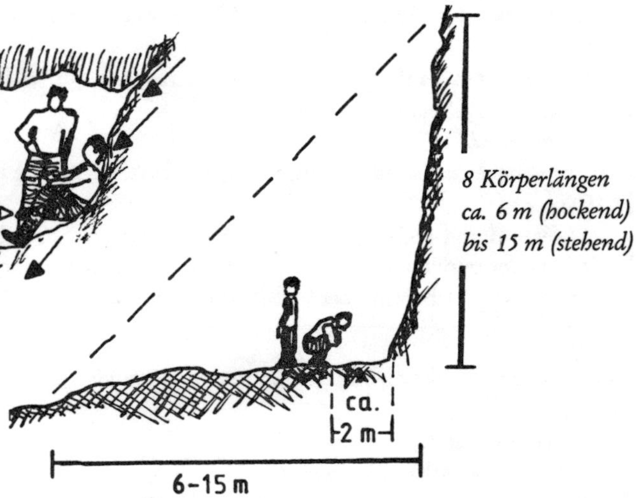


*Blitz über eine Erhebung*

In exponierter Lage sichern Sie sich am besten durch Festbinden. Die Stromwirkung könnte zu kurzfristiger Bewußtlosigkeit und somit zum Absturz führen.

## *Waldbrände*

Die Brand- und Ausbreitungsgefahr ist abhängig von
— der Art des Bestandes und
— der Jahreszeit und Witterung.

Art des Bestandes
— Höchste Brandgefährdung und Ausbreitungsgeschwindigkeit des Feuers besteht in Beständen mit harzreichem Bewuchs, z. B. in Kiefernwäldern,
— hohe Brandgefährdung besteht bei sonstigen Nadelwäldern,
— mittlere bei Mischwäldern,
— geringe bei reinen Laubwäldern.

Jahreszeit und Witterung
— Höchste Brandgefährdung und Ausbreitungsgeschwindigkeit des Feuers besteht in der Zeit vor dem Laubausbruch (März bis Juni) und nach Trockenperioden.

Grundsätzlich unterscheidet man 6 Arten von Waldbränden:

*Erdbrand*
Dabei brennt der Boden unterhalb der Erdoberfläche, (z. B. brennbares Torfmoor). Er schreitet auf Grund des Sauerstoffmangels nur langsam fort und ist an der Rauchentwicklung und am brandigen Geruch zu erkennen.
*Laufbrand*
Dies ist ein intensiver Brand der Bodenbedeckung und des niedrigen Pflanzenbewuchses (z. B. Gras, Laub, niederes Gestrüpp).
*Wipfelbrand*
Er kommt meist nur in Verbindung mit dem Laufbrand vor und kann diesem bis zu 30 m voraneilen. Er bleibt meist auf Nadelwälder beschränkt.
*Vollbrand*
Dabei treten Lauf- und Wipfelbrand gemeinsam auf, wobei das gesamte brennbare Material der Umgebung verbrennt.
*Stammbrand*
Er entsteht meist durch Blitzschlag, der einzelne Bäume in Brand setzt.
*Flugbrand*
Dieser Brand entsteht durch brennendes Material (Grasbüschel, Äste), das durch Wind oder durch die beim Brand selbst entstehenden starken Luftströmungen fortgetragen wird. Dabei sind bei Großbränden Flugweiten bis 400 m möglich.

Faktoren zur Beschleunigung des Brandverlaufes sind:
— Wind,
— steigendes Gelände,
— lockerer Nadelholzunterwuchs.
Faktoren zur Verzögerung des Brandverlaufes:
— geschlossene Nadelholzdickungen,
— geschlossenes Stangenholz ohne Bodenbewuchs,
— abfallendes Gelände.
Hindernisse für die Brandausbreitung:
— größere Wasserflächen,
— sonstige bewuchsfreie Flächen, wie z. B. Wege, Schotter- und Kiesflächen,
— Altholz mit Laubunterwuchs.

Im allgemeinen bewegt sich eine Feuerfront mit 200—500 m pro Stunde; bei starkem Wind oder Großbränden sind aber auch Geschwindkigkeiten bis 1,5 km/h möglich.
Brände können entstehen durch
— Selbstenzündung,
— Funkenflug oder Blitzschlag,
— Unachtsamkeit,
— Brandlegung.

## Entscheidungskriterien für das Verhalten bei Bränden

Sind Sie mit einem Brand konfrontiert, haben Sie zwei Möglichkeiten: Sie bekämpfen den Brand oder Sie fliehen.

Folgende Kriterien sind für Ihre Entscheidung wichtig:
— die Größe des Brandes,
— die Ausbreitungsgeschwindigkeit des Brandes,

— die Geländeverhältnisse,
— die Wichtigkeit des Standortes,
— die Anzahl und der Zustand der Betroffenen.

Größe des Brandes

Ab einer bestimmten Größe wird mit den in Extremsituationen zur Verfügung stehenden beschränkten Mitteln eine Brandbekämpfung nicht mehr möglich sein. Daher bleibt die Flucht als einzige Alternative. Im Gegensatz dazu ist ein gerade entstehender Brand schnell und einfach zu löschen.

Ausbreitungsgeschwindigkeit des Brandes

Je größer der Brand ist, umso mehr Zeit brauchen Sie, sowohl zur Brandbekämpfung als auch zur Flucht. Aus der geschätzten Entfernung, der Brandgeschwindigkeit und der Hauptrichtung des Brandes kann der Zeitpunkt überschlagsmäßig ermittelt werden, in dem der Brand Sie erreicht. Dabei muß jedoch beachtet werden, daß sich die Windrichtung in kürzester Zeit um bis zu 90° ändern kann.

Geländeverhältnisse

Ein in unmittelbarer Nähe und passender Richtung verlaufendes Hindernis für die Brandausbreitung, das in der zur Verfügung stehenden Zeit noch verstärkt werden kann, wird für die Entscheidungsfindung vielleicht genauso wichtig sein wie ein sich ideal anbietender Fluchtweg.

Wichtigkeit des Standortes

Wenn Sie an einem Lagerplatz sind, der Ihnen als einziger weit und breit gute Überlebensmöglichkeiten über längere Zeit bietet oder Sie gezwungen sind, aus anderen Gründen länger an diesem Lagerplatz zu bleiben, werden Sie sich eher für die Brandbekämpfung entscheiden. Auf dem Marsch hingegen sind Sie ohnehin in Bewegung und werden daher eher die Flucht wählen.

Anzahl und Zustand der Betroffenen

Sind Sie allein, sind die Möglichkeiten der Brandbekämpfung nur bedingt gegeben; die Beweglichkeit dagegen ist hoch und bei Ihrer Entscheidung brauchen Sie nur Ihren eigenen körperlichen und psychischen Zustand zu berücksichtigen. In einer Gruppe liegen die Verhältnisse umgekehrt.

Alle diese Kriterien stehen zueinander in einer Wechselbeziehung, die Prioritäten verschieben sich je nach gegebener Situation.

Wie auch immer Sie entscheiden, entscheiden Sie erst nach klarer, sachlicher Beurteilung der Lage und setzen Sie dann Ihren Entschluß konsequent um.

## Brandbekämpfung

Die Brandbekämpfungsmaßnahmen sollen nach Möglichkeit dort beginnen, wo vom Feuersaum die größte Bedrohung ausgeht. Von dieser Regel sollte man nur abweichen, wenn sichergestellt ist, daß die Feuerfront durch Hindernisse zum Stehen gebracht werden kann.

Je nach der Anzahl der Personen und den zur Verfügung stehenden Mitteln kann die Brandbekämpfung
— aktiv (durch Entziehen von Wärme und Sauerstoff) oder
— passiv (durch Beseitigung des brennbaren Materials)
erfolgen.

A k t i v e   B r a n d b e k ä m p f u n g

Dabei wird versucht, eine Bresche in den durchgehenden Feuersaum zu schlagen und diese nach den Seiten hin zu erweitern. Seitlich der Bresche erlöschen die Flammen leichter. Auch die Hitze läßt rasch nach.

*Brandbekämpfung mit Behelfsmitteln*

(Äste, Bekleidungsstücke, Decken, Spaten)

- Am besten schlagen mehrere Personen im gleichen Rhythmus kräftig auf die Flammen.
- Wenn das Unterholz behindert, werfen mehrere Personen, truppweise zusammengefaßt, Sand oder Erde in die Flammen (Wurfweite maximal 5 m).

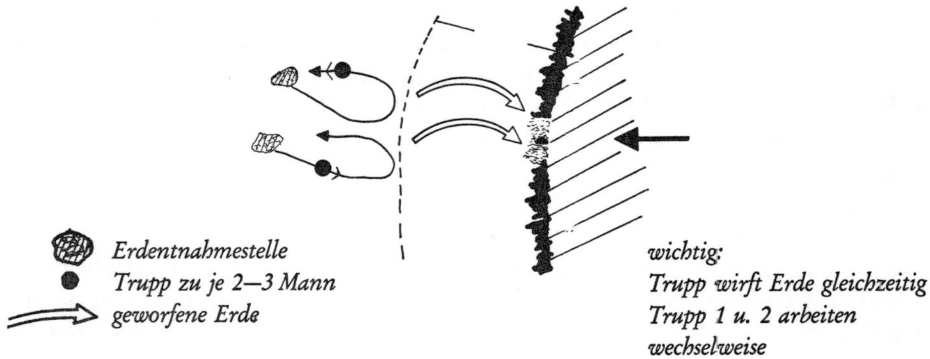


*Brandbekämpfung mit Wasser*

(Gefäße, auch Behelfe jeder Art, wie Plastiksäckchen oder Kappen; sie ist nur möglich, wenn Wasser in greifbarer Nähe ist)

- Gehen Sie so nahe wie möglich an den Feuersaum heran. Dadurch wird die Wirkung wesentlich gesteigert.
- Richten Sie den Wasserschwall gegen den Feuerfuß.
- Wenn eine Bresche erzielt wurde, gießen Sie das Wasser seitlich gegen den Feursaum.

Die Brandbekämpfung ist in Dickungen leichter. Der Wind kann nicht antreiben, wodurch der Brandfortschritt sehr gering ist.

Wenn Sie vom Feuer eingeschlossen werden, bewahren Sie Ruhe. Man muß wissen, daß nur der relativ schmale Feuersaum in Flammen steht. Beim Durchlaufen des Feuersaumes schützen Sie die Atemorgane mit einem nassen Tuch.

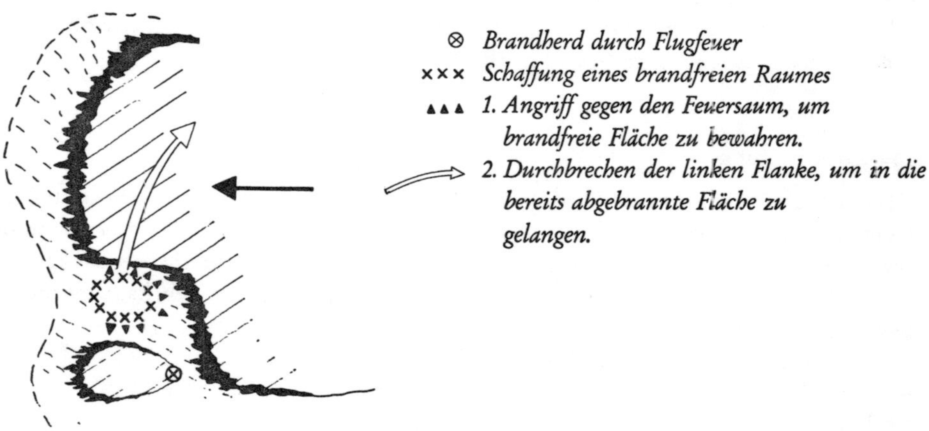

## Passive Brandbekämpfung

*Brandbekämpfung in Auffanglinien*

- Nützen Sie natürliche, unbrennbare Streifen (Straßen, Wege, Bäche, felsiges Gelände) aus.
- Verbreitern Sie sie wenn möglich durch Feuerschutzstreifen.
- Verhindern Sie das Überspringen des Feuers (aktiv; achten Sie auf Flugbrände).
- Schwächen Sie nach Möglichkeit den entgegenkommenden Feuersaum durch kurze, aktive Vorstöße.

Wipfelfeuer springen nicht von Wipfel zu Wipfel. Sie brauchen zur Entfachung und zum Weiterbrand das Lauffeuer. Hinter der Auffanglinie sind Wipfelfeuer nicht möglich, wenn alle Lauffeuerinseln sofort gelöscht werden.

Bei der Anlage von Feurschutzstreifen oder bei der Verbreiterung von natürlichen Hindernissen breiten Sie das Aushubmaterial auf der dem Feuer abgekehrten Seite 2—3 cm hoch aus. Wenn keine andere Möglichkeit besteht, müssen Feurschutzstreifen mit der Hand angelegt werden. Bei schwachem Wind kann bereits eine Breite von 30 cm ausreichen.

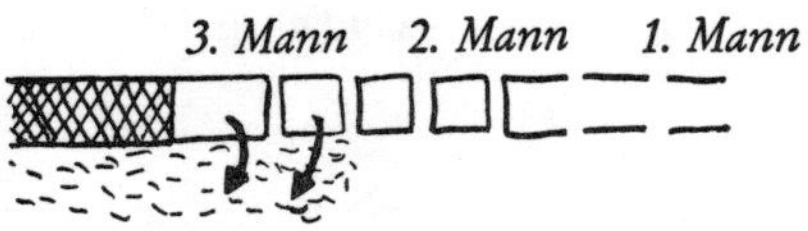


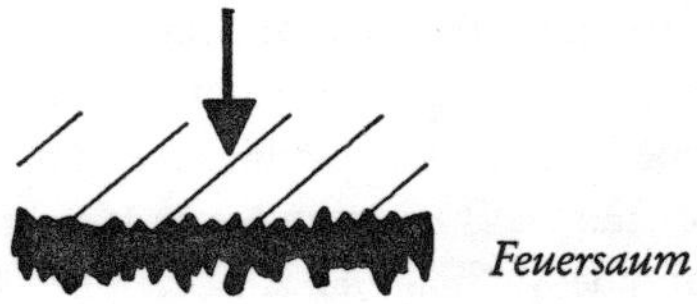

*Trupps zu 3 Mann:*
*1. sticht seitlich ab*
*2. macht Querstiche*
*3. hebt aus und deckt auf der feuerabgekehrten Seite 2—3 cm dick ab*

In steilem Gelände muß der Feurschutzstreifen so tief ausgehoben werden, daß herabrollende, brennende Materialien aufgefangen werden.

Die Wirkung eines Feurschutzstreifens kann durch Benässen des anschließenden Geländestreifens auf der brandabgewandten Seite verstärkt werden.

*Brandbekämpfung durch Vorfeuer*

- Zünden Sie einige Meter vor dem Feuerschutzstreifen den Bodenbewuchs an (mit dem Wind).
- Wenn das Vorfeuer auf den Feuerschutzstreifen aufläuft, wird dieser durch den Abbrand verbreitert und wesentlich verstärkt.
- Zeitlich gestaffelt können weitere Vorfeuer gelegt werden.

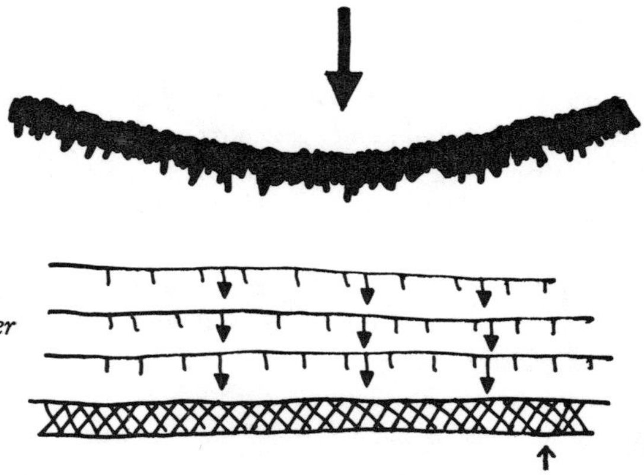


**Flucht**

Übereilen Sie nichts! Selbst bei einer sehr hohen Abbrandgeschwindigkeit von 3 km/h wird Ihr Marschtempo zur Flucht ausreichen. Nur schwieriges, wegloses Gelände, verminderte körperliche Leistungsfähigkeit oder eine noch höhere Abbrandgeschwindigkeit (extremer Ausnahmefall) könnten Sie in Gefahr bringen.
Folgende Maßnahmen sind zu empfehlen:

- Versuchen Sie nie, bergauf der Feuerfront auszuweichen. Flüchten Sie in Richtung der Flanken.
- Ist ein Gewässer in der Nähe (Fluß, See, Teich), tauchen Sie ein und lassen nur das Gesicht aus dem Wasser schauen. Halten Sie auch dieses immer benetzt; bei starker Rauchentwicklung atmen Sie durch ein feuchtes Tuch. Auch bei größeren Bränden wird das Wasser nie gefährlich heiß.
- Wenn sich die Möglichkeit bietet, durchlaufen Sie den Feuersaum, um in den bereits abgebrannten Bereich zu kommen, wenn möglich mit benetzter Kleidung. Schützen Sie die Atemwege durch ein feuchtes Tuch. Flammen bis zu einer maximalen Höhe von 60—70 cm können rasch durchlaufen werden.
- Haben Sie sonst keine Möglichkeiten, graben Sie hinter einem Hitzeschutz (Felsblock, Baumstamm, Geländekante) eine Mulde (notfalls mit Händen und Füßen), legen Sie sich flach, Gesicht nach unten, hinein und decken Sie sich mit Kleidern oder einer möglichst dicken Erdschichte zu.
- Wenn Kleider Feuer fangen, ersticken Sie die Flammen durch Abdecken mit einer Decke, einem Zeltblatt oder Regenschutz oder durch Wälzen auf dem Boden.

## *Tiere*

Tiere werden als Gefahrenquellen in der Natur meist stark überschätzt. Es wird daher hier nur auf jene Tiergruppen Bezug genommen, die in Überlebenssituationen, direkt oder indirekt, wirklich zu einer tödlichen Gefahr werden können:
— Insekten
— Schlangen
— Fische
— Säugetiere

**Insekten**

Sie sind von den angeführten Gruppen die gefährlichste. Zum Großteil uns allen aus dem täglichen Leben bekannt und vertraut, ist ihre Gefährlichkeit durch die Errungenschaften des modernen Gesundheitswesens und die medizinischen Fortschritte im Normalfall auf eine einfach Belästigung reduziert.

Das kann sich aber in Überlebenssituationen schlagartig ändern:
- durch Krankheitsübertragung oder Giftwirkung,
- durch Sekundärinfektion,
- durch Verminderung der körperlichen und seelischen Widerstandskraft.

### Krankheitsübertragung und Giftwirkung

Im ersteren Fall werden durch an sich harmlose Stiche oder Bisse Krankheitserreger auf den Menschen übertragen, die nach Weiterentwicklung im menschlichen Körper zu lebensbedrohlichen Krankheiten führen können. Im letzteren Falle geht die Bedrohung von dem durch Biß oder Stich in den Körper injizierten Gift aus.

### Sekundärinfektion

Die durch Biß oder Stich bereits vorhandene Verletzung wird meist durch Aufkratzen (Juckreiz) oder Entfernen des Stachels mechanisch noch vergrößert. Dazu kommen noch die in einer Extremsituation besonders schwierigen Lebensumstände, welche die Gefahr einer Infektion von Entzündung über Eiterung bis zu Blutvergiftung und damit Lebensbedrohung wesentlich erhöhen.

### Verminderung der körperlichen und seelischen Widerstandskraft

Die laufend zu treffenden Schutzmaßnahmen gegen Insekten bringen eine nicht unbedeutende körperliche Mehrbelastung, die durch weniger bzw. schlechten Schlaf in ihrer Auswirkung noch verstärkt wird.

Damit verstärkt sich die ohnehin schon sehr hohe psychische Belastung, was über verschiedene Fehlreaktionen bis hin zur Selbstaufgabe führen kann.

Besonders muß noch auf die zwischen diesen Faktoren auftretende Wechselwirkung hingewiesen werden: Verminderte Widerstandskraft (körpereigene Abwehr) schafft für Krankheitserreger bessere Voraussetzungen zur weiteren Ausbreitung. Weitere Ausbreitung der Krankheitserreger führt zu einer noch höheren Belastung. Dieser Zustand wirkt sich wieder auf die seelische Verfassung negativ aus, was die Widerstandskraft weiter schwächt und somit den Kreis schließt.

| Insekt | Vorkommen | Verletzung | mögliche Folgen |
|---|---|---|---|
| Biene Wespe Hornisse | auf der ganzen Welt | Stich | bei Stich in die Atemwege Tod durch Ersticken, bei sehr zahlreichen Stichen Tod durch Giftwirkung |
| Spinnen (schwarze Witwe, Einsiedlerspinne) | Tropen und gemäßigte Zonen | Biß | bei stark geschwächter Widerstandskraft Tod durch Giftwirkung |
| Skorpione | Tropen und gemäßigte Zonen | Stich | bei stark geschwächter Widerstandskraft Tod durch Giftwirkung |

| Insekt | Vorkommen | Verletzung | mögliche Folgen |
|---|---|---|---|
| Mücke (Moskito) | auf der ganzen Welt in allen Erdteilen | Stich | Infektion durch Aufkratzen, Übertragen von Malaria, Gelbfieber, Denguerrefieber, Gehirnhautentzündung |
| Fliege | auf der ganzen Welt | Biß, Berührung | Übertragen der Schlafkrankheit und mechanische Übertragung verschiedenster Krankheitskeime |
| Floh | auf der ganzen Welt | Biß | Infektion durch Aufkratzen, Übertragen von Pest, Gelbfieber, Bandwurm |
| Laus | auf der ganzen Welt | Biß' | auf dem Umweg über den Läusekot Übertragen von Fleck- und Rückfallfieber durch Kratzinfektion |
| Zecke | auf der ganzen Welt | Biß | Infektion durch falsches Entfernen, Übertragen von Gehirnhautentzündung, Fleck- und Rückfallfieber |

### Maßnahmen gegen Insekten

*Mücken (Moskitos), Fliegen*

- Wählen Sie für Marschwege und Lagerplätze möglichst windiges, trockenes, hochgelegenes Gelände; meiden Sie Sümpfe, Flußniederungen, feuchte Geländeteile.
- Lassen Sie während des Marsches, besonders aber während der Ruhe, möglichst wenig Haut unbedeckt. Der beste Schutz ist ein Moskitonetz. Falls nicht vorhanden, machen Sie die Kleidung dicht, und reiben Sie nackte Haustellen mit feuchter Erde oder Lehm dick ein.
- Waschen Sie sich möglichst oft, um intensiven Schweißgeruch zu vermeiden.
- Rauch hält Moskitos und Fliegen fern. Je intensiver der Rauch, desto besser. Stellen Sie sich in den Rauch, oder umgeben Sie sich mit mehreren kleinen Rauchfeuern.
- Halten Sie die Kleidung möglichst sauber, und lüften Sie sie häufig aus.
- Falls vorhanden, benetzen Sie Haut und Bekleidung mit Benzin u. ä.

*Flöhe*

- Waschen Sie Körper und Bekleidung möglichst oft und intensiv, oder tauchen Sie sie unter Wasser (Flöhe ertrinken, da sie nicht schwimmen können).
- Halten Sie Körper (Haare) und Bekleidung auch während des Marsches möglichst feucht.
- Reinigen Sie Lager und Umgebung gründlich mit Wasser.
- Zur Vorbeugung: Lassen Sie erlegte Wildtiere vor der Verarbeitung erkalten, da Flöhe den erkaltenden Körper verlassen.

*Läuse*

- Kochen Sie Ihre Bekleidung aus.
- Falls dies nicht möglich ist, suchen Sie die Bekleidung nach Läusen ab, reinigen Sie die Kleider mechanisch (ausklopfen, -beuteln, mit Ästen ausbürsten) und legen Sie sie wiederholt mindestens 2 Stunden (besser länger) in die pralle Sonne.

- Waschen Sie Ihren Körper möglichst mit Seife und setzen Sie ihn ebenfalls der Sonne aus.
- Suchen Sie die Körperbehaarung laufend nach Läusen ab und rasieren Sie sie notfalls ab.
- Kratzen Sie Läusebisse nicht auf (gefährliche Sekundärinfektion).

*Zecken*

- Reinigen Sie bei Zeckengefahr die Bekleidung möglichst oft mechanisch.
- Suchen Sie Ihren Körper auf noch nicht eingedrungene Zecken ab.
- Decken Sie eingedrungene Zecken luftdicht ab (Fett, Öl, direkter Rauch, Harz) oder bringen Sie sie durch Hitzeeinwirkung (kleine Flammen, heiße Asche, heißes Wasser) zum Abfallen.
- Falls dies nicht möglich ist, versuchen Sie, die Zecke durch Drehen (ohne zu ziehen) zu entfernen. Vorsicht: Der eingedrungene Kopf reißt leicht ab und führt dann zu Entzündungen.

*Bienen, Wespen, Hornissen*

- Sind es nur wenige, bleiben Sie ruhig. Reizen Sie sie nicht durch wildes Herumschlagen zum Angriff (Einzelstiche sind nur in seltenen Ausnahmefällen lebensgefährlich).
- Bei Angriff eines ganzen Schwarmes fliehen Sie nach Möglichkeit in ein tiefes Gewässer, tauchen Sie unter und schwimmen Sie davon.
- Ist das nicht möglich, versuchen Sie eine rasche Flucht durch dichtes Gebüsch oder dichten Jungwald (starke Flugbehinderung).
- Ist auch das nicht möglich, kauern Sie sich klein zusammen und decken Sie nicht oder nur leichtbekleidete Körperteile dicht ab (Regenschutz, Zeltblatt, Decke).
- Sind Sie gestochen worden, entfernen Sie den Stachel (Infektionsgefahr). Kälte oder feuchte Erde lindert die Schmerzen (siehe Kapitel »Selbst- und Kameradenhilfe«).

*Spinnen und Skorpione*

- Suchen Sie das Lager vor Benützung gründlich ab, auch im Dach des Schutzbaues oder im Geäst über dem Lager können sie sich versteckt halten.
- Überprüfen Sie abgelegte Bekleidung, Schuhe und Ausrüstung vor Gebrauch.
- Bisse und Stiche sind wie Schlangenbisse zu behandeln.

## Schlangen

Die allgemeine Furcht vor Schlangen beruht zum größten Teil auf ungenügender oder falscher Information und steht in keinem Verhältnis zur tatsächlichen Lebensgefährdung.
Diese ist sehr gering, was durch folgende Tatsachen nachzuweisen ist:

– Es gibt auf der ganzen Welt ca. 3.000 Formen von Schlangen; davon sind nur 10—13% mit Giftzähnen und Giftdrüsen ausgestattet.
– Mehr als 50% aller Bisse von Giftschlangen verursachen keine oder nur minimale Vergiftungserscheinungen, nur in ca. 25% aller Fälle kommt es zu einer Allgemeinvergiftung.

Die Begründung dafür findet man in der Tatsache, daß das Gift der Schlangen in erster Linie eine Verdauungshilfe für diese ist, die Lähmung des Widerstandes der Beute nur ein Nebeneffekt. Dabei liegt es ganz an der Schlange, ob sie Gift injiziert oder nicht.
Man kennt folgende Arten von Bissen:

– reines Zustoßen ohne Zubeißen,
– Warnbiß (Zubeißen ohne Giftabsonderung, meist im Sinne des Wegstoßens zu verstehen),
– Abwehrbiß (meist eingeschränkter Gifteinsatz, da ja der Angreifer nicht als Nahrung gedacht ist),
– Beutebiß (hoher Gifteinsatz als Verdauungshilfe).

So werden auch die Fälle erklärbar, wo trotz nachgewiesener Mehrfachbisse durch hochgiftige Schlangen bei den Gebissenen nur leichte Verigftungserscheinungen auftraten.

Das Schlangengift selbst ist wasserlöslich, auf der unverletzten Haut ungefährlich (Ausnahme Augen — siehe Kobra) und besteht hauptsächlich aus eiweißspaltenden Enzymen.

Schlangen sehen sehr gut (sie erkennen eine herannahende Gefahr auf 10 m) und haben einen ausgezeichneten Geruchssinn.

Auch Erschütterungen des Bodens nehmen sie sehr deutlich war. Dagegen sind sie so gut wie taub, womit Lärm als Möglichkeit zum Verscheuchen von Schlangen ausscheidet.

Obwohl sich manche Schlangen sehr schnell bewegen können, kann auch die schnellste einen laufenden Menschen nicht einholen.

Die Entfernung, über die hinweg Schlangen zustoßen können, ist im allgemeinen abhängig von ihrer Größe und beträgt bei großen Schlangen 1/3 der Länge, bei kleinen bis zur vollen Körperlänge.

Die meisten Schlangen sind gute Schwimmer. Als Kaltblüter werden sie bei kühler Witterung träge und inaktiv und verfallen in entsprechenden Klimazonen während der kalten Jahreszeit in den Winterschlaf.

Außer der genauen Kenntnis der einzelnen Arten gibt es keine typischen Unterscheidungsmerkmale zwischen giftigen und ungiftigen Schlangen.

Schutz vor Schlangenbissen:

- Hohes Schuhwerk, lange Hosen, lange Ärmel und Handschuhe schützen die am meisten gefährdeten Körperteile (50% aller Schlangenbisse erfolgen im Beinbereich bis in Kniehöhe, 30% im Armbereich bis in Ellbogenhöhe).
- Greifen Sie nicht unter Steine, in Löcher, Spalten, Risse usw. Falls unbedingt notwendig, überprüfen Sie sie vorher durch Sondieren mit einem Ast.
- Überprüfen Sie Rastplätze und Lager vor dem Beziehen genau.
- Versuchen Sie, durch Erschütterungen (Aufstampfen) eventuell vorhandene Schlangen zu verscheuchen.
- Bei besonderer Gefahr durch Giftschlangen säubern Sie den Lagerplatz durch Abbrennen (Vorsicht — Waldbrand).
- Überprüfen Sie abgelegte Bekleidung, Schuhe, Ausrüstung und Gepäck vor der Wiederverwendung genau.

Wenn sich eine Schlange schon in Ihrer unmittelbaren Nähe befindet:

Außerhalb der Stoßentfernung:

- Weichen Sie aus, versuchen Sie zu fliehen. Ist das nicht möglich, töten oder verscheuchen Sie die Schlange mit den zur Verfügung stehenden Mitteln (Stock, Stein, Schußwaffe). Der Schlag mit einem Stock erfolgt bei aufgerichteten Schlangen parallel zum Boden, sonst von oben nach unten.

Innerhalb der Stoßentfernung:

- Verharren Sie regungslos, und warten Sie auf eine Chance zur Flucht oder Bekämpfung (immer Stoßentfernung beachten; nur wirklich gute Chancen nützen) oder darauf, daß sich die Schlange von selbst wieder entfernt.

Die neun gefährlichsten Giftschlangen

| Schlange | Größe und Aussehen | Vorkommen | Verhalten |
|---|---|---|---|
| Buschmeister | Länge: meist 2—2,5 m, max. 3,30 m<br>Farbe: hellbraun mit rosigem Stich, dunkle Zeichnung in Fleckenform, oben breit, seitlich schmal | Mittel- und Südamerika | eher aggressiv; bei Erregung vibriert der Schwanz |
| Klapperschlange (verschiedene Arten) | Länge: bis 2,5 m<br>Farbe: grau bis schwarz, je nach Art manchmal gefleckt und mit dunklen Streifen am Hals<br>Form: dicker Rumpf, breiter Kopf, Rassel am Schwanzende | Nord-, Mittel-und Südamerika | eher aggressiv, rasseln meist (nicht bei Überraschung) vor dem Zustoßen |
| Kobra (verschiedene Arten) | Länge: je nach Art meist 1,50—3,50 m, max. 5,50 m (Königskobra)<br>Farbe: schwarz, grau, braun oder gelblich, meist typische Brillenbezeichnung auf der »Haube« hinter dem Kopf<br>Form: relativ schlanker Rumpf | Südostasien, Afrika, Naher Osten | je nach Art scheu bis aggressiv, bilden bei Erregung meist (nicht immer) eine gespreizte Haube bei erhobenem Kopf; können ihr Gift auch bis zu 3,5 m verspritzen (Vorsicht: im Auge sofort auswaschen — Erblindungsgefahr, sonst ungefährlich) |
| Mamba (verschiedene Arten) | Länge: bis zu 3,50 m<br>Farbe: grün oder dunkel, keine Zeichnung<br>Form: sehr dünner Rumpf (1—2 cm Durchmesser | Afrika | eher scheu; aggressiv nur in der Brutzeit; sehr schnell |
| Paragudas (verschiedene Arten) | Länge: 1,20—1,50 m, max. 1,80 m<br>Farbe: meist glänzende Querstreifen in schwarz-gelb oder schwarz weiß<br>Form: schlanker Rumpf, kleiner Kopf (kaum breiter als der Hals) | Südostasien | eher scheu; rollt sich vor dem Zustoßen nicht zusammen |

| Schlange | Größe und Aussehen | Vorkommen | Verhalten |
|---|---|---|---|
| Peitschenschlange | Länge: 1,20—1,50 m<br>Farbe: gelb, braun, oder grau; Unterseite weiß<br>Form: schlanker Rumpf, kleiner Kopf | Australien, pazifischer Raum | eher scheu; aggressiv nur bei Überraschung |
| Tigerschlange | Länge: 1,20—1,50 m, max. 1,80 m<br>Farbe: dunkelgrün, grau, braun bis orange, dunkle oder helle Querstreifen<br>Form: kräftiger Rumpf, Kopf breiter als Hals | Australien, pazifischer Raum | sehr aggressiv; spreizt bei Erregung den Nacken, stößt sehr schnell zu |
| Todesotter | Länge: bis 70 cm<br>Farbe: grau, braun, rosa bis ziegelrot, je nach Untergrund (kann sich diesem anpassen); meist dunkle Querstreifen<br>Form: dicker Rumpf, Kopf wesentlich breiter als Hals, kurzer, dünner Schwanz | Australien, pazifischer Raum | eher scheu; nur aggressiv bei Überraschung oder Bedrohung; langsam; ausgezeichnete Tarnung, schwer zu sehen |
| Wassermokassin | Länge: meist 0,90—1,20 m, max. 1,80 m<br>Farbe: mattbraun bis oliv, meist undeutliche Zeichnung in Band- und Fleckenform; Unterseite gelblich mit dunklerer Zeichnung<br>Form: dicker Rumpf, Kopf breiter als Hals | Nordamerika | eher scheu; weites Aufreißen des Maules als Drohgeste |

**Fische**

Von dieser Gruppe geht bei Kenntnis der im Bedarfsfall zu treffenden Maßnahmen im allgemeinen die geringste Gefahr aus. Auch bei längerem Aufenthalt im Wasser überwiegt bei weitem die Gefährdung durch Unterkühlung oder Erschöpfung.

Fische können durch
- Bisse,
- Giftstiche oder
- elektrische Schläge

gefährlich werden.

Bisse

Die Größe der Fische (z. B. Hai), ihre Vielzahl (z. B. Piranha) oder ihre Haltewirkung (z. B. Muräne) bestimmen die Gefährlichkeit eines Bisses.

Giftstiche

Beim Stich wird ein Gift injiziert, das dem Schlangengift ähnlich ist. Die Giftstacheln sitzen an der Rückenflosse, den Seitenflossen, an der Schwanzwurzel oder der Schwanzspitze des Fisches.

Elektrische Schläge

Sie erreichen bis zu 250 V und werden bei Berührung des Fisches ausgeteilt. Sie können zu Bewußtlosigkeit und damit zum Ertrinken führen.

Allgemeine Maßnahmen zum Schutz vor Unfällen mit Fischen:
- Behalten Sie im Wasser immer Schuhe und Bekleidung an (neben der Schutzwirkung vermindert dunkle Kleidung auch die Gefahr eines Haiangriffes).
- Beobachten Sie beim Gehen im Wasser immer genau, wohin Sie treten oder greifen.
- Machen Sie beim Schwimmen möglichst ruhige und gleichmäßige Bewegungen.
- Beobachten Sie auch ohne Taucherbrille die Umgebung unter Wasser (Salzwasser brennt anfänglich in den Augen; außerdem sieht man nur unscharf, aber man kann Bewegungen bis zu einer Entfernung von 15 m erkennen).
- Halten Sie von steilen Felsufern mindestens 5 m Abstand.
- Greifen Sie nicht in Spalten, Löcher oder offene Muscheln.
- Meiden Sie Fischschwärme.

Der Hai ist der gefürchtetste Meeresbewohner. Daß die Forschung nur wenig über seine Verhaltensweisen kennt, trägt vermutlich wesentlich zu seiner Dämonisierung bei.

Dabei ist die Gefahr, von einem Blitz getroffen zu werden, um ein Vielfaches höher als ein Haiangriff. Laut Statistik kommen auf der ganzen Welt jedes Jahr nicht einmal ein Dutzend Menschen durch Haiangriffe um. Allerdings gehen in diese Statistik nur die als Folge von Haiattacken gemeldeten Todesfälle ein. Alle jene, deren Körper nicht wieder aufgetaucht ist, werden in der Statistik als »ertrunken« geführt, was zu einer gewissen Dunkelziffer führt.

Maßnahmen bei einem Haiangriff:
- Versuchen Sie nie zu fliehen, sondern schwimmen Sie langsam in Richtung Hai oder seitlich davon weg.
- Halten Sie den Hai immer unter Beobachtung.
- Bei unmittelbarem Angriff unter Wasser schreien Sie den Hai scharf an oder erzeugen Sie Lärm durch Schläge auf die Wasseroberfläche.
- Stoßen Sie den Hai mit einem Haistock (ca. 1 m langer Stock mit einer Spitze), im Notfall mit Händen oder Beinen weg.
- Richten Sie die Abwehr gegen Augen oder Kiemen (auch mit dem Messer; gegen die Augen im Notfall sogar mit der bloßen Hand)
- Klammern Sie sich am Hai fest (am besten an einer Flosse) und lassen Sie sich kurz mitziehen.

Die sieben gefährlichsten Fische

| Fisch/Größe | Vorkommen | Bedrohung | Verhalten | Besondere Merkmale |
|---|---|---|---|---|
| Hai (verschiedene Arten) bis zu 8 m | in allen Meeren, bis in Flußmündungen | Biß | bei Wassertemperaturen unter 18° C meist träge und inaktiv; sind sehr neugierig, werden aber im allgemeinen erst durch Blutgeruch oder Provokation (falsches Verhalten) aggressiv | ruhige Bewegungen und große Kreise = Neugier; hektische Bewegungen und enge Kreise = Angriffslust |
| Rochen (verschiedene Arten) bis zu 4 m | in allen wärmeren Meeren | elektrischer Schlag bis 250 V (Ertrinken durch Bewußtlosigkeit) oder Giftstachel meist am Schwanzende (Giftwirkung und Sekundärinfektion) | bevorzugt in tropischen Gewässern zu finden. In offenem Wasser harmlos; gefährlich nur bei Provokation (meist durch unbeabsichtigtes Draufsteigen) | schwer zu sehen, bedeckt sich meist mit Sand |
| Muränen (Aalart) bis zu 4 m | in allen warmen Meeren | Biß, Sekundärinfektion | leben in Felslöchern und Rissen; sehr angriffslustig, besonders in ihrem unmittelbaren Lebensraum; verkeilen sich nach dem Biß in ihrem Halsloch und halten die Beute fest (ertrinken) | der Biß an sich ist nicht giftig, bedeutet aber wegen verfaulender Nahrungsrückstände zwischen den Fischzähnen besonders hohe Infektionsgefahr (Blutvergiftung) |
| Barrakuda bis zu 1,50 m | in allen warmen Meeren | Biß | ist sehr neugierig, aber nicht grundsätzlich aggressiv; gefährlich hauptsächlich in größeren Schwärmen | zeigen meist kurz vor dem Angriff ein senkrecht verlaufendes Streifenmuster |

| Fisch/Größe | Vorkommen | Bedrohung | Verhalten | Besondere Merkmale |
|---|---|---|---|---|
| Piranha 20—45 cm | Flüsse des tropischen Südamerika | Biß | bei geringsten Spuren von Blut im Wasser äußerst aggressiv; sehr gefährlich durch Auftreten in größerer Zahl | sind sehr freßgierig |
| Steinfisch 25—40 cm | in allen warmen Meeren | Giftstacheln auf Rückenflossen | nicht aggressiv, weicht aber auch nicht aus | ist durch Form und Farbe seiner Umgebung hervorragend angepaßt und daher sehr schwer zu sehen |
| Rotfeuerfisch 20—70 cm | in allen warmen Meeren | Giftstachel auf Rückenflosse und Seitenflossen | nicht aggressiv, aber hohe Verletzungsgefahr durch Draufsteigen | |

**Säugetiere**

Eine wirkliche Gefährdung kann im allgemeinen nur von größeren Tieren befürchtet werden. Bei den meisten bekanntgewordenen Vorfällen mit größeren Tieren wurde deren Angriff durch mangelnde Vorsicht, Fahrlässigkeit oder Unwissenheit von den Betroffenen selbst ausgelöst.

Besondere Vorsicht ist geboten bei Begegnung mit:
- Einzelgängern,
- bedrohten oder verletzten Tieren,
- Tieren mit Jungen und
- kranken Tieren.

E i n z e l g ä n g e r

Tiere, die zur erfolgreichen Jagd auf andere Beutetiere zu alt sind und daher Menschen jagen oder Tiere, die von ihrer Gruppe ausgeschlossen, daher sozial gestört und aggressiv sind, können zu Einzelgängern werden.

B e d r o h t e o d e r v e r l e t z t e T i e r e

In diesem Fall ist deren Angriff eine Notwehrreaktion gegen eine vermeintliche (z. B. Abschneiden von der Wasserstelle) oder tatsächliche Bedrohung (z. B. Jagdverletzung).

T i e r e m i t J u n g e n

Der in dieser Zeit aktivierte Mutterinstinkt läßt dem Muttertier jede Störung als Bedrohung seiner Jungen erscheinen und löst eine Verteidigungsreaktion zu deren Schutz aus.

K r a n k e T i e r e

Die gefährlichste von Säugetieren auf Menschen übertragbare Krankheit ist die Tollwut. Sie kommt auf der ganzen Welt, außer in geographisch isolierten Gebieten wie Australien, Neuseeland, Japan und England vor und kann alle Säugetiere befallen. Übertragen wird die Tollwut durch den Speichel oder die Ausscheidungen befallener Tiere. Nach der Ansteckung braucht die Krankheit eine bestimmte Zeitspanne, bis sie zum Ausbruch kommt (Inkubationszeit zwischen 10 Tagen und 8 Monaten, meist jedoch 1—2 Monate).

In dieser Zeit können noch Gegenmaßnahmen (Arzt, Krankenhaus) erfolgreich ergriffen werden. Nach dem Ausbruch ist die Tollwut meist tödlich.

Es führt jedoch nur ein Teil der Bisse von tollwutinfizierten Tieren zur Erkrankung.

Kennzeichen der Tollwut beim Menschen:

Vorstadium (schon Tage oder Wochen vor Auftreten der typischen Symptome):
- Ängstlichkeit, Niedergeschlagenheit;
- Übelkeit, Kopfschmerzen;
- hartnäckige Schlaflosigkeit;
- die Bißstelle ist schmerzempfindlich, juckt, brennt oder ist taub.

typische Symptome:
- schmerzhafte Krämpfe der Schlundmuskulatur beim Trinken, fallweise schon beim Gedanken an Flüssigkeitsaufnahme;
- Speichelfluß;
- fallweise hochgradige Erregung mit Toben, Beißen, Spucken und Schreien;
- häufige Lethargie und starkes Schlafbedürfnis (»stille Wut«);
- zunehmende Lähmungen, die in wenigen Tagen zum Tode führen.

Kennzeichen der Tollwut bei Tieren:
- verwahrloster und hilfsbedürftiger Eindruck;
- Verlust der natürlichen Scheu, Zutraulichkeit oder
- unnatürliche Aggressivität.

Maßnahmen bei Tollwutgefahr:
- Meiden Sie unnatürlich zutrauliche Tiere; berühren Sie die Tiere nicht.
- Berühren Sie keine verendet vorgefundenen oder getöteten Tiere (eingetrockneter Speichel am Fell).
- Berühren Sie auch verdächtige Tierlosung nicht (Brennstoff).
- Bei erfolgtem Biß (z. B. auch durch Fledermäuse, Hamster) muß die Wunde sofort mit Wasser und Seife gründlich ausgewaschen werden.

Beim Zusammentreffen mit größeren Tieren (von Elefanten über Löwen, Tiger, Büffel, Bären bis zu Wildschwein und Wolf) gelten folgende, allgemeingültige Regeln:
- Bleiben Sie ruhig und machen Sie keine schnellen, aggressiven Bewegungen.
- Reden Sie langsam und beruhigend auf das Tier ein (monotoner Tonfall beruhigt).
- Bewegen Sie sich langsam seitlich aus dem Gefahrenbereich hinaus.
- Drehen Sie sich niemals um oder laufen Sie davon (löst instinktiv die Verfolgung aus).
- Schauen Sie dem Tier niemals starr in die Augen (besser auf Brust, Bauch oder daneben).
- Stellen Sie sich niemals zwischen ein Muttertier und seine Jungen (Mutterinstinkt).
- Schneiden Sie niemals einem Tier den Weg ab (zu Tränke, Beute, Herde, Lager).
- Wenn das nicht geht, lassen Sie dem Tier die Möglichkeit, einen anderen Weg zu nehmen (nicht »in die Ecke treiben«).

Vorbeugende Maßnahmen:
- Errichten Sie Ihr Lager nicht an Tränken, Futterplätzen oder Wildwechseln.
- Halten Sie das Lager sauber (Abfälle).
- Bewahren Sie die Nahrung sicher auf (siehe Kapitel »Nahrung aus der Natur«).
- Zünden Sie ein großes Feuer an (Tiere scheuen Feuer), und bleiben Sie in seiner Nähe (besonders in der Nacht).

### Hunde

Der Hund nimmt unter den Säugetieren eine Sonderstellung ein. In verschiedenen Rassen ist er auf der ganzen Welt verbreitet und meist in einer gewissen Gemeinschaft mit dem Menschen anzutreffen. Seine Aufgaben in dieser Gemeinschaft können sein:
- Haus- oder Spielgefährte (Familienhund),
- Jagdgefährte (Jagdhund),
- Arbeitshelfer (Schlittenhund, Blindenhund, Suchhund),
- Wächter und Beschützer (Wach- und Schutzhund).

Trotz dieser engen Verbindung zum Menschen können Hunde ab einer gewissen Größe auch zu einer lebensbedrohlichen Gefahr werden. Das trifft, abgesehen von den bereits erwähnten allgemeinen Gefährdungspunkten, im besonderen auf verwilderte Hunde oder auf mannscharfe Hunde zu.

Das Wissen um das Leistungsvermögen und um bestimmte Verhaltensweisen des Hundes erleichtert es wesentlich, durch entsprechende Maßnahmen dieser Gefahr zu begegnen.

#### Augen

Es ist falsch zu glauben, ein Hund sei weniger augenbetont als ein Mensch. Er sieht nur anders.

So erkennt er z. B. bei entsprechend konstrastreichem Hintergrund ihm bekannte Personen und Tiere an ihren charakteristischen Bewegungen schon auf 300 m. Andererseits kann er bei Gegenwind (wenn er nicht riechen kann) dieselben Personen und Tiere bereits auf ein paar Meter nicht mehr wahrnehmen, wenn sie bewegungslos stehen und keine Geräusche von sich geben.

Farben sieht der Hund schwächer und anders als der Mensch.

G e h ö r

Verglichen mit dem Hund ist der Mensch fast taub. Er hört Töne in einem viel größeren Frequenzbereich und kann, dank seiner beweglichen Ohrmuscheln, eine Geräuschquelle bis auf 2 Grad Genauigkeit ermitteln (zum Vergleich: Mensch — 16 Grad).

G e r u c h s s i n n

Was die Nase betrifft, so ist sein Riechfeld 34mal so groß wie das des Menschen und seine Riechschleimhaut 16mal so dick. Diese Überlegenheit drückt sich auch beim Gehirn aus. Obwohl der Hund ein im Verhältnis zum Körpergewicht fast 5mal kleineres Gehirn hat als der Mensch, beträgt die Masse seines Riechhirns 1/7 der gesamten Gehirnmasse (zum Vergleich: Beim Menschen ist das Riechhirn ein kleines, nur einige Gramm schweres Läppchen).

Die Nase übernimmt auch die Hauptarbeit beim Erkennen und Verfolgen der Beute. Dabei wird zwischen zwei verschiedenen Arbeitsweisen unterschieden:
Stöbern: Dabei sucht der Hund ein Gelände ohne Bodenfährte mit erhobener Nase und unter Zuhilfenahme von Augen und Ohren nach Tieren oder Personen ab.
Fährtensuche: Dabei verfolgt der Hund eine Fährte aufgrund der ihr anhaftenden, bestimmten Geruchsbeschaffenheit.
Geruchsfährten setzen sich aus mehreren Komponenten zusammen:
- dem Individualgeruch des Fährtenlegers (Tier oder Mensch),
- dem Geruch der Schuhe und sonstigen Beigerüchen (Mensch),
- dem Geruch der Spurschäden (zertretene oder geknickte Pflanzen, frische Erde in den eingedrückten Stellen, zertretene Larven, Ameisen o. ä.).

Dabei ändert sich der Geruch der Fährte, wenn diese über verschiedene Böden läuft (z. B. aus dem Wald über Wiesen auf Ackerboden).

Es fällt einem Hund leichter, Fährten verschiedenen Alters zu unterscheiden, als gleichaltrige, wobei er Zeitunterschiede bis zu 10 Minuten feststellen kann.
Die Haltbarkeit einer Fährte ist abhängig von:
- Bodenart,
- Klima,
- Jahreszeit,
- jeweiligem Wetter.

Folgende Werte können daher als Faustregel angenommen werden:

| Witterung | Boden | Haltbarkeit |
|---|---|---|
| trocken | Steinboden, Asphalt | Fährte hält nicht |
| feucht | | bis zu 10 Minuten |
| trocken | Sandboden ohne Pflanzenbewuchs | bis zu 10 Minuten |
| feucht | | bis zu 30 Minuten |
| feuchte Luft, mäßiger Wind, geringe Sonnenbestrahlung | Grasboden mit Pflanzenbewuchs | bis zu 24 Stunden |

| Witterung | Boden | Haltbarkeit |
|---|---|---|
| trockene Luft, starker Bodenwind, starke Sonnenbestrahlung | Grasboden mit Pflanzenbewuchs | bis zu 6 Stunden |
| Platzregen | jeder Boden | wäscht jede Fährte ab |
| feucht oder trocken | Sandstrand | Fährte hält nicht |

Ein Baumbestand konserviert durch Abhalten von Wind und Sonne jede Fährte.
Leichter Nieselregen frischt eine Fährte auf.
In der Nacht gelegte Fährten halten bei Tau besonders gut.

### Maßnahmen bei Verfolgung durch einen Hund

*Ausnützen der Bodenform*

- Bei Deckung in tiefer Bodenfalte, tiefem Graben oder scharfer Bodenkante kann sich der Eigengeruch nur nach oben ausbreiten und ist für den Hund durch Stöbern nicht feststellbar (Windrichtung beachten).
- Überwinden von Geländehindernissen, extremen Steilgeländen (schwieriges Auf- oder Abklettern), engen Klammen, Schluchten oder besonders reißenden Gewässern kann eine Weiterverfolgung unmöglich machen oder zumindest einen größeren Zeitgewinn bringen.

*Wegwahl*

- Führt der Fluchtweg über eine längere Strecke z. B. durch Wasser, gibt es weder Eigengeruch noch Spurschäden (Vorsicht bei Verlassen des Gewässers).
- Führt der Fluchtweg durch Tierlosung oder über vielbegangene Wildwechsel, wird der Hund durch andere Duftstoffe abgelenkt (auch in Kombination mit Wechsel des Bodens: Waldboden — Schotter z. B.).
- Führt der Fluchtweg über harte, glatte Flächen (Eis, glatte Felsplatten, Asphalt oder Betonflächen, Eisenbahnschienen), hält die Fährte nicht lange. Bei mehrmaligem Überkreuzen der eigenen Fährte (in weniger als 10 Minuten) hat der Hund plötzlich mehrere, gleiche Spuren vor sich, die in verschiedene Richtungen laufen.

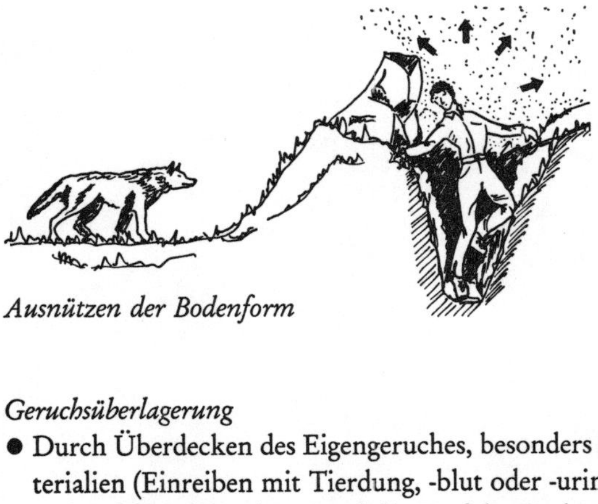

*Ausnützen der Bodenform*

*Überkreuzen der eigenen Fährte*

*Geruchsüberlagerung*

- Durch Überdecken des Eigengeruches, besonders an den Beinen, mit stark riechenden Materialien (Einreiben mit Tierdung, -blut oder -urin, gekautem Tabak, Benzin, Dieselöl, Petroleum) wird für den Hund die Verfolgung der Spur wesentlich erschwert.

- Durch Streuen scharfer Geruchsstoffe (Pfeffer, Chili, Senfpulver) in die Fährte (nur bei Trockenheit möglich), können die hochempfindlichen Geruchsnerven des Hundes zeitlich begrenzt (bis zu 3 Tagen) ausgeschaltet werden.

Ein Kombinieren dieser Maßnahmen erhöht deren Wirksamkeit wesentlich und ist in der Praxis fast immer möglich. Werden Sie trotzdem gestellt und es kommt zu einem Angriff, so ist deutlich zwischen einem verwilderten und einem mannscharfen Hund zu unterscheiden.

Letzterer greift auf Befehl (der schon zu Beginn der Verfolgung erteilt worden sein kann) unverzüglich und ohne Rücksicht auf die gerade gegebene Situation an, wie er es gelernt hat. Sein Angriff ist durch absolut nichts zu verhindern.

Anders beim verwilderten Hund. Dieser betrachtet Sie als Jagdbeute; sein Angriffsmotiv ist meist Hunger. Er wird daher einen ihm besonders günstig erscheinenden Moment für seinen Angriff wählen. Auch wird er, je nach Intensität des Hungers, eher bereit sein, einen Angriff abzubrechen oder überhaupt aufzugeben, um sich eine leichtere Beute zu suchen. Auf jeden Fall bleibt Ihnen in diesem Fall wesentlich mehr Zeit, sich auf den Angriff vorzubereiten oder diesen mit vorbeugenden und allgemeinen Maßnahmen vielleicht sogar zu verhindern.
Erfolgt der Angriff, gelten folgende Maßnahmen für die Abwehr:

- Geben Sie dem Hund etwas zum Festbeißen (gut geschützten Unterarm oder Faust).
- Sie dürfen dabei auf keinen Fall umfallen.
- Bei Hunden mit langer Schnauze (z. B. Schäferhund) schlagen Sie mit einem Stein, Knüppel oder auch mit der Faust von oben auf die Mitte der Schnauze (zwischen Augen und Nase). Da der Oberkiefer des Hundes durch das Festbeißen fixiert ist, kann dieser durch den Schlag leicht gebrochen und der Hund somit kampfunfähig gemacht werden.
- Bei Hunden mit kurzer Schnauze (z. B. Boxer) treten Sie mit der Schuhspitze so kräftig und oft als möglich in den Bauch und die Weichteile des Hundes. Durch Fixieren des Kopfes mit der freien Hand an den Beißarm kann die Dauer der Abwehrreaktion verlängert werden.

Der Kaudruck des Hundes beträgt 200—400 $kg/cm^2$ (Vergleich: Mensch mit den Mahlzähnen 70 $kg/cm^2$). Damit kann ein ungeschützter Unterarm glatt durchbissen werden. Als Schutz für den Beißarm stellen Sie daher am besten eine dicke, starke Polsterung (Decke + Zeltplane) her oder halten (fixieren) einen starken Knüppel parallel zum Unterarm.

Die Beißhemmung des Hundes bezieht sich nur auf Artgenossen und ist in bezug auf Menschen nicht gegeben. Es ist daher falsch zu glauben, daß ein liegender Mensch nicht angegriffen oder gebissen wird. Das Gegenteil ist der Fall: Ähnlich wie eine Flucht instinktiv eine Verfolgung durch den Hund auslöst, verstärkt die offensichtliche, auch optische dargestellte Unterlegenheit des liegenden Menschen die Angriffslust des Hundes.

# IN UNBEKANNTEM GELÄNDE

Niemand kann sicher sein, sich nicht einmal plötzlich und unerwartet in unbekanntem Gelände wiederzufinden. Sie können sich bei einer kurzen, harmlosen Wanderung verirren; ein Flugzeugabsturz, Schiffbruch oder die Flucht bei einem Transport kann Sie dazu zwingen, in völlig fremder Umgebung zu überleben.

Im ersten Fall gibt es die verschiedensten Möglichkeiten, wieder in bekanntes Gelände zurückzufinden. Der Gesamtcharakter und die Gegebenheiten Ihrer weiteren Umgebung sind Ihnen ja bekannt.

Anders im zweiten Fall: Hier haben Sie vielleicht die Möglichkeit, z. B. anhand der Flugroute, der Abflugzeit und der Flugdauer bis zum Absturz, ganz grob die geographische Lage (Kontinent, Land) Ihres Standpunktes zu rekonstruieren, aber alle näheren Gegebenheiten Ihrer Umgebung sind Ihnen fremd. Zudem können Sie sich dabei in einer völlig anderen Landschaft (Wüste, Dschungel, Polargebiet) befinden, was die Situation zusätzlich noch verschärft.

## *Zurückfinden in bekanntes Gelände*

Führen Sie Karte und/oder Bussole mit, ist das Zurückfinden relativ einfach (siehe Kapitel »Orientieren«). Haben Sie diese Behelfe nicht dabei, setzen Sie als Erstes Ihre Sinne ein:

| | |
|---|---|
| sehen (am besten von einem Hügel oder Baum aus) | nach bekannten Geländepunkten oder -formen (Berggipfel, Gewässer, Bauwerke)<br>bei Nacht nach Lichtern (Siedlung, Autos)<br>Ausschau halten |
| hören | auf Wassergeräusche (Wellen, Rauschen eines Flusses)<br>auf Tiere (Hunde, Kühe)<br>auf Straßenlärm (Motoren, Hupen, Radios)<br>auf Stadtgeräusche (Kirchenglocken, Sirenen) |
| riechen | Rauch von Feuer oder Industrie<br>Autoabgase, Kanalisation<br>Vieh, Heu<br>Meerwasser |

Haben Sie damit keinen Erfolg, versuchen Sie es mit Suchen. Dazu gibt es zwei Methoden:
- die Kreismethode und
- die Sternmethode.

**Kreismethode**
- Markieren Sie Ihren gegenwärtigen Standpunkt (A).
- Überlegen Sie, wie lange Sie seit dem letzten, sicher am richtigen Weg befindlichen Geländepunkt schon unterwegs sind (vermutlich ca. 10 min; es ist unwahrscheinlich, daß Sie länger gehen, ohne zu merken, daß Sie sich verirrt haben).
- Gehen Sie nun 15 Minuten in eine beliebige Richtung. Dabei markieren Sie Ihren Marschweg und messen die zurückgelegte Entfernung (wie weiter unten beschrieben).

- Markieren Sie diesen Punkt (B), und gehen Sie in einem Winkel von 60° (siehe weiter unten) nach rechts (oder links) rückwärts die gleiche Streckenlänge (A—B) und markieren Sie auch diesen Weg.
- Markieren Sie diesen Punkt (C) und weichen Sie von der bisherigen Marschrichtung um 60° in die gleiche Richtung ab wie zu Beginn (rechts oder links). Marschieren Sie wieder die gleiche Streckenlänge (Weg markieren).
- Nach sechsmaliger Wiederholung dieses letzten Vorganges müßten Sie theoretisch wieder Punkt B erreichen. Bei dieser Wanderung im Kreis treffen Sie aber mit Sicherheit schon vorher auf bekanntes Gelände oder auf den verlorenen Weg.

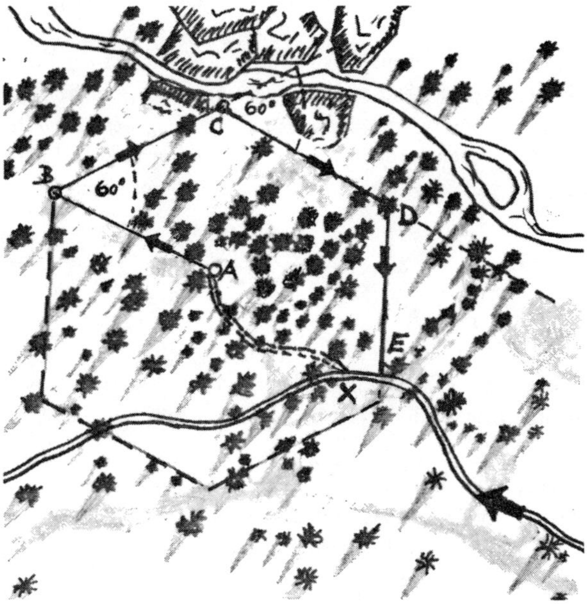


X letzter, sicher am richtigen Weg gelegener Punkt
A derzeitiger eigener Standpunkt
geplanter Marschweg
tatsächlicher Marschweg
XA = ca. 10 Min. (ungefähr 300 m)
AB = ca. 15 Min. (ungefähr 450 m)
EA = Treffpunkt mit dem verlorenen Weg

Das Einhalten einer Marschrichtung (ohne Kompaß) erfolgt am besten nach auffallenden Landmarken am Horizont. Sie suchen sich in der beabsichtigten Marschrichtung einen möglichst weit entfernten Geländepunkt (Baum, Berggipfel, Waldrand) und gehen auf ihn zu. Können Geländepunkte nur in der Nähe gewählt werden (z. B. im Wald), müssen jeweils zwei in der beabsichtigten Richtung zur Deckung gebracht werden.

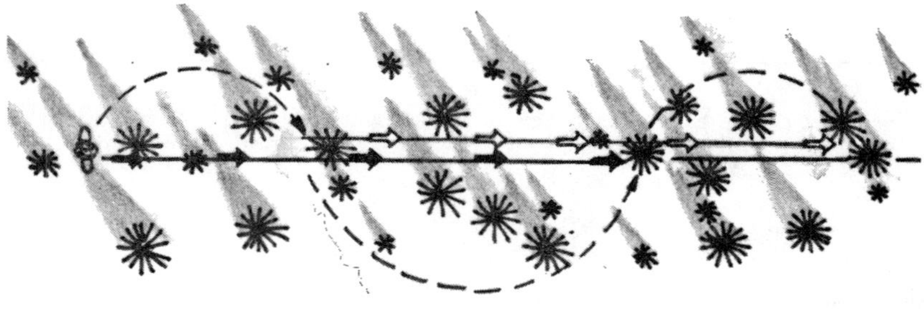

In Gruppen können Geländepunkte durch vorausgeschickte Personen ersetzt werden.

Sind Sie allein und haben keine der angeführten Möglichkeiten zur Verfügung (bei Nebel, Schneetreiben oder ungünstigen Geländegegebenheiten), gehen Sie nach dem Wind oder der Wärme.

Dazu stellen Sie fest, aus welcher Richtung Sie den Wind oder die Wärmestrahlung (auch bei nicht unmittelbar sichtbarer Sonne) auf dem Körper spüren, wenn Sie in die beabsichtigte Marschrichtung gewandt sind. Solange sich während des Gehens die Einwirkungsrichtung von Wind und Sonne nicht ändert, sind Sie auf dem richtigen Weg.

Diese Methode funktioniert sehr gut auf kürzere Entfernungen (bis ca. 2 km). Bei längerer Marschdauer muß die Veränderung des Sonnenstandes bzw. eine mögliche Änderung der Windrichtung in Betracht gezogen werden.

### Messen von Entfernungen

Zum Messen der Entfernungen an Land eignet sich am besten der Schritt als Maßeinheit. Er entspricht im allgemeinen einer Strecke von ca. 70 cm. Dabei ist zu berücksichtigen, daß diese Schrittlänge durch verschiedene Faktoren verändert wird.

| Der Schritt wird kürzer bei: | Der Schritt wird länger bei: |
|---|---|
| — Müdigkeit, | — Rückenwind, |
| — Bergaufgehen, | — bergab, |
| — Gegenwind, | — Zeitdruck. |
| — schwerer Kleidung und schwerem Schuhwerk, | |
| — hoher Traglast, | |
| — weichem, nachgiebigem Untergrund (Sand, Schotter, schmieriger Lehm o. ä.), | |
| — Glätte (Eis, Schnee). | |

Um möglichst genau messen zu können, sollte man seine eigene durchschnittliche Schrittlänge kennen. Gehen Sie 10 Schritte, messen Sie die zurückgelegte Strecke und dividieren sie durch 10. So erhalten Sie die eigene durchschnittliche Schrittlänge.

Macht man das auf verschiedenem Untergrund, dann hat man für alle Gegebenheiten die passende Schrittlänge bereit.

Zum Messen einer bestimmten Entfernung wird nun die Anzahl der erforderlichen Schritte gezählt (am besten jeweils in Blöcken zu 100 Schritt) und dann mit der entsprechenden Schrittlänge in Meter umgerechnet.

Eine andere Möglichkeit ist die Verwendung eines Gegenstandes bestimmter Länge, der jeweils aufgelegt wird. Am besten eignet sich dazu eine nicht dehnbare Schnur von 10 bis 20 m Länge.

### Messen von Winkeln

Jeder Winkel in einem gleichseitigen Dreieck beträgt 60°. Bilden Sie aus 3 gleichlangen Stöcken oder einer gedrittelten Schnur ein gleichseitiges Dreieck so, daß eine Seite in Ihre derzeitige Marschrichtung zeigt. Die beiden anderen Seiten zeigen dann jeweils in einem Winkel von 60° den neu einzuschlagenden Weg.

Das Markieren des Suchweges ist unbedingt erforderlich, damit Sie bei Bedarf den Ausgangspunkt (A) sicher wiederfinden, indem Sie den Marschweg zurückverfolgen.

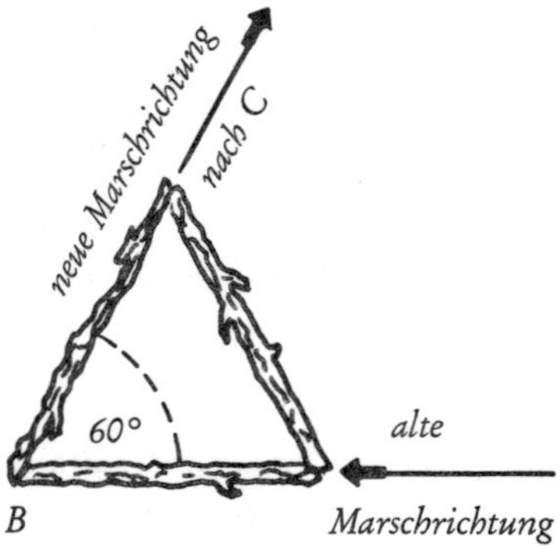


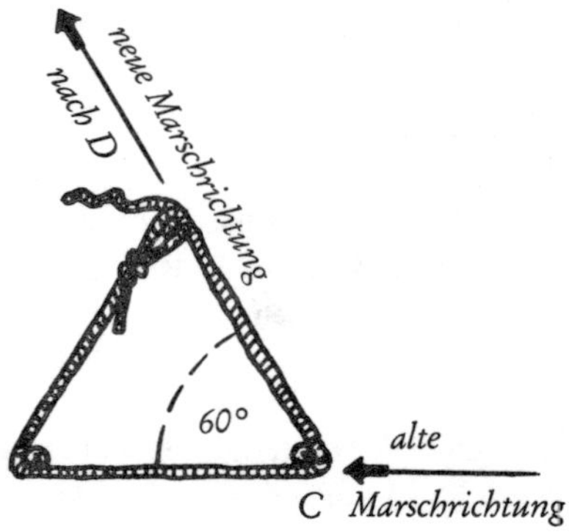


**Sternmethode**

- Markieren Sie Ihren gegenwärtigen Standpunkt.
- Gehen Sie 15 Minuten in eine beliebige Richtung und markieren Sie Ihren Marschweg.
- Haben Sie dabei den verlorenen Weg nicht gefunden, gehen Sie entlang der Markierungen wieder zu A zurück.
- Wiederholen Sie den Vorgang in eine andere Richtung, so oft, bis Sie wieder auf dem richtigen Weg sind.

X letzter, sicher am richtigen Weg gelegener Punkt
A derzeitiger eigener Standpunkt
geplanter Marschweg
tatsächlicher Marschweg
XA = ca. 10 Min. (ungefähr 300 m)
AB = ca. 15 Min. (ungefähr 450 m)
E = Treffpunkt mit dem verlorenen Weg

Führt keine dieser Methoden zum Erfolg, ist die Situation ähnlich der in fremder Umgebung.

## *Überleben in fremder Umgebung*

Nach den unmittelbaren, je nach Situation verschiedenen Maßnahmen wie Selbst- und Kameradenhilfe, Schutz vor Naturgewalten, Bestandsaufnahme und Bergung von Ausrüstung, Bekleidung usw. und nach Überwindung des psychischen Schocks wird ein Lager zu errichten sein.

Bei der Auswahl des Lagerplatzes und der Organisation des Lagers ist von entscheidender Bedeutung, ob man bedroht ist oder nicht, wobei hier in der Hauptsache die Bedrohung durch Menschen gemeint ist.

### Lagern ohne Bedrohung

In diesem Fall erfolgt die Auswahl des Lagerplatzes nach folgenden Kriterien:

- Gibt es eine Wasserstelle in der Nähe? Fließendes Wasser ist meist vorzuziehen, da es weniger verunreinigt ist. Vorsicht: Gefährdung durch mögliche Hochwasser (Schneeschmelze, Regen) beachten.
- Gibt es Holz in der Nähe? Der Bau- und Brennholzbedarf ist, besonders bei mehreren Personen und zur Vorbereitung von Signalfeuern, sehr hoch; er sollte mit möglichst geringem Aufwand zu decken sein.
- Besteht keine Bedrohung des Lagerplatzes durch objektive Gefahren (Steinschlag, Eisschlag, Erdrutsch, Mure, Lawinen)?
- Ist der Lagerplatz vor Wind und Wetter geschützt? Z. B. in einem Wald ohne Unterholz möglichst am Rande einer freien Fläche, wo es leichter ist, Signale zu geben oder Zeichen zur Auffindung anzubringen oder im Windschatten hinter Hügeln oder Graten.
- Ist der Untergrund eben und trocken?

#### Unterstützung der Suche

In den meisten Fällen kann angenommen werden, daß nach Ihnen gesucht wird, zumindest eine gewisse Zeit lang.

Durch folgende Maßnahmen kann die Suche unterstützt werden, womit sich die Erfolgsaussichten wesentlich erhöhen:

- Versuchen Sie sofort und mit allen zur Verfügung stehenden Mitteln (per Funk, akustisch, optisch) Kontakt zu den Suchtrupps aufzunehmen.
- Teilen Sie Wachposten ein, die die Umgebung laufend beobachten (Wasser, Land, Luft).
- Legen Sie die Art der Kontaktaufnahme (wer — womit — wo) bei Alarmierung durch Beobachter fest.
- Bereiten Sie die entsprechenden Mittel (je nach Gegebenheit) an einem bestimmten Platz vor, um rasch reagieren zu können.
- Bereiten Sie einen Hubschrauber-Landeplatz in der Nähe vor.

#### Lagerordnung und Lagerhygiene

Sie umfaßt die gesamte innere Organisation des Lagers. Folgende Maßnahmen sind dabei zu treffen:

- Die einzelnen Schlafstellen bzw. Unterschlupfe sollen so liegen, daß mit einem Wärmefeuer möglichst mehrere zugleich versorgt werden können. Dabei wirken einander gegenüberliegende Unterschlupfe zugleich als Reflektoren und erhöhen somit die Wärmewirkung des Feuers bei wesentlich reduziertem Holzverbrauch.
- Es muß Platz geschaffen werden

— für das Kochfeuer bzw. den Ofen,
— für die Lebensmittel und ihre Aufbewahrung,
— für die Lagerung vorbereiteten Brennholzes,
— für Werkzeug und sonstiges Gerät (soweit vorhanden),
— für die Filterung (falls erforderlich) von Wasser.

- Die Umgebung oberhalb der Wasserentnahmestelle ist auf Verunreinigungen zu überprüfen.
- Der Waschplatz ist so zu wählen, daß das Trinkwasser dabei nicht verschmutzt wird (d. h. bei fließenden Gewässern flußabwärts der Wasserentnahmestelle, bei stehenden Gewässern möglichst weit weg).
- Die Latrine sollte abseits des Lagers und an einem zugigen Platz liegen (weniger Fliegen) und bezogen auf die Windrichtung so, daß eine Geruchsbelästigung im Lager vermieden wird (siehe unten).
- Die Abfallgrube sollte ebenfalls abseits des Lagers liegen. Damit wird ein Anlocken von Tieren jeder Art verhindert.
- Es müssen Personen für folgende Tätigkeiten eingeteilt werden:

— Beobachten der Umgebung,
— Aufrechterhalten des/der Feuer(s),
— Holz holen,
— Nahrung beschaffen,
— Nahrung zubereiten.

*Bau einer Latrine*

An einem möglichst schattigen, zugigen Platz wird ein Graben (60 cm lang, 60 cm tief, 30 cm breit) ausgehoben und darüber ein Sitzbalken befestigt. Die ausgehobene Erde wird an einer Stelle wallartig aufgeworfen, um sicherzustellen, daß nach jeder Benützung der Kot sofort mit einer Schicht Erde bedeckt werden kann, um dadurch Insekten fernzuhalten.

### Leben im Lager

Wer glaubt, sich im Lager der »dolce vita« hingeben zu könne, der irrt.
Folgende Tätigkeiten sind täglich oder fast täglich durchzuführen:

— Körperpflege (dazu vor jedem Essen Hände waschen, danach Zähne reinigen);
— Reinigung, Pflege und Instandhaltung der Ausrüstung und Bekleidung;
— Instandhaltung von Werkzeug und Gerät (vom Schärfen des Messers bis zum Überprüfen selbstgebauter Geräte);
— Beschaffung, Vorbereitung und Lagerung von Holz für Feuer oder sonstigen Gebrauch;
— Aufrechterhaltung des Feuers;
— Errichtung, Ausbau und Reparatur des Unterschlupfs und der Unterlage;
— Vorbereitung und Instandhaltung von Mitteln zur Kontaktaufnahme (Signale, Zeichen);
— Beobachtung der Umgebung (bei erwarteter Suche oder bei erwarteter Gefahr);
— Beschaffung von Wasser und Nahrung (meist sehr zeitaufwendig);
— Zubereitung, Konservierung, Verzehr und Lagerung der Nahrung;
— Bau und Wartung von Latrine und Abfallgrube;
— Behandlung und Pflege von Verletzungen (falls erforderlich).

Dieses Arbeitspensum ist von Gruppen nur durch entsprechende Aufgabenverteilung, von Einzelpersonen täglich überhaupt nicht zu schaffen. Letztere sind daher gezwungen, Prioritäten zu setzen und verschiedene Aufgaben auf mehrere Tage zu verteilen.

Die pro Tag zur Verfügung stehende Arbeitszeit (in weiten Bereichen beschränkt auf das Tageslicht) wird besonders durch die üblichen Eßgewohnheiten (Frühstück — Mittagessen — Nachtmahl) ungünstig aufgeteilt.

Folgende Zeiteinteilung ist vorzuziehen:

- Nachtmahl als Hauptmahlzeit
  Das für die Nacht ohnehin erforderliche Feuer kann gleich zur Zubereitung der Nahrung verwendet werden; die Ausbeute des Tages wird verarbeitet, und es stört nicht, wenn es beim Kochen bzw. Essen dunkel wird. Stellen Sie sicher, daß bei dieser Mahlzeit etwas übrigbleibt.
- Frühstück als Nebenmahlzeit
  Dabei werden die Reste des Nachtmahls (Speisen und Getränke) verzehrt. Das erfordert keinen Aufwand an Arbeit, Brennholz und Zeit.
- Mittagessen als kleine Zwischenmahlzeit
  Dabei wird während der Arbeit oder in kurzen Pausen eine Kleinigkeit gegessen (Stück Brot, Beeren, Nüsse, eventuell noch vorhandene Reste). Je nach Gegebenheit können auch mehrere Zwischenmahlzeiten auf den Tag verteilt werden. Wichtig ist, daß dabei die durchzuführenden Tätigkeiten nicht für längere Zeit unterbrochen werden müssen.

## Lagern unter Bedrohung

Bedrohung macht es meist erforderlich, ein verstecktes Lager zu beziehen. Das Lager dient

- der Ruhe nach längeren Märschen;
- dem Abwarten bestimmter Lageentwicklungen oder
- dem längeren Verbleib im bedrohten Raum.

Grundlegende Unterschiede dabei gibt es nur bezüglich der Qualität und Bequemlichkeit des Unterschlupfs, nicht jedoch in grundsätzlichen Bereichen.

### Auswahl des Lagerplatzes

Der Lagerplatz wird meist auf Grund von Geländekenntnissen, durch Erkundung oder Einblicknahme oder durch eine Geländebeurteilung nach der Karte ausgewählt und auf die Art der Bedrohung, die eigene Absicht und die Sicherheit abgestimmt.

Vorteilhaft für einen Lagerplatz sind:

- eine Lage des Platzes abseits von wichtigen Geländeteilen und natürlichen Bewegungslinien;
- eine entsprechende Entfernung zum Schwerpunkt der Bedrohung und
- ungünstige Landemöglichkeiten für Hubschrauber in unmittelbarer Lagernähe.

Abgesehen von diesen Kriterien soll der Lagerplatz folgenden Ansprüchen genügen:

- Er soll sich auf schwer zugänglichem, nicht befahrbarem Gelände befinden;
- er soll weder vom Boden noch von der Luft aus gesehen werden können;
- es soll Wasser im näheren Umkreis vorhanden sein;
- es soll eine gedeckte Flucht möglich sein;
- er soll auf trockenem, ebenem oder nur leicht geneigtem Gelände (Abflußmöglichkeit für Regen) und in windgeschützter Lage liegen.

## Beziehen des Lagers

Das Lager sollte nach Möglichkeit noch bei Tageslicht bezogen werden. Die Annäherung muß unbemerkt erfolgen. An geeigneter Stelle (ca. 300—400 m vor dem Lager) wird gehalten. Ein 2-Mann-Trupp überprüft die nähere Umgebung auf mögliche Gefahr, legt den genauen Lagerplatz fest und teilt diesen, je nach Anzahl der Personen, räumlich auf. Dabei ist darauf zu achten, die Ausdehnung möglichst gering zu halten (für ca. 40 Personen nicht mehr als höchstens 50 m Durchmesser), um Organisation und Führung zu erleichtern.

Beim Einziehen in das Lager geht die Gruppe, je nach Geländegegebenheit, in einem Kreisbogen (bis zu 3/4 eines Kreises) um das Lager herum (Abstand 50—100 m) und biegt erst dann im rechten Winkel (Absprungpunkt) ins Lager ab. Dabei müssen die Spuren verwischt und Scheinspuren in die alte Marschrichtung angelegt werden.

Durch das Umkreisen des Lagers wird sichergestellt, daß eventuelle Verfolger der Spur schon gesehen werden, bevor sie das Lager erreichen und somit wesentlich mehr Zeit für entsprechende Maßnahmen bleibt (Vorwarnzeit).

Nach dem Beziehen des Lagers sind folgende Maßnahmen zu treffen:

- Es müssen Wachen zur Sicherung des Lagers eingeteilt werden.
- Die Art der Alarmierung und das Verhalten bei Gefahr sind festzulegen.
- Die Lagerumgebung muß erkundet werden.
- Die Fluchtwege und die Sammelpunkte für eine Flucht müssen ausgewählt werden.
- Die voraussichtliche Aufenthaltsdauer ist abzuschätzen.
- Spuren müssen stets getarnt bzw. verwischt werden.
- Wasserstelle, Kochfeuer, Latrine und Abfallgruben sind zu errichten.
- Es ist eine Arbeitseinteilung zu treffen.

Über diese Maßnahme sind alle Gruppenmitglieder zu informieren.

## Sicherung des Lagers

Das Lager darf nur von einem Zugang aus betreten und verlassen werden. Abseits dieses Zuganges wird das unbemerkte Annähern an das Lager durch Astverhaue (zusammengetragenes, trockenes Holz), Stolperschnüre, Schlingen, Schepperbüchsen usw. erschwert.

Die Aufstellungsplätze für die Wachen sind bei Tag ca. 50 m vom Lager so zu wählen, daß die Anmarschspur und der Absprungpunkt eingesehen werden können. Als Beobachtungsplatz eignen sich Bäume sehr gut. In jedem Fall muß die Vorwarnzeit ausreichen, um ein geordnetes Verlassen des Lagers sicherzustellen.

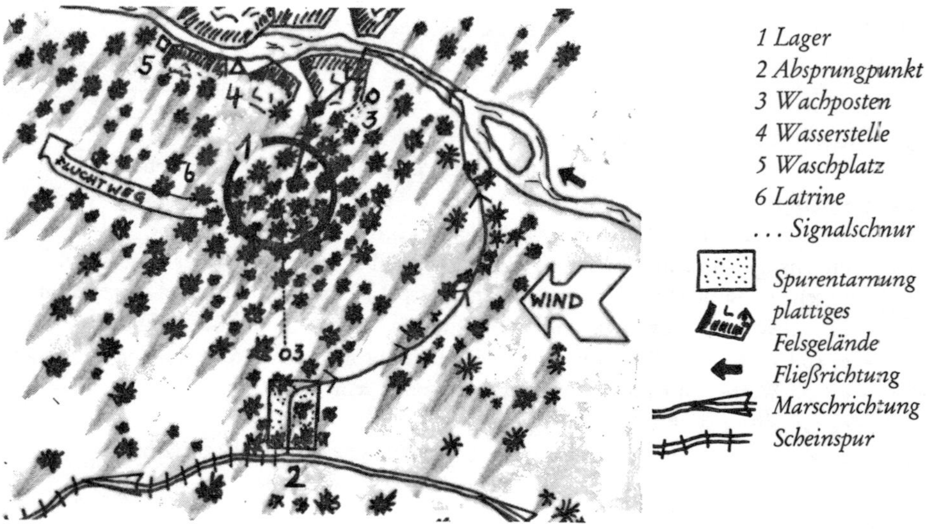

Jeder Wachposten muß
- seinen Beobachtungsbereich kennen,
- über die Art der Alarmierung informiert sein,
- über das Verhalten bei Gefahr Bescheid wissen,
- von Bewegungen der eigenen Gruppe (wer verläßt oder betritt wann das Lager) benachrichtigt werden,
- den Zeitpunkt seiner Ablöse kennen.

Besondere Bedeutung haben die strikte Einhaltung von Bewegungs-, Geräusch- und Lichtdisziplin, die Vermeidung von Spuren sowie die Tarnung (siehe Kapitel »Nahrung aus der Natur«).

Bei Nacht beruht die Sicherheit des Lagers vor allem auf seiner versteckten Lage und der darin herrschenden Disziplin.

### Verhalten bei Gefahr

Das Verlassen des Lagers ist vorausschauend zu planen und vorzubereiten. Das Auftauchen einer Gefahr ist eine Krisenlage, darf aber nie zur regellosen Flucht in alle Richtungen führen, weil damit der Verlust von Personen und wichtigen Ausrüstungsgegenständen wahrscheinlich wird.

Die Alarmierung muß bei Gefahr lautlos erfolgen. Voraussetzung dafür ist eine sichere Verbindung zwischen der Wache und dem Lager. Dafür eignet sich vor allem eine Signalschnur. Durch Ziehen in einem vorher vereinbarten Rhythmus können Informationen und Alarmsignale übermittelt werden.

Das Räumen des Lagers sollte erst erfolgen, wenn seine Entdeckung sicher ist oder mit hoher Wahrscheinlichkeit unmittelbar bevorsteht. Die Flucht kann geschlossen auf einem Weg oder in Trupps auf verschiedenen Wegen erfolgen. In jedem Fall sind schon vorher Sammelpunkte zu vereinbaren, bei denen, sei es gemäß Plan oder bei unbeabsichtigter Trennung, eine vereinbarte Zeit lang gewartet wird (meist 1—2 Stunden).

### Leben im Lager

Dabei sind zum Normalfall folgende Unterschiede zu beachten:

*Feuer*

Kochfeuer sind grundsätzlich nur bei Tag zu entzünden und so klein wie möglich zu halten. Dabei sollte nur trockenes Brennholz verwendet werden. Die günstigste Zeit dafür ist die Mittagszeit, da am Morgen und am Abend Rauch von Feuerstellen besonders aus der Luft weit zu sehen ist. Damit verschiebt sich auch die Einteilung der Mahlzeiten. Sind Wärmfeuer zwingend erforderlich, sollten sie nach Möglichkeit in Gruben entzündet werden. Dies ermöglicht die Abschirmung des Feuerscheines und erleichtert das Zuschütten und Tarnen der Feuerstelle. Daneben ist immer Sand oder Erde zum raschen Löschen bereitzuhalten.

Mit freiem Auge sind aus folgenden Flughöhen zu erkennen:

- bis 600 m ungetarnte Personen,
- bis 2000 m ungetarnte Fahrzeuge,
- bis 4000 m Straßenverkehr,
- bis 7000 m Rauch- und Staubfahnen.

*Geräuschdisziplin*

Geräuschvolle Tätigkeiten (Holz zerkleinern, Graben) dürfen nur zu bestimmten, festgelegten Zeiten erfolgen, was eine Koordinierung aller geräuscherzeugenden Arbeiten erfordert. Auf keinen Fall darf dazu die Nacht oder der frühe Morgen verwendet werden.

Im Lager darf nur leise gesprochen und nie gerufen werden.

Verhält man sich richtig und ist das Lager gut angelegt, so kann man auch während des üblichen Lagerbetriebs in einer Entfernung von 50 m daran vorbeigehen, ohne auch nur das geringste Geräusch zu hören.

*Bewegung*

Sie ist in und um das Lager auf das unbedingt erforderliche Mindestmaß zu beschränken. Spuren müssen mit größter Sorgfalt verwischt werden, entweder händisch oder mit Hilfe von zusammengebundenen Ästen.

Ist das Verwischen von Spuren nicht zur Gänze möglich, werden zur Täuschung Scheinspuren angelegt. Besonders günstig ist es, wenn Lager und Wasserstelle über Geländeteile zu erreichen sind, auf denen keine Spuren zurückbleiben (Fels, Schotter, Bachbett).

Der Weg zur Wasserstelle ist besonders zu beachten. Oft kann ein gut getarntes Lager durch Spuren zur und von der Wasserstelle verraten werden. Die Wasserentnahme sollte in der Regel nur zweimal pro Tag durch eigens eingeteilte Wasserholer erfolgen.

Im allgemeinen wird die bestmögliche Lösung des Spurenproblems im Einzelfall immer der Naturverbundenheit, Initiative und Findigkeit des einzelnen überlassen bleiben (z. B. Gehen im Bachbett, Überpendeln von Geländeteilen an einem getarnt angebrachten Seil, Fortbewegung über eine bestimmte Strecke von Baum zu Baum).

*Lagerordnung*

Nur ihre strikte Einhaltung ermöglicht ein rasches Abbrechen und Verlassen des Lagers ohne Verlust von vielleicht lebenswichtigen Ausrüstungsgegenständen auch unter erschwerten Bedingungen (Nacht, Gefahr, Zeitdruck). Die persönliche Ausrüstung muß daher immer zum Aufbruch gepackt und griffbereit sein. Gerade nicht benützte Gegenstände sind jeweils sofort zu verpacken.

Zur Überprüfung und eventuellen Verbesserung der geplanten Maßnahmen sollte das Abbrechen und Verlassen des Lagers wiederholt geübt werden.

Erfolgt das Räumen des Lagers ohne Zeitdruck, so sind alle Spuren zu beseitigen, sonst können bei Entdeckung die Spuren ausgewertet werden, was unter Umständen schwerwiegende Folgen nach sich zieht.

Latrinen, Abfallgruben und Feuerstellen sind zur Gänze zuzuschütten und zu tarnen. Wenn möglich, sollte das Räumen des Lagers bei Tageslicht erfolgen, da dadurch das Beseitigen der Spuren erleichtert und die Gefahr des Zurücklassens von Ausrüstungsgegenständen vermindert wird.

## Warten oder weitergehen?

Wenn nicht sehr bald eine Bereinigung der Lage, sei es

— durch erfolgte Rettung,
— durch Wiederfinden des verlorenen Marschweges nach einigen Tagen oder
— durch Verbesserung einer Wettersituation, die zu einem Lager gezwungen hat, erfolgt,

kommt irgendwann der Moment der Entscheidung:

Soll man weiterwarten oder weitergehen?

Zur Entscheidungsfindung sind folgende Faktoren zu berücksichtigen:

*Aussicht auf Rettung*

Erwarten Sie, oder sind Sie sicher, daß sie gesucht werden? Haben Sie schon Suchtrupps (Flugzeug, zu Fuß) gesehen und konnten nur keine Verbindung aufnehmen?

Haben Sie schon Verbindung mit Rettern aufgenommen und konnten nur auf Grund bestimmter Umstände noch nicht geborgen werden?

Warten Sie schon einige Zeit und glauben Sie, daß Sie immer noch gesucht werden?

*Qualität des Lagerplatzes*
Bietet Ihr Lagerplatz ausreichend Wasser und Holz auch auf längere Sicht?
Ist Schutz vor Wind, Regen, Hitze, Kälte auch über einen längeren Zeitraum sichergestellt?
Bietet die Umgebung genügend Möglichkeiten zur Nahrungsbeschaffung durch Sammeln oder Jagen (anders beschaffte oder noch vorhandene Nahrung zählt nicht)?
Haben Sie ausreichend Platz, um Zeichen zur Erleichterung des Auffindens anzubringen (offene Flächen)?
*Körperliche Verfassung*
Sind sie verletzt, krank oder sonst nicht voll leistungsfähig?
für Gruppen:
Ist jemand in der Gruppe verletzt, krank oder schwächlich und nicht leistungsfähig?
Würde es die Leistungsfähigkeit der Gruppe überfordern, nicht gehfähige Kameraden oder vorhandene notwendige Ausrüstung über weitere Strecken zu transportieren?
Würde ein Transport dem Kranken oder Verletzten eher schaden?
*Psychische Verfassung (siehe auch Kapitel »Psychische Belastungen«)*
Fühlen Sie sich in Ihrem Lager wohl und geborgen?
Finden Sie die erforderlichen Tätigkeiten im Lager abwechslungsreich und sinnvoll?
bei Gruppen:
Herrscht in der Gruppe Harmonie und Einigkeit?
Sind Sie überzeugt, daß auch bei Rückschlägen (z. B. versuchte, aber erfolglose Kontaktaufnahme mit Suchtrupps) der psychische Zusammenbruch einzelner auf die Gruppe keine negativen Auswirkungen hat?
*Bedrohung*
Sind Sie sicher, daß zur Zeit keinerlei Bedrohung (durch Mensch oder Tier) gegeben ist?
Sind Sie auch sicher, daß dieser Zustand über einen längeren Zeitraum unverändert bleibt?

Können Sie diese Fragen zum Großteil mit Ja beantworten, empfiehlt sich als Entscheidung das Warten, ansonsten das Weitergehen, wobei allerdings die Qualität und nicht die Anzahl der Antworten entscheidend ist. Zusätzlich werden auch Witterung, Landschaft, Jahreszeit und persönliche Neigung und Einstellung und sonstige, je nach Situation verschiedene Faktoren die Entscheidung nicht unmaßgeblich beeinflussen.

Wie auch immer sie ausfällt: Stellen Sie sicher, daß diese schwerwiegende Entscheidung nach einer gründlichen und sachlichen Analyse der Gegebenheiten und nicht spontan aus einer Laune heraus getroffen wird.

## Der Marsch

Der Marsch im Gelände stellt an die körperliche und psychische Leistungsfähigkeit jedes einzelnen erhöhte Anforderungen. Folgende Eigenschaften sind besonders wichtig:
— Kraft,
— Ausdauer,
— Gleichgewichtsgefühl,
— Gelenkigkeit.

Bei einer durchschnittlichen Leistungsfähigkeit können folgende Marschleistungen pro Stunde (mit 15 kg Gepäck) angenommen werden:
— auf Straßen 4 km,
— im Gelände 3 km,
— bei Dunkelheit im Gelände 2 km,
— bei Eilmärschen bis zu 6 km.

Bei Märschen bis etwa 10 km kann die Marschgeschwindigkeit um ca. 1 km pro Stunde erhöht werden.
Zu diesen Marschleistungen sind dazuzurechnen:
— 1 Stunde pro 300 Höhenmeter im Aufstieg,
— 1 Stunde pro 500 Höhenmeter im Abstieg.
Als Tagesleistung kann somit, je nach Gelände und Leistungsfähigkeit, im Schnitt eine Strecke von 20—35 km bewältigt werden.

Ausreichender Schlaf (mindestens 6 Stunden pro Tag), entsprechende Ernährung (möglichst eine warme Mahlzeit täglich) und peinlichste Beachtung der persönlichen Hygiene erhalten diese Marschfähigkeit auch über einen längeren Zeitraum. Besonders muß darauf geachtet werden, daß der Flüssigkeitsverlust (bei 6—8 Stunden Marsch rund 2—4 l) ausgeglichen wird. Das geschieht am besten durch regelmäßiges Trinken alle zwei Stunden.

Marschplanung

Bei der Planung eines Marschvorhabens sind folgende Faktoren zu berücksichtigen:
*Eigene Absicht*
Erfolgt der Marsch unter Bedrohung?
Ist die Durchführung des Marsches durch die Umstände erzwungen, oder wurde die Entscheidung frei getroffen?
Welches Ziel soll erreicht werden?
Auf welchen Wegen soll das Ziel erreicht werden?
Welches ist der kürzeste, welches der sicherste Weg?
*Gelände*
Ist das Gelände leicht (flach, übersichtlich) oder schwierig (steil, stark gegliedert, dicht bewachsen)?
Sind Hindernisse zu überwinden (Gewässer, Steilabbrüche)?
Gibt es Wege oder muß querfeldein marschiert werden?
Ist das Gelände fremd oder bekannt (Charakteristik, Formation, Vertrautheit)?
Sind besondere Gefahren zu beachten (Steinschlag, Erdrutsch, Hochwasser)?
Wo bieten sich günstige Lagermöglicheiten?
Wo gibt es Wasser?
*Witterung und Jahreszeit*
Sind besondere Schwierigkeiten durch Regen (aufgeweichter Boden), Schnee (der Marsch auf Schiern ist am wenigsten anstrengend, Gehen im Schnee dagegen sehr), Kälte oder Hitze (Marsch in die Nachtstunden verlegen) gegeben?
Ist auf besondere Gefahren Rücksicht zu nehmen (Lawinen, Gewitter, Sturm)?
Ist im Verlauf des Marsches mit Wetterverbesserung/-verschlechterung zu rechnen?
*Leistungsfähigkeit*
Sind Sie den körperlichen Strapazen gewachsen?
Beherrschen Sie die entsprechenden Gehtechniken?
Beherrschen Sie die entsprechenden Techniken zur Überwindung von Hindernissen?
Beherrschen Sie die entsprechenden Orientierungstechniken?
bei Gruppen:
Wie ist die körperliche Leistungsfähigkeit jedes einzelnen?
Wer ist der Schwächste, wer der Stärkste?
Wer beherrscht welche Techniken?
Wie groß ist die psychische Belastbarkeit?
Wer kann wieviel tragen?

*Ausrüstung*
Was wird an Ausrüstung benötigt?
Was ist davon vorhanden, was kann beschafft werden?
Welche Mittel für die Orientierung stehen zur Verfügung?
Welche Ausrüstung muß, um unnötige Belastung zu vermeiden, zurückgelassen werden?
Wie ist der Zustand der Ausrüstung?
*Zeit*
Wieviel Zeit steht zur Bewältigung der gesamten Marschstrecke zur Verfügung?
Wie muß daher die Einteilung der Tagesetappen erfolgen?
Besteht Zeitdruck?
Wie hoch ist die Zeitreserve zu veranschlagen?
Ist für die Beschaffung der Nahrung pro Tag eine bestimmte Zeit vorzusehen oder ist es günstiger, bestimmte Tage nur der Nahrungsbeschaffung vorzubehalten?
*Anzahl der Personen*
Führen Sie den Marsch allein durch oder sind mehrere Personen vorgesehen?
Ist die Zahl noch überschaubar oder muß eine Unterteilung in kleinere Gruppen erfolgen?
Wie stark soll eine Gruppe gehalten werden (am günstigsten 8—10 Personen)?
*Informationen*
Haben Sie den Marschweg teilweise oder zur Gänze erkundet?
Könnten Sie das Gelände wenigstens von einem Übersichtspunkt aus einsehen?
Haben Sie sonstige, den Marsch betreffende Informationen (mögliche Bedrohung in Teilstrecken, auszunützende Wasserwege, besondere Möglichkeiten zur Beschaffung von Nahrung oder Ausrüstung)?

Alle diese Faktoren sind in engem Zusammenhang zu sehen; sie beeinflussen einander und sind zum Teil voneinander abhängig.

## Marschvorbereitung

Diese umfaßt alle organisatorischen und manuellen Tätigkeiten, die zur geordneten Durchführung des Marsches erforderlich sind. Das sind im einzelnen:

*Festlegen des Marschweges*

Dies geschieht nach Möglichkeit an Hand einer Karte. Dabei hat im allgemeinen die Sicherstellung des erforderlichen Trinkwassers erste Priorität. Vorhandene Wege (auch Wasserwege) sind nach Möglichkeit auszunützen; unnötiges Überwinden von Höhenunterschieden ist zu vermeiden. Die Tagesetappen sind so zu bemessen, daß auch der Schwächste einer Gruppe nicht überfordert wird. Dabei ist auch zu berücksichtigen, daß der Aufbau des Lagers am Etappenziel Zeit (mindestens 1 Stunde) und Kraft braucht.

Der beabsichtigte Marschweg sollte wenigstens in Teilabschnitten erkundet werden.

Ist keine Karte vorhanden, kommt der Erkundung und dem Einblick ins Gelände von einem Übersichtspunkt aus erhöhte Bedeutung zu. Dabei müssen auch während des Marsches laufend das Gelände und sonstige Gegebenheiten beurteilt und der Marschweg von Übersichtspunkt zu Übersichtspunkt festgelegt werden.

Am besten wird nach folgender Faustregel vorgegangen: Bergrücken bergauf gehen, Flußläufe talab.

Lager werden dabei nach den jeweiligen Gegebenheiten festgelegt. In jedem Fall ist ein Grundsatz immer voranzustellen: Es ist immer der sicherste Weg zu wählen, auch wenn er weder der kürzeste noch der leichteste ist.

*Vorbereiten und Aufteilen der Ausrüstung*

Die Kunst dabei ist, nichts Notwendiges zurückzulassen und nichts Unnötiges mitzunehmen. Auf jeden Fall sind folgende Bereiche abzudecken:

— Schutz gegen Witterung,
— Mittel zur Nahrungsbeschaffung (Jagd),
— Mittel zum Überwinden von Hindernissen,
— Orientierungshilfen (falls vorhanden),
— Medikamente und Verbandmaterial (falls vorhanden),
— Transportbehälter für Wasser (Flaschen oder Behelfe).

In der Gruppe soll die Ausrüstung, ausgenommen die persönliche Überlebensausrüstung, so aufgeteilt werden, daß die Belastung für alle, bezogen auf die jeweilige Leistungsfähigkeit, ungefähr gleich ist. Die Maximalbelastung liegt zwischen 15 bis 30 kg, auf kürzeren Strecken bis 50 kg pro Person.

Dringend benötigte, aber nicht vorhandene Ausrüstungsgegenstände müssen, soweit möglich, noch vor Marschantritt angefertigt werden (siehe Kapitel »Behelfe«).

*Festlegen der Marschgliederung*

Um einen zügigen, stetigen Marsch zu gewährleisten, hat sich folgende Gliederung am besten bewährt:

— Spitzentrupp,
— Gruppe,
— Schlußtrupp.

Dabei fallen dem Spitzentrupp folgende Aufgaben zu:

- Er muß den Weg finden und im Winter die Spur anlegen.
- Er muß den Weg für die Nachfolgenden markieren.
- Er muß Hindernisse erkunden und ihre Überwindung vorbereiten.
- Er muß das Gelände auf mögliche Bedrohung beobachten und die Nachfolgenden rechtzeitig informieren.
- Er muß Gefahren erkennen und Schutzmaßnahmen ergreifen (siehe Kapitel »Gefahren«).
- Er muß Rast- und Lagerplätze erkunden und festlegen.

Für diese Aufgabe sind die am besten dafür Geeigneten einzuteilen (hohe Leistungsfähigkeit, Kenntnis der entsprechenden Techniken, Erfahrung).

Dem am besten aus 2 Mann bestehenden Spitzentrupp ist, je nach Gelände, ein Zeitvorsprung von 30 bis 60 Minuten zu geben.

Die Gruppe folgt den vom Spitzentrupp angebrachten Markierungen. Innerhalb der Gruppe sind die Schwächsten möglichst weit vorn einzugliedern.

Der Schlußtrupp geht am Ende der Gruppe und hat folgende Aufgaben:

- Er muß das unbemerkte Zurückbleiben einzelner verhindern.
- Er muß bei kleinen Reparaturen, die zur Fortführung des Marsches erforderlich sind, Hilfe leisten.
- Er muß den Kameraden bei kleineren Verletzungen helfen.
- Er muß das Gerät abbauen, das zum Überwinden von Hindernissen verwendet wurde.

Durchführung des Marsches

- Bei Antritt des Marsches sind folgende Punkte allen bekanntzugeben:

— das Marschziel,
— der geplante Marschweg,
— die voraussichtliche Marschdauer,
— die zu erwartenden Hindernisse,
— die Marschgliederung,
— die Abstände,
— das Verhalten bei Gefahr.

- In den ersten 30 Minuten des Marsches ist ein langsames Tempo einzuschlagen (warmgehen) und erst danach das normale Tempo.
- Etwa 30 Minuten nach dem Abmarsch ist ein kurzer Halt einzulegen. Dabei kann zu warme Bekleidung ausgezogen und verpackt werden, Druckstellen können beseitigt und sonstige aufgetretene Mängel behoben werden.
- Während des Marsches ist ein möglichst gleichmäßiges Tempo zu halten, das in seiner Belastung der Bodenbeschaffenheit, dem Bewuchs und der Steilheit des Geländes anzupassen ist.
- Nach einer Marschdauer von 3—5 Stunden ist eine Rast von mindestens einer Stunde einzulegen.
- Dazu ist nach Möglichkeit ein windgeschützter Ort auszuwählen.
- Bei der Rast ist das Gepäck abzulegen und zur besseren Erholung sind die Beine hochzulagern. Beim Sitzen oder Liegen ist eine isolierende Unterlage wichtig. Ist keine vorhanden, ist die Seitenlage vorzuziehen und zum Schutz vor Verkühlung die Überbekleidung anzuziehen. Auch ohne Hunger und Durst sollte man Flüssigkeit und Nahrung zu sich nehmen (selbst wenn man sich dazu zwingen muß).
- Bei großer Kälte oder stürmischem Wind ist es besser, auf eine größere Rast zu verzichten und dafür das Marschtempo herabzusetzen oder mehrere kurze Pausen einzuschieben.
- Bei Unfällen müssen sofortige Hilfe, Bergung und Transport für den Verletzten sichergestellt werden.
- Bei Eintritt schlechter Witterung oder bei anderen zwingenden Umständen ist der Marsch rechtzeitig abzubrechen (spätestens bei Absinken der körperlichen Leistungsfähigkeit) und ein Lager zu beziehen.

# ORIENTIEREN

## *Allgemeines*

»Orientieren« bedeutet wörtlich das Aufsuchen der Ostrichtung. »Sol oriens«, die Richtung der aufgehenden Sonne, markierte am deutlichsten die wichtigste Himmelsrichtung der alten abendländischen Welt, wies sie doch in den Orient, der früher als Zentrum des geistigen, kulturellen und wirtschaftlichen Lebens galt.

Heute versteht man unter Orientieren das Bestimmen des eigenen Standortes, das Herstellen einer Beziehung zum umgebenden Gelände, oder, anders ausgedrückt: Man will wissen, wo man ist und wie man ans Ziel gelangt.

## *Natürliche Orientierungshilfen*

Natürliche Orientierungshilfen erlauben es, eine Himmelsrichtung, z. B. mit Hilfe der Gestirne oder des Wetters, mehr oder weniger genau zu bestimmen.

### Sonne

Abhängig von der Jahreszeit, ergeben sich mit der Ausnahme von Osten, Süden und Westen wegen der Schiefe der Ekliptik Unterschiede in der Lage der Sonne zur Himmelsrichtung (im Winter nur geringfügig, im Sommer je nach geographischer Breite mehr). Wegen der nun sehr primitiven zur Verfügung stehenden Mittel muß jedoch in der Praxis mit den in der Folge angegebenen Werten das Auslangen gefunden werden.

Man blickt zur Sonne, vergleicht ihren Stand mit der Uhr und kann die Richtung bestimmen. Will man sie ganz genau festlegen, arbeitet man mit dem »Schattenkompaß«: Der Schatten eines senkrechten Stabes weist *entgegen* den in der Tabelle angegebenen Himmelsrichtungen.

| Sonnenstand | | Zeit |
|---|---|---|
| Himmelsrichtung | Grad | |
| O | 90 | $06^{00}$ |
| SO | 135 | $09^{00}$ |
| S | 180 | $12^{00}$ |
| SW | 225 | $15^{00}$ |
| W | 300 | $18^{00}$ |

Die mit dem Schattenkompaß ermittelten Himmelsrichtungen sind sehr genau. Zwischenwerte werden interpoliert. Bleibt man längere Zeit am selben Ort, empfiehlt es sich, möglichst bald eine Sonnenuhr anzulegen. Sie beruht auf demselben Prinzip und erlaubt die Zeitbestimmung auch dann, wenn die Armbanduhr längst nicht mehr funktioniert.

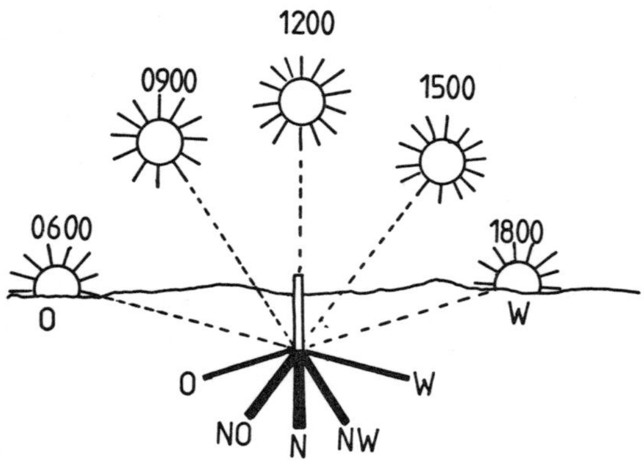

SCHATTENKOMPASS

SONNENUHR

Ein ähnliches und zur Bestimmung der Himmelsrichtung weniger aufwendiges Verfahren ist die »Uhrmethode«.

Dabei dreht man die Uhr so, daß der Stundenzeiger zur Sonne weist. Sodann teilt man das Segment zwischen Stundenzeiger und der 12 auf dem Zifferblatt in zwei gleiche Teile, die Winkelsymmetrale weist dann genau nach Süden (immer den spitzen Winkel teilen, nie den stumpfen).

In der südlichen Halbkugel ist es umgekehrt: Hier weist die Winkelsymmetrale nach Norden.

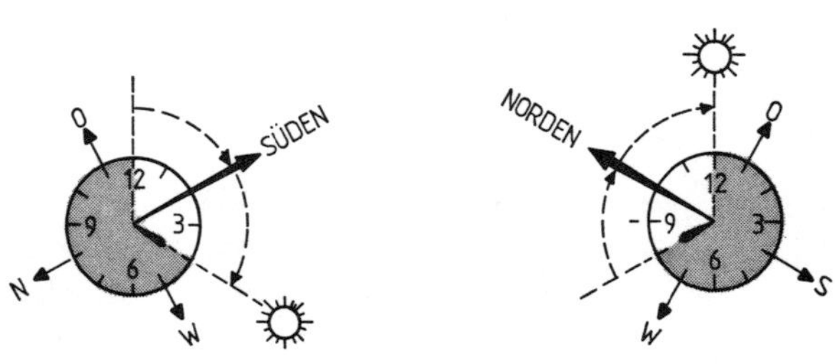


*Uhrmethode*

## Mond

Der Neumond (im Kalender ein ausgefüllter Kreis) ist niemals zu sehen. Einige Tage nach Neumond ist am westlichen Himmel eine schmale Sichel zu sehen, die von Tag zu Tag größer wird, bis nach 7 Tagen der Mond im ersten Viertel steht: um 18.00 Uhr im Süden, um 21.00 Uhr im Südwesten, um 24.00 Uhr im Westen usw.

Eine Woche später ist Vollmond (im Kalender ein Kreis), der Mond scheint die ganze Nacht hindurch und steht um 18.00 Uhr im Osten, um 21.00 Uhr im Südosten und um 24.00 im Süden.

Über den ganzen Monat verteilt ergeben sich folgende Werte:

| | N | NO | O | SO | S | SW | W | NW |
|---|---|---|---|---|---|---|---|---|
| Neumond | $24^{00}$ | $03^{00}$ | $06^{00}$ | $09^{00}$ | $12^{00}$ | $15^{00}$ | $18^{00}$ | $21^{00}$ |
| Erstes Viertel | $06^{00}$ | $09^{00}$ | $12^{00}$ | $15^{00}$ | $18^{00}$ | $21^{00}$ | $24^{00}$ | $03^{00}$ |
| Vollmond | $12^{00}$ | $15^{00}$ | $18^{00}$ | $21^{00}$ | $24^{00}$ | $03^{00}$ | $06^{00}$ | $09^{00}$ |
| Letztes Viertel | $18^{00}$ | $21^{00}$ | $24^{00}$ | $03^{00}$ | $06^{00}$ | $09^{00}$ | $12^{00}$ | $15^{00}$ |

Der Mond verändert im Verlaufe der Phasen alle 7 Tage (zur selben Zeit) seine Position genau um 90° entgegen dem Uhrzeigersinn.

Ein Mondumlauf dauert 28 Tage. Somit steht der Mond am ersten Tag nach Vollmond zu einer bestimmten Tageszeit $\frac{360°}{28}$ entgegen dem Uhrzeigersinn weiter als der Vollmond am zweiten Tag $2 \cdot \frac{360°}{28}$, am dritten $3 \cdot \frac{360°}{28}$ usw.
tags zuvor zu selben Zeit,

Davon ausgehend, daß der Vollmond genau der Sonne gegenübersteht, läßt sich so der Mondstand jeder Phase auf den Vollmondstand zurückzuführen.

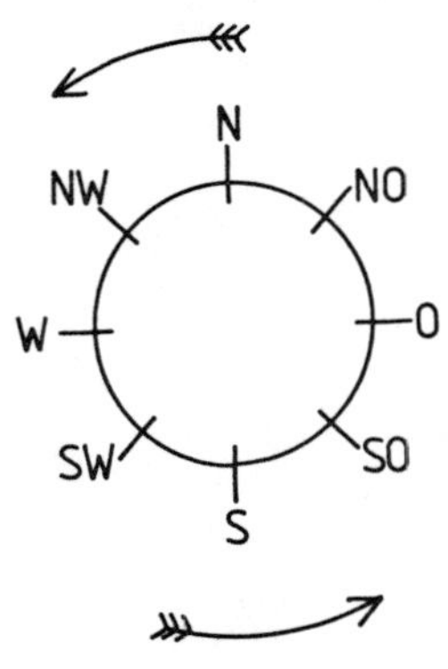


*Phasenwechsel des Mondes*

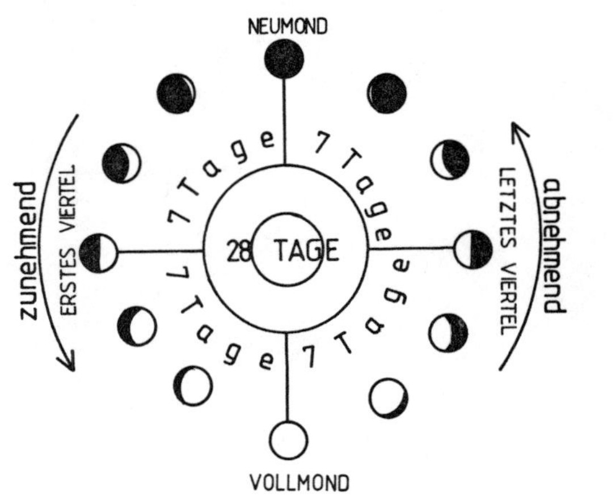


## Gestirne

Am einfachsten ist es, mit Hilfe des Polarsterns, die Nordrichtung zu bestimmen. Als Fixstern steht er ziemlich genau über dem geographischen Nordpol (Abstand knapp 1 Grad). Auf Grund seiner Position ist er der wichtigste und genaueste Richtungspunkt in der astronomischen Navigation. Zieht man eine senkrechte Linie vom Polarstern zum Horizont, schneidet sie diesen im Norden mit für Orientierungszwecke hinreichender Genauigkeit und dient so als Grundlage der Polarkoordinaten.

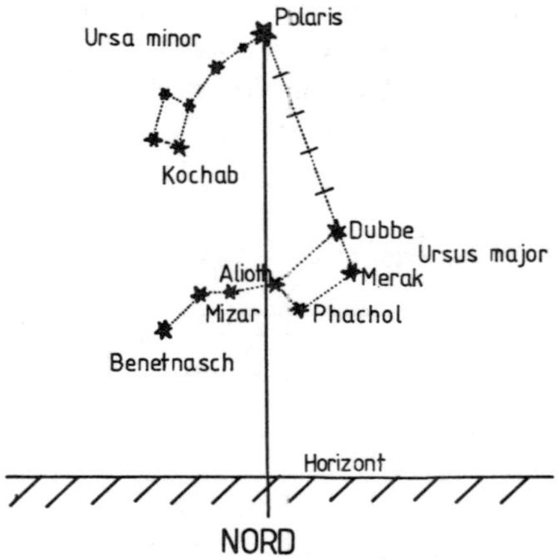


*Lage des Polarsterns am Himmel*

Der Polarstern ist der vorderste Deichselstern im Sternbild des schlecht sichtbaren Kleinen Wagens. Nur zwei Sterne (Polaris und Kochab) sind gut sichtbar, um die fünf anderen Sterne dieses Sternbildes zu sehen, braucht man gute Kenntnisse. Es ist darum einfacher, den Polarstern über den großen Wagen aufzusuchen. Durch fünffache Verlängerung seiner Hinterachse in jene Richtung, in die seine Deichsel gebogen ist, wird er gefunden. Entgegen einer verbreiteten Auffassung ist der Große Wagen mit dem Großen Bären nicht identisch, sondern Bestandteil desselben. Er bildet im Bären sozusagen das Hinterteil mit Schwanz.

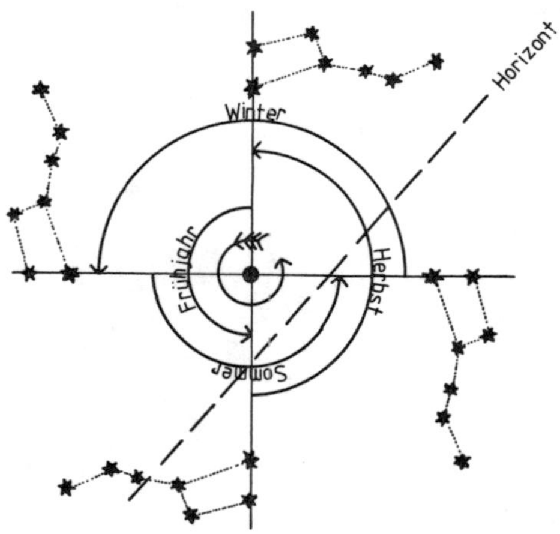


*Stand des großen Wagens am Himmel*

Der Große Wagen kreist im Herbst und Winter im Bereich des Nordhorizonts, steht also tief und ist, weil zum Teil unter dem Horizont, nicht die ganze Nacht sichtbar. Im Frühjahr hingegen verläuft seine Bahn hoch am Himmel und gerade dann kann einem der Fehler passieren, daß man die Hinterachse nach der falschen Seite, nämlich zum Regulus (Hauptstern des Löwen) verlängert. Ist der große Wagen vom Horizont oder von Nebel oder Wolken verdeckt, muß man den Polarstern mit Hilfe der Kassiopeia aufsuchen. Sie wird wegen der charakteristischen Anordnung ihrer fünf Hauptsterne auch »Himmels-W« genannt und liegt in der Milchstraße dem großen Wagen gegenüber. Im Herbst, wenn zumindest Teile des Großen

Wagens unter dem Horizont liegen, verläuft sie in der Nähe des Scheitelpunktes und ist gut zu sehen. Der mittlere Winkel des dreifach gebrochenen Sternenlinienzuges der Kassiopeia ist nach der Seite gerichtet, in der sich der Polarstern befindet. Im Abstand der doppelten Spannweite der Kassiopeja trifft man auf den Polarstern.

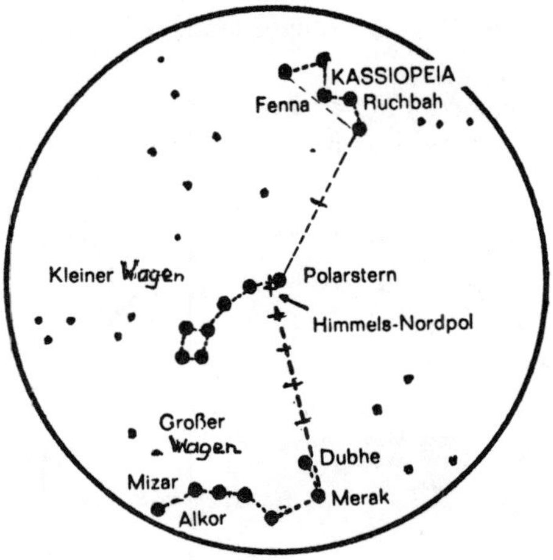


*Nördlicher Sternenhimmel*

Darüber hinaus helfen noch die drei Gürtelsterne des Orion, eine grobe Richtungsbestimmung durchzuführen und außerdem die im Volksmund als Abend- oder Morgenstern bekannte Venus, die kurz vor Sonnenaufgang unübersehbar im Osten und kurz nach Sonnenuntergang ebenso auffällig im Westen steht. Der Orion mit dem hellen Rigel als linkem Schulterstern, geht im Osten auf und im Westen unter. Es ist allerdings nicht ganz leicht zu sehen, ob er näher dem Aufgangspunkt im Osten oder dem Untergangspunkt im Westen steht.

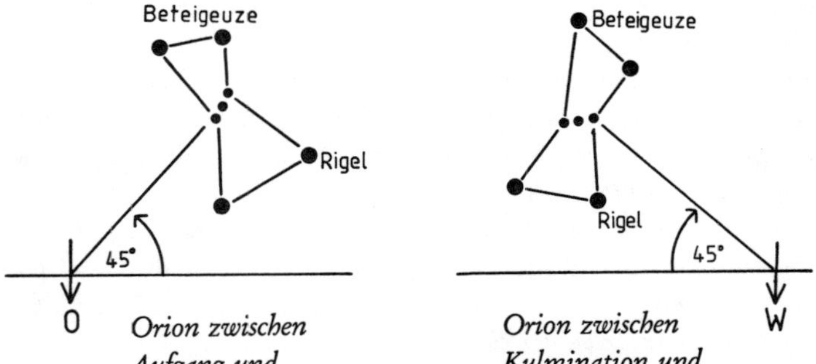


*Orion zwischen Aufgang und Kulmination*

*Orion zwischen Kulmination und Untergang*

Auf der südlichen Halbkugel läßt sich die Südrichtung am besten nach dem Kreuz des Südens bestimmen (eine im wesentlichen aus vier hellen, kreuzförmig angeordneten Sternen bestehende Gruppe).

Dazu denken Sie sich eine Verbindungslinie zwischen den beiden am weitesten voneinander entfernten Sternen des Kreuzes und verlängern diese vom obersten Stern über den Fuß des Kreuzes hinweg um das 4 1/2-fache. Damit haben Sie den Himmelssüdpol.

Zum Auffinden des Kreuzes des Südens (kann mit dem Sternbild »Segel« leicht verwechselt werden) gibt es folgende Hilfen:

*Zeiger*

2 Sterne links des Kreuzes. Eine gedachte Verbindungslinie zwischen diesen zeigt in gerader Linie zum obersten Stern des Kreuzes.

*Kohlensack*

Ein dunkler, sternloser Fleck in der Milchstraße direkt neben dem Kreuz des Südens.

Eine weitere Möglichkeit, den Himmelssüdpol festzustellen, bieten die Magellan'schen Wolken.

Wenn Sie durch die angenommenen Mittelpunkte der beiden Wolken eine gedachte Linie ziehen, bildet diese die Basis eines gleichseitigen Dreiecks. Die Spitze dieses Dreiecks liegt ziemlich genau im Himmelssüdpol.

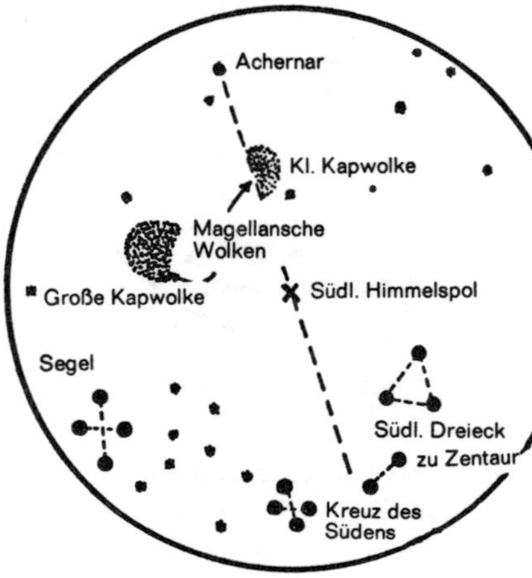


*Südlicher Sternenhimmel*

## Natürliche Bodenbedeckungen

Diese weisen gewisse Besonderheiten hinsichtlich der Wetterseite auf und ermöglichen somit eine grobe Orientierung.

Unter Wetterseite ist die vorherrschende Windrichtung zu verstehen. Diese kann kleinklimatisch unterschiedlich liegen; daher ist dieses Orientierungsverfahren recht unzuverlässig. Verallgemeinernd läßt sich allerdings feststellen, daß im europäischen Durchschnitt Nordwest die vorherrschende Windrichtung ist.

Aus dieser Richtung wird mehr Feuchtigkeit an die Bodenbedeckung als aus den übrigen Himmelsrichtungen herangetragen, und der Wind übt Druck auf die Gewächse aus. Das äußert sich in einer Neigung alleinstehender, dem Wind Widerstand bietender Gewächse nach Südost sowie im Moosansatz an der Nordwestseite.

Der Astwuchs ist gegen die Wetterseite hin gehemmt, auch die Jahresringe des Baumes liegen auf der Wetterseite hin wegen verminderten Wachstums enger beieinander. Die Rinde ist an der Wetterseite deutlich grob und rissig, an der der Wetterseite abgewandten Seite des Stammes aber ebenmäßig und läßt sich einfacher in großen Stücken abschälen.

Auch für Grasbüschel gilt eine ähnliche Erscheinung, sofern sie der Wetterseite auch wirklich ausgesetzt sind und nicht etwa an windgeschützten Plätzen wachsen. Zur Wetterseite hin sind sie von kurzem, struppigem Wuchs, auf der entgegengesetzten Seite haben sie das Bestreben, sich am Boden anzuschmiegen und sind auch länger.

Eine andere für den Pflanzenwuchs bedeutsame Richtung ist Süden; von dort wird vornehmlich Sonnenwärme empfangen und daher ist der Wuchs in diese Richtung entsprechend gut. Unter der eingetrockneten Rinde einzelner Pfähle finden sich in der warmen Jahreszeit

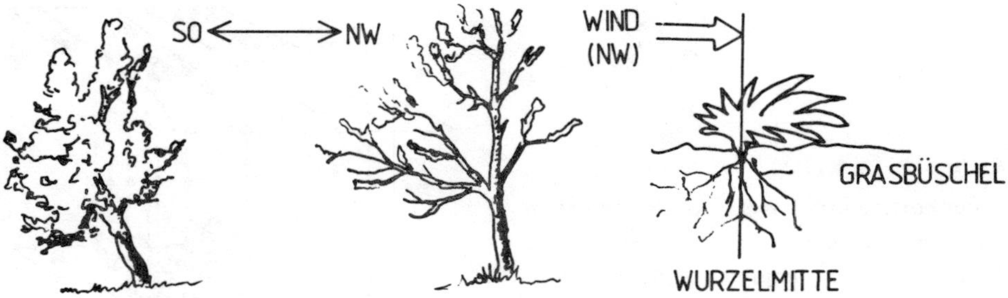


Ohrenkäfer, die sich fast nur an der warmen, lichtstarken Sonnenseite absetzen. Ameisenhaufen werden meist am Stammfuß eines Baumes und immer gegen die Sonne (also nach Süden hin) errichtet.

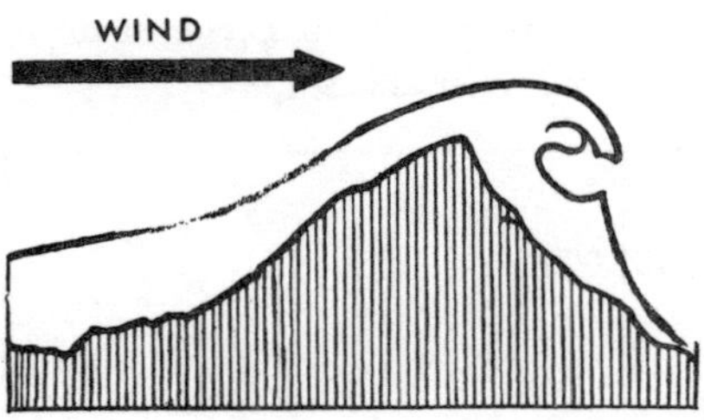


*Wächten bauen sich in Windrichtung über steilen Hängen und auf Graten auf.*
*Der Anraum nach Schneetreiben oder Schneefegen wächst gegen den Wind.*

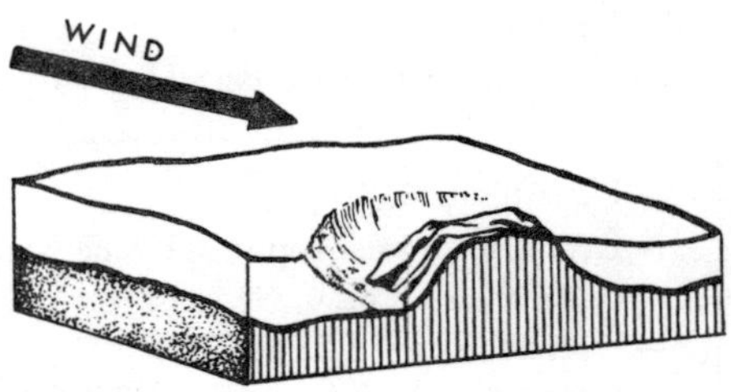


*Windkolke entstehen um Bäume, Steine, Hausfronten usw. an der Windseite.*

**Sonstige Hinweise**

— Alte Kirchen stehen meist in Ost-West-Richtung.
— Einzeln stehende Häuser in ländlichen Gegenden sind an der Wetterseite oft mit Schindeln oder Eternit verkleidet, die Fenster zeigen nach Süden.
— Weingärten liegen fast immer an Südhängen von Bodenerhebungen.

## *Künstliche Orientierungshilfen*

Natürliche Orientierungshilfen haben den Nachteil, daß sie nicht uneingeschränkt verfügbar sind. Wenn bei Regen oder Bodennebel die Sonne nicht zu sehen ist, läßt sich beim besten Willen keine Himmelsrichtung genau bestimmen.

Künstliche Orientierungsmittel ermöglichen die Feststellung des eigenen Standortes auch bei widrigen Verhältnissen.

**Die Karte**

Sie ist die wichtigste Orientierungshilfe überhaupt und verdient dementsprechende Beachtung.

Definition

Eine Karte ist ein verkleinertes, vereinfachtes, inhaltlich ergänztes und erläutertes Grundrißbild des Geländes.

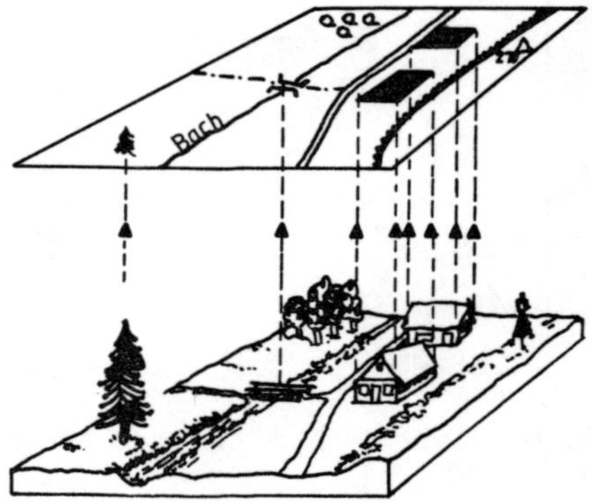


Grundrißbild

Punkte und Linien des Geländes werden in eine horizontale Kartenebene projiziert und bilden dort die Signaturen und Kommunikationen der Karte (Straßen, Wege, Eisenbahnlinien). Sie ergeben damit einen Grundriß des Geländes.

Verkleinerung

Das Verhältnis von Naturentfernung zu Kartenentfernung heißt Maßstab. Dieser ist auf jeder Karte angegeben. Nach dem Maßstab werden die Karten unterschieden in

- Pläne bis 1:10.000
- Detailkarten oder topographische Karten bis 1:100.000
- Generalkarten bis 1:499.999
- Übersichtskarten 1:500.000
- Geographische Karten bis 1:1.000.000

Für Orientierungszwecke genügen topographische Karten vollauf. Die gängigsten haben einen Maßstab von 1:25.000 oder 1:50.000. Das bedeutet, daß 1 cm auf der Karte 25.000 cm (250 m) oder 50.000 cm (500 m) in der Natur entsprechen.

Die maßstabgetreue Verkleinerung gilt natürlich nur für Horizontalentfernungen, nicht aber für Neigungen oder Flächen. Das spielt aber für die Orientierung keine Rolle.

Vereinfachung (»Generalisierung«)

Manches läßt sich nicht exakt maßstabgetreu zeichnen. Eine 5 m breite Straße dürfte auf einer Karte 1:50.000 nur 1/10 mm dick gezeichnet werden. Sie wäre kaum noch zu sehen. Andererseits lassen sich viele Einzelheiten des Geländes besser durch Symbole als durch ihren genauen Grundriß darstellen. All das macht eine Karte zwar ungenauer, aber dafür leichter lesbar.

*Inhaltliche Ergänzungen*

Das Kartenbild enthält wertvolle Informationen, die sonst im Gelände nicht in Erscheinung treten. Es zeigt z. B. politische Grenzen, unterscheidet Straßen- und Wegeklassen, differenziert Siedlungen nach der Einwohnerzahl und gibt Erläuterungen durch die Beschriftung. Bedeutend für die Orientierungsarbeit ist, daß die Kartenschrift (mit Ausnahme von Geländebezeichnungen) immer in Ost-West-Richtung gedruckt ist.

Kartenzeichen

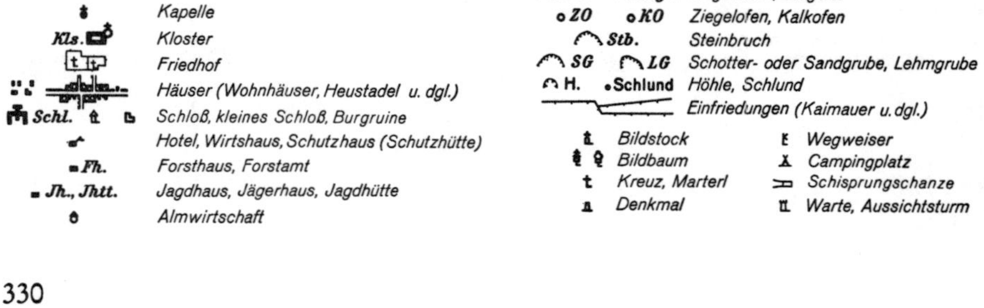

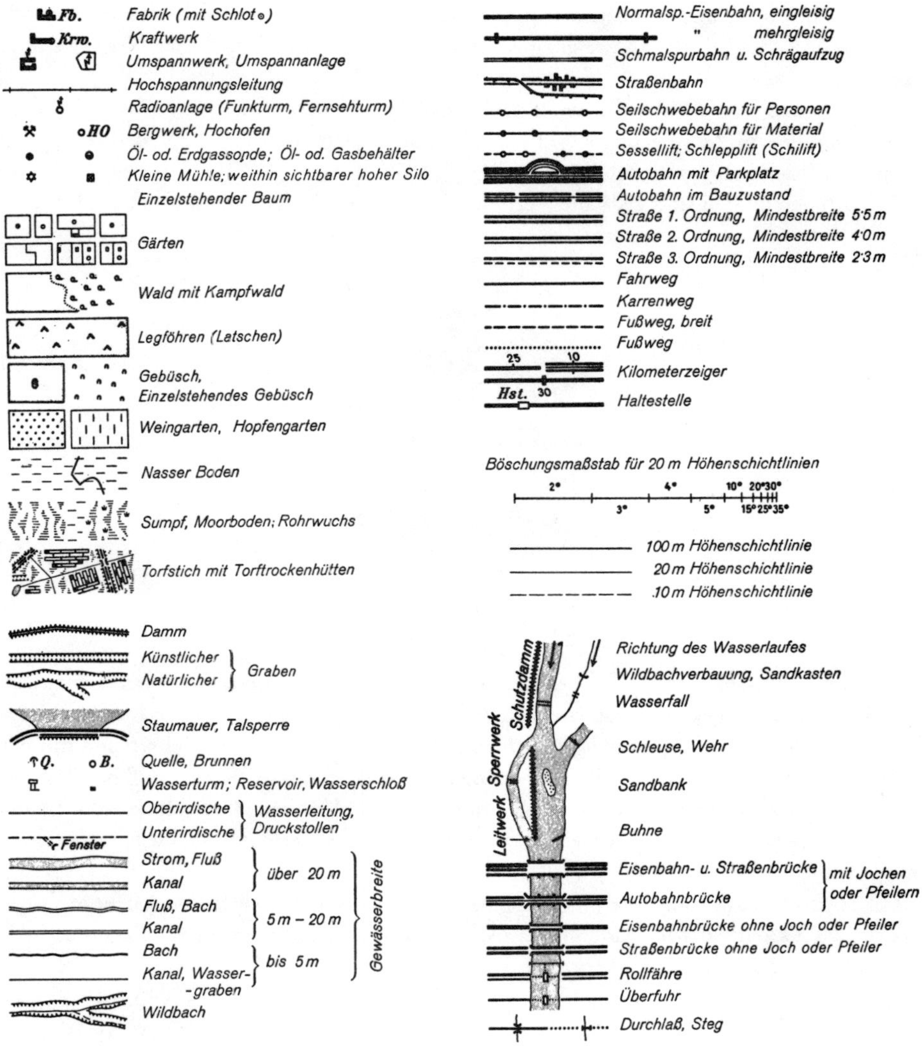


## Geländeformen

Der moderne Mensch fährt mit dem Auto, und daher ist für ihn die Straße die wichtigste Verbindungslinie zwischen zwei Orten. Im Überlebensfall kann es sein, daß man sich ohne Auto mitten im Gelände nach Wegen orientieren muß. Das geht aber fast immer daneben, denn kein Kartograph kann Wege so schnell in die Karte aufnehmen, wie neue Wege, insbesondere Forstwege und Waldaufschließungsstraßen, entstehen. Wer sich also im Gelände nach der Methode »dritte Abzweigung rechts« orientiert, darf sich nicht wundern, wenn er nie ans Ziel kommt.

Entscheidend für die Orientierung ist auch nicht die Bodenbedeckung (der Wald kann abgeholzt oder eine Wiese aufgeforstet sein), sondern die Bodenform. Wer Schichtenlinien lesen kann, wird sich kaum verirren.

Die Schichtenlinien sind gedachte Verbindungen von Geländepunkten gleicher Höhe.

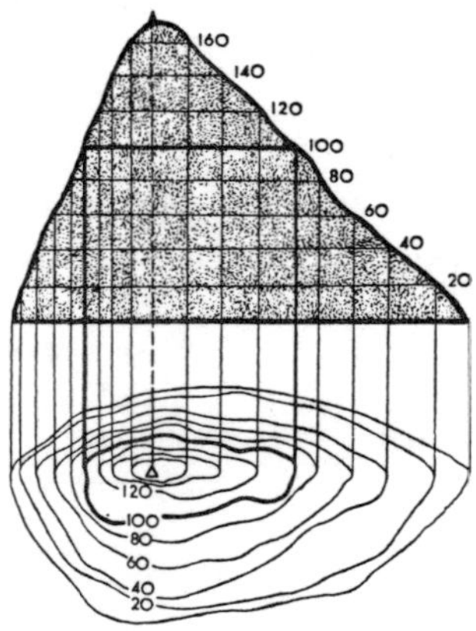


Die Skizze veranschaulicht das Prinzip der Schichtenlinien. Der lotrechte Abstand der einzelnen Schichten im Gelände heißt »Äquidistanz«. In unseren topographischen Karten beträgt diese normalerweise 20 m. Hunderter-Schichtenlinien sind verstärkt gezeichnet und mit der Höhenangabe versehen (»Zählschichten«). Die Zahl steht immer so, daß der Fuß der Zahl abwärts weist. Darüber hinaus gibt es noch dünne und unterbrochene Hilfsschichtenlinien, die nur dort eingezeichnet sind, wo eine besonders markante Geländeform noch verdeutlicht werden soll.

Mit Hilfe der Lavierung wird eine Geländeschattenbildung bei schräger Beleuchtung angedeutet; das Kartenbild wird dadurch plastischer und die Geländeformen deutlicher lesbar.

Beispiele verschiedener Geländeformen:

*Kuppe*

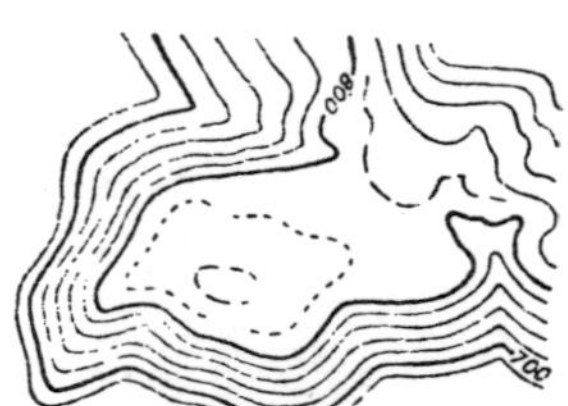


*Plateau*

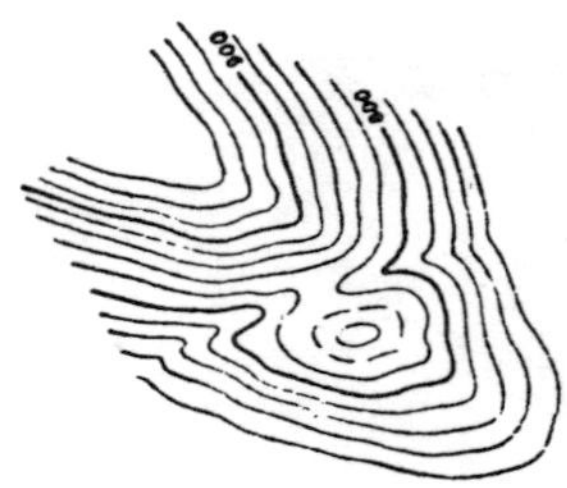

*Rückfallkuppe*

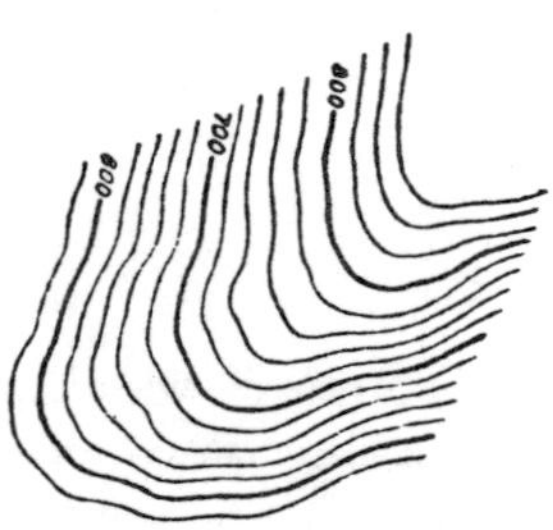

*Breiter Rücken*

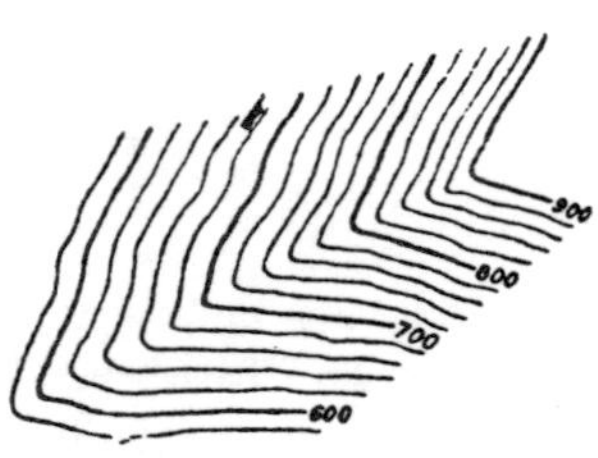


*Schmaler Rücken*

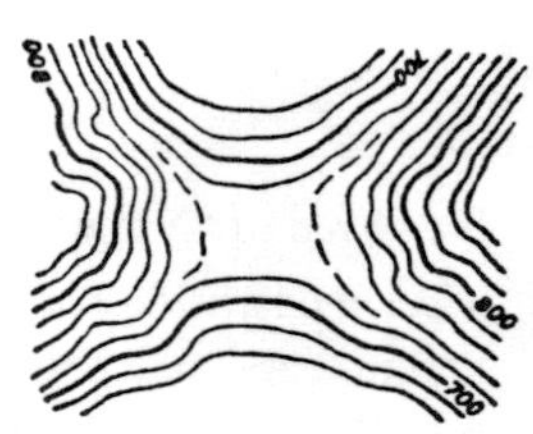


*Sattel*

*Mulde in Rinne übergehend*

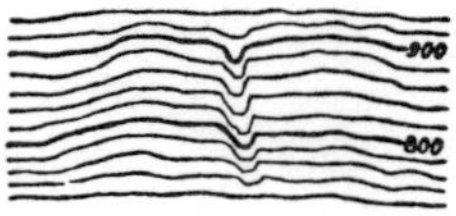

*Rippe*

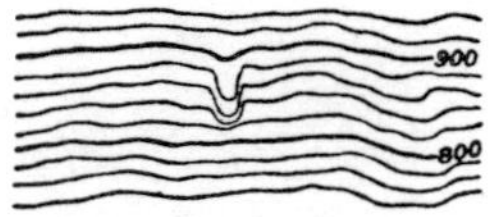

*Nase*

*Stetiger Hang*

*Hohler (konkaver) Hang*

*Gewölbter (konvexer) Hang*

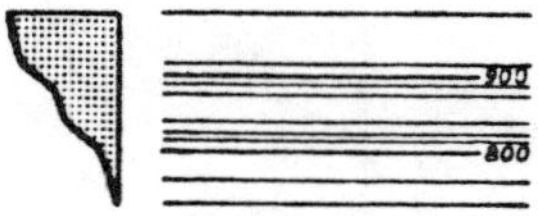

*Stufenförmiger Hang*

*Absatz*

Praktisches Beispiel zum Lesen einer Karte (Karte auf S. 334)

Von der *Haunfilzhütte* zur Einlaß-Holzstube verlassen Sie die *Haunfilzhütte* in Richtung Süd-Südost und folgen einem Karrenweg (ein von landesüblichen Fuhrwerken dauernd benützter Feldweg mit 1 bis 1,6 m Breite) an der linken (östlichen) Seite einer schmalen, 50 bis 70 m breiten Lichtung. Im diagonal gegenüberliegenden Eck der Lichtung, 500 m von der *Haunfilzhütte* entfernt, verschwindet ein Weg im Wald, dem Sie folgen. Die Lichtung verläuft in einer Senke zwischen dem *Sondersberg*, der rechter Hand 120 m hoch aufragt und einem Angelände links mit über 100 m relativer Höhe. Am Boden der Senke verläuft ein nach Nordwesten zum *Dürrnbach* hin fließender Bach. Die Lichtung liegt nicht am Boden der Senke, sondern rechts des Baches und vermutlich höher als dieser (auch wenn es sich dabei nur um eine sehr geringe und daher in der Karte nicht ausgedrückte Überhöhung handelt; sie ist jedenfalls sanft, sonst wäre sie mit einer Böschungssignatur gekennzeichnet). Außerdem fällt sie leicht nach Süd-Südosten ab.

Sie wechseln den Karrenweg hinüber zum südwestseitigen Rand der Lichtung und folgen ihm in den Wald hinein. War der Lichtungsrand nicht deutlich erkennbar, oder haben Sie die Orientierung verloren, gehen Sie nach Südwesten, um nach 50 bis höchstens 100 m auf den Bach zu stoßen, dem Sie bachaufwärts folgen, bis Sie etwa 100 m hinter dem Südrand der Lichtung auf den den Bach querenden Karrenweg stoßen. 300 m weiter und in ziemlich genau südlicher Richtung verengt sich der Karrenweg zu einem schmalen Fußweg, der im Gelände nicht immer erkennbar sein muß; häufig ist er verwachsen; die Karte gibt manchmal nur die bestmögliche Begehbarkeit des Geländes an. Dieser Fußweg biegt sich vorerst eben dahinführend leicht nach Süd-Südwest bis Südwest; rechter Hand ragt der Ostabhang des *Sondersberges* steil und etwa 100 m hoch auf. Bald beginnt der Fußweg abwärts zu führen, um nach 550 m einen schmalen Bach, der in den *Schwarzlofergraben* führt, zu queren. Haben Sie hier die Orientierung verloren, reicht es, linker Hand diesen Bach zu suchen. Er liegt abwärts des Fußweges und kaum weiter als 50 m von diesem entfernt. Man verfolgt ihn bachabwärts, bis man auf die Querung des Fußweges stößt (spätestens nach 500 m). Ist der Bach begehbar, kann man einen Umweg und damit Zeit sparen, wenn man diesem Bach 200 m weiter abwärts folgt. Dort, an der Einmündung eines weiteren, von links durch einen Graben herunterkommenden Baches oder Rinnsales, findet sich eine Brücke, über die ein ebenfalls aus Südosten herabführender Karrenweg aus einer Kurve kommt, dahinter scharf nach Südwest biegt und rechts des Baches weiter dem Hangfuß des *Sondersberges* folgt. Dem Weg 1,5 km weiter folgend und 160 m tiefer findet sich links des Weges und wahrscheinlich knapp an diesem heranstehend zwischen Weg und Bach eine Hütte, die *Einlaß Holzsstube.*

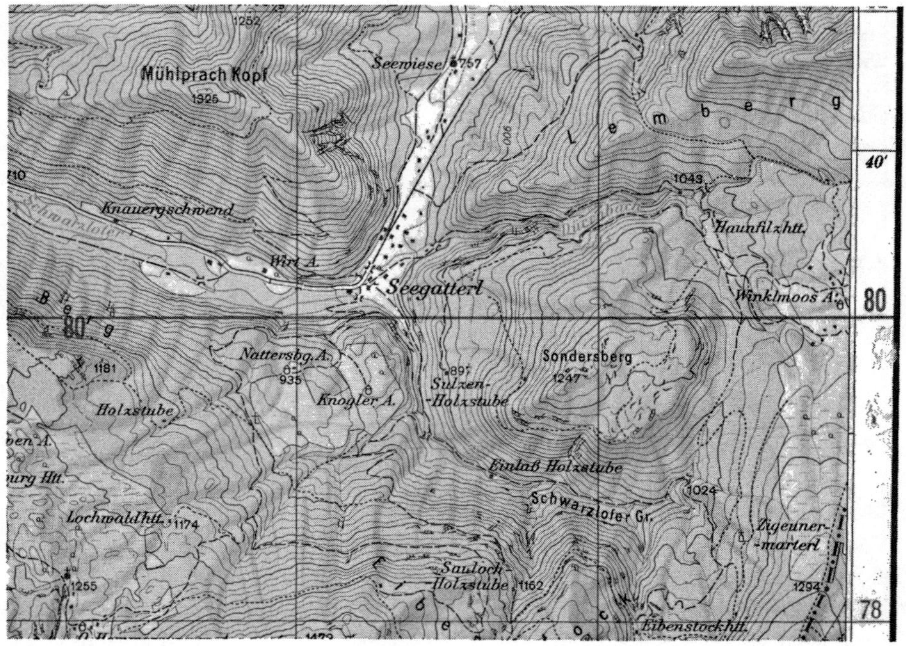


*Maßstab 1:50.000*

### Genauigkeit von Karten

Auf modernen Landkarten sind noch Entfernungen von 7 Metern eingezeichnet. Das entspricht auf einer Karte im Maßstab 1:25.000 einer Strecke von einem Drittel Millimeter.

In einer Karte wird zuerst aus einem Luftbild das Gewässernetz ohne Generalisierung (Vereinfachung) eingezeichnet, und daher sind Gewässerzeichnungen immer sehr genaue Kartenpunkte. Nächste Priorität haben Eisenbahnverbindungen, danach das Straßen- und Wegenetz. Diese unterliegen in steigendem Maß der Generalisierung.

Am ungenauesten sind Schichtenlinien und Signaturen. Schichtenlinien beispielsweise müssen Straßen im rechten Winkel schneiden, damit man die Steigung der Straße ablesen kann. Ist nun diese Straße auf einer Karte des Maßstabes 1 : 50.000 1 mm breit gezeichnet, dann ist die Genauigkeit der Hangdarstellung auf 50 m Breite nicht mehr gegeben. In der Praxis ist der ungenau gezeichnete Geländeteil noch größer, weil der Topograph die Schichtenlinie nicht übergangslos, sondern nur langsam an das richtige Geländebild heranzeichnen kann.

Sucht man also in der Karte ganz genau lagerichtig eingezeichnete Punkte (sogenannte »sichere Kartenpunkte«), dann hält man sich zuerst an Gewässerzeichen, dann an Eisenbahnverbindungen und zuletzt an das Wege- und Straßennetz.

Oft wird behauptet, zum sicheren Orientieren sei ein »Gefühl« nötig.

Das ist völlig falsch. Orientieren erfordert nichts weiter als logisches Denken und ein systematisches Auswerten der Karteninformationen. Wer das exakt macht, findet sich im Gelände sicher zurecht.

## Der Kompaß

### Charakteristik

Aufgabe des Kompasses ist es, mit Hilfe einer Magnetnadel eine unveränderbare Grundrichtung anzuzeigen, die universell anwendbar ist. Mit Hilfe des Erdmagnetismus ist es möglich, Norden als diese Universalgrundrichtung zu verwenden. Von ihr ausgehend lassen sich so die Nordrichtung und alle anderen Himmelsrichtungen problemlos bestimmen.

Erdmagnetismus

Das Prinzip des Kompasses beruht darauf, daß der Erdmagnetismus eine freischwebende Magnetnadel immer wieder in die Nord-Süd-Stellung bringt.

Allerdings bedingen ständig wandernde starke magnetische Felder z. B. in Nordkanada (Boothia-Halbinsel) eine gewisse Abweichung der Magnetnadel vom geographischen Nordpol. Diese Abweichung, auch Deklination genannt, läßt die Magnetnadel nicht exakt auf den geographischen, sondern auf den sogenannten magnetischen Nordpol weisen.

Die Deklination ist an jedem Punkt der Erde verschieden, und will man mit dem Kompaß ganz genau messen, muß man über die örtliche Deklination Bescheid wissen. Dazu kommt noch, daß sich die Deklination im Laufe der Zeit ändert, und daß es zudem weitere magnetische Störungsgebiete gibt.

In unseren Breiten kann die Deklination ohne weiteres vernachlässigt werden. Sie beträgt in Österreich zwischen 0,05° und 0,15°, das entspricht 1 bis 3 m Abweichung auf 1 km und spielt daher bei der Orientierung überhaupt keine Rolle.

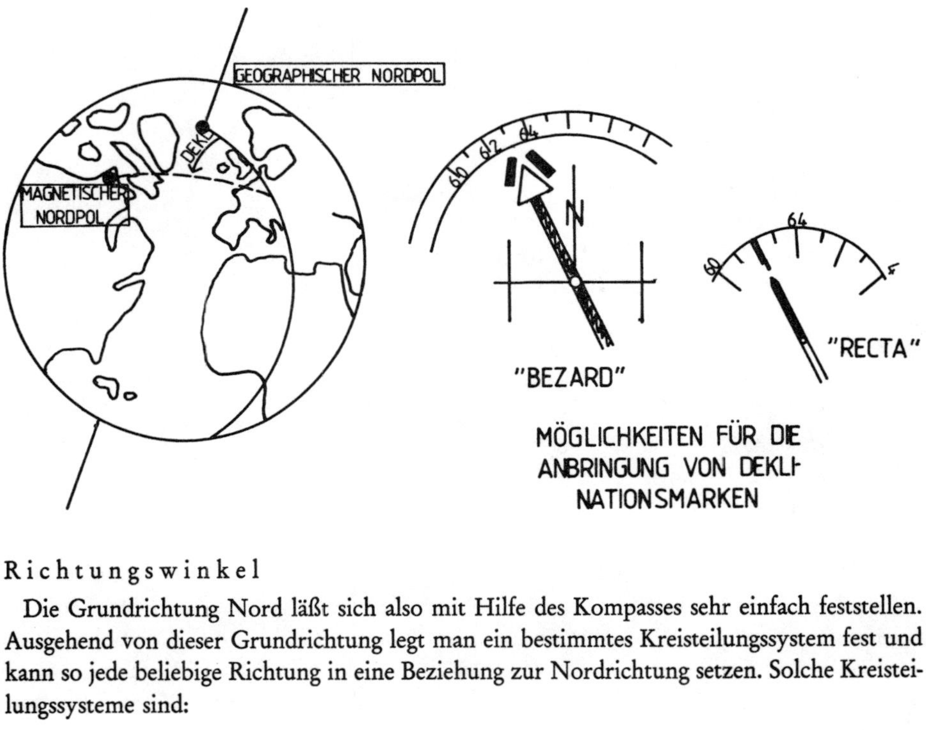


Richtungswinkel

Die Grundrichtung Nord läßt sich also mit Hilfe des Kompasses sehr einfach feststellen. Ausgehend von dieser Grundrichtung legt man ein bestimmtes Kreisteilungssystem fest und kann so jede beliebige Richtung in eine Beziehung zur Nordrichtung setzen. Solche Kreisteilungssysteme sind:

- Altgrad (°): 360° im Vollkreis
- Neugrad oder Gon (g): 400 g im Vollkreis
- Strich oder Artilleriepromille (–): 6400– im Vollkreis
- Windrose

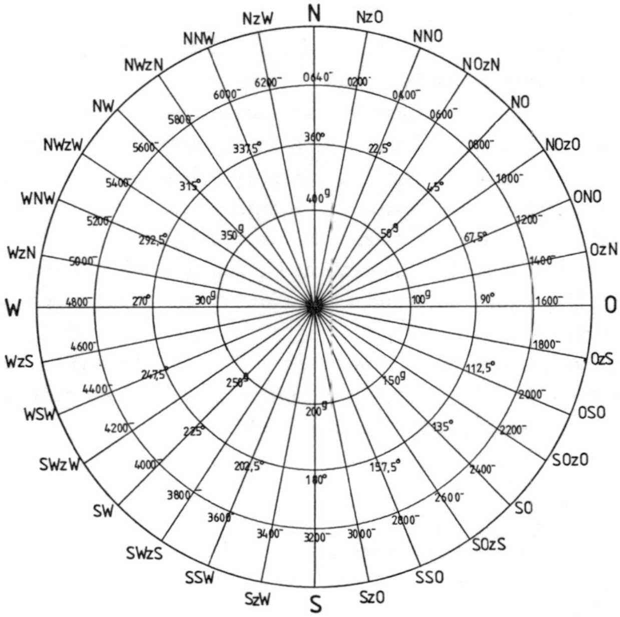


Umrechnungstabelle Grad in Strich (Werte gerundet; 1° = 17,7—)

| | |
|---|---|
| 1° = 18— | 1/10° = 2— |
| 2° = 36— | 2/10° = 4— |
| 3° = 53— | 3/10° = 5— |
| 4° = 71— | 4/10° = 7— |
| 5° = 89— | 5/10° = 9— |
| 6° = 107— | 6/10° = 11— |
| 7° = 124— | 7/10° = 12— |
| 8° = 142— | 8/10° = 14— |
| 9° = 160— | 9/10° = 16— |
| 10° = 178— | 10/10° = 18— |

All diese Kreisteilungssysteme haben ihre Vor- und Nachteile. Für Orientierungsaufgaben eignet sich am besten die Stricheinteilung. Sie wurde vom Bogenmaß abgeleitet: Der volle Kreisumfang beträgt im Einheitskreis mit einem Radius von 1 m $2\pi = 6{,}28$ m; um besser rechnen zu können, nimmt man den Wert 6280 und rundet auf 6400 auf. Damit ist ein Strich gleich dem 6400sten Teil des Kreisumfanges (Definition). Faustregel: In 1000 m Entfernung ist ein Strich gleich 1 m.

## Die Bussole

Der Kompaß ist eine Magnetnadel, die zum praktischen Gebrauch in ein Gehäuse eingebettet ist. Eine Bussole besitzt darüberhinaus unter anderem noch eine Kreisteilungsscheibe. Sie soll folgende Elemente aufweisen:

- ein festes Gehäuse mit geschützten Glasteilen, beiderseits durchsichtig;
- eine Aufhängevorrichtung;
- ein Lineal mit Zentimetereinteilung als Anlegekante oder Zubehör;

— eine drehbare, rechtsläufige Teilringscheibe mit Stricheinteilung, die eine deutlich lesbare Markierung mindestens alle 100 Strich aufweisen soll;
— eine stabile, schwingungsgedämpfte, in Flüssigkeit gebadete Magnetnadel;
— eine deutlich erkennbare Ablesemarke;
— eine einfach zu handhabende Spiegeleinrichtung;
— eine Visiereinrichtung, die auch für Messungen hangauf und hangabwärts geeignet ist;
— Leuchtmarken für die Arbeit im Dunkeln;
— eine Ost-West-Markierung auf dem Teilringkreis.

Außerdem soll sie handlich, also nicht zu groß und nicht zu klein sein. Deklinationsmarke und Neigungswinkel sind günstig, aber nicht unbedingt erforderlich.

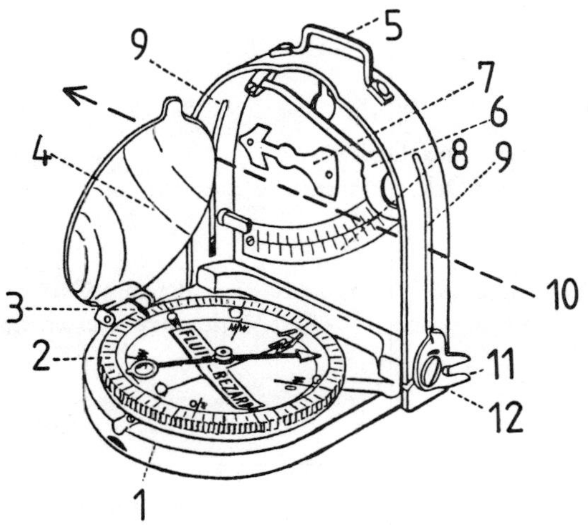


*1 Gehäuse*
*2 Teilringscheibe*
*3 Ablesemarke*
*4 Metallspiegel*
*5 Riemenbügel*
*6 Pendel*
*7 Direktionspfeil*
*8 Skala*
*9 Visierschlitz*
*10 Visierlinie*
*11 Linealhalter*
*12 Anlegekante*

Es gibt eine ganze Reihe guter Bussolen; sie ähneln sich alle, und wer eine beherrscht, kann auch mit den anderen umgehen. Die Bézard-Bussole gehört zu den besten.

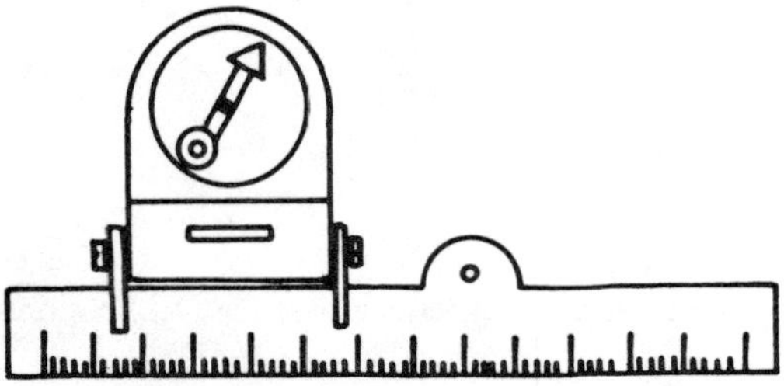

*Verwendung des Lineals*

Das Arbeiten mit der Bussole

Für die Übung der praktischen Arbeit mit der Bussole werden im folgenden 6 Grundaufgaben und 4 erweiterte Aufgaben für die Bézard-Bussole beschrieben. Sie sind sinngemäß für alle anderen Bussolen mit Ost-West-Markierung gleich.

Beim Gebrauch ist die Bussole stets so zu halten, daß die Visierlinie (Direktionspfeil) vom eigenen Standort wegzeigt. Andernfalls ergibt sich ein Fehler von 3200 Strich.

In der Beschreibung wird die Deklination berücksichtigt, weil die entsprechende Marke auf der Bussole vorhanden ist. Sie könnte ohne Entstehen grober Orientierungsfehler auch weggelassen werden.

Einfache Kompaßaufgaben

*Feststellen der Nordrichtung*

Es ist dabei ein Punkt, der auf der Linie zwischen dem eigenen Standort und dem geographischen Nordpol liegt, zu bestimmen. Dieser Punkt liegt geographisch im Norden.

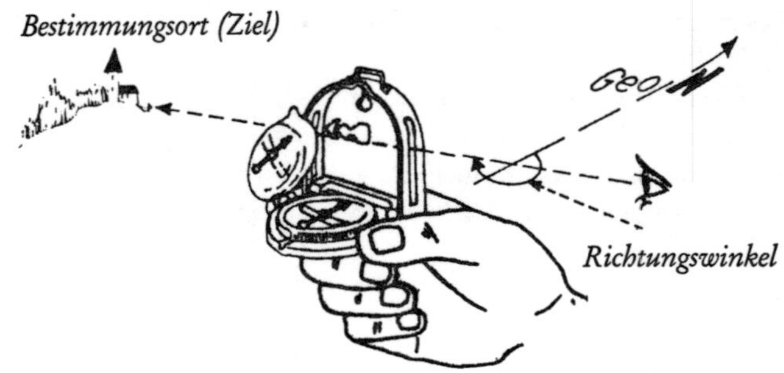


Vorgangsweise:

- Kompaßzahl 6400 oder 0000 auf Ablesemarke einstellen,
- Kompaß so lange drehen, bis Magnetnadel auf Deklinationsmarke einspielt,
- durchvisieren.

*Einnorden der Karte*

Zum Vergleich von Karte und Gelände kann es nötig sein, die Karte in die zum Gelände richtige Lage zu bringen (bei der Arbeit mit Bussolen ohne Ost-West-Markierung müssen die Karten immer eingenordet werden).

Vorgangsweise:

- Kompaßzahl 6400 auf Ablesemarke einstellen,
- Bussole mit Anlegekante an den Kartenrand anlegen,
- Karte mit aufgelegter Bussole so lange drehen, bis die Magnetnadel auf die Deklinationsmarke einspielt.

*Feststellen eines Richtungswinkels im Gelände*

Bei dieser Aufgabe dient die Bussole als Winkelmesser; der Winkel wird durch das Dreieck eigener Standort – Geländepunkt – Nordpol gebildet.

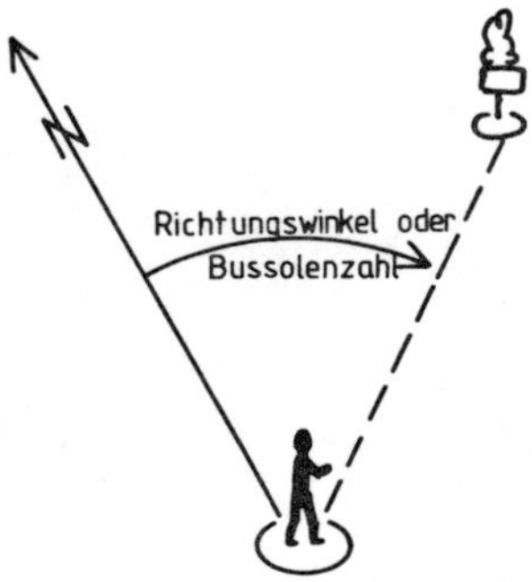

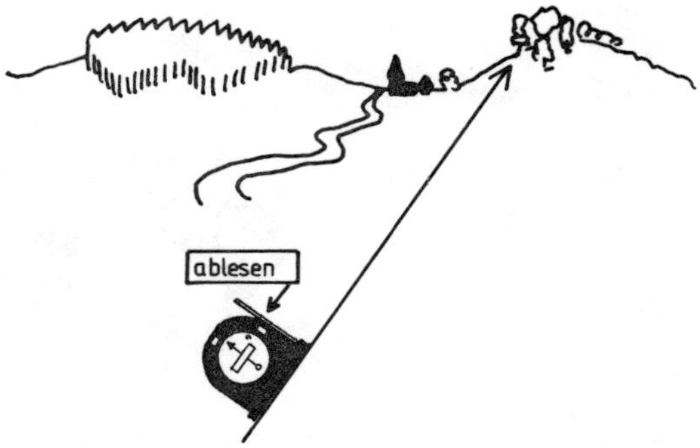


- Vorgangsweise:
- Geländepunkt anvisieren,
- Teilringscheibe unter Zuhilfenahme des Spiegels so lange drehen, bis die Magnetnadel auf die Deklinationsmarke einspielt,
- Richtungswinkel (Bussolenzahl) auf der Ablesemarke ablesen.

*Feststellen eines Richtungswinkels auf der Karte*

Bei dieser Aufgabe erübrigt die Ost-West-Markierung ein Einordnen der Karte.

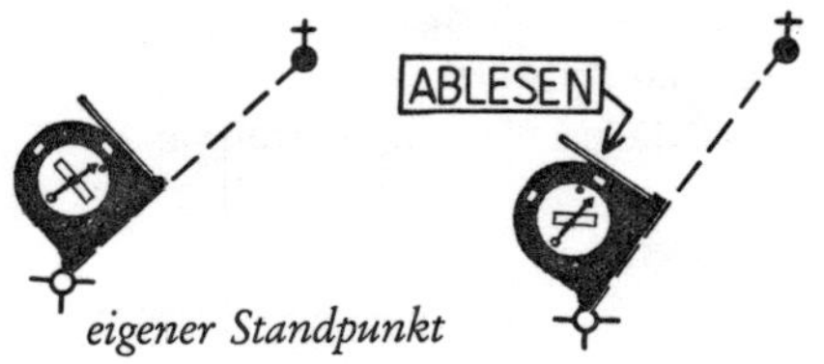


Vorgangsweise:

- Anlegen der Bussole auf die Linie zwischen dem eigenen Standort und dem Geländepunkt,
- Teilringscheibe so lange drehen, bis die Ost-West-Markierung (bei der Bézard-Bussole Schriftband »Fluid Bézard«) mit der Kartenschrift parallel steht (dann liegen der Kartennorden und der Norden der Teilringscheibe auf einer Linie),
- Richtungswinkel an der Ablesemarke ablesen.

Bei den folgenden beiden Aufgaben kommt es darauf an, im Gelände mit der Magnetnadel und auf der Karte mit der Ost-West-Markierung zu arbeiten.

*Übertragen eines Richtungswinkels vom Gelände in die Karte*

Diese Aufgabe ist im Grunde eine Kombination aus den beiden vorhergehenden.

Vorgangsweise:

- Feststellen des Richtungswinkels im Gelände, Bussolenzahl auf Ablesemarke einstellen,
- Bussole auf der Karte am eigenen Standort auflegen (Direktionspfeil zeigt vom Standort weg),
- Bussole so lange drehen, bis die Ost-West-Markierung mit der Kartenschrift parallel steht,
- Der Geländepunkt befindet sich auf der Karte in Richtung Anlegekante (Direktionspfeil).

*Im Gelände:*
*Magnetnadel auf*
*Deklinationsmarke*
*Auf der Karte*
*Ost-West-*
*Markierung*
*parallel zur*
*Kartenschrift*

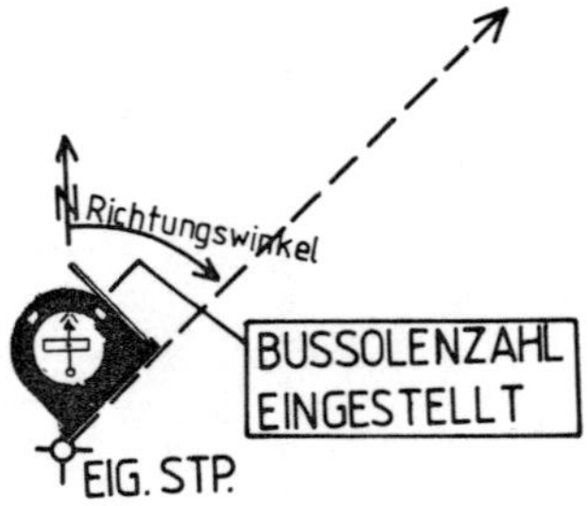


*Übertragen eines Richtungswinkels von der Karte ins Gelände*

Dies ist die Umkehrung der vorherigen Aufgabe:
Vorgangsweise:

- Richtungswinkel auf der Karte ermitteln und Bussolenzahl auf der Ablesemarke einstellen,
- Bussole in der Hand so lange drehen, bis die Magnetnadel auf die Deklinationsmarke einpendelt,
- durchvisieren.

Erweiterte Kompaßaufgaben

Hier beginnt die richtige Bussolenarbeit; nach dem Erlernen der handwerklichen Bedienung des Gerätes kann man nun darangehen, sich mit der Bussole zu orientieren.

*Feststellen des eigenen Standortes auf der Karte*

Das kann in einem von vier möglichen Verfahren erfolgen:

- — Anhängen,
- — Streckenzug,
- — Rückwärtseinschneiden,
- — Seitwärtsabschneiden.

*Anhängen an einen markanten Geländepunkt,* der zugleich Kartenpunkt ist (wenn die Entfernung dorthin bekannt oder nur ein Geländepunkt sichtbar ist).

Vorgangsweise:

- Aufsuchen des markanten Kartenpunktes im Gelände,
- Messen des Richtungswinkels im Gelände und Übertragen in die Karte (Bussole am Geländepunkt anlegen),
- geschätzte oder gemessene Entfernung abschlagen.

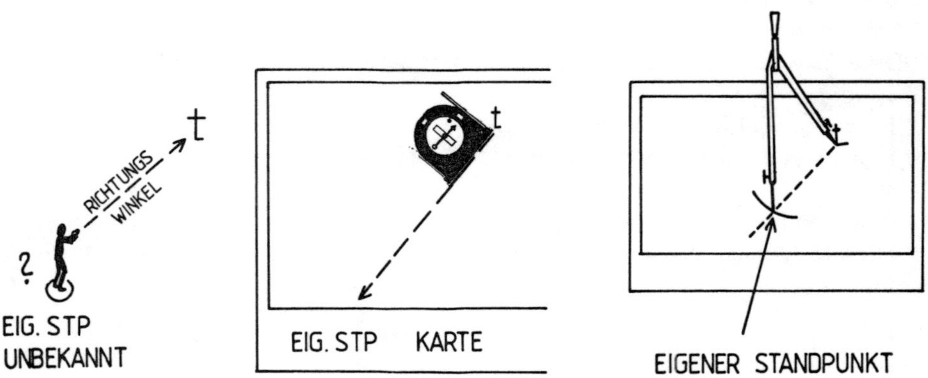

*Streckenzug*

Er kommt dann zur Anwendung, wenn kein markanter Geländepunkt, der zugleich Kartenpunkt ist, vom eigenen Standpunkt aus sichtbar ist. Solche Situationen sind im Wald häufig. Dann muß man sich, ähnlich wie bei einer Vermessung, zum nächsten Geländepunkt hinarbeiten, indem man Teilstrecken vermißt und in die Karte überträgt.

Vorgangsweise:

- Aufsuchen eines markanten Geländepunktes, der zugleich Kartenpunkt ist,
- Festlegen von Zwischenpunkten im Gelände, die die Teilstrecken begrenzen,
- Messen von Richtung und Entfernung von Zwischenpunkt zu Zwischenpunkt,
- Maßstabgerechtes Übertragen in die Karte.

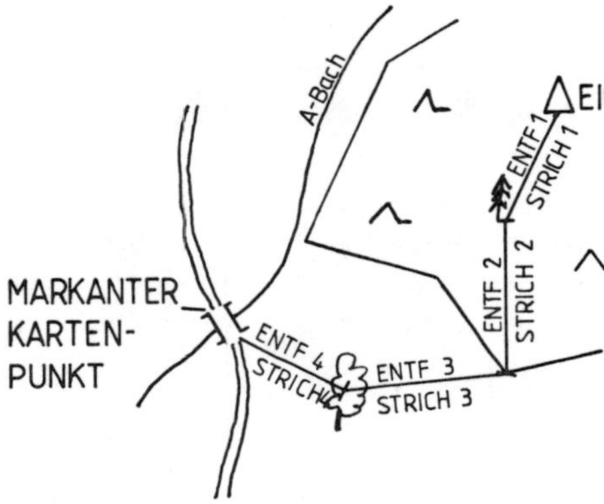


Man kann auch auf einem Papier die vermessenen Punkte maßstabgerecht skizzieren und nur eine direkte Gesamtstrecke in die Karte übertragen.

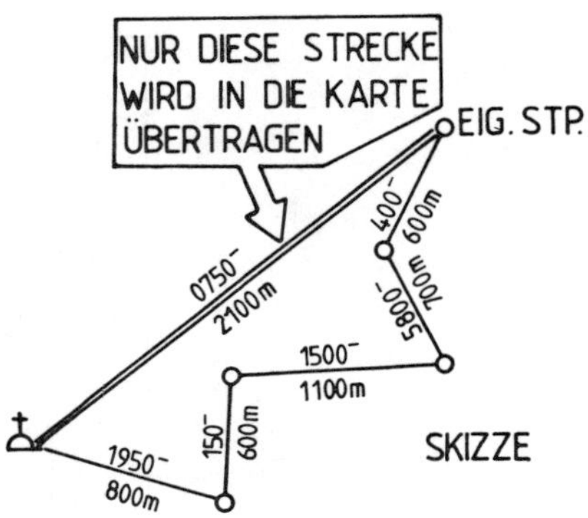


Es ist wichtig, die Strecken maßstabgerecht in die Karte zu übertragen. Bei schlampigem Arbeiten wird dieses Verfahren rasch zu ungenau.

Je weniger Zwischenpunkte gebraucht werden, desto weniger Fehlerquellen gibt es und desto genauer kann der eigene Standpunkt bestimmt werden. Der Streckenzug sollte nur dann angewendet werden, wenn keine andere Möglichkeit bleibt. Vorher sollte man prüfen, ob man nicht durch richtiges Kartenlesen den eigenen Standort besser ermitteln kann.

*Rückwärtseinschneiden*

Hier müssen zwei, möglichst aber drei markante Geländepunkte, die zugleich Kartenpunkte sind, zu sehen sein. Indem zu jedem dieser Punkte der Richtungswinkel gemessen und in die Karte übertragen wird, ergibt sich im Schnittpunkt der eigene Standpunkt.

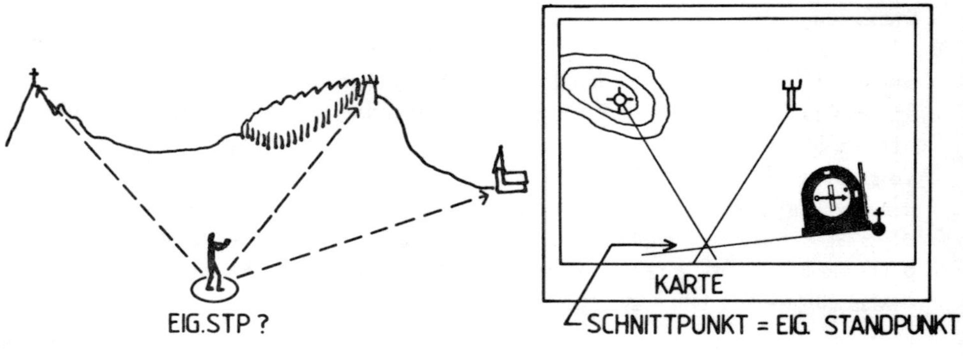


Dies ist das genaueste Verfahren. Je weiter die Geländepunkte auseinanderliegen, desto schärfer sind die Schnittpunkte und desto genauer wird das Ergebnis.

*Seitwärtsabschneiden*

Das Verfahren ist dem vorhergehenden ähnlich; es ist für jene Fälle geeignet, wo man sich auf einer Linie (Weg, Fluß, Schiene, Waldrand), befindet, aber den genauen Standort nicht kennt. Ein markanter Geländepunkt ist nötig, der zugleich Kartenpunkt ist. Er wird eingemessen, der Richtungswinkel in die Karte übertragen, und am Schnittpunkt mit der Linie befindet sich der eigene Standpunkt.

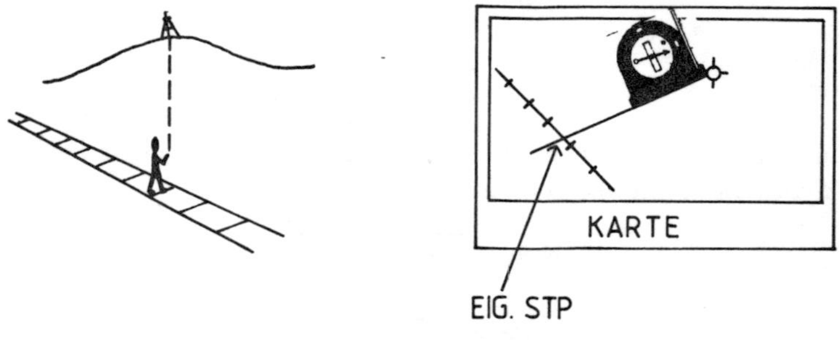


Bei zwei Geländepunkten kann genauer gearbeitet werden.

Verfügt man über einen Höhenmesser, so kann man auch auf eine Schichtenlinie seitwärts abschneiden.

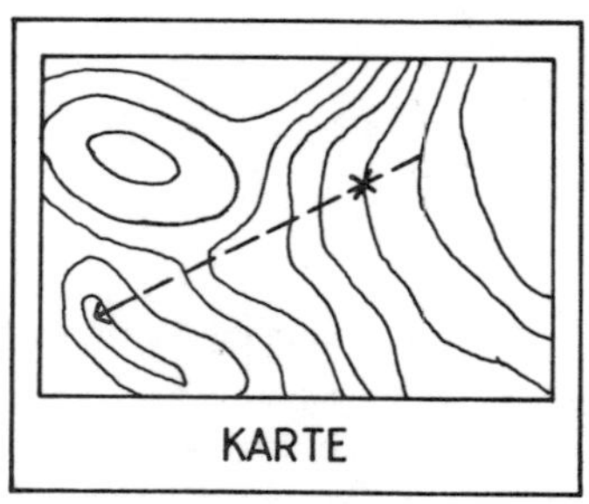


*Festlegen von Zielpunkten auf der Karte*

Es soll ein Geländepunkt, der nicht Kartenpunkt ist, auf der Karte festgelegt werden; der eigene Standort ist bekannt (häufige Vermessungsaufgabe). Es handelt sich dabei um die exakte Umkehr der vorhin geschilderten Aufgabe und dementsprechend kommen auch hier die Verfahren

— Anhängen,
— Streckenzug,
— Vorwärtseinschneiden und
— Seitwärtsabschneiden
zur Anwendung.

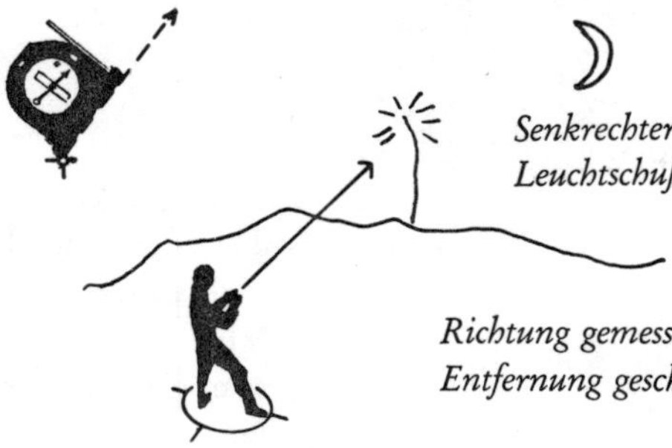


*Anhängen eines senkrechten Leuchtschusses (Standort des Partners) am eigenen Standort*

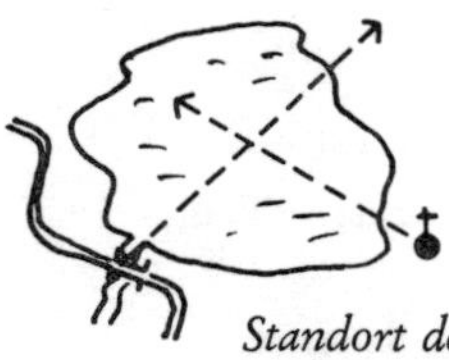


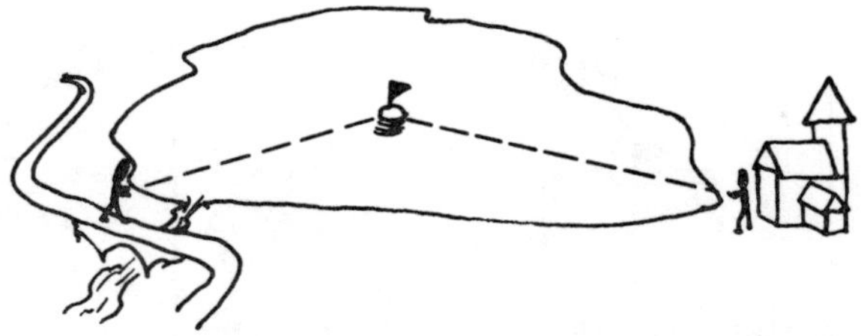

*Vorwärtseinschneiden einer Boje auf einem See*

*Seitwärtsabschneiden zur Einzeichnung der Lage eines Steges*

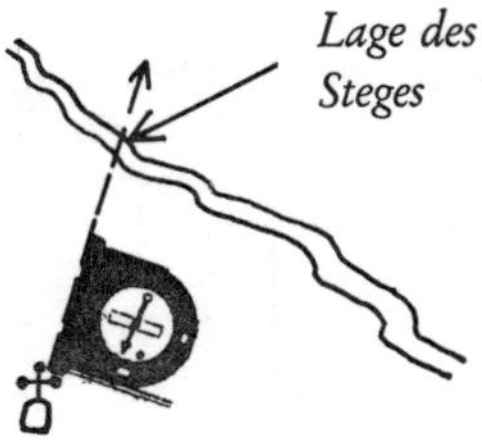

Der Bussolenmarsch

Er ist die Anwendung all der bisher besprochenen Bussolenaufgaben im Gelände. Ein Marsch erfolgt meist nach der Karte. Auf ihr werden markante Marschrichtungspunkte bis zum gewünschten Ziel festgelegt.

Somit ergeben sich durch Marschrichtungspunkte unterteilte Teilstrecken. Für jede Teilstrecke werden Richtung (Richtungswinkel, Bussolenzahl) und Entfernung (Meter) ermittelt und in einer Tabelle festgehalten; in Verbindung mit einer Marschskizze ist sie die beste Orientierungshilfe zur Durchführung eines Marsches.

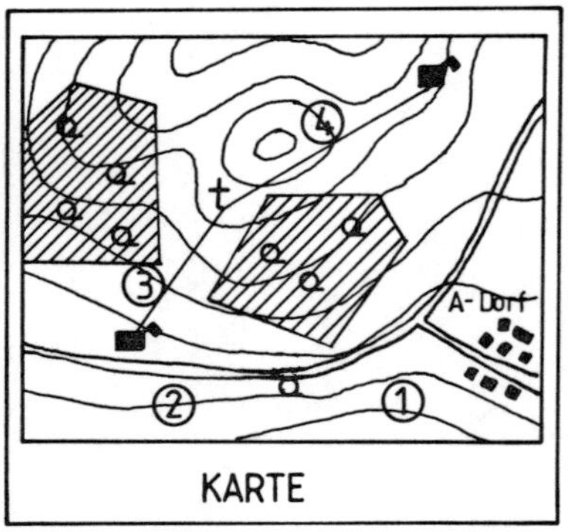


*Festlegen der Marschrichtungspunkte auf der Karte*

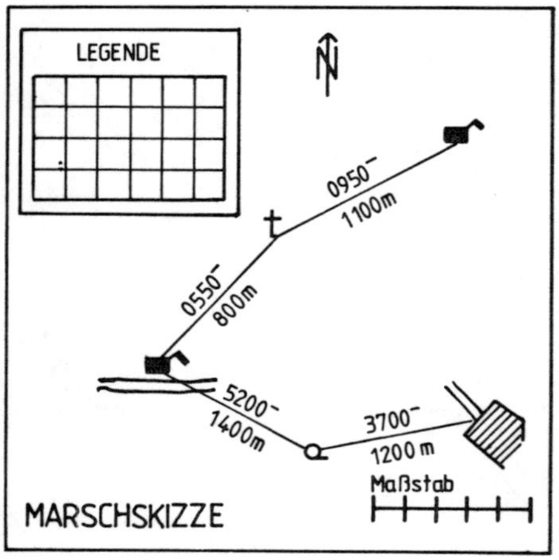


Eine Marschskizze enthält:
- die Angabe der Jahreszeit, in der sie erstellt wurde;
- Informationen über die verwendete Bussole (rechts- oder linksläufig, Kreisteilungssystem);
- Informationen über die verwendete Karte (Maßstab, Ausgabe);
- Nordpfeil;
- Maßstab;
- Legende.

Die Legende enthält:
- die Teilstrecken;
- die jeweilige Bussolenzahl;
- den relativen Höhenunterschied;
- die Entfernung;
- die Bussolenzahl für Rückweg;
- Bemerkungen.

Beispiel für eine Legende

| Teil-strecke | Bussolen-zahl (—) | relativer Höhen-unterschied (m) | Entfernung (m) | Bussolen-zahl für den Rückweg (—) | Bemerkungen |
|---|---|---|---|---|---|
| 1 | 0800 | 30 | 140 | 4000 | steiles Gelände; Bäche in OW-Richtung |

*Ermitteln der Naturentfernung*

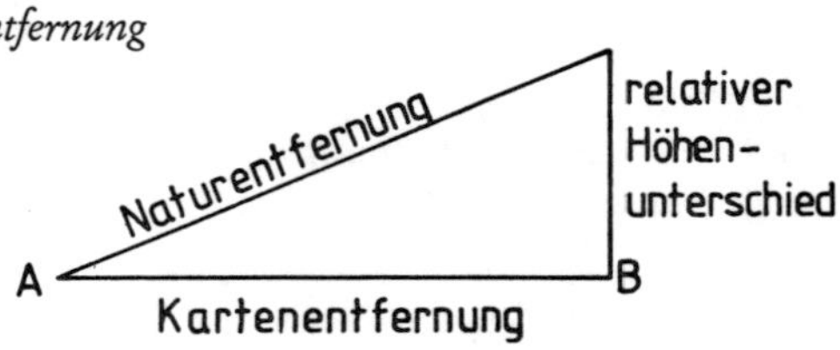

*Durchführung des Bussolenmarsches*

Erster Marschrichtungspunkt ist ein gesondert stehender, markanter Baum, der gleichzeitig Kartenpunkt ist. Bei gutem Wetter und einer verläßlichen Karte bestimmt man mit Hilfe der Bussole die Lage dieses Zwischenpunktes im Gelände und wählt dann den bequemsten Weg dorthin.

Anders bei schlechtem Wetter, das einen direkten Blick auf den Zwischenpunkt verwehrt. Da gewinnt die Bussole an Bedeutung. Man legt die Marschrichtung fest, visiert einen eben noch sichtbaren Punkt an und geht auf ihn zu. Von dort wiederholt sich der Vorgang so lange, bis man den Marschrichtungspunkt gefunden hat.

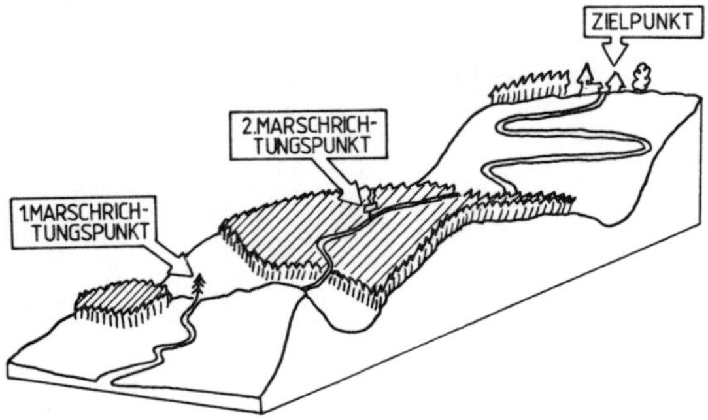


Die Skizze erläutert das Verfahren: Ein Partner wird vorausgeschickt, bis man ihn eben noch sieht, und in die Marschrichtung eingewunken. Er bildet einen »Hilfspunkt«. Man schließt zum Partner auf und wiederholt das ganze — ein mühseliges, aber manchmal notwendiges Verfahren.

Der zweite Marschrichtungspunkt liegt im Wald. Er ist auch bei idealen Witterungsverhältnissen nicht zu sehen. Hat man eine zuverlässige Karte, wird man sich dort den besten Weg heraussuchen und den gewählten Punkt nach ihr aufsuchen. Fehlt eine solche, bleibt einem nichts anderes übrig als wie oben beschrieben vorzugehen. Im Wald muß man sich sozusagen von Baum zu Baum vorarbeiten.

*Dieser Baum liegt genau in der Marschrichtung. Bei ihm angelangt, visiert man neuerlich einen Baum in Marschrichtung an, usw.*

Leichter ist es in diesem Beispiel, den Zielpunkt zu erreichen, eine Ortschaft, die deutlich und von weitem sichtbar auf einer Anhöhe liegt. Man vergewissert sich mit Bussolenzahl und geschätzter Entfernung, daß es die richtige Ortschaft ist und erreicht sie dann bequem auf der Straße.

*Umgehungen*

Damit ist das Ausweichen vor einem in Marschrichtung befindlichen Hindernis und das Zurückfinden zur alten Marschrichtung gemeint. Dies ist der schwierigste Teil des Bussolenmarsches.

Am einfachsten und zuverlässigsten erfolgen Umgehungen so, daß man sich jenseits des Hindernisses einen markanten Geländepunkt merkt, das Hindernis umgeht und vom gemerkten Geländepunkt die alte Marschrichtung weiterverfolgt.

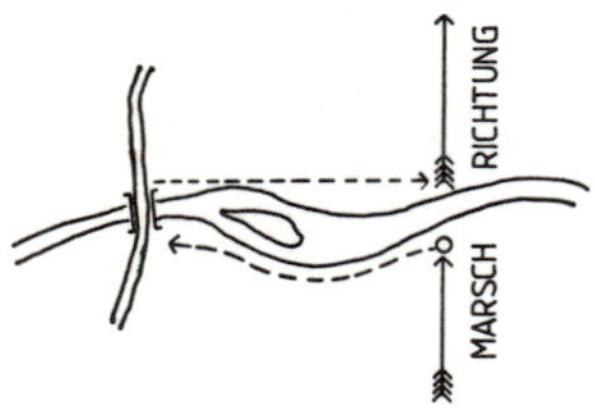


Ist ein solcher Punkt nicht vorhanden, muß die Umgehung mit Hilfe der Bussole erfolgen.

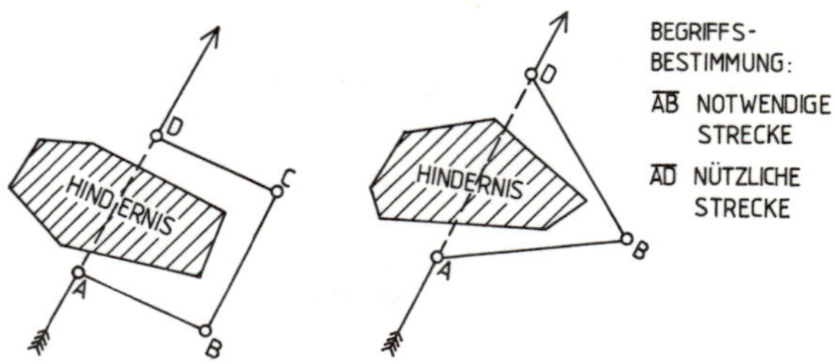


Umgehungen lassen sich theoretisch in allen Winkeln durchführen, die Praxis zeigt, daß sie in Winkeln von 45, 60 oder 90° am günstigsten sind, vor allem für die exakte Ermittlung der »nützlichen Strecke«.

Fluoreszierende Umgehungsmarken auf der Bussole ersetzen das Rechnen mit Winkeln. Man läßt die Magnetnadel auf die Umgehungsmarke einspielen und braucht so die Teilringscheibe nicht zu verdrehen. Die Bézard-Bussole hat Umgehungsmarken bei 45° und 90° (0800, 1600, 4800 und 5600 Strich).

Umgehung mit 90° (1600—)

Die Richtungsänderung erfolgt durch

- Addieren von 1600— beim Abbiegen nach rechts,
- Subtrahieren von 1600— beim Abbiegen nach links

zur bzw. von der alten Bussolenzahl.

Nach der Abzweigung marschiert man die notwendige Strecke nach rechts bis zum Ende des Hindernisses und zählt dabei die Schritte; man schwenkt nach links in die alte Marschrichtung und zählt dabei ebenfalls die Schritte (nützliche Strecke). Nun marschiert man die notwendige Strecke nach links zurück. Ist man beim Punkt D angelangt, hat man die Marschetappe AD zurückgelegt.

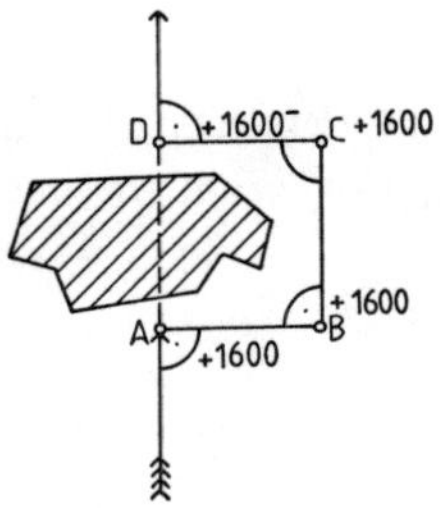


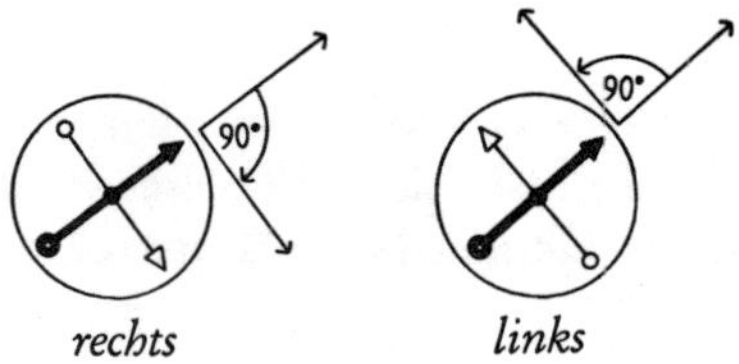


*rechts* *links*
*abbiegen*

Die Umgehung mit 60° (1070—) hat den Vorteil, daß mit der notwendigen Strecke AB auch die nützliche Strecke AC bekannt ist (gleichseitiges Dreieck).
Die Richtungsänderung erfolgt durch

- Addition von 1070— beim Abbiegen nach rechts,
- Subtraktion von 2140— beim Abbiegen nach links.

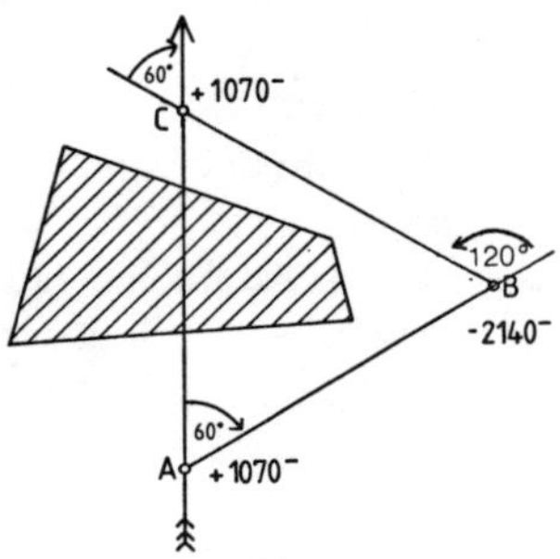


*Umgehung mit 60°*

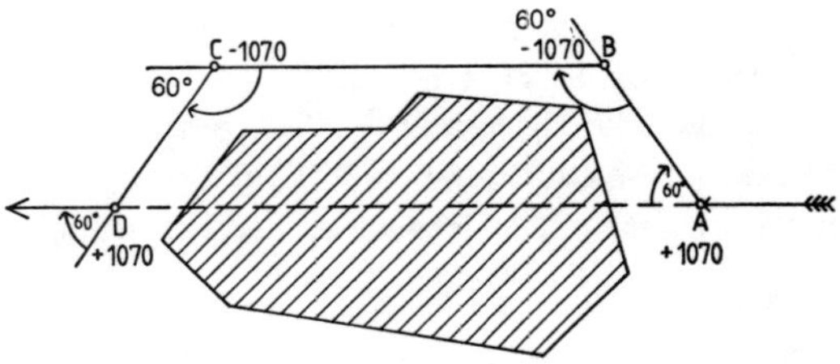


*Umgehung in Trapezform*

Ist eine Umgehung in Trapezform unumgänglich, so ergibt sich die nützliche Strecke AD aus der notwendigen Strecke AB plus der Strecke BC.

Die Umgehung mit 45° (0800—) wird sehr selten angewendet. Die Richtungsänderung erfolgt durch

- Addition von 0800— beim Abbiegen nach rechts,
- Subtraktion von 1600— beim Abbiegen nach links.

Die nützliche Strecke wird nach dem Pythagoräischen Lehrsatz ermittelt:

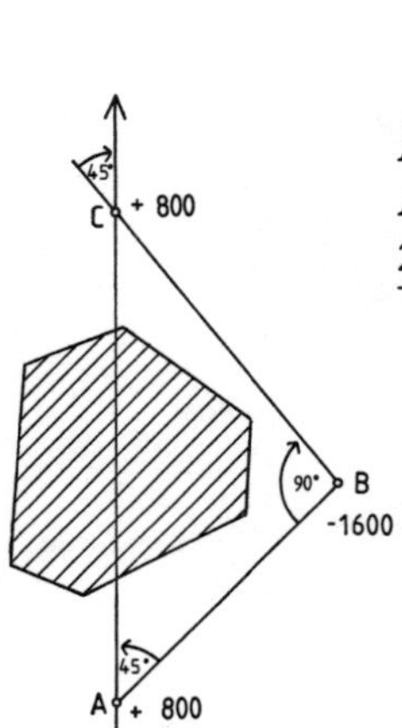


$$AB^2 + BC^2 = AC^2$$
$$AB = BC$$
$$2\,AB^2 = AC^2$$
$$\sqrt{AC^2} = AC$$

Ermittlung der nützlichen Strecke bei Umgehung mit 45° in Trapezform:

$$\sqrt{2\,AB^2} + BC = AD$$

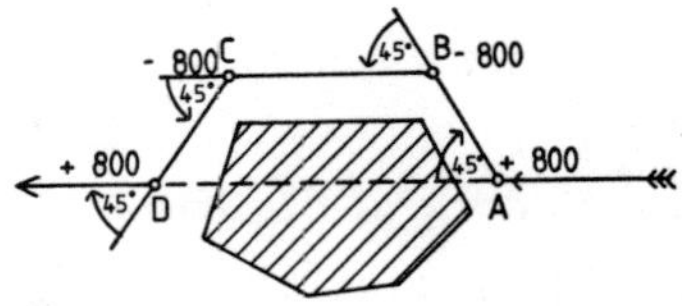

### Der Höhenmesser

Taschenhöhenmesser stellen eine wertvolle Ergänzung der künstlichen Orientierungshilfen dar und ermöglichen die Feststellung der absoluten Höhe. Auf Grund ihres barometrischen Funktionsprinzips sind mit ihnen auch Wettervorhersagen möglich.

Prinzip

Die Erde wird von einer Lufthülle umgeben, die von der Erdanziehung festgehalten wird. Die Lufthülle nimmt in ihrer Dichte mit zunehmender Höhe ab, weil
— die oberen Luftschichten die unteren zusammendrücken und verdichten,
— die Erdanziehung mit steigender Entfernung zum Erdmittelpunkt geringer wird.

Der in der Höhe nachlassende Luftdruck macht sich durch Ohrensausen und das »Verschlagen« der Ohren bemerkbar.

Der Taschenhöhenmesser besteht aus einer Aneroid-Dose, die sich bei Luftdruckschwankungen zusammenzieht oder ausdehnt. Diese Dosenbewegungen werden über einen feinen, uhrwerksähnlichen Mechanismus auf einen Zeiger übertragen. An der entsprechenden Skala läßt sich die Höhe leicht ablesen.

Allerdings ist der Luftdruck von der Lufttemperatur abhängig, in geringerem Umfang auch von der Luftfeuchtigkeit und der geographischen Breite. Meteorologische Schwankungen verfälschen daher die Höhenanzeige.

Um das zu korrigieren ist der Höhenmesser bei jedem Fixpunkt, von dem die absolute Höhe bekannt ist, nachzustellen. Will man ganz genau messen, sollte man mindestens alle 200 m nachkorrigieren. Die Genauigkeit der Taschenhöhenmesser beträgt im allgemeinen ± 10 m.

Verwendung zur Wettervorhersage

Bei Gebrauch des Höhenmessers als »Wetterbarometer« wird die im Laufe einiger Zeit eingetretene Veränderung des Barometerstandes ermittelt. Hier ist zu beachten, daß »Barometer fallend« (Schlechtwetter) gleich »Höhenmesser steigend« bedeutet und umgekehrt »Barometer steigend« (Schönwetter) gleichbedeutend ist mit »Höhenmesser fallend«.

Geht der Luftdruck plötzlich zurück (fällt das Barometer also rasch), weist das auf eine schnell zu erwartende Wetterverschlechterung hin. Besonders starker, plötzlicher Druckfall kündigt einen bevorstehenden Wettersturz oder ein starkes Gewitter an.

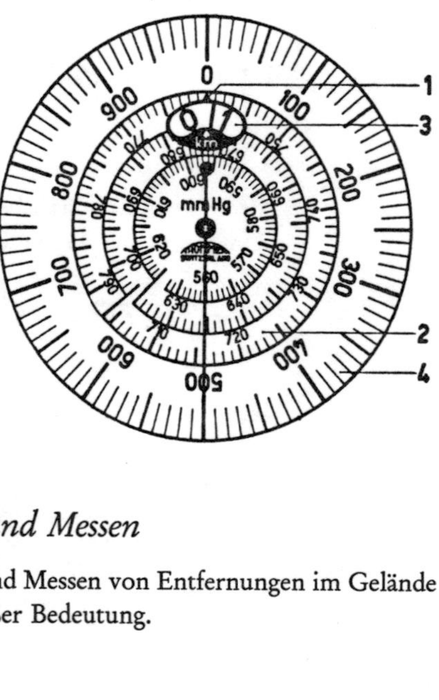


*Höhenmesser*
*1 Einstellmarke*
*2 Luftdruckskala*
*3 Zählscheibe*
*4 Höhenskala*

## *Schätzen und Messen*

Schätzen und Messen von Entfernungen im Gelände ist für die praktische Orientierungsarbeit von großer Bedeutung.

Man sollte sich daher eingehend mit den Grundregeln des Schätzens und Messens von Entfernungen vertraut machen.

## Schätzen von Entfernungen

Bei normaler Sicht und durchschnittlicher Sehschärfe sind mit bloßem Auge zu erkennen:

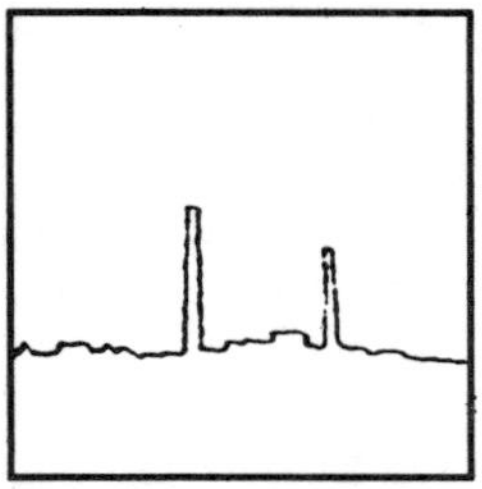

*5000 m*
*Fabrikschornsteine*

*4000 m*
*einzeln stehende Gebäude*

*2000 m*
*große, freistehende Bäume*

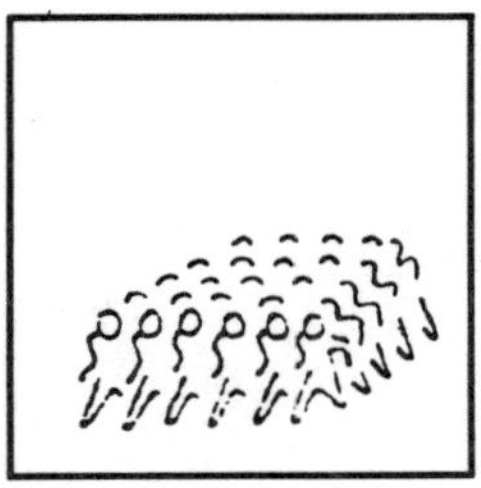

*1500 m*
*Marschkolonnen zu Fuß*

*1200 m*
*mittelgroße, freistehende Bäume*

*1000 m*
*Bewegungen*

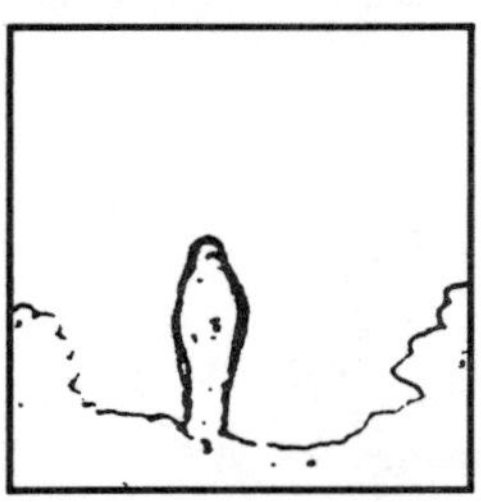

*500 m*
*Umrisse einer Figur*

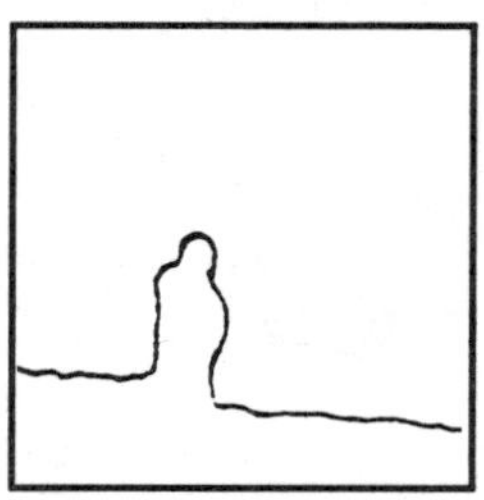

*400 m*
*Kopf*

*300 m*
*einzelne Gliedmaßen*

*250 m*
*Gesicht als heller Fleck*

*150 m*
*Linie der Augen*

*100 m*
*Einzelheiten der Kleidung*

Verschiedene Einflüsse geben zu Täuschungen Anlaß und verursachen Schätzfehler.

Zu kurz wird meist geschätzt:
- bei klarem Wetter (nach Regenfällen),
- bei großen Zielen,
- bei Sonne im Rücken,
- über gleichförmige Flächen,
- wenn Teilstrecken nicht einzusehen sind (über Täler, Mulden),
- über Wasser,
- bei hellem Hintergrund (Silhouetten bei Nacht),
- bergab.

Zu weit wird meist geschätzt:
- bei trübem Wetter und in der Dämmerung,
- im Wald,
- im Nebel,
- gegen die Sonne,
- bei schlecht sichtbaren Zielen,
- bei dunklem Hintergrund,
- bergauf,
- aus dem Liegen,
- bei kleinen Zielen,
- entlang gerader Strecken.

Bei Nacht schätzt man:
- rotes und gelbes Licht zu nah,
- grünes und weißes Licht ungefähr richtig,
- blaues und violettes Licht bedeutend zu weit.

Um das Schätzen schwieriger Strecken zu erleichtern, kann man sich wie folgt behelfen:

Man prägt sich gleichbleibende Teilstrecken ein und paßt diese Grundentfernungen in die gesamt zu schätzende Strecke ein.

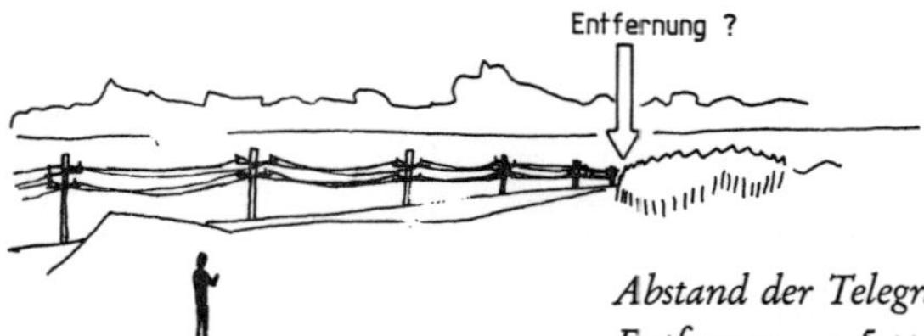


*Abstand der Telegrafenmasten 100 m*
*Entfernung = 5 × 100 = 500 m*

Man läßt die Entfernung von mehreren (geübten) Personen schätzen und nimmt den Mittelwert dieser Messungen.

Anhaltspunkte zum Schätzen von Entfernungen:
- Die Länge eines Sportplatzes beträgt 150 m, die um ihn herumführende Aschenbahn ist 400 m lang (Länge der Geraden 100 m).
- Das Stockwerk eines Hauses ist 2,5 bis 3 m hoch.
- Der Mensch mißt 1,6 bis 1,8 m (Durchschnitt 1,7 m).
- Ein ebenerdiges Wohnhaus ist etwa 4 m hoch, ein einstöckiges etwa 7 m.
- Schwere Lkws haben eine Höhe von ca. 3 m.
- Zweiachsige Eisenbahnwaggons sind 12 m, vierachsige Waggons 24 m lang; sie sind beide 4 m hoch.

## Das Schätzen von Entfernungen mit Hilfe des Gehörs

Die Schallgeschwindigkeit beträgt 330 m/s (ein Drittel Kilometer pro Sekunde).
Entfernung einer Geräuschquelle:
Man mißt die Sekunden von der Erzeugung bis zum Hörbarwerden des Geräusches; ein Drittel der Sekundenzahl gibt die Entfernung in km an.
Z. B.: Ein Blitz zuckt, und 2 Sekunden später hört man den Donner, also ist das Gewitter rund 0,7 km (= 700 m) entfernt.

Messen nach dem Echo (man erzeugt das Geräusch selbst): Ein Sechstel der gemessenen Sekunden gibt die Entfernung (in km) zum schallreflektierenden Gegenstand an. Benötigt der Schall insgesamt 6 Sekunden, um zurückzukommen (3 hin und 3 zurück), so ist der Gegenstand (beispielsweise eine Felswand) 1 km entfernt.

In der Nacht kann die Richtung von Geräuschquellen meist nur ungefähr festgestellt werden.
Zum Schätzen der Entfernung bieten sich folgende Behelfe an:

| Geräuschquelle | Entfernung in Metern |
|---|---|
| Schritte auf bewachsenem Boden (Gras) | bis 70 |
| Flüstern | bis 100 |
| Brechen von Ästen | bis 130 |
| Schritte auf unbewachsenem Boden (Feldweg) | bis 150 |
| Sprechen (normale Lautstärke) | bis 150 |
| Gleichschritt mehrerer Personen | bis 300 |
| Einschlagen von Pflöcken | bis 600 |
| Schlagen von Metall auf Stein (Graben) | bis 1000 |
| Motorenlärm | bis 3000 |

## Schätzen der Hangneigung

Das behelfsmäßige Messen der Hangneigung erfolgt am einfachsten mit der Uhr:

- Uhr senkrecht hängen lassen, sodaß die Verbindung der Ziffern 3 und 9 eine Waagrechte bildet;
- einen Stock oder ähnliches parallel zum Hang halten;
- jede Minute, die über bzw. unter der Waagrechten (3—9) liegt, entspricht 6 Grad Hangneigung (Steigung oder Gefälle).

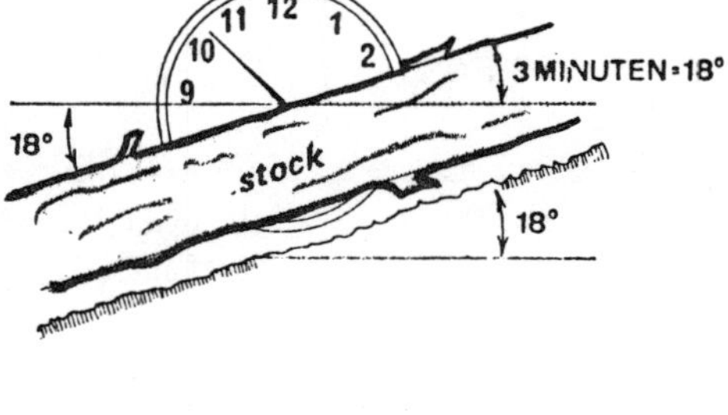

**Messen von Entfernungen**

Entfernungen zu einem Ziel können verläßlich berechnet werden, sofern die Breite oder Höhe (in Metern) eines Objektes im Ziel bekannt ist. Auf Grund der Tatsache, daß 1 Strich auf 1 km Entfernung 1 m beträgt, läßt sich die sogenannte Strichformel aufbauen:

$$\frac{\text{Breite in m}}{\text{Strich}} = \text{Entfernung in km}$$

Merkwort »Büste«: *B*reite *ü*ber *S*trich = *E*ntfernung

Die Strichanzahl läßt sich mit
— der Bussole,
— dem Fernglas (sofern eine Stricheinteilung graviert ist),
— einem Hilfsmittel
ermitteln.

Die Verwendung der Bussole kommt nur bei sehr großen Zielen (mindestens 50—100 m breit) in Betracht und bleibt hier unberücksichtigt.

Fernglas

Der Durchmesser der Optik beträgt durchschnittlich 140⁻. Manche Ferngläser sind mit Fadenkreuz und Stricheinteilung ausgestattet. Man richtet mit dem Fadenkreuz auf das Ziel an und liest vom waagrechten oder senkrechten Balken die Strichzahl ab.

Andere Behelfe

Ein vorzügliches Hilfsmittel zum Bestimmen der Strichanzahl ist die Hand. Alle angegebenen Werte gelten nur bei ausgestrecktem Arm. Zwar ist bei großen Menschen der Abstand zum Auge dann größer, dafür ist auch die Hand stärker ausgebildet.

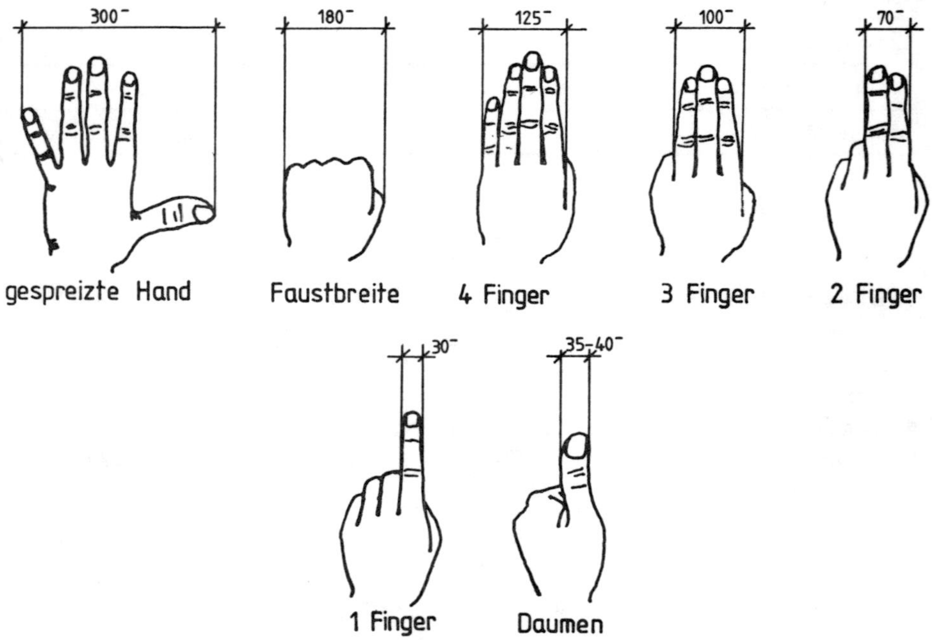


Beim Daumensprung visiert man bei ausgestrecktem Arm mit der Spitze des Daumens das Ziel an, wobei das linke Auge geschlossen wird. Wird nun das linke Auge geöffnet und gleichzeitig das rechte geschlossen, springt der Daumen (scheinbar) nach rechts. Der Daumensprung mißt etwa 100 bis 120—.

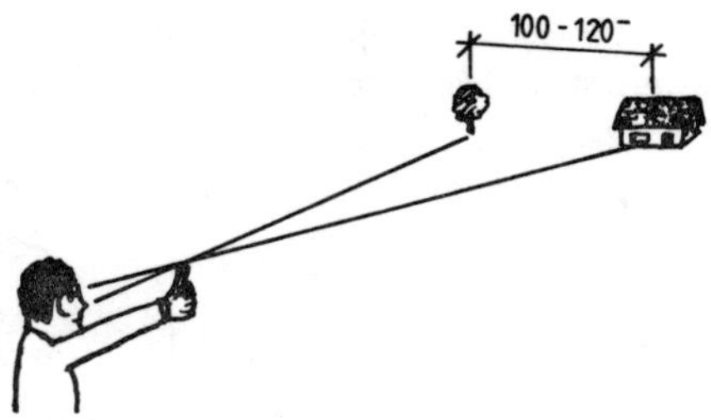


Daumensprung

Ein anderes Hilfsmittel ist jede verfügbare Millimetereinteilung. Hält man eine solche im Abstand von genau 50 cm vor das Auge, dann entspricht 1 mm 2 Strich. Solche Millimeterteilungen finden sich an Maßbändern, Linealen und Bussolen.

Eine Streichholzschachtel mit einer Seitenlänge von 5 cm ist ebenfalls ein brauchbares Hilfsmittel. Visiert man über sie bei ausgestrecktem Arm, so entspricht ihre Länge 90⁻, die Breite 60⁻, die Höhe 30⁻.

Beispiele zur Anwendung der Strichformel

Ein schwerer Lkw ist 3 m hoch. Im Fernglas gemessen beträgt seine Höhe 6 Strich. Man rechnet:

$\frac{3}{6} = 0,5$

Der LKW ist 500 m entfernt.

Zwei Telegraphenmasten stehen 50 m auseinander, das Ziel befindet sich zwischen ihnen. Die Entfernung von Mast zu Mast beträgt 25⁻. Man rechnet:

$\frac{50}{25} = 2$

Das Ziel ist 2 km entfernt.

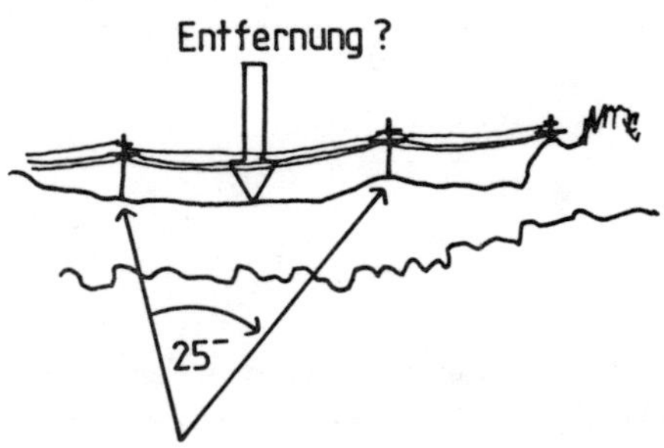


Ein schlecht sichtbares Ziel liegt an einer 4 m breiten Straße. Die Straßenbreite im Zielraum beträgt 5⁻.

Man rechnet:

$\frac{4}{5} = 0,8$

Das Ziel ist 800 m entfernt.

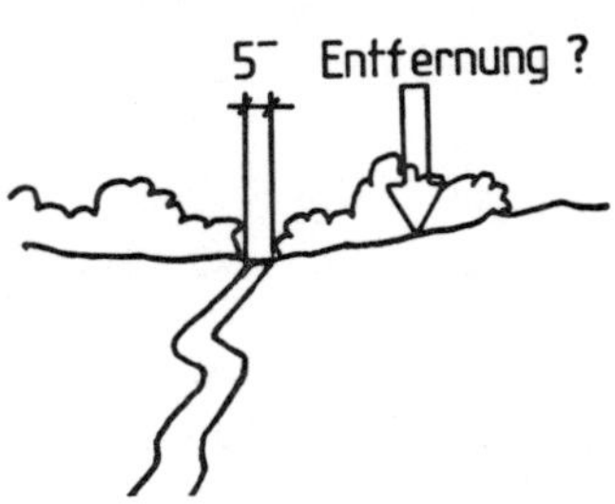

Umgekehrt läßt sich mit der Strichformel auch die Breite von Objekten ermitteln, wenn die Entfernung zu ihnen bekannt ist. Das Haus links ist (aus der Karte ersichtlich) 3 km entfernt und mißt 5 Strich in der Breite.

Man rechnet:

$\frac{?}{5} = 3;\ 3 \times 5 = 15$

Das Haus ist daher 15 m breit.

## Messen von Hindernisbreiten

Die Breite von nicht durchschreitbaren Hindernissen (Sumpf, Gewässer usw.) läßt sich, wenn sie nicht in der Karte verzeichnet sind, behelfsmäßig mit hinlänglicher Genauigkeit ermitteln.

Vorwärtseinschneiden mit der Bussole:

Ein am jenseitigen Rand des Hindernisses gelegenes Objekt wird durch Vorwärtseinschnitt vermessen, maßstabgetreu in eine Skizze übertragen und die Höhe des Dreiecks herausgemessen:

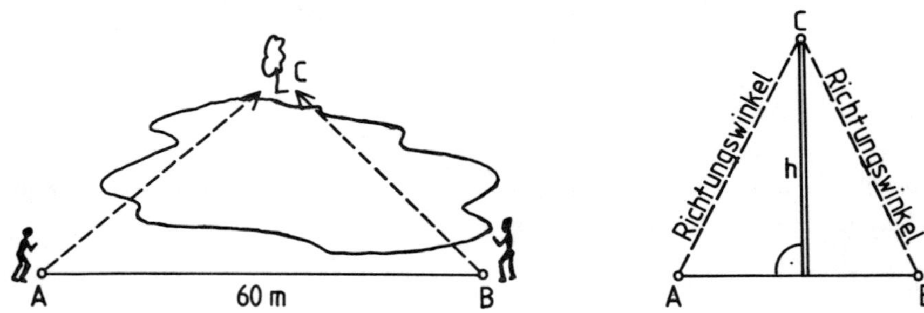


*AB maßstabgetreu übertragen*
*Richtungswinkel einzeichnen*
*h=Breite des Hindernisses im Maßstab*

Eine zweite Methode beruht auf dem Gesetz der Ähnlichkeit von Dreiecken.
Die Punkte A, C, D und E werden markiert, die Strecken CD, DE und EA werden gemessen.

Die Ähnlichkeit läßt sich wie folgt ausdrücken:

$$\frac{CD}{DE} = \frac{AB}{EA}$$

$$AB = \frac{EA \times CD}{DE}$$

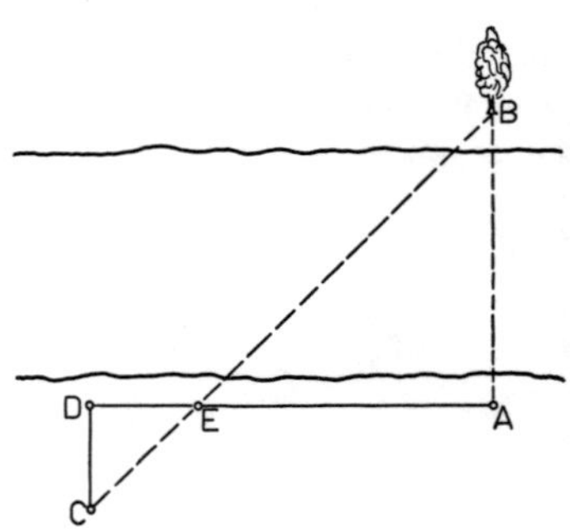

Beispiel: Man will die Strecke AB (Breite eines Flusses) ermitteln.
CD = 4 m, DE = 6 m, EA = 10 m

$$AB = \frac{10 \times 4}{6} = \frac{40}{6} = 6{,}5 \text{ m (Flußbreite)}$$

Am einfachsten ist es, wenn die Strecken DE und EA gleich lang sind: Die Strecke DC entspricht dann genau der Hindernisbreite AB.

Vorgangsweise in der Praxis:

- Suchen Sie am Gegenufer einen markanten Punkt (B) und markieren Sie Ihren eigenen, diesem Punkt genau gegenüberliegenden Standort (A).
- Im rechten Winkel dazu schreiten Sie jetzt eine Strecke von 50 m ab und markieren den erreichten Punkt (E).
- Schreiten Sie in gleicher Richtung weitere 50 m ab und markieren Sie auch diesen Punkt (D). Es ist nicht entscheidend, ob Sie jeweils genau 50 m abschreiten; wichtig ist, daß AE gleich ED ist.
- Gehen Sie jetzt im rechten Winkel zur bisherigen Richtung vom Fluß weg, so lange, bis die Punkte B und E auf einer Linie liegen (C). Diese Strecke entspricht dann der Flußbreite. (DC).

Nach der Tatsache, daß die Winkelsumme in jedem Dreieck 180° betragen muß, läßt sich ebenfalls die Hindernisbreite ermitteln.

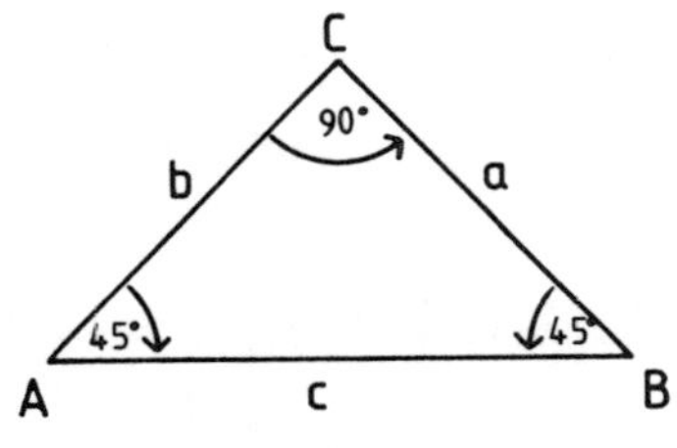


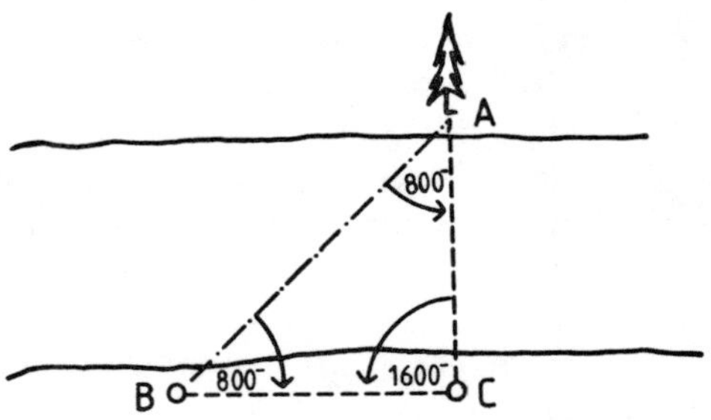


Gesetzmäßigkeiten im gleichschenkeligen Dreieck:

Der Winkel zwischen den Katheten beträgt 90°, die übrigen Winkel 45°.

Die Strecken a und b sind gleich lang.

Die Länge der Hypothenuse wird nach dem Pythagoräischen Lehrsatz ermittelt:

$c^2 = a^2 + b^2$

In der Praxis:

Man sucht am gegenüberliegenden Ufer einen auffallenden Punkt (z. B. einen Baum), stellt zu diesem mit der Bussole den Richtungswinkel fest und verändert ihn um 800— (45°). Dann geht man bei gleichzeitigem Schrittzählen, rechtwinkelig zur alten Richtung, so weit nach links oder rechts, bis der Baum im Visier sichtbar wird.

Dann entspricht die Länge der zurückgelegten Strecke BC der Hindernisbreite AD.

Eine andere Methode arbeitet nach dem Prinzip der Streckenübertragung. Dabei wird wie folgt vorgegangen:

- Stellen Sie sich ans Ufer des Flusses mit Blickrichtung parallel zum Ufer (A) (flußauf- oder flußabwärts).
- Visieren Sie mit gestrecktem Arm über die Spitze eines waagrecht gehaltenen Holzstabes das Ihnen gegenüberliegende Ufer an und markieren Sie mit dem Daumen den Schnittpunkt des Holzstabes mit dem diesseitigen Ufer (B).

- Drehen Sie den Stab um 180° (Schnittpunkt mit dem diesseitigem Ufer bleibt gleich) und merken Sie sich den Punkt im Gelände, an dem jetzt das Ende des Stabes ist.
- Schreiten Sie die Entfernung vom Schnittpunkt am diesseitigen Ufer (B) zum festgehaltenen Punkt (C) ab. Sie entspricht der Flußbreite (BC).

### Der Körper als Maßband

Messen Sie an Ihrem Körper bestimmte Längen ab, und prägen Sie sich die Werte gut ein. Sie haben damit immer ein Maßband bei sich, mit dem sich jede Strecke ausreichend genau messen läßt. Verwenden Sie dabei aber nur Längen, da sich Umfänge (z. B. Brust, Bauch, Oberarm) durch Schwellungen bzw. durch Schwund oder Zunahme von Muskulatur oder Fett stark ändern können.

Sie können auf zwei Arten messen:

- Sie suchen jene Körperteile, die folgende Maße aufweisen:
  - 1 cm (z. B. Breite des kleinen Fingers),
  - 5 cm (z. B. Länge des kleinen Fingers),
  - 50 cm (z. B. Entfernung Ellbogenspitze — Fingerspitze),
  - 100 cm (z. B. Entfernung Fußboden — Nabel).

Aus diesen Maßen läßt sich jedes beliebige andere Maß zusammenstellen.

- Sie messen
  - Ihre Körpergröße,
  - Ihre Fußgröße (Schuhgröße),
  - Ihre Finger,
  - die Breite Ihrer Hand,
  - die Länge Fingerspitze — Ellbogen,
  - die Länge Fußboden — Knie,
  - die Länge Fußboden — Nabel,
  - die Länge zwischen gespreiztem Daumen und kleinem Finger.

Auch mit diesen Entfernungen kann man, etwas umständlicher, jede Messung durchführen.

*Die Meßschnur*

Am genauesten ist allerdings eine Meßschnur. Sie sollte aus nicht dehnbarem Material sein und in der einfachsten Ausführung in folgenden Abständen (genau gemessen) Knoten aufweisen: Nullpunkt (davor ca. 10 cm Schnur belassen), 1 cm, 5 cm, 10 cm, 100 cm (nach diesen Knoten wieder ca. 10 cm Rest lassen).

Zusätzliche Strecken können durch weitere Knoten beliebig markiert werden.

Damit haben Sie ein kleines, leichtes und genaues Maßband, das Sie wirklich immer bei sich tragen und im Bedarfsfall auch als Bindematerial verwenden können.

# WETTER

Für das Überleben in Extremsituationen kommt der richtigen Beurteilung des Wetters entscheidende Bedeutung zu. Durch die Beobachtung des Wettergeschehens soll die Wetterentwicklung erkannt und den durch das Wetter verursachten objektiven Gefahren rechtzeitig und zweckmäßig begegnet werden können.

Das Wissen um die Entstehung und Entwicklung des Wetters ist dazu ein unentbehrliches Rüstzeug und stellt eine wichtige Entscheidungshilfe dar. Mit einiger Erfahrung wird es möglich sein, auch ohne Kenntnis der Großwetterlage zu einer brauchbaren örtlichen Wettervorhersage über einen Zeitraum von bis zu 12 Stunden zu kommen.

## *Wetterbestimmende Faktoren*

Die Erde ist von einer Lufthülle, der Atmosphäre, umgeben. Sie setzt sich zu etwa vier Teilen aus Stickstoff, einem Teil aus Sauerstoff und Spuren von Edelgasen zusammen. Unter dem Begriff »Wetter« sind alle Erscheinungen zusammengefaßt, die sich in der Lufthülle abspielen.

Wetterbestimmende Faktoren sind
- Luftdruck,
- Lufttemperatur,
- Luftfeuchtigkeit und nicht zuletzt auch die
- Erddrehung.

### Luftdruck

Die Luft übt mit ihrem Gewicht auf ihre Unterlage, die Erdoberfläche, einen bestimmten Druck aus. Er beträgt in Meereshöhe etwa 1 kg auf einen Quadratzentimeter, nimmt jedoch mit zunehmender Höhe stark ab. In 2500 m Höhe herrschen nur mehr drei Viertel des Druckes, in etwa 5500 m beträgt er die Hälfte.

Diese Verminderung des Luftdruckes und der sich daraus ergebende geringere Teildruck des Sauerstoffanteiles erklärt auch das Auftreten der Höhenkrankheit.

Verschiedene Luftdrucksituationen bewirken nach einem physikalischen Gesetz die Abkühlung (bei Aufsteigen) und Erwärmung (bei Absinken) der Luftmassen. Sie sind, neben der Erddrehung und anderen Faktoren, großräumig gesehen für die Entstehung des Windes ausschlaggebend.

Der Normalluftdruck auf Meeresniveau beträgt 1013 Millibar. Dieser Druck entspricht dem Gewicht einer 760 mm hohen Quecksilbersäule.

Für die Umrechnung gilt: 1000 Millibar = 750 Millimeter Quecksilbersäule.
Zur Messung des Luftdruckes dient das Barometer.

Auf Wetterkarten werden Orte gleichen Luftdruckes durch Linien (Isobaren) verbunden. Damit können Hoch- und Tiefdruckgebiete mit ihren Auswirkungen auf den Wetterablauf dargestellt werden.

Durch den Unterschied des Luftdruckes (tief oder hoch) in verschiedenen Gebieten werden die Luftmassen über die Kontinente gesteuert. Je ausgeprägter eine Luftdrucksituation ist, desto eindeutiger entwickelt sich die Wetterlage in eine bestimmte Richtung.

### Lufttemperatur

Die Lufttemperatur wird im allgemeinen von der Sonneneinstrahlung bestimmt. Ein Großteil der Sonnenwärme und der gefährlichen UV-Strahlung verliert sich bereits in den Schutzschichten der Atmosphäre. Der Rest der Wärmeenergie kommt je nach dem Einfallswinkel der Sonnenstrahlen unterschiedlich zur Geltung (die wesentlichste Ursache der Jahreszeiten liegt in der Neigung der Erdachse).

Die Sonnenstrahlen durchdringen die Lufthülle, ohne sie wesentlich zu erwärmen. Der größte Teil der Strahlungsenergie wird erst an der Erdoberfläche in Wärme umgesetzt. Die Luft erwärmt sich vom Erdboden aus, abhängig von der Bodenbeschaffenheit (Bewuchs, dunkler oder heller Untergrund, Hangneigung), unterschiedlich stark. Sie steigt an den stärker erwärmten Stellen, über denen sie leichter wird, auf. Kühlere Luft sinkt dafür an anderen Stellen ab. Durch diesen Luftaustausch nimmt auch in der Höhe die Temperatur allmählich zu.

Auch die nächtliche Abkühlung der Luft ist sehr stark mit der des Erdbodens verbunden. Dieser gibt bei Nacht, besonders bei Fehlen einer »schützenden« Wolkendecke, die tagsüber empfangene Sonnenwärme durch Ausstrahlung zum Teil wieder in den Weltraum ab. Dabei kühlen sich die bodennahen Luftschichten zuerst ab. Der Temperaturunterschied zwischen Tag und Nacht ist normalerweise im Tal am größten, wird mit der Höhe geringer und ist in etwa 2000 m fast ausgeglichen.

Die vielseitigen Einflüsse im Zusammenhang mit den physikalischen Eigenschaften der Luft ergeben schließlich als Durchschnittswert eine Abnahme der Temperatur um etwa 0,6° bis 0,8° C pro 100 m zunehmender Höhe.

Dieser theoretische Temperaturverlauf stimmt praktisch nie genau mit den tatsächlichen Gegebenheiten überein; es lassen sich jedoch zur Planung damit grobe Temperaturvorhersagen machen.

Die Messung der Temperatur erfolgt mit Hilfe des Thermometers. Die gebräuchlichsten Formen sind Flüssigkeits-, elektrische und Bimetallthermometer. Die Eichung der Geräte erfolgt in Grad Celsius, wobei null Grad dem Gefrierpunkt, hundert Grad dem Siedepunkt des Wassers (unter Luftdruck in Meereshöhe) entsprechen. Temperaturmessungen sollen stets im Schatten erfolgen, da die Sonneneinstrahlung das Ergebnis verfälscht.

Eine Ausnahme zum normalen Temperaturverlauf der Lufthülle bilden mächtige Luftschichten (in hundert bis tausend Metern Höhe), sogenannte Temperaturumkehrschichten, in denen die Temperatur mit der Höhe nicht ab-, sondern zunimmt. Sie bilden sich vor allem im Herbst und Winter nachts auch in bodennahen Schichten. Dabei fließt in Tal- und Beckenlagen die an den Berghängen erkaltete und daher schwerer gewordene Luft in die Niederungen ab und sammelt sich dort. Über diesen »Kaltluftseen« ist es dann verhältnismäßig warm. In der Kaltluft selbst tritt häufig Nebel auf, der zu den wärmeren Luftschichten klar abgegrenzt ist. Darüber herrscht gute Sicht und oft auch sonniges Wetter. Diese Wetterlagen können tagelang bestehen.

### Luftfeuchtigkeit

Die Luft kann — abhängig von ihrer Temperatur — nur eine bestimmte Menge verdunstetes Wasser in unsichtbarer Form als Luftfeuchtigkeit aufnehmen (absolute Feuchtigkeit). Je wärmer die Luft ist, desto mehr Feuchtigkeit kann sie fassen.

Der Begriff relative Feuchtigkeit gibt in Prozenten an, wie weit die Luft noch vom Zustand der Sättigung und damit von Nebel- bzw. Wolkenbildung entfernt ist.

Jene Temperatur, bei der die Luftfeuchtigkeit sichtbare Form annimmt, daher Sättigung oder 100% relative Feuchtigkeit erreicht ist, bezeichnet man als Taupunkt. Sich abkühlende Luft wird feuchter und scheidet bei Unterschreiten des Taupunktes überflüssigen Wasserdampf als winzige Wassertropfen aus (Nebel, Wolken).

## *Erscheinungsformen des Wetters*

Erscheinungsformen des Wetters sind:
— Wolken und Nebel,
— Luftbewegungen,
— Niederschläge.

### Wolken und Nebel

Jede Temperatursenkung verursacht unterhalb des Taupunktes ein Ausscheiden des überschüssigen Wasserdampfgehaltes der Luft in flüssiger Form (Kondensation) oder, bei sehr tiefen Temperaturen, in fester Form. Dieser Vorgang wird am Erdboden als Tau bzw. Reif erkennbar und führt in der Höhe zur Bildung von Wasser- bzw. Eiswolken. Kondensation in bodennahen Schichten führt zu Nebel. Eine wichtige Voraussetzung zur Nebel- bzw. Wolkenbildung ist das Vorhandensein von Kondensationskernen (Rauch- und Schmutzpartikel).

Wolken haben verschiedene Erscheinungsformen. Sie entstehen durch die Abkühlung der Luft unter den jeweiligen Taupunkt und können nach folgenden Gesichtspunkten eingeteilt werden:
— Zusammensetzung der Wolken,
— Grundformen der Wolken,
— Untergrenze der Wolken.

#### Zusammensetzung der Wolken

Die Zusammensetzung der Wolken ist in erster Linie abhängig von der Temperatur und zeigt folgende Formen:

— Reine Wasserwolken (nur Tröpfchen),
— Mischwolken (Tröpfchen, Eiskristalle und Schnee),
— Eiswolken (nur Eiskristalle).

#### Die Grundformen der Wolken

Zwei Hauptformen von Wolken treten hervor:

*Haufenwolken (cumulus)*

Dies sind dicke Wolkenballen, deren oberer Teil scharf umgrenzt eine Kuppe bildet und mit rundlichen Auswüchsen besetzt ist. Die Unterseite liegt waagrecht. Die vertikale Ausdehnung der Wolke überwiegt ihre horizontalen Dimensionen.

*Schichtwolken (stratus)*

Dies sind gleichmäßige, weit ausgedehnte, flächenartige Wolken von hell- oder dunkelgrauer Farbe. Die horizontale Ausdehnung überwiegt die vertikale. Bei aufgebrochener Bewölkung erkennt man oft eine etagenförmige Anordnung mit dazwischenliegenden wolkenfreien Zonen.

Diese Hauptformen können in allen hohen, mittelhohen und tiefen Wolkenschichten vorkommen und auch kombiniert auftreten, im Cirrenniveau beispielsweise als

*Schleierwolken (cirrostratus)*

In diesen feinen, oft kaum erkennbaren weißlichen Schleiern setzen Sonne und Mond einen iriserenden Hof an (Anzeichen für Feuchtezunahme in der Höhe — Wetterverschlechterung).

*Schäfchenwolken (cirrocumulus)*

Diese kleinen, weißen Flocken oder Bällchen sind oft in Feldern oder Bändern angeordnet (bei rascher Verlagerung ebenfalls ein Schlechtwetterbote).

*Regenwolken (nimbus)*

Dies sind meist tiefhängende, über den ganzen Himmel geschlossene, dunkelgraue Wolkenmassen mit unscharfer Untergrenze, aus denen Regen verschiedener Stärkegrade fällt. Unter der Hauptbewölkung bilden sich noch tiefere Wolkenfetzen, besonders an Berghängen und über deren Bewaldung.

*Schauer- oder Gewitterwolken (cumulo nimbus)*

Diese kräftig aufquellenden Haufenwolken können sich zu mächtigen Gewittertürmen, im Gebirge mit Kuppenhöhen bis zu 8 km, bei ganz schweren Hagelgewittern bis 14 km Höhe, entwickeln. Sie bilden sich aus kräftigen Haufenwolken und sind im allgemeinen so lange niederschlagsfrei, als sie eine scharfe obere Umrandung ihrer Kuppen haben (bei Sonnenbestrahlung weiß leuchtend). Fasern sie oben büschelförmig wie ein Amboß aus, wird die Wolke sozusagen aktiv, es kommt zu Schauer- bzw. Gewitterbildung oder sogar Hagelschlag.

*Einteilung der Wolken nach Höhe der Wolkenuntergrenze*

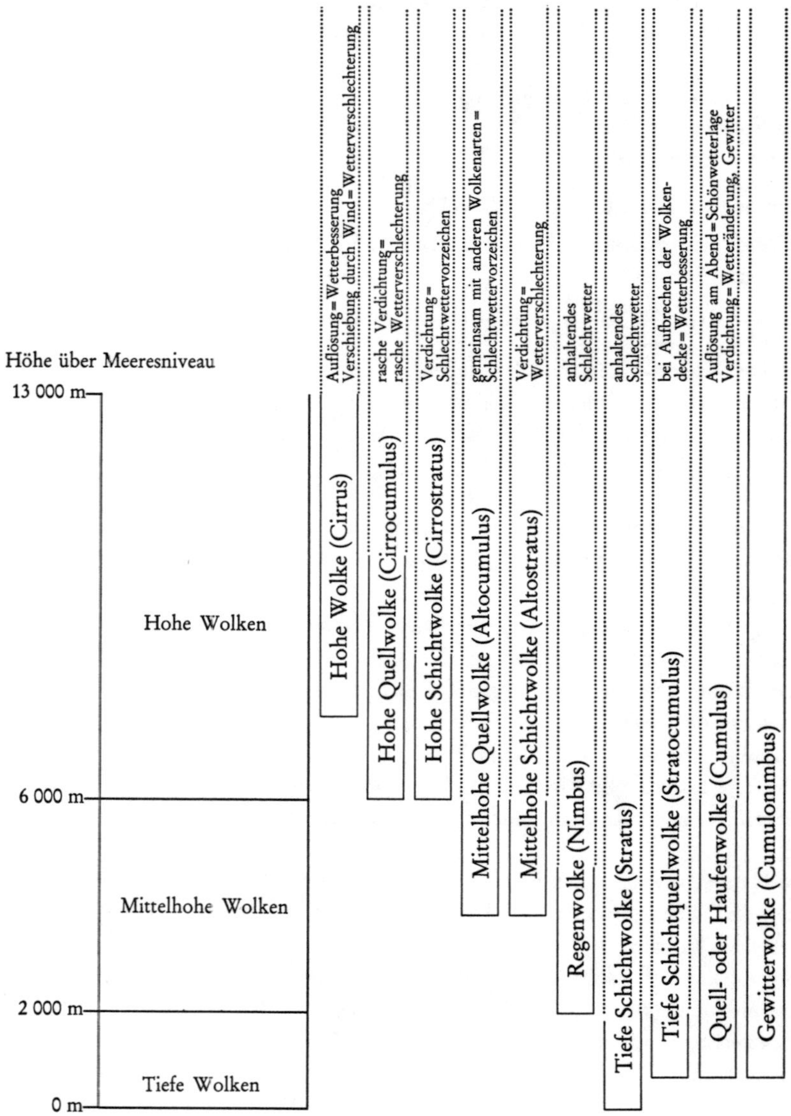

*Nebel*

Unter *Nebel* versteht man in der Luft schwebende, kleinste Wassertröpfchen, die die Sichtweite unter 1 km herabsetzen. Bei größerer Sichtweite spricht man von Dunst.

Bodennebel ist eine am Talgrund aufliegende Schichtwolke. Die Nebelauflösung erfolgt bei entsprechender Tageserwärmung vom Boden her. Hebt sich der Nebel oder liegt dieser in den Niederungen nicht am Boden auf, so spricht man von Hochnebel.

## Luftbewegungen

Wird Luft zusammengepreßt, erwärmt sie sich. Umgekehrt kühlt sie sich ab, wenn der Druck abnimmt und sie sich ausdehnen kann. Der rasch mit der Höhe abnehmende Luftdruck führt dazu, daß eine aufsteigende Luftmasse sich auf Grund der Luftausdehnung bis unter den Taupunkt abkühlen kann. Dieser Vorgang tritt auf

— bei der sogenannten Thermik,
— wenn Luft über ein Gebirge strömt,
— an Wetterfronten.

### Thermik

Die Thermik tritt vor allem in der warmen Jahreszeit auf. Die bodennahen Luftschichten werden aufgeheizt und steigen fast senkrecht empor. Mit dem Unterschreiten des Taupunktes tritt die Wolkenbildung ein. Je nach Luftfeuchtigkeit und Heftigkeit der Thermik bilden sich harmlose Schönwetterwolken oder mächtige Gewitterwolken.

Die Unterseiten dieser Wolken sind abgeflacht und liegen fast alle waagrecht in einer Ebene, dem sogenannten Kondensationsniveau. Die Höhe des Kondensationsniveaus ist von der Feuchtigkeit der aufsteigenden Luft abhängig. Liegt die Wolkenbasis niedrig, so ist dies als Zeichen für eine Wetterverschlechterung zu werten. Liegt die Untergrenze solcher Wolken über 2000 Meter, ist mit dem Fortbestand der trockenen Witterung zu rechnen.

### Luftströme über Gebirgen

Die Luftmassen werden je nach der Höhe des Gebirgszuges, der Geschwindigkeit und der Richtung der anströmenden Luft zum Aufsteigen und damit zur Abkühlung und Kondensation gebracht. Dabei können auch darüberliegende Luftschichten bis zur etwa doppelten Kammhöhe des Gebirges gehoben werden. Mächtige Wolken stauen sich an der der Strömung zugekehrten Luvseite der Berge. Man spricht von Staubewölkung und Stauniederschlägen. Umgekehrt erwärmt sich die Luft beim Absteigen an der dem Wind abgekehrten Leeseite. Sie kann wieder mehr Wasser aufnehmen, die Bewölkung wird verringert oder sogar aufgelöst.

### Wetterfronten

Unter Wetterfronten sind Grenzen zwischen Luftmassen einheitlicher Eigenschaften zu verstehen (kalt, warm, feucht, trocken).

Die Luftabkühlung an Wetterfronten ist die häufigste Ursache der Wolkenbildung.

*Warmfront*

Leichte Warmluft hebt sich über die schwere Kaltluft hinweg. Die stabile Luftschichtung im Zusammenhang mit dem erzwungenen langsamen Aufsteigen der Warmluft führt zum Wolkenaufzug. Dabei werden alle Stadien von schichtförmigen Eis- und Wasserwolken gebildet, die in weiterer Folge zu gleichmäßigen, langanhaltenden Niederschlägen (z. B. Landregen) führen.

Art der Wolkenbildung:
— Ringe um Sonne und Mond,
— Federwolken, in Schleierwolken übergehend,
— mittelhohe Schichtwolken, tiefe Schichtwolken.

Nach Durchzug der Warmfront folgt bei einem »jungen« Tief meist der

*Warmsektor*

Im Warmsektor tritt selten Niederschlag auf. Die Sonne kommt zeitweilig durch und verstärkt die Tageserwärmung.

Art der Wolkenbildung:

— Schäfchenwolken,

— Haufen-/Schichtwolken,

— niedere Haufenwolken.

Je nach Umfang dieses Warmsektors folgt nun die

*Kaltfront*

Hier bricht Kaltluft in Warmluft ein, zwingt sie rasch in die Höhe, wirbelt sie auf oder eilt sogar in der Höhe voraus. Dadurch wird die Labilität der Luftschichtung noch größer. Es kommt zur Ausbildung von gewaltigen Haufenwolken, in weiterer Folge zu niederschlagsstarken, ausgedehnten Schauern, in der warmen Jahreszeit zu Frontgewittern.

Art der Wolkenbildung:

— mächtige Haufenwolken,

— eventuell Gewitterwolken,

— Schichthaufenwolken von dunkler Färbung.

Oft folgt auf den Durchgang einer Kaltfront ein

*Zwischenhoch*

Die Kaltluftmasse eines Zwischenhochs könnte man als »Kaltluftberg« bezeichnen, der auseinanderfließt und als Ersatz Luft aus der Höhe zum Absteigen zwingt. Dieser Vorgang erwärmt und trocknet diese Luft und führt zur Wolkenauflösung. Solche Zwischenhochs dauern selten länger als einen Tag, es folgen dann meist die Störungen des nächsten Tiefs.

Je nach dem Entstehungsort eines Tiefs kann ein Zustand eintreten, in dem Warm- und Kaltfront ohne Warmsektor ein einziges Schlechtwettergebiet bilden. Diese Störung wird als Okklusion bezeichnet und umfaßt alle Merkmale der Warm- und Kaltfront. Diese Mischformen unter gleichzeitigem Einfluß von Stau- und Strömungsvorgängen und der Thermik erschweren eine Wettervorhersage.

Da Kaltfronten oft mit hoher Geschwindigkeiten dahinziehen, vehemente Wettererscheinungen mitbringen und die Temperatur um 10° C und mehr fallen kann, spricht man in diesem Zusammenhang von einem Wettersturz.

### Wind und Sturm

Wind ist bewegte Luft. Wind wird nach der Himmelsrichtung benannt, aus der er kommt.

Großräumig gesehen entsteht Wind durch den Druckausgleich zwischen Hoch- und Tiefdruckgebieten. Der Druckausgleich geht immer vom Gebiet hohen Luftdruckes (H) zum Gebiet niederen Luftdruckes (T). Es gilt die einfache Regel:

»Stehe ich mit dem Rücken zum Wind, ist das Hoch rechts, das Tief links von mir.«

Windstärke und Windrichtung können mit Hilfe einer Windfahne (Bindfaden, Papier, Gras usw). oder nach der Windstärkenskala (siehe S. 363) geschätzt werden.

Windfahne:

- Lassen Sie Gras, Laub oder ein Stück Papier aus Schulterhöhe fallen.
- Zeigen Sie mit dem ausgestreckten Arm auf die Stelle, wo der Gegenstand hingefallen ist.
- Schätzen Sie den Winkel zwischen ausgestrecktem Arm und Oberkörper.
- Teilen Sie diesen geschätzten Winkel durch acht; die sich daraus ergebende Zahl entspricht der ungefähren Windgeschwindigkeit in m/s.

Beispiel: geschätzter Winkel 40°

Die Windgeschwindigkeit beträgt etwa 5 m/s.

Windstärkenskale (Beaufort)

| Windstärke | Kennzeichen | Windgeschwindigkeit km/h |
|---|---|---|
| 0 | Windstille, Rauch steigt senkrecht empor | 0 |
| 1 | leiser Zug, Rauch zieht leicht zur Seite | ab 1 |
| 2 | leichter Wind, Blätter rascheln | ab 6 |
| 3 | schwacher Wind, Laub ständig in Bewegung | ab 12 |
| 4 | mäßiger Wind, dünne Äste in Bewegung, Staub und Blätter werden aufgewirbelt | ab 20 |
| 5 | frischer Wind, kleine Bäume neigen sich, Schaumkämme auf stehenden Gewässern | ab 30 |
| 6 | starker Wind, große Äste in Bewegung | ab 40 |
| 7 | steifer Wind, schwächere Bäume neigen sich | ab 50 |
| 8 | stürmischer Wind, Äste brechen ab, Gehen erschwert | ab 60 |
| 9 | Sturm, schwächere Bäume knicken | ab 75 |
| 10 | schwerer Sturm, Bäume werden entwurzelt | ab 90 |
| 11 | orkanartiger Sturm, schwere Zerstörungen | ab 100 |
| 12 | Orkan, allgemeine Verwüstungen | ab 120 |

Im allgemeinen ist der Wind in der Hochregion immer stärker als in tieferen Lagen, wo die Strömung durch die vielen Hindernisse gebremst wird oder sogar, z. B. durch Kaltluftseen in Tallagen, zum Erliegen kommt. Der Oberwind gleitet dann über die tieferen Schichten hinweg.

Herrscht zwischen Hoch- und Tiefdruckgebieten nur ein geringes Druckgefälle und ist die großräumige Luftströmung schwach, so können sich lokale Windsysteme entwickeln; im Gebirge vor allem

*Berg- und Talwinde*

Die Thermik bildet sich naturgemäß über den der Sonnenbestrahlung zugekehrten Hangflächen am stärksten. Hier wird auch durch eine Art Leitwirkung das Aufströmen der Luft begünstigt. Im Laufe des Vormittags bis zum späten Nachmittag zieht die aufsteigende Luft im Talhintergrund weitere Luft aus den tieferen Lagen nach — es weht talaufwärts der Talwind. Umgekehrt fließt nachts die erkaltete Hangluft als Bergwind talabwärts.

Dieses Windsystem ist umso besser ausgebildet, je stärker die Wärmeein- und -ausstrahlung möglich ist. Das Aussetzen oder die Umkehr des Berg- und Talwindes deutet auf das Eindringen einer großräumigen Luftströmung hin und hängt meist mit einer Wetteränderung durch Tiefdruckströmungen zusammen.

## Niederschläge

Niederschläge erfolgen im allgemeinen bei Temperaturen über Null Grad in flüssiger, bei Temperaturen unter Null Grad in fester Form. Allgemein gilt, daß die Niederschlagsmenge normalerweise mit der Höhe zunimmt.

### Tau und Reif

Er entsteht durch Kondensation an erkalteten Gegenständen im Bereich der Erdoberfläche.

### Schnee

In den höheren Wolkenregionen mit ständig negativen Temperaturen geht bei weiterer Abkühlung der Luft und Übersättigung Wasserdampf direkt zu Eis über. Die sich bildenden Eisteilchen sickern in die darunterliegenden Zonen der mittelhohen Wolken. In ihnen können sich durch eine physikalische Eigenheit des Wassers trotz Minustemperaturen kondensierende Wassertröpfchen flüssig erhalten. Diese Unterkühlung des Wassers ist in der freien Atmosphäre unter gewissen Voraussetzungen möglich, da die Tröpfchen einen Kern brauchen, um Kristalle zu bilden. Sie setzen sich nun an den durchsickernden Eisteilchen ab und bauen mit ihnen die Schneeflocken auf. Der Schnee schmilzt im Sommer bei Temperaturen über Null Grad zu Regen, der je nach Stärke bis in Tallagen fällt oder vorher verdunstet.

### Regen

Wie vorher beschrieben, entsteht er vorwiegend aus abgeschmolzenem Schnee. Innerhalb der Wolke kommt es manchmal bei Temperaturen über Null Grad zu einem Zusammenfließen von kleinen Wassertropfen zu richtigen Regentropfen. Regen stammt immer aus Höhen von 2000—3000 m. Aus tiefen Schichtwolken, Hochnebel oder Nebel ist nur Nieseln möglich. Fällt daher aus Nebel regelrechter Regen, so muß hoch darüber eine entsprechende Bewölkung vorhanden sein. Darüber liegt meist die Aufgleitbewölkung einer Warmfront.

### Hagel

Starke Auf- und Fallwinde in einem Gewitter oder einem starken Schauer wirbeln einen Eiskern mehrmals durch die unterkühlte Wolkenluft. Eisschalen zunehmenden Gewichtes legen sich um den Kern, es entsteht ein Hagelkorn, das bei genügender Schwere dem Aufwind entgegen nach unten fällt. Je nach der Größe der Hagelkörner und den Temperaturverhältnissen wird der Hagel wieder aufgetaut (»Platzregen«) oder fällt in fester Form zu Boden. Als Mischform zwischen Schnee und Hagel tritt noch der Graupelniederschlag auf (kleiner und rauher als Hagelkörner).

### Gewitter

Das Gewitter ist die eindrucksvollste Wettererscheinung. Die Voraussetzung für das Entstehen eines Gewitters ist eine labile Luftschichtung, die zu einem heftigen vertikalen Luftaustausch neigt. In diesem Fall ist die Luft in der Höhe relativ kalt, so daß die aufsteigende Luft eine zu kalte Umgebung vorfindet. Der anhaltende Auftrieb läßt die Wolkengebilde zu kilometerhohen Gewittertürmen emporschießen. Innerhalb dieser Wolken herrschen extreme Auf- und Abwinde, sie zerreißen die fallenden Wassertropfen und führen elektrische Ladungseffekte herbei, die in weiterer Folge Blitze hervorrufen.

Ihrer Entstehung nach kann zwischen Wärmegewittern und Frontgewittern unterschieden werden. Die Wärmegewitter bilden sich meistens an Sommernachmittagen. Sie werden durch kräftige Thermik ausgelöst und beruhigen sich meist mit Sonnenuntergang. Die Frontgewitter hingegen treten in vehementer Form unabhängig von der Tageszeit im Bereich einer Kaltfront gehäuft auf, ein Wettersturz ist oft die Folge.

## Wetterregeln

Als Ergänzung und Beobachtungshilfe gibt es allgemeine Wetterregeln. Wenn mehrere der angeführten Anzeichen in die gleiche Richtung weisen, ist die Wahrscheinlichkeit für eine richtige Vorhersage groß.

Schönwetterzeichen
- starker Temperaturgegensatz zwischen Tag und Nacht, Taubildung am Morgen, klarer, kalter Morgen;
- trockene Morgennebel, die sich bald nach Sonnenaufgang auflösen;
- vereinzelte, glattrandige, hellweiße Quellwolken vor klarem, blauem Himmel; diese Schönwetterwolken können sich am Abend abflachen;
- Täler im Dunst und Höhen klar;
- Abendrot (bedingte Gültigkeit);
- funkelnde Sterne im Winter (Kältezunahme);
- langsamer Anstieg des Luftdruckes (langanhaltender Druckaufbau über Tage hinweg; schneller Druckanstieg bedeutet meist Zwischenhoch);
- Ausbildung bzw. Fortbestand der lokalen Windsysteme (Talwind untertags, Bergwind nachts und am Morgen);
- senkrecht aufsteigender Rauch;
- sich schnell auflösende Kondensstreifen, die jedoch nicht vom Höhenwind verlagert werden.

Schlechtwetterzeichen
- Schäfchenwolken, die nach längerer Schönwetterlage aufziehen;
- Auftreten von Eiswolken oder dünnen Schichtwolken in mehreren Höhenlagen übereinander;
- Gewitter zwischen Mitternacht und Mittag;
- Aufklaren im Tal, Sichtverschlechterung auf den Höhen;
- ferne Berge rücken scheinbar näher und nehmen eine blauschwärzliche Färbung an;
- Morgenrot (Niederschlag setzt meist schon am gleichen Tag ein);
- bleigraue Verfärbung des Himmels;
- Aussetzen und Umkehr der lokalen Windsysteme (Berg- und Talwind);
- Windstille bei Niederschlag deutet auf lang anhaltendes Schlechtwetter;
- Zunahme der Windstärke in den Abendstunden;
- anhaltend tiefer Luftdruck;
- schneller und sehr starker Luftdruckabfall bedeutet Sturm;
- irisierende Ringe um Sonne bzw. Mond (langsame Verschlechterung);
- sich niederschlagender Rauch;
- sehr lang anhaltende Kondensstreifen, die vom Höhenwind verlagert werden.

Gewitterzeichen
- Über den Bergen noch am Vormittag auftretende, feld- und bänderartige Flockenwolken und Türmchenwolken;
- Aufkommen und rasches Wachstum von Haufenwolken am Vormittag;
- Wolkenerscheinungen einer heftigen Kaltfront, vor allem in der warmen Jahreszeit, (Frontgewitter); von den ersten Anzeichen bis zum voll entwickelten Gewitter vergehen oft nur 30 Minuten;
- Ausbildung der typischen Gewitterwolke mit dem Eisschirm (Amboß); solange sie weiße, scharfumgrenzte Kuppen zeigen, sind sie meist noch niederschlagsfrei; ra-

sches Ausfasern nach oben zu milchigen Pilz- und Amboßformen zeigt die einsetzende Aktivität der Wolke zur Gewitterbildung (bis Hagel) an;
- bei einer Entfernung des Gewitters von einem Kilometer vergehen zwischen Wahrnehmung eines Blitzes und dem dazugehörigen Donnerrollen ca. 3 Sekunden. Das Donnerrollen hört man nicht sehr weit (je nach Intensität und Windstärke ca. 10 km).
  Häufige Verlagerungsgeschwindigkeit von Gewittern: etwa 40 Kilometer pro Stunde (Spitze 80 km/h).
  Z. B.: Ein zukommendes Gewitter (Wolkenzug) gibt zwischen Blitz und erstem Donner eine Zählzeit von 16 Sekunden, das entspricht einer Entfernung von 5,3 km; es ist in etwa 8 Minuten zu erwarten.
- Bei Wahrnehmung von elektrischen Erscheinungen wie Sträuben der Haare, Surren von Metallgegenständen oder sichtbaren Entladungen besteht auch bei Nichtvorhandensein eines entsprechenden Wolkenbildes größte Blitzschlaggefahr!

Der Höhenmesser zur Wettervorhersage

| | |
|---|---|
| – rascher Druckanstieg | meist nur kurze Wetterbesserung |
| – gleichmäßiger, langsamer Druckanstieg | anhaltende Wetterbesserung |
| – rascher Druckfall | starke, vorübergehende Wetterverschlechterung (z. B. Gewitter) |
| – gleichmäßiger, langsamer Druckfall | anhaltende Wetterverschlechterung |
| – zeitlich begrenztes Steigen und Fallen des Luftdruckes | unbeständiges Wetter |

Der Höhenmesser zeigt bei steigendem Luftdruck geringere Höhe, bei fallendem Luftdruck größere Höhe an.

# ÜBERWINDEN VON HINDERNISSEN

In Extremsituationen ist es fast immer irgendwann notwendig, Hindernisse zu überwinden oder zu umgehen. Ein Umgehen ist nicht immer möglich, außerdem ist folgendes zu bedenken: Jede Umgehung kostet Zeit und Kraft und ist in ihrem Aufwand im voraus nie genau abzuschätzen; auch dann nicht, wenn eine Karte zur Verfügung steht oder Einblick in das entsprechende Gelände genommen werden kann. Die Folgen des Zeitverlustes — z. B. ein erhöhter Trinkwasser- und Nahrungsbedarf, die Notwendigkeit, ein Feuer anzumachen oder einen Unterschlupf zu bauen, sind weitere, ernsthaft zu erwägende Kriterien.

Bei Beherrschung der notwendigen Techniken wird daher, auch bei der Möglichkeit einer Umgehung, die direkte Überwindung eines Hindernisses häufig die bessere Lösung sein. Fast alle Hindernisse lassen sich auf drei Grundtypen reduzieren:

— Steilgelände (von Steilhängen über Abbrüche bis zu Felswänden),
— Gewässer,
— Eisflächen (Triebsand und Sumpfgebiete sind im Grunde wie diese zu behandeln).

## *Hilfsmittel*

Es ist nicht damit zu rechnen, daß in den angenommenen Überlebenssituationen bestimmte, für einen ganz speziellen Bereich entwickelte Hilfsmittel zur Verfügung stehen, wie z. B. Kletterkarabiner oder -haken, Eispickel, Steigeisen, Schwimmflügel, eine Tauchausrüstung (Maske, Schnorchel, Flosse) usw.

Zur Bewältigung der Situation werden nur in der Umgebung auffindbare Materialien (Holz, Steine), persönliche Bekleidung und Ausrüstung, bestenfalls ein Seil (oder ein Ersatz dafür) und fallweise ein Partner zur Verfügung stehen.

### Das Seil

Meist handelt es sich dabei um ein Kletterseil. Es ist besonders weich, geschmeidig und reißfest, hat aber — speziell als Sicherungsmittel beim Klettern konzipiert — bei einem anderen Einsatz den großen Nachteil der hohen Elastizität; das wirkt sich besonders beim Spannen oder beim Ziehen von Lasten unangenehm aus.

Günstiger sind daher nicht dehnbare Seile. Die Bruchlast sollte mindestens dem 10fachen Körpergewicht entsprechen (ruckartige Belastung, Seilspannung, Wasserdruck). Wünschenswert sind Bruchlasten von 1000 kg und mehr.

Ersatz für ein Seil kann durch Verwendung von mehreren dünnen Schnüren (geflochten, gedreht oder durch einfachen Parallellauf), im Extremfall durch Zusammenknüpfen von Stoffstreifen (flechten, drehen) oder Bekleidungsstücken oder durch entsprechende Verarbeitung von Ranken und Gräsern (siehe Kapitel »Behelfe«) geschaffen werden. Dabei ergeben sich, je nach Qualität des Ersatzes, fallweise Einschränkungen in der Verwendung.

#### Seilknoten

Aus der Vielzahl der Knoten wurden nur diejenigen ausgewählt, die einfach zu binden, daher leicht erlernbar, und vielseitig verwendbar sind.

Alle Seile werden unter Zugbelastung im Knoten geschwächt; die Knotenfestigkeit beträgt nur zwischen 50 bis 70% der Zugfestigkeit des Seiles.

*– Spierenstich:*

*Mit dem doppelten Seil wird eine fixe Schlinge gebildet. Er kann auch gesteckt gebunden werden (Sackstich).*

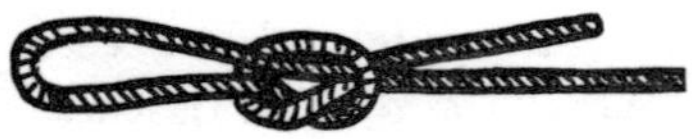

*Als bewegliche Schlinge (Wasserklang)*

*Als Seilverbindung*

*Als Tragschlinge für Gefäße*

*– Ankerstich:* *Damit können Gegenstände schnell ins Seil eingebunden werden; ist auch gesteckt zu binden.*

*– Prusikknoten:* *ein zweimal durchgezogener Ankerstich. Dieser Klemmknoten zieht sich, um ein Seil gelegt, unter Belastung zusammen (klemmt), während er sich bei Entlastung am Seil verschieben läßt (Verwendung z. B. bei Flaschenzügen, Prusikverfahren); ist auch gesteckt zu binden. Durch einseitige Erhöhung der Umschläge kann die Wirkung erhöht werden. Die Klemmwirkung ist nur gegeben, wenn der Durchmesser des zu klemmenden Seiles deutlich größer ist als der der Prusikknotenschnur (bestes Verhältnis 1:2).*

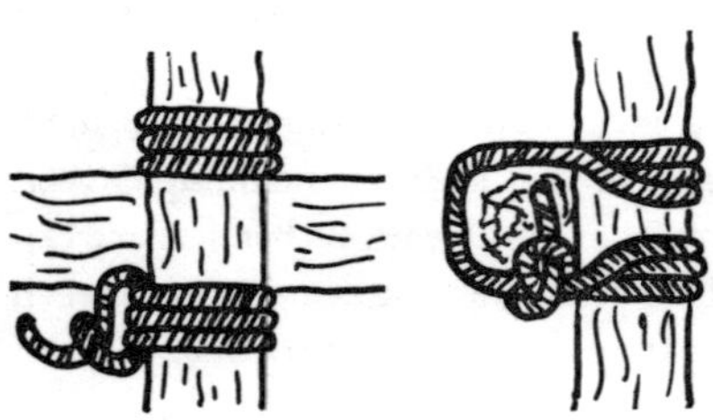

*– U-Verschnürung*

*Kreuz-Verschnürung*

*Längs-Verschnürung*

Diese Verschnürungen sind zur parallelen oder kreuzweisen Verbindung von Gegenständen geeignet. Man beginnt und endet mit einem Spierenstich oder Ankerstich.

– *Wickelknoten: Zum Herstellen von Wicklungen (besonders beim Behelfsgerätebau).*

Zughilfen

Mit einem Seil und einigen der beschriebenen Knoten können bereits Zughilfen in Form des einfachen und doppelten Flaschenzuges gebaut werden (Bau von Hütten, Fallen; Aufziehen von Lasten, verletzten Kameraden). Allerdings geht relativ viel von der durch das Flaschenzugsystem gewonnenen Kraft durch die Seilreibung innerhalb des Systems wieder verloren.

| zu bewegendes Gewicht 80 kg | erforderliche Zugkraft | Reibungsverlust | theoretische Übersetzung | tatsächliche Übersetzung einschließl. Reibungsverlust |
|---|---|---|---|---|
| einfacher Flaschenzug | ca. 55 kg | 52% | 2fach | ca. 1,5fach |
| doppelter Flaschenzug | ca. 37 kg | 57% | 4fach | ca. 2,3fach |

Damit wird deutlich, welche Bedeutung der Verminderung des Reibungsverlustes zukommt. Folgende Möglichkeiten bieten sich an:

– Einlegen von Papier oder frischer, weicher Rinde (Innenseite nach außen) an den Reibungsstellen,
– Einbinden eines Holzstückes (mit Führungsnut für das Seil).

Nach jeder Hubphase ist das Seil an der Verankerung mit einer Hand abzuklemmen (siehe Knicksicherung) und mit der anderen der Prusikknoten wieder so weit wie möglich nach vorne zu schieben.

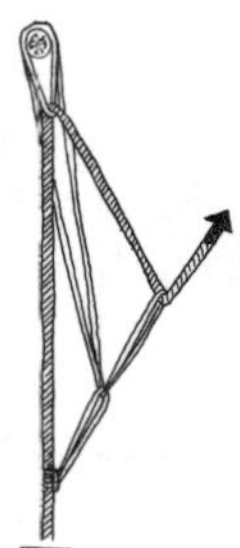

*Der doppelte Flaschenzug*

*Der einfache Flaschenzug*

Brust-Sitz-Geschirr

Um andere oder sich selbst in bestimmten Situationen sichern zu können, ist es erforderlich, sich anzuseilen. Um Seillänge zu sparen und um beweglicher zu bleiben, ist es am günstigsten, sich ein Brust-Sitz-Geschirr anzufertigen, in das dann bei Bedarf das Seil eingebunden wird. Das Sitzgeschirr verhindert dabei ein Hängen im Brustgeschirr allein, was wegen der äußerst schmerzhaften Abschnürung unter den Achseln spätestens nach 5 Minuten zu beidseitiger Armlähmung (Ende jeglicher Eigenrettung) und nach etwa 2 Stunden zum Tod (Versacken des Blutes in den unteren Extremitäten) führt.

Beim Anlegen des Brust-Sitz-Geschirrs ist folgendes zu beachten:

- Legen Sie das Brustgeschirr direkt unter den Achseln an (bei Frauen oberhalb der Brust).

- Wählen sie den Umfang so, daß zwischen Brust und Brustgeschirr zwei Fingerbreit Abstand bleiben.
- Befestigen Sie das Sitzgeschirr so, daß bei aufrechtem Stehen ein leichter, nicht behindernder Zug gegeben ist.
- Der Anseilpunkt liegt am Brustbein (nicht tiefer).

*Brustgeschirr*

Legen sie ein Seil (oder eine Schnur) um den Oberkörper (Schnur so oft, bis die ungefähre Tragfähigkeit des Seiles erreicht ist) und verknüpfen Sie sie (Spierenstich oder Sackstich). Mit dem Rest stellen Sie einen Hosenträger (über eine Schulter zurück, am Rücken durchziehen, über die andere Schulter wieder nach vorn) her. Das Ende kreuzen Sie vor der Brust und knoten es mit einem Spierenstich über die Brustschlingen ab.

*Sitzgeschirr*

Binden Sie ein doppelt genommenes Seilstück (Schnur) ca. 1,20 m (mit seitlich gestrecktem Arm von der Fingerspitze bis zur gegenüberliegender Schulter) von der Mitte mit einem Spierenstich ab. Die entstandene Schlinge legen Sie so über Oberschenkel und Becken, daß der Spierenstich vorn zwischen den Beinen liegt. Die losen Enden führen Sie nun, von innen nach außen, jeweils durch eine Schlingenhälfte (linke — links, rechte — rechts) und fixieren Sie in der Mitte wieder mit einem Sackstich. Das dabei gebildete Dreieck soll möglichst klein sein. Anschließend ziehen Sie die beiden Enden zwischen den gekreuzten Hosenträgern des Brustgeschirrs durch und befestigen Sie mit einem Sackstich bzw. Spierenstich.

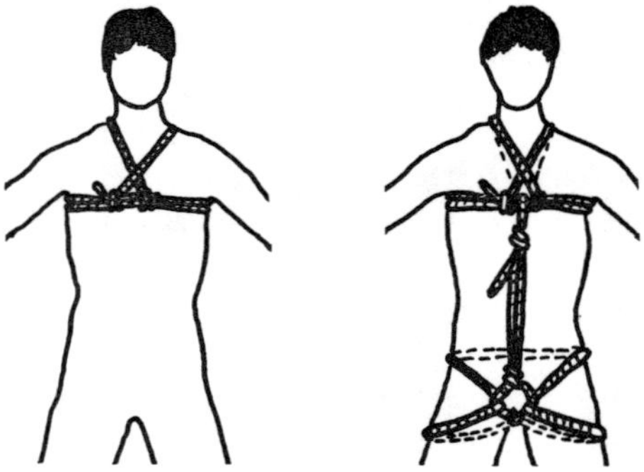

Verankerungen

Immer wieder wird das Problem auftauchen, das Seil, Seilschlingen oder andere Gegenstände ein- oder beidseitig verankern zu müssen. Das scheint einfach, solange Bäume ausreichender Stärke zur Verfügung stehen. Sollte das jedoch nicht der Fall sein, bieten sich folgende Möglichkeiten an:

*Anker*

Besonders wichtig dabei ist der sichere Sitz; besonders vorteilhaft ist es, den Druck auf mindestens 2 Widerlager zu verteilen und somit in seiner Wirkung zu halbieren. Je nach Art der Widerlager muß die Zugrichtung beachtet werden.

*Toter Mann*

Zu bevorzugen sind feste Gegenstände (Holz, entsprechend geformte Steine), die eingegraben werden (auch im Schnee ausgezeichnet möglich). Wichtig ist dabei die Rille für das ablaufende Seil (oder Seilschlinge) und die Zugrichtung. Im Extremfall bietet auch ein entsprechend eingegrabenes Hemd, ein Bund dünner Zweige, ja sogar ein dicker Bund langer Gräser für fast alle Gelegenheiten ausreichenden Halt.

*Erd- oder Eisbirne*

Sie kann in jedem formbaren Untergrund gebildet werden. Wichtig ist die Festigkeit (Sand ist nicht geeignet), die Tiefe der Rille, die Hinterschneidung und die Beachtung der Zugrichtung.

*Klemmkeile*

Dazu können Holzstücke entsprechender Stärke, Steine oder große Knoten im Seil selbst zur Erreichung der entsprechenden Klemmwirkung verwendet werden. Voraussetzung ist das Vorhandensein von Widerlagern in Form von Gesteinsrissen und -spalten. Das Seil muß möglichst nahe an die feste Wand um den Klemmkeil gelegt werden, bei schrägstehenden Keilen an der höheren Seite.

Von lebenswichtiger Bedeutung ist hier die Beachtung der Zugrichtung.

*Felsköpfe, Pflöcke*

Sie müssen vor der Verwendung auf Festigkeit überprüft werden. Zugrichtung beachten (Abrutschen).

*Anker*

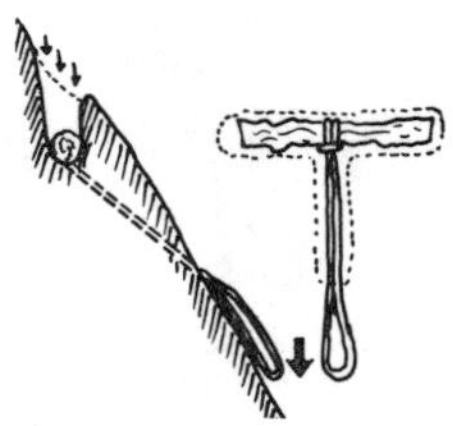

*toter Mann*

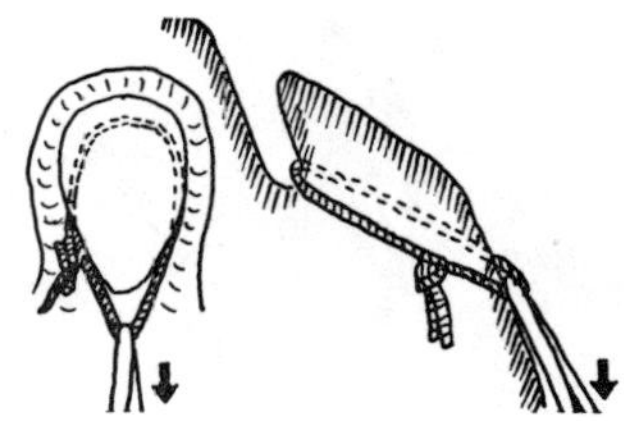

*Erd- oder Eisbirne*

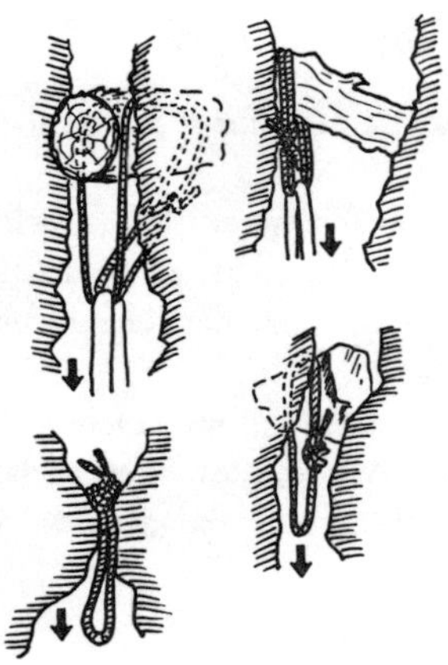

*Klemmkeile*

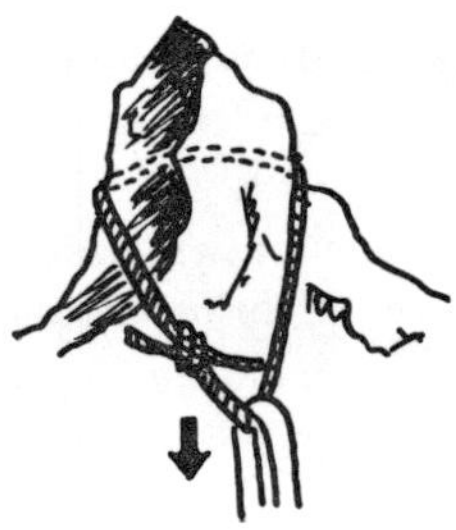

*Felskopf*

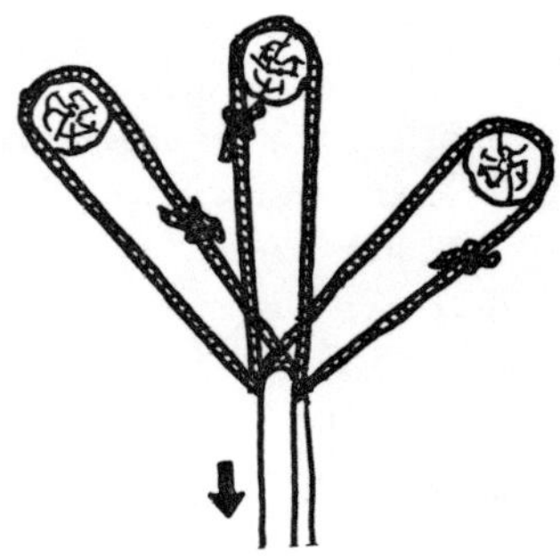

*Felsköpfe, Pflöcke*

Meist ist es empfehlenswert, die Verankerung selbst mit kurzen Seilstücken oder Schnüren zu bauen und dann erst das Seil einzuhängen (spart Seillänge und erleichtert meist die Arbeit). Dabei ist jedoch zu beachten, daß die Verankerungsschnüre (am besten mehrfach genommen) nie die Bruchlast des verwendeten Seiles unterschreiten.

Um die Belastung der einzelnen Verankerungspunkte herabzusetzen, verwendet man die Ausgleichsmethode.

Dabei wird das Seil in die Schlingen mehrerer Verankerungen so eingeknüpft (beweglich), daß immer jede Verankerung der gleichen Belastung ausgesetzt wird und diese sich daher durch die Anzahl der Verankerungen teilt (z. B. 3 Verankerungen = 1/3 der Belastung pro Verankerung).

S i c h e r u n g

Jedes Überwinden eines Steilgeländes stellt ein gewisses Risiko dar. Dieses möglichst gering zu halten, ist Zweck der verschiedenen Sicherungen. Ihre Anwendung ist gebunden an das Vorhandensein eines Seiles (bzw. eines Seilersatzes) und an die örtlichen Gegebenheiten.

- Allein können Sie sich folgendermaßen sichern:
  Binden Sie in Ihr Brust-Sitz-Geschirr das vorhandene Seil (oder Seilstücke) so ein (Sackstich), daß auf jeder Seite ein Seilstück in der Länge von 2—3 m bleibt. Nun verankern Sie ein Seilende je nach Möglichkeit nach einer der angeführten Methoden und steigen die 3 m auf. Dort verankern Sie das zweite Seilende, steigen ab und lösen die ersten Verankerung wieder. Dann steigen sie über die zweite Verankerung weitere 3 m hinauf, und verankern wiederum ein Seilende. So begehen sie zwar die gesamte Strecke dreimal (zweimal hinauf, einmal herunter), aber Sie sind immer mit einem Seilende gesichert.

  Aufgrund des hohen Zeit- und Kraftaufwandes wird sich diese Methode meist nur auf besonders exponierte Stellen beschränken.
- In der Gruppe besteht für den ersten nur die oben beschriebene Variante. Ist dies nicht möglich, muß er ungesichert aufsteigen, da auf Grund fehlender Möglichkeiten zum Anbringen von Zwischensicherungen ein Sturz am Seil nur eine Gefährdung der Kameraden bedeuten würde.
  Ist der erste oben, sichert er sich zuerst selbst (wie bei Sicherung allein, nur mit einem kürzeren Seil- oder Schnurende), so daß er gefahrlos arbeiten kann. Als nächstes fixiert er das zum Kameraden laufende Seil ebenfalls. Erst dann können die Nachkommenden wie folgt gesichert werden:
  — Knicksicherung,
  — Kreuzsicherung,
  — Körpersicherung.

*Knicksicherung*

Dabei wird für den Fall eines Sturzes das Seil mit einer Hand abgeklemmt und dann fixiert (Wasserklang). Somit hat der Sichernde beide Hände für eventuell erforderliche sonstige Tätigkeiten frei. Klettert der Nachfolgende weiter, wird der Wasserklang gelöst und weiter oben gesichert.

Die Sicherung beruht auf der hohen Seilreibung um eine enge Kante (Verankerungsschlinge) und der Klemmwirkung der Hand.

*Kreuzsicherung*

Das Seil wird dabei nach Durchziehen durch die Verankerungsschlaufe mehrfach überkreuzt, wodurch im Falle eines Sturzes die Seilreibung verstärkt wird. Die Stärke der Reibung ist durch die Anzahl der Überkreuzungen bis zu einem gewissen Grad dosierbar. Sonst entspricht sie der Knicksicherung.

*Körpersicherung*

Dazu bieten sich 3 Möglichkeiten:

- Schultersicherung: Dabei ist zu beachten, daß das zum Gefährten führende Seil immer unter der Achsel über den Rücken und die entgegengesetzte Schulter läuft (diese Art des Seillaufes ist auch bei jeder Art von Zug, wie Flaschenzug, Seilspannen usw. anzuwenden, da mit Körper und Beinen ein wesentlich höherer Krafteinsatz möglich ist als nur mit den Armen). Sie ist die gebräuchlichste Körpersicherung.
- Hüftsicherung: Sie wird im Sitzen verwendet und ist besonders vorteilhaft, wenn der Sichernde beide Beine verspreizen kann (Nischen, Bäume).
- Oberschenkelsicherung: Sie ist nur anzuwenden, wenn eine Schulter- oder Hüftsicherung nicht möglich ist. Die Wirkung der Körpersicherung beruht hauptsächlich auf der Seilreibung am Körper.

*Knicksicherung*

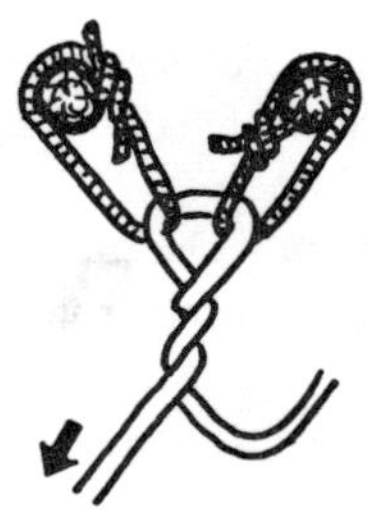

*Kreuzsicherung*

*Schultersicherung*

*Oberschenkelsicherung*

*Hüftsicherung*

Das Seil zum Nachsteigenden ist immer leicht auf Zug zu halten. Damit wird sichergestellt, daß es nie zu einem echten Sturz, sondern höchstens zu einem »Ins-Seil-Gleiten« oder leichten Pendeln des Gesicherten kommen kann. Die dabei auftretende Sturzwucht ist nicht sehr hoch und kann mit den angegebenen Möglichkeiten auch von körperlich schwächeren Personen sicher gehalten werden.

Zur schnellen Fixierung des Seils bei einem Sturz (Körpersicherung) kann auch vorbereitend eine Schlinge mit Prusikknoten ins Seil geknüpft werden (Prusikknoten knapp vor der vorderen Hand). Dieser klemmt beim Sturz das Seil und ermöglicht dem Sichernden ein beidhändiges Arbeiten.

Die Knick- und Kreuzsicherung belasten bei einem Sturz den Körper des Sichernden nicht und sind daher vorzuziehen. Sie sind allerdings an eine vorhandene, sichere Verankerung gebunden.

Die Körpersicherung kann auch in Fällen, wo der Bau einer Verankerung nicht möglich ist, (Zeitdruck, Geländegegebenheiten) zur Not angewandt werden.

## Steighilfen

Als Steighilfen finden Verwendung:
— Steigbaum und
— Seilleiter.

### Steigbaum

Dazu wird ein Baumstamm bis auf 10—20 cm lange Aststummeln entastet und an das Hindernis gelehnt. Er wird wie eine Leiter verwendet. Steht nur ein glatter Stamm zur Verfügung, kann dieser wie folgt erklettert werden:

*Einfache Kletterschlinge*

Die Länge entspricht dem Umfang des zu erkletternden Stammes minus eine Handbreite. Dazu kommt noch die für die beiden Fußschlaufen (Spierenstich oder Ankerstich) erforderliche Länge.

Als Material eignet sich Schnur (3—5 mm Durchmesser) oder (besser) dünner Draht (2—3 mm Durchmesser). Draht wird nicht geknotet, sondern gekreuzt und fest gewickelt.

Klettertechnik:

- Umfassen Sie den Stamm mit beiden Armen, wobei eine Hand das Handgelenk des anderen Armes umgreift (wenn möglich).
- Ziehen Sie die Beine an und legen Sie sie möglichst weit um den Stamm.
- Drehen Sie die Fußspitzen nach außen, Fersen und Waden pressen Sie fest an den Stamm.
- Lockern Sie den Armschluß, und strecken Sie die Beine.
- Verstärken Sie den Armschluß, und ziehen Sie die Beine wieder an usw.
- Bleibt die Schlinge an der Rinde hängen, schwingen Sie beide Beine etwas vom Stamm ab und machen so die Schlinge frei.

*Doppelte Kletterschlinge*

Die Länge der einen Schlinge entspricht dem Umfang des zu erkletternden Stammes plus Länge Ferse — Nabel plus Länge für Fußschlaufe (wie oben). Die zweite Schlinge ist ca. 50 cm kürzer.

Material und Befestigung sind analog der einfachen Kletterschlinge.

Klettertechnik:

- Legen Sie die längere Schlinge so mit dem Spierenstich um den Stamm, daß die Fußschlaufe ca. in Kniehöhe ist. Dann stellen Sie einen Fuß in die Fußschlaufe und stehen in der Schlinge auf.
- In der ersten Schlinge stehend, legen Sie die 2. Schlinge knapp unterhalb der 1. Schlinge um den Stamm und stehen wie vorhin auf.
- Schieben Sie nun die entlastete 1. Schlinge so hoch als möglich hinauf und belasten Sie sie.
- Führen Sie die nun entlastete 2. Schlinge nach.
- Dabei kann nach der Seilleitertechnik (siehe dort) beliebig gerastet werden.

Bei zwei Personen kann auch ein »menschlicher Steigbaum« errichtet werden. Als Tritte dienen der leicht gebeugte Oberschenkel, die ineinandergelegten Hände und die Schulter. Dabei können in Form einer menschlichen Pyramide bei mehreren Personen auch höhere Stellen überwunden werden.

*Steigbaum*

*einfache Kletterschlinge*

*doppelte Kletterschlinge*

*menschlicher Steigbaum*

S e i l l e i t e r n

Zu ihrer Herstellung bieten sich folgende Möglichkeiten an:

- Knotenseil: Zur Erleichterung können in die Knoten (Abstand ca. 40—50 cm) auch Holzstücke eingebunden werden (Spierenstich);
- Schlingenseil (Spierenstich als Schlaufe);
- Schlaufenleiter (Spierenstich mit beiden Seilen): Die Schnüre zwischen den Knoten sind ungleich lang und bilden daher offene Schlaufen;
- Steigleiter (geflochten);
- Trittleiter: Die Hölzer werden mit einem Ankerstich eingebunden und sollten auf jeder Seite ca. 10 cm überstehen.

*Knotenseil*

*Schlingseil*

*Schlaufenleiter*

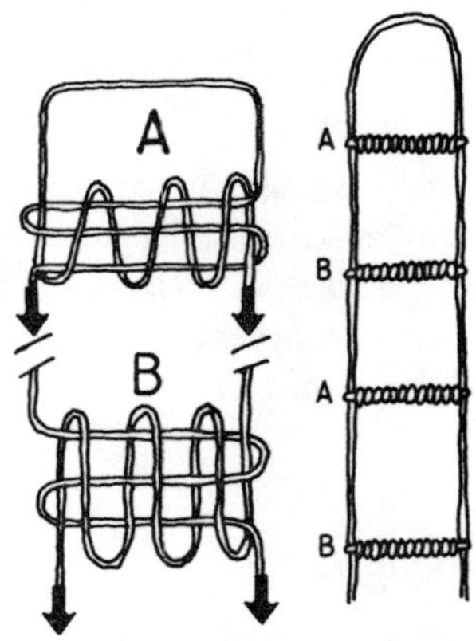


*Steigleiter geflochten*

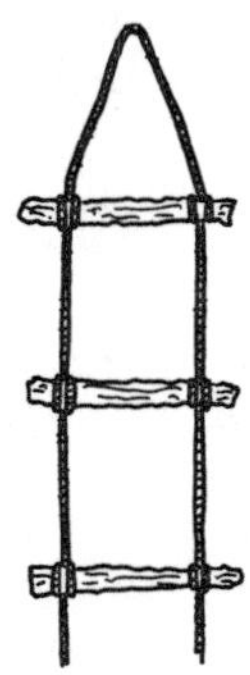

*Trittleiter*

Steigtechnik:
Am Knotenseil wird raupenartig aufgestiegen:
- Greifen Sie zu einem Knoten hoch.
- Ziehen Sie die Beine an und stellen Sie sie auf einen Knoten.
- Stehen Sie auf.
- Greifen Sie zum nächsten Knoten hoch usw.

Bei allen anderen Seilleitern ist folgende Technik anzuwenden:
- Auf der Mitte der Fußfläche haben Sie den sichersten Stand.
- Liegen die Schlingen oder Sprossen direkt am Steilgelände an, ziehen Sie sie mit dem Fuß oder der Hand weg, um das Einsteigen zu erleichtern.
- Beim Höhersteigen ziehen Sie die Leiter mit dem unteren Fuß vom Gelände weg, um mehr Raum für das Einsteigen in die nächste Sprosse oder Schlinge zu haben.
- Dabei kann bei Bedarf mit der Hand nachgeholfen werden.
- Durch Anwinkeln eines Beines bis zum Gesäß kann relativ bequem in der Leiter gerastet werden.

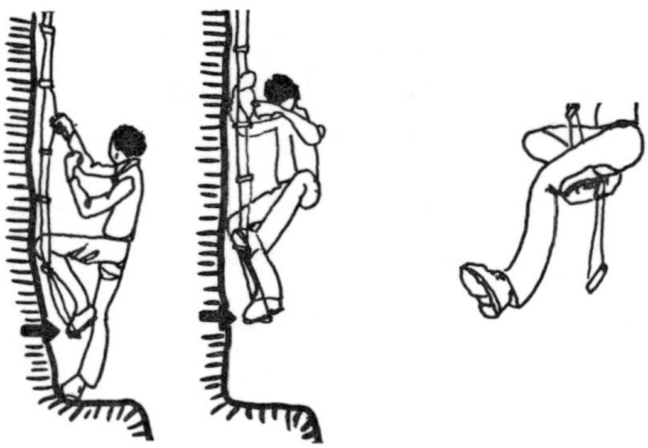

Bei mehr als 5 m Länge sollte die Leiter in eine Zwischenverankerung eingebunden werden, um Pendelbewegungen zu vermeiden.

Freihängende Steig- oder Trittleitern werden am besten seitlich (ein Bein vor, eines hinter einem der beiden Tragseile) erstiegen. Damit wird das Wegknicken der Leiter im Bereich der Beine vermieden.

## *Steilgelände*

Es kommt auf der ganzen Welt in den verschiedensten Formen und Materialien und mit unterschiedlichsten Bodenbedeckungen vor. Dabei spannt sich der Bogen von schroffen Felswänden über steile Geröllhalden, Gras- und Schneehänge bis zu Erdabbrüchen und Steilufern.

Die Hangneigung eines schwierigen Steilgeländes beträgt zwischen 40° und 90°, fallweise auch mehr (Überhang).

Ein Steilgelände muß, je nach Situation, auf verschiedene Weise überwunden werden, nämlich durch
- Aufsteigen,
- Absteigen oder
- Queren.

Für jede dieser Möglichkeiten gibt es, abgesehen vom Einsatz diverser Hilfsmittel, spezielle Techniken. Ihre Anwendung ist abhängig von der Hangneigung und der Bodenbeschaffenheit. Dabei ist im Einzelfall zu beurteilen, ob die Vorteile (Kraft- und Zeitersparnis) das Risiko (Absturzgefahr) rechtfertigen oder ob eine Umgehung vorzuziehen ist. Entfällt diese Möglichkeit oder zwingt der Zeitdruck dazu, wird auch ein Risiko in Kauf genommen werden müssen. Präzise Anwendung der entsprechenden Techniken kann es auf ein Mindestmaß reduzieren.

## Aufsteigen

Beim Aufstieg in weglosem Gelände kommen der Trittsicherheit, dem Gleichgewicht und der Gehtechnik (anwendbar bis ca. 60° Hangneigung) erhöhte Bedeutung zu.

Folgende allgemeine Grundsätze sind dabei zu beachten:

- Legen Sie immer schon vorher mit den Augen fest, wohin Ihr nächster Schritt erfolgen soll.
- Schaffen Sie sich einen sicheren Auftritt, bevor sie Ihr Bein belasten.
- Neigen Sie den Oberkörper weg vom Hang. Sie sollten, unabhängig von der Hangneigung, immer senkrecht stehen. Je mehr sich Ihr Körper, und damit die Richtung der Belastung im Tritt der Hangneigung annähert, desto größer wird die Gefahr des Abgleitens.
  Dazu drücken Sie (wenn Sie mit den Gesicht zum Hang stehen) die Fersen nach unten, sodaß sie tiefer als die im Tritt befindlichen Zehenspitzen sind, oder (wenn Sie mit der Seite zum Hang stehen) neigen Sie den Oberkörper bewußt talwärts.

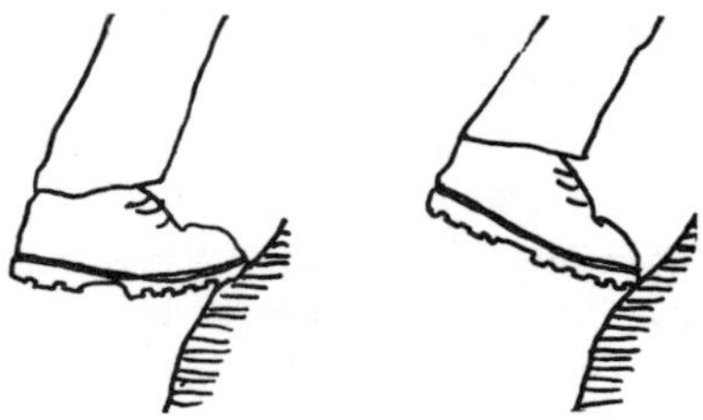

- Ein Stock ist zum Abstützen des Körpergewichtes vorteilhaft.

Entsprechend der Bodenbeschaffenheit und -bedeckung ist noch folgendes zu beachten:

Gras:

Besondere Vorsicht bei Nässe, Reif, Bodenfrost und langhalmigem Gras. Meist ist es günstig, den Fuß längseitig zu kanten und in Serpentinen aufzusteigen.

Geröll:

Nach Möglichkeit große Blöcke, Grasbänke und groben Schutt als Trittbrett ausnützen. Damit kann das kraft- und zeitraubende Zurückgleiten verhindert werden.

dichter Bewuchs (Gebüsch, Latschen):

Seine Überwindung ist besonders mühsam. Falls vorhanden, sind Gassen oder weniger dicht bewachsene Rinnen zu wählen. Ist das nicht möglich, muß man entweder darunter durchkriechen oder von oben auf die dicken Äste steigen und sich an den dünneren festhalten.

Felsdurchsetzung:

Erforderlichenfalls Hände als Gleichgewichtsstütze verwenden. Da das Gestein häufig mit Schutt, Erde, Moos oder Flechten bedeckt ist, ist auf die Wahl des Weges besonders zu achten.

Schnee:

Die Abstände zwischen den (möglichst waagrechten) Fußstapfen müssen den Schneeverhältnissen und der körperlichen Verfassung angepaßt werden.

Es ist wichtig, mit der ganzen Sohle unter gleichmäßigem Druck aufzutreten.

Bei tiefem Schnee ist es günstig, einen Stock mit beiden Händen quer vor dem Körper in den Schnee zu drücken und sich daran hochzuziehen.

Steigen im tiefen Schnee ist äußerst anstrengend. Verwendung von Schiern (bei der angenommenen Hangneigung können Schneereifen nicht mehr benützt werden) ist folgendes zu beachten:

— Schier immer mit der ganzen Fläche aufsetzen. Damit wird die Wirkung der Steigfelle voll ausgenützt und ein Zurückgleiten verhindert.
— Aufstiegsspur in langen, kraftsparenden Bögen anlegen und dabei die gegebenen Geländeformen ausnützen (günstigste Steigung der Spur etwa 7°).
— Wendungen können bei dieser Steilheit nur durch Spitzkehren gemacht werden. Vor der Wende ist die Spur ganz flach zu führen und nach der Wende zuerst ebenfalls flach wegzuführen.
— Bei mehreren Personen die Spur mit einem Mittelsteg in einfacher bis doppelter Schibreite anlegen.

Auftretende psychische Belastungen (Angst, Unsicherheit) auf Grund der Ausgesetztheit sind für den Ungeübten normale Reaktionen, die nur durch Übung abbaubar sind. Sie werden im Überlebensfalle mit reiner Willenskraft überwunden werden müssen. Ablenkung durch Konzentration auf Teilbereiche (Auswahl des nächsten Trittes, bewußtes Weglehnen des Oberkörpers) hat sich in der Praxis als gute Hilfe erwiesen.

Wird das Gelände noch steiler und nähert sich der Senkrechten, kann es nur noch durch Klettern überwunden werden. Dabei wird immer der kürzeste und leichteste Weg zu wählen sein. Diese Art des Kletterns hat mit dem bekannten Sportklettern nichts zu tun; greifen Sie daher zu jeder nur erdenklichen Möglichkeit, den Aufstieg leichter und risikoloser zu machen. Ein erster Schritt dazu ist die Kenntnis verschiedener Klettertechniken. Die hier angeführten beziehen sich auf reines Fels- bzw. auf felsdurchsetztes Gelände und müssen sonst modifiziert und den Gegebenheiten angepaßt werden.

Unabhängig von Gelände und angewandter Technik gelten für das Klettern folgende Regeln:

- Klettern Sie mit den Augen voraus, und gehen Sie zuerst den Weg und die einzelnen Haltepunkte geistig durch. Klettern Sie erst dann los.
- Klettern Sie möglichst mit den Beinen. Diese tragen den Körper und leisten die schwerere Hubarbeit, die Arme dienen mehr dem Halten des Gleichgewichtes als der Fortbewegung.
- Suchen Sie Tritte höchstens bis Kniehöhe, Griffe ab Schulterhöhe.
- Überprüfen Sie Tritte und Griffe vor dem Belasten auf ihre Festigkeit (leicht dagegen schlagen; dabei zeigt ein dumpfer Klang unsichere Festigkeit an).
- Klettern Sie möglichst kräftesparend, ruhig und gleichmäßig (keine ruckartigen Bewegungen).
- Zur sicheren Fortbewegung müssen immer 3 Haltepunkte (2 Hände, 1 Fuß oder 2 Füße, 1 Hand) gegeben sein. Es bewegt sich daher immer nur eine Hand oder ein Fuß.

Die in unserem Falle häufigsten und am universellsten anzuwendenden Kletterarten sind die
— Rißklettertechnik und die
— Wandklettertechnik.

Rißklettertechnik

Sie beruht bei Rissen bis Körperstärke auf der Klemmwirkung, bei Rissen über Körperstärke (Kamin) auf der Wirkung von Reibung, Druck und Gegendruck.

Im ersten Falle steigt der Kletternde entlang des Risses hoch, indem er je nach Breite des Risses Finger, Hände, Arm usw. im Riß verklemmt und mit den Beinen entweder direkt im Riß oder an der Außenwand Tritte sucht.

Erweitert sich der Riß zum Kamin, wird darin, je nach Breite, stemmend (eng) oder spreizend (breit) aufwärts gestiegen. Meist sind Kamine an ihrem äußeren Rand griffiger als im inneren.

Wegen der Vielzahl der Möglichkeiten auch bei weniger zahlreich vorhandenen Griffen und Tritten und der geringeren psychischen Belastung (geringe Ausgesetztheit) ist diese Technik vorzuziehen.

In Winkeln und Nischen (Verschneidungen) gelegen, können auch enge Risse mit der Gegendrucktechnik (Piaztechnik) aufgestiegen werden.

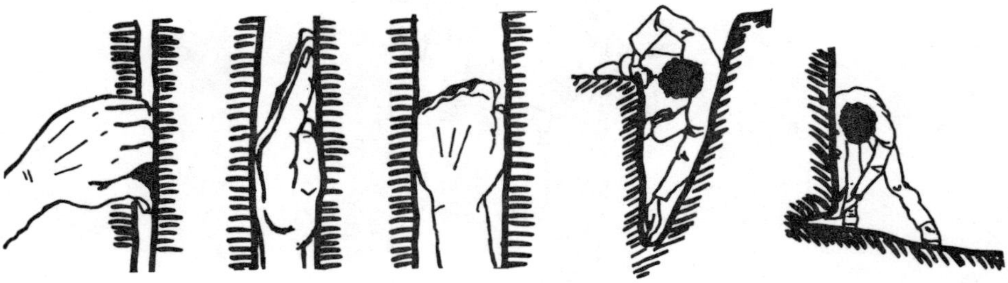

### Wandklettertechnik

Beim Klettern in nicht von Rissen (Kaminen, Verschneidungen) gegliedertem Gelände kommt dem bereits bekannten Grundsatz »Oberkörper weg vom Hang — Fersen tief« besondere Bedeutung zu. Mit geringen Höhenabständen zwischen den einzelnen Tritten und Griffen läßt sich relativ kräfteschonend aufsteigen. Besonders vorteilhaft können durch Spreizen (Gegendruckwirkung von Bein zu Bein) auch abschüssige oder weiter seitlich gelegene Tritte ausgenützt werden.

Die Belastungsrichtung, besonders der Griffe, muß immer abwärts gerichtet sein (Zug nach außen erhöht die Gefahr des Ausbrechens des Griffes wesentlich).

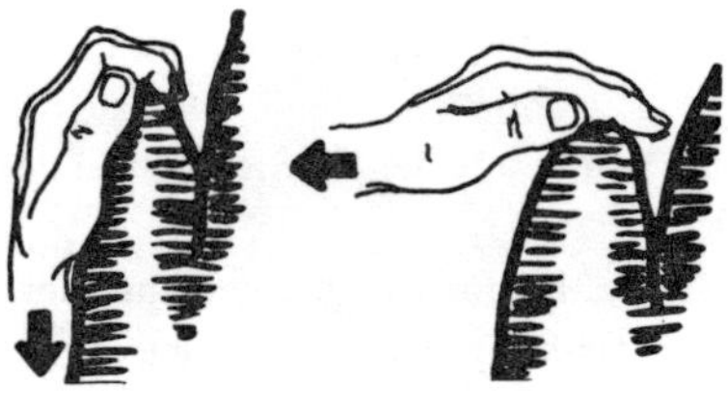

Neben der Verwendung der verschiedenen Hilfsmittel, allein oder durch mehrere Personen, besteht auch die Möglichkeit, am glatten Seil aufzusteigen. Voraussetzung: Das Seil ist oben bereits fixiert (durch einen Vorauskletternden oder einen Wurfanker).

Dabei wird das Prusikverfahren angewandt:

- Befestigen Sie zwei Schnurschlingen (von Kopfhöhe bis zu den Füßen reichend) mittels Prusikknoten am Seil.
- Ziehen Sie sie durch das Brustgeschirr (verhindert das Abkippen des Oberkörpers) und treten Sie in die Steigschlingen (Ankerstich).
- Belasten Sie diese abwechselnd und verschieben Sie den Klemmknoten der jeweils unbelasteten Schlinge nach oben.

**Absteigen**

Im Prinzip sind die Grundsätze der Gehtechnik die gleichen wie beim Aufsteigen.

Gras:
Die Fersen sind besonders fest einzusetzen, die Zehen leicht hochzuziehen.
Geröll:
Im feinen Geröll kommt man mit lockeren Laufschritten und kräftigem Ferseneinsatz durch das Nachrutschen des Gesteins relativ rasch und kraftsparend voran. Vorsicht vor Abbrüchen! Diese Technik ist nur anzuwenden, wenn die gesamte Strecke eingesehen werden kann.
Schnee:
Vorhandene Spuren dürfen nicht verwendet werden, wenn diese vereist sind. Beim Anlegen einer eigenen Spur sind die Fersen fest in den Schnee zu stoßen. Bei Abrutschen oder Abfahren (Schuhe, Hosenboden, Rucksack) besteht hohe Verletzungsgefahr durch schneebedeckte Steine oder Geröll, es ist daher zu vermeiden.
Abfahren mit Schiern:
Die Abfahrtsspur ist abhängig von Gelände, Schnee und Fahrkönnen (Lawinengefahr).
Bei mehreren Personen ist es wichtig
— daran zu denken, daß bei Benützung der gleichen Spur durch mehrere Personen diese immer schneller wird;
— Abstände einzuhalten (Sturz, Behinderung, Lawinengefahr); daher ist es manchmal besser, einzeln in verschiedenen Spuren abzufahren.
— Sammelpunkte zu vereinbaren.

Beim Abklettern wird so lange wie möglich mit dem Rücken zur Wand abgestiegen.

Dabei sollten die Beine nach Möglichkeit gespreizt aufgesetzt und mit den Händen möglichst tiefliegende Griffe benützt werden. Die Arme übernehmen eine Stützfunktion, der Oberkörper ist vorzubeugen.

Der Vorteil dieser Haltung besteht im besseren Überblick über den zu wählenden Weg und im leichteren Auffinden von Griffen und Tritten.

Ist diese Technik auf Grund der Steilheit und Schwierigkeit des Geländes nicht mehr anwendbar, muß mit dem Gesicht zur Wand abgestiegen werden. Dabei ist die Wegwahl bzw.

das Suchen von Griffen und Tritten entweder durch Seitwärtsneigen des Oberkörpers oder zwischen den Beinen durchblickend möglich.

Ist ein Seil vorhanden, kann mit der Dülfermethode abgeseilt werden. Das Abseilen ist zeit- und kraftsparend und ermöglicht vor allem auch das Absteigen über schwierigstes, nicht mehr kletterbares Gelände.

Voraussetzung ist eine sichere Verankerung. Nachteil: Da das Seil nach dem Abseilvorgang von unten abgezogen werden muß, ist es doppelt zu nehmen, womit sich die nutzbare Abseiltiefe auf die halbe Seillänge reduziert. Außerdem ist das für den Bau der Verankerung verwendete Material für Sie verloren.

Durchführung:

- Legen Sie das Seil um die Verankerung (z. B. Felskopf), oder ziehen Sie es durch die Verankerungsschlinge, bis die Seilmitte am Fixpunkt der Verankerung ist.
- Verknoten Sie die beiden Seilenden, und werfen Sie das Seil aus.
- Überprüfen Sie, ob die Seillänge ausreicht, um den beabsichtigten Standplatz zu erreichen.
- Überprüfen Sie, ob sich das Seil abziehen läßt. Falls erforderlich, legen Sie Papier oder Baumrinde als Gleitmittel ein.
- Legen Sie das Seil wie folgt um den Körper (Dülfersitz): das doppelte Seil von vorne zwischen den Beinen durch ziehen, wahlweise links oder rechts um einen Oberschenkel legen, vor der Brust auf die entgegengesetzte Schulter heben und über den Rücken nach unten laufen lassen. Die dem umschlungenen Oberschenkel entgegengesetzte Hand ergreift das von der Verankerung kommende Doppelseil (Führungshand), die andere das nach unten laufende Seil (Bremshand).

Steigen Sie über die Kante und gleiten Sie am Seil hinunter.

Dabei ist wie folgt vorzugehen:

- Neigen Sie den Oberkörper nach vorne.
- Stemmen Sie den Körper mit gespreizten Beinen locker von der Wand ab.
- Mit der Führungshand halten Sie das Gleichgewicht, das Tempo wird ausschließlich mit der Bremshand reguliert.
  Dabei gilt:
  Arm erhoben und vor dem Körper = hohe Bremswirkung, Arm gesenkt und weg vom Körper = geringere Bremswirkung.
- Die Bremshand darf *nie* das Seil loslassen (Absturzgefahr).
- Nach Erreichen des Standplatzes steigen Sie aus dem Seil, lösen die verknoteten Seilenden und ziehen dieses ab (an einem Strang langsam ziehen und damit das Seil aus der Verankerung fädeln).

Ist kein Material oder keine geeignete Möglichkeit für den Bau einer Verankerung vorhanden, dann kann, bei mehreren Personen, die Synchron-Methode angewandt werden. Dabei wird das Seil um einen größeren Felskopf gelegt, Seilmitte am Felskopf. Nun kann an jedem Seilstrang eine Person abseilen.

*Synchron-Methode*

*Klemmen durch Belastung*

Vorsicht vor zu schnellem Abfahren am Seil! Besonders bei dünner Bekleidung und dünnem Seil (Einzelstrang z. B.) besteht durch die Seilreibung besonders an der Bremshand, der Halspartie und dem Gesäß die Gefahr von Hautverbrennungen.
Bei freihängendem Abseilen beginnt man sich meist um die eigene Körperachse zu drehen. Das ist ungewohnt, bedeutet jedoch keine Gefahr.
Sind Sie allein und haben kein Material für eine Verankerung oder brauchen unbedingt die ganze Seillänge, können Sie sich mit der Selbstklemmethode behelfen. Sie beruht auf dem Prinzip des Klemmens durch Belastung. Halten Sie dazu das eine Seilende oberhalb Ihres Standortes an einen Steinblock, legen Sie zwei Seilschlingen von unten nach oben darüber und belasten Sie dann das Seil. Entscheidend dabei ist, daß die Belastung *immer* und möglichst gleichmäßig gegeben ist. Nach Erreichen des Standplatzes genügt ein leichtes Schlenkern mit dem Seil, um dieses zu lösen.
Es muß jedoch ausdrücklich darauf hingewiesen werden, daß diese Methode ein sehr hohes Risiko in sich birgt und daher nur als wirklich allerletzte Möglichkeit bei absoluter Notwendigkeit anzusehen ist.

## Queren

Die Gehtechnik ist, entsprechend der Hangneigung, dieselbe wie beim Aufsteigen. Bei zunehmender Steilheit sollten schmale Bänder oder Leisten im Felsen benützt werden. Wird dabei der Oberkörper abgedrängt, so treten die Fußspitzen möglichst auf die äußere Kante der Leisten, um das Gleichgewicht zu halten. Dabei wird entweder durch Nachtreten (ein Fuß folgt dem anderen) oder Übertreten (das nachfolgende Bein wird zwischen Hang und Körper durchgeführt) gequert.

Zur besseren Übersicht und Erhöhung der seitlichen Reichweite sind die Griffe nach Möglichkeit in Augenhöhe zu wählen.

Diese Techniken sind sowohl in extrem steilem Geh- als auch im felsigen Klettergelände anwendbar.

Ist nur ein Tritt vorhanden, muß der Trittwechsel durch Umspringen erfolgen. Dabei wird durch leichtes Hochspringen ein Fuß vom Tritt genommen und der andere daraufgestellt. Da in dieser Situation der Körper für Bruchteile von Sekunden nur auf zwei Haltepunkten ruht, ist der sichere Halt der Hände besonders wichtig.

In reinem Klettergelände kann auch mit der Hangeltechnik gequert werden. Sie ist besonders dann anzuwenden, wenn eine Leiste besser als Griff denn als Tritt geeignet ist. Im Prinzip ist die Hangeltechnik eine waagrechte Gegendrucktechnik, wobei die Hauptlast des Körpers an den Händen hängt.

Überdachte Bänder können auch kriechend überwunden werden.

Bei mehreren Personen und dem Vorhandensein eines Seiles kann (durch den ersten für alle nachkommenden) ein Seilgeländer gebaut werden.

Dazu wird das Seil am diesseitigen Rand der Querung verankert. Das andere Ende wird vom ersten an den jenseitigen Rand gebracht, dort ebenfalls verankert und dann von einer der beiden Seiten aus gespannt. Dabei ist darauf zu achten, daß ca. alle 5 m eine Zwischenverankerung (Prusikknoten) am Seil eingebunden und dann mitgespannt wird.

Die Nachfolgenden haben die Möglichkeit, sich durch Einbinden einer Schlinge (ca. 40—50 cm lang mit Spierenstich) vom Brust/Sitzgeschirr ins Seilgeländer zu sichern.

Der letzte baut das Seilgeländer wieder ab.

Eine weitere Möglichkeit ist der Pendelquergang. Er ermöglicht Querbewegungen auch über unkletterbare Stellen (glatt, überhängend).

Dazu wird das Pendelseil wie beim Abseilen in eine Verankerung hoch über der betreffenden Quergangstelle eingehängt. Am Quergang setzen Sie sich in den Dülfersitz, holen mit einigen Schritten in der entgegengesetzten Richtung aus und pendeln dann durch kräftiges Abstoßen über die zu überquerende Stelle.

*Pendelquergang*

*Dülfersitz*

Es ist dabei zweckmäßig, den Dülfersitz abzuklemmen (mit der Führungshand oder einer zusätzlichen Prusikschlinge am Brustgeschirr), um eine Hand freizubekommen (festhalten am Standplatz).

### Verhalten bei Sturz

Jeder Sturz ab einigen Metern Höhe bedeutet akute Lebensbedrohung.

Folgende Maßnahmen können das Schlimmste verhindern:

- Verhindern Sie unter allen Umständen, rücklings abzustürzen.
- Erlaubt es das Gelände, versuchen Sie, im Sprung einen tiefergelegenen Absatz zu erreichen.
- Versuchen Sie, den Sturz in ein Abgleiten abzumildern.
- Spannen Sie auf alle Fälle die Muskeln und halten Sie die Luft an, um damit dem Körper mehr Spannung und Widerstandskraft gegen den Aufschlag zu geben.

Sind Sie nur abgerutscht oder ist es Ihnen gelungen, einen Sturz in ein Abrutschen zu mildern, gelten folgende Maßnahmen:

- Versuchen Sie, in Bauchlage zu kommen.
- Nehmen Sie Liegestützhaltung ein und bremsen Sie das Rutschen mit Schuhspitzen und Händen.
- Haben Sie einen Stock, nehmen Sie ihn quer in beide Hände und bremsen mit einem Ende (und den Schuhspitzen).

## *Gewässer*

Beim Überwinden von Gewässern unterscheidet man bei der Auswahl der Techniken und Hilfsmittel zwischen
— stehenden Gewässern und
— fließenden Gewässern.

Dabei sind langsam fließende Gewässer ähnlich wie stehende Gewässer zu bewerten.

Beide Kategorien können ohne Verwendung von Hilfsmitteln nur von Schwimmern überwunden werden; Nichtschwimmer sind immer auf Hilfen angewiesen.

### Stehende Gewässer

Gewässer werden im allgemeinen durch Sonneneinstrahlung direkt und indirekt (Temperaturangleichung Luft — Wasser) erwärmt. Die Wassertemperatur müßte daher von der Wasseroberfläche (wärmster Teil) in die Tiefe abnehmen.

In der Praxis ist das allerdings nur selten der Fall, da durch Wasserbewegungen, Grundquellen, Zuflüsse, Grundwassereinfluß usw. Umschichtungen spezifischer, aber veränderlicher Art eintreten.

In Binnengewässern gemäßigter Breiten kann in der warmen Jahreszeit folgende Schichtung als Durchschnittsnorm angenommen werden:
— Oberschicht,
— Sprungschicht,
— Tiefenschicht.

Oberschicht:
Sie ist ewa 5 m bis 15 m tief und weist nur geringfügige Temperaturunterschiede auf. Im Winter ist sie meist nur wenige Zentimeter stark mit Temperaturen von 0°—3° C.
Sprungschicht:
In dieser anschließenden wenige Zentimeter bis einige Meter dicken Schicht fällt die Temperatur um rund 10° C ab (Gefahr des Kälteschocks für Ungeschützte). Im Winter ist die Sprungschicht nicht vorhanden.
Tiefenschicht:
Sie liegt unterhalb der Sprungschicht und ist mit ca. 4° C ziemlich stabil temperiert. Sie reicht im Winter bis knapp an die Oberfläche.

Gefahren in stehenden Gewässern

*Wasserverkrautung* (Schlingpflanzen)

Sie sind nur bei falscher Reaktion des Schwimmers gefährlich. Pflanzen gleiten bei ruhigem Überschwimmen völlig harmlos und ungefährlich ab.

Ein ängstlicher Schwimmer kann sich jedoch bei zu steiler Schwimmlage (z. B. Wassertreten) in den Pflanzen verstricken und sich selbst daran unter Wasser ziehen. Ein Ausreißen der Pflanzen ist kaum möglich, weil diese stark miteinander verwachsen sind.

Wassergräser sind im allgemeinen gut zu erkennen, weil sie meist über die Wasseroberfläche ragen. Sie können mit ihren scharfen Blattkanten zwar schmerzhafte, blutende Schnitte verursachen, sind aber sonst ungefährlich.

Maßnahmen:

- Bleiben Sie ruhig und nehmen Sie eine möglichst flache Schwimmlage ein (z. B. Rückenpaddeln), auch bei Verwendung von Hilfsmitteln.
- Bei Verstrickung lösen Sie ruhig und langsam die Pflanzen vom Körper. Das ist jederzeit möglich.
- Meiden Sie verkrautetes Gewässer. Sind Sie trotzdem hineingeraten, schwimmen Sie zum letzten krautfreien Abschnitt zurück, es sei denn, Sie wollen verkrautete Stellen bewußt überschwimmen oder Sie entdecken einen kürzeren Weg aus der Verkrautung.

*Strömungen*

Sie können je nach Stärke und Richtung eine Überquerung wesentlich anstrengender und langwieriger als geplant bzw. im Extremfall überhaupt unmöglich machen (wenn z. B. unbedingt ein bestimmter Uferabschnitt erreicht werden muß). Kalte Strömungen (z. B. bei Einmündungen kalter Zuflüsse) oder »Kältelöcher« können durch Kälteschock gefährlich werden.

Maßnahmen:

- Beobachten Sie vor dem Überqueren die Wasseroberfläche auf treibende Gegenstände hin. (Holz, Blätter).
- Achten Sie während der Überquerung auf die Abdrift. Dazu merken Sie sich den Start- und den beabsichtigten Landepunkt und überprüfen, ob Sie sich noch auf der gedachten Verbindungslinie zwischen diesen beiden Punkten befinden.
- Kehren Sie bei zu starkem Abtreiben rechtzeitig um.
- Verlassen Sie kalte Strömungen oder »Kältelöcher« möglichst rasch; nehmen Sie dabei eventuell auch weitere Umwege in Kauf.

*Begegnung mit Tieren*

Tiere in Binnengewässern sind im allgemeinen ungefährlich. Eine Begegnung kann nur durch ein mögliches Erschrecken oder eine Panikreaktion gefährlich werden (Schlange, Blutegel). Auch die meisten Meerestiere sind wesentlich weniger bedrohlich als allgemein angenommen (siehe jedoch auch Kapitel »Gefahren«).

### Auswahl der Übersetzstelle

Folgende Kriterien sind dabei zu berücksichtigen:

- Zugang zum Ufer;
- Beschaffenheit des Ufers (Sumpf, Treibsand, Unterholz);
- Abstand zum Gegenufer (meist wird die kürzeste Entfernung zum Gegenufer zu suchen sein);
- Beschaffenheit des Gegenufers (soweit feststellbar);
- beste Möglichkeit des Weitermarsches am Gegenufer;
- keine Strömung;
- keine verkrauteten Stellen;
- Verfügbarkeit von Holz oder sonstigen Hilfsmitteln möglichst nahe der Übersetzstelle (bei Bedarf).

### Überquerung allein

*Springschwimmen*

(Voraussetzung: max. 3 m Wassertiefe, fester Untergrund)

Man stößt sich mit den Beinen vom Boden schräg nach vorne ab, Arme nach vor. Nach dem Erreichen der Wasseroberfläche gleitet man (Gesicht im Wasser), solange der Luftvorrat

reicht (langsam ausatmen). Dann hebt man das Gesicht aus dem Wasser, atmet ein, läßt sich mit den Beinen voraus wieder bis zum Boden absinken und stößt sich erneut ab.
Diese Methode ist auch für Nichtschwimmer über kürzere Entfernungen geeignet.

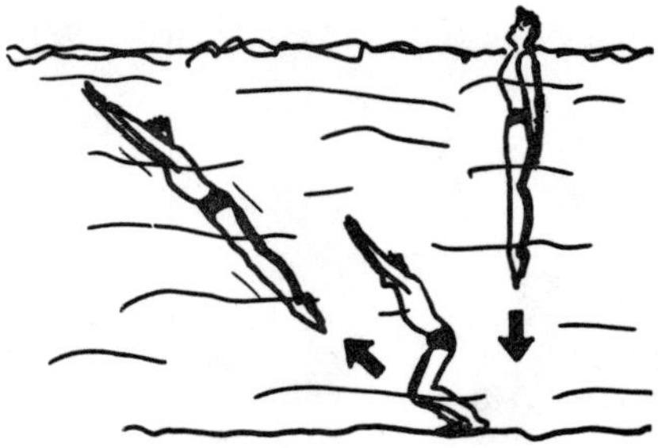

*Schwebeschwimmen*

Man schwebt mit vorgeneigtem Oberkörper, Gesicht unter Wasser, an der Oberfläche, solange der Atem reicht. Dann hebt man den Kopf aus dem Wasser (nur so weit zum Atmen unbedingt nötig), atmet ein und taucht den Kopf (Gesicht nach unten) wieder ins Wasser. Dabei beugt man den Oberkörper vor und macht mit den Armen einige ruhige Schwimmbewegungen. Eine Unterstützung mit den Beinen beschleunigt das Tempo, ist aber nicht unbedingt erforderlich. Man läßt sich gleiten, solang der Atem reicht (dabei sinken die Beine wieder in die Senkrechte) und wiederholt den Vorgang. Die Methode ist auch für Nichtschwimmer geeignet, besonders in Verbindung mit Schwimmhilfen.

*Schwimmhilfen aus Bekleidungsstücken*

Hemd: Man knöpft das Hemd bis auf die obersten 2 Knöpfe auf und schlüpft aus den Ärmeln, dreht das Hemd um (Rücken nach vorn) und steckt die Arme wieder in die Ärmel. Jetzt faßt man das Hemd am unteren Rand (bei den Spitzen), hebt es hoch und schlägt es nach unten (Rückenlage). Die so unter dem nassen Stoff entstandene Luftblase hält eine Weile. Wird die Tragwirkung zu gering, muß der Vorgang wiederholt werden.

Hose: Man zieht die Hose aus, bindet die Hosenbeine am unteren Ende ab und tränkt die Hose mit Wasser.
Methode 1: Man nimmt die Hose mit beiden Händen beim Bund, hebt sie hoch und schlägt sie auf das Wasser. Dabei bildet die in die Hosenbeine eindringende Luft Luftblasen. Zum

Schwimmen hält man die Hose mit dem Bund unter Wasser. Bei Nachlassen der Tragwirkung wird der Vorgang wiederholt.
Methode 2: Man bindet die Hosenbeine auch nahe dem Schritt ab und bläst sie mit dem Mund durch den Stoff hindurch auf. Zum Schwimmen legt man den Oberkörper in den Schritt der Hose. Die Tragfähigkeit kann durch laufendes Nachblasen von Luft erhalten werden.

Schwimmhilfen sind für einen schlechten oder ermüdeten Schwimmer eine wertvolle Unterstützung; sie können jedoch keinen Nichtschwimmer tragen. Dies gilt für alle hier erwähnten Schwimmhilfen (siehe Berechnung der Tragfähigkeit).

*Weitere Schwimmhilfen*

Dafür kommen alle schwimmbaren Materialien bzw. alle zur Verfügung stehenden Hohlkörper in Frage, wie z. B. Holzstücke verschiedener Größe, Kork, Feldflaschen, leere Töpfe oder Dosen, Fässer (Holz oder Metall), Kanister, Autoschläuche, aufgeblasene oder mit Gras oder Laub gefüllte (anschließend zugebundene und mit flüssigem Harz oder Wachs zugegossene) Plastiksäcke und dergleichen. Hier einige Beispiele:

*Schwimmbrettartige Unterstützung*

*Einseitige Unterstützung*

*Beidseitige Unterstützung*

*Ponchofloß*

Es eignet sich ausgezeichnet als Schwimmhilfe und Transportmittel für die Ausrüstung, nicht jedoch zum Personentransport.

Herstellung:

- Legen Sie einen Regenschutz (Poncho, Zeltplane, Plastikfolie) auf den Boden, und verschließen Sie alle Öffnungen (zubinden, mit Leukoplast oder Klebeband zukleben, mit flüssigem Harz oder schmelzendem Kunststoff zugießen).
- Binden Sie zwei Holzstöcke zu einem Holzkreuz, und legen Sie es in den Regenschutz (Länge der Stöcke jeweils ca. 10 cm kürzer als die halbe Planenlänge bzw. -breite; zur Not kann auf das Holzkreuz verzichtet werden).
- Füllen Sie die Plane mit Ausrüstung, Bekleidung, Laub und/oder Gras und schlagen Sie die überstehenden Teile der Plane übereinander.
- Verschnüren Sie sie fest.
- Befestigen Sie mit einer Schnur einen Schwimmer (z. B. Holzstück) am Floß, um beim versinken des Floßes die Stelle leichter wiederzufinden (Bergung ist allerdings ohne Behelfe nur bis zu max. 6 m Tiefe möglich).

- Verwenden Sie dieses Ponchofloß als schwimmbrettartige Unterstützung.

*Ponchoboot*

- Bauen Sie, je nach Größe und Form der Außenhaut (Regenschutz, Zeltplane, Plastikfolie) aus dünnen, biegsamen Zweigen ein rundes oder bootförmiges Gestell.

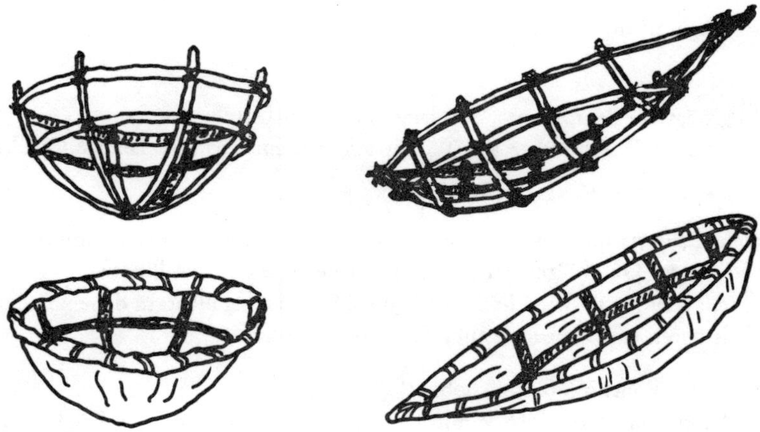

- Über dieses Gestell legen Sie die wasserdichte Außenhaut (siehe Ponchofloß), schlagen Sie am Rande ein und binden sie fest.

Bei entsprechender Größe des Bootes (siehe Berechnung der Tragfähigkeit) kann damit auch eine Person transportiert werden.

*Behelfsflöße*

Sie können aus verschiedenen Materialien und Hilfsmitteln zusammengebaut werden. Die hier dargestellten Möglichkeiten sind in ihrer Tragfähigkeit auf eine Person (Nichtschwimmer) mit der notwendigsten Ausrüstung abgestimmt und stellen nur eine kleine Auswahl dar.

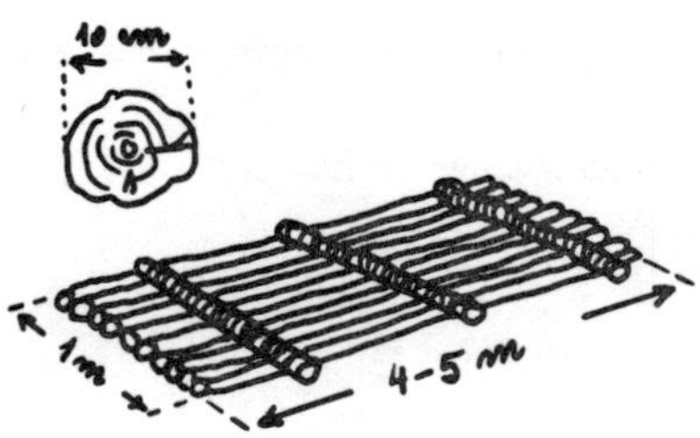


*Stangenfloß*

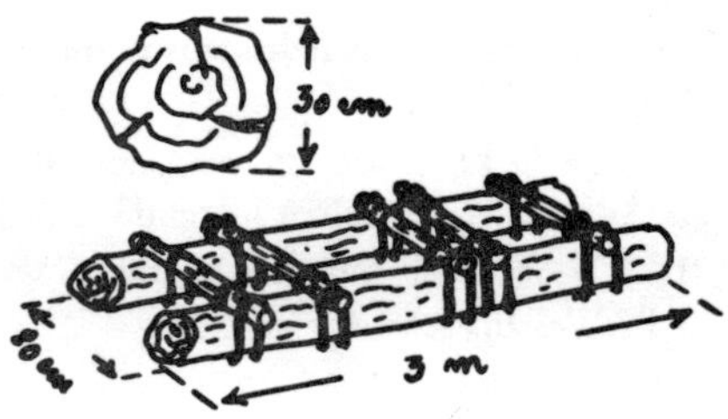


*Floß aus Rundlingen*

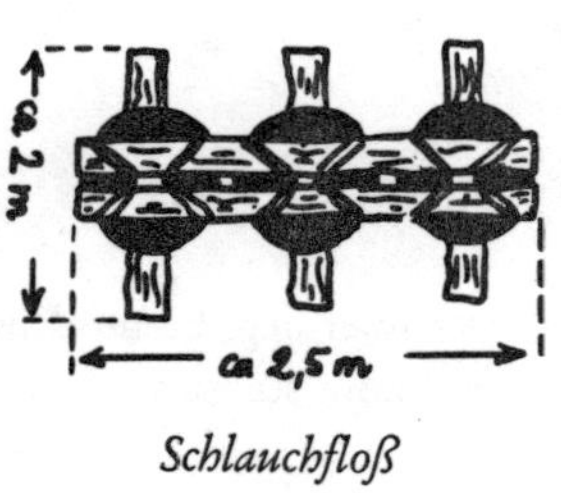


*Schlauchfloß*

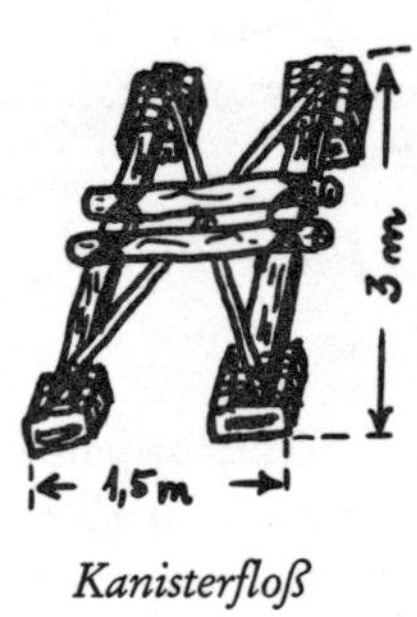


*Kanisterfloß*

## Berechnung der Tragfähigkeit

Um rationell und passend für den jeweiligen Bedarf Schwimmhilfen oder Flöße bauen zu können, kann die Tragfähigkeit der jeweiligen Baumaterialien wie folgt berechnet werden:

*trockenes Holz* (Rundholz, Kantholz, Bretter)

$$\frac{\text{m}^3\ \text{Holz}}{5} = \text{Tragkraft in t (Tonnen)}$$

Beispiel:

Wieviel kg trägt ein Baumstamm, 5 m lang und 30 cm Durchmesser?
(Rechenhilfe: 30 cm Durchmesser ≈ 20 cm Seitenlänge eines entsprechenden Quadrates)

$$\frac{0{,}2\ \text{m}^3\ \text{Holz}}{5} = 0{,}04\ \text{t} = 40\ \text{kg Tragkraft}$$

Zwei solche Baumstämme, mit einigen Querhölzern verbunden, tragen somit (je nach Anzahl und Stärke der Querhölzer) 90 bis 100 kg (siehe Floß aus Rundlingen).

Bei feuchtem oder gar nassem Holz stimmt diese Berechnung nicht. In diesem Fall muß die Tragfähigkeit durch eine Probebelastung festgestellt werden.

*offene Hohlkörper* (Ponchofloß, Ponchoboot)
Rauminhalt in m³ (nutzbare Höhe × mittlere Länge × mittlere Breite) = Tragfähigkeit in t

Die nutzbare Höhe ist die Höhe des schwimmenden, unbelasteten Hohlkörpers von der Wasseroberfläche bis zum oberen Rand, abzüglich 20 cm (als Freibord).

Die mittlere Länge (Breite) ist die Länge (Breite) des schwimmenden, unbelasteten Hohlkörpers in der Mitte der nutzbaren Höhe.

Beispiel:

Wieviel kg trägt ein Ponchoboot (lang) mit einer nutzbaren Höhe von 20 cm, einer mittleren Länge von 2 m und einer mittleren Breite von 60 cm?

$0{,}2\ \text{m} \times 2\ \text{m} \times 0{,}6\ \text{m} = 0{,}224\ \text{m}^3 \approx 0{,}22\ \text{t} = 220\ \text{kg}$

*geschlossene Hohlkörper* (Kanister, Fässer, Feldflaschen)
Inhalt in l (Liter) – Eigengewicht = Traglast in kg

Beispiel:

Wieviel kg trägt ein Benzinkanister mit 20 l Fassungsvermögen und einem Eigengewicht von 3 kg?

20 – 3 = 17 kg. Dabei ist der Kanister dann völlig im Wasser eingetaucht.

Für Autoschläuche gelten folgende Anhaltswerte:

1 LKW-Schlauch (mittlere Größe) trägt ca. 50 kg.
1 PKW-Schlauch trägt ca. 30 kg.

## Überquerung mit mehreren Personen

Fehlen Hilfsmittel oder stehen Sie unter Zeitdruck, so kann ein Nichtschwimmer schon von einem Schwimmer, leichter jedoch von mehreren, über ein Gewässer gebracht werden. Möglichkeiten:

*Mit einem Helfer*

Ziehen

Methode 1:

Helfer und Nichtschwimmer sind in Bauchlage. Der Nichtschwimmer liegt hinter dem Helfer, hält sich mit gestreckten Armen an dessen Schultern fest und unterstützt nach Möglichkeit den Transport durch Beinbewegungen.

*ziehen (1)*

Methode 2:
Der Helfer ist hinter dem Nichtschwimmer; beide sind in Rückenlage. Der Helfer ergreift mit gestreckten Armen den Kopf des Nichtschwimmers oder faßt unter dessen Achseln und zieht ihn. Er kann auch mit einer Hand die Haare oder den Kragen (wenn der Nichtschwimmer bekleidet ist) erfassen, wobei die zweite Hand dann zum Schwimmen frei bleibt.

*ziehen (2)*

Methode 3:
Der Helfer greift zwischen Oberarm und Rücken des Nichtschwimmers (Rückenlage) durch und erfaßt dessen gegenüberliegenden Arm knapp oberhalb des Ellbogens (von beiden Seiten möglich) und zieht den Nichtschwimmer. Dabei kann der Helfer in Seiten- oder Rückenlage schwimmen.

*ziehen (3)*

Die Methoden 2 und 3 können auch bei Nichtschwimmern angewendet werden, die aktiv (selbständiges Festhalten z. B.) nicht mithelfen können (wegen Bewußtlosigkeit, Verletzung, Angst).
Schieben
Der Helfer liegt in Bauchlage vor dem Nichtschwimmer (dieser in Rückenlage, Beine gegrätscht). Der Nichtschwimmer stützt seine gestreckten Arme auf die Schultern des Helfers und wird von diesem geschoben.

*schieben*

*Mit zwei Helfern*

Methode 1 (nebeneinander):

Alle drei befinden sich in Bauchlage, der Nichtschwimmer zwischen den zwei Schwimmern. Er hält sich mit gestreckten Armen jeweils an der inneren Schulter seiner Nebenmänner und wird von diesen gezogen. Es ist auch möglich, den Nichtschwimmer zu schieben (dieser in Rückenlage).

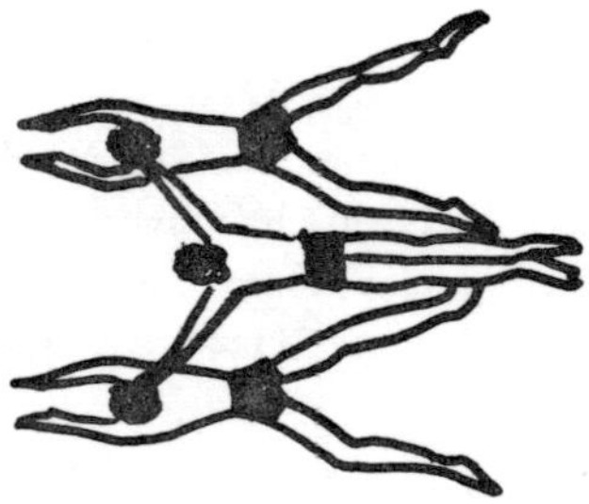

Methode 2 (hintereinander):

Der vordere Helfer zieht. Der hintere Helfer schwimmt so (in Bauchlage), daß der Nichtschwimmer bei gestreckten Beinen seine Füße (leicht einwärts gedreht) auf dessen Schultern legen kann.

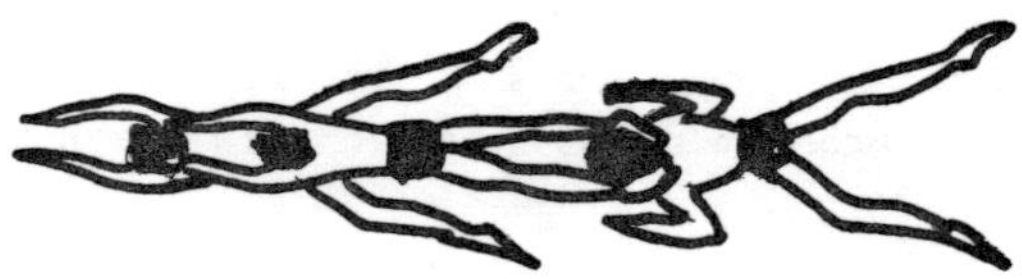

Die Helfer sollten nach Möglichkeit im gleichen Rhythmus schwimmen.

*Mit drei Helfern*

Hier ist eine Kombination der beiden oben dargestellten Techniken möglich. Dabei ziehen (oder schieben) die beiden vorderen Helfer nebeneinander, während der dritte die Beine des Nichtschwimmers stützt.

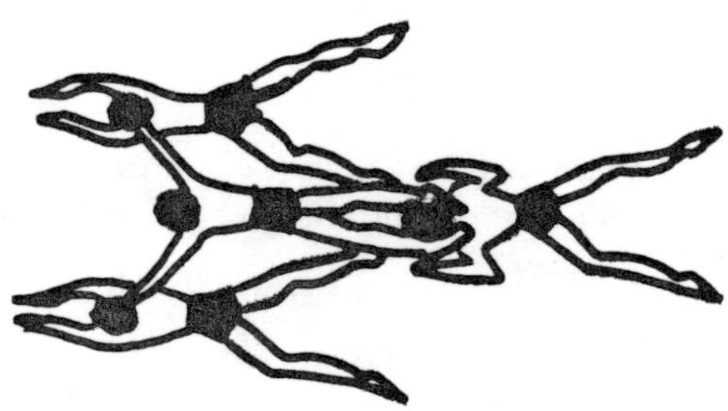

Bei allen diesen Methoden soll der zu Transportierende folgende Hilfen eben:

- flache Lage (Bauch oder Rücken);
- Kopf im Wasser (in Bauchlage Gesicht bis auf Höhe der Ohren – nur zum Atmen Kopf aus dem Wasser heben; in Rückenlage hintere Kopfhälfte bis über die Ohren);
- nach Möglichkeit Arbeit der Helfer durch ruhige Schwimmbewegungen (Arme und/oder Beine) unterstützen.

## Fließende Gewässer

Der Unterschied zum stehenden Gewässer liegt in der selbständigen Bewegung des Wassers (Strömung), dem damit verbundenen Druck und dessen Auswirkung in Verbindung mit Bodenform und Hindernissen.

### Gefahren in fließenden Gewässern

*Wellen*

Sie sind nur für schlechte oder stark ermüdete Schwimmer durch »Verschlucken« beim Einatmen mit daraus resultierender Panikreaktion gefährlich.

Maßnahmen:

- Bleiben Sie ruhig; eine Änderung der Schwimmtechnik ist nicht erforderlich.
- Atmen Sie nach Möglichkeit während der »Talfahrt« nach dem Wellenkamm ein.
- Besonders große Wellen mit überschlagendem Kamm können auch durchtaucht werden (siehe Tauchen).

*Unterspülungen*

Dies sind Aushöhlungen von Felsblöcken oder Felswänden (Prallwände), die durch die Strömung unterhalb der Wasseroberfläche verursacht werden.

Sie sind besonders gefährlich, weil sie vom Wasser aus ohne Erfahrung kaum zu erkennen sind und der Schwimmer unerwartet vom Wasser in die Unterspülung gedrückt wird.

Maßnahmen:

- Seien Sie vorsichtig, wenn die Strömung direkt auf eine Prallwand oder große Felsblöcke zufließt.
- Versuchen Sie zu erkennen, ob vor der Prallwand ein »Wasserpilz« steht (Zeichen für Unterspülung).

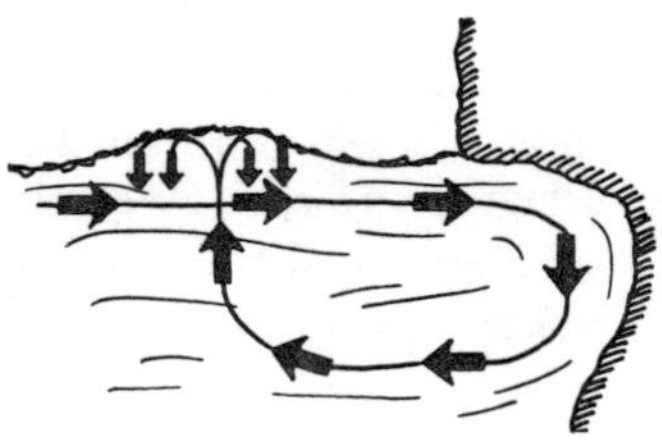

- Werden Sie unter einen unterspülten Felsen gedrückt: tauchen Sie ab und schwimmen Sie mit der in der Tiefe rückläufigen Strömung seitlich heraus.

*Walzen (Rücksog)*

Sie entstehen beim Überfließen größerer Hindernisse, die sich unter der Wasseroberfläche befinden.

Durch die beiden gegenläufigen Strömungen werden schwimmende Gegenstände »festgehalten« (quer zur Fließrichtung) und beginnen, um ihre Längachse zu rotieren. Walzen sind erst ab ca. Körperlänge gefährlich; die Gefährlichkeit nimmt mit steigender Wassermenge, Fallhöhe und Ausdehnung (Felsrippen, Geländebarrieren, Kunstbauten, Wehre) zu.

Bei entsprechender Wasserwucht und Fallhöhe entstehen im Rücksogbereich sehr viele kleine Luftblasen (Eindruck von »kochendem« Wasser). In diesem Wasser-Luft-Gemisch ist ein Schwimmen nicht möglich, weil die Tragfähigkeit des Wassers wesentlich verringert ist.

Maßnahmen:

- Bei kleineren Walzen (bis ca. 5 m Breite) können Sie versuchen, quer zur Strömungsrichtung aus der Walze herauszuschwimmen.
- Bei größeren Walzen tauchen Sie mit der Strömung ab und unterschwimmen den Rücksogbereich (eine Länge von 7—8 m kann bereits als extrem bezeichnet werden, ist aber auch Ungeübten zuzutrauen).

*Wirbel/Strudel*

Beide sind trichterförmige, kreisende Gebilde an der Wasseroberfläche mit Sogwirkung nach unten, jedoch nach Entstehung und Wirkung verschieden.

Wirbel entstehen in schnellfließendem Wasser seitlich von Hindernissen, die die Wasseroberfläche überragen (Felsen, Brückenpfeiler, Unterschutzbauten) bzw. überall dort, wo am Flußgrund starke Unebenheiten auftreten.

Strudel bilden sich in einer langsamfließenden Stauzone (Verlegen des Flußbettes durch Erdrutsch, Felssturz, Lawine, Brückeneinsturz, Eisstau, Verstrickung in Engstellen, bei Staumauern auch bei stehenden Gewässern) und fließen durch tiefgelegene Durchlässe ab.

Dabei reicht der im Zentrum der kreisenden Wassermassen gelegene schlauchförmige Hohlraum von der Wasseroberfläche bis zum Durchlaß (ein Effekt, der in jedem Waschbecken beobachtet werden kann).

Maßnahmen:

- Versuchen Sie, kleinere Wirbel nach Möglichkeit seitlich zu überschwimmen.
- Ist die Sogwirkung zu stark, lassen Sie sich vom Wirbel einfach unter Wasser ziehen. Kurz nach dem Untertauchen (2 bis max. 5 s) ist die Wirkung schon so gering, daß ein seitliches Wegschwimmen immer möglich ist.
- Bei Strudeln ist auf Grund der hohen Sogwirkung ein Überschwimmen nur sehr weit seitlich möglich.
- Geraten Sie in den Sog, tauchen Sie ab und versuchen Sie, seitlich wegzuschwimmen (die Chance des Gelingens ist allerdings nicht sehr groß, weil die Sogwirkung meist zu stark ist). Gelingt das Wegschwimmen nicht, warten Sie, bis Sie durch den Durchlaß gespült werden.
- Ist der Durchlaß zu schmal, versuchen Sie, sich am Fels oder an sonstigen Gegenständen aus dem Sog zu ziehen und seitlich wegzuschwimmen.

*Wasserdruck*

Der Druck des strömenden Wassers wird im allgemeinen im freien Wasser nicht wahrgenommen und daher unterschätzt. Seine Wirkung wird erst in Verbindung mit anderen Gegenständen (fest oder schwimmend) zur Gefahr.

Felsen, Pfähle, Bäume unter der Wasseroberfläche oder Seile, Baumstämme und dergleichen, die vom Ufer ins Wasser hängen, wirken wie Widerlager, gegen die ein Schwimmer gepreßt oder unter die er vom Wasserdruck getrieben werden kann; von schwimmenden Baumstämmen kann er eingeklemmt werden.

Ist man durch den Druck fixiert, ist eine Eigenrettung kaum noch möglich.

Maßnahmen:

- Halten Sie laufend nach Hindernissen Ausschau, um nach Möglichkeit ausweichen zu können.
- Werden Sie gegen ein Hindernis getrieben (z. B. Brückenpfeiler, Felsblock), vermeiden Sie auf jeden Fall, mit dem ganzen Körper in der Mitte aufzutreffen. Gelingt das, prallen Sie zwar auf, werden aber dann seitlich vorbeigespült.
- Gelingt das nicht, dann versuchen Sie, sich nach oben aus dem Wasser zu ziehen (Felsen, Baumstamm).
- Ist das Hindernis nur an der Oberfläche (z. B. ein vom Ufer in das Wasser hängender Baumstamm), tauchen Sie möglichst tief unten durch (Achten Sie auf nach unten wegstehende Äste).

- Wenn die Gefahr besteht, zwischen Treibgut eingeklemmt zu werden, tauchen Sie ab und schwimmen Sie seitlich weg.

Besonders gehäuft treten Gefahren auf in

> — Stromschnellen (Verengungen des Flußlaufes): Wirbel, Wellen, auch Überschlagswellen, Walzen, besonders hoher Wasserdruck (Strömungsgeschwindigkeit);
> — Verblockungen (von einigen Felsblöcken im Wasser bis zum dammartigen Verschluß eines Teils oder der gesamten Flußbreite): Strudel, Walzen, Unterspülungen;
> — Wasserfällen (von kleineren Stufen über Wehre bis zum großen Wasserfall): Walzen, Wasserdruck und Kombinationen davon.

### Berechnung der Abdrift

Um den passenden Start- und Anlegeplatz einer Überquerung bestimmen zu können, ist es notwendig, möglichst genau die Strecke abzuschätzen, die man abgetrieben wird. Sie ist abhängig von:

— der Flußbreite,
— der Strömungsgeschwindigkeit,
— der Geschwindigkeit des Schwimmers.

Bestimmen der Flußbreite: siehe Kapitel »Orientieren«.

Bestimmen der Strömungsgeschwindigkeit:

- Markieren Sie ihren Standort am Ufer und werfen Sie ein Stück Holz in den Fluß (möglichst senkrecht zum Ufer).
- Folgen Sie dem Holz am Ufer einige Sekunden lang und markieren Sie auch diesen Punkt.
- Messen Sie die Strecke zwischen diesen beiden Markierungen.
- Die gemessene Entfernung geteilt durch die Anzahl Sekunden ergibt die Strömungsgeschwindigkeit in m/s.

  Beispiel: gemessene Entfernung 6 m, Dauer der Messung 3 s.

  $6:3=2$

  Strömungsgeschwindigkeit: 2 m/s

- Machen Sie 3 Messungen und nehmen Sie den Mittelwert.

Die Geschwindigkeit des Schwimmers ist individuell verschieden (Techniken, körperlicher und seelischer Zustand). Erfahrungsgemäß schwimmt ein bekleideter Schwimmer mit einer Geschwindigkeit von 0,5 m/s.

Die Abdrift wird nun nach folgender Formel berechnet:

$$\frac{\text{Strömungsgeschwindigkeit (in m/s)} \times \text{Flußbreite}}{\text{Geschwindigkeit des Schwimmers (in m/s)}} = \text{Abdrift}$$

Beispiel: Flußbreite 30 m
Strömungsgeschwindigkeit: 2 m/s

$$\frac{2}{0{,}5} \times 30 = 120 \text{ m}$$

### Auswahl der Übersetzstelle

Sie erfolgt grundsätzlich nach den gleichen Kriterien wie bei stehenden Gewässern. Zusätzlich ist jedoch noch folgendes zu beachten:

- Wählen Sie einen möglichst überschaubaren Abschnitt mit gleichmäßiger (gut berechenbarer) Strömung.

- Vermeiden Sie Gefahrenstellen an und flußabwärts der Übersetzstelle.
- Je nach gewählter Übersetztechnik sollte die Übersetzstelle entweder möglichst seicht (geringe Strömung, aber meist sehr breit) oder schmal (dann aber meist tief mit starker Strömung) sein.
- Prüfen Sie die Voraussetzungen zur Umsetzung der gewählten Übersetztechnik (z. B. Verankerungspunkte, Baumbestand, Bodenbeschaffenheit).
- Überqueren Sie nach Möglichkeit bei Niedrigwasser und nicht unmittelbar vor oder nach starken Regenfällen (Hochwassergefahr, Treibgut).

### Überquerung allein

*Waten*

(Voraussetzung: begehbarer Grund; watbare Wassertiefe abhängig von Strömungsgeschwindigkeit; jedoch auch bei geringer Strömung nie tiefer als ca. 1 m)

- Gehen Sie mit der Schmalseite des Körpers in Strömungsrichtung (kleine Angriffsfläche).
- Behalten Sie die Schuhe an (Schutz vor Verletzungen).
- Tasten Sie jeden Schritt mit den Beinen ab, ohne dabei den Fuß zu heben, indem Sie am Grund schleifen (verhindert unkontrollierte Einwirkung des Wasserdrucks auf das bewegte Bein).
- Treten Sie nicht auf, sondern, in Fließrichtung gesehen, hinter Steine (sonst Gefahr des Abrutschens).
- Wenn Sie einen Stock als Stütze benützen (ca. 2 m lang), setzen Sie diesen flußaufwärts ein und belasten ihn erst, wenn Sie sicheren Halt gefunden haben.

*Schwimmen*

In tieferem, ruhig fließendem Wasser kann wie in stehenden Gewässern geschwommen werden. Auch die angeführten Schwimmhilfen können verwendet werden.

In schnell fließendem Wasser, vor allem wenn auch mit Hindernissen wie Steinen oder Felsblöcken zu rechnen ist, wird in Rückenlage, Beine voraus, geschwommen. Dabei werden die Beine wie Stoßdämpfer verwendet. Erst beim Anlanden oder zur Eigenrettung (bei Auftreten einer Gefahr) kann, möglichst spät, in die Bauchlage gewechselt werden. Schwimmhilfen sind nur dann verwendbar, wenn sie stabil genug sind und man sich ihrer jederzeit entledigen kann (sie verhindern das Abtauchen und damit in manchen Situationen die einzige Rettungschance).

Schwimmen Sie in keinem Fall gegen, sondern immer mit der Strömung (rasche Ermüdung).

*Baumsteg*

Möglichkeit 1: Fällen Sie einen neben dem Gewässer stehenden Baum entsprechender Länge so, daß er über den Fluß fällt und somit eine Brücke bildet.

Beim Fällen des Baumes hacken oder sägen Sie zuerst an der beabsichtigten Fallseite eine Kerbe aus (möglichst bis zur Mitte des Stammes). Dann trennen Sie den restlichen Teil des Baumstammes auf der gegenüberliegenden Seite etwas oberhalb der Kerbe durch (hacken, sägen).

Wenn der Baum fällt, treten Sie zurück (Verletzungsgefahr).

Möglichkeit 2: Bringen Sie einen entasteten Baum entsprechender Länge parallel zum Ufer ins Wasser und fixieren Sie ihn flußabwärts am Ufer. Dann bringen Sie das andere Ende in die Strömung. Diese drückt es dann ans andere Ufer.

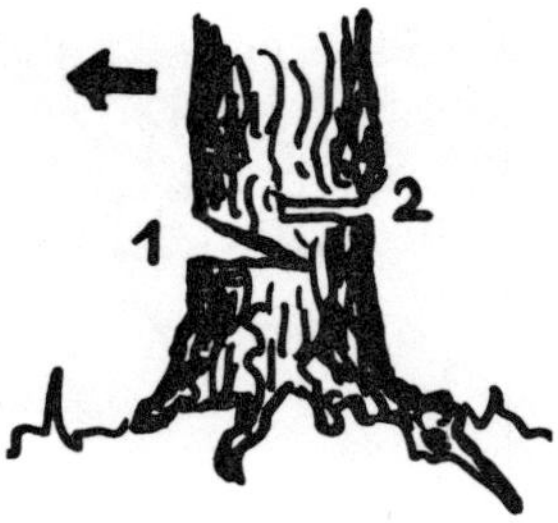


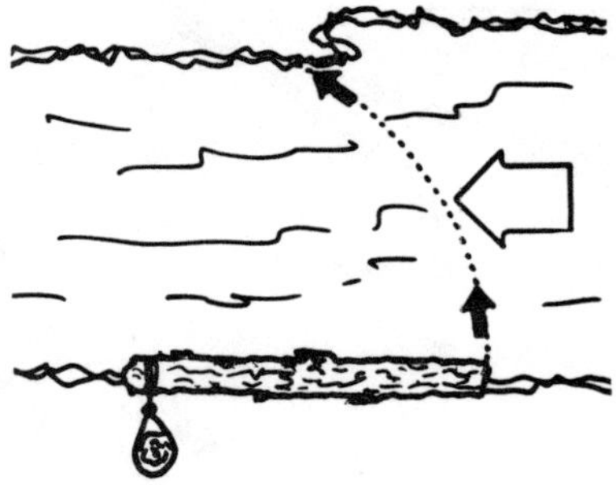

### Überquerung mit mehreren Personen

*Kette*

(Voraussetzung: watbares Gewässer). Dabei fassen sich die Überquerenden bei den Händen und stützen sich gegenseitig beim Durchwaten. Im Idealfall reicht die Kette von Ufer zu Ufer.

*Seilgeländer*

Ein Seilende wird am Ufer fixiert (Baum, Steinblock, toter Mann). Einer der Gruppe überquert mit dem Seil das Gewässer und befestigt das Seil am anderen Ufer. Die anderen (bis auf einen) hangeln sich daran hinüber (zur Sicherung kann auch ein Brustgeschirr angelegt und mit einer Schlaufe am Seilgeländer eingehängt werden). Der Letzte löst das Seil und zieht sich daran ans andere Ufer.

*Seilbrücken*

Das Seil wird wie beim Seilgeländer über das Gewässer gebracht und dann in mindestens 2 m Höhe straff gespannt (am besten mittels Flaschenzug).

Die anderen klettern dann im Bärenhang über die Seilbrücke.

Spannt man ein zweites Seil (ca. 1,80—2 m) über dem ersten als Geländeseil, so kann die Seilbrücke stehend begangen werden. Je besser die Seile gespannt werden, desto einfacher ist das Begehen der Brücke.

Zwei Seile nebeneinander gespannt (Abstand ca. 80 cm) können durch Auflegen und Festbinden von Knüppeln, Brettern o. ä. zu einem Knüppelsteg ausgebaut werden. Der Zeitaufwand ist aber entsprechend hoch.

*Seilrutsche*

Dabei wird das Seil nicht waagrecht, sondern zum Gegenufer hin fallend gespannt. Dann legt man eine kräftige Astgabel über das Seil, faßt die beiden Enden mit den Händen und rutscht zum anderen Ufer.

*Kette*

*Seilgeländer*

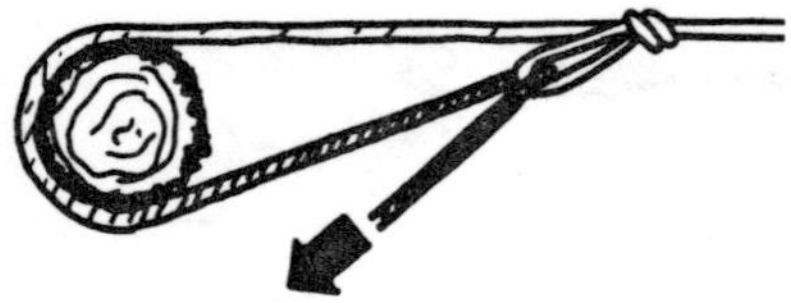

*Flaschenzug*

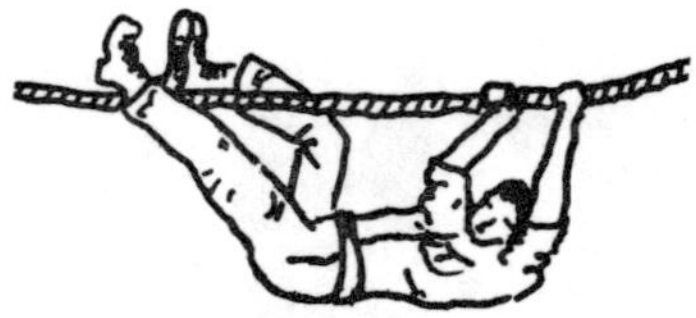

*Seilbrücken*

*Doppelte Seilbrücken*

*Seilrutsche*

*Knüppelsteg*

Das Seil darf nicht zu steil gespannt werden, da sonst beim Aufprall Verletzungsgefahr besteht.

Ein zweites Seil kann als Bremsseil, bei waagrecht gespanntem Tragseil auch als Zugseil (Seilbahnsystem) verwendet werden.

Die meisten dieser Techniken können auch zum Überwinden von Schluchten, Klammen und dergleichen verwendet werden.

Ist ein Überqueren ohne Seil nicht möglich, kann versucht werden, mittels Wurfanker das Seil am anderen Ende zu fixieren. Voraussetzung: Das Gegenufer muß in Wurfweite liegen und es müssen mögliche Widerlager (Bäume, Gestein) vorhanden sein.

Bei Temperaturen unter 0° C kann der Wurfanker durch ein nasses Bekleidungsstück ersetzt werden. Dieses friert nach einiger Zeit am Gegenufer fest (am besten zwischen Widerlagern) und kann belastet werden.

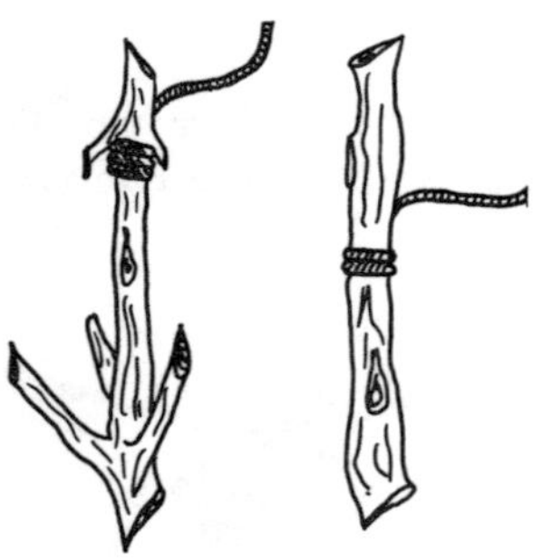

## Entkleiden im Wasser

Die Bekleidung wirkt zwar auch im Wasser als wirksamer Kälteschutz, erschwert jedoch das Schwimmen besonders über längere Strecken wesentlich. Gerade beim Überqueren von Gewässern (Versagen von Schwimmhilfen, Kenterung, Sturz von Behelfsbrücken), aber auch bei Hilfeleistung für andere kann es notwendig werden, sich im Wasser zu entkleiden, um die erforderliche Schwimmleistung erbringen zu können.

Dazu gibt es folgende kräftesparende und in günstiger Schwimmlage (Rückenlage, Wassertreten) durchführbare Möglichkeiten:

– Oberbekleidung mit durchgehendem Frontverschluß (Mantel, Anorak, Sakko, Jacke): Oberbekleidung öffnen und in Rückenlage nach hinten abstreifen.
– Hose, Rock: Bund öffnen und über das Gesäß schieben. Dann versuchen, mit gestreckten Beinen in Rückenlage herauszuschwimmen. Gelingt das nicht, mit vorgebeugtem Oberkörper untertauchen und das Bekleidungsstück mit den Händen abstreifen.
– Eng anliegende oder nicht durchgehend zu öffende Oberbekleidung (Pullover, enge Hemden und Blusen):
Im Wassertreten Bekleidungsstück öffnen (Kragen, Ärmel). Dann mit den Armen nach innen aus den Ärmeln schlüpfen und Bekleidungsstück über den Kopf streifen. Geht das nicht, möglichst hoch bis unter die Achseln zusammenschieben, untertauchen, dabei von oben über die Schultern greifen und nach oben ausziehen. Nach dem Auftauchen aus den Ärmeln schlüpfen.

**Hilfe für Ertrinkende**

Um im Falle der Gefahr des Ertrinkens richtig zu reagieren oder anderen helfen zu können, ist es notwendig, einige grundsätzliche Abläufe zu kennen.
Im Verhalten des Ertrinkenden unterscheidet man 4 Phasen:
– Ertrinkungsangst,
– Ertrinkungsgefahr,
– Ertrinkungsnot,
– Bewußtlosigkeit.

*Ertrinkungsangst*

Sie erfaßt meist unsichere oder ungeübte Schwimmer, z. B. bei:
– Berühren von Wasserpflanzen,
– Begegnung mit Tieren,
– Unsicherheit durch tiefes Wasser oder größere Entfernung vom Land,
– starker Strömung,
– hohem Wellengang,
– Eindringen in Kaltwasserschichten.

Dadurch wird meist folgendes Fehlverhalten ausgelöst:
- Der Schwimmer versucht, den Kopf möglichst hoch über Wasser zu halten,
- er macht hastige und unökonomische Schwimmbewegungen oder schlägt unkontrolliert um sich.

Als Folge davon wird der statische und dynamische Auftrieb herabgesetzt und das Versinken beschleunigt.

*Ertrinkungsgefahr*

Sie wird durch Eindringen von Wasser in die Atemwege ausgelöst und führt zu ihrer kurzfristigen, wiederholten Blockierung (vom Hustenreflex durch »Verschlucken« bis zum Stimmbandkrampf). Dazu kommt bei unsicheren Schwimmern fallweise noch eine Schocklähmung (Kälteschock, psychologischer Schock).

Maßnahmen:

- Bleiben Sie ruhig.
- Schlucken Sie eingedrungenes Wasser (geübte Schwimmer machen das routinemäßig).
- Nehmen Sie die Rückenlage ein (optimaler Auftrieb).
- Versuchen Sie sich innerhalb einer halben Minute von Hustenreflex oder Stimmbandkrampf zu befreien (schlucken, tief und ruhig atmen).

*Ertrinkungsnot*

Sie entsteht bei vollständiger Blockierung der Atemwege. Spätestens jetzt werden die versteckten Kraftreserven mobilisiert (siehe Kapitel »Selbst- und Kameradenhilfe«), was einen momentanen Kraftzuwachs von bis zu 50% bedeutet. Meist tritt aber auch eine Bewußtseinstrübung wegen Sauerstoffmangels im Gehirn ein.

Der Ertrinkende ist kaum noch ansprechbar, aber gerade in dieser Phase für den Helfer besonders gefährlich, da er sich an diesem festklammert und ihn mit in die Tiefe ziehen kann. Diese Phase dauert ca. eine Minute. Eine Eigenrettung ist nicht mehr möglich.

*Bewußtlosigkeit*

Sie wird durch Sauerstoffmangel im Gehirn verursacht. Der Ertrinkende sinkt meist rasch tiefer.

## Maßnahmen zur Rettung

*Bei einem Ertrinkenden*

- Werfen Sie dem Ertrinkenden möglichst vom Ufer aus Schwimmhilfen zu (Holz, leere, verschlossene Flaschen, leere Kanister).
- Ist das nicht möglich, schwimmen Sie rasch in die Nähe des Ertrinkenden (Abstand von ca. 5 m einhalten).
- Beruhigen Sie ihn und geben Sie ihm entsprechende Anweisungen (bei Ertrinkungsangst und eventuell Ertrinkungsgefahr).
- Befolgt er diese und sind Sie sicher, daß er Sie nicht gefährdet, schwimmen Sie zu ihm hin (informieren Sie ihn vorher über Ihre Absicht) und helfen Sie mit einer der im Abschnitt »stehende Gewässer« angeführten Techniken.
- Befolgt er Ihre Anweisungen nicht, oder beginnt er zu toben (Ertrinkungsnot), bleiben Sie in seiner Nähe und warten Sie, bis seine Kräfte soweit nachgelassen haben, daß eine Rettung ohne Gefahr für Sie möglich ist.
- Werden Sie trotzdem umklammert, wegstoßen, abtauchen oder den Ertrinkenden untertauchen, bis Sie freikommen.

*Bei mehreren Ertrinkenden* (z. B. Kenterung, Brückeneinsturz)

- Sind sie selbst betroffen, versuchen Sie sofort aus dem Menschenknäuel herauszutauchen, um nicht selbst durch andere gefährdet zu werden.
- Ist das Ufer in der Nähe, schwimmen sie hin und werfen Sie alle möglichen verfügbaren Schwimmhilfen zu den Ertrinkenden ins Wasser.

- Ist das nicht möglich, muß die Rettung einzeln erfolgen. Dabei ist bei Bewußtlosen am Ufer sofort mit der Wiederbelebung zu beginnen und die Rettung weiterer Personen solange hinauszuschieben, bis der erste Gerettete außer Lebensgefahr ist.

Beim Abschleppen ist besonders darauf zu achten, daß der Kopf des Ertrinkenden weit genug aus dem Wasser gehalten und sein Körper in eine flache Schwimmlage gebracht wird (bei senkrechter Körperlage Fortbewegung nicht möglich).

Die verschiedenen Abschleppgriffe können abgewechselt werden. Dabei darf der Ertrinkende jedoch nie ganz losgelassen und muß unbedingt auf den Wechsel des Griffes aufmerksam gemacht werden (sonst eventuell Panikreaktion).

## Tauchen

Es hat sich herausgestellt, daß Tauchen sowohl zur Fremd- als auch zur Eigenrettung manchmal die einzig anwendbare Technik ist. Dabei begibt man sich in eine völlig fremdartige Umwelt. Man braucht Überwindung, theoretisches Wissen und nach Möglichkeit auch einige Praxis, um sich sicher darin bewegen zu können. Da aber gerade die Praxis nicht immer vorausgesetzt werden kann, kommen im Überlebensfalle der Selbstüberwindung und dem Wissen um die Gegebenheiten und Techniken erhöhte Bedeutung zu.
Folgende Faktoren sind dabei zu beachten:
— Temperatureinflüsse,
— Sicht- und Hörverhältnisse,
— Druckverhältnisse.

### Temperatureinflüsse

Da der Mensch an das Wasser, das ein wesentlich besserer Wärmeleiter als Luft ist, ungefähr die dreifache Menge an Körperwärme abgibt, sind die Wärmeverluste im Wasser stark erhöht. Dazu kommt noch, daß sich bei Bewegung keine stabile, angewärmte Grenzschicht bilden kann (Konvektion), was durch Tragen von enganliegender Bekleidung bis zu einem gewissen Grade ausgeglichen werden kann.

Der Organismus kann theoretisch in der Luft einen Wärmeverlust bis zu 5° C, im Wasser bis zu 20° C Umgebungstemperatur über längere Zeit hinweg ausgleichen. In der Praxis hingegen beginnt die Kerntemperatur schon ab 30° C Umgebungstemperatur zu sinken.

Spätestens mit Einsetzen der ersten Unterkühlungsanzeichen (»Gänsehaut«, Zähneklappern, Muskelzittern) sollte das Wasser verlassen werden.

### Sicht- und Hörverhältnisse

Wasser hat einen anderen Brechungsindex als Luft und setzt daher das Sehvermögen des Auges unter Wasser auf ca. 1/10 des Normalwertes herab. Bodenformen und Gegenstände erscheinen verschwommen und sind nur in den Umrissen erkennbar. Trotzdem ist immer mit offenen Augen zu tauchen, weil die wahrgenommenen Formen wichtige Orientierungshilfen sind. Wiederholtes Üben verbessert zwar nicht das Sehvermögen, steigert aber durch Erfahrung das Wahrnehmungsvermögen wesentlich.

Die Helligkeit des einfallenden Lichtes beträgt in 5 m Tiefe nur noch 1/4, in 15 m 1/8 der Tageslichthelligkeit. Sonnenflecken am Grund sind bis ca. 5 m sichtbar. Auch die Spektralfarben werden unterschiedlich absorbiert. Blau dringt am tiefsten vor, rot ist schon ab 4 m kaum noch zu erkennen (mit diesen Hilfsmitteln kann die Tauchtiefe relativ genau festgestellt werden).

Die Ausbreitung der Schallwellen ist unter Wasser ca. 4 mal so rasch und ihre Reichweite wesentlich größer. Eine Richtungsbestimmung ist allerdings kaum möglich (Unterwassersignale).

### Druckverhältnisse

Auf dem Körper lastet an der Wasseroberfläche ein Druck von 1 bar. Mit zunehmender Tiefe steigt dieser um den Wert des umgebenden Wasserdruckes (pro 10 m Tiefe — 1 bar). Somit ist der Körper in 10 m Tiefe dem doppelten Druck ausgesetzt.

Da der Körper zum Großteil aus Flüssigkeit besteht, kann er sehr hohem Druck standhalten. Nur wenn kein Ausgleich zwischen Umgebungs- und Innendruck stattfindet, kann es in den luftgefüllten Hohlräumen des Körpers zu Schädigungen kommen.

Bei allen variablen Hohlräumen (z. B. Bauchraum) wird der Ausgleich von selbst hergestellt; bei den starren Hohlräumen im Bereich des Kopfes wird der Druckunterschied jedoch deutlich spürbar, besonders beim Trommelfell. Dieses verschließt das Mittelohr gegen das Außenohr. Das Mittelohr hat eine Verbindung in den Rachenraum, die durch einen lippenartigen Verschluß einen automatischen Druckausgleich (gleicher Druck auf beide Seiten des Trommelfells) verhindert. Dieser muß daher mechanisch herbeigeführt werden.

Druckausgleich: manchmal genügen schon Gähnen, Schlucken oder seitliches Verschieben des Unterkiefers. Meist wird jedoch die Preßdruckmethode anzuwenden sein:

- Dabei wird die Nase verschlossen (mit den Fingern zuhalten) und
- stoßartige Luft in Nase und Rachenraum gepreßt.

Je früher mit dem Druckausgleich begonnen wird, desto leichter gelingt er (nur geringe Druckdifferenz).

Der Wasserdruck in 4—7 m Tiefe kann bereits das Trommelfell zerreißen, sofern der Druck nicht ausgeglichen wird. Durch eindringendes kaltes Wasser kommt es dann zu Gleichgewichtsstörungen, Schwindel, Übelkeit, fallweise Bewußtlosigkeit.

Jedes Verschließen des Gehörganges (Ohrenstöpsel) verhindert einen Druckausgleich und kann zum Zerreißen des Trommelfells führen.

### Atemreiz

Das Anhalten des Atems bedingt eine Unterdrückung des Atemreizes über eine längere Zeit, was für Ungeübte schon an Land unangenehm ist. Unter Wasser, wo das Atemanhalten lebensnotwendig ist, wird es zur psychischen Belastung und kann folgenden Kreislauf hervorrufen:

— Die psychische Belastung wird durch das gestörte Seh- und Orientierungsvermögen verstärkt;
— dies führt zu Erregungs- und Angstzuständen;
— diese bedingen einen erhöhten Sauerstoffbedarf;
— dies bewirkt eine frühzeitig auftretende Atemnot;
— daraus ergibt sich eine weiter erhöhte psychische Belastung.

Die Fähigkeit, die Angst vor dem Untertauchen und den Atemreiz über einen längeren Zeitraum zu unterdrücken ist in erster Linie eine Sache der Willenskraft. Folgende Hilfsmittel haben sich dabei als sinnvoll erwiesen:

— Ablenkung durch Beobachtung, Orientierung,
— Schlucken,
— Im Extremfall Trinken des Wassers.

### Tauchgang

Ein Tauchgang gliedert sich in folgende Abschnitte:

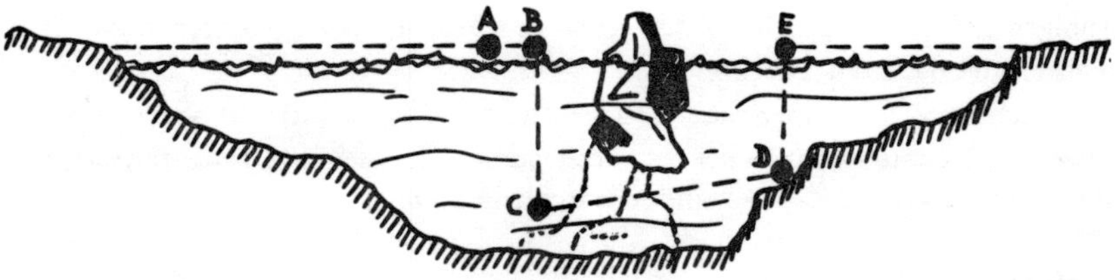


*Einatmen (A), Abtauchen (B), Tauchschwimmen (C), Auftauchen (D) und Ausatmen (E)*

*Einatmen*

Es erfolgt am besten durch ca. 12maliges Ein- und Ausatmen vor dem Abtauchen, wobei der letzte Atemzug besonders tief sein soll (insgesamt keinesfalls länger als 30 s).

Blut kann durch Atmung nicht mit Sauerstoff angereichert werden. Durch »Überatmen« (länger als 30 s) wird nur das »$CO_2$ — Warnsystem« des Gehirns vorübergehend ausgeschaltet, was zu plötzlicher Bewußtlosigkeit während des Tauchens führen kann.

*Abtauchen*

Folgende Technik hat sich als die kräftesparendste herausgestellt:

- Aus der Bauchlage knicken Sie den Oberkörper in der Hüfte ab;
- Strecken sie anschließend den Körper (dabei drücken die Beine den Körper unter Wasser);
- Machen Sie erst Schwimmbewegungen, wenn auch die Beine voll eingetaucht sind;
- beginnen Sie rechtzeitig mit dem Druckausgleich (ab ca. 50 cm Tauchtiefe).

*Tauchschwimmen*

Dabei ist besonders auf folgende Punkte zu achten:

- Führen Sie den Armzug seitlich bis zum Oberschenkel weiter.

*Abtauchen*

*Tauchschwimmen*

- Machen Sie erst den Beinschlag, wenn die Arme am Oberschenkel sind.
- Während des Gleitens verwenden Sie die vorgestreckten Arme als »Stoßdämpfer«.
- Die Steuerung erfolgt durch die Kopfhaltung:
  Kopf im Nacken — Körper gleitet aufwärts.
  Kopf an die Brust — Körper gleitet abwärts.
- Wo immer möglich, stoßen Sie sich mit Händen oder Beinen von festen Gegenständen ab (wesentlich geringerer Aufwand als schwimmen — Kraftersparnis — geringerer Sauerstoffverbrauch).
- Machen Sie einen Druckausgleich, wenn Sie die Tauchtiefe ändern.

*Auftauchen*

- Am besten ist es, senkrecht nach oben aufzutauchen (kürzester Weg).
- Stoßen Sie sich nach Möglichkeit ab.
- Beginnen Sie frühestens jetzt mit dem Ausatmen.

*Ausatmen*

- Atmen Sie beim Durchstoßen der Wasseroberfläche aus oder beenden Sie das bereits eingeleitete Ausatmen.

- Beruhigen Sie nach Möglichkeit den Atem vor dem nächsten Abtauchen (verlängert die Tauchzeit des nächsten Tauchganges).
- Ist das nicht möglich, atmen Sie besonders tief aus (auspressen) und wieder ein.

Auch von Ungeübten können bei entsprechendem Willenseinsatz Tauchzeiten bis zu einer Minute erreicht werden; 30—40 s sind jedem zuzumuten.

## *Eisflächen*

Im allgemeinen wird Eis in 4 Kategorien eingeteilt:
— klares Eis,
— Schnee-Eis,
— Scholleneis,
— Hohleis.

*Klares Eis*

Es entsteht an der Wasseroberfläche bei Absinken der Temperatur auf 0° C oder darunter. Es ist klar, durchsichtig und gibt einer Eisfläche ihre Tragfähigkeit. Bei länger anhaltender Kälte wächst seine Stärke anfänglich ziemlich rasch. Mit zunehmender Dicke wird seine isolierende Wirkung zwischen Luft und Wasser immer stärker und sein Wachsen somit langsamer.

*Schnee-Eis*

Durch den Druck der auf der Eisfläche liegenden Schneedecke wird diese unter das Oberflächenniveau des Wassers gedrückt. Wenn nun durch eine Kälteperiode das Eis Sprünge bekommt, steigt das unter Druck stehende Wasser, überflutet die Eisfläche, tränkt den darauf liegenden Schnee und gefriert wieder. Dieser Vorgang kann sich im Laufe eines Winters mehrfach wiederholen. Schnee-Eis ist im allgemeinen weiß, manchmal auch blasig oder schaumig. Es ist immer weniger dicht und daher auch deutlich schwächer als klares Eis und muß zur Erreichung der gleichen Tragfähigkeit doppelt so dick sein wie dieses.

*Scholleneis*

Es bildet sich in schnellfließenden Gewässern aus kleinen Eisschollen, die in dem stark unterkühlten Wasser entstehen. Bei völligem Gefrieren der Wasseroberfläche werden diese Schollen in die Eisdecke mit einbezogen, wodurch diese etwas geschwächt wird. Zur Erreichung der gleichen Tragfähigkeit wie klares Eis muß dieses Eis um 1/4 dicker sein.

*Hohleis*

Es entsteht durch Absinken des Wasserspiegels in einem bereits gefrorenen Gewässer. Es ist eine frei hängende Eisdecke, die von der darunter befindlichen Oberflächeneisschichte durch ein Luftpolster getrennt ist. Dieses Eis ist im allgemeinen schwach und steht unter einer hohen inneren Spannung. Es sollte auf jeden Fall gemieden werden.

### Tragkraft der Eisdecke

Um die Tragkraft einer Eisdecke verläßlich festzustellen, muß ihre Dicke gemessen werden und die Durchschnittstemperatur der letzten drei Tage bekannt sein.

Da in Extremsituationen kaum die Möglichkeiten zur genauen Temperaturermittlung gegeben sein werden, muß man sich mit einer Schätzung behelfen.

Ein Schätzen der Eisdicke ist kaum möglich, weil nach Durchschlagen des Eises das Wasser im Loch sofort steigt (um ca. 80—90% der Eisdicke).

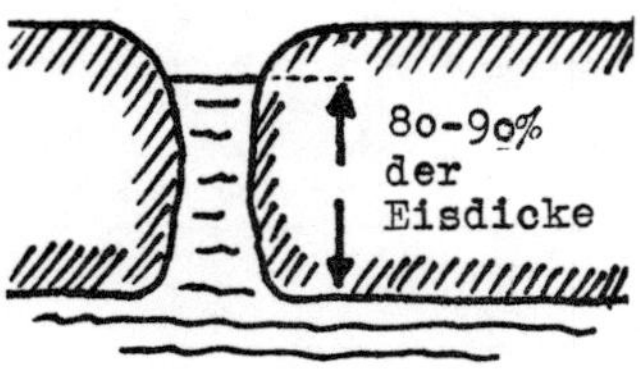


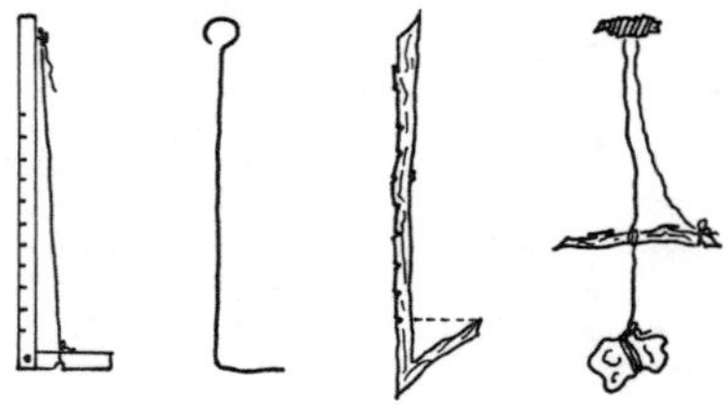

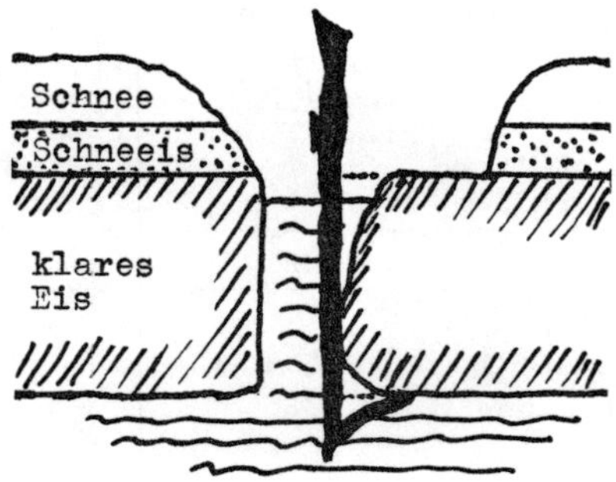


Die Dicke der Eisdecke wird wie folgt gemessen:

- Fertigen Sie Sich einen Meßstab. Dazu nehmen Sie eine ca. 1 m lange Latte, an deren unterem Ende ein drehbares, kurzes Lattenstück (ca. 10 cm) mit einem Nagel befestigt wird. Mit einer daran geknüpften Schnur kann dieses Lattenstück nach Durchschieben des Meßstabes durch das Eisloch quergestellt werden.
  Wenn die Längslatte vorher mit entsprechenden Markierungen versehen wird, kann die Eisdicke einfach abgelesen werden.
  Mit einem entsprechend geformten Ast, mit Draht oder mit einer mit einem Querholz versehenen und mit einem Stein beschwerten Schnur läßt sich diese Messung ebenfalls durchführen.
- Schlagen Sie ein Loch ins Eis (am besten mit einer Hacke; es geht aber auch mit dem Messer). Es kann auch mit Feuer durchgeschmolzen werden. Dazu wird ein Holzrost (floßartig) gebaut, auf dem das Feuer entzündet wird. Dieser Rost schwimmt dann im Schmelzwasser und trägt das Feuer. Das Schmelzwasser muß so abgeschöpft werden — im Notfall mit bloßen Händen —, daß es nicht wieder in die Schmelzmulde zurückrinnt. Unter dem Rost muß aber immer genügend Wasser sein, damit er schwimmen kann. Diese Methode ist sehr zeit- und brennmaterialaufwendig — für ca. 5 cm Schmelztiefe 1 Stunde Brenndauer — und nur zu empfehlen, wenn andere Möglichkeiten nicht gegeben sind.
- Entfernen Sie am Rand des Eisloches den aufliegenden Schnee und nach Möglichkeit auch das Schnee-Eis.
- Messen Sie mit dem Meßstab die Stärke des klaren Eises.

Um die Eisstärke entlang eines längeren Weges zu messen (z. B. Überqueren eines Gewässers mit einem Kraftfahrzeug), sind in Abständen von ca. 10 m jeweils 10 m rechts und links der geplanten Fahrspur Meßlöcher zu schlagen.

*Erforderliche Mindeststärke der Eisdecke*

| Belastung durch | Durchschnittstemperatur während der letzten 3 Tage | | | | | | erforderliche Mindestabstände bei Personen od. Fahrzeugen |
|---|---|---|---|---|---|---|---|
| | – 10° C | | – 5° C | | 0° C | | |
| Einzelperson auf Schiern oder Schneereifen | 3 cm | | 3,5 cm | | 4 cm | | 5 m |
| Fußgänger | 4 cm | | 4 cm | | 5 cm | | 4 m |
| Räderfahrzeuge | leer | beladen | leer | beladen | leer | beladen | |
| Kfz 0,25 t (1.000 kg) | 15 cm | 18 cm | 18 cm | 20 cm | 20 cm | 23 cm | 15 m |
| Kfz 0,75 t (2.000 kg) | 18 cm | 21 cm | 21 cm | 23 cm | 23 cm | 26 cm | 15 m |
| Kfz 1,5 t (3.000 kg) | 20 cm | 25 cm | 22 cm | 27 cm | 25 cm | 30 cm | 20 m |
| Kfz 3 t (6.000 kg) | 25 cm | 31 cm | 27 cm | 34 cm | 30 cm | 39 cm | 25 m |
| Kfz 5 t (10.000 kg) | 31 cm | 39 cm | 34 cm | 43 cm | 39 cm | 49 cm | 30 m |
| Hubschrauber | 21 cm | | 24 cm | | 28 cm | | 20 m |

Bei Tauwetter nimmt die Tragfähigkeit einer Eisdecke auch dann stark ab, wenn ihre Dicke noch unverändert ist (Aufweichung).

## Verstärken der Eisdecke

Eine Eisdecke kann verstärkt werden durch:
— Wasser,
— Eisblöcke,
— Knüppel oder Bretter.

### Wasser

Das Wasser muß in der dreifachen Wegbreite aufgegossen werden. Um das seitliche Wegrinnen zu verhindern, sind beiderseits mit Stangen verstärkte Schnee- oder Eismauern zu errichten. Die Schichtdicke des Wassers soll 1—2 cm nicht überschreiten. Es sollen mehrere Schichten übereinander aufgebracht werden. Diese Methode ist langwierig und stark temperaturabhängig (bei Temperaturen über —10° C kaum anwendbar).

Diese Eisschicht kann durch Einbringen von Gras, Stroh, Laub o. ä. noch verstärkt werden, wobei die Verstärkung hauptsächlich darin besteht, ein plötzliches Durchbrechen zu verhindern.

### Eisblöcke

Ausgeschnittene (oder gebrochene) Eisblöcke werden nach Möglichkeit viereckig behauen und in doppelter Wegbreite aufgelegt. Die Fugen werden mit Eismatsch ausgefüllt. Dieser friert sehr schnell an und verfestigt die Eisblöcke. Wenn das erforderliche Werkzeug vorhanden ist, ist diese Methode sehr rationell und wirkungsvoll.

### Knüppel oder Bretter

Dabei genügt es, eine ca. 1 m breite Spur (für Kraftfahrzeuge zwei Spuren) zu legen. Die Knüppel oder Bretter werden in der entsprechenden Länge zugeschnitten, nebeneinander aufgelegt und mit Eismatsch verbunden. Diese Methode bringt die besten Verstärkungswerte, ist allerdings an das Vorhandensein von entsprechendem Holz gebunden.

*Verstärken der Eisdecke mit*

*Eisblöcken* *Knüppeln oder Brettern* *Wasser*

| Material | Dicke der Verstärkungsschicht | benötigtes Material für 4 m breite Fahrbahn | Verstärkung in %, bezogen auf eine 15 cm starke Eisdecke |
|---|---|---|---|
| Wasser und Schnee, 3 Lagen | insgesamt ca. 5 cm | | ca. 20% |
| Gras, Laub, Stroh | insgesamt ca. 10 cm | ca. 1 m³ auf 4 Laufmeter | ca. 25% |
| Eisblöcke | abhängig von Größe und Stärke der Eisblöcke | | bis zu 35% |
| Knüppel, Bretter, 5 cm stark | 5 cm | 2 Fahrspuren zu je 1 m Breite | ca. 50% |

**Wahl des Weges**

Sind Eisflächen zu überqueren, so ist dabei zu berücksichtigen, ob es sich um
- stehende Gewässer oder um
- fließende Gewässer

handelt. Im allgemeinen frieren stehende Gewässer früher zu und haben eine stärkere Eisdecke. Bei fließenden Gewässern gilt die Faustregel: Je geringer die Strömung, desto früher bildet sich eine Eisdecke.

Stehende Gewässer

Beim Überqueren ist besonders auf folgende Gefahren zu achten:
- Steilufer können den Zugang zur Eisfläche wesentlich erschweren, oder, besonders für Fahrzeuge, überhaupt unmöglich machen.
- In Ufernähe ist das Eis meist dünner, liegt manchmal hohl auf und bricht daher leichter.
- An Engstellen kann das Eis durch Strömungen ebenfalls schwächer sein.
- Das gleiche gilt bei der Einmündung von Zuflüssen in das stehende Gewässer.
- Warme Quellen sind besonders gefährlich, weil sie nicht immer eisfreie Stellen bilden, sondern manchmal nur die Eisfläche stark verdünnen und optisch nicht erkennbar sind.
- Unter einer dichten Schneedecke ist das Eis dünner als an schneefreien Stellen (isolierende Wirkung der Schneeschichte).

Fließende Gewässer

Sie weisen folgende Gefahren auf:

— Besonders dünnes Eis und offene Stellen befinden sich im »Stromstrich« (besonders an längeren geraden Flußverengungen).

— Dünnes Eis bildet sich auch an den Außenseiten von Flußkrümmungen.

— Das gleiche gilt auch für Einmündungen von Nebenflüssen.

— Auch in Stromschnellen oder mit Steinblöcken durchsetzten Flußabschnitten ist das Eis meist wesentlich dünner.

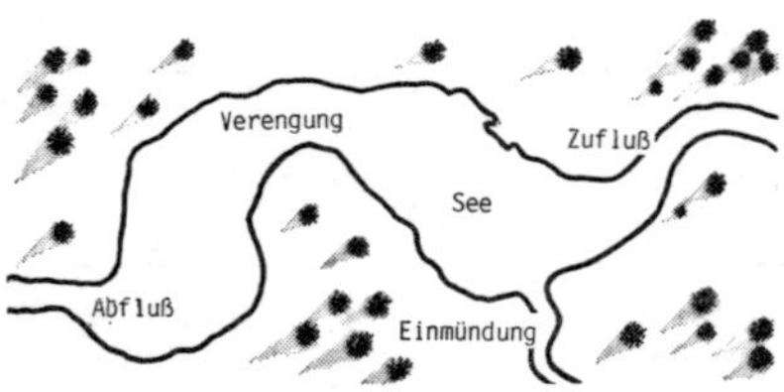


*stehendes Gewässer*

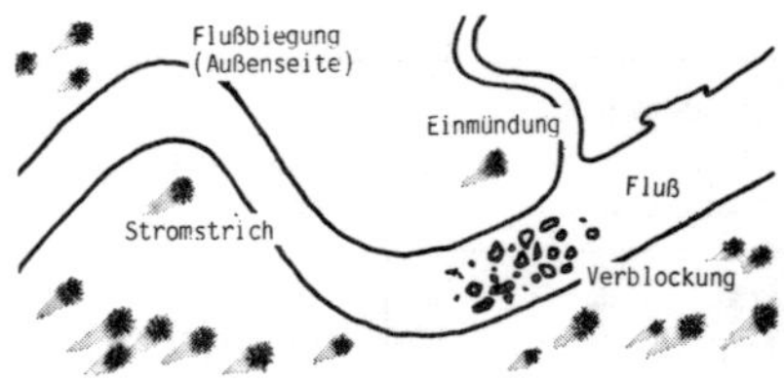


*fließendes Gewässer*

Unter Berücksichtigung der angeführten Gefahren ist dann die beabsichtigte Marschroute auszuwählen und festzulegen. Das erfolgt am besten noch vor Erreichen des Gewässers grob nach der Karte, um unnötige Belastung durch Suchen einer geeigneten Übersetzstelle am Ufer zu vermeiden.

Ist das nicht möglich, erfolgt die Wegwahl am besten von einem erhöhten Punkt in Ufernähe aus.

Beim Überschreiten der Eisdecke gelten folgende Regeln:

zu Fuß:

- Hat die Eisdecke nur die minimale erforderliche Tragfähigkeit, vergrößern Sie Ihre Auflagefläche durch Schier oder Schneereifen (im Notfall auf den Bauch legen).
- Wenn die Schier vereist sind, schnallen Sie sie zur Säuberung nicht am Eis, sondern erst am anderen Ufer ab.
- Überprüfen Sie laufend die Stärke und Festigkeit des Eises vor Ihnen mit einem Schistock oder Stab.
- Gehen Sie ruhig und gleichmäßig; jeder Sturz erhöht das Risiko des Einbrechens.
- bei mehreren Personen: Halten Sie die erforderlichen Abstände auch beim Rasten ein.

mit dem Fahrzeug:

- Um den Aufprall und die Wellenbildung zu verringern, sollte die Zufahrt auf die Eisfläche nicht steiler als 15 Grad sein. Besonders langsam fahren!
- Fahren Sie langsam und zügig, aber ohne zu schalten. Halten oder wenden Sie nicht.
- Halten Sie zur Verringerung der Vibrationen und der Wellenbildung eine gleichmäßige Geschwindigkeit zwischen 6 und 8 km/h ein.
- Die Auffahrt von der Eisfläche auf das Ufer soll nicht steiler als höchstens 10 Grad sein.
- Wenn eine Fahrt mit vollgeladenem Fahrzeug zu risikoreich erscheint, fahren Sie mehrmals mit nur einem Teil des zu transportierenden Gewichtes.
- Überprüfen Sie ständig die Eisdecke, besonders auf parallel zur Fahrbahn verlaufende Risse.
- Bei mehreren Fahrzeugen: Überqueren Sie wenn möglich die Eisfläche einzeln.

## Eiseinbruch

Ein möglicher Eiseinbruch kündigt sich meist schon vorher durch Knirschen und Knacken und durch ein Absenken der Eisdecke an. In dieser Lage kann ein endgültiges Einbrechen eventuell noch verhindert werden.

Maßnahmen:

- Legen Sie sich sofort flach auf das Eis (größte Auflagefläche), nach Möglichkeit mit dem Gesicht Richtung Ufer.
- Schieben Sie Ihren Körper mit langsamen, ruhigen Bewegungen (immer noch in größtmöglicher Auflagefläche) in Richtung Ufer.

Bricht das Eis jedoch ohne die vorhin erwähnten Anzeichen oder reagieren Sie zu langsam und brechen ein, helfen folgende Maßnahmen:

- Breiten Sie sofort die Arme aus, und lassen Sie sich nach vorne fallen.
- Verhindern Sie mit allen Mitteln ein Untertauchen oder Gleiten unter die Eisdecke.
- Wenn Sie trotzdem unter die Eisdecke geraten: Halten Sie die Augen geöffnet und blicken Sie nach oben. Ist das Eis schneebedeckt, kann die Einbruchstelle auf kurze Entfernung durch den stärkeren Lichteinfall noch erkannt und erreicht werden.
  Bei schneefreiem Eis ist durch die gleichmäßige Lichtbrechung von Wasser und Eis die Einbruchstelle nur sehr schwer zu erkennen, im fließenden Wasser durch die Strömung auch bei Erkennen nicht mehr zu erreichen. Die Überlebenschancen sind sehr gering.
- Versuchen Sie, durch kräftige Schwimmstöße mit den Beinen, mit Unterstützung der Arme und durch Gewichtsverlagerung, den Oberkörper wieder auf die Eisfläche zu bringen (nach Möglichkeit Richtung Ufer).
- Wenn das nicht gelingt, versuchen sie, mit einem Bein an der gegenüberliegenden Seite der Einbruchstelle auf die Eisoberfläche zu gelangen und dann durch Stützen auf Arme und Beine den Körper seitlich auf die Eisfläche zu schieben. je nach Form und Größe des Einbruches kann diese Technik auch in Rückenlage angewandt werden.
- Wenn das Eis immer wieder nachbricht, schlagen Sie sich eine Gasse Richtung Ufer, bis Sie dieses oder ein tragfähigeres Eis erreichen.

Die Wassertemperatur unter der Eisfläche beträgt 0° bis 4°C, das heißt, daß bereits nach 20—30 Sekunden Aufenthalt im Wasser ein Kälteschock (schwerer Gefäßkollaps oder gar Herzstillstand) eintreten kann.

Sind Helfer anwesend, kann Hilfe durch folgende Maßnahmen geleistet werden:

- Nähern Sie Sich dem Eingebrochenen nicht in aufrechter Stellung, sondern auf dem Bauch kriechend (Selbstgefährdung durch Einbruch).
- Nähern Sie sich nicht ganz bis zur Einbruchstelle (das Eis ist brüchig).
- Überbrücken Sie dieses letzte Stück mit einem Hilfsmittel (langer Ast, Stock, Seil, Hosenriemen — auch mehrere zusammen, oder mit Bekleidungsstücken). Vorsicht: Ziehen Sie den Eingebrochenen nicht an einem Ärmel heraus, die Naht könnte reißen.
- bei mehreren Helfern: Bilden Sie eine Kette, indem alle hintereinander auf dem Bauch liegen und jeder die Füße seines Vordermannes hält. So kann der erste bei der Rettungsarbeit wirkungsvoll unterstützt werden.
- Ziehen Sie an dem gereichten Hilfsmittel den Eingebrochenen auf das Eis und von der Einbruchstelle weg zum Ufer.

Ist der Eingebrochene bereits unter das Eis geraten, ist ein Rettungsversuch durch Tauchen nur durch mehrere Helfer (mindestens zwei) möglich. Für den Taucher besteht Lebensgefahr. Es ist nur ein Tauchgang möglich.

Maßnahmen:

- Der Taucher darf die Bekleidung nicht ausziehen (die in der Kleidung eingeschlossene Luft verhindert eine plötzliche Abkühlung des Körpers).

- Der Taucher muß unbedingt mit seinem Helfer durch eine Leine oder Seil (im Notfall auch durch mehrere zusammengebundene Kleidungsstücke) verbunden sein.
- Er muß nach spätestens 30 Sekunden von seinem Helfer wieder an die Oberfläche gezogen werden.
- Der Helfer vergrößert vor Beginn der Rettungsaktion die Einbruchstelle (leichteres Bergen des Aufgefundenen).
- Der Helfer vereinbart mit dem Taucher Leinensignale (z. B. 1× ziehen: Eingebrochenen gefunden, 2× ziehen: 15 Sekunden vorbei, 3× ziehen: Zeit aus, auftauchen).
- Der Helfer achtet darauf, daß während des Tauchens die Verbindungsleine nicht an scharfen Eiskanten durchgescheuert wird.
- Suchtechnik unter Wasser: Der Taucher schwimmt mit offenen Augen kreisförmig rund um die Einbruchstelle und bleibt dabei nahe der Oberfläche (der Eingebrochene schwebt auf Grund der im Körper und in den Kleidern eingeschlossenen Luft meist noch eine bestimmte Zeit an der Unterseite der Eisfläche).

# BEHELFE

Gerade in Extremsituationen besteht sehr oft die Notwendigkeit, fehlende Ausrüstung, Bekleidung oder auch Bewaffnung durch entsprechende Behelfe zu ersetzen.
Dazu stehen meist folgende Grundmaterialien zur Verfügung:
- Gestein
- Pflanzen
- Beutetiere

Um in Form, Zustand und Haltbarkeit den jeweiligen Anforderungen zu genügen, müssen diese Grundmaterialien so bearbeitet werden, daß das Endprodukt für die entsprechenden Behelfe geeignet ist.

Dazu braucht man Zeit und Geduld; je weniger Erfahrung man hat, desto mehr. Aber auch Ungeübte können bei genügender Ausdauer mit den angeführten Techniken zu zweckentsprechenden Ergebnissen kommen. Die Techniken sind jedoch nur als Anhaltspunkte zu verstehen, die der gegebenen Situation und den vorhandenen Möglichkeiten anzupassen sind und durchaus mit eigenen Ideen ergänzt werden können.

## *Bearbeitung von Grundmaterialien*

### Steine

Meist werden aus Steinen Behelfe für Schlag-, Schneide-, Reib- oder Stichwerkzeuge (Hammer, Hacke, Schaber, Messer, Mahlstein, Bohrerkopf, Speer, Pfeilspitzen) hergestellt. Es gibt vier Möglichkeiten der Bearbeitung:
- Schlagabsprengung,
- Druckabsprengung,
- Feinabtragung,
- Schliff.

Zur perfekten Bearbeitung von Stein bedarf es zwar meist einiger Übung und Erfahrung; trotzdem hat die Praxis gezeigt, daß bei konsequenter Anwendung der beschriebenen Techniken auch Unerfahrene mit einiger Geduld durchaus brauchbare Resultate erzielen.

### Schlagabsprengung

Hier unterscheidet man 3 Varianten, die je nach Bedarf angewendet werden:

- direkte Absprengung mit einem Schlagstein,
- indirekte Absprengung mit Schlagstein und Schlagmeißel (meist aus Horn oder Hartholz),
- Absprengung am Amboß.

Die Methode der direkten Absprengung wird meist dazu verwendet, um größere Gesteinsbrocken zu formen bzw. von diesen kleinere, flache Stücke abzusprengen und daraus dann spezielle Werkzeuge (z. B. Schaber, Messer, Spitzen) zu erzeugen. Auch zum Entfernen größerer Höcker oder Erhebungen auf Werkstücken kann diese Methode angewandt werden. Durchführung:

- Nehmen Sie das Werkstück in eine Hand.
- Bevor Sie mit dem Absprengen beginnen, überlegen Sie genau, wie Sie am besten die beabsichtigte Form erreichen und wohin Sie dazu aus welcher Richtung schlagen sollen.
- Je nach Gesteinsart sollen die Schläge entweder senkrecht oder in einem bestimmten Winkel, aber immer gegen die Kante des Werkstückes geführt werden. Das jeweilige Absprengverhalten einer bestimmten Gesteinsart wird am besten durch Ausprobieren ermittelt und muß bei der weiteren Bearbeitung berücksichtigt werden.
- Sprengen Sie jetzt durch gezielte Schläge mit einem Schlagstein die beabsichtigten Stücke ab.

Indirekte Absprengung wird meist dazu verwendet, schwierige Arbeiten an unzugänglichen oder besonders heiklen Stellen durchzuführen. Der dazu erforderliche Meißel wird entweder aus Horn oder Hartholz hergestellt. Der Vorteil dieser Methode ist, daß der Schlag jeweils genau an der beabsichtigten Stelle angebracht werden kann.

Das Werkstück muß dazu entweder zwischen die Knie geklemmt oder von einem Partner gehalten werden.

Die Verwendung der »Amboß«-Methode (sowohl mit direkter als auch mit indirekter Absprengung) wird hauptsächlich bei Feinarbeit bzw. zum genauen Absprengen größerer Stücke zur Verdünnung des Werkstückes angewendet.

Als Amboß dient dabei ein größerer, flacher Stein oder die ebene Sprengfläche eines gespaltenen Steines.

Mit diesen Techniken ist die grobe Formung eines Werkstückes fast immer ausreichend zu bewerkstelligen.

### Druckabsprengung

Im Gegensatz zur Schlagabsprengung wird hier die Wirkung auf das Werkstück durch Druck erzeugt.

Sie erfordert mehr Erfahrung und Übung, wird hauptsächlich für empfindlichere, heiklere Arbeiten verwendet und ist daher Ungeübten nicht zu empfehlen. Als Arbeitsgerät dient ein gut in der Hand liegender Druckmeißel, in Form (gerundete Spitze) und Material gleich dem Schlagmeißel.

Es muß dabei besonders auf die hohe Verletzungsgefahr durch Abrutschen hingewiesen werden, ein weiterer Punkt, der diese Technik in Überlebenssituationen als nicht besonders geeignet erscheinen läßt.

Der Vorteil liegt im genauen Ansatz von Druck und Druckrichtung. Auf folgendes ist dabei zu achten:

- Setzen Sie den Druck des Meißels nicht von oben nach unten, sondern schräg gegen die beabsichtigte Absprengrichtung ein.
- Erzeugen Sie den Druck nicht mit den Armen, sondern durch Dagegenlehnen des ganzen Körpers.

- Üben Sie den Druck nicht ruckartig (erhöhte Abrutschgefahr), sondern gleichmäßig aus.
- Durch leichtes Drehen des Druckmeißels während der Belastung wird die Wirkung und Genauigkeit noch erhöht.
- Zur Verminderung der Verletzungsgefahr verwenden Sie nach Möglichkeit einen »Amboß«.

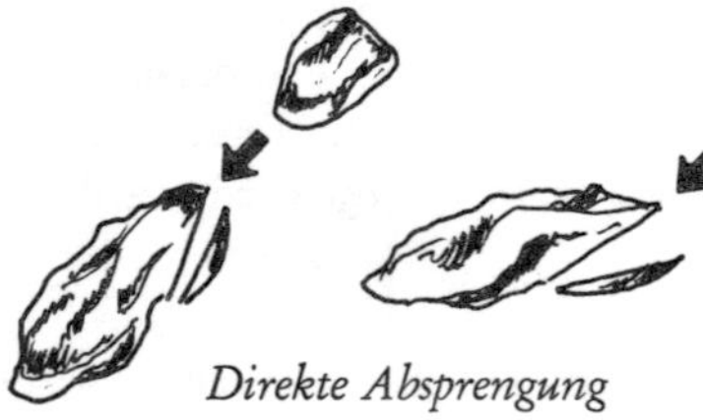

*Direkte Absprengung*

*Indirekte Absprengung*

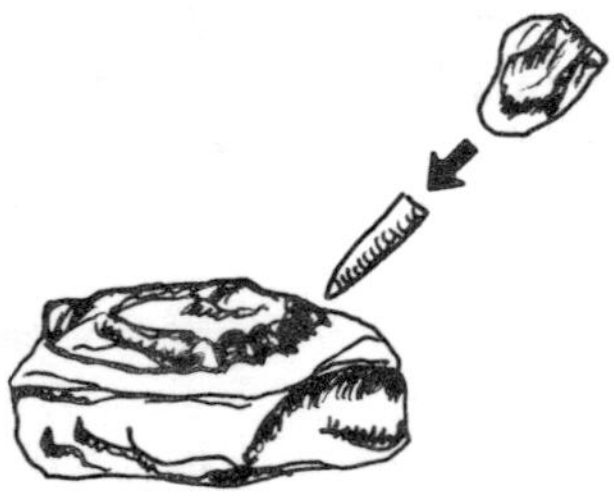

*»Amboß«-Methode*

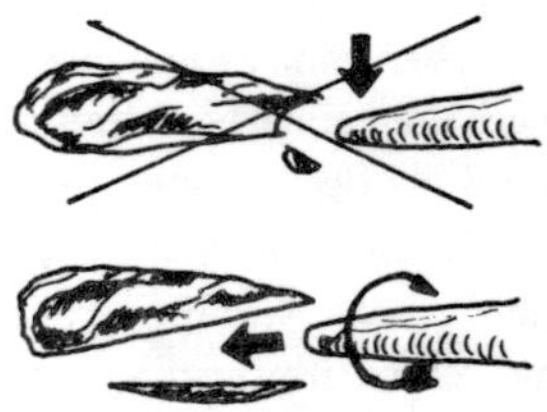

*Druckabsprengung*

F e i n a b t r a g u n g

Diese erfolgt ausschließlich mit dem Schlagstein und dient der Feinformung. Dabei wird wie folgt vorgegangen:

- Halten Sie das Werkstück frei in einer Hand. Damit ist es federnd gelagert, womit die Gefahr des Zerspringens stark herabgesetzt wird.
- Bearbeiten Sie das Werkstück mit kurzen, gleichmäßigen, leichten Schlägen so lange, bis die bearbeitete Oberfläche leicht abzubröckeln beginnt.
- So nimmt das Werkstück langsam die beabsichtigte Form an.

Der Kopf einer Axt z. B. kann auf diese Weise in ca. einer Stunde die Feinform erhalten.

S c h l i f f

Darunter ist jede Feinbearbeitung eines Steines wie schleifen, polieren, schneiden, sägen und bohren zu verstehen. Angewandt wird diese Bearbeitungsmethode zur Glättung, Schärfung oder zur Herstellung ganz bestimmter Formen (z. B. Mahlsteine, Schneiden, Löcher, Griffmulden, Einkerbungen).

Als Schleifstein eignet sich am besten Sandstein oder Gestein ähnlicher Konsistenz. Zugabe von Sand und/oder Wasser erhöhen die Schleifwirkung wesentlich.

Das Schleifen, Polieren oder Glätten erfolgt durch einfaches Reiben des Schleifsteines am Werkstück.

Das Schneiden oder Sägen erfolgt mit dünnen Schleifsteinplatten und entspricht dem Schleifvorgang an einem eng begrenzten Teil der Oberfläche.

Bohren in seiner einfachsten Form ist punktförmiges Schleifen. Dazu genügt schon ein spitzer Schleifstein, der mit der Hand hin und hergedreht wird. Wesentlich besser in der Wirkung sind Hand- oder Drillbohrer, deren Kopf aus einem Schleifstein besteht. Zugabe von Sand und Wasser erhöht die Wirkung weiter.

Ist einmal eine kleine Mulde gebohrt, kann zur Not auch mit einem Stück Holz oder Knochen weitergebohrt werden, wenn als Ersatz für den Bohrkopf Sand verwendet wird. Dieser setzt sich im Holz oder Knochen fest und wirkt dann wie ein Schleifstein. Wasser darf dabei allerdings nicht verwendet werden (weicht das Holz auf).

## Pflanzen

Pflanzen eigenen sich besonders als Baustoff und Isoliermaterial, können aber auch zu Behältern oder Bindematerial verarbeitet werden.
In besonderem betrifft das folgende Pflanzenteile:
— Holz,
— Rinde, Harz,
— Ranken, Wurzeln, Zweige, Stengel,
— Gras, Laub, Moos.

Um diese Pflanzen/-teile dem jeweiligen Bedarf anzupassen, gibt es verschiedene Möglichkeiten:

### Holz

*Härten*

Das Härten des Holzes erfolgt meist zur Herstellung besonders widerstandsfähiger Spitzen an Behelfswaffen oder sonstigen Geräten und wird im Feuer durchgeführt.

Dazu wird die Spitze in der beabsichtigten Schärfe angefertigt und dann über das Feuer gehalten, bis die Oberfläche dunkelbraun wird. Ein beginnendes Glimmen des Holzes muß sofort durch Einstecken in Sand oder Erde gelöscht werden. Sobald der entsprechende Farbton erreicht ist, werden eventuell angekohlte Stellen abgekratzt, anschließend schleift man die Spitze auf einem entsprechenden Stein zu.

*Ablängen*

Zum Ablängen auch von stärkeren Holzstämmen ohne Werkzeug (meist für Bauzwecke erforderlich) ist Durchbrennen die einzige Möglichkeit.

Dazu graben Sie eine Grube unter der Stelle, an welcher der Stamm durchtrennt werden soll. Dann decken Sie rechts und links davon das Holz des Stammes mit einer dicken Schicht feuchter Erde oder Lehm ab (laufend feucht halten), so daß zwischen diesen beiden feuerhemmenden Schichten nur ein ca. 20 bis 30 cm breiter Holzstreifen frei bleibt.

Nun entzünden Sie in der Grube ein Feuer und brennen damit den Stamm zwischen den beiden Schutzschichten durch.

Ist das Ausheben einer Grube nicht möglich, kann auch mit zwei seitlich angelegten Feuern gearbeitet werden (höherer Holz- und Arbeitsaufwand).

*Formen*

Das Formen des Holzes erfolgt ebenfalls mit Hilfe des Feuers. Dabei wird wie folgt vorgegangen:
Geradebiegen von gekrümmtem Holz:

- Halten Sie das Holz an der gekrümmten Stelle solange über die Glut (nicht Flamme), bis es ganz heiß ist.
- Nehmen Sie es von der Glut, und biegen es über dem Knie oder einem anderen Holzstück gerade.

- In dieser Stellung fixieren Sie das Holz, bis es wieder ausgekühlt ist.

Krümmen von geradem Holz:

- Erhitzen Sie das Holz.
- Biegen Sie das heiße Holz in die gewünschte Form.
- Fixieren Sie es in dieser Stellung, bis es ausgekühlt ist.

### Rinde

Damit ist hauptsächlich dünne Rinde gemeint, aus der Gefäße oder Behälter verschiedenster Art gefertigt werden können. Am besten ist dazu die Rinde von Birken geeignet; es lassen sich aber auch die dünnen Rinden verschiedener anderen Baumarten verarbeiten.

Das Ablösen der Rinde sollte in möglichst großen Stücken erfolgen. Dazu wird die beabsichtigte Größe am Stamm zugeschnitten (möglichst ohne Risse oder Löcher), dann mit einem Holzstück geklopft, ohne die Rinde zu verletzen, und danach abgelöst.

Durch vorsichtiges Rösten über dem Feuer wird die Rinde dann geschmeidig gemacht, wobei sie meist eine goldbraune Färbung annimmt.

Diese Rinde ist wasserdicht, gut verarbeitbar und sehr widerstandsfähig gegen großflächige Belastung.

### Harz

Es eignet sich als Klebstoff und als Dichtmasse für Risse, Nähte oder Fugen. Auch ganze Flächen oder Hohlräume können damit beschichtet und so wasserdicht gemacht werden. Die Vorbereitung und Reinigung erfolgt nach zwei Methoden.

Methode 1:

- Kochen Sie die Harzklumpen ca. 15 Minuten.
- Schöpfen Sie die Oberfläche mit einem flachen Stock ab und lassen Sie das Harz abkühlen.
- Vor dem weiteren Gebrauch erhitzen Sie das Harz erneut.

Methode 2:

- Schaffen Sie sich eine geneigte Plattform aus Stein.
- Legen Sie die Harzklumpen darauf und zünden Sie sie an.
- Dabei verbrennt das Terpentin und das reine Harz fließt am schrägen Stein ab.
- Fangen Sie das abrinnende Harz auf und kneten Sie es in kleine Bällchen.

### Wurzeln und Ranken

Sie sind sehr gut als Binde- oder Flechtmaterial zu verwenden und sehr widerstandsfähig. Sie werden bei Austrocknung brüchig; daher sind sie nur frisch oder leicht angetrocknet zu verarbeiten.

Bei manchen Ranken ist es notwendig, die daran befindlichen Dornen zu beseitigen. Am einfachsten geschieht das durch wiederholtes Durchziehen zwischen zwei Steinen.

Zweige, insbesondere Weidenzweige, eignen sich hervorragend zum Flechten. Zur Vorbereitung für die Verarbeitung ist wie folgt vorzugehen:

- Schneiden Sie die Zweige möglichst, solange sie noch grün sind.
- Schälen Sie die Rinde ab und schneiden Sie, falls erforderlich, die Zweige der Länge nach durch.
- Trocknen Sie die Zweige. So können sie auch längere Zeit aufbewahrt werden.
- Vor dem Gebrauch als Flechtmaterial weichen Sie die Zweige in Wasser ein, bis sie geschmeidig sind. Manche Stengel (und Rinden) sind hervorragend zur Gewinnung von Pflanzenfasern geeignet, die dann zu Schnüren weiterverarbeitet werden können. Die häufigsten und besten sind:

| Pflanze | verwendeter Pflanzenteil | Gewinnung der Faser | geeignet zur Herstellung von |
|---|---|---|---|
| Brennessel | Stengel | zuerst trocknen, dann klopfen und quetschen, um die verholzten Teile zu entfernen; reinigen der Fasern mit der Hand | Zwirn, Schnur, auch Angelschnur, Seil, Schlingen, Bogensehnen, zum Weben von Decken, Säcken, Knüpfen von Netzen, für Schuhe; sehr gute Qualität |
| Wolfsmilch | Stengel | wie oben | wie oben |
| Schilf | Stengel | wie oben | wie oben |
| Hundsgiftgewächse (Lianen) | Stengel | wie oben | wie oben |
| Hagebutte | innere weiße Rinde | Rinde vom Stamm lösen und die auf der Innenseite liegenden Fasern abziehen | nicht so gut geeignet wie die oben angeführten Pflanzen, aber brauchbar; Schnur (auch Angelschnur), Schlingen, Schuhe; ist feucht am stärksten; bei Austrocknung etwas steif |
| Weide | innere Rinde | wie oben | wie oben |
| Ulme | innere Rinde | wie oben | wie oben |
| Fichte | Wurzeln | wie oben | wie oben |
| Rose | innere Rinde | wie oben | wie oben |
| Schneebeere | innere Rinde | wie oben | wie oben |
| Wacholder | Rinde | die trockene Rinde vom Stamm lösen und so verarbeiten | diese Rinde ist nicht sehr stark, kann jedoch brauchbar zur Herstellung von nicht sehr beanspruchten Schnüren, zum Weben von Säcken und Herstellen von Schuhen verwendet werden |
| Beifuß (besonders der nordamerikanische) | Rinde größerer Pflanzen | die trockene Rinde vom Stamm lösen und so verarbeiten | diese Rinde ist nicht sehr stark, kann jedoch brauchbar zur Herstellung von nicht sehr beanspruchten Schnüren, zum Weben von Säcken und Herstellen von Schuhen verwendet werden |

Aus den gewonnenen Fasern wird die Schnur wie folgt gedreht:

- Halten Sie zwei dünne Faserbündel zwischen Daumen und Zeigefinder der linken Hand.
- Fassen Sie das dem Körper ferner liegende (äußere) Faserbündel mit den Fingern der rechten Hand und zwirnen es im Uhrzeigersinn.
- Legen Sie den so entstandenen Strang gegen den Uhrzeigersinn über das zweite Faserbündel, welches somit zum äußeren wird.
- Zwirnen Sie nun dieses zweite (äußere) Faserbündel (im Uhrzeigersinn), und legen Sie es (gegen den Uhrzeigersinn) wieder über das erste.
- Dieser Vorgang wird auf die gleiche Art fortgesetzt, bis das Ende erreicht ist.
- Zur Verlängerung werden die letzten 10 cm des Faserbündels mit dem neuen (möglichst gleichstarken) Faserbündel verzwirnt und dann wie oben weiterverarbeitet. Dabei ist darauf zu achten, daß die beiden Faserbündel ungleich lang sind, damit die Spleißstellen der beiden Stränge nicht an die gleiche Stelle zu liegen kommen.

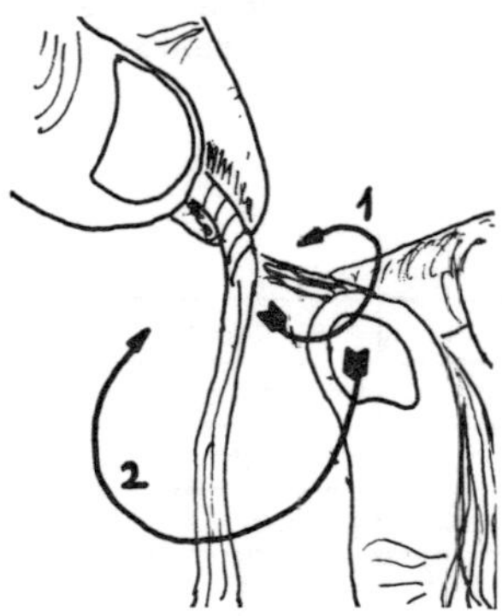


Wird nur ein kurzes Stück benötigt (z. B. Nähen einer kurzen Naht oder Zusammenbinden zweier Hölzer), so kann folgendes Verfahren angewendet werden:

- Halten Sie ein Ende eines Faserbündels mit einer Hand fest, und rollen Sie es mit der anderen in eine Richtung über Ihren Oberschenkel.
- Sobald das Bündel fest zu einem Strang zusammengedreht ist, nehmen Sie das zweite Ende in die zweite Hand.
- Nehmen Sie die Mitte des Stranges zwischen die Zähne.
- Halten Sie den Strang mit den Zähnen, geben Sie beide Enden zusammen, und halten Sie sie fest.
- Lassen Sie den Strang nun in der Mitte los. Durch seine Eigenspannung dreht er sich selbständig zu einer Schnur zusammen.
- Das Ergebnis ist eine zweifädige Schnur von der halben Länge des ursprünglichen Faserbündels.

### Gras, Laub, Moos

Es wird meist als Isolier- oder Polstermaterial verwendet; ersteres ist aber auch in Verbindung mit anderen Pflanzenfasern zum Flechten oder Weben sehr gut geeignet. Um die Arbeit mit diesen Materialien leichter und zeitsparender zu gestalten, sind folgende Punkte zu beachten:

- Verwenden Sie nur trockenes, kein grünes Material.
- Weichen Sie Gras (auch Schilf), das zum Weben oder Flechten vorgesehen ist, vor der Verarbeitung in Wasser ein, um es für den Arbeitsgang geschmeidig zu machen.
- Verarbeiten Sie das Material naß.

Das Weben selbst ist zwar zeitaufwendig, dient aber zur Herstellung der verschiedensten Behelfe, von Schuhen über Decken bis zu Behältern. Dabei hat sich als einfachste, aber universell anwendbare Methode die einfache Umschlingungstechnik sehr bewährt, bei der die tragenden Stränge (können, je nach Werkstück, Schnur, dünne Äste usw. sein) »Kette«, die eingewobenen Stränge »Schuß« genannt werden (Schnur, Gras, dünne Äste, Schilf, weiche Rinde).

Bei der Umschlingungstechnik werden zwei Schußstränge verwendet, die jeweils einer über und einer unter der Kette verlaufen und zwischen jedem Kettenstrang überkreuzt werden.

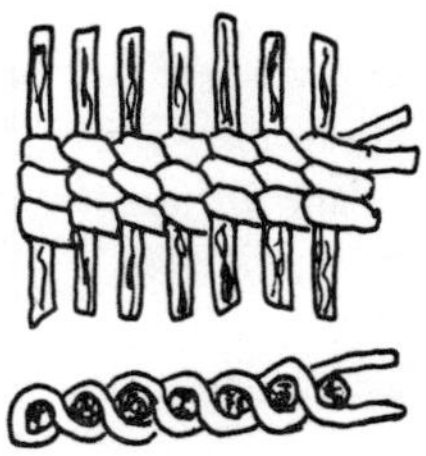

Zum Herstellen einfacher, großflächiger Werkstücke kann auch ein Webstuhlersatz zeitsparend verwendet werden.

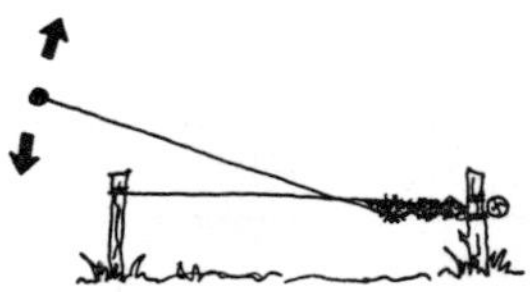

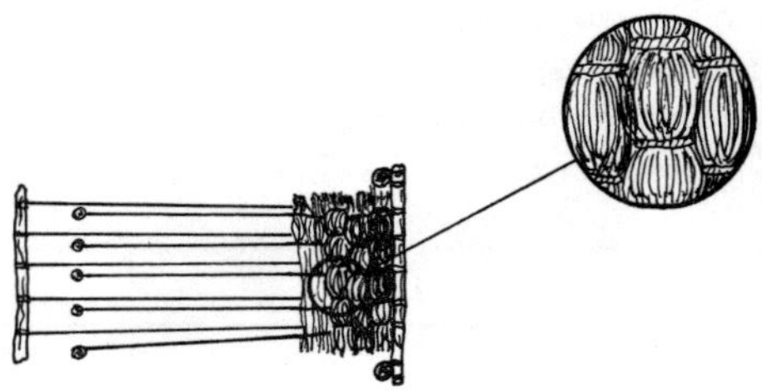

**Beutetiere**

Zur Herstellung von Behelfen dienen davon folgende Teile
— Haut
— Knochen
— Sehnen

H a u t

Zur Not kann Tierhaut auch als Rohhaut zur Herstellung verschiedenster Behelfe verwendet werden. Der Nachteil der Rohhaut beruht darauf, daß sie bei längerer Einwirkung von Feuchtigkeit fault, bei Einwirkung von heißem Wasser in Leim übergeht und in trockenem Zustand hornartig hart wird. Um sie trotzdem verwendbar zu machen, sind folgende Arbeitsgänge erforderlich:

- Weichen Sie die Haut vor Arbeitsbeginn mindestens einen Tag lang (besser länger) ein. Bei frisch abgezogenen Häuten ist das nicht erforderlich.
- Spannen Sie die Haut, Fleischseite nach oben, am Boden aus (am besten an Pflöcken oder über einem Rahmen; zur Not genügt auch einfaches Auflegen), und entfernen Sie alles Fett und Bindegewebe durch gründliches Abschaben.
- Reinigen Sie die Haut gründlich. Meist erfolgt diese Reinigung durch Abwaschen mit Wasser. Wesentlich besser ist aber Urin dafür geeignet, da die darin enthaltene Harnsäure auch den letzten Rest von Fett löst. Dazu tränken Sie die Haut mit Urin und lassen ihn eintrocknen. Als Endreinigung spülen Sie die Haut gut mit Wasser ab.

- Lassen Sie die Haut trocknen, drehen Sie sie um und spannen Sie sie aus.
- Jetzt müssen die Haare entfernt werden. Diese Arbeit ist sehr mühsam, kann aber durch Einweichen der Haut in einer Holzaschelösung (ca. einen Tag) wesentlich erleichtert werden.
- Abschließend legen Sie die trockene, steife Haut auf ein Graspolster oder eine ähnliche weiche Unterlage und klopfen Sie mit einem möglichst runden, glatten Stein (ca. 1,5 bis 2 kg schwer). Dabei ist jeder Quadratzentimeter mit kurzen Schlägen zu bearbeiten, wenn das Gefüge gebrochen und die Haut weich und weiß werden soll.
- Das Produkt, die Rohhaut, ist relativ geschmeidig und kann jetzt weiter verarbeitet werden.

Um diese Rohhaut noch haltbarer und weicher zu machen, muß sie zu Leder gegerbt werden. Unter Gerben wird die dauerhafte Konservierung des aus verderblichem Eiweiß bestehenden Hautmaterials verstanden. Es kann auf drei verschiedene Arten gegerbt werden:
— Gerben in einer Gerbbrühe,
— Gerben durch Räuchern,
— Gerben durch Walken.

*Gerben in einer Gerbbrühe*

Diese Methode ist bei weitem die beste, aber auch die aufwendigste. Ihre Dauer beträgt zwischen 24 Stunden und 12 Monaten und ist abhängig von:
— der Dicke der Haut,
— der Konzentration der Gerbbrühe und
— der Bewegung in dieser.

Voraussetzung dazu ist das Herstellen der Gerbbrühe.
Geeignete Pflanzen zur Gewinnung von Gerbstoffen sind:

| Art | verwendeter Pflanzenteil |
|---|---|
| Eiche | Holz und Rinde |
| Erle | Rinde |
| Fichte | Rinde |
| Kastanie | Holz und Rinde |
| Weide | Rinde |

Die zerkleinerten Stücke (je kleiner, desto besser) werden ca. 12 Stunden lang mit Wasser ausgelaugt. Das erfolgt am besten bei einer Temperatur von ca. 50° C (mit der bloßen Hand gerade noch auszuhalten). Zu heißes Wasser kann den Gerbstoff zerstören, zu kaltes zu wenig davon lösen.

Die benötigten Pflanzenteile werden am besten im Spätfrühling oder Frühsommer gesammelt, getrocknet und bei Bedarf zwischen Steinen zerrieben.

Zum eigentlichen Gerben legt oder hängt man nun die Häute in diese Gerbbrühe und bewegt sie darin so oft wie möglich.

Nach dem Gerben wird das Leder mit Wasser gespült, in noch nassem Zustand auf der Außenseite gefettet (Öl oder Fett) und dann getrocknet, wobei es gut geglättet werden muß. Dazu legt man es in die Sonne flach auf den Boden. Spannen zwischen Pflöcken oder über einen Rahmen ist besser, aber wesentlich aufwendiger.

Das Gerben kann nur durch Erfahrung erlernt werden. Die hier dargestellte Technik gibt Durchschnittswerte an, die empirisch verbessert werden können.

*Gerben durch Räuchern*

Diese Methode dauert höchstens 24 Stunden und ergibt als Produkt ein Leder, das bei kurzfristiger Einwirkung von Wasser nicht gleich hart wird. Es ist allerdings relativ steif.

Zum Räuchern wird die Haut über ein stark rauchendes, kleines Feuer gebracht, so daß die Einwirkung des Rauches möglichst gleichmäßig und intensiv ist. Am besten geschieht das, indem man die Haut über ein zeltförmiges Holzgestell spannt und über dem Feuer so aufstellt, daß die Hitzeeinwirkung nicht höher ist, als man sie selbst auch auf der bloßen Haut gerade noch ertragen könnte. Die Gerbwirkung erfolgt durch den Rauch und die Wärme; zu große Hitze würde die Haut zerstören. Zur Not kann die Haut auch einfach über das Feuer gehalten werden.

Dieser Vorgang ist, mindestens eine Stunde lang pro Seite, mehrfach zu wiederholen, bis das Leder eine mittelbraune Färbung annimmt. Anschließend kann die Außenseite dünn gefettet werden.

*Gerben durch Walken*

Das Produkt dieser Methode ist weiches, geschmeidiges Leder, das allerdings bei Einwirkung von Wasser wieder hart wird und dessen Haltbarkeit im allgemeinen auf 2—3 Monate beschränkt ist.

Der Gerbvorgang erfolgt durch kräftiges Einwalken eines Gerbmittels, das aus tierischem Hirn und etwas Fett besteht (ist kein Fett vorhanden, kann statt dessen auch etwas Wasser genommen werden), in die Rohhaut. Dabei ist wie folgt vorzugehen:

- Spannen Sie die trockene Rohhaut aus.
- Mischen Sie das erwärmte Hirn mit etwas Fett zu einem glatten Brei.
- Walken Sie diese Masse, am besten mit einem glatten Stein, kräftig so lange in die Haut ein, bis diese völlig gesättigt und durchtränkt ist.
- Rollen Sie die Haut zusammen und legen Sie sie für ca. 12 Stunden an einen möglichst warmen Ort.
- Entfernen Sie danach gründlich alle Reste des Gerbmittels, und ziehen Sie das Leder mehrmals über einen glatten Ast oder durch eine Seilschlaufe. Durch die dabei entstehende Reibung wird das Leder getrocknet und damit der Gerbvorgang beendet.

Das Gehirn des Beutetieres kann bis zum Abschluß der notwendigen Vorbereitungsarbeiten frisch gehalten werden, indem es leicht gekocht und dann in einem Stück der Eingeweide verschlossen aufbewahrt wird.

Walken und Räuchern können auch (in dieser Reihenfolge) kombiniert angewandt bzw. die entsprechenden Gerbvorgänge, falls nach erfolgter Verarbeitung noch möglich, von Zeit zu Zeit wiederholt werden, was Qualität und Haltbarkeit verbessert.

Wollen Sie statt Leder ein gegerbtes Fell, werden die jeweiligen Gerbmethoden nur einseitig angewendet. Falls mit einer Gerbbrühe gegerbt wird, trägt man diese auf der Fleischseite auf und läßt sie eintrocknen. Dieser Vorgang wird so lange wiederholt, bis die Gerbung abgeschlossen ist.

Hohles Haar, wie z. B. bei Rotwild, Rind oder Elch wird durch den Gerbvorgang im Leder nicht gefestigt, fällt somit ständig aus und sollte daher entfernt werden.

Auch die Gedärme von Tieren können nach entsprechender Reinigung einem der Gerbvorgänge unterzogen werden und ergeben dann, der Länge nach geschnitten oder im Ganzen gedreht, gutes Bindematerial.

## Schneiden von Riemen

Aus dem Leder (oder der Rohhaut) können bei Bedarf Riemen geschnitten werden.

Kurze Riemen werden dabei entlang der Kante von Hand in der beabsichtigten Breite abgetrennt. Werden längere Riemen benötigt, gehen Sie wie folgt vor:

- Schneiden Sie ein Lederstück kreisförmig zu.
- An der Kante entlang der Außenseite schneiden Sie ein ca. 5 cm langes Stück in der beabsichtigten Breite ein.

- Nun suchen Sie an einem Baumstamm einen abstehenden Aststumpf als Abstandhalter (kann auch durch Einschlagen eines Holzsplitters in einen Riß gemacht werden).
- Stoßen Sie Ihr Messer mit der Spitze so in den Baumstamm, daß der Abstand zwischen der Klinge und dem Abstandhalter der beabsichtigten Riemenbreite entspricht.
- Führen Sie nun den 5 cm langen Anschnitt des Lederstückes so zwischen Messer und Abstandhalter durch, daß das Lederstück auf der Messerseite ist und dabei die Schneide des Messers zum Lederstück zeigt.
- Wenn Sie nun am Anschnitt ziehen, erhalten Sie einen gleichmäßig breiten Riemen, der spiralenförmig aus dem Lederstück geschnitten wird.

Voraussetzung dafür ist ein wirklich scharfes Messer.

## Nähen von Leder

Im Gegensatz zu anderen Materialien muß Leder zum Nähen vorgelocht werden. Das geschieht am besten mit einer Ahle (oder einem entsprechenden Behelf). Als Naht ist die sogenannte »Sattlernaht« am besten geeignet. Um bei Reißen des Fadens ein Aufgehen der gesamten Naht zu verhindern, sind nach jedem Loch die Fäden zu verknoten.

Da das Nähen sehr zeit- und arbeitsintensiv ist, werden die Werkstücke so angelegt, daß sie möglichst wenig Nähte benötigen.

Beim Nähen selbst gehen Sie wie folgt vor:

- Legen Sie die beiden zusammenzunähenden Lederstücke Außenseite auf Außenseite (bester Schutz für die Naht), Nähkante bündig.
- Stechen Sie mit der Ahle ein Loch durch beide Lederstücke, und führen Sie den Faden so durch, daß seine Mitte im Leder ist (Nahtanfang).
- Stechen Sie nun ca. 0,5 cm daneben das nächste Loch, und führen Sie eine Fadenhälfte durch.
- Verknoten Sie nun die beiden Fäden, und führen Sie die zweite Fadenhälfte durch dasselbe Loch auf die andere Seite des Werkstückes.
- Wiederholen Sie nun, Stich für Stich, diesen Vorgang, bis die Naht fertig ist.

Achten Sie darauf, daß sich die beiden Fäden in jedem Loch überkreuzen; das erhöht die Festigkeit der Naht wesentlich.

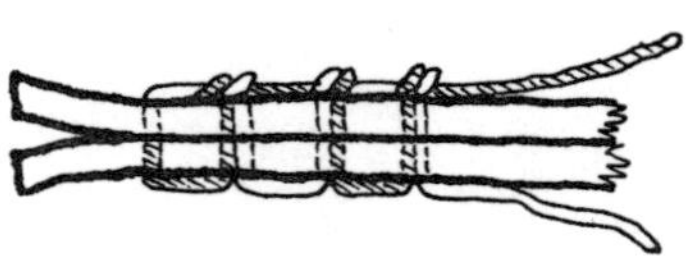

## Knochen

Sie eignen sich sehr gut zur Herstellung von Stechwerkzeugen, wie Ahlen, Nadeln, Dolchen, Pfeilen und Speerspitzen. Um sie in die beabsichtigte Form zu bringen, sind folgende Arbeitsgänge erforderlich:

- Zur Längsteilung schneiden (oder kratzen) Sie eine Furche in der Längsrichtung des Knochens.
- Machen Sie das gleiche an der gegenüberliegenden Seite.
- Legen Sie nun den Knochen auf einen Stein, eine der Furchen nach oben.
- Klopfen Sie nun mit einem kleinen Stein (ca. halbfaustgroß) entlang der Kanten der Furche, bis der Knochen bricht. Dabei drehen Sie den Knochen öfter um, so daß beide Seiten bearbeitet werden.
- Schleifen, Bohren und Nuten erfolgen wie bei der Steinbearbeitung. Widerhaken oder kleine Zähne können eingeschliffen oder mit einem scharfen Messer vorsichtig eingeschnitten werden.

Sehnen

Sie ergeben das beste und stärkste Bindematerial und sind besonders geeignet zur Herstellung von starkem Garn, Bogensehnen oder als Befestigungsriemen von stark beanspruchten Steinwerkzeugen (z. B. Axt). Zur Verarbeitung geeignet sind die langen Beinsehnen und die längeren Rückensehnen der Beutetiere. Es ist wie folgt vorzugehen:

- Reinigen Sie die frischen Sehnen und trocknen Sie sie in der Sonne, bis sie völlig hart sind.
- Legen Sie die Sehnen nun auf einen glatten Stein und klopfen Sie sie mit einem zweiten glatten Stein, bis die Sehnen weich, weiß und flauschig werden.
- Dabei teilen sie sich in zahlreiche, dünne und sehr widerstandsfähige Fasern.
- Diese Fasern können jetzt einzeln (trocken) als Näh- oder Bindegarn oder in Strängen gedreht (gleiche Technik wie bei Pflanzenfasern; siehe dort) als Schnur verwendet werden.

Für Wicklungen oder als Befestigung für Steinwerkzeuge ist die Sehne naß (einweichen) und im Ganzen zu verarbeiten. Dabei ist ein Festknoten nicht erforderlich; durch Ausscheiden klebriger Substanzen im Zuge der Austrocknung klebt sich die Sehne selbst am Werkstück fest.

Ein ähnlicher Eigenfixierungseffekt ist auch bei der Verarbeitung nassen Leders gegeben, der aber nicht durch Kleben, sondern durch Schrumpfen des Leders bei der Austrocknung erreicht wird.

## *Herstellung von Behelfen*

Aus den bearbeiteten und vorbereiteten Grundmaterialien können nun die einzelnen Behelfe hergestellt werden. Die hier angeführten Möglichkeiten aus den Bereichen Bekleidung, Ausrüstung und Gerät und Waffen sind nur als Anregungen aufzufassen, die je nach Phantasie, Geschicklichkeit, zur Verfügung stehenden Materialien und Zeit selbstverständlich verbessert, ergänzt oder kreativ erweitert werden können. Dabei sind dem persönlichen Erfindungsgeist weder in Material noch in Form oder Funktion Grenzen gesetzt.

### Bekleidung

Kopfbedeckung:

Als Materialien können Stoff, Leder, Rinde und Gras verwendet werden.

Netzhemd:

Es dient zur Erzeugung einer wärmenden Luftschicht zwischen Körper und Bekleidung oder zwischen zwei Bekleidungsschichten. Es wird nach dem Anlegen unter den Armen zusammengebunden.

Als Material können Schnüre, Stoff- oder Lederstreifen verwendet werden.

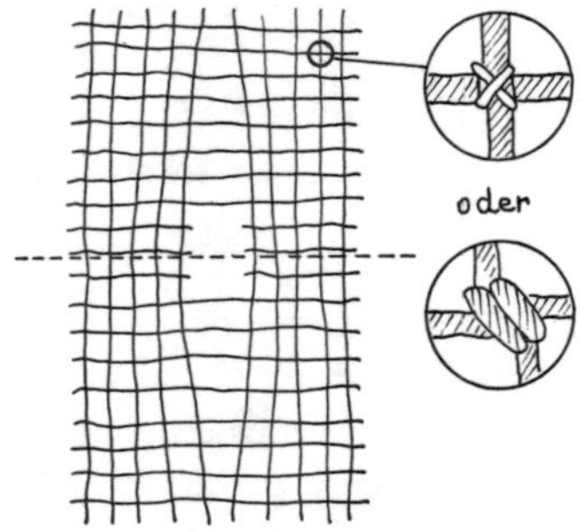


Grasmantel:

Er wird aus Gras (Stroh, Schilf) und Schnur gewoben. Ist ähnlich dem Netzhemd über den Kopf zu ziehen und kann seitlich offen (wie ein Poncho) oder zugebunden (wie ein Mantel) getragen werden.

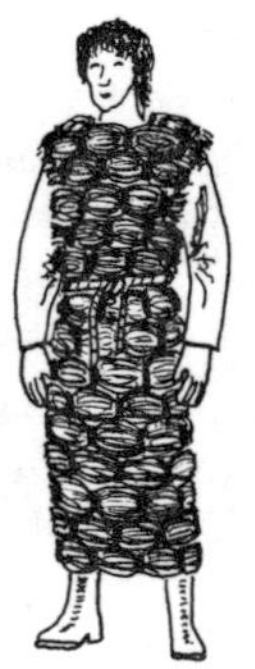

Hemd und Hose:

Sie sind im Schnitt ähnlich dem Netzhemd oder dem Grasmantel; als Material kann Stoff oder Leder verwendet werden.

Sollte Nähen nicht möglich sein, können die offenen Seiten auch durch Umbinden an den Körper geschlossen werden.

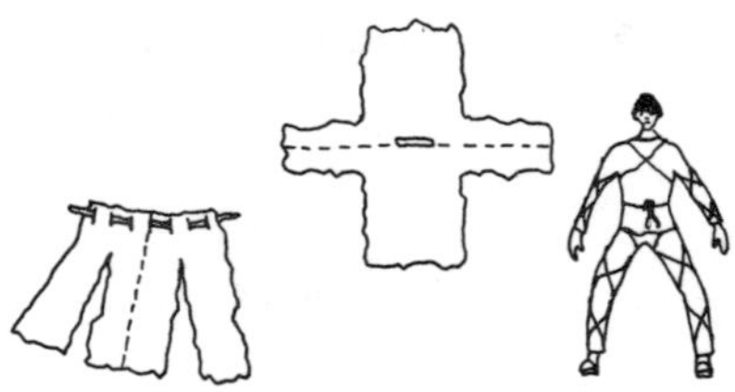

Schuhe:

Sie können aus Stoff, Leder, Fell oder Rinde genäht oder aus Schnur und/oder Gras geflochten oder gewebt werden, wobei, je nach Modell, die Sohle aus mehreren Schichten bestehen kann.

Als zusätzliche Isolierung oder Polsterung der Bekleidung kann trockenes Gras, Laub, Moos, Papier, Stoffteile, Federn oder Fell verwendet werden.

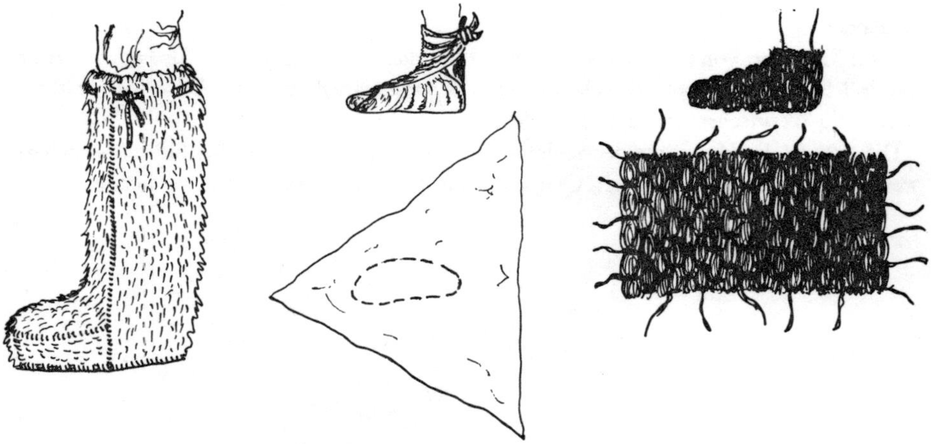

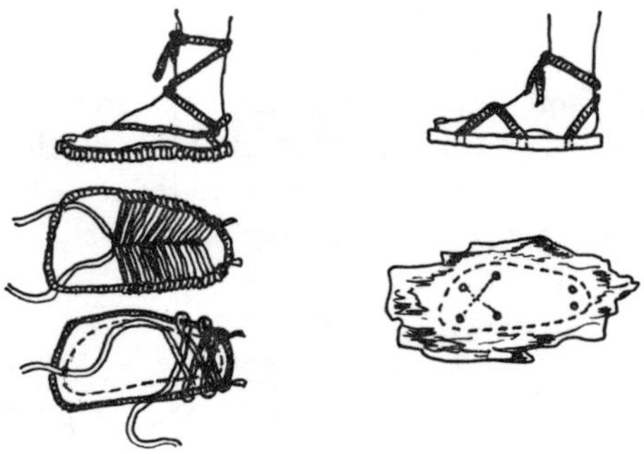

**Ausrüstung und Gerät**

Traggestell:

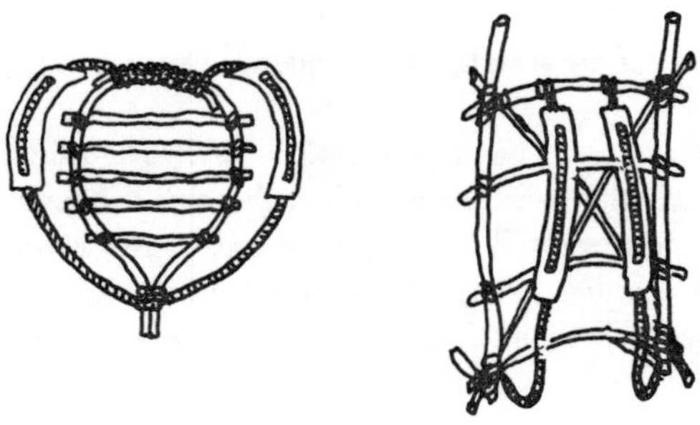

Die Tragegurten sollten im Schulterbereich möglichst breit sein (ca. 6—8 cm), damit sie beim längeren Tragen schwerer Lasten nicht einschneiden.

Schlitten:

Im Winter wird eine entsprechende Mulde in den Schnee gegraben; man legt Fell, Leder, eine Grasmatte oder Stoffbahn ein, benetzt sie und wartet, bis das Wasser gefroren ist. Bei Fellen ist darauf zu achten, daß der Haarstrich nach hinten zeigt.

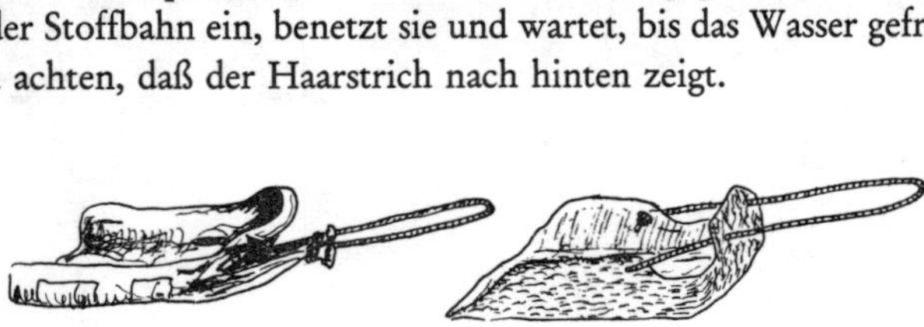

Schleppe:

Beim Transport von Personen kann durch Einbinden von Querhölzern als Fußauftritt und durch Befestigen von zwei aufrecht stehenden kurzen Stäben unter der Achsel des Transportierten ein Abrutschen verhindert werden.

Die Äste an der Unterseite der Schleppe wirken als Federung und Gleithilfe. Als Ziehgriff werden entweder Griffschlingen, Quergriffe aus Holz oder Tragegurten verwendet.

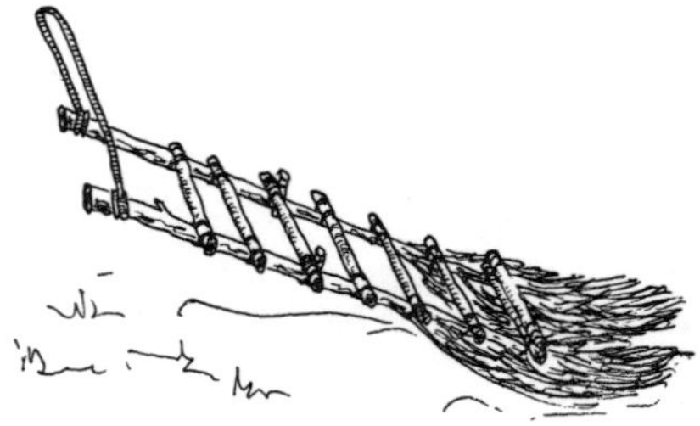

Tragebeutel:

Er wird aus Leder, Fell, Stoff, Rinde, Schnur oder Schilf gewebt. Wasserdurchlässige Materialien (auch dicht geflochtene oder gewebte Matten) können durch Beschichten der Innenseite und Verkleben der Nähte mit heißem Harz wasserdicht gemacht werden und eignen sich dann auch zur Aufbewahrung und zum Transport von Wasser.

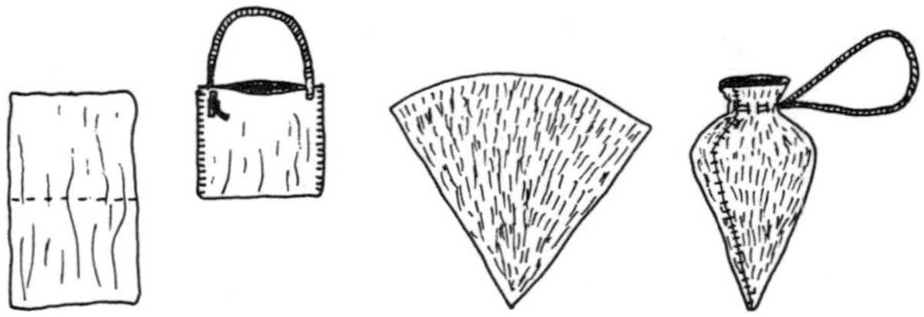

Die Formgebung ist auf die jeweilige Verwendung abzustimmen.

Schneereifen:

Sie sind im allgemeinen ca. 70 cm lang und 40 cm breit. Die Ausführung richtet sich nach dem vorhandenen Material. Im dichten Waldgebiet hat sich eine etwas längere und schmälere, in offenem Gelände eine kürzere, aber breitere Form als günstig erwiesen. Eine von der Spitze des Schneereifens zur jeweiligen Hand reichende Schnur ermöglicht es, diesen bei Einsinken in den Schnee herauszuziehen und damit das Gehen wesentlich zu erleichtern.

Sonnenbrille:

Signalpfeife:

Am einfachsten ist sie aus Weidenholz zu arbeiten. Beim Bau ist darauf zu achten, daß sich die Rinde erst dann unverletzt vom Holz lösen läßt, wenn dieses vorher eingeweicht und die Rinde rundherum leicht geklopft wird.

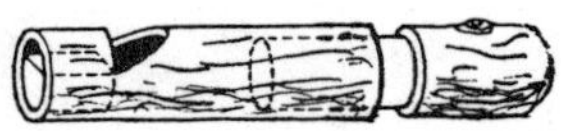

Bratspieße:

Die Rinde wird nur am Griff belassen. Nach Möglichkeit ist grünes Holz zu verwenden (gilt auch bei Zangen und Grillrost).

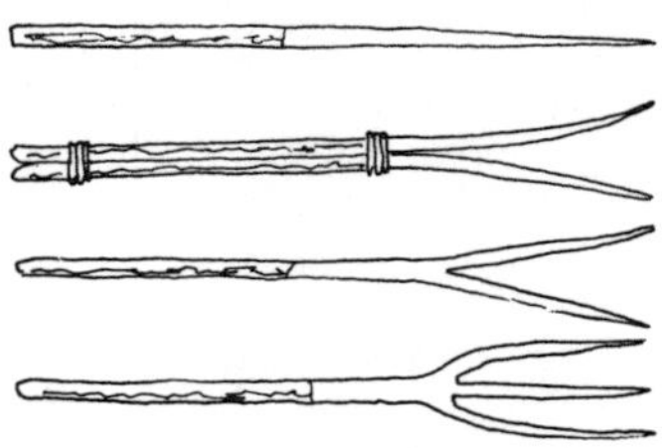

Zangen:

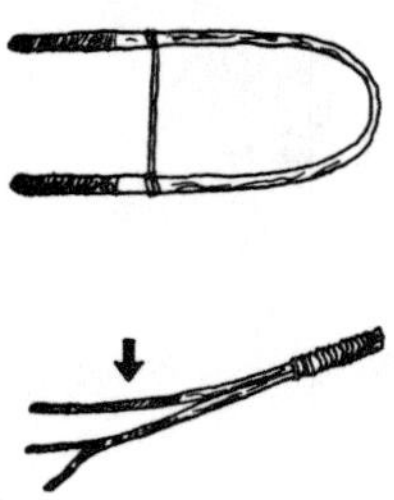

Grillrost:

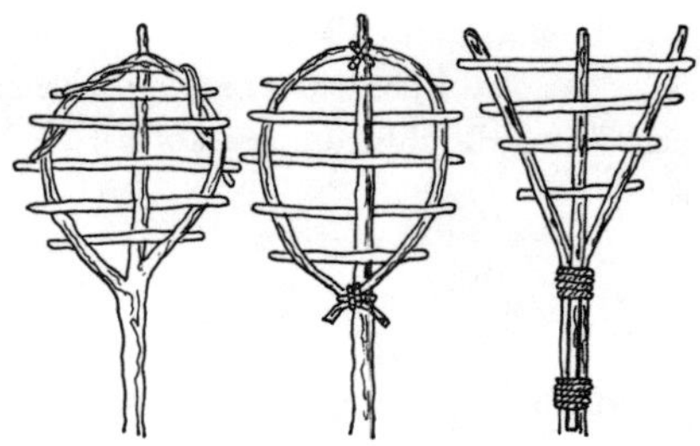

Grabstock:

Er hat die Länge einer normalen Schaufel, einen Durchmesser von ca. 5—8 cm und wird zur Spitze hin dicker. Das zugespitzte untere Ende sollte nach Möglichkeit auf den letzten 30 cm spatenförmig abgeflacht werden (auf 4—5 cm Dicke).

Rindenbriketts:

Sie sind ca. 50—60 cm lang bei einem Durchmesser von ca. 15 cm. Der Kern besteht aus kleinsten Rindenteilen, umgeben von größeren Rindenstücken, und wird dann mit Rindenstreifen fest umwickelt. Sie brennen zwischen 6 und 12 Stunden. Einseitig entzündet kann das Brikett getragen und damit das Feuer mitgenommen werden.

Fischreuse:

Weidenholz ist dazu am besten geeignet. Der V-förmige, schräge Deckel ermöglicht dem Fisch zwar an der Unterseite das Einschwimmen, verhindert aber das Abschwimmen.

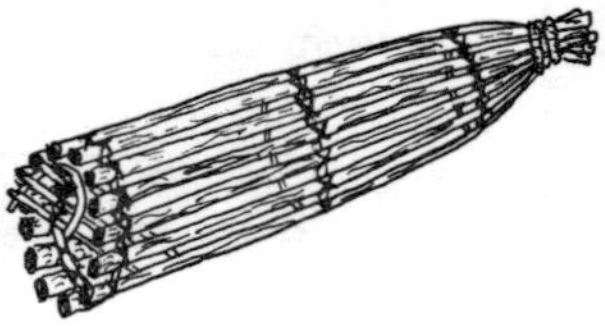

Angelhaken:

Als Materialien sind Knochen, Holz, und Metall jeder Art geeignet.

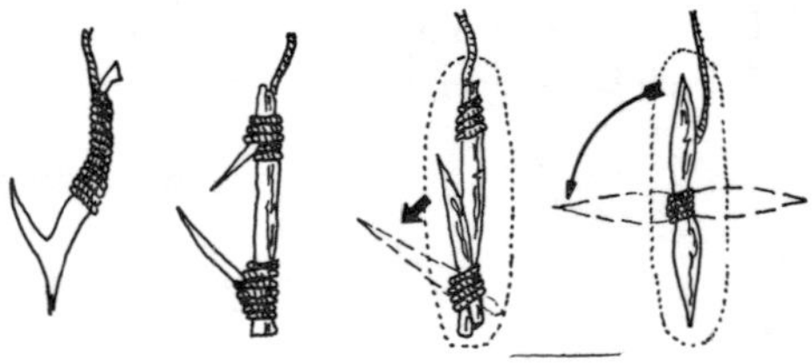

Fischnetz (Kescher):

Jedes wasserdurchlässige Material ist zum Beziehen des Rahmens geeignet; je leichter das Wasser durchfließt, desto besser die Wirkung.

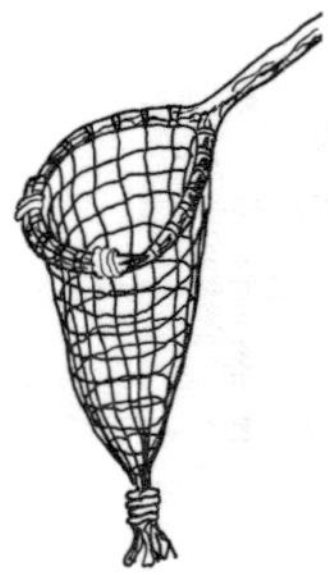

Handbohrer mit Bohrkopf aus Stein:

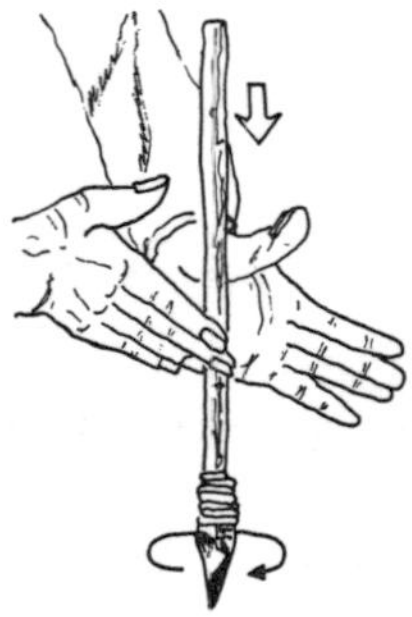

Bohrer mit Bogenantrieb:

Dabei wird mit einer Hand von oben über die Handplatte Druck ausgeübt, während die andere Hand durch Hin- und Herziehen des Bogens den Bohrstab in Drehung versetzt.

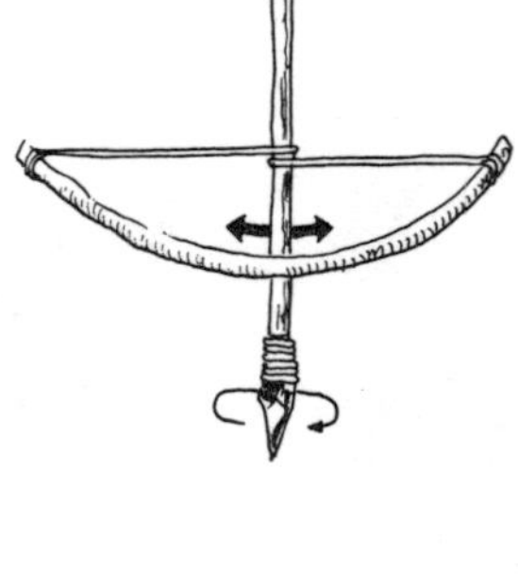

Bohrer mit Pumpantrieb:
Er wird wie folgt betätigt:

- Man dreht den Bohrer, bis die Schnüre mehrmals um den Schaft gewickelt sind.
- Man drückt die Querstrebe nach unten. Dadurch versetzen die Schnüre den Bohrer in Drehung.
- Durch die Drehung werden die Schnüre andersherum wieder aufgewickelt und damit wird die Querstrebe wieder angehoben.
- Durch erneuerten Druck wiederholt sich der Vorgang.

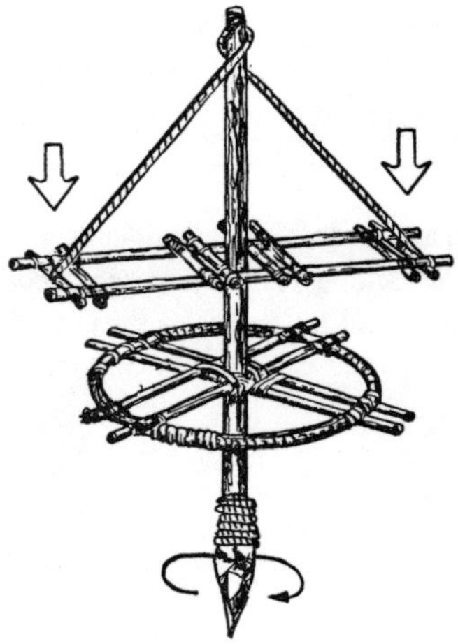

Steinaxt (oder Hammer):

Eine Möglichkeit besteht darin, den entsprechend vorgeformten Schaft und den Axtkopf zusammenzufügen und zu verschnüren.

Es kann auch ein dünnerer, eingeweichter, etwas abgeflachter Zweig (am besten Weide) einmal um den Axtkopf gewunden und dann kräftig verschnürt werden.

Steinäxte oder Hämmer sind auch sehr gut als Waffe zu gebrauchen.

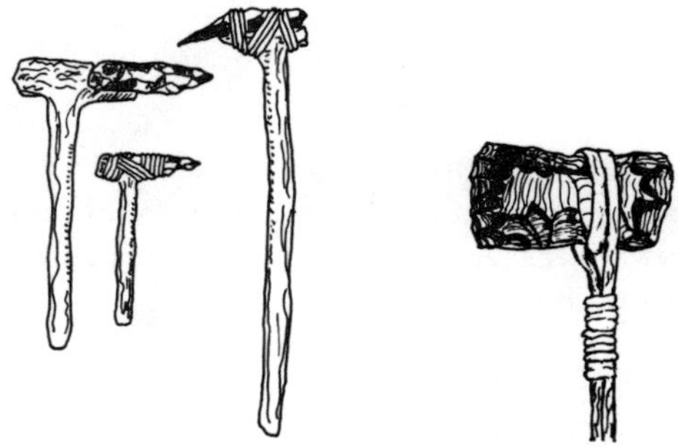

## Waffen

Die Auswahl der angeführten Waffen erfolgte nach den Kriterien:
- Brauchbarkeit,
- Wirkung,
- Herstellungsart,
- Zeitaufwand.

Aus diesem Grunde werden folgende Waffen nicht behandelt:

Armbrust

Unter den angenommenen Überlebensverhältnissen ist sie nicht in ausreichender Wirksamkeit und Handlichkeit herzustellen.

Seilschleuder

Der Zeitaufwand bis zur ausreichenden Beherrschung der Wurftechnik ist zu hoch.

Bumerang

Herstellung und Wurftechnik sind zu schwierig, er ist außerdem nur in offenem Gelände verwendbar.

Bola

Zu Fuß ist gegen Wildtiere eine erfolgreiche Verwendung nicht wahrscheinlich; sie ist nur in offenem Gelände verwendbar.

Blasrohr

Die Herstellung ist schwierig. Es ist nur in Verbindung mit schnell wirkendem Gift mit Erfolg einsetzbar.

Die Grenze zwischen Waffe und Werkzeug ist fallweise fließend. So kann z. B. ein Speer auch als Wanderstab, eine Streitaxt als Eispickel oder ein Dolch als Schneemesser ( beim Iglubau) verwendet werden.

## Dolch

Er kann aus Holz, Knochen oder Stein hergestellt werden. Als Griff dient dabei am einfachsten eine Wicklung aus Schnur oder Leder, oder man bindet Holzschalen an die Klinge fest. Holzklingen sind im Feuer zu härten.

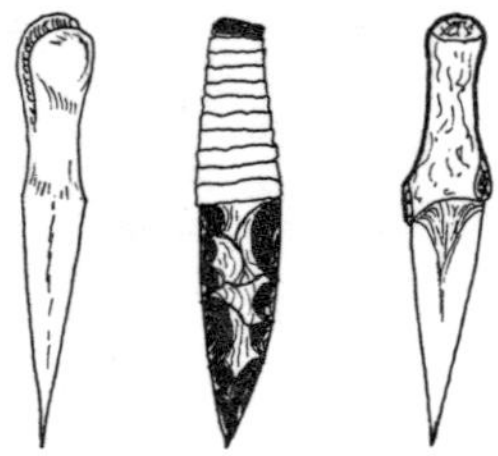

## Schlagring

Dazu können verschiedene Holzstücke passend zusammengebunden oder natürlich gewachsene Äste entsprechend zugeschnitten werden.

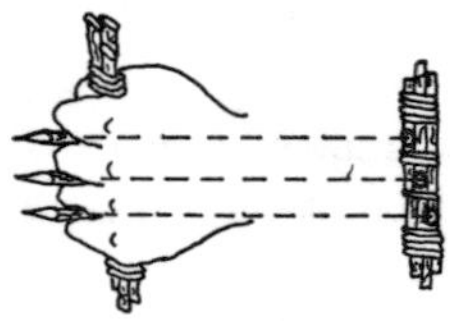

## Speer

Seine Länge sollte zwischen 1,50—2 m liegen, sein Durchmesser, je nach Material, zwischen 2,5—3 cm. Die Spitze kann durch einfaches Härten widerstandsfähig gemacht, durch Einsetzen von Stein, Knochen oder Stahlspitzen jedoch in der Eindringtiefe wesentlich verbessert werden. Widerhaken verhindern ein Herausfallen des Speers aus der Wunde und erhöhen somit seine Wirkung zusätzlich. Durch Anbringen einer einfachen Befiederung wird die Flugbahn stabilisiert und damit die Trefferwahrscheinlichkeit erhöht (Technik wie bei der Herstellung von Pfeilen). Ansonsten ist bei seiner Herstellung wie beim Bogen zu verfahren (trocknen, begradigen, fetten).

Diese Waffe kann sowohl im Stoß als auch im Wurf eingesetzt werden.

*Wurftechnik*

Ein kraftvoller Wurf mit Anlauf im sportlichem Stil ist nicht nur kaum möglich, sondern auch nicht erforderlich. Es geht nicht um ein möglichst weites Werfen, sondern um das Treffen eines Zieles auf maximal 10 m Entfernung. Dazu schleudern Sie den Speer aus dem Stehen in einer gleichmäßigen, zügigen Bewegung direkt (nicht in einem Bogen) ins Ziel.

Wenn dabei das Speerende dazu neigt, nach unten zu sinken, dann ist entweder der Wurf zu hart oder der Speer zu schwer.

*Wurfhilfe*

Um den Speer ohne erhöhten Kraftaufwand mit mehr Wucht und Genauigkeit schleudern zu können, empfiehlt sich die Verwendung einer Wurfhilfe. Ihre Wirkung beruht auf der Verlängerung des Wurfarmes und damit die Erhöhung der Schleuderwirkung. Zu ihrer Beherrschung wird im Durchschnitt ein ein- bis zweitägiges Üben erforderlich sein.

Sie besteht aus einem Holzstück, ca. 70 cm lang, 5 cm breit und 1,5 cm dick. An einem Ende wird ein Zapfen geschnitzt (oder ein Ast entsprechend abgeschnitten), der in das ausgehöhlte Ende des Speerschaftes eingreifen kann. Am anderen Ende werden zwei Schlaufen für zwei Finger der Wurfhand befestigt.

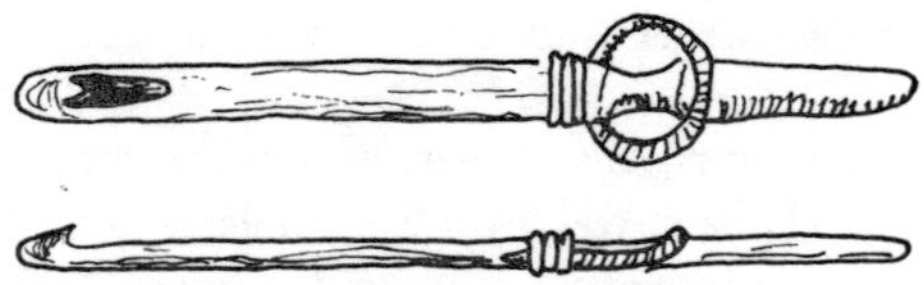

Das Aushöhlen des Speerschaftes erfolgt am besten mit einem in die Erde gerammten Bohrer, auf dem der aufgestellte Speerschaft händisch gedreht wird.

Soll der Speer als Fischspeer verwendet werden, so sind folgende Unterschiede zum Wurfspeer zu beachten:

— Die Länge des Speers beträgt 3 bis 5 m, je nach Material. Am besten ist Weide geeignet.
— Der Speer kann eine oder mehrere Spitzen aufweisen; Widerhaken werden fast immer notwendig sein, um das Abschwimmen des gespeerten Fisches zu verhindern.
— Die Speerspitzen sind mit dem Großteil ihrer Länge an den Schaft zu binden, um auch bei hoher Beanspruchung die nötige Festigkeit zu haben.

Einige Beispiele zur Gestaltung von Fischspeerspitzen:

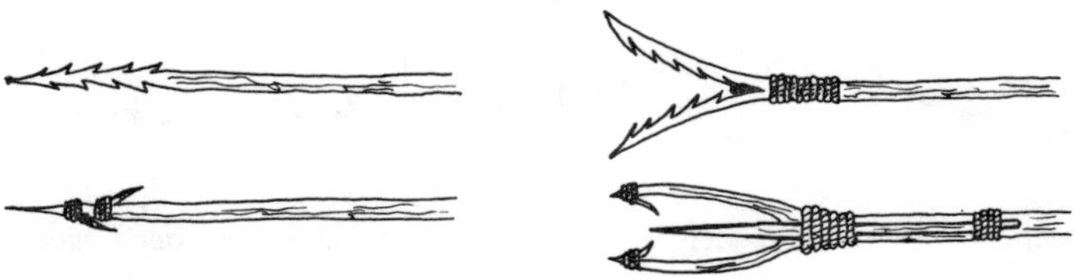

### Bogen

Am besten zur Herstellung geeignet sind unter anderem Bergmahagoni, Esche und Kirsche; zur Not kann aber auch jedes andere Holz verwendet werden.

Die Länge eines Bogens richtet sich in erster Linie nach dem vorhandenen Material; sie sollte jedoch zwischen ca. 1,40 m und Körpergröße liegen (je größer der Benützer, desto länger der Bogen).

Dazu wird ein möglichst gerader, astarmer Zweig mit einem Durchmesser von 3—5 cm in der Mitte (einschließlich Rinde) abgeschnitten (nicht abgebrochen).

Danach ist wie folgt zu verfahren:

- Nach Auswahl des besten Zweiges und nach Zuschneiden in der beabsichtigten Länge schaben Sie die Rinde ab (nicht abschneiden) und lagern das Holz über Nacht kühl und trocken. Es sollte nach Entfernen der Rinde ca. 6 Stunden lang nicht der Sonne ausgesetzt werden.
- Begradigen Sie das Bogenholz, falls erforderlich.

  Stellen Sie die natürliche Biegung, die auch der geradeste Zweig hat, wie folgt fest:
- Stellen Sie das stärkere Ende auf den Boden.
- Erfassen Sie das Bogenholz in der Mitte mit Ihrer linken Hand, und halten Sie es senkrecht.
- Ergreifen Sie nun mit Ihrer rechten Hand die Spitze, und ziehen Sie diese leicht zum Körper.
- Dabei wird sich das Holz in Ihrer linken Hand von selbst in die Richtung seiner natürlichen Biegung drehen.
- Die nun von Ihnen abgewandte Seite wird die Innenseite des Bogens (markieren) .
- Markieren Sie nun die Mitte des Bogenholzes, wo ihre Bogenhand liegen soll.
- Schaben (nicht schnitzen oder schneiden) Sie, von der Mitte zu den Enden, die Bogenarme so zu, daß sie sich zu den Spitzen hin verjüngen und bei leichtem Spannen diese Spannung

gleichmäßig über den ganzen Bogen läuft (starkes Spannen vor Fertigstellung kann den Bogen zerstören).

Dabei sollte das Bogenholz nicht abgeflacht werden, sondern rund bleiben.

- Stellen Sie erst die obere Hälfte fertig, bevor Sie mit der unteren beginnen.
- Nach Fertigstellung der Feinformung lassen Sie den Bogen 1—2 Tage trocknen. Dieser Vorgang kann beschleunigt werden, wenn der Bogen in der Nähe des Feuers gelagert oder über die Glut gehalten wird.
- Ist der Bogen getrocknet, sollte er gefettet werden. Dazu erwärmen Sie das Holz und reiben es so lange mit Fett (jede Art ist geeignet) ein, bis es gesättigt ist.
- Zur Verbesserung der Spannung können Sie die Bogenenden jetzt noch in einen leichten Gegenschwung biegen (Technik siehe Holz).

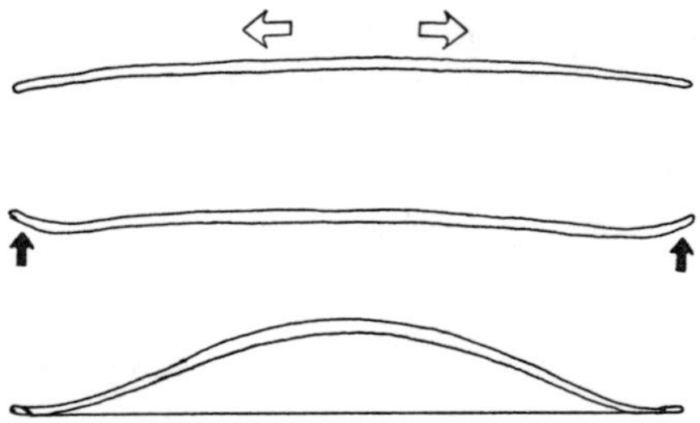


- Zur Befestigung der Sehne schneiden Sie ca. 3—5 cm von den Spitzen der Bogenarme leichte Kerben ein oder beschmieren diesen Teil mit Harz und machen ihn durch Umwickeln mit Schnur rutschfest.
- Bespannen Sie jetzt den Bogen, indem Sie die Sehne an einem Ende festknoten, sie am anderen Ende zwei- bis dreimal um den Bogen wickeln und ebenfalls fixieren.
- Zur Erhöhung der Trefferleistung können Sie jetzt auf der Sehne durch Umwicklung den Nockpunkt und am Bogen durch Einkerbung oder Umwicklung nach Ausprobieren Entfernungsmarken festlegen, womit Sie eine einfache Zielvorrichtung zur Verfügung haben.

Der Bogen sollte so verwendet werden, daß der Faserverlauf des Holzes der natürlichen Wuchsrichtung entspricht (bodennäheres Ende des verwendeten Zweiges zeigt auch beim fertigen Bogen nach unten).

Bei Nichtverwendung sollte der Bogen entspannt werden. Markieren sie dabei am gelockerten Sehnenende den Kontaktpunkt, um dem Bogen jedesmal die gleiche Spannung geben zu können (Sicherstellen der Trefferleistung).

Entgegen anderslautender Meinung kann ein Bogen auch von nur durchschnittlich talentierten Ungeübten schon nach dreitägigem Üben soweit beherrscht werden, daß Ziele von 30—40 cm Durchmesser auf Entfernungen von ca. 10 m mit hoher Sicherheit getroffen werden.

Gekaufte Bogen zeigen folgende Leistungsdaten:

| Zuggewicht in lbs | Anfangsgeschwindigkeit in m/s |
|---|---|
| 50 | 49 |
| 60 | 51 |
| 70 | 58 |
| 80 | 70 |

Daraus leiten sich folgende Höchstschußweiten ab:

| Anfangsgeschwindigkeit in m/s | Höchstschußweite in m |
|---|---|
| 30 | 90 |
| 40 | 140 |
| 50 | 200 |
| 60 | 260 |
| 70 | 320 |

P f e i l e

Als Material eignen sich alle leichten Hölzer, wie z. B. Weide, Rose, Kirsche; am einfachsten können Sie jedoch aus Schilf hergestellt werden. Dabei müssen allerdings Pfeilköpfe aus Holz eingesetzt werden.

Vorgang:

- Schneiden Sie trockenes Schilfrohr auf ca. 70 cm Länge. Achten Sie darauf, daß ein Schnitt ca. 1,5 cm hinter einem Schilfknoten (Pfeilende), der andere ca. 10 cm vor einem Schilfknoten (Pfeilspitze) liegt. Damit haben Sie eine hohe Festigkeit für die Nocke zur Aufnahme der Sehne und ein Stück hohles Rohr zum Einlegen des Pfeilkopfes.
- Begradigen Sie den Pfeilschaft (Schilf oder Holz), falls erforderlich.
- Schneiden Sie die Nocke ins Pfeilende, und verhindern sie ein Springen oder Brechen der Schaftenden durch Beschmieren mit Harz und Umwickeln mit Schnur.
- Fertigen Sie den Pfeilkopf, am besten aus Hartholz. Dazu nehmen Sie Holz, nach Möglichkeit in der Stärke des Schilfschaftes, ca. 15—20 cm lang. Härten Sie die Spitze (es kann auch eine Knochen-, Stein- oder sonstige Spitze eingefügt werden). Schneiden Sie das Ende entsprechend zu, und kleben Sie die Spitze mit Harz in den hohlen Schilfschaft.

Schilfpfeile sind zwar nicht sehr haltbar, aber sehr einfach herzustellen und daher zu empfehlen.

Bei Holzpfeilen ist vor Fertigstellung des Pfeiles das Schaftholz wie bei der Herstellung von Bogen zu behandeln (schälen, trocknen, fetten).

Zur Begradigung von Holzpfeilen kann auch folgende Kurzmethode angewendet werden:

- Benagen Sie den Schaft mit Ihren Zähnen an der Innenseite der gebogenen Stelle.
- Drehen und biegen Sie den Schaft nun mit den Händen gerade.

*Befiedern von Pfeilen*

Pfeile können durchaus auch ohne Befiederung wirkungsvoll verschossen werden. Sind jedoch Federn vorhanden, kann damit die Flugbahn stabilisiert und die Trefferwahrscheinlichkeit erhöht werden.

Vor der Befestigung am Pfeil sind die Federn wie folgt vorzubereiten:

- Suchen Sie lange Federn vom gleichen Flügel oder der gleichen Schwanzseite eines Vogels.
- Spalten Sie den Kiel der Federn der Länge nach.
- Klemmen Sie eine Federhälfte an einen Stein, erfassen Sie mit der linken Hand die andere Federhälfte, und spannen Sie sie. Dann schaben Sie mit der rechten Hand das überstehende Kielmateriel ab.
- Schneiden Sie nun alle Federn auf die gleiche Länge (zwischen 10 und 15 cm) zu und entfernen Sie an beiden Spitzen ca. 1,5 cm des Gefieders vom Kiel.
- Bestreichen Sie nun die obere und untere Seite des Pfeiles mit heißem Harz und kleben Sie zwei möglichst gleiche Federn so auf den Pfeilschaft, daß ihr Ende ca. 3—5 cm vom Pfeilen-

de entfernt ist und der Federstrich zum Pfeilende zeigt (2 Federn pro Pfeil sind ausreichend). Binden Sie nun die beiden entfiederten Enden mit dünnem Faden fest und warten Sie, bis das Harz getrocknet ist.

Kleber kann auch hergestellt werden, indem Hufe, Knorpel oder Fischhäute so lange gekocht werden, bis daraus eine Art Leim entsteht.

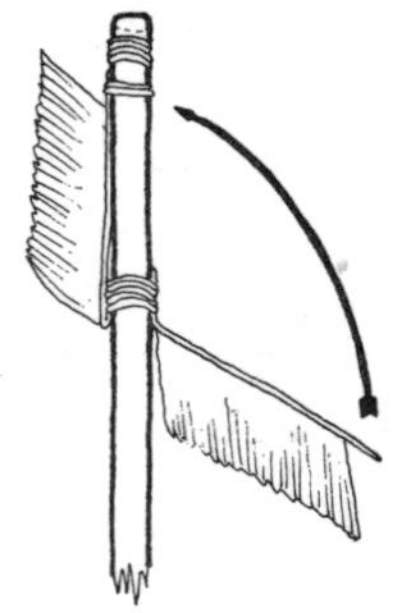

Ist keine Art von Klebstoff verfügbar, können die Federn auch angebunden werden. Dabei ist der vorderste gefiederfreie Teil des Kiels zuerst bei verkehrter Feder (Gefieder zeigt zum Pfeilschaft) in Richtung Pfeilende zeigend aufzulegen und anzubinden. Dann wird die Feder umgeknickt, nach rückwärts gezogen und mit dem Ende am Pfeilende festgebunden.

## Handhabung von Pfeil und Bogen

Dies ist ein sehr komplexes Gebiet, da eine Reihe von Tätigkeiten mit starker gegenseitiger Wechselwirkung aufeinander abgestimmt werden müssen, um brauchbare Erfolge zu erzielen. Besonders bei der Verwendung von Behelfen in Extremsituationen muß die Handhabung beherrscht werden.

Dazu müssen folgende Phasen beachtet werden:

— Schießvorbereitungen,
— Grundhaltung,
— Auflegen des Pfeiles,
— Spannen des Bogens,
— Zielen,
— Schußabgabe.

Alle diese Phasen beeinflussen einander laufend und dürfen daher nicht isoliert, sondern müssen im Zusammenhang gesehen werden.

*Schießvorbereitungen*

Durch diese Maßnahmen muß sichergestellt werden, daß die Leistung des Bogens möglichst gleich bleibt und der Pfeil immer in der gleichen Lage zum Bogen ist.

- Überprüfen der Spannhöhe (Abstand zwischen Sehne und Bogengriff): Da sich die Sehne im Lauf der Zeit dehnen kann und sich damit die Spannhöhe verändert, muß diese fallweise nachgemessen und bei Bedarf die Sehne verkürzt werden (eindrehen).
- Markieren des Nockpunktes: Dieser fixiert die Stelle an der Sehne, an der der Pfeil, bei jedem Schuß gleich, aufliegen soll.
  Dazu wird dieser von der Pfeilauflage genau senkrecht zur Sehne aufgelegt und dann der Nockpunkt 4—5 mm oberhalb der Pfeilnocke markiert.

*Grundhaltung*

Man stellt sich am besten im rechten Winkel zum Ziel, die linke Schulter diesem zugewandt. Die Beine werden etwas über Schulterbreite gespreizt, das Gewicht gleichmäßig auf beide Füße verteilt. In lockerer Haltung werden Kopf, Nacken und Schultern gerade gehalten.

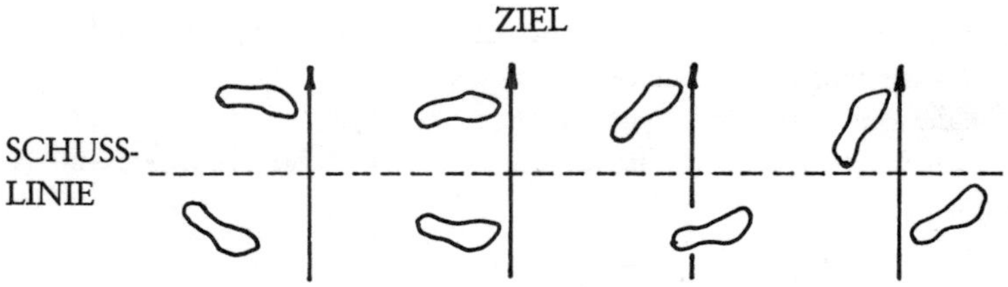


Da im Gelände gerade die Beine nicht immer der Grundhaltung entsprechen werden, (kniendes oder sitzendes Schießen) ist besonders auf die immer gleichbleibende Grundhaltung des Oberkörpers zu achten.

Der Bogen wird dabei in der linken Hand gehalten (Griff markieren), Sehne nach oben (Bogenarm).

Diese und auch alle folgenden Angaben gelten für Rechtshänder. Linkshänder handeln gegengleich.

*Auflegen des Pfeiles*

- Heben Sie den Bogenarm mit dem Bogen an.
- Legen Sie den Pfeil auf die Pfeilauflage.
- Ergreifen Sie das Pfeilende mit Daumen und Zeigefinger (dabei Sehne umfassen) und ziehen Sie den Nockschlitz auf die Sehne.
- Verstärken Sie den Druck der Nocke soweit, bis diese auf der Sehne einrastet.
- Um ein Abrutschen des Pfeiles zu verhindern, kann der Pfeilschaft mit dem Zeigefinger der Bogenhand am Bogen festgehalten werden.

*Spannen des Bogens*

Zum Spannen werden die drei mittleren Finger der rechten Hand verwendet. Dabei ist die Sehne so zu erfassen, daß sie in der Rille der ersten Fingerglieder liegt.

Der Pfeil liegt zwischen Zeige- und Ringfinger und wird von diesen ganz leicht gehalten.

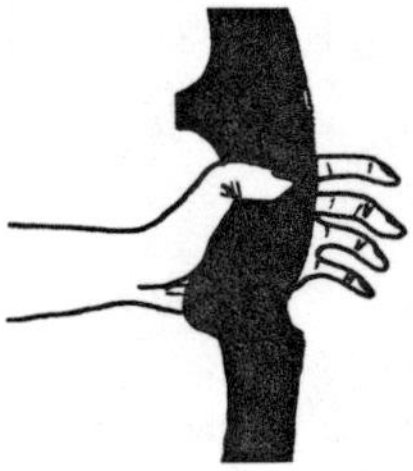

Das Spannen selbst erfolgt am besten mit beiden Armen zugleich. Dazu wird der Bogen angehoben und dann durch Vordrücken der Bogenhand und Zurückziehen der Zughand gespannt.

Auf diese Art wird die zu leistende Arbeit auf beide Arme gleichmäßig verteilt und somit am leichtesten bewältigt.

Auch der Haltung des gespannten Bogens kommt, besonders hinsichtlich der Gleichmäßigkeit bei jedem Schuß, große Bedeutung zu. Als bei weitem am besten hat sich dabei folgende Haltung bewährt:

- Halten Sie den Bogenarm völlig durchgestreckt in Verlängerung der Schulterlinie.
- Der Bogen sollte möglichst genau senkrecht stehen.
- Halten Sie die Hand offen (oder fast offen).

Diese Haltung ist genau wiederholbar und daher eine wichtige Voraussetzung für einen sicheren Schuß.

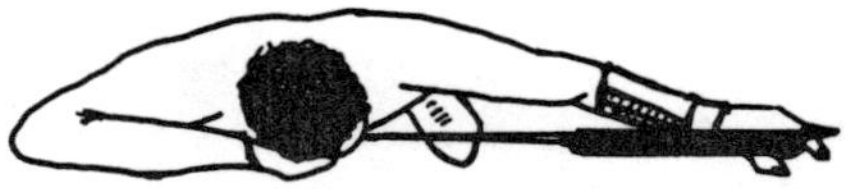

*Zielen*

Die Grundvoraussetzung für sicheres Zielen ist ein Bezugspunkt für die Zughand, der sogenannte Ankerpunkt. Er ist jene Stelle des Kopfes, an die die Zughand bei jedem Ausziehen geführt werden muß und übernimmt somit die Funktion der Kimme bei der Schußwaffe. Nur unverrückbare Fixpunkte zwischen Zughand und Gesicht ermöglichen präzises Nachvollziehen bei jedem Schuß und damit eine immer gleichbleibende Voraussetzung für den Zielvorgang.

Dabei unterscheidet man zwei verschiedene Techniken, den Kinnanker und den Seitenanker, wobei der Kinnanker genauer, aber schwerer erlernbar ist und daher meist von Sportschützen angewandt wird, während der Seitenanker bei ausreichender Genauigkeit einfacher erlernbar und rascher in der Anwendung ist und daher von Jagdschützen bevorzugt wird.

— *Kinnanker:*
Es gibt mehrere Fixpunkte durch die über Kinn, Mund und Nase verlaufende Sehne und durch den engen Kontakt zwischen Zeigefinger und Kinn; daher ist eine besonders präzise Wiederholbarkeit durch Kontrolle der Kopfneigung möglich.

— *Seitenanker:*
Meist wird dabei als Fixpunkt für den Zeige- oder Mittelfinger der rechte Mundwinkel genommen, womit eine genaue Kontrolle der Kopfneigung nicht gegeben ist.

*Kinnanker*

*Seitenanker*

Unter der Voraussetzung des immer gleichen Ankers, der gleichen Kopfhaltung und des gleichen Pfeilauszuges kann nun der Zielvorgang unter Zuhilfenahme einer Zieleinrichtung oder ohne dieses Hilfsmittel erfolgen (Instinktschießen).

Im ersten Fall wird die Zieleinrichtung, deren Lage durch Probeschüsse auf eine bestimmte Entfernung ermittelt und entsprechend fixiert wurde, in Zielmitte gebracht und bis zur Schußabgabe darin gehalten.

Beim Instinktschießen stehen als Anhaltspunkte nur Pfeilschaft und Pfeilspitze zur Verfügung. Dabei muß der erforderliche Abschußwinkel geschätzt werden, wobei der durch Probeschüsse ermittelte Abstand zwischen Pfeilspitze und Zielmitte ein ausgezeichnetes Hilfsmittel darstellt. Da dazu das Führungsauge genau über dem Pfeil sein muß, muß der Bogen um ca. 15° nach rechts geneigt werden.

Es kann mit einem oder beiden Augen gezielt werden.

*Schußabgabe*

Dabei ist es besonders wichtig, die Sehne möglichst ruck- und ablenkungsfrei vorschnellen zu lassen. Das geschieht, indem man nicht aktiv die Finger der Zughand öffnet, sondern nur passiv die Spannung in der Zughand löst, wobei der Druck der Sehne die gelockerten Zugfinger öffnet.

### Steinschleuder

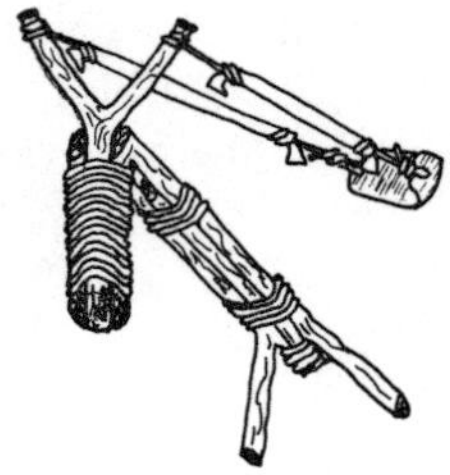

Die Schleuder besteht aus drei Teilen:
- der Gabel,
- den Gummizügen und
- der Kugellasche.

Bei ihrem Bau ist folgendes zu beachten:
- Die Länge der Gabelzinken beträgt ca. 8—10 cm.
- Als Gummizug ist alles, vom Autoschlauch über Hosenträger bis zum Bundgummi von Unterwäsche, verwendbar.
- Der Haltegriff sollte so dick sein, daß die Schleuder durch Zug in der Hand nicht verdreht wird (Durchmesser ca. 3 cm).
- Die Länge der Gummizüge ist so zu bemessen, daß bei vollem Auszug die Zughand am Mundwinkel zu liegen kommt (ankern). Notfalls sind die Gummistränge durch Schnüre zu verlängern.
- Eine Unterarmstütze (siehe Bild) ermöglicht eine stabile Haltung und erhöht dadurch die Trefferwahrscheinlichkeit wesentlich.
- Als Geschosse sind nur runde, ca. fingernagelgroße Steinkugeln zu verwenden (Flugbahn!). Bei Bedarf müssen sie aus weicherem Gestein zugeschliffen werden.

*Handhabung*

Diese ist sehr ähnlich der des Bogens, an dieser Stelle werden nur die Unterschiede zu diesem behandelt.
- Der Zielarm (Bogenarm) hält die Gabel waagrecht und so fest, daß der entstehende Zug sicher beherrscht wird.

- Zugarm:
  Nehmen Sie die Kugellasche zwischen Daumen und Zeigefinger und legen Sie die Kugel mit der Zielhand in die Mitte der Lasche.
- Ziehen Sie die Gummizüge leicht an und schließen Sie Daumen und Zeigefinger über der Kugel.

*Zielvorgang*
- Während die Kugellasche fest verankert bleibt, wird die Spitze des oberen Gabelarmes ins Ziel geführt, sodaß Auge, Spitze des oberen Gabelarmes und Ziel eine Gerade bilden.

*Zugarm*

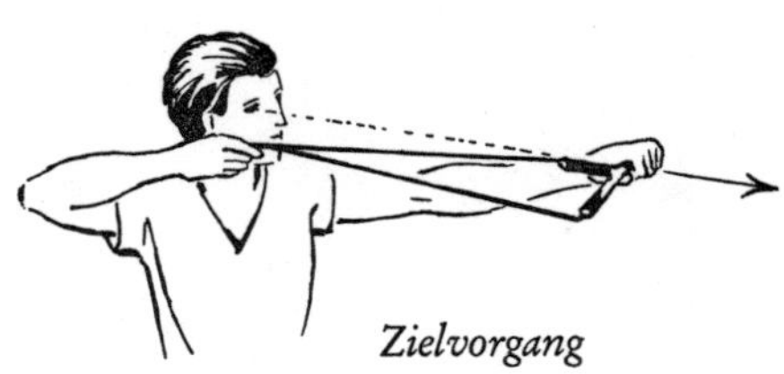

*Zielvorgang*

*Einschießen*

- Stellen Sie sich 10 m von einem Ziel entfernt auf, und geben Sie drei Schuß ab.
- Ermitteln Sie den mittleren Treffpunkt, und korrigieren Sie diesen durch Heben oder Senken des Zielarmes.
- Wiederholen Sie diesen Vorgang, bis der Schuß im Ziel liegt, und merken Sie sich den Abstand zwischen der Spitze des oberen Gabelarmes und dem Ziel. Dieser Abstand ist Ihre Zielmarke auf die 10-Meter-Entfernung.
- Liegt das Ziel weiter oder näher, muß dieser Abstand vergrößert oder verkleinert werden. Das kann nach Gefühl erfolgen oder durch Einschießen auf verschiedene Entfernungen.

Teil 3

# ÜBERLEBEN IN DER ZIVILISATION

## SCHUTZ DES EIGENTUMS

### *Allgemeines*

Wie notwendig es ist, zum Schutz seines Eigentums etwas zu tun, mag kurz durch folgende Fakten aufgezeigt werden:

In Österreich wird alle 7 1/2 Minuten ein Eigentumsdelikt begangen, davon alle 38 Minuten ein Wohnungseinbruch. Diese Werte gelten, international gesehen, als eher unter dem Durchschnitt gelegen.

Es ist unbestritten, daß Eigentumsdelikte im Falle krisenhafter Entwicklungen sprunghaft ansteigen und damit die Dringlichkeit eines wirksamen Schutzes noch erhöhen.

Dieser Schutz heißt, daß Sie entweder

- das Eindringen eines Täters in Ihren Besitz verhindern,
- sein Eindringen erkennen und den Täter durch Alarmauslösung zur Flucht veranlassen oder
- einen bereits eingedrungenen Täter bis zum Eintreffen der Polizei festhalten.

### *Sicherungsmöglichkeiten*

Zur Gewährleistung dieses Schutzes können Sie folgende Hilfsmittel einsetzen:

- individuelle Sicherungen,
- optische Sicherungen,
- mechanische Sicherungen,
- elektronische Sicherungen.

Am wirkungsvollsten werden diese Hilfsmittel kombiniert eingesetzt, was Ihr Haus (Ihre Wohnung) weitgehend einbruchsicher macht und Ihnen dadurch auch ausgezeichneten Schutz vor anderen, gegen Sie gerichteten Aktivitäten (z. B. Geiselnahme — siehe auch Kapitel »Geiselnahme«) bietet.

### Individuelle Sicherungen

Darunter sind alle jene Maßnahmen zu verstehen, die nicht einem der anderen Bereiche zugerechnet werden können.

Bewaffnung

Sie ist unter Berücksichtigung der gesetzlichen Auflagen ein wesentlicher Beitrag auch zum Schutz des Eigentums. Bezüglich der Wahl der Waffe und deren Einsatz siehe Kapitel »Selbstverteidigung«.

Hier sollen nur noch zwei Punkte besonders hervorgehoben werden:

- Lassen Sie sich unbedingt an der Waffe gründlich ausbilden, und trainieren Sie damit regelmäßig. Nur so kann sichergestellt werden, daß diese zur rechten Zeit in der entsprechenden Art (Bedrohung, Schlag oder sicher treffender Schuß) eingesetzt wird und Sie nicht durch Unsicherheit oder Ungeschicklichkeit zum »Angstschießer«, zur Gefahr für Unbeteiligte oder zum Waffenlieferanten für den Täter werden.
- Verwenden Sie keine Gas- oder Schreckschußwaffen, die das Aussehen einer scharfen Waffe haben. Der Wirkungsbereich von Gaspistolen z. B. ist sehr unterschiedlich (zwischen 80 cm und 4 m), abhängig vom Kaliber und der Umgebung (freies Feld, geschlossener Raum, Wind) und kann in besonderen Fällen (Gegenwind) vor allem auf den Schützen selbst wirken. Weit gefährlicher aber ist die Tatsache, daß der damit Bedrohte annehmen muß, tatsächlich mit einer scharfen Waffe konfrontiert zu sein und seine Gegenaktionen (Benützen der eigenen Waffe z. B.) darauf abstimmen wird.
  Sie selbst sind dann dagegen völlig wehrlos.

Wach- und Schutzhunde

Befragungen in amerikanischen Gefängnissen haben ergeben, daß Verbrecher im allgemeinen scharfe Wach- und Schutzhunde genauso oder fallweise sogar mehr fürchten als gegen sie eingesetzte Schußwaffen.

Der Grund ist darin zu suchen, daß die heutige Zivilisation Tieren gegenüber schon so entfremdet ist, daß diese, bei Hunden sicher auch abhängig von deren Größe, als etwas Gefährliches und Unberechenbares angesehen werden.

Gut ausgebildete Wach- und Schutzhunde wirken daher schon durch ihr Erscheinen für eventuelle Täter äußerst abschreckend.

Folgende Hunderasse sind dafür besonders geeignet:

— Deutscher Schäfer,
— Rottweiler,
— Boxer,
— Riesenschnauzer,
— Dobermann.

Geeignet sind weiter auch:

— Vorstehhunde,
— Terrier (Airdale),
— Huskys,
— andere Schäferhundrassen (schottischer Schäfer, Collie).

Bedenken Sie aber, daß der Hund nur dann seine Aufgabe optimal erfüllen kann, wenn seine Lebensbedingungen und seine Beziehung zu seinem Herrn stimmen. Informieren Sie sich daher erst eingehend über Hundehaltung, -erziehung und -ausbildung, bevor Sie zu dieser Möglichkeit des Schutzes greifen.

Eigentumslisten

Diese dienen nicht eigentlich dem Schutz des Eigentums, sondern erweitern wesentlich die Möglichkeiten, abhanden gekommene Gegenstände wieder zurückzubekommen bzw. stellen gute Unterlagen für die Polizei dar.

Führen Sie solche Listen für Geräte, Dokumente und Wertsachen, und verwahren Sie sie an einem sicheren Ort.

## EIGENTUMSLISTE FÜR GERÄTE

Name: ______________________

Wohnort: ______________________

Straße: ______________________

Datum: ______________________

| Gegenstand | Marke/ Type | Fabrik- oder Geräte-Nr. | Besondere Merkmale | Neuwert | Zeit des Kaufes |
|---|---|---|---|---|---|
| Radio (Beispiel) | MINERVA D 7012/00 | WT 08303156102 | 2 tiefe Kratzer an rechter Gehäuseseite | DM 380,– | 12.3.81 |
| Fotoapparate | | | | | |
| Fernsehgeräte | | | | | |
| Filmkameras | | | | | |
| Projektoren | | | | | |

| Gegen-stand | Marke/ Type | Fabrik- oder Geräte-Nr. | Besondere Merkmale | Neu-wert | Zeit des Kaufes |
|---|---|---|---|---|---|
| Fahrrad | | | | | |
| Moped | | | | | |
| Waffen | | | | | |

## EIGENTUMSLISTE FÜR DOKUMENTE

| Dokument | lautend auf | ausstell. Behörde | Datum | Zahl |
|---|---|---|---|---|
| Reisepaß | | | | |
| Führerschein | | | | |
| Personal-Ausweis | | | | |
| Waffenpaß | | | | |
| Zeugnisse | | | | |
| Geburtsurkunde | | | | |
| Staatsbürger-schaftsnachweis | | | | |

## EIGENTUMSLISTE FÜR WERTSACHEN

(Schmuck, Pelze, Bilder, Sammlungen, Antiquitäten, u. a.)

| Gegenstand | Größe | Wert | Genaue Beschreibung mit Zeitpunkt der Anschaffung (eventuell Fotos) |
|---|---|---|---|
| | | | |

Persönliches Verhalten

Stellen Sie sicher, daß im Falle Ihrer Abwesenheit diese nicht von außen für jedermann erkennbar ist. Dazu sind folgende Maßnahmen geeignet:

- Lassen Sie Fensterläden geöffnet.
- Verabreden Sie mit den Nachbarn oder Bekannten, daß diese täglich Ihren Postkasten entleeren und auch sonstige Zeichen Ihrer Abwesenheit (z. B. aufgestellter Fußabstreifer, Reklamesendungen vor der Tür) entfernen.
- Bestellen Sie regelmäßige Zustellungen (Zeitung, Milch, Brot) ab.
- Installieren Sie ein Dauerlicht mit Zeitschalter. Damit wird auch am Abend durch entsprechende »Lichtspiele« Ihre Abwesenheit einem Beobachter verborgen bleiben.

### Optische Sicherungen

Sie dienen sowohl zur Abschreckung von Tätern als auch zur optischen Überwachung bestimmter Bereiche und können, bei entsprechender Bildqualität, wichtiges Bildmaterial zur Ausforschung der Täter nach einer Tat liefern.

Um die abschreckende Wirkung aufrechtzuerhalten, aber gezielte Maßnahmen gegen eingesetzte optische Sicherungen zu verhindern, empfiehlt es sich, die wirklichen Kameras versteckt anzubringen, ihr Vorhandensein aber durch Attrappen zu dokumentieren.

Zur Verwendung geeignet sind:

Photokameras

Bei ihrer Verwendung sind folgende Punkte zu beachten:

- Die Lichtverhältnisse und die verwendete Filmempfindlichkeit müssen Verschlußzeiten von mindestens 1/60, besser 1/125 s zulassen.
- Die Kamera sollte sich sowohl für Einzelbilder als auch zur Aufnahme von Bildserien eignen.
- Die Kameraauslösung und der Filmtransport sollten möglichst lautlos erfolgen.
- Das Filmformat sollte wegen der erforderlichen Bildqualität nicht kleiner als 18×24 sein (besser 24×36).
- Mit einem Film sollten mindestens 180 Bilder gemacht werden können (bei einer Bildserie von einem Bild pro Sekunde reicht das für drei Minuten.)
- Der Filmvorrat sollte kontrollierbar sein und die Kamera so angebracht, daß nicht nach jedem Filmwechsel eine Neueinstellung erforderlich ist.
- Der Aufstellungsplatz der Kamera sollte so gewählt werden, daß ein eventueller Täter möglichst von vorne aufgenommen wird.

Videokameras

Diese werden nach den gleichen Grundsätzen wie eine Photokamera eingesetzt und bringen neben dem Nachteil einer schlechteren Bildqualität den Vorteil, in Verbindung mit einem TV-Teil eine laufende optische Überwachung zu ermöglichen (z. B. Eingänge, Kinderzimmer, Büroräume).

**Mechanische Sicherungen**

Sie sind wohl die am häufigsten verwendete Sicherungsart und haben das Ziel, entweder das Eindringen eines Täters überhaupt zu verhindern oder ihn zu zwingen, beim Eindringen soviel Zeit zu verlieren und so großen Lärm zu verursachen, daß dieser von vornherein sein Vorhaben aufgibt oder Ihnen Zeit für entsprechende Reaktionen bleibt.
Wie Täter üblicherweise eindringen, zeigt folgende Tabelle:

| Ort | Häufigkeit in % | Art des Eindringens |
|---|---|---|
| Eingangstüre | 25 | Überwinden des Schlosses, Einschlagen der Glasfüllung, Aufbrechen der Tür mit Gewalt |
| Terrassentüre | 13 | Überwinden der Rolläden, Einschlagen der Scheiben, Aufbrechen des Schlosses oder der Tür |
| Kellertüre | 12 | Überwinden des Schlosses, Aufbrechen der Türe |
| Parterrefenster | 16 | Aufbohren des Fensterrahmens, Überwinden der Rolläden, Einschlagen der Scheiben |
| Kellerfenster | 12 | Aufbohren des Rahmens, Überwinden der Gitter, Einschlagen der Scheiben |
| Lichtschächte | 10 | Überwinden der Abdeckgitter, sonst wie bei Kellerfenster |
| Balkon | 5 | wie bei Terrassentüren |

| Ort | Häufigkeit in % | Art des Eindringens |
|---|---|---|
| Garage | 5 | wie bei Kellertüre |
| Dachluken | 2 | Einschlagen der Scheibe, Überwinden der Gitter (falls vorhanden) |

Um ein Eindringen zu verhindern oder zumindest zu verzögern, sind folgende Punkte zu beachten:

### Türen

Eine einbruchshemmende Ausstattung von Türen, besonders Eingangstüren, umfaßt:

- ein massives Türblatt, z. B. aus Stahlblech, das einer Last von ca. 600 kg ohne deutliche Verformung standhält.
- Zumindestens 2 Schlösser verschiedener Konstruktion (z. B. tosisches Schloß und Zylinderschloß mit Aufbohrsicherung) an zwei verschiedenen Stellen der Türe, mit mindestens 30 cm Abstand voneinander (erhöht die Stabilität). Dabei ist darauf zu achten, daß die Montage so erfolgt, daß die Schlösser von außen keine Angriffsfläche (z. B. Befestigungsschrauben) geben.
  Gegen Aufbohren hilft eine fachgerecht montierte Stahlplatte. Ergänzend dazu ist ein Sicherungsbügel oder eine Sicherungskette zu empfehlen. Diese bilden auch dann noch ein nicht unbeträchtliches Hindernis, wenn die Schlösser der Türe schon geöffnet sind und bieten daher für Sie einen erhöhten Zeitgewinn.
- Angelsicherungen können zur Verstärkung der Türbänder nachträglich eingebaut werden und verhindern ein Ausheben der Tür in geschlossenem Zustand.
- Türspione an Außentüren erhöhen deren Sicherheitswert beträchtlich.
- Eine Bandsicherung (quer über die gesamte Türbreite eingelegter Holz- oder Metallriegel, der in einen neben der Tür eingemauerten Haken einrastet) erhöht die Stabilität einer Türe entscheidend und ist besonders bei Doppeltüren anzuraten.
- Glasfüllungen sollten aus schlagzähen Kunststoffgläsern oder Panzerglas bestehen und so eingelegt sein, daß sie von außen weder herausgelöst noch herausgeschlagen werden können.
- Der Türstock muß massiv sein (Holz oder Metall), fest mit dem Mauerwerk verbunden und sollte mit einem Sicherheitsschließblech (Halterung für die Riegel der Schlösser) versehen sein.

Diese Ausstattung ist für alle Außentüren erforderlich, also auch für Garage, Keller, Nebeneingang, Balkon und Terrasse.

### Fenster

Um diese gegen Einbruch zu sichern, bieten sich folgende Möglichkeiten an:

- Ersetzen Sie an gefährdeten Fenstern den normalen Dreh-Kipp-Hebel durch einen mit Zylinderschloß versperrbaren.
- Setzen Sie auch hier schlagzähe Kunststoffgläser oder Panzerglas ein.
- Vergittern Sie alle Parterrefenster und alle jene Fenster, die über Blitzableiter, Dachrinne, Bäume, Mauerkronen usw. einfach zu erreichen sind.

Dabei ist folgendes zu beachten:

- Die einzelnen Gitterstäbe müssen aus mindestens 15 mm starkem Stahl sein.
- Der Abstand zwischen den Längsstäben darf höchstens 12 cm betragen.
- Die Querverbindungen müssen so mit den Längsstäben verschweißt werden, daß diese nicht auseinandergebogen werden können.
- Die Stäbe müssen entweder in das Mauerwerk eingelassen oder (die schlechtere Möglichkeit) so am Rahmen befestigt werden, daß sie von außen nicht gelöst werden können (Schloß- oder Torbandschrauben).
- Es können auch Roll- oder Scherengitter verwendet werden, die den gleichen Anforderungen entsprechen müssen. Diese können auch zur Sicherung von Türen Anwendung finden.
- Rolläden aus Stahlblech oder aus schweren Leichtmetallrippen bilden ebenfalls einen gewissen Beitrag zur Einbruchsverhütung. Fensterläden aus Holz haben meist kaum brauchbare Beschläge, sind von außen leicht abmontierbar und daher ungeeignet.
- Kellerfenster und Dachluken sind wie die anderen Fenster abzusichern.
- Lichtschächte sind mit einem Stahlgitter abzudecken. Auch hier müssen die Einzelstäbe mindestens 15 mm stark sein, bei Gitterkonstruktionen dürfen die Abstände 10×20 cm nicht überschreiten.
  Die Befestigung erfolgt am einfachsten mit Haken, die in das Mauerwerk eingelassen werden oder mit einer Kette.

## Weitere Sicherungsmaßnahmen

*Licht*

Lassen Sie eine starke und umfassende Außenbeleuchtung installieren, die im Bedarfsfall die gesamte Umgebung des Hauses erhellt. Dabei ist darauf zu achten, daß diese Beleuchtung von mehreren Stellen aus (z. B. Schlafzimmer, Wohnzimmer, Arbeitsraum, Vorraum) beliebig ein- und ausgeschaltet werden kann. Wichtig ist auch, daß das Licht über dem Eingang getrennt und vom Vorraum aus bedient werden kann.

*Außensteckdosen*

Sie sollten von innen abschaltbar sein; damit erschweren Sie dem Täter die Verwendung elektrisch betriebener Einbruchswerkzeuge.

*Telefon*

Es sollten im Haus mehrere Hausapparate angeschlossen sein, sodaß es Ihnen möglich ist, von verschiedenen Räumen aus Hilfe herbeizurufen (z. B. Arbeitsraum, Wohn-, Schlafzimmer, Vorraum, Küche).

*Verkabelung*

Wenn möglich, lassen Sie Licht und Telefon unterirdisch verkabeln. Damit verhindern Sie eine Unterbrechung dieser Leitungen durch den Täter.

*Tresore oder Safes*

Darin sollten Geld, Dokumente und sonstige Wertsachen aufbewahrt und somit zusätzlich gesichert werden.

*Improvisationen*

Stehen Ihnen, aus welchen Gründen auch immer (z. B. als Gast, auf Urlaub, auf der Flucht), die angeführten Möglichkeiten nicht zur Verfügung, können durch Anpassung von verschiedenen Techniken des Fallenstellens (siehe Kapitel »Nahrung aus der Natur«) oder der Lagersicherung (siehe Kapitel »In unbekanntem Gelände«) Sicherungsanlagen behelfsmäßig hergestellt werden.

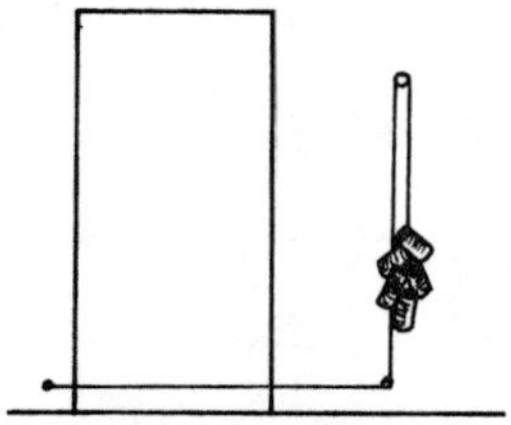

*Schepperbüchsen*

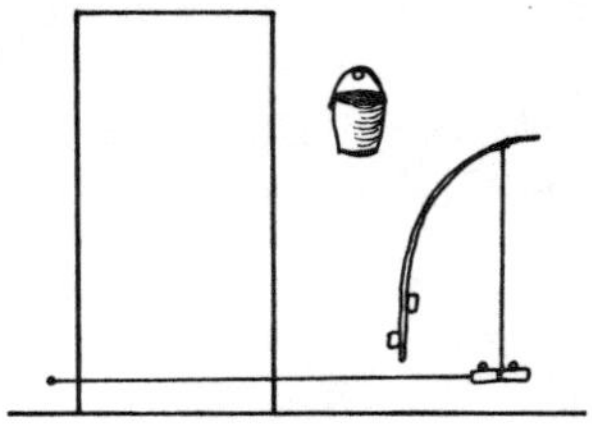

*Gong*

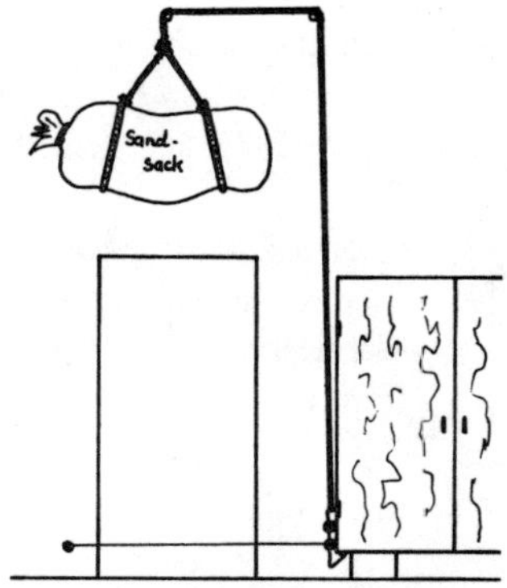


*Schlagfalle*

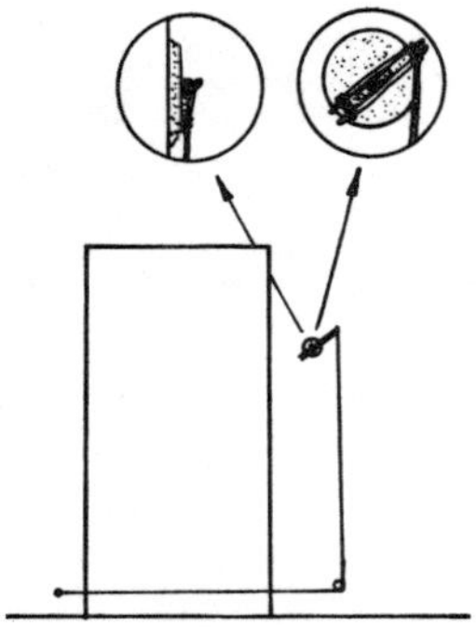

*Lichtschalter*

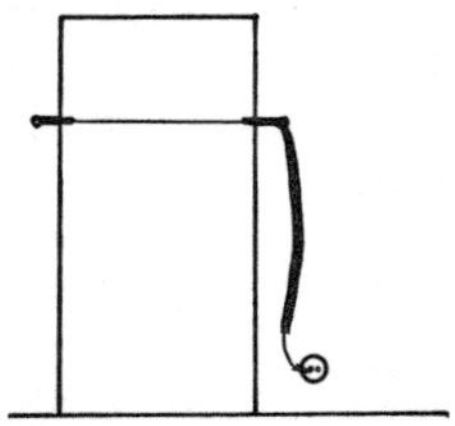

*stromführende Stolperdrähte*

Dabei erstrecken sich die Möglichkeiten von einfachen Stolperdrähten oder Schepperbüchsen über Springschlingen und Schlagfallen bis zu Selbstschußanlagen. Die einzelnen Anlagen müssen dabei jeweils den örtlichen Gegebenheiten und der jeweiligen Bedrohung in Art und Wirkungsgrad angepaßt werden. Schlagfallen und Selbstschußanlagen sowie das Unterstromsetzen von Türschnallen etc. dürfen jedoch nur bei akuter Bedrohung von Leib und Leben eingesetzt werden (Angemessenheit der Notwehr) und dürfen Unbeteiligte nicht gefährden. Einige weitere Möglichkeiten sind:

- das Verrammeln von Türen und Fenstern mit Möbelstücken;
- das Blockieren der Türschnalle (Unterstellen eines Bretts oder einer Sessellehne);
- das Unterstromsetzen von Türschnallen oder sonstigen Metallgegenständen; dazu werden diese isoliert aufgestellt und mit einem Kabelstück mit der stromführenden Buchse der Steckdose verbunden;
- das Spannen von stromführenden Stolperdrähten (Verfahren wie oben, die Befestigungspunkte müssen isoliert sein, der Berührungsdraht blank).

## Elektronische Sicherungen

Im allgemeinen versteht man darunter Alarmanlagen, die bei rechtswidrigen Angriffe auf Leben und Eigentum ausgelöst werden. Folgende Anforderungen müssen erfüllt werden:

- Funktionssicherheit: Bei häufigen Fehlalarmen besteht die Gefahr, daß ein echter Alarm wie ein Fehlalarm behandelt wird.
- Stromunabhängigkeit: Die Anlage muß auch bei Stromausfall funktionsfähig bleiben.
- Störsicherheit: Jeder Versuch der Störung oder unbefugten Ausschaltung muß automatisch angezeigt werden.
- Servicegarantie: Ein geregeltes Service muß sichergestellt sein, dabei sollten die Wartungsintervalle 6 Monate nicht überschreiten.

Jede Alarmanlage besteht aus drei Teilen, denen verschiedene Aufgaben zugeordnet sind:

Wahrnehmung

Diese erfolgt durch sogenannte Melder, die den Angriff erkennen und die Alarmauslösung einleiten.
Man unterscheidet folgende Melder:
— Bewegungsmelder auf Ultraschall,- Mikrowellen-, Infrarot- oder Kapazitivbasis.
Es gibt sie in den verschiedensten Formen:
— Schranken auf Infrarotlicht- oder Radarbasis,
— TV-Sensormelder,
— Magnetkontakte an Fenster und Türen,
— Vibrationskontakte,
— Fadenzugkontakte,
— Glasbruchmelder,
— Pendelmelder,
— Körperschallmelder,
— Alarmglas,
— Alarmtapete,
— Riegel- und Falzkontakte,
— Öffnungskontakte,
— Flächenschutz,
— Feldänderungsmelder,
— Bildsicherungsmelder,
— Alarmtaster,
— Fußkontaktschalter,
— Schußmelder,
— drahtloser Personenschutz.

Zentrale

Sie überprüft die vom Melder übermittelten Informationen und wertet diese aus. Sie enthält die erforderlichen Bedienungselemente, die Einrichtungen zur Funktionsüberprüfung und die Störungsanzeige und versorgt die ganze Anlage mit Strom.

Alarmierung

Beim Alarm unterscheidet man zwischen lautem Alarm und stillem Alarm.

Für den lauten Alarm können optische oder akustische Alarmgeber wie Sirenen, Hupen, Rundumkennleuchten oder Blitzleuchten eingesetzt werden. Dabei sollten akustische Alarmgeber immer doppelt vorhanden sein und mit optischen kombiniert eingesetzt werden.

Bei großflächigem Alarm werden auch besprochene Tonbänder, die bei Alarmauslösung die Bevölkerung via Lautsprecher darüber informieren, was geschehen ist und welche Maßnahmen zu treffen sind, als Alarmgeber verwendet.

Beim stillen Alarm werden Alarmübertragungseinrichtungen zu öffentlichen oder privaten hilfeleistenden Stellen eingerichtet. Meist werden dazu Telefonselbstwählgeräte verwendet, die, vom Täter unbemerkt, vorher eingegebene Nummern (Polizei z. B., meist Einspeicherung bis zu vier Nummern möglich) anwählen und durch Abspielen eines mit den nötigen Informationen besprochenen Tonbandes Hilfe herbeiholen.

Grundsätzlich ist der stille Alarm dem lauten vorzuziehen, da damit die Wahrscheinlichkeit, den Täter zu fassen, am größten ist.

In der Praxis hat sich allerdings die Kombination von beiden am besten bewährt. Dabei ist der stille Alarm zeitlich entsprechend vorzustaffeln (Zeitpunkt abhängig von Entfernung, Verbindungsmöglichkeiten und sonstigen taktischen Absprachen mit Polizei oder sonstigen hilfeleistenden Stellen).

Die angeführten Sicherungsmöglichkeiten, auch jede für sich eine wirkungsvolle Sicherung, werden am besten zu ganzen Sicherungssystemen zusammengesetzt und bringen dann die beste Wirkung.

Ein solches Sicherungssystem sollte dabei folgende Bereiche erfassen:

- Außenzone,
- Außenwände (auch Dach),
- Innenraum,
- Einzelobjekte.

Unter Außenzone ist das ein Gebäude umgebende Freigelände zu verstehen. Seine Überwachung ist eine der schwierigsten Aufgaben in der Sicherungstechnik.

Da die Anlage einerseits den gestellten Anforderungen (Funktionssicherheit, Störsicherheit) entsprechen soll, andererseits besonders harten Umweltbedingungen (Witterung, Tiere, Sabotage) ausgesetzt ist, gibt es derzeit noch kein in allen Bereichen voll entsprechendes Konzept. Neben den mechanischen Sicherungen (Zäune, Tore) sind in der Praxis noch Sensoren üblich, die das Überklettern, Durchtrennen oder Unterkriechen dieser mechanischen Sicherungen melden; Videoüberwachung, entsprechende Beleuchtung, Schutzpersonal und Schutzhunde sind am zuverlässigsten.

Außenwände: Alle Öffnungen an den Außenwänden und am Dach (Türen, Fenster) müssen gegen unbefugtes Eindringen geschützt und überwacht werden.

Dazu eignen sich besonders mechanische Sicherungen, die durch elektronische Sicherungen verstärkt werden; z. B. kann eine massive, mechanisch geschützte Eingangstür zusätzlich durch Tretmatten, Öffnungs- oder Fadenzugkontakte, ein starkes Panzerglasfenster mit Glasbruchmelder, Vibrationskontakte oder Alarmglas gesichert werden.

Dabei ist zu bedenken, daß bewegliche Tür- und Fensterscheiben durch eine Kombination von Flächen- und Kontaktüberwachung geschützt werden müssen.

Die Sicherung des Innenraumes wird auch Raumschutz genannt und bezweckt die Alarmauslösung bei Bewegung von Personen oder Gegenständen in diesem Bereich.

Dazu können am besten optische oder elektronische Sicherungen verwendet werden; mechanische Sicherungen sind bei Bedarf auch in Form der angeführten Improvisationen möglich. Ist die großflächige Absicherung des Raumes nicht möglich, so können Teile desselben wirkungsvoll durch Errichtung von Raumfallen überwacht werden. Dies ist besonders in jenen Räumen wichtig, die entweder sehr gefährdet sind oder vom Täter mit hoher Wahrscheinlichkeit betreten oder durchquert werden müssen.

Auch hier erhöht das Zusammenwirken verschiedener Sicherungsmöglichkeiten die Wirkung wesentlich.

Einzelobjekte, wenn sie besonders wertvoll oder wichtig sind, werden gesondert überwacht (Objektschutz z. B. für Safes, Gemälde, Waffen, Daten, Geheimdokumente).

Dabei führt jedes unbefugte Berühren, Bewegen oder Beschädigen zur Alarmauslösung.

Meist werden in diesem Bereich elektronische Sicherungen eingesetzt (z. B. Körperschallmelder, Vibrationskontakte, Bildsicherungsmelder), es sind jedoch auch mechanische (vergittern, festschrauben) oder optische (TV-Überwachung) denkbar.

Beim planmäßigen Installieren eines möglichst alle Bereiche abdeckenden Sicherungssystems stehen Ihnen zur fachlichen Beratung Spezialisten einschlägiger Firmen oder Institutionen nach Wunsch zur Verfügung.

Ganz anders jedoch ist die Situation, wenn Sie aus irgendeinem Grund gezwungen sind, sich mit Improvisationen zu behelfen, da Sie dann meist auf sich allein gestellt sein werden.

Bevor Sie mit dem Bau der einzelnen Sicherungsanlagen beginnen, stellen Sie folgende Überlegungen an:

- Auf welchem Weg kann sich ein Täter am besten annähern (Außenzone)?
- Wo kann er am einfachsten in das Gebäude eindringen (Außenwände)?
- Wie und wo wird er sich innerhalb des Hauses wahrscheinlich bewegen (Raumschutz)?
- Worauf hat er es abgesehen (Objektschutz)?
- Gibt es bei mehreren eventuellen Möglichkeiten übereinstimmende Punkte?
- Mit wievielen Tätern muß gerechnet werden?
- Welche Mittel stehen zur Verfügung?
- Ist das Errichten von eventuell letal wirkenden Anlagen in dieser Situation vertretbar?

Erst wenn Sie sich über diese Punkte Klarheit verschafft haben, sollten Sie Ort und Art der Sicherung festlegen.

## *Verhalten bei Einbruch*

Auch die besten und umfassendsten Sicherungen sind keine Garantie dafür, daß ein Eindringen verhindert werden kann. Wenn es einem Täter gelungen ist, einzudringen, weil die Sicherungsanlagen nicht ausreichend oder nicht eingeschaltet waren, ausgefallen sind oder überlistet wurden, ist das eigene Verhalten von ausschlaggebender Bedeutung.

Es bieten sich mehrere Möglichkeiten, die jeweils von den Gegebenheiten abhängig sind. Bei allen jedoch ist auch die Situation des Täter mitzukalkulieren.

Dabei kann von folgenden Fakten ausgegangen werden:
- Auch ein sehr routinierter und abgebrühter Täter steht während der Durchführung unter einer erhöhten inneren Spannung.
- Wird der Täter gestellt, wird er vermutlich zu fliehen versuchen.
- Hat er diese Möglichkeit nicht oder macht er aus anderen Gründen nicht davon Gebrauch, kann es zu an sich nicht beabsichtigten Fehlreaktionen wie Geiselnahme oder Totschlag kommen.

Die sicher günstigste, weil für Sie gefahrloseste Möglichkeit ist die stille Alarmierung.

Diese ist jedoch nur dann durchführbar, wenn Sie entweder einen Telefonanschluß außerhalb der Hörweite des Täters erreichbar haben oder für Sie die Möglichkeit besteht, unbemerkt das Haus zu verlassen (z. B. Fenster, Keller) und von einem Telefon der näheren Umgebung aus die Polizei zu informieren.

Haben Sie keine dieser Möglichkeiten, müssen Sie zu einer der folgenden Techniken greifen:

**Verstecken**

Es bietet nur dann Aussicht auf Erfolg, wenn der Täter nicht mit Ihrer Anwesenheit oder zumindest mit Ihrem Erscheinen rechnet und ganz genau weiß, was er will. Damit entfällt für ihn die Notwendigkeit des Suchens von Wertgegenständen und damit die Gefahr für Sie, entdeckt zu werden. Der Nachteil ist, daß Sie dem Täter ungestört die Initiative überlassen; von Schutz des Eigentums kann dann nicht mehr die Rede sein.

**Sich einschließen** (verbarrikadieren) und Hilfe herbeirufen

Diese Technik kann nur dann empfohlen werden, wenn Sie sicher sind, daß

- Ihre Hilferufe oder sonstigen Signale sicher und rasch aufgenommen werden und entsprechende Hilfeleistung veranlaßt wird;
- der Verschluß oder die Barrikaden an Ihrem Aufenthaltsort so lange auch heftigen Attacken des Täters standhalten, bis Hilfe eintrifft.

Überwindet der Täter die Barrikaden, besteht die akute Gefahr einer Kurzschlußhandlung durch diesen, da Sie ihn gesehen haben und daher eine dauernde Bedrohung darstellen (Beschreibung, Phantombild, Kartei).

Durch folgendes Verhalten können Sie die Gefahr abschwächen:

- Bleiben Sie möglichst ruhig und provozieren Sie den Täter nicht durch Drohungen oder Beschimpfungen.
- Reden Sie möglichst viel mit ihm, beruhigen Sie ihn, zeigen Sie Verständnis für seine Situation.
- Gehen Sie scheinbar auf alle seine Forderungen ein.
- Im übrigen warten Sie auf Ihre Chance (siehe Kapitel »Selbstverteidigung« und Kapitel »Geiselnahme«).

**Ausschalten des Täters**

Entweder schlagen Sie ihn in die Flucht oder Sie überwältigen ihn, wobei, wenn irgendmöglich, letzteres anzustreben ist. Denn nur damit behalten Sie Ihr Eigentum und verhindern mögliche Wiederholungen des gescheiterten Versuches.

Es ist äußerst unwahrscheinlich, daß Sie einer derartigen Situation völlig unbewaffnet gegenüberstehen, da sich in jedem Raum Gegenstände finden, die als Schlag-, Stoß- oder Würgewaffen verwendet werden können. Doch auch ohne diese wären Sie bei Kenntnis der entsprechenden Techniken nicht völlig wehrlos (siehe Kapitel »Selbstverteidigung«).

Da Sie über den Eindringling mit hoher Wahrscheinlichkeit keinerlei Informationen besitzen (körperliche Leistungsfähigkeit, Bewaffnung, Charaktereigenschaften), sollten Sie Ihre Maßnahmen immer auf einen routinierten, körperlich kräftigen und bewaffneten Täter abstimmen. Dann können Sie keine Überraschungen erleben.

Zur Überwältigung bieten sich grundsätzlich zwei taktische Konzepte:

— Hinterhalt oder

— Überfall.

Der Hinterhalt (auflauern) eignet sich überall dort, wo sich der Täter innerhalb der Behausung bewegt und Ihnen damit Gelegenheit gibt, sich so zu postieren (hinter Ecken, Möbeln, Stiegenaufgängen), daß er überrascht werden kann.

Der Überfall wird dort notwendig, wo sich der Täter nur in einem Raum aufhält und Sie damit gezwungen sind, an ihn heranzukommen, um ihn überwältigen zu können.

In beiden Fällen bedeutet Ihre überlegene Ortskenntnis (Platz der Möbel, knarrende Fußbodenbretter oder Türen, Lage der Lichtschalter) einen wesentlichen Vorteil.

Unabhängig vom taktischen Konzept sollte der Moment des Überwältigens so gewählt werden, daß
- Sie außerhalb der Reichweite (Beine und Arme) des Täters stehen;
- dieser nicht in der Nähe einer Deckung steht, hinter die er springen könnte;
- Sie alle Bewegungen des Täters deutlich sehen können (bei Dunkelheit Silhouettenbildung, sonst Beleuchten mit Taschenlampe oder Raumbeleuchtung);
- dieser Ihre aber nicht erkennen kann (Blenden, hinter ihm oder hinter einer Deckung stehen).

Lassen Sie sich durch das Aussehen und Verhalten des Täters nicht täuschen, seine Angst kann gespielt sein. Seien Sie daher gerade im Moment der Überwältigung besonders vorsichtig und auf Angriffe vorbereitet; insbesondere bei Dunkelheit muß mit erhöhter Aggressivität gerechnet werden.

Nach der Überwältigung ist es wichtig, daß Sie den Täter durch laufende Anweisungen beschäftigen und damit verhindern, daß dieser in Ruhe die Situation analysieren und Gegenmaßnahmen überlegen kann.

Anschließend müssen Sie den Täter nach Waffen durchsuchen. Dabei ist wie folgt vorzugehen:

- Hält er eine Waffe in der Hand, lassen Sie ihn diese ablegen oder wegwerfen, jedoch nie von Hand zu Hand übergeben.
- Lassen Sie den Täter zur Durchsuchung eine der folgenden Körperhaltungen einnehmen:
  Er soll die Beine so weit als möglich grätschen und die Hände hinter dem Kopf verschränken.
  Er soll sich mit ausgestreckten Armen schräg gegen eine Wand stützen (Abstand von dieser je nach Körpergröße ca. 1–1,50 m) und die Beine grätschen. Wenn Sie dabei ein Bein vor eines seiner Beine stellen, können Sie dieses bei Gefahr wegziehen und den Täter damit zu Fall bringen.

  Er soll sich bei schräger Haltung mit der Stirn an der Wand abstützen und die Hände am Rücken verschränken.
  Er soll sich niederknien oder auf den Boden setzen und die Hände hinter dem Kopf verschränken.
  Er soll sich auf den Bauch legen, die Beine spreizen und die Hände hinter dem Kopf verschränken.
  Bei Einnehmen dieser Körperhaltungen wird es dem Täter unmöglich, Sie überraschend anzugreifen oder sich sonst zur Wehr zu setzen.
- Durchsuchen Sie ihn nach Möglichkeit von hinten.
- Wenn Sie allein sind, muß diese Durchsuchung mit der Waffe im Anschlag erfolgen. Setzen Sie diese dabei nicht am Körper des Durchsuchten an, sondern halten Sie sie in kurzem Abstand zu ihm.

Aus dem Druck der Mündung könnte der Täter die Lage und Entfernung der Waffe genau ermitteln und einen günstigen Zeitpunkt für einen Angriff erkennen.
Müssen Sie vor dem Täter stehen, stecken Sie ihm den Lauf in den Mund. Das wirkt nicht nur psychisch sehr aggressionsdämpfend, sondern verhindert auch ein überraschendes Wegschlagen der Waffe oder ein Wegdrehen des Körpers.
Haben Sie einen Helfer, so ist darauf zu achten, daß der Durchsuchende nicht in das Schußfeld des Sichernden gerät.

- Die Durchsuchung selbst erfolgt systematisch am besten von oben nach unten in folgender Reihenfolge:
  Schultern (rechts und links),
  Arme (rechts und links, Außenseite und Innenseite),
  Brust (rechts, links) bis zum Bauch,
  Rücken (rechts, links) bis zum Gesäß,
  Beine (rechts, links, innen, außen, Vorder- u. Rückseite, Knöchel).

Führen Sie diese Durchsuchung auch dann zu Ende, wenn Sie eine Waffe gefunden haben; oft führen Kriminelle mehrere Waffen.

Spätestens nach dieser Durchsuchung ist die Polizei unverzüglich zu verständigen. Haben Sie diese Möglichkeit nicht (kein Telefonanschluß, keine Nachbarn erreichbar, alleinstehendes, abgelegenes Haus), was allerdings nicht sehr wahrscheinlich ist, dann wird es notwendig sein, den Täter zu fesseln, um die erforderlichen Maßnahmen zur Verständigung ohne Bedrohung oder Fluchtgefahr von Seite des Täters aus treffen zu können.

Da Hand- oder Daumenschellen meist nicht verfügbar sein werden, eignet sich als Behelf am besten Textilklebeband; aber auch Leukoplast, Isolierband und sogar Tixo sind geeignet.

Bei einem durchschnittlich kräftigen Mann reichen bei 2 cm Breite zweimal drei bis fünf Windungen Textilklebeband, kreuzförmig um die überkreuzten Handgelenke gelegt, völlig aus.

Dabei soll das Bandende auf der Seite des Handrückens zu liegen kommen. Es ist darauf zu achten, daß das Klebeband straff und direkt auf der Haut aufliegt und festklebt. Schieben Sie Uhr, Schmuck oder Bekleidung hoch.

Um Angriffe oder eine Flucht möglichst zu erschweren, sind die Hände grundsätzlich auf dem Rücken zu fesseln. Durch zusätzliches Zusammenschnüren der Ellenbogen wird ein Befreiungsversuch über die Hebelwirkung der Unterarme verhindert und die Wirkung der Gelenkfessel gesteigert.

Wird statt Klebeband Schnur verwendet, so sollte diese nicht stärker als maximal 3 mm sein (besser 1—2 mm) und am besten aus reißfester Kunstfaser bestehen (Knoten am Handrücken).

# DAS FAHRZEUG

## *Allgemeines*

Das Auto ist aus der heutigen Welt nicht mehr wegzudenken. Es ist, mit allen Vor- und Nachteilen, zur Selbstverständlichkeit geworden.

Genau aus diesem Grunde aber ist das Auto immer häufiger Ursache von Überlebenssituationen oder zumindest mitbeteiligt bei deren Bewältigung. Dabei kann es sowohl die Rolle des Transportmittels übernehmen (z. B. Flucht, Verfolgung) als auch Schutz und Hilfe bieten, es kann zur Waffe, aber auch zur Falle werden.

Diese Rolle ist abhängig von der gegebenen Situation, wird aber maßgeblich auch von der Kenntnis der jeweils anzuwendenden Techniken beeinflußt. So ist es durchaus möglich, daß das Auto für den einen zur tödlichen Falle wird, während der andere in der gleichen Lage dieses erfolgreich als Helfer oder Waffe einzusetzen versteht.

## *Autobomben*

Schon das Einsteigen in ein Auto kann tödlich sein, wenn eine Autobombe darin verborgen ist. Es gibt die verschiedensten Möglichkeiten, Bomben am oder im Auto anzubringen. Diese können als ganz harmlose Getränkedosen oder Zigarettenschachteln getarnt werden und, in Form einer Haftbombe z. B., von scheinbar unverdächtigen Passanten innerhalb von drei Sekunden angebracht werden.

Die einfachste Vorbeugung dagegen ist die Auswahl des Parkplatzes. Parken Sie daher niemals an Orten, an denen Passanten die Möglichkeit haben, sich für einige Zeit unverdächtig in unmittelbarer Nähe Ihres Fahrzeuges aufzuhalten, wie z. B. bei

— Mülleimern,
— Postkästen,
— Telefonzellen,
— Kanalgittern (keinesfalls darüber),
— Baustellen.

Da Autobomben überall verborgen und auf die verschiedensten Arten gezündet werden können, gibt es keinen absoluten Schutz dagegen, die Gefahr kann allerdings durch Aufmerksamkeit und richtiges Verhalten stark herabgesetzt werden.

Haben Sie den Verdacht oder die Befürchtung, daß in Ihrem Wagen eine Bombe sein könnte, und sind Sie nicht in der Lage, die Durchsuchung durch die Polizei zu veranlassen, überprüfen Sie den Wagen selbst.

Zur Durchführung einer Sprengstoffüberprüfung an einem verdächtigen Fahrzeug hat sich folgendes Ablaufschema in der Praxis wiederholt bewährt.

Verwendetes Suchwerkzeug:

— Taschenlampe,
— Spiegelsonde (zur Not tut es auch ein Winkelspiegel oder ein gewöhnlicher Taschenspiegel),
— Kunststoffstreifen (ca. 10 × 20 cm, notfalls auch Karton, festes Papier, Plexiglas),
— Schraubenzieher,
— übliches Kfz-Werkzeug.

**Außenüberprüfung**

- Umrunden Sie das Fahrzeug und überprüfen Sie die unmittelbare Umgebung aus der Nähe auf Spuren, Gegenstände, Drahtstücke o. ä.

- Überprüfen Sie Karosserie, Stoßstangen, Kühlergrill, Chromleisten, Scheinwerfer, Blinker, Schlußlichter, sonstige Leuchten, Türgriffe usw. auf Finger- oder Handabdrücke, Kratzer, Farbflecken oder vorstehende Drähte, ohne das Fahrzeug zu berühren.
- Überprüfen Sie Räder, Radkästen und den Boden unmittelbar vor und hinter den Rädern.
- Untersuchen Sie die Unterseite des Fahrzeuges (mit Taschenlampe und Spiegel). Überprüfen Sie dabei Achsen, Hohlräume, Stoßdämpfer, Motorunterseite, Gestänge, Verkabelung und Auspuffanlage.
- Schauen Sie durch die Fenster von allen Seiten in das Wageninnere. Wurde etwas verschoben, verändert?

**Innenüberprüfung**

- Öffnen Sie eine Türe bis zum ersten Einrasten, und überprüfen Sie die Türkanten mit dem Plastikstreifen auf Drähte.
- Öffnen Sie die Tür ganz und überprüfen Sie rundherum die gesamte Türöffnung. Lassen Sie die Tür weit offen. Damit schaffen Sie sich mehr Licht für die weitere Überprüfung.
- Wiederholen Sie diesen Vorgang bei allen Türen.
- Lassen Sie alle Türen offen und überprüfen Sie das Armaturenbrett, die einzelnen Armaturen, Heizungs- und Lüftungsschächte, Sonnenblenden, Aschenbecher, Ablagebretter, Handschuhfach, Unterseite der Sitze, Kopfstützen, Radio und Kassettenrecorder, Lautsprecher, jede einzelne Kassette, Bodenteppiche, Bodenmatten, Sicherheitsgurte usw., ohne das Fahrzeug zu betreten.

  Überprüfen Sie nach den gleichen Regeln den Fondraum des Fahrzeuges.

  Belasten Sie weder den Wagenboden noch die Sitze, bevor Sie das ganze Wageninnere gründlich kontrolliert haben.

  Benutzen Sie die Taschenlampe und jeden sonst zur Überprüfung eventuell notwendigen Gegenstand.

  Achten Sie besonders auf den für Sprengstoffe typischen Geruch oder auf sonstige »Deckgerüche« (diverse Sprays zum Überdecken des Sprengstoffgeruches).
- Überprüfen Sie die Motorhaube (mit dem Plastikstreifen), öffnen Sie sie bis zum ersten Einrasten, überprüfen Sie noch einmal. Öffnen Sie die Haube vollständig, überprüfen Sie den Motorraum einschließlich der Batterieanschlüsse.

  Verwenden Sie dazu Taschenlampe und Spiegel.
- Überprüfen Sie nach dem gleichen Schema Kofferraum, Reserverad (herausnehmen), Seitenverkleidung (wurde sie entfernt und wieder befestigt?) und Bodenteppich, Werkzeugkasten und Reservekanister. Öffnen Sie den Tankdeckel und überprüfen Sie den Einfüllstutzen.

**Funktionsüberprüfung**

- Starten Sie das Fahrzeug, und überprüfen Sie alle Systeme (Licht, Blinker, Hupe).
- Machen Sie eine kurze Probefahrt, und überprüfen Sie die Mechanik, besonders Lenkung und Bremsen.
- Stellen Sie nach Möglichkeit sicher, daß das Fahrzeug ab sofort laufend überwacht und gesichert wird.

Diese Überprüfung ist, je nach Gründlichkeit und Fahrzeugtyp verschieden, sehr zeitaufwendig und kann bis zu 4 Stunden beanspruchen, bringt aber ein sehr hohes Maß an Sicherheit.

## *Fahrzeugbeherrschung*

Sobald Sie sich in Ihr Fahrzeug setzen, müssen Sie sich darüber im klaren sein, daß es allein von Ihnen abhängt, was sie aus einer möglicherweise auftretenden Überlebenssituation machen. Ein entscheidender Faktor zu ihrer erfolgreichen Bewältigung ist die Beherrschung des Fahrzeuges.

Bezogen auf eine Überlebenssituation erscheinen folgende Techniken besonders wichtig:
- Kurvenfahren,
- Beherrschen eines ausbrechenden Fahrzeuges,
- Schleuderkehren.

### Kurvenfahren

Die Wichtigkeit einer sauberen Kurventechnik kann gar nicht hoch genug eingeschätzt werden, besonders in Situationen, in denen es darauf ankommt, den Wagen schnell und sicher um eine Kurve zu steuern.

Jeder Wagen, der eine Kurve durchfährt, wird von der auftretenden Fliehkraft nach außen gedrängt. Dabei wird diese Fliehkraft umso größer, je höher die Geschwindigkeit und je enger der Kurvenradius ist.

Dagegen wirkt die Haftung der Reifen, wodurch der Wagen in der beabsichtigten Spur gehalten wird. Wird die Haftgrenze überschritten, rutscht der Wagen vorne oder hinten weg.

Das Erreichen der Haftgrenze wird durch Änderung der Gewichtsverteilung auf die Achsen (durch Bremsen vergrößert sich die Belastung vorne und verringert sich hinten, durch abruptes Gasgeben umgekehrt) beschleunigt.

Daraus ergeben sich folgende Grundsätze:

- Bremsen Sie niemals in der Kurve, sondern immer vor oder nach der Kurve. Auch plötzliches Gaswegnehmen wirkt wie Bremsen.
- Schalten Sie niemals in der Kurve, sondern vorher oder nachher (Wirkung ähnlich wie beim Bremsen).
- Geben Sie niemals in der Kurve plötzlich Gas. Ein leichtes, langsames Gasgeben stabilisiert allerdings die Antriebsräder und ist daher zu empfehlen.
- Fahren Sie immer so flach wie möglich durch die Kurve (Ideallinie suchen). Die Ideallinie führt immer von der gegenüberliegenden Seite über den Scheitelpunkt (ein imaginärer Punkt in der Mitte der Innenseite) zur gegenüberliegenden Seite.

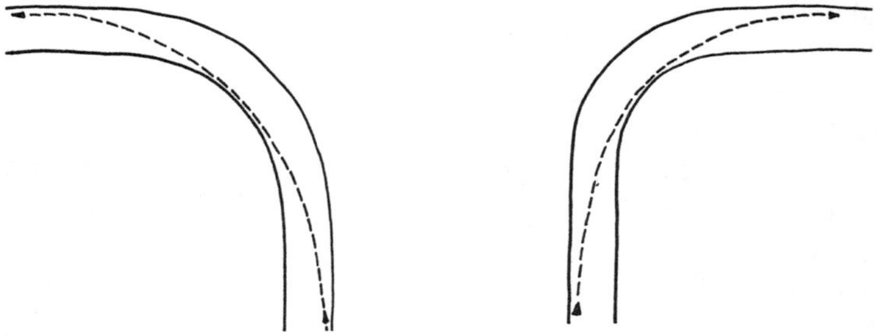

Diese Ideallinie bezieht sich auf Kuppen oder in unübersichtlichen Kurven auch in einer echten Überlebenssituation nur auf den eigenen Fahrstreifen. Das Risiko eines Zusammenstoßes mit einem eventuell entgegenkommenden Fahrzeug ist sicher höher als der minimale Zeitgewinn durch das mögliche höhere Tempo.

Unter Beachtung dieser Grundsätze ergibt sich folgender Ablauf beim Durchfahren einer Kurve:

- Wählen Sie die richtige Ausgangsposition (an der Kurvenaußenseite des Fahrstreifens oder der Straße).
- Schalten oder bremsen Sie, wenn erforderlich, unbedingt noch in der Geradeausfahrt.
- Beginnen Sie mit stetiger Beschleunigung (Gasgeben). Sie sollen schneller aus der Kurve herauskommen als Sie hineinfahren, jedoch immer noch eine Leistungsreserve behalten.
- Schlagen Sie das Lenkrad entsprechend der Ideallinie ein.

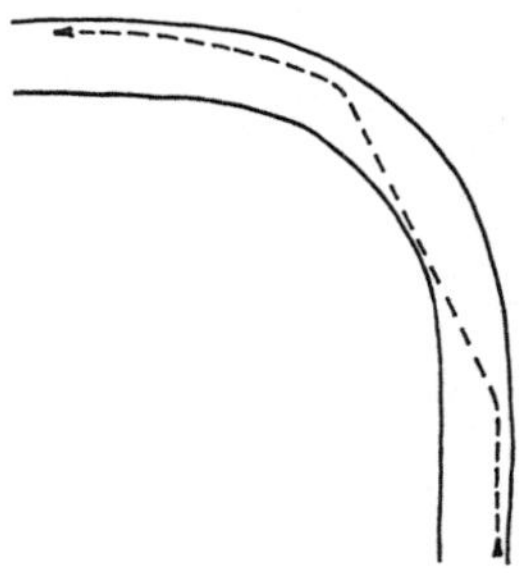

Sollte in einer Kurve trotz allem einmal eine Bremsung notwendig werden, dann stellen Sie unbedingt vorher die Lenkung gerade. In jeder Kurve kann man kurzfristig auch geradeaus fahren. Wenn dabei gebremst wird, kann dann der restliche Teil mit verminderter Geschwindigkeit und engerem Radius bewältigt werden.
Diese Kurventechnik gilt in gleicher Weise für Front- und Heckantrieb.

**Beherrschen eines ausbrechenden Fahrzeuges**

Wird die Haftgrenze der Reifen überschritten, dann rutscht der Wagen nach einer Seite weg; er »bricht aus«.
Dabei sind nun drei verschiedene Möglichkeiten gegeben:
— beginnendes Ausbrechen,
— volles Ausbrechen und
— beabsichtigtes Ausbrechen.

Beginnendes Ausbrechen

Wenn Sie das Ausbrechen des Wagens schon im Anfangstadium bemerken, genügen oft geringfügige Korrekturen zur Stabilisierung.

*Wenn das Heck auszubrechen beginnt*

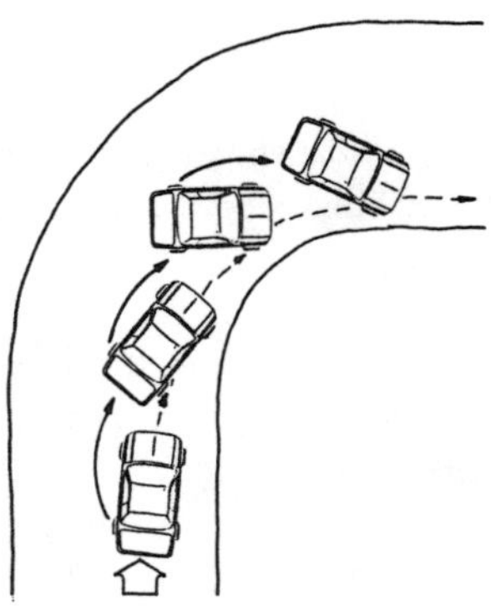

- Geben Sie leicht Gas (wenn Sie mit wenig Gas gefahren sind und das Ausbrechen daher nur durch die Fliehkraft verursacht wird). Damit kommt mehr Druck auf die Hinterräder, um diesen wieder ausreichende Haftfähigkeit zu geben.
- Nehmen Sie Gas weg (wenn Sie mit zu viel Gas gefahren sind und das Ausbrechen daher durch Durchdrehen der Hinterräder verursacht wird). Damit wird die Ursache des Ausbrechens beseitigt und eine ausreichende Haftfähigkeit der Hinterräder wieder hergestellt.

*Wenn der Wagen beginnt, über die Vorderräder wegzurutschen* (meist bei Frontantrieb oder extremem Umsteuern)

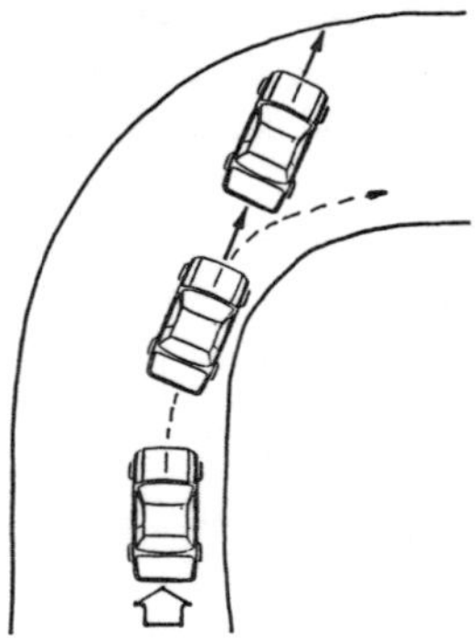

- Nehmen Sie Gas weg (eventuell verstärkt durch kurzes Bremsen). Damit wird die Bodenhaftung der Hinterräder so drastisch verringert, daß das Heck ausbricht und der Wagen wieder (mit geringerer Geschwindigkeit) in die ursprüngliche Richtung zeigt.

Bei Hinterradantrieb kann dieser Effekt auch durch plötzliches kurzes Gasgeben erreicht werden.

Anschließend geben Sie wieder Gas, um den Wagen zu stabilisieren.

Sie dürfen keinesfalls den Lenkradeinschlag verstärken, da dadurch die Fliehkräfte erhöht werden. Am besten stellen Sie die Lenkung gerade.

### Volles Ausbrechen

Wurde das Ausbrechen nicht rechtzeitig erkannt oder erfolgten die angeführten Maßnahmen zu spät oder ohne Erfolg, gibt es wieder drei Möglichkeiten, ein Abkommen von der Straße zu verhindern:

— Gegenlenken,
— Auskuppeln oder
— Vollbremsung.

Dabei bricht im allgemeinen das Wagenheck aus.

*Gegenlenken*

Das Gegenlenken bedeutet, die Lenkung entgegen der Kurve einzuschlagen und erfolgt zusätzlich zu den bereits erwähnten stabilisierenden Maßnahmen. Es gilt in gleicher Weise für Front- und Hinterradantrieb.

Dabei sind folgende Grundsätze zu beachten:

- Beginnen Sie früh genug mit dem Gegenlenken, je rascher Sie reagieren, desto geringer ist die erforderliche Korrektur. Hat sich Ihr Fahrzeug schon um die eigene Achse gedreht, bringt auch stärkstes Gegenlenken nichts mehr.
- Lenken Sie stark genug gegen. Wenn Sie wissen wollen, wie wenig eine halbe Lenkraddrehung wirklich ist, schauen Sie es sich einmal von außen im Stand an. Meist trifft man instinktiv ungefähr das richtige Maß; etwas mehr ist aber wesentlich besser als zu wenig.

Um beim raschen Kurbeln am Lenkrad nicht die Orientierung über die tatsächliche Stellung der Vorderräder zu verlieren, ist eine Markierung oben in Lenkradmitte eine ausgezeichnete Hilfe.

- Lenken Sie nicht zu lange gegen. Die Vorderräder müssen schon wieder in die beabsichtigte Fahrtrichtung zeigen, solange der Wagen noch leicht quer fährt, was meist sehr bald der Fall ist.

Zu langes Gegenlenken führt zum Pendeln: Das Heck bricht nach kurzzeitiger Geradeausfahrt nach der anderen Seite aus, damit gerät der Wagen in immer stärkeres Schleudern und wird unkontrollierbar.

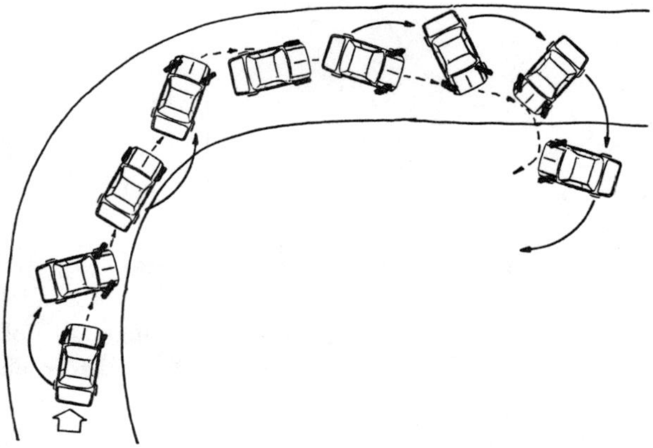

- Wenn einmaliges, kurzes Gegenlenken nicht ausreicht, wiederholen Sie den Vorgang bis zur endgültigen Stabilisierung.

Vorgehensweise beim Gegenlenken:

- Gleichen Sie das Ausbrechen sofort durch starkes Gegenlenken aus.
- Richten Sie die Vorderräder noch bei leicht quer stehendem Wagen gerade aus.
- Bei Bedarf wiederholen Sie den Vorgang.

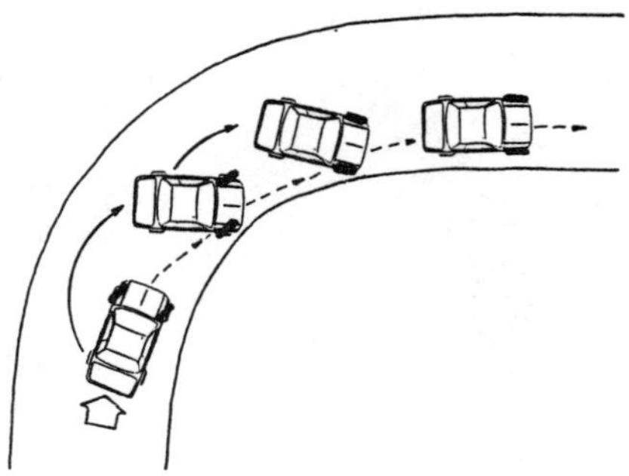

*Auskuppeln*

Die Räder des Autos erreichen dann optimalen Halt auf der Straße, wenn sie sich frei drehen.

Geben Sie beim Durchfahren einer Kurve zu viel Gas, nehmen zuviel Gas weg oder bremsen sogar, verlieren Ihre Antriebsräder die Bodenhaftung und rutschen weg (bei Hinterradantrieb Schwenken des Hecks nach außen, bei Vorderradantrieb Wegrutschen über die Vorderräder).

Kuppeln Sie jetzt aus, gewinnen die Räder, da sie sich frei drehen, rasch die Bodenhaftung wieder, und es wird meist möglich sein, in der beabsichtigten Richtung weiterzufahren.

*Vollbremsung*

Bremsen Sie das Fahrzeug voll (d. h. so fest, daß alle Räder blockieren), so rutscht es in der Richtung der Kurventangente weiter.

Wenn Sie sich einen Kreis mit dem Radius der Kurvenkrümmung durch den Schwerpunkt des Fahrzeuges vorstellen, so rutscht dieses in der Richtung von 90° zum Radius dieses Kreises weg.

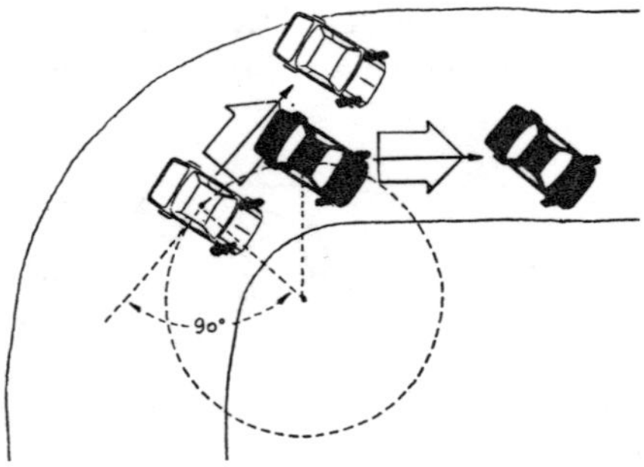


Je später in der Kurve also diese Vollbremsung erfolgt, desto mehr Straße steht bis zum Stillstand des Wagens zur Verfügung, desto größer ist also die Chance, auf der Straße zu bleiben (wenn auch möglicherweise mit dem Heck in Fahrtrichtung). Die Vollbremsung ist besonders dann anzuwenden, wenn der Wagen bereits unkontrollierbar ist und andere Techniken keinen Erfolg mehr versprechen.

Die Technik der Vollbremsung kann auch zum Nachholen versäumter Maßnahmen eingesetzt werden.

Beispiel:

Ihr Heck bricht aus und Sie haben es verabsäumt, rechtzeitig gegenzulenken.

Maßnahmen:

- Vollbremsung — Ihr Wagen rutscht weiter.
- Während dieser Rutschphase holen Sie das Gegenlenken nach.
- Lösen Sie die Bremsen und beschleunigen Sie. Dabei ist die Stellung des Wagens dieselbe wie beim vollen Ausbrechen und er wird daher genauso reagieren.

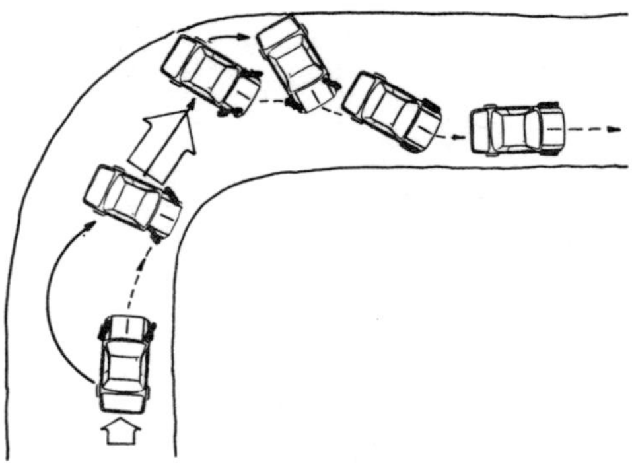

Beabsichtigtes Ausbrechen

Dies bedeutet das bewußte Einsetzen der Gegenlenktechnik zum Erzielen höherer Kurvengeschwindigkeiten. Diese Technik ist besonders für engere Kurven und Straßen mit geringer Haftung (Sand, Schotter, Schnee, Eis, Nässe) geeignet, wo die normale Kurventechnik nur niedere Geschwindigkeiten erlaubt. Sie wird besonders bei Rallyes angewandt und bedarf zu ihrer Beherrschung ein entsprechendes Training.

Durchführung:

- Fahren Sie die Kurve wie bei der normalen Kurventechnik an.
- Nach Einschlagen der Lenkung entsprechend der Ideallinie führen Sie durch plötzliches Gasgeben (Hinterradantrieb) das Ausbrechen der Hinterräder herbei. Beim Vorderradantrieb wird das Ausbrechen der Hinterräder durch Bremsen bei gleichzeitigem Gasgeben herbeigeführt. Dabei wird entweder mit Ferse und Spitze des rechten Fußes Gas gegeben

und gebremst (Ferse-Spitze-Technik), mit dem linken Fuß (Links-Bremsen) oder mit der Handbremse gebremst (wegen der hohen Belastung der Bremse und deren schlechter Dosierbarkeit nur bedingt zu empfehlen).

- Beginnen Sie mit dem Gegenlenken. Die Stärke des Ausbrechens der Hinterräder und damit auch der Gegenlenkbewegung wird mit dem Gaspedal (Hinterradantrieb) oder Bremspedal (Vorderradantrieb) dosiert und ist abhängig vom Kurvenradius und der Fahrbahn. Im allgemeinen bedeutet mehr Gas (Bremsen) stärkeres Querstellen, somit eine höhere Bremswirkung, aber einen engeren Kurvenradius.
- Am Kurvenausgang stellen Sie die Räder gerade und beschleunigen voll.

Auch der Effekt des Pendelns kann zum besonders raschen Querstellen in sehr engen Kurven schon vor dem Kurveneingang genützt werden.

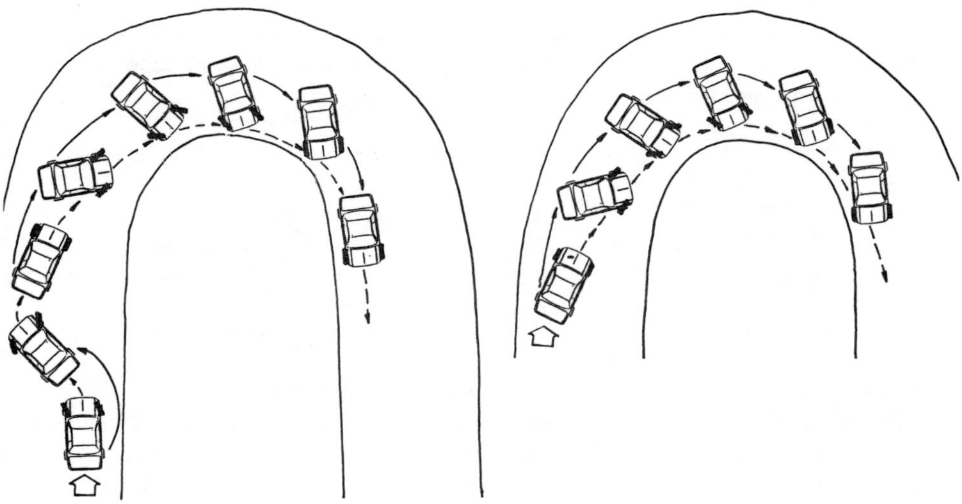

## Schleuderkehren

Darunter sind Wendungen um 180° auf engstem Raum zu verstehen. Diese können über den Bug oder das Heck des Fahrzeugs erfolgen. Die Technik ist einfach zu erlernen (meist reicht eine Stunde für ein durchaus brauchbares Ergebnis) und vielfältig anwendbar.

### Schleuderkehre über den Bug

Dabei wird durch Einsatz der Handbremse (mit Wirkung auf die Hinterräder) das Heck so stark zum Ausbrechen gebracht, daß am Ende der Schleuderbewegung in die Gegenrichtung weitergefahren werden kann. Dieser Effekt ist umso leichter zu erreichen, je geringer die Haftung der Reifen ist.

Auf trockenem Asphalt ist dazu eine Mindestgeschwindigkeit von ca. 30 km/h erforderlich, je nach Fahrzeug und Bereifung kann diese Technik aber auch bis zu 80 km/h angewandt werden.

Durchführung:

- Schlagen Sie das Lenkrad scharf nach links ein, kuppeln Sie aus und ziehen Sie die Handbremse an. Diese drei Tätigkeiten müssen fast gleichzeitig durchgeführt werden. Dadurch beschreibt das Heck, nach rechts ausbrechend, einen engen Linksbogen um den Bug des Wagens.
- Während der Schleuderbewegung lösen Sie die Handbremse und stellen die Lenkung gerade.

- Knapp bevor der Wagen in die neue beabsichtigte Fahrtrichtung zeigt, kuppeln Sie ein und beschleunigen.

Bei Vorderradantrieb fällt das Aus- und Einkuppeln weg.

Schleuderkehre über das Heck

Sie erfolgt aus dem Zurückfahren, wobei der Bug des Wagens um das Heck herumschwingt. Dabei ist wichtig, daß möglichst schnell gefahren wird, um den nötigen Schwung zu erreichen.

Durchführung:

- Schlagen Sie die Lenkung scharf nach links ein (wenn die Schleuderbewegung nach rechts erfolgen soll) und kuppeln Sie aus.
- Sobald der Wagen mit dem Heckteil aus der Fahrtrichtung biegt, ziehen Sie die Handbremse an. Dadurch schwingt der Bug scharf nach rechts herum.
- Während des Schleuderns lösen Sie die Handbremse und legen den ersten Gang ein.
- Knapp bevor der Wagen in die neue, beabsichtigte Fahrtrichtung zeigt, lassen Sie die Kupplung los und beschleunigen.

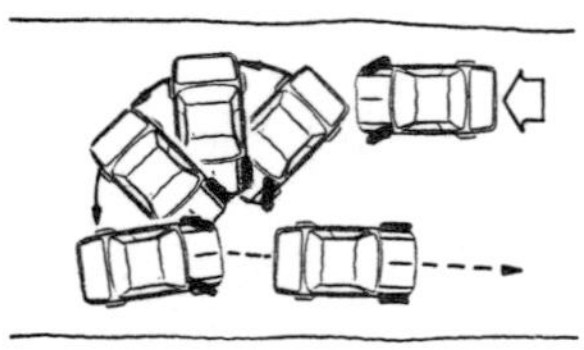

*Schleuderkehre über den Bug*

*Schleuderkehre über das Heck*

Diese Technik kann genauso mit der Fußbremse gefahren werden.

Alle angeführten Techniken gelten grundsätzlich unter allen Straßen- und Witterungsverhältnisssen. Gleichgültig ob die Straße trocken oder naß, griffig oder rutschig ist: Sobald die Bodenhaftung der Reifen verloren geht, sind die zu treffenden Gegenmaßnahmen immer dieselben.

## *Verhalten bei Verfolgung*

### Davonfahren

Fühlen Sie sich bedroht und erkennen, daß Sie verfolgt werden (siehe Kapitel »Geiselnahme«), haben jedoch nicht die Möglichkeit, durch Halten bei einer Polizeidienststelle oder einem Sicherheitsbeamten sich der Verfolgung zu entziehen, so ist es eine gute Möglichkeit, dem Verfolger einfach davonzufahren.

Haben Sie sich dazu entschlossen, sind für die Durchführung folgende Punkte entscheidend:

*Fahrzeug*

— Ist es schneller oder langsamer als das des Verfolgers oder diesem gleichwertig?
— Ist es robuster oder schwächer (starke Blech- oder zerbrechliche Kunststoffkarosserie, starke Stoßstangen oder integrierte »Scheinstoßstangen«, Coupé oder Cabriolet)?
— Ist es größer oder kleiner, schmäler oder breiter?
— Ist es für einen speziellen Zweck gebaut (Sportwagen, Geländefahrzeug)?
— Wieviel Benzin ist im Tank?
— Wie ist der Zustand der Reifen und Bremsen?

*Fahrzeugbeherrschung*

— Sind Sie ein geübter Fahrer?

— Kennen Sie die Möglichkeiten des Fahrzeuges, das Sie gerade fahren, sind Sie mit ihm vertraut?
— Haben Sie Erfahrung mit Fahrtechniken im Grenzbereich?

*Ortskenntnis*

— Kennen Sie die nähere und/oder weitere Umgebung im Detail, ungefähr oder gar nicht?
— Kennen (oder sehen) Sie Gegebenheiten des Geländes, die Ihrem Fahrstil und Ihrem Fahrzeug entgegenkommen und für den Verfolger Erschwernisse oder Hindernisse darstellen?

Unter Berücksichtigung dieser Punkte ist ein entsprechender Fluchtplan zu erstellen. Sobald Sie wissen, was Sie wollen und wie Sie es erreichen könnten, ist die Situation schon fast entschärft. Unüberlegtes, panisches Davonrasen ist auf jeden Fall zu vermeiden.

Beispiel 1:

Sie fahren ein relativ langsames, aber geländegängiges Fahrzeug; Ihr Tank ist noch zu 1/4 gefüllt. Sie sind ein Durchschnittsfahrer ohne Erfahrungen im Grenzbereich und bewegen sich in einer Ihnen nicht näher bekannten Gegend am Stadtrand und werden von einem starken, sportlichen Wagen verfolgt.

Beurteilung der Situation: Ihr Verfolger ist Ihnen auf halbwegs brauchbaren Straßen in Wendigkeit und Geschwindigkeit mit Sicherheit, in der Reichweite (Tank) mit hoher Wahrscheinlichkeit, in der Fahrzeugbeherrschung und Ortskenntnis möglicherweise überlegen, im Gelände jedoch auf jeden Fall unterlegen.

Mögliche Taktik:

Sobald sich Ihnen die Gelegenheit bietet, verlassen Sie die Straße und benützen entweder schlechte, schmale Feldwege mit hohem Mittelsteg (Aufsitzen des Verfolgers) oder starken Schlaglöchern (hohe eigene Geschwindigkeit) oder, besser, Sie fahren überhaupt querfeldein in möglichst unebenem, bewachsenem, schwierigem Gelände, das für Ihren Verfolger nicht befahrbar ist.

Dabei ist es günstig, durch Ausnützen der Geländegegebenheiten (Senken, Wald), sich möglichst rasch auch der Beobachtung zu entziehen, um dem Verfolger das Erkennen der eigenen weiteren Absicht zu verunmöglichen.

Beispiel 2:

Sie sind ein sportlicher Fahrer mit Erfahrungen im Grenzbereich, fahren einen kleinen Sportwagen mit fast vollem Tank auf der Autobahn und kennen die Umgebung ziemlich genau. Sie werden von einer schweren, starken Reiselimousine verfolgt.

Beurteilung der Situation: Ihr Verfolger ist Ihnen in der Spitzengeschwindigkeit überlegen, möglicherweise auch in der Reichweite, jedoch in der Wendigkeit auf jeden Fall und in der Fahrzeugbeherrschung und Ortskenntnis eventuell unterlegen.

Mögliche Taktik:

Sie verlassen so rasch wie möglich die Autobahn und begeben sich auf möglichst kurvenreiche enge Straßen mit viel Steigung und Gefälle (bei Ihrer Ortskenntnis kein Problem), wo es Ihnen durch überlegene Wendigkeit und perfekte Fahrtechnik ein Leichtes sein wird, wenn erforderlich auch über eine längere Strecke (Tank), den Verfolger abzuhängen und damit die Verfolgung zu beenden.

Will das verfolgende Fahrzeug Sie im Zuge einer Verfolgung überholen (um Sie damit eventuell durch Querstellen zum Halten zu zwingen), bieten sich zwei Möglichkeiten, das zu verhindern:

— Auffahren lassen oder
— Abdrängen.

**Auffahren lassen**

Die Absicht dabei ist, durch den Anprall das Fahrzeug des Verfolgers soweit zu beschädigen, daß eine weitere Verfolgung nicht mehr oder nur erschwert möglich ist. Bei Nacht auf unbeleuchteten Straßen genügt dazu bereits das Zerstören der Scheinwerfer, bei Tag wird eine funktionshemmende Beschädigung von Motor oder Lenkung erforderlich sein.

Das Risiko dieser Technik besteht in der Möglichkeit, daß entweder das eigene Fahrzeug fahruntüchtig wird oder durch den Anprall von der Straße abkommt.

Da das Risiko im allgemeinen (abhängig von der Stabilität des Fahrzeuges und der Lage des Motors) für den Verfolger größer ist, wird dieser in den meisten Fällen ein Auffahren zu verhindern versuchen.

Diese Tatsache können Sie in Form von Zeitgewinn gut für die Umsetzung Ihres taktischen Fluchtkonzeptes nützen:

Bremsen Sie leicht und beschleunigen Sie anschließend voll. Das Bremsen sollte dabei so leicht sein, daß nur die Bremslichter aufleuchten. Eine tatsächliche, wenn auch nur geringe Bremswirkung läßt sich allerdings kaum vermeiden.

Das Aufleuchten der Bremslichter löst fast immer schon als Reflex einen Bremsvorgang beim Gegner aus, der zu einer stärkeren Geschwindigkeitsverringerung als der eigenen führt. Damit hat man wieder einen größeren Abstand zwischen sich und dem Verfolger, den dieser erst wieder aufholen muß.

Voraussetzung dafür ist allerdings, daß der Verfolger schon so nahe ist, daß bei Ausbleiben seiner Bremsreaktion ein unkontrolliertes Auffahren unvermeidlich erscheint.

Die Wirkung dieser Technik kann dadurch verstärkt werden, daß sie nach unübersichtlichen Kurven angewandt wird. Die Reaktionszeit des Verfolgers wird dadurch kürzer und seine Reaktion stärker.

Der Bremslichttrick beruht darauf, daß in der Kürze der Zeit der Verfolger bei Aufleuchten der Rücklichter nicht unterscheiden kann, ob es sich um die Bremslichter oder die Fahrzeugbeleuchtung handelt.

Wenn Sie daher, anstatt zu bremsen, voll beschleunigen und dabei die Fahrzeugbeleuchtung kurz einschalten, wird der Verfolger wie oben reagieren. Da aber bei Ihnen die eigene Bremswirkung wegfällt und das Beschleunigen früher einsetzt, ist der Raumgewinn wesentlich größer. Allerdings kann diese Technik nur bei Tageslicht angewandt werden.

Wollen Sie den Verfolger nun tatsächlich auffahren lassen, wird die Auffahrwucht größer, wenn Sie vorher einige Male die oben beschriebenen Techniken zum Zeitgewinn anwenden. Der Gegner stellt sich darauf ein und wird dann von einer Vollbremsung umso mehr überrascht.

### Abdrängen

Dieses ist für den Verfolgten einfacher, birgt wesentlich weniger Eigenrisiko in sich, und ist daher nach Möglichkeit vorzuziehen.

Das Abdrängen beginnt, wenn der Verfolger mit der Front seines Fahrzeuges etwa auf Höhe Ihrer Vorderräder ist.

Durchführung:

- Warten Sie, bis der Verfolger in der richtigen Position ist.
- Schlagen Sie die Lenkung ein und treffen Sie unter Beschleunigung so auf den Verfolger, daß das eigene Fahrzeug (ungefähr auf Höhe der Vorderräder) seine Vorderkante erfaßt (Hebelwirkung) und gegen den Straßenrand drückt.
- Halten Sie diese Position bis zum gegenüberliegenden Straßenrand aufrecht, dabei sollen die Vorderräder jedoch nicht eingeschlagen sein.
- Dann schlagen Sie die Vorderräder in die beabsichtigte Fahrtrichtung ein und beschleunigen.
- Beobachten Sie im Rückspiegel den Erfolg der Aktion.

Ist der Verfolger aber schon auf gleicher Höhe und somit obige Technik nicht mehr anwendbar, kann der gleiche Effekt noch erzielt werden, indem Sie mit Ihrer Vorderkante gegen seine Vorderkante fahren und sein Fahrzeug so vorne von der Straße stoßen.

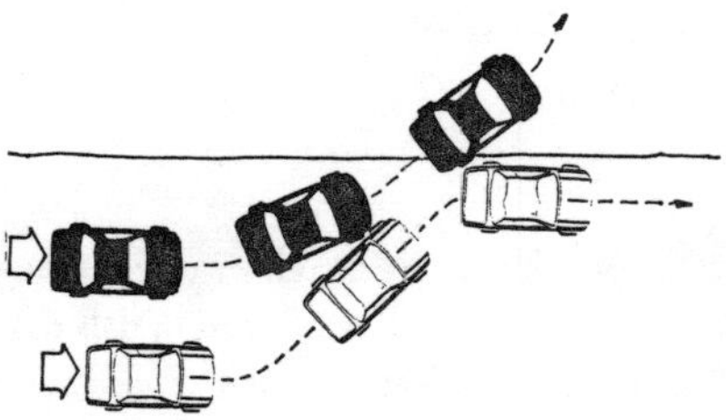

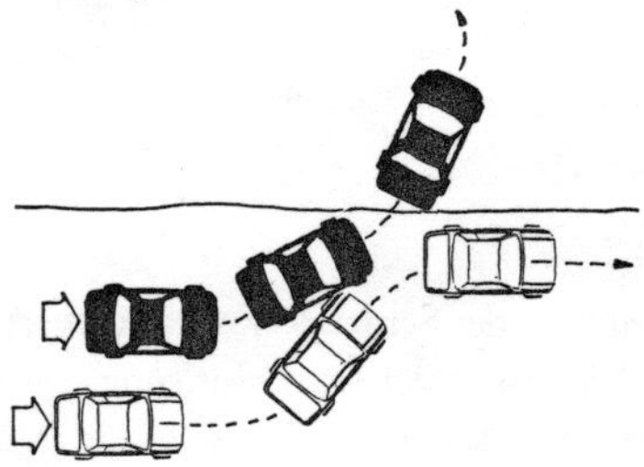

Hat das Fahrzeug Sie schon fast überholt, kann ein Rammstoß gegen seine Heckkante ein unkontrolliertes Drehen verursachen und Ihnen damit die weitere Flucht ermöglichen.

## *Verhalten bei Straßensperren*

Eine Verfolgungsjagd ist in der Praxis eher die Ausnahme, das Anhalten eines Fahrzeuges durch Straßensperren wesentlich häufiger.
Die Möglichkeiten, eine Straßensperre zu errichten, sind vielfältig und reichen vom primitiven Querstellen eines Fahrzeuges bis zur hinterhältigen Methode, durch einen auf der Straße liegenden angeblichen Verletzten den Zielwagen zum Anhalten zu zwingen.
Unabhängig von der Art der Straßensperre stehen Ihnen grundsätzlich immer zwei Möglichkeiten offen:
— Ausweichen oder
— Durchbrechen.
Welche der beiden Möglichkeiten besser geeignet ist, ist unter anderem abhängig von:
— der Art und Lage der Straßensperre,
— dem umgebenden Gelände,
— der eigenen Fahrgeschwindigkeit und
— dem Zeitpunkt des Erkennens.

**Ausweichen**

Straßensperren werden fast immer nach Zeit und Ort genau geplant errichtet. Daher kann im allgemeinen nicht angenommen werden, daß ein Ausweichen in Form einfachen Umfahrens möglich sein wird. Somit kann nur durch Umkehren ausgewichen werden. Dazu sind als anzuwendende Techniken die Schleuderkehre vorwärts oder rückwärts geradezu optimal.
Beispiel 1:
Anwendung der Schleuderkehre rückwärts bei einer Straßensperre durch zwei Fahrzeuge. Diese Art der Sperrung wurde von Entführern in der Praxis schon wiederholt angewandt.

Beispiel 2:
Anwendung der Schleuderkehre vorwärts bei einer Straßensperre durch zwei Fahrzeuge. Diese Technik ist in der Durchführung etwas schwieriger, hat jedoch den Vorteil, daß das schleudernde Fahrzeug zugleich als Waffe gegen die aussteigenden Täter gezielt eingesetzt wird.

Das Ausweichen ist besonders dann zu empfehlen, wenn die Situation unklar ist (Kinderwagen, Verletzter) oder die gegebene Verkehrslage die Möglichkeit dazu bietet.

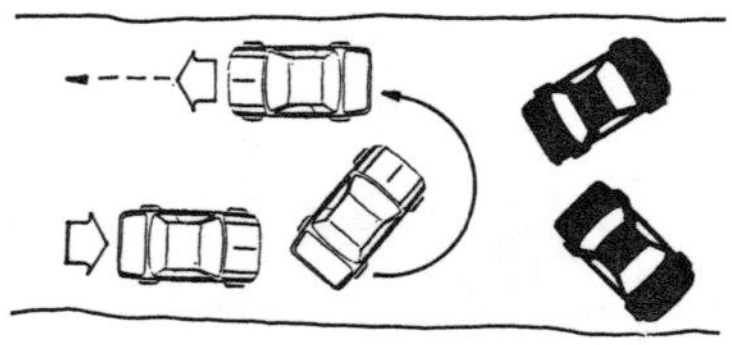

**Durchbrechen**

Der Verkehrsteilnehmer ist im allgemeinen dazu erzogen, Schäden am eigenen und an fremden Fahrzeugen zu vermeiden. Diese Verhaltensweise ist im normalen Verkehrsgeschehen zwar durchaus richtig, kann jedoch in Überlebenssituationen zu gefährlichen Fehlreaktionen führen.

Beim Durchbrechen einer Straßensperre aus Fahrzeugen sind folgende Grundsätze zu beachten:

*Nötige Wucht*

Je höher die Geschwindigkeit des Anfahrens, desto größer ist die Wucht des Rammstoßes.

*Geringster Widerstand*

Das wegzuschiebende Fahrzeug wird dort den geringsten Widerstand bieten, wo es am leichtesten ist. Das ist bei Heckmotoren die Front- und bei Frontmotoren das Heck des Wagens.

*Größte Wirkung*

Diese ergibt sich dann, wenn der wegzustoßende Teil einen möglichst langen Hebelarm zum ruhenden Teil aufweist. Bei einem Fahrzeug heißt das, daß ein Stoß ganz am Rande des Fahrzeugs dieses wesentlich leichter aus der Richtung dreht (und damit den Weg freigibt) als ein Stoß in die Mitte.

*Richtiger Winkel*

Je näher der Auftreffwinkel zu 90° liegt, desto mehr Kraft wirkt auf das wegzuschiebende Fahrzeug.

*Geringste Beschädigung* (des eigenen Fahrzeuges)

Ecken und Kanten sind immer widerstandsfähiger als Flächen. Daher sind als Rammpunkte die Seitenkanten eines Wagens am geeignetsten.

Ein optimaler Rammstoß sieht wie folgt aus:

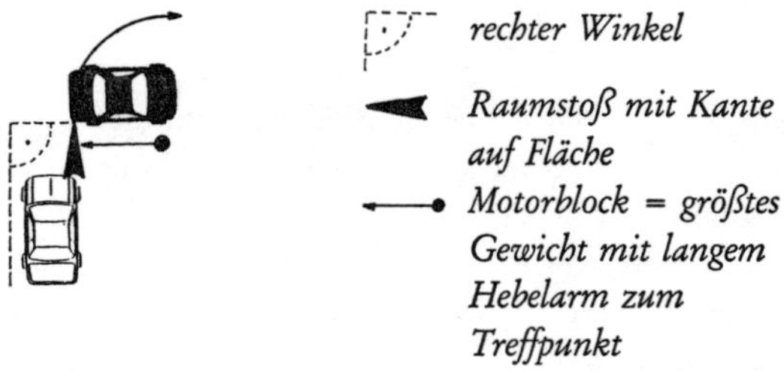


Das Durchbrechen bietet sich besonders dann an, wenn ein Ausweichen nicht möglich oder aus bestimmten Gründen nicht zweckmäßig erscheint.

Beim Durchbrechen sind folgende Maßnahmen zu treffen:

- Beschleunigen Sie voll. Dabei ist darauf zu achten, daß im gerade eingelegten Gang bis zum Zusammenprall eine hohe Drehzahl erreicht oder dieser Effekt durch Einlegen des nächstniedrigen Ganges sichergestellt wird, um der Gefahr des Absterbens des Motors beim Anprall entgegenzuwirken.
- Wählen Sie den günstigsten Auftreffpunkt. Dabei sind die oben angeführten Grundsätze zu beachten.
- Führen Sie den Rammstoß mit der eigenen Vorderkante (rechts oder links, je nach Situation) durch.
- Beschleunigen Sie und, wenn nötig, stabilisieren Sie das Fahrzeug.
- Beobachten Sie im Rückspiegel die durchbrochene Sperre weiter und setzen Sie die Fahrt fort.

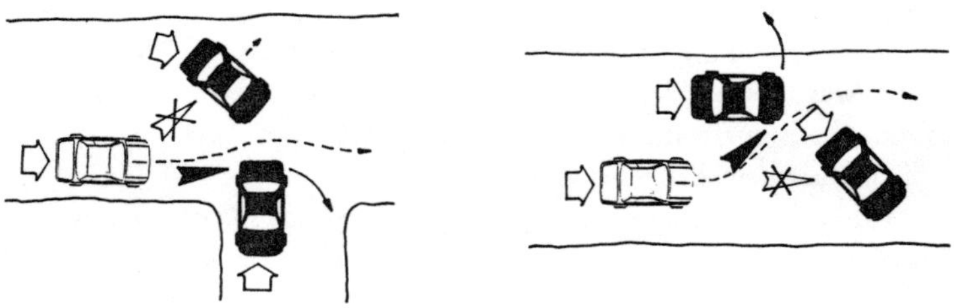

Grundsätzlich kann die Technik des Durchbrechens bei fast jeder Art von Sperre angewandt werden. Die Praxis hat jedoch gezeigt, daß sie in der überwiegenden Mehrzahl gegen sperrende Autos einzusetzen sein wird.

## *Abkommen von der Straße*

Im Zuge einer Verfolgung oder einer Aktion, die Sie gegen eine Sperre unternommen haben, kann es vorkommen, daß Sie unbeabsichtigt von der Straße abkommen.

Unter dem in Überlebenssituationen immer vorhandenen Zeitdruck gibt es nur zwei zielführende Möglichkeiten, sich aus dieser Lage zu befreien:

- weiterfahren oder
- das Fahrzeug verlassen.

Die Entscheidung, ob Sie weiterfahren können oder nicht, ist weitgehend abhängig von

- der zur Verfügung stehenden Zeit;
- dem Zustand des Fahrzeuges (möglicherweise beschädigt oder unfahrbar);
- der Art, Bedeckung und dem Zustand des Geländes (z. B. steil abfallend oder steigend, eben, Wald, Wiese oder Sand, naß oder trocken, griffig oder rutschig) und
- Ihrem körperlichen Zustand (Verletzung, Benommenheit).

Wann immer es möglich ist, sollten Sie versuchen, weiterzufahren, da beim unbeabsichtigten Abkommen von der Straße die Weiterführung Ihres ursprünglichen Planes sicher die einfachste und aussichtsreichste Möglichkeit sein wird, die gegebene Bedrohungssituation zu bereinigen.

Ein besonders gefährlicher Sonderfall entsteht dann, wenn dieses Abkommen in tieferem Wasser endet und damit selbst zu einer akuten Lebensbedrohung wird.

Das Fahrzeug wird, abhängig von der Art des Aufschlagens im Wasser und den während des Abkommens eventuell aufgetretenen Beschädigungen, (z. B. zerbrochene Fensterscheiben) nach dem Aufprall auf der Wasseroberfläche schon nach relativ kurzer Zeit für eine Weile mit den Rädern nach unten in einen gewissen Schwebezustand geraten oder, bei rasch einströmendem Wasser, front- oder hecklastig (Motorgewicht) versinken.

Das eindringende Wasser ist vom Staub und Schmutz des Wagens immer trüb, spült alle schwimmfähigen Gegenstände mit und steigert damit wesentlich den anfänglich fast immer eintretenden, momentanen Orientierungsverlust.

Die Selbstrettungschancen sind gering, wenn Sie Nichtschwimmer sind oder im Zuge des Abkommens von der Straße und des Aufpralls im Wasser schwer verletzt, stark benommen oder bewußtlos geworden sind.

Sind Sie jedoch voll aktionsfähig, bieten Ihnen folgende zwei Möglichkeiten gute Chancen zur Bewältigung der Situation.

Möglichkeit 1:

Verlassen Sie das Fahrzeug so rasch wie möglich, am günstigsten während der Schwimm- und Schwebephase. Diese Möglichkeit kommt dem Bedürfnis nach aktiver Tätigkeit zur Rettung entgegen, hat jedoch den Nachteil, daß ohne längeres Überlegen rasch reagiert werden muß. In fließenden Gewässern dürfte sie die einzige realistische Rettungschance darstellen.

Durchführung:

- Öffnen Sie den Sicherheitsgurt sofort nach dem Aufprall auf der Wasseroberfläche.
- Hocken oder knien Sie auf dem Sitz. Sie können sich beim Aussteigen so auch gegen den Druck eventuell schon einströmenden Wassers besser abdrücken.
- Kurbeln Sie die Fensterscheibe herunter.
- Steigen Sie durch die Fensteröffnung rasch rücklings aus (Kopf voraus, Unterstützung durch Abstoßen mit den Beinen vom Sitz und Zug mit den Armen an der Regenrinne oder am Gepäckträger).
- Sind zwei Personen im Fahrzeug, sollten sie möglichst gleichzeitig aussteigen, um ein Kippen des Fahrzeuges zu verhindern.

Versuchen Sie nicht, die Türen zu öffnen. Es wird Ihnen wegen des hohen, von außen dagegen wirkenden Wasserdruckes mit Sicherheit nicht gelingen. Sie verlieren nur unnötig Zeit.

Möglichkeit 2:

Warten Sie, bis das Fahrzeug voll Wasser ist. Es kann dann leicht und ohne Gegendruck des Wassers verlassen werden.

Dabei steigt das ins Fahrzeug eindringende Wasser relativ langsam und drückt die Luft nach oben. Diese wird komprimiert und bildet unter dem Wagendach eine Luftblase, die Ihren

Atemvorrat für einige Zeit sicherstellt. Ist nun das Fahrzeug (bis auf die Luftblase) voll mit Wasser, lassen sich die Türen, da auf beiden Seiten der gleiche Wasserdruck herrscht, öffnen und der Wagen kann auf diesem Wege verlassen werden.

Das Problem dabei ist der hohe psychische Druck, der in der Phase des untätigen Wartens auf Sie einwirkt und bei ungenügender Nervenkraft zu tödlichen Panikreaktionen führen kann.

Dafür verfügt man aber über ausreichend Zeit, jede Tätigkeit überlegt und ruhig auszuführen und zeitlich abzustimmen.

Durchführung:

- Nach dem Aufprall öffnen Sie den Sicherheitsgurt und hocken oder knien auf den Sitz.
- Warten Sie, bis das Wasser auf Türhöhe (einschließlich Fensterscheibe) gestiegen ist. Dabei halten Sie Mund und Nase in der Luftblase. Gegen Ende der Wartephase kann es sein, daß der Kopf dabei stark zurückgebeugt und der Blick direkt zur Wagendecke gerichtet ist. Der Luftpolster wird aber praktisch nie dünner als ca. 10 cm.
- Zur Verminderung des Sauerstoffverbrauches atmen Sie ruhig und beseitigen Sie störende, schwimmende Gegenstände (z. B. Papier).
- Ist das Wasser hoch genug gestiegen, öffnen Sie die Tür (das Gewicht des Wassers muß dabei überwunden werden) und steigen Sie aus.
- Beim Auftauchen, besonders aus größerer Tiefe, öffnen Sie den Mund und lassen Sie die Luft bewußt entweichen, da diese sich stark ausdehnt (Anpassung an den Umgebungsdruck) und zu Lungenrissen oder Kreislaufstörungen führen kann (siehe Kapitel »Gefahren«).

Beim Auftauchen aus Tiefen jenseits von 30 m nehmen die Chancen, die Oberfläche unbeschadet zu erreichen, stark ab.

## *Verlassen des Fahrzeuges*

Sind Sie gezwungen, Ihr Fahrzeug zu verlassen, sei es, weil es fahruntüchtig ist oder es Ihnen aus anderen Gründen zweckmäßig erscheint, dann wird es in Überlebenssituationen meist entweder als

— Sichtschutz oder als

— Deckung gegen Beschuß

dienen, mit der Aufgabe, Ihre weiteren Bewegungen (in den angenommenen Situationen vermutlich ein Absetzen) zu erleichtern oder überhaupt erst zu ermöglichen.

Ihre erste Tätigkeit wird dabei das Aussteigen sein.

Folgendes ist daher zu beachten:

- Geben Sie Ihrem Gegner nicht die Möglichkeit, Sie später eventuell mit Ihrem eigenen Fahrzeug weiter zu verfolgen (z. B. mehrere Verfolger auf verschiedenen Wegen). Ziehen Sie daher auf jeden Fall den Zündschlüssel ab. Wenn Sie sicher sind, daß Sie im Verlaufe Ihres weiteren Absetzens nicht mehr zum Wagen zurückkehren werden, ist es sicherer, die Sicherungen zu entfernen (wenn das vom Fahrersitz leicht und rasch möglich ist) oder ein paar Kabel (unter dem Armaturenbrett) herauszureißen.
  Das gilt natürlich nur für fahrfähige Fahrzeuge.
- Nehmen Sie alles mit, was im weiteren Verlauf für Sie wichtig sein könnte (z. B. Ausweise, Geld, Taschenlampe, eventuell Landkarte, Waffe und Munition, falls vorhanden). Das Ansichnehmen der Gegenstände muß sehr rasch vor sich gehen und geschieht beim geplanten Verlassen des Fahrzeuges am besten schon während der letzten Phase der Fahrt.
- Öffnen Sie nach Möglichkeit noch vor dem Anhalten den Sicherheitsgurt.
- Sofort nach dem Anhalten verlassen Sie das Fahrzeug möglichst rasch auf der dem Gegner

abgewandten (sichtdeckenden) Seite. Versuchen Sie dabei, möglichst genau die Position Ihres Gegners festzustellen.

- Ist die Gefahr eines Beschusses gegeben, lassen Sie sich auf der Fahrerseite seitlich aus dem Wagen fallen oder, wenn Sie auf der Beifahrerseite aussteigen müssen, legen Sie sich flach auf den Beifahrersitz und gleiten auf dem Bauch nach außen. Damit bieten Sie ein kleines Ziel und haben bei raschem Handeln eine gute Chance, ins Freie zu gelangen, ohne getroffen zu werden.

Spätestens jetzt müssen Sie wissen, ob Sie das Fahrzeug als Sichtschutz oder als Schußdeckung benötigen.

**Sichtschutz**

Seine Wirkung als Sichtschutz ist abhängig von der Position des Gegners und erstreckt sich meist über die gesamte Ausdehnung des Fahrzeuges bis auf Höhe der Unterseite der Fensterfront einschließlich der seitlich entstehenen sichttoten Winkel.

Dabei nimmt die Tiefe des Sichtschutzes ab, je höher die Position des Gegners ist. Bei sehr tiefer Position ist die Gefahr des Durchblickes unter dem Fahrzeug gegeben, was die Sichtschutzwirkung auf den Bereich der Räder beschränkt.

Eine seitliche Positionsveränderung des Gegners ändert ebenfalls die Winkel der Sichtschutzwirkung und muß daher durch einen entsprechenden eigenen Stellungswechsel ausgeglichen werden (gegengleich).

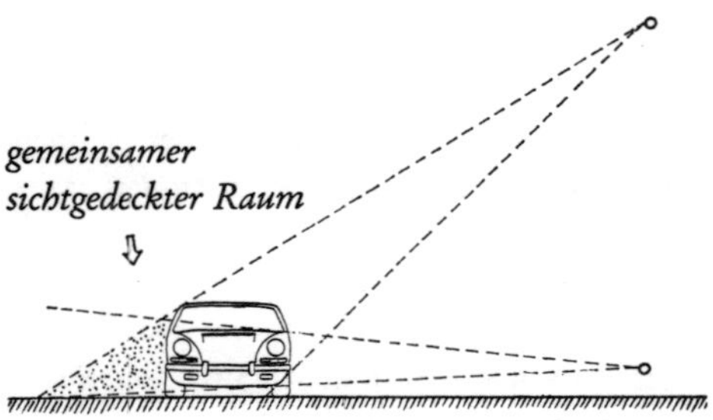


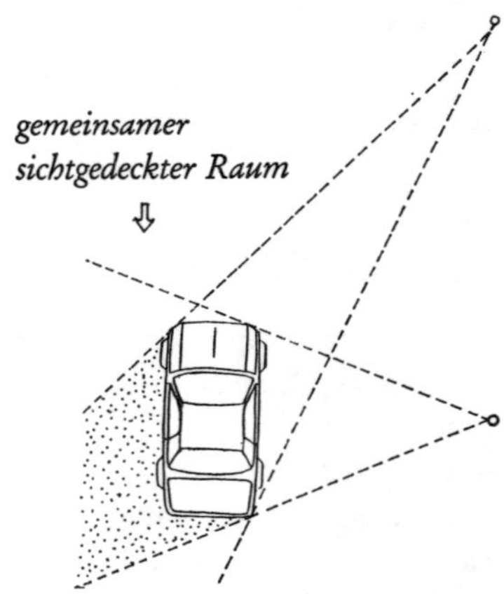


Das Verweilen hinter dem Sichtschutz wird mit hoher Wahrscheinlichkeit zeitlich stark begrenzt sein und hat den Zweck, Ihre weiteren Bewegungen zu überlegen und seine Wirkung zu deren Ausführung möglichst lange auszunützen.

Es ist sicher die schlechteste Möglichkeit, sofort nach dem Austeigen blind davonzurennen. Folgender Ablauf hat sich in der Praxis bewährt:

*Kurzes Beurteilen des Geländes*

— Entlang welcher Linie (oder in welche Richtung) bieten sich die besten Absetzmöglichkeiten?
— Wo ist die nächste, übernächste Deckung?
— Wie führt der günstigste Weg dorthin (möglichst unter Ausnützung der Sichtdeckung)?

*Beurteilen der Möglichkeiten des Gegners*

— Wo kann er Sie frühenstens, wo wird er Sie spätestens sehen?
— Wo kann er Ihnen den Weg abschneiden?
— Wie weit (lang) wird er Sie verfolgen?
— Mit welchen Mitteln?

*Möglichst laufende Beobachtung des Gegners*
— Wie viele Gegner sind es?
— Wo ist (sind) seine (ihre) Position(en)?
— Wechselt er seine Position?
— Was tut er (Annäherung)?

Beobachten Sie den Gegner so, daß Sie selbst dabei möglichst wenig gesehen werden. Es ist daher falsch, über die Oberkante des Fahrzeuges zu beobachten, da sich dort Ihre Silhouette deutlich gegen den Hintergrund abhebt und daher leicht erkannt wird.

Beobachten Sie seitlich neben dem Wagen heraus oder, wenn möglich, darunter durch.

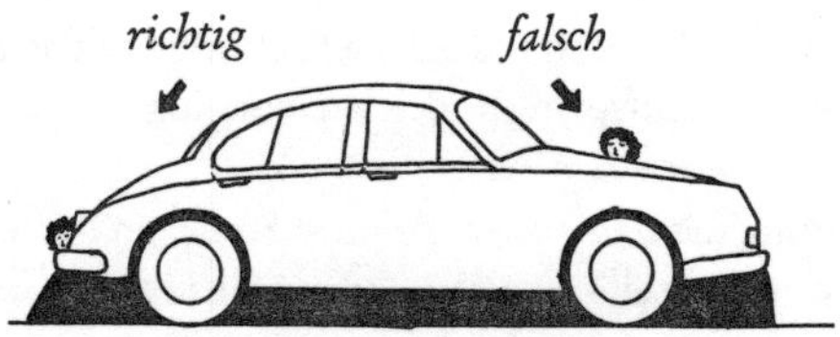


Treffen Sie nach kurzer Beurteilung der Situation und der gegebenen Möglichkeiten einen Entschluß und ziehen Sie diesen rasch und konsequent durch. Natürlich können Änderungen durch verschiedene Einflüsse (Geländegegebenheiten, Verhalten des Gegners) notwendig werden. Ändern Sie aber den einmal gefaßten Entschluß nicht ohne zwingende Notwendigkeit.

**Deckung gegen Beschuß**

Werden Sie beschossen, können Ihnen nur der Motorblock und, bedingt, auch die Räder (und Reifen) den benötigten Schutz bieten. Türen, Sitze und Kofferraum können von fast allen gängigen Schußwaffen leicht durchschlagen werden und sind daher als Deckung ungeeignet.

Das Verhalten und der Ablauf des Absetzens sind grundsätzlich dieselben wie bei Sichtdeckung, jedoch sind zusätzlich folgende Punkte zu beachten:

- Jede von Ihnen ausgewählte Deckung muß auch Schutz vor der Waffenwirkung bieten. Dies schränkt die Zahl der verwendbaren Deckungen ein und macht Ihre Bewegungsplanung schwieriger. Folgende Tabelle soll Ihnen die Schutzwirkung verschiedener Materialien zeigen:

| | Gewehr | Revolver | Pistole |
|---|---|---|---|
| Kaliber | 7,62 | 357 | 9 Para |
| Schußentfernung | 100 m | 10 m | 10 m |
| Mauerwerk | 30 cm | 16 cm | 13 cm |
| Beton | 10 cm | 6 cm | 5 cm |
| Sandsäcke | 25 cm | 15 cm | 12 cm |
| Erde (gestampft) | 50 cm | 30 cm | 25 cm |
| Stahlblech | 8—11 mm | 4 mm | 3 mm |
| Holz | 70 cm | 30 cm | 25 cm |
| Sicherheitsglas | 5 cm | 2 cm | 1,7 cm |

Da die Durchschlagsleistung eines Geschosses abhängig ist vom Auftreffwinkel, vom Zustand des durchzuschlagenden Materials (Dichte, Feuchtigkeit) und von Form und Material des verwendeten Geschosses, können nur Durchschnittswerte angegeben werden. Verlassen Sie sich nicht auf Hohlblockmauern, Bretterzäune, Tore und Türen (auch Metalltüren sind meist hohl oder haben eine Holzfüllung), sie sind als Deckung nicht ausreichend und bieten daher nur trügerische Sicherheit.

- Die Bewegung von Deckung zu Deckung muß so kurz sein, daß ein gezielter Schuß in dieser Zeit nicht möglich ist. Ein durchschnittlich trainierter Schütze braucht zum Erkennen und Auffassen des Zieles und der Abgabe des Schusses ca. 2 bis 3 Sekunden.
  Damit bleibt Ihnen eine Entfernung von 5—8 m von Deckung zu Deckung, die in dieser Zeit gerade noch geschafft werden kann.
  Ist die Entfernung größer, muß durch plötzliche Richtungsänderungen (Zick-Zack-Laufen) oder Hinwerfen und wieder Aufspringen der Zielvorgang und damit die Abgabe eines sicheren Schusses erschwert werden.
- Verlassen Sie eine Deckung niemals an der gleichen Stelle, an der Sie sie betreten haben. Ihr Gegner braucht nur auf diese Stelle zu zielen (er hat Sie ja dort verschwinden gesehen) und hat Sie, sobald Sie aufspringen, schon im Visier.

Sind Sie bewaffnet und machen von Ihrem Recht zur Notwehr Gebrauch, dann sind in dieser Situation folgende Punkte von besonderer Wichtigkeit:

- Müssen Sie, um Ihren Gegner zu beobachten, Ihre Deckung aufgeben, so halten Sie diesen Zeitraum so kurz wie möglich und exponieren Sie so wenig Fläche des Körpers wie möglich. Beobachten Sie immer mit der Waffe im Anschlag. Damit stellen Sie sicher, daß jede erkannte Möglichkeit zu einem sicheren Schuß sofort ausgenützt werden kann.
- Benützen Sie jede Deckung, um darin Ihre Waffe nachzuladen, indem Sie ein volles Magazin einführen (das vielleicht noch halbvolle entnommene kann später aufgefüllt werden) oder die leeren Kammern des Revolvers einzeln befüllen.
  Damit haben Sie immer Ihre ganze Feuerkapazität zur Verfügung.
- Haben Sie Ihren Gegner aus den Augen verloren, bleiben Sie ruhig. Sie können mit Sicherheit annehmen, daß er eine Position sucht, aus der er hinter Ihre Deckung wirken kann. Überlegen Sie, von wo aus das möglich ist und reagieren Sie entsprechend (wechseln der Stellung).
  Unterstellen Sie ihm nie planloses oder falsches Vorgehen.

Alle diese Verhaltensweisen sollten, indem Sie sich in Gedanken öfter in diese Situation versetzen, so lange geübt werden, bis sie automatisch ablaufen (siehe Kapitel »Psychische Belastungen«).

# GEISELNAHME

## *Allgemeines*

Selbst für den Durchschnittsbürger scheint es heute gar nicht so unmöglich, unvermutet als Geisel genommen zu werden. Dieses Risiko steigt sprunghaft, je exponierter die Stellung ist und je besser die finanzielle Situation.

Als Geisel muß man sich bewußt sein, daß man für eine bestimmte Person oder Gruppe nur ein Tauschobjekt darstellt, durch das politischer Druck ausgeübt, Geld oder sonstige persönliche Vorteile (z. B. freies Geleit) gewonnen werden sollen.

Mit Ausnahme einer ganz spontanen Aktion bestehen Geiselnahmen grundsätzlich aus drei Phasen:

*Planung*

Diese umfaßt u. a. den Zweck des Unternehmens, die Auswahl der Zielperson oder zumindest der Personengruppe, Überlegungen bezüglich des taktischen Vorgehens, der Gefangenenhaltung und der Beendigung des Unternehmens (Freilassung oder Ermordung der Geisel).

*Vorbereitung*

In dieser Phase müssen die Täter die Lebensverhältnisse und Lebensgewohnheiten der Zielperson im Detail erkunden, um danach den Ablauf der Geiselnahme festzulegen. In dieser Phase werden auch die Durchführung, die Art der Gefangenschaft und die Beendigung der Geiselnahme organisiert.

*Durchführung*

Sie beinhaltet die Umsetzung der Planung und Vorbereitung und bringt nur dort Schwierigkeiten, wo sich Unterschiede zum erwarteten Ablauf ergeben.

Sie umfaßt die Geiselnahme selbst, den Transport und das Gefangenhalten der Geisel, sowie die Beendigung des Unternehmens.

Bei einer Geiselnahme wird von den Tätern fast immer gefordert, die Polizei nicht zu informieren, weil diese als einzige die Mittel und Möglichkeiten hat, nicht nur durch frühzeitige Befreiung der Geisel den Erfolg der Unternehmung zunichte zu machen, sondern auch durch Festnahme der Täter eine Wiederholung zu verhindern.

Dieser Forderung der Täter nachzugeben heißt somit, die effizienteste Überlebenschance, nämlich eine rasche Befreiung, schon von vorneherein freiwillig aus der Hand zu geben; die Polizei nicht ausführlich und präzise zu informieren heißt, den Tätern die Chance zu geben, weitere Geiselnahmen durchführen zu können.

Es steht außer Zweifel, daß sofortige und vollständige Information der Polizei und bedingungslose Zusammenarbeit mit ihr die bestmögliche Hilfestellung für die Geisel bedeutet. Dazu bestehen strenge Dienstvorschriften, die sicherstellen, daß in solchen Fällen allen Wünschen der Angehörigen zur Rettung von Leben und Gesundheit der Geisel nachgekommen wird.

Der Ablauf einer Geiselnahme kann in den verschiedenen Phasen durch die Zielperson zum Teil wesentlich beeinflußt werden; zum Teil können dabei Informationen gesammelt werden, die nach Beendigung des Unternehmens der Polizei die Möglichkeit in die Hand geben, den gesamten Täterkreis auszuschalten.

## *Planung und Vorbereitung*

Da die Täter in dieser Phase unter anderem auch die Lebensgewohnheiten der Zielperson erkunden müssen, hat diese bei einiger Aufmerksamkeit ausgezeichnete Chancen, diese Überwachung zu erkennen.

Es ist allerdings kaum anzunehmen, daß bereits die Planung eines Unternehmens der Zielperson bekannt wird. Das heißt, daß jemand, der eine Geiselnahme befürchtet, jederzeit seine Umgebung sehr genau beobachten muß.

Folgende allgemeine Verhaltensregeln, konsequent befolgt, bringen den gewünschten Erfolg:

- Beobachten Sie immer Ihre Umgebung, besonders in der Nähe der Wohnung und des Arbeitsplatzes, und stellen Sie auftretende Veränderungen (fremde Wagen, herumstehende Personen) fest.
- Wählen Sie dazu immer einen Platz, der Ihnen den Rücken freihält und Ihnen zugleich möglichst viel Beobachtungs- und Aktionsraum freiläßt. Das bezieht sich besonders auf Lo-

kalbesuche, den Arbeitsplatz und das Telefonieren (in einer Zelle immer mit dem Rücken zum Gerät, Gesicht zur Tür).

- Melden Sie sich am Telefon, entgegen dem üblichen Verhalten, nie mit Namen oder Telefonnummer, sondern nur mit »ja« oder »hallo«. Damit nehmen Sie jedem Anrufer die Möglichkeit, Sie auf diesem Wege zu identifizieren. Stellen Sie sicher, daß auch Ihr Personal so vorgeht.
- Öffnen Sie Ihre Eingangstüre immer erst dann, wenn der Ankommende mit Sicherheit als unbedenklich erkannt wurde. Das wird durch Türkette, Türspion, Gegensprechanlage und ausreichende Außenbeleuchtung wesentlich erleichtert.
- Wählen Sie Ihr Personal (Fahrer, Raumpfleger, Köchin, Gärtner) sehr sorgfältig aus. Lassen Sie Bewerber eventuell vorher überprüfen.
- Entwickeln Sie möglichst keine festen Gewohnheiten. Benutzen Sie z. B. nicht immer den gleichen Weg (zur Arbeit, zum Einkaufen). Wechseln Sie nicht nur häufig den Weg, sondern auch die Zeit.

  Setzen Sie sich nicht immer an den gleichen Platz, besuchen Sie nicht immer das gleiche Lokal usw.
- Beobachten Sie beim Autofahren, ob Ihnen ein Fahrzeug längere Zeit nachfährt oder ob Ihnen an mehreren Tagen das gleiche Fahrzeug folgt.

Wenn Sie diese Grundregeln beachten, müßte Ihnen eine einsetzende Überwachung auffallen.

Das Erkennen einer Überwachung wird allerdings wesentlich wahrscheinlicher, wenn Sie die Grundregeln und einige Techniken der Überwachung kennen. Sie können dann gezielter beobachten und erhöhen damit Ihre Chancen wesentlich.

## Überwachung

Man unterscheidet zwei Grundformen:
— die Standüberwachung und
— die Bewegungsüberwachung,
wobei je nach Situation die eine in die andere übergehen kann. Meist werden dazu mehrere Personen eingesetzt, um das Erkennen zu erschweren.

### Standüberwachung

Sie dient meist der Beobachtung des Aufenthaltsortes der Zielperson, wie Wohnung, Arbeitsplatz, regelmäßig besuchte Lokalitäten usw. Daher werden bei Bedarf auch technische Hilfsmittel (Fotoapparat, Fernglas) eingesetzt, um die Beobachtungsstelle weiter vom Zielobjekt weg einrichten zu können und damit schwieriger erkennbar zu machen.

Bei mehreren Ein- und Ausgängen werden meist mehrere Beobachter zur Überwachung erforderlich sein.

Als Beobachtungsstellen eignen sich:
— Pkw,
— Lieferwagen,
— Wohnwagen,
— eventuell Bauzelte,
— günstig gelegene Lokale,
— angemietete Wohnungen (Zimmer),
— Stände (z. B. Zeitung).

Diese Standüberwachung bezieht sich aber auch auf Innenräume (Lokale, Wohnungen, Arbeitsplatz, Kaufhaus), besonders dann, wenn Einzelheiten über Wohnung oder Arbeitsplatz erkundet werden sollen.

Gerade diese Art der Standüberwachung ermöglicht der Zielperson ein leichtes Erkennen und ist daher für den Beobachter besonders schwierig.

Zur Erkundung von Wohnung und Arbeitsplatz wird meist eine Tarnung angewandt, z. B. als

— Handwerker,
— Vertreter,
— Beamter irgend eines Amtes (Gas, Strom).

Bei Lokalbesuchen, Bus- oder Bahnfahrten ist es meist erforderlich, daß zumindest ein Beobachter der Zielperson folgt. Er wird seinen Platz nicht in unmittelbarer Nähe wählen und in einem Lokal Bestellung wie Bezahlung so organisieren, daß ein sofortiger Aufbruch unauffällig (keine Beschuldigung der Zechprellerei bei raschem Verlassen des Lokals) möglich ist. Beim Aufbruch wird der Beobachter meist noch während des Bezahlens der Zielperson das Lokal vor dieser verlassen.

Bei mehreren Beobachtern ist es möglich, daß ein zweiter nach einiger Zeit das Lokal betritt und die Überwachung übernimmt. Der erste kann dann lange vor der Zielperson das Lokal verlassen und draußen auf die Fortsetzung der Überwachung warten, während der zweite erst mit einigem Abstand nach der Zielperson das Lokal verläßt.

Das gleiche System gilt natürlich auch für alle anderen Örtlichkeiten.

Bewegungsüberwachung

Sie stellt an den/die Beobachter wesentlich höhere Anforderungen und kann von einer Einzelperson über längere Zeit kaum erfolgreich aufrecht erhalten werden.

Sie wird

— zu Fuß oder
— mit dem Fahrzeug

durchgeführt. Dabei ist eine Kombination von beiden sehr wahrscheinlich; zur erforderlichen Kontaktaufnahme werden häufig Kleinstfunkgeräte verwendet.

*Zu Fuß*

Der Abstand, der zwischen Beobachter und Zielperson einzuhalten ist, kann nicht generell festgelegt werden. Er richtet sich immer nach den örtlichen Gegebenheiten und reicht von »sehr gering« in dichtem Menschengewühl bis »groß« auf wenig belebten Straßen. Dies gilt für die Überwachung zu Fuß wie für den Einsatz von Fahrzeugen.

Bei mehreren Beobachtern wird eine Kontaktaufnahme zwischen diesen durch Zeichen oder Gespräche möglichst vermieden, da dadurch die Zielperson mißtrauisch werden könnte.

Beobachter bemühen sich auch, sich nie so zu verhalten wie die Zielperson. Bleibt diese z. B. stehen, so wird der Beobachter noch weitergehen, vielleicht sogar die Zielperson überholen und erst dann unter irgendeinem Vorwand ebenfalls stehenbleiben.

Es ist nicht möglich, alle verfolgungstaktischen Varianten im Detail anzuführen. Um das System deutlich zu machen, sei hier jedoch die Überwachung einer Zielperson durch zwei Beobachter dargestellt.

Stehen mehr als zwei Personen als Beobachter zur Verfügung, kann dieses System natürlich beliebig erweitert werden.

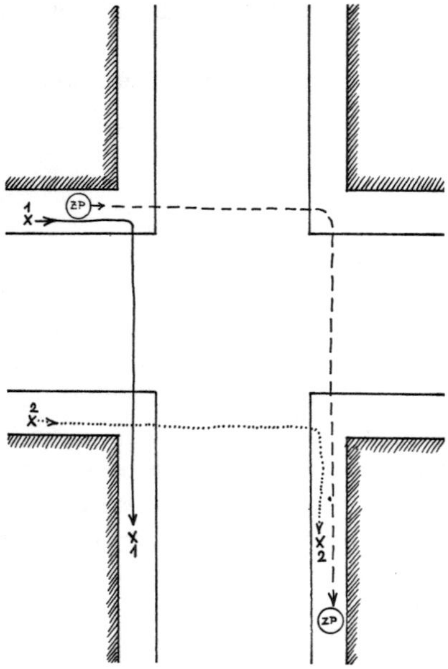


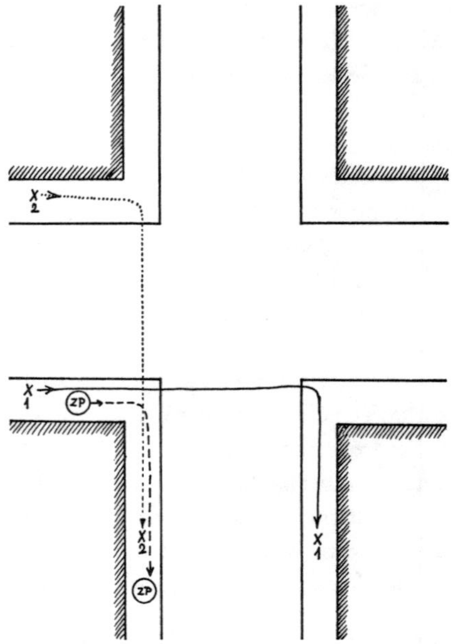


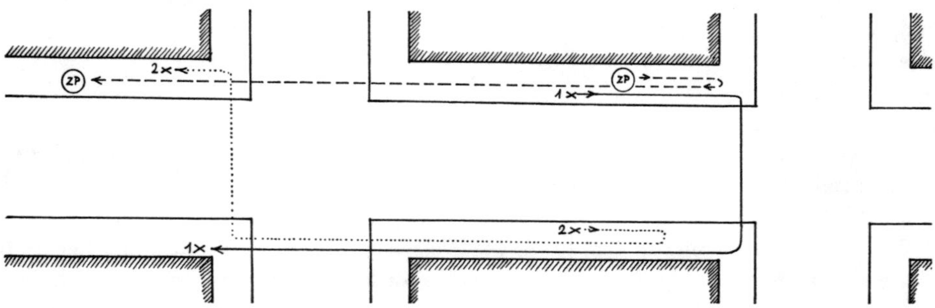


*Mit dem Fahrzeug*

Auch hier gilt, daß nur der Einsatz mehrerer Fahrzeuge Aussicht auf Erfolg bringt, wobei der Kontakt zwischen ihnen von besonderer Wichtigkeit ist.

Als Beobachterfahrzeuge eignen sich unauffällige, aber leistungsstarke, kompakte und daher wendige Pkws mit guten Beschleunigungswerten und hoher Durchschnittsgeschwindigkeit.

Das wirkungsvollste System ist hier wohl die Reihenbeobachtung. Es soll am Beispiel von drei Beobachterfahrzeugen dargestellt werden.

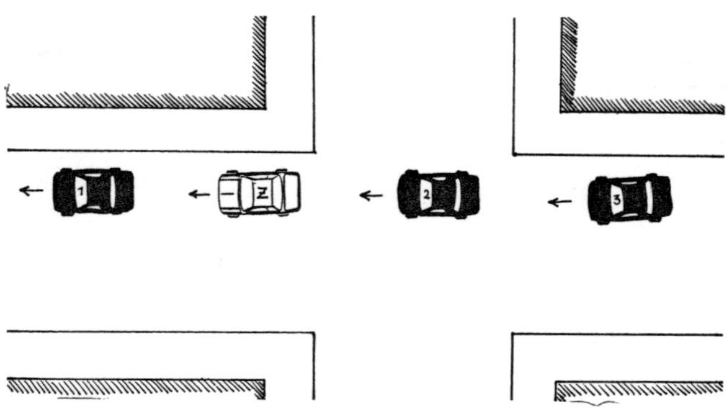

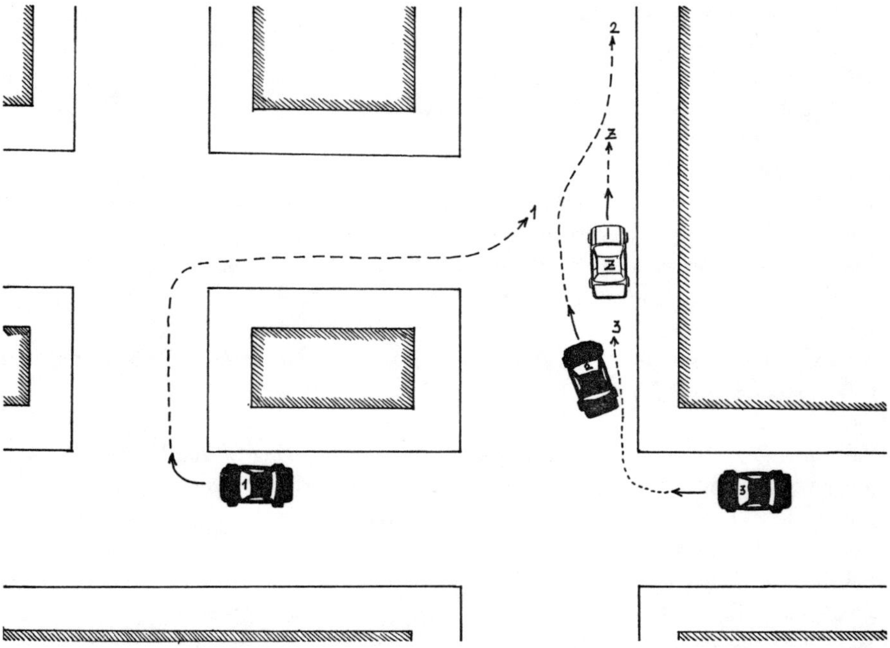


Dabei werden folgende allgemeine Regeln angewendet:

- Fährt das Zielfahrzeug zu langsam, überholt das nächstfolgende Beobachtungsfahrzeug und reiht sich auf Umwegen wieder hinten ein.
- Fährt das Zielfahrzeug plötzlich schneller, bleibt das nächstfolgende Beobachtungsfahrzeug unter Beibehaltung seiner bisherigen Geschwindigkeit zurück. Das Beobachtungsfahrzeug davor oder das von hinten nachkommende dritte Fahrzeug übernimmt dessen Platz.
- Bleibt das Zielfahrzeug stehen, muß das nächstfolgende Beobachtungsfahrzeug überholen, das folgende Fahrzeug über Funk informieren und außer Sichtweite anhalten.

Besondere Schwierigkeiten entstehen im dichten Großstadtverkehr beim Einordnen an großen Kreuzungen und bei Lichtampeln, da ein verkehrswidriges Verhalten (z. B. gewaltsamer Spurwechsel, Überfahren einer Kreuzung bei rot) die Überwachung leicht erkennbar machen würde.

Meist werden daher »abgerissene« oder »verlorengegangene« Beobachterfahrzeuge per Funk wieder nachgezogen.

Die hier aufgezeigten Überwachungstechniken und Systeme sind professionell und erfordern ein hohes Maß an Ausbildung und Material. Trotzdem sind auch sie anfällig gegen Entdeckung. Umso mehr ist dies bei einfacheren Formen (Einzelüberwachung, ungeschulte Beobachter) gegeben.

Achten Sie daher besonders auf folgendes:

*Im Lokal*

- Wer kommt nach Ihnen herein (innerhalb der ersten 5—10 min)?
- Welchen Platz wählt er (kann er Sie von dort gut beobachten)?
- Was bestellt er (Kleinigkeit, kaltes Getränk)?
- Bezahlt er sofort?

— Verläßt er vor Ihnen das Lokal?
— Verläßt er nach Ankunft einer anderen Person noch während Ihrer Anwesenheit das Lokal?

Dieses gilt, in entsprechend angepaßter Form, für alle Räume wie Theater, Museum, aber auch für Bus, Bahn usw.

*Auf der Straße*

— Fällt Ihnen eine Person auf (oder mehrere), die anscheinend den gleichen Weg hat wie Sie (gilt auch für die gegenüberliegende Straßenseite)?
— Bleibt diese Person auch bei kurzfristigem Überholen im allgemeinen hinter Ihnen?
— Folgt Ihnen diese Person auch dann, wenn Sie eine Straße überqueren, umkehren oder ein Lokal betreten?
— Versucht eine Person, durch Zeichen oder sonstwie mit einer anderen Person Verbindung aufzunehmen?

*Im Auto*

— Fällt Ihnen ein Wagen auf, der unauffällig, aber leistungsfähig ist und längere Zeit hinter (oder vor) Ihnen fährt (muß nicht der unmittelbar nächste Wagen sein)?
— Taucht dieses Fahrzeug auch dann wiederholt hinter (vor) Ihnen auf, wenn es eine Zeitlang verschwunden war?
— Behält dieses Fahrzeug den gleichen Abstand oder variiert dieser je nach Verkehrsdichte?
— Folgt Ihnen dieses Fahrzeug auch bei Fahrspur- oder Richtungswechsel?

*In der Umgebung des Arbeitsplatzes oder der Wohnung*

— Parkt in der näheren Umgebung (Sichtweite) ein unbekanntes, besetztes Fahrzeug?
— Wird eine Kleinbaustelle in Ihrer Umgebung errichtet?
— Halten sich unbekannte Personen in der Umgebung auf (Zeitungsverkäufer, Bettler, Straßen- oder sonstige Arbeiter)?
— Werden neue Stände eröffnet (Zeitungsstand z. B.)?
— Wurden in Ihrer Umgebung Zimmer oder Wohnungen vermietet (mit Beobachtungsmöglichkeit auf Ihre Wohnung oder Ihren Arbeitsplatz)?
— Kommen unangemeldet Handwerker, Vertreter, Bevollmächtigte (Gas, Wasser, Strom) in Ihre Wohnung oder an Ihren Arbeitsplatz?

*Am Telefon*

— Bekommen Sie öfter Telefonanrufe, bei denen sich der Anrufer nicht meldet oder sich mit »falsch verbunden« entschuldigt?
— Bekommen Sie sonstige Anrufe (von Firmen, Ämtern) aus denen Sie nicht klug werden?

Haben Sie den Verdacht, daß Sie überwacht werden, wollen sich jedoch Sicherheit verschaffen bzw. die Überwachung nach Möglichkeit abschütteln, so können folgende Techniken angewandt werden:

*Zu Fuß*

- Beobachten Sie den Verdächtigen intensiv, aber unauffällig. Dazu eignen sich besonders Schaufensterscheiben, Spiegel usw.
- Wechseln Sie häufig und überraschend Ihr Gehtempo und Ihre Bewegungsrichtung (umkehren, abbiegen).
- Benützen Sie Hausdurchgänge oder stark besuchte Geschäfte mit mehreren Ausgängen (Großkaufhäuser).
- Überqueren Sie Straßen erst im allerletzten Moment der Grünphase.
- Benützen Sie öffentliche Verkehrsmittel und wechseln Sie diese häufig.

Damit erschweren Sie einem Überwacher seine Aufgabe so wesentlich, daß er entweder durch sein auffälliges Verhalten eindeutig erkannt wird oder Sie verliert.

*Mit dem Fahrzeug*

- Überfahren Sie Kreuzungen erst im letzten Moment der Grünphase.

- Biegen Sie überraschend ab.
- Wechseln Sie unerwartet Ihr Fahrtempo (z. B. bummeln Sie eine Zeitlang, und wechseln Sie dann zu einer zügigen Fahrweise).
- Auf Autobahnen: Bleiben Sie bei einem Parkplatz stehen, und notieren Sie sich die amtlichen Kennzeichen der nächsten vorbeifahrenden und der auf dem Parkplatz befindlichen und eventuell einfahrenden Fahrzeuge. Wiederholen Sie das dreimal, und vergleichen Sie dann die notierten Kennzeichen.

Spätestens jetzt, wenn Sie sicher sind, überwacht zu werden, besser allerdings schon beim geringsten Verdacht, sollte unbedingt die Polizei verständigt werden. Um durch präzise Angaben den Erfolg der polizeilichen Maßnahmen sicherzustellen oder zumindest deren Chancen zu erhöhen, sollte man sich Personen oder Fahrzeuge nach folgendem Schema einprägen:

| Personen | Merkmale |
|---|---|
| Geschlecht | männlich, weiblich, nicht feststellbar (z. B. Maskierung) |
| Volkszugehörigkeit | soweit erkennbar |
| Größe | schätzen |
| Gewicht | schätzen |
| Körperbau | schlank, muskulös, fett, aufrecht, gebeugt |
| Haut | Farbe, faltig, straff, Pickel, fett, schuppig |
| Haar | Farbe, Länge, Schnitt, glatt oder gelockt |
| Augen | Farbe, Form, (rund, schmal) Lage (weit auseinander, eng zusammen), ungleich |
| Ohren | Größe, Form, anliegend, abstehend |
| Nase | Größe, Form, gerade, schief |
| Gesichtsform | oval, rund, eckig, schmal, breit, flach, stark gegliedert (Kinn, Stirn, Wangen) |
| Bart | Farbe, Form, Länge, gepflegt, ungepflegt |
| Brille | Farbe der Gläser und der Fassung,<br>Form der Gläser und der Fassung |
| Narben | Größe, Form, an welchem Körperteil, Farbe |
| Sonstige Merkmale | z. B. Fehlen eines Fingernagels, Fingergliedes, blaue Flecken, Schwellungen |

| Bekleidung | Merkmale |
|---|---|
| Kopfbedeckung | Farbe, Form, Verzierungen, Material |
| Mantel | Art (Winter-, Regen-, Übergangsmantel) Schnitt, Farbe, Material, Länge, Gürtel, Taschen |
| Handschuhe | Farbe, Material, Form, Verzierungen, Art, (Winter, Sommer) |
| Schuhe | Farbe, Form, Material, Verzierungen; Farbe, Form und Material der Sohle, besondere Merkmale (Flecken, Risse) |
| Socken | Farbe, Muster, eventuelle Länge |
| Hose/Rock | Farbe, Schnitt, Material, Paßform, Taschenform und -anzahl, Gürtel (Material, Farbe, Schnalle) |
| Oberbekleidung | Pullover, Jacke, Anorak; Schnitt, Material, Verschluß (Knöpfe, Reißverschluß), Taschen, Farbe |
| Kleid | Schnitt, Länge, Paßform, Material, Farbe, Verschluß |
| Anzug | Schnitt, Paßform, Material, Farbe, zwei- oder dreiteilig |
| Hemd/Bluse | Form, Material, Farbe, Muster, Verschluß, kurz- oder langärmelig |
| Krawatte | Material, Farbe, Musterung, Knoten |
| Andere Kleidungsstücke | Overall, Umhang, Regen- oder Sportbekleidung |
| Schmuck | Art (Ringe, Armbänder, Halsketten, Broschen) Material, Form, eventuell Gravuren |
| Sonstiges, Accessoires | Handtasche, Umhangbeutel, Regenschirm, Spazierstock, Halstuch, Stecktuch, Abzeichen |

| Fahrzeug | Merkmale |
|---|---|
| Type | Pkw, Lkw, Motorrad, Bus |
| Kennzeichen | amtliches Kennzeichen oder wenigstens Teile davon; auch internationales Kennzeichen (Farbe) |
| Marke | wenn möglich auch nähere Bezeichnung (z. B. 240 D, Senator, Ritmo) |
| Modell | Coupé, Cabrio, Targa; zweitürig, viertürig, Hecktüre |
| Farbe | metallic, diamant; glänzend, matt, mehrfarbig; auch Farbe des Fensterglases |
| Beifahrer | Geschlecht, Anzahl, Verhalten |
| Besonderheiten | Verzierungen und Ornamente, Vorhänge, Spoiler, Kotflügelverbreiterungen, Zusatzscheinwerfer, Weißwandreifen, Radzierkappen, Unfall- oder sonstige Beschädigungen, CD-Schild, Aufkleber |

Dies ist auch der spätestmögliche Zeitpunkt, weitere vorbeugende Maßnahmen zu setzen. Da von den Tätern oft erst während der Überwachung die Entscheidung getroffen wird, ob die Geiselnahme mit den zur Verfügung stehenden Miteln überhaupt durchgeführt werden kann bzw. welches Familienmitglied entführt werden soll, erhöht jede vorbeugende Maßnahme den zur Durchführung erforderlichen Aufwand an Menschen und Material und das durch die Täter einzugehende Risiko so wesentlich, daß sie eventuell von ihrem Plan ablassen.

Dazu wären zusätzlich zu den bereits erwähnten Verhaltensregeln folgende Maßnahmen zu treffen:

- Falls noch nicht geschehen, machen Sie die Wohnung einbruchsicher (siehe Kapitel »Schutz des Eigentums«).
- Passen Sie Ihre Lebensgewohnheiten der Situation an.
- Aktivieren Sie den Kontakt zur Nachbarschaft, und erkundigen Sie sich bei den Nachbarn, ob ihnen etwas aufgefallen ist.
- Schränken Sie Ihre Publicity soweit wie möglich ein (Presse, Rundfunk, Fernsehen).
- Bei Empfängen oder Partys im eigenen Haus suchen Sie die Teilnehmer besonders genau aus.
- Vermeiden Sie jede voraussehbare Gewohnheit (Stammlokale, Joggingstrecken, Vereinslokale, Wege, Wegzeiten).
- Besorgen Sie sich Waffenpaß und Waffe. Das ist jedoch nur dann sinnvoll, wenn Sie für den Umgang damit ausgebildet sind und sich laufend in Übung halten.
- Gehen Sie nach Möglichkeit nicht allein aus.
- Beantragen Sie die Überwachung des eigenen Telefons und schließen Sie ein Tonbandgerät an.

Anweisungen für das Hauspersonal

- Auskünfte über die Hausbewohner dürfen niemandem gegeben werden, diesbezügliche Versuche sind dem Dienstgeber sofort bekanntzugeben.
- Hausschlüssel dürfen nicht außer Haus getragen werden.
- Das Hauspersonal muß eventuell Alarmanlagen bedienen können.
- Es muß in der Lage sein, bei Telefonausfall von Nachbarn oder der nächsten öffentlichen Fernsprechstelle aus anzurufen (Nummer des Polizeinotrufes, Ort der nächsten Sprechstelle bekanntgeben, Absprache mit Nachbarn treffen).
- Es darf die Eingangstüre erst öffnen, wenn der Besucher eindeutig identifiziert wurde.
- Bei Unklarheiten muß unverzüglich bei den angegebenen Stellen (z. B. Behörde, Lieferfirma, Geschäft) rückgerufen werden (Personenbeschreibung des Beauftragten geben lassen).
- Hausangestellte sollten eventuell Waffenpaß und Waffe (siehe oben) besitzen.

Zusätzliche Absprachen mit den Angehörigen und den nächsten Mitarbeitern.

- Die Angehörigen müssen im Falle einer Geiselnahme sofort die Polizei verständigen und laufend mit ihr zusammenarbeiten.
- Für Telefongespräche sind Kennworte zu vereinbaren (siehe Kapitel »Kontaktaufnahme«).
- Von den Geiselnehmern stammende Schriftstücke sollten möglichst nicht direkt berührt werden (Pinzette, Handschuhe, Kuvert).
- Bei Kontakt mit den Geiselnehmern ist ein Kennwort zu vereinbaren, um diese von »Trittbrettfahrern« (Schwindlern) unterscheiden zu können.

Schutz von Kindern

- Kinder sollten mit Kraftfahrzeugen zur Schule (Kindergarten) gebracht und wieder abgeholt werden. Ist das nicht möglich, organisieren Sie Kindertransporte gemeinsam mit Nachbarn unter Aufsicht einer Vertrauensperson.
- Die für das Kind verantwortliche Person soll in der Schule persönlich bekannt sein.

- Vereinbaren Sie mit der Schule, daß bei Telefonanrufen wegen vorzeitiger Entlassung von der Schule (Kindergarten) vorher ein bestimmter Telefonanschluß rückzurufen ist. Dabei ist durch Fragen über Geburtsdaten des Kindes, Name von Geschwistern, Freunden, Sitznachbarn, Lehrern von bestimmten Fächern oder über Schulnoten die Identität des Anrufers eindeutig zu klären.
  Im Zweifel soll das Kind zurückgehalten werden.
- Kinder sollen nicht mit Fremden gehen, in fremde Autos einsteigen und sich nicht auf einsamen Plätzen aufhalten.
- Bei Bedrohung sollen sie laut schreien und möglichst zu einer größeren Menschengruppe laufen.
- Ab ca. 10 Jahren können Kinder über die herrschende Gefahr informiert werden.

Am Arbeitsplatz

- Vermeiden Sie, als erster Ihren Arbeitsplatz zu betreten und ihn als letzter allein zu verlassen.
- Verlassen Sie Ihr Fahrzeug nicht in einer unübersichtlichen Tiefgarage, sondern vor einem frequentierten Eingang.
- Richten Sie Alarmanlagen ein und stellen Sie sicher, daß niemand unangemeldet Zutritt erhält.
- Stellen Sie sicher, daß über alle ankommenden Besucher Aufzeichnungen geführt und Passierscheine ausgegeben werden. Dabei sollte auch die Unterschrift des Besuchers festgehalten werden.
- Installieren Sie automatische Schließanlagen, oder bereiten Sie einen Fluchtweg vor.
- Richten Sie zu Ihrem Vorzimmer Gegensprech- oder Fernsehanlagen ein.
- Vereinbaren Sie mit Ihrem Personal bestimmte Kennworte bei Bedrohung (siehe Kapitel »Kontaktaufnahme«).
- Stellen Sie sicher, daß Ihr Aufenthaltsort und Ihre Absichten immer einem Ihrer Mitarbeiter bekannt sind.
- Wählen Sie Ihren persönlichen Arbeitsplatz so, daß er von außen nicht einsehbar ist (Rücken zur Wand).
- Seien Sie besonders vorsichtig, wenn Sie telefonisch unter irgendeinem Vorwand (Unfall, Erkrankung, Besprechung) an einen bestimmten Ort gerufen werden. Tätigen Sie immer einen Rückruf.
- Bezüglich der Erteilung von Auskünften sollten sich die Mitarbeiter so verhalten wie beim Hauspersonal beschrieben.

Im Fahrzeugverkehr (besonders zwischen Wohnung und Arbeitsplatz)

- Benützen Sie unauffällige Wagen, wechseln Sie diese fallweise.
- Halten Sie nach Möglichkeit während der Fahrt die Fenster geschlossen und die Türen verriegelt (auch gegen die Lehrmeinung der Autofahrerclubs).
- Lassen Sie schußsichere Scheiben anbringen und nach Möglichkeit zumindest die Wagentüren panzern.
- Werden Sie von einem Wagen verfolgt und gelingt es Ihnen nicht, diesen abzuschütteln, halten Sie vor der nächsten Polizeiwachstube ohne auszusteigen, hupen Sie, und schalten Sie Warnblinkanlage und Alarmanlage (entsprechend adaptieren lassen) ein.
- Kündigen Sie jeweils Ihre Abfahrt am beabsichtigten Fahrziel (Wohnung, Arbeitsplatz) telefonisch an.
- Installieren Sie an Ihrem Fahrzeug entsprechende Einrichtungen, um ohne auszusteigen Garagen- oder Eingangstore öffnen und schließen bzw. die Beleuchtung ein- und ausschalten zu können.
- Stellen Sie sicher, daß vor dem Ein- bzw. Aussteigen die Umgebung überwacht und bei

Wahrnehmen verdächtiger Personen oder Fahrzeuge Ihnen das durch vereinbarte Zeichen rechtzeitig bekanntgegeben wird. Verständigen Sie in diesem Fall sofort die Polizei.

- Stellen Sie den Wagen immer in eine versperrbare Garage. Ist das nicht möglich, dann benützen Sie nur gut ausgeleuchtete, nach Möglichkeit bewachte Parkplätze (siehe Kapitel »Das Fahrzeug«).
- Sperren Sie den Wagen immer ab, und schalten Sie die Alarmanlage ein.
- Halten Sie unterwegs nach Möglichkeit nicht an. Sollte versucht werden, Sie dazu zu zwingen, wenden Sie die entsprechenden Techniken an (siehe Kapitel »Das Fahrzeug«).
- Werden Sie angehalten, steigen Sie nicht aus. Verriegeln Sie die Wagentüren, lassen Sie den Motor laufen, legen Sie den ersten Gang ein und treten Sie die Kupplung. Bei Bedarf öffnen Sie zur Verständigung die Scheibe einen Spalt.

## *Verhalten bei Geiselnahme*

Der Detailablauf einer Geiselnahme kann so verschieden angelegt sein und so unterschiedlich erfolgen, daß ein einheitliches Grundschema nicht angegeben werden kann. Das gleiche gilt auch für den weiteren Verlauf, d. h. für Transport, Gefangenhaltung und Beendigung.

So kann z. B. eine Geiselnahme bei einem Bankraub mit anschließender, tagelanger Belagerung und Flucht der Bankräuber mit der Geisel als Schutzschild sicher nicht mit einer gezielten, politisch motivierten Geiselnahme mit anschließender Gefangenhaltung zum Zwecke des Austausches mit politischen Gefangenen verglichen werden.

Die Unterschiede gelten jedoch nicht oder doch nur in geringem Maße für Ihr Verhalten und die zu treffenden Maßnahmen
— während der Geiselnahme,
— während des Transportes,
— während der Gefangenschaft,
— nach dem Freikommen.

In der Praxis sind die Grenzen der einzelnen Phasen fließend.

### Während der Geiselnahme

Diese Phase ist bei entsprechender Vorbereitung und keinen oder ungenügenden Gegenmaßnahmen von Seiten der Geisel meist zeitlich sehr kurz.

Maßnahmen:

- Bleiben Sie ruhig und versuchen Sie, klar zu überlegen. Panik und daraus resultierende Kurzschlußhandlungen können für Sie tödlich sein, schockartige Handlungsunfähigkeit kann Sie um Ihre erste und vielleicht einzige Fluchtchance bringen.
- Leisten Sie Widerstand, aber nur dann, wenn dessen Erfolg sicher oder zumindest fast sicher erscheint. Die Gefahr, der Willkür des Geiselnehmers ausgesetzt zu sein, rechtfertigt mit Sicherheit das Risiko der Gegenwehr oder der Flucht, vorausgesetzt, es bietet sich eine gute Gelegenheit dazu. Ihre Chancen steigen wesentlich, wenn Sie bewaffnet sind, doch auch unbewaffnet sind Sie nicht chancenlos. Je näher der Geiselnehmer an Sie heran muß, desto einfacher ist es für Sie (siehe Kapitel »Selbstverteidigung«).
  Bedenken Sie, daß auch einem kühl kalkulierenden Geiselnehmer, besonders nach Erreichen des beabsichtigten Erfolges, das Risiko eines lebenden Tatzeugen zu hoch werden könnte. Noch größer kann diese Gefahr bei stark emotionalen oder abnormen Tätern werden.
- Ist Widerstand nicht möglich, provozieren Sie den Geiselnehmer nicht. Folgen Sie allen seinen Anweisungen, aber versuchen Sie, dabei Zeit zu gewinnen. Verhalten Sie sich möglichst ungeschickt und langsam. Jede gewonnene Sekunde kann zur Chance werden.

**Während des Transportes**

In dieser Phase können folgende Maßnahmen und Beobachtungen von besonderer Bedeutung sein:

- Prägen Sie sich möglichst viele Einzelheiten des benutzten Fahrzeuges gemäß dem angegebenen Schema ein.
- Merken Sie sich unauffällige Markierungen (z. B. kleiner Kratzer im Lack, kleiner Riß in der Polsterung, kleiner Fleck an der Türverkleidung) und deren genaue Lage im Inneren des Fahrzeuges oder bringen Sie selbst solche Markierungen an (Fingernagel, Ring, Uhr), um später das Tatfahrzeug eindeutig identifizieren zu können.
- Versuchen Sie möglichst genau (Uhr, auch Uhr im Fahrzeug oder am Geiselnehmer) Wegzeit oder Fahrtzeit und die gefahrene Geschwindigkeit festzustellen (am Tachometer oder durch Schätzen der Beschleunigung, der Bremsverzögerung und der Fliehkraft in Kurven).
- Versuchen Sie, sich die Weg- oder Fahrtrichtung zu merken. Ohne Sicht ist das meist nur über eine sehr kurze Zeit möglich. Als Hilfsmittel eignen sich typische Geräusche (Hafen, Flugplatz), Gerüche (Meer, Industrierauch) und die Wärmeeinstrahlung der Sonne (Richtung der Einwirkung ändert sich bei jedem Richtungswechsel; siehe Kapitel »Orientierung« und Kapitel »In unbekanntem Gelände«).
- Prägen Sie sich das Aussehen des Geiselnehmers ein.
- Prägen Sie sich dazu auch die Bewaffnung und sonstige Fakten ein:

| | |
|---|---|
| Waffe | Revolver, Pistole, Maschinenpistole, Handgranate, Messer, nach Möglichkeit Type und Kaliber |
| Tragweise | offen, verdeckt; am Gürtel (vorne seitlich, hinten, rechts, links), im Schulterhalfter |
| Handhabung | geübt, ungeübt; selten, häufig |
| Munition | Menge, Art, Verpackung (offen, im Magazin oder Speedloader) |
| Sonstiges | Sprengstoff, Zünder, Sprengkapseln, Zündschnur vorbereitete Sprengladungen |

| | |
|---|---|
| Sonstige Merkmale | |
| Sprechweise | hochdeutsch, Dialekt, Akzent gebrochen, Fremdsprache (welche) |
| Ausdruck | gewandt, unbeholfen; stockend, zögernd, primitiv |
| Umgangsformen | höflich, unhöflich, brutal, zynisch, boshaft, freundlich, linkisch |
| Namen | Vornamen, Spitznamen, Familiennamen, beigelegte „Kriegsnamen“ |
| Gewohnheiten | Links- oder Rechtshänder, Raucher (Zigarette, Zigarre, Pfeife; Marke), Kaugummi kauen, nervöse Angewohnheiten (Zucken, bestimmte Bewegungen, Blinzeln, Hüsteln, Räuspern, Pfeifen) |
| Gesprächsinhalte | besonders bezogen auf Personen, Absichten, Räumlichkeiten, Fahrtstrecken, Orte, Zeitangaben, Fahrzeuge |
| Besonderheiten | ungewöhnliche Haltung oder Gang (Hinken, hochgezogene Schultern z. B.) Sprachfehler, Schwerhörigkeit, Nachtblindheit, Farbenblindheit, eingeschränkte Bewegungsfähigkeit, geistige Abnormitäten oder Behinderungen |

## Während der Gefangenschaft

Dieser Abschnitt wird meist der längste sein.

Für die Geisel sind dabei folgende Maßnahmen von besonderer Wichtigkeit:

- Prägen Sie sich Einzelheiten Ihres Verwahrungsortes und Ihres Aufenthaltes dort so genau und detailliert als möglich ein. Benutzen Sie dabei folgendes Schema:

| Verwahrungsort | |
|---|---|
| Art | Einzelhaus, Wohnung, Umgebung (verbautes Gebiet, unverbautes Gelände) |
| Größe | Anzahl der Stockwerke, Keller; Anzahl der Räume, Lage der Räume, Gänge, Balkone, Galerien |
| Inneneinrichtung | Art des Bodens (Beton, Holz, Fliesen, Teppich), der Wände (Tapeten, Wandfarbe, Ziegel, Gips, Beton), der Beleuchtung, der Möbel, Vorhänge, der Heizung |
| Strom- und Wasserinstallationen | Strom und Wasser auf Putz oder unter Putz verlegt, Anzahl und Lage der Anschlüsse, Schalter und Steckdosen |
| Türen und Fenster | Material, Festigkeit, Schlösser und Scharniere der Türen und Fenster, Sicht aus dem Fenster, Fenster vergittert, schalldicht, einfach oder mehrfach verglast |

| Aufenthalt | |
|---|---|
| Geräusche | Glocken, Sirenen, Straßenlärm, Flugzeuge, Folgetonhörner von Einsatzfahrzeugen (in diesem Fall genaue Zeit merken); Radio- oder sonstige Musik, Lautsprecher, Stimmen, Schritte, Läuten seines Telefons,<br>Hundegebell oder sonstige Tierstimmen; Rauschen eines Baches, Plätschern von Wasser |
| Gerüche | Auspuffgase, Industrieabgase; Jauche, Abwässer, Verwesungsgeruch, Gerüche von Speisen, Blumen oder sonstige typische Geruchswahrnehmungen |
| Verpflegung | Welche Speisen wurden Ihnen gegeben, in welcher Form, in welchem Zustand, wie oft, wie viel, abwechslungsreich oder eintönig; Art und Menge der Getränke |
| Hygiene | Wie oft konnten Sie sich waschen, wo, in welcher Form, kalt oder warm; sonstige Möglichkeiten der Hygiene (Rasieren, Zähneputzen, WC) |

- Bringen Sie an Ihrem Verwahrungsort unauffällige Markierungen an, oder merken Sie sich vorhandene Besonderheiten und prägen Sie sich deren Lage genau ein, um später den Raum eindeutig wiederzuerkennen.
- Versuchen Sie, den Anweisungen der Geiselnehmer so langsam wie möglich nachzukommen.

- Führen Sie möglichst viele und lange Gespräche mit Ihren Bewachern. Es könnten sich für Sie wichtige, ja sogar entscheidende Hinweise für Flucht oder spätere Auffindung der Täter ergeben. Provozieren Sie Ihre Bewacher nicht.
- Da Sie es sich nicht leisten können, auch nur die kleinste Chance aus der Hand zu geben, zeigen Sie sich unvorbereitet und unsicher und über die möglichen Reaktionen Ihrer Angehörigen nicht informiert.
- Bei längerer Dauer der Gefangenschaft sollten Sie auf jeden Fall versuchen, Ihre körperliche Leistundsfähigkeit zu erhalten. Gymnastik und, wenn das nicht möglich ist, isometrische Übungen eignen sich sehr gut dazu.
- Geben Sie nie den Gedanken an Flucht auf und arbeiten Sie gezielt darauf hin. Lassen Sie sich jedoch nicht auf ungeplante Spontanaktionen ein; die Chancen, damit Erfolg zu haben, sind minimal.

Um eine eventuelle Flucht zu planen und vorzubereiten, brauchen Sie u. a. folgende Grundlagen:
- Wie viele Geiselnehmer kennen Sie (manche haben Sie vielleicht nur gehört oder durch Rückschlüsse aus Gesprächen angenommen)?
- Sind sie bewaffnet, wie verhalten sie sich?
- Gibt es gewisse Regelmäßigkeiten im Tagesablauf (Essenzeiten, Hygiene, WC-Besuch, Ablöse eventueller Wachposten, Befragungen)?
- Wie verläuft der Weg ins Freie (Lage der Räume und Gänge, Stockwerke; Erkundung durch eventuellen Ortswechsel innerhalb des Gebäudes, durch Gespräche oder Rückschlüsse aus mitgehörten Telefonaten, durch akustische Wahrnehmungen)?
- In welcher Umgebung liegt der Verwahrungsort (Wald, freies Gelände, Stadt, Ufer)?
- Kann einer der Geiselnehmer eventuell überrascht, bestochen, verunsichert, abgelenkt werden?
- Welcher kann besonders leicht (oder besonders schwer) ausgeschaltet werden?

Auf Grund der Vielfalt der Möglichkeiten sind diese Grundlagen der Situation entsprechend zu ergänzen. Auf dieser Basis kann dann eventuell ein Fluchtplan erstellt werden. In jedem Fall müssen aber folgende Punkte im Ablauf klar und eindeutig geregelt sein:
- (falls überhaupt erforderlich): Bei welcher Gelegenheit wird welcher Geiselnehmer mit welcher Technik unschädlich gemacht?
- Auf welchem Weg wird der Verwahrungsort verlassen?
- Wo und wann ergeben sich dabei welche Gefahren, und was unternehmen Sie dagegen?
- Auf welchem Weg (oder in welcher Richtung) und mit welchen Mitteln (zu Fuß, Auto, Boot, schwimmend) erreichen Sie Ihr nächstes Ziel (Polizei, Telefon, Wohnung)?

Gehen Sie diesen geplanten Ablauf im Geiste wiederholt durch und berücksichtigen Sie dabei auch unvorhergesehene Zwischenfälle. Wiederholen Sie das so oft, bis Sie sicher sind, den Ablauf voll zu beherrschen und auf Zwischenfälle verschiedener Art vorbereitet zu sein. Bleiben Sie dabei aber in der Einschätzung realistisch und lassen Sie sich nicht durch Wunschdenken zu unkalkuliertem Risiko verleiten.

Ein nach diesen Kriterien geplanter und vorbereiteter Fluchtversuch hat sicher die besten Erfolgsaussichten.

**Nach dem Ende der Geiselnahme**

- Sind Sie von der Polizei befreit worden, ist es wichtig, möglichst rasch und spontan alle Ihre Beobachtungen mitzuteilen, um eventuell noch flüchtige Geiselnehmer möglichst rasch fangen zu können.
- Ist Ihnen die Flucht gelungen, verständigen Sie so rasch wie möglich die Polizei und informieren Sie sie ausführlich.
- Wurden Sie von den Geiselnehmern freigelassen, wird wohl die erste Verständigung Ihren Angehörigen gelten. Setzen Sie sich jedoch auch in diesem Fall baldmöglichst mit der Polizei in Verbindung, um durch Ihre Informationen möglichst rasch die erfolgreiche Fahndung zu ermöglichen.
- Geben Sie jedoch in keinem Fall Auskünfte an Vertreter der Massenmedien, bevor Sie nicht diesbezügliche Absprachen mit der Polizei getroffen haben. Sie können ihre Arbeit durch voreilige oder taktisch unerwünschte Auskünfte wesentlich behindern oder gar den Erfolg in Frage stellen. Dies gilt natürlich auch für Ihre Angehörigen und Mitarbeiter.
- Nach getroffener Absprache sollten Sie, Ihre Angehörigen und Ihre Mitarbeiter sich auch bei intensiver Befragung strikt an diese Vereinbarung halten.

# BRÄNDE

## *Allgemeines*

Eine Verbrennung ist, chemisch betrachtet, eine Oxidation, d. h. eine Verbindung eines oxidierbaren Stoffes mit Sauerstoff, wobei ein Oxid entsteht. Oxidationen können ohne Wärmeentwicklung vor sich gehen wie z. B. beim Rosten (»kalte Oxidation«). Rasch ablaufende Oxidationen aber sind meist mit Wärmeentwicklung verbunden (»heiße Oxidation«), Feuer kann dabei als äußere sichtbare Erscheinung auftreten.

**Verbrennungsvorgang**

Am Beispiel einer Kerzenflamme lassen sich 3 Zonen feststellen:

*Gaszone* (dunkel)

Das durch den Docht vorgedrückte verflüssigte Wachs wird in Gas verwandelt, das aber wegen Sauerstoffmangels nicht verbrannt werden kann.

*Glühzone* (hell, gelbstrahlend)

Die Dämpfe zerfallen bei der hohen Temperatur der Verbrennung in Wasserstoff und Kohlenstoff. Das Glühen geht von dem abgespaltenen festen Kohlenstoff aus (Ruß). Zu einer Verbrennung kommt es aus Mangel an Sauerstoff noch immer nicht.

*Verbrennungszone* (bläulich)

Die Glühzone ist von der Verbrennungszone umgeben, einem dünnen blauen Flammensaum, in den Sauerstoff eintritt und wo die eigentliche Verbrennung und Wärmebildung stattfindet.

Eine Verbrennung von Gasen erfolgt also nur an der dünnen Außenhülle der Flamme. Nur hier kommt es zu den hohen Temperaturen (Streichholzflamme ca. 700—800° C, mechanischer Funke 1100° C).

**Verbrennungsbedingungen**

Voraussetzung für eine Verbrennung sind Brennstoff und Sauerstoff im richtigen Mengenverhältnis und Wärme (Zündtemperatur).

An die Umgebung werden beim Abbrand Wärme, Licht, Oxide und Rauch abgegeben. Die Wärme (Hitze) kann so groß sein, daß ein Herangehen an den Brandherd zum Löschen verhindert und anderseits ein Nachbarobjekt durch Wärmestrahlung entflammt wird. Die Verbrennungsgase (Oxide) können (besonders bei brennenden Kunststoffen) giftig und erstickend (wie z. B. das immer entstehende Kohlenmonoxid) wirken. Rauch vergrößert die erstickende Wirkung der Verbrennungsprodukte.

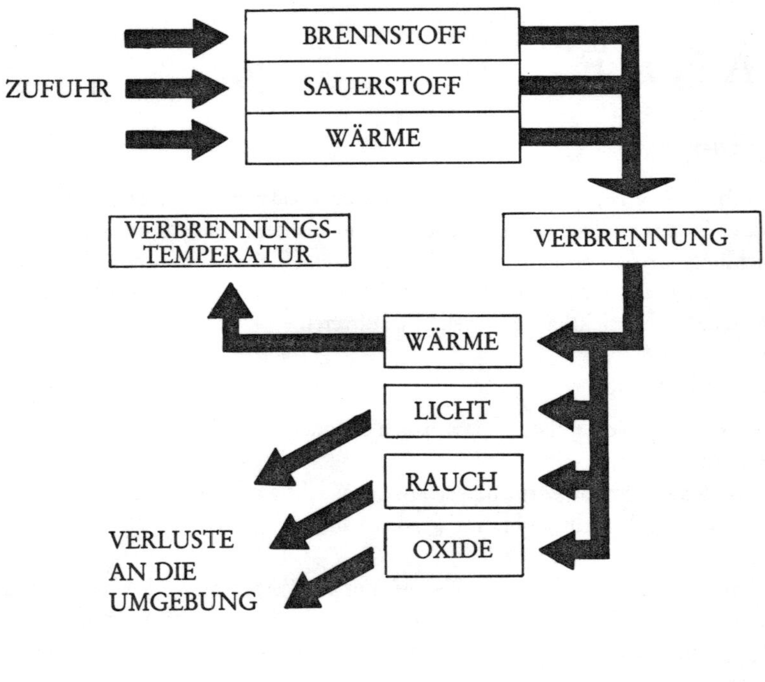


**Brennstoffe**

Brennbare feste Stoffe verbrennen entweder mit Glut (z. B. Kohle), sie können aber auch schmelzen (verflüssigen) und diese Flüssigkeiten können wiederum verdampfen. Diese Produkte (Gase) brennen dann mit Flamme. Flüssigkeiten verbrennen erst nach Übergang zu Gasen mit Flamme.

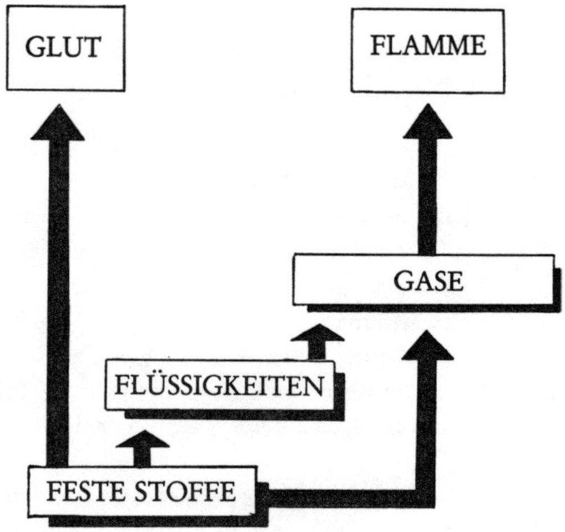


Brennstoffe werden vom Standpunkt der Brandbekämpfung nach ihrer Brennbarkeit unterschieden:

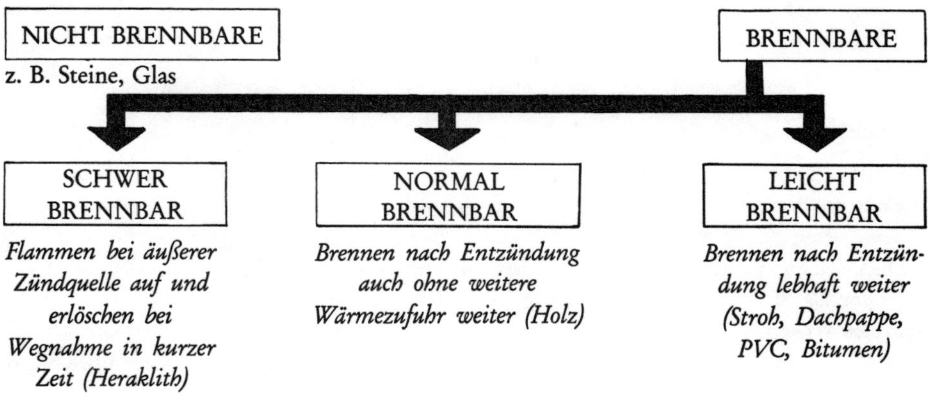


Hieraus resultiert eine Einteilung in sogenannte Brandklassen, die sich in ihrem Brandverhalten unterscheiden und so verschiedene Brandbekämpfungsmethoden erfordern.

*Brandklasse A*

Brennbare feste Stoffe, die normalerweise unter Glut- und Flammenbildung verbrennen. Diese Stoffe sind überall anzutreffen. Der am häufigsten vorkommende Stoff ist Holz. Aber auch Kohle, Koks, Torf, ferner Papier, Heu, Stroh, und verschiedene Kunststoffe gehören dazu.

*Brandklasse B*

Brennbare Flüssigkeiten und schmelzende Stoffe wie:
- Kraftstoffe: Benzin, Benzol, Dieselöl, Petroleum;
- Lösungsmittel: Äther, Azeton, Spiritus;
- Anstrichmittel: Farben, Lacke, Firnis, Harz, Teer;
- Nahrungsmittel: Öle und Fette, Spirituosen.

Brennbare Flüssigkeiten und schmelzende Stoffe verbrennen niemals als solche, sondern bilden erst Gase (diese werden ab einer bestimmten Temperatur ausgeschieden) und brennen erst dann.

*Brandklasse C*

Brennbare Gase

Dazu gehören Methan, Propan, Butan, Wasserstoff, Acetylen, Stadtgas u. a.

*Brandklasse D*
Brennbare Metalle
Leichtmetalle wie Natrium, Kalium, Aluminium, Magnesium und deren Legierungen.

**Wärmewirkungen**

Wärme übt auf Stoffe physikalische Wirkungen aus, die bei Bränden beachtet werden müssen, um den dadurch auftretenden Gefahren rechtzeitig begegnen zu können.
*Materialdehnung*
Eisenträger dehnen sich bei Erwärmung auf 700° C um 1% aus, ein 10 m langer Träger also um 10 cm (bei Eisenbahnschienen reichen wesentlich geringere Dehnungen aus, um eine Entgleisung zu verursachen). Wasser dehnt sich bei Erwärmung auf 100° C um 4,3% aus, Gase bei Erwärmung auf 273° C auf das Doppelte, bei Erwärmung auf 546° C auf das Dreifache.
*Aggregatzustandsänderung*
Bei Erwärmung gehen feste Stoffe meist in den flüssigen und dann weiter in den gasförmigen Aggregatzustand über. Dabei wird jedesmal eine bestimmte Wärmemenge verbraucht und damit der Umgebung entzogen.
*Festigkeitsänderungen*
Druck- und Zugfestigkeit sowie Elastizitätseigenschaften ändern sich bei Wärmeeinwirkung. Eisen hat bei 500° C nur noch die Hälfte, bei 600° nur noch ein Drittel seiner Tragfähigkeit.

**Wärmeübertragung**

In ihr liegt die große Gefahr der Brandausbreitung, indem die Umgebung auf die Zündtemperatur erwärmt wird. Wärmeübertragung erfolgt durch
*Wärmeleitung*
Die Leitfähigkeit ist von Material zu Material verschieden. Besonders schlecht leitende Stoffe finden als Wärmeschutz Verwendung.
*Wärmeübergang*
Es wird Wärme von einem festen Körper durch Berührung auf einen anderen übertragen (Stehenlassen eines heißen Bügeleisens z. B.).
*Wärmestrahlung*
Sie ist die heimtückischste Brandverursacherin. Wärmestrahlung durchdringt auch den luftleeren Raum und wird vom Wind weder abgelenkt noch abgeschwächt. Sie ist abhängig von
— der Verbrennungstemperatur und
— der Verbrennungsgeschwindigkeit
und kann eine Entzündung von Holz noch auf 30 m Entfernung bewirken. Ihre Intensität steigt nicht linear, sondern mit der vierten Potenz der Temperaturzunahme in der Wärmequelle. Ein Anstieg der Temperatur von 900° C auf 1100° C verdoppelt die Wärmestrahlung.
*Wärmeströmung*
Sie besteht darin, daß erwärmte Flüssigkeits- oder Gasteilchen sich von der Brandstelle wegbewegen und andernorts mit der in ihnen enthaltenen Energie Objekte entflammen können.

**Sauerstoff**

Sauerstoff ermöglicht die Verbrennung in Anwesenheit ausreichender Wärme. Die Verbrennungsgeschwindigkeit wird durch folgende Faktoren beeinflußt:

L u f t z u f u h r

Je mehr Luft Zutritt zur Brandstelle gewinnt, desto lebhafter wird das Feuer. Ein Abschneiden der Luftzufuhr läßt das Feuer erlöschen. Allerdings können jetzt giftige Gase in vermehrtem Maße auftreten. Kommt durch Öffnen von Fenstern oder Türen plötzlich wieder Sauerstoff hinzu, können nicht verbrannte heiße Gase explosionsartig verpuffen und den ganzen Raum in Brand setzen.

S a u e r s t o f f k o n z e n t r a t i o n

Die Umgebungsluft enthält ca. 21% Sauerstoff. Eine Herabsetzung der Sauerstoffkonzentration um nur wenige Prozente wirkt stark brandhemmend. Eine Fackel erlischt bei weniger als 17% Sauerstoffanteil der Luft.

O b e r f l ä c h e n b e s c h a f f e n h e i t

Ein Stoff verbrennt umso rascher, je größer die Fläche ist, die mit Sauerstoff in Berührung kommt.

## *Löschverfahren*

Mit dem Löschvorgang wird die Verbrennung unterbrochen, indem die Voraussetzungen für die Verbrennung, nämlich Brennstoff, Sauerstoff und Wärme, beseitigt werden.
In der Praxis kommen zwei Löschverfahren in Betracht:
— Entzug des Sauerstoffes (Stickeffekt),
— Entzug der Wärme (Kühleffekt).

### Ersticken

Ersticken einer Flamme bedeutet, das richtige Mengenverhältnis zwischen brennbarem Stoff und Sauerstoff zu verändern und so reaktionshemmend zu wirken. Das kann erfolgen durch
— Verdünnen,
— Abmagern,
— Trennen.

V e r d ü n n e n

Verdünnen erfolgt durch gasförmige Löschmittel und erreicht seine brandhemmende Wirkung bei brennbaren Dämpfen und Gasen sehr rasch. Gleichzeitig wird eine Verminderung des Anteils an Sauerstoff in der Luft erreicht (bei weniger als 15% Sauerstoff brennt nur noch Wasserstoff und weißer Phosphor).

A b m a g e r n

Darunter versteht man das Abkühlen der brennbaren Flüssigkeiten unter ihren Flammpunkt. Löschtechnisch wird dieser Abkühlungsvorgang deshalb zum Stickeffekt gezählt, weil durch das Absinken der Temperatur unter den Flammpunkt nicht mehr genügend brennbare Dämpfe vorhanden sind.

T r e n n e n

Das Trennen der Reaktionspartner erfolgt durch Sperren des Zutrittes von Sauerstoff (Luft) zum brennbaren Stoff (oder umgekehrt). Schaumlöschmittel bewirken das durch die abschließende Wirkung der Schaumschicht.

### Abkühlen

Durch Wärmeentzug wird die Verbrennungstemperatur gesenkt, dabei bricht die Verbrennungsreaktion zusammen. Eine Senkung der Verbrennungstemperatur um 10° C bewirkt eine Verminderung der Verbrennungsgeschwindigkeit auf die Hälfte, eine Senkung um 100° C auf ein Tausendstel.

Praktische Löschregel:

**GLUT ABKÜHLEN**
**FLAMMEN ERSTICKEN**

**Löschmittel**

Wasser

Es dient hauptsächlich der Abkühlung (1 l Wasser von 10° C bindet bis zur Verdampfung eine Wärmemenge von 629 kcal).
Mechanische Nebenwirkungen:
— Auftreffwucht (Auseinanderreißen von lockeren Brandteilen),
— Tiefenwirkung (es dringt durch den Wasserdruck tief in die Glutschichten ein),
— Netzfähigkeit (es dringt in poröses Material ein).
Es wird verwendet zum
— Löschen von Stoffen der Brandklasse A,
— Kühlen gefährdeter Anlagen,
— Niederschlagen von Rauch, Staub und giftigen Gasen,
— Verdrängen explosionsfähiger Gemische.
Achtung bei elektrischen Anlagen: Nur destilliertes Wasser ist nicht leitend.

Schaum

Er wirkt hauptsächlich durch Ersticken; eine dicke Schaumdecke verhindert die weitere Entwicklung von brennbaren Dämpfen.
Schaum besteht aus
— Wasser,
— Schaummittel,
— Füllgas (bläht die Schaumbläschen auf).

Je nach Verschäumungsgrad ist die Bildung von trockenem Leichtschaum oder nassem Schwerschaum möglich.

Es wird zum Löschen von Stoffen der Brandklasse B (Flüssigkeitsbrände aller Art wie Benzin, Benzol, Äther, Schwefelkohlenstoff, Fette, Öle, Lacke, Lösungsmittel usw.) verwendet.

Pulver

Die Löschpulverwolke hat bei Flammenbränden eine fast schlagartige Löschwirkung, die durch mehrere Löscheffekte zustande kommt:
— erstickende Wirkung durch »Verdünnung«,
— abkühlende Wirkung durch Wärmeabsorption an der kühlen Oberfläche der Pulverteilchen,
— antikatalytische Wirkung durch Schmelzen, Zersetzen und Verdampfen des Pulvers.
Nach der Verwendbarkeit gemäß Brandklassen unterscheide man
— BC-Pulver (Normal-Löschpulver),
— ABC-Pulver: Glutbrandpulver,
— D-Pulver (Spezial-Löschpulver für Metallbrände).

In feinmechanischen oder elektronischen Anlagen darf Löschpulver nicht eingesetzt werden.

Es kann zu Rückzündungen kommen, daher ist unbedingt ein gebührender Abstand einzuhalten.

### Kohlensäure ($CO_2$)

Es wird in Druckgas-Stahlflaschen in verflüssigter Form gespeichert. Für Feuerlöschzwecke sind die Flaschen mit Steigrohren versehen. Je nachdem, ob man Kohlensäure in reiner Gasform oder als »Nebel« oder mit $CO_2$-Schnee untermischt anwenden will, läßt man die Kohlensäure aus entsprechenden Düsen oder aus Schneerohren ausströmen. Die Schneerohre isolieren die sich in ihnen entspannende Kohlensäure gegen die Wärme der Luft, sodaß eine zur Schneebildung ausreichende Abkühlung stattfinden kann.

Die Hauptlöschwirkung der Kohlensäure beruht auf ihrem Erstickungseffekt. Sie hat keine nennenswerte Kühlwirkung und ist daher für Glutbrände ungeeignet (löscht vorübergehend das Feuer, das aber rasch wieder aufflammt).

Im Gegensatz zu Pulver entsteht keine Verschmutzung, daher ist ein Einsatz in EDV-Anlagen, Lötereien und Labors möglich.

Es besteht Erstickungsgefahr und Gefahr von Kälteschäden an ungeschützten Körperstellen. Rückzündungen sind möglich.

Kohlensäure ist elektrisch nicht leitend und daher bei elektrischen Anlagen verwendbar. Sicherheitsabstände:
— bis 30.000 Volt 2 m
— 110.000 Volt 3 m
— 220.000 Volt 4 m

### Sand, Erde, Asche

Dies sind die ältesten Trockenlöschmittel. Ihre Löschkraft ist gegenüber modernen chemischen Löschpulvern sehr gering, weshalb sie allenfalls als Behelfslöschmittel gelten können.

Löschmittel und Ihre Einsatzgrenzen
(nach Kaufhold)

| Löschmittel | | Brandklasse A | Brandklasse B | Brandklasse C | Brandklasse D | Elektr. Anlagen |
|---|---|---|---|---|---|---|
| Wasser | Vollstrahl | sehr gut | gefährlich | nicht geeignet | gefährlich | bedingt geeignet |
| Wasser | Sprühstrahl | gut | nicht bzw. bedingt geeignet | nicht bzw. bedingt geeignet | bedenklich | bedingt geeignet |
| Schaum | | gut | sehr gut | nicht geeignet | bedenklich | bedingt geeignet |
| BC-Pulver | | nicht bzw. bedingt geeignet | gut | sehr gut | nicht geeignet bzw. bedenklich | bedingt geeignet |
| ABC-Pulver | | gut | gut | gut | bedingt geeignet | bedenklich |
| D-Pulver | | nicht geeignet | nicht geeignet | nicht geeignet | gut | nicht geeignet |
| Kohlensäure | Gas | nicht geeignet | nicht geeignet | sehr gut | nicht geeignet | sehr gut |
| Kohlensäure | Schnee | nicht geeignet | gut | bedingt geeignet | nicht geeignet | sehr gut |

Folgende Behelfsimprägnierungen sind zweckmäßig:

| | | | |
|---|---|---|---|
| Für Holz: | 1 Teil Lehm | Für Textilien: | 1 kg Alaun |
| | 5 Teile Sand | | 1 kg Ammoniumsulfat |
| | 1 Teil Kalk | | 500 l Borax |
| | | | 20 l Wasser |

*Brandschutzmaßnahmen in Gebäuden bei akuter Brandgefahr*

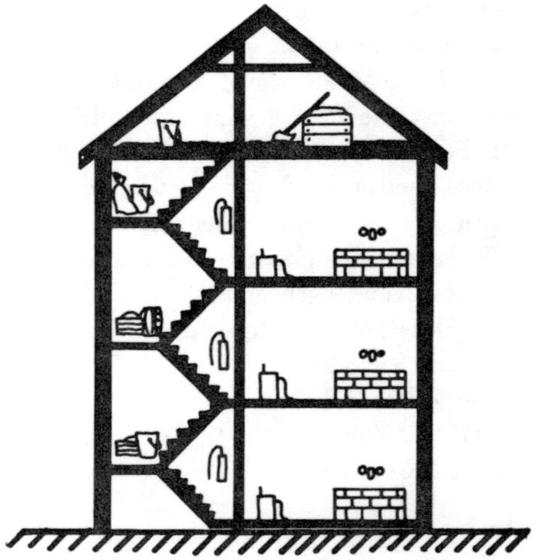

Entrümpeln Sie den Estrich und überdecken Sie ihn mit einer 5 cm dicken Sandschicht.
Stellen Sie auf jedem Stockwerk und im Keller einen Sandvorrat bereit (5 kg je 20 m²).
Stellen Sie auf jedem Stockwerk und im Keller möglichst viel Wasser bereit (mindestens 1 Liter je m² in Badewannen, Zubern, Fässern oder anderen Behältern).

Folgende Behelfsmittel können ausgezeichnete Dienste leisten:
Die Feuerpatsche (z. B. ein mit grobem Tuch umwickelter Besen), dient zum Niederschlagen kleinster Brandherde.
Mit dem Feuerhaken werden brennende Vorhänge heruntergerissen und andere Gegenstände aus dem Feuer gezogen.
Nasse Tücher und Decken dienen zum Schutz der Löschmannschaft oder zur Rettung von Menschen, deren Kleider in Brand geraten sind.

## *Praktische Brandbekämpfung*

### Vorbeugender Brandschutz

- Hantieren Sie nicht mit offenem Licht in Dachböden, Garagen und Lagerräumen für Betriebsmittel, und rauchen Sie in diesen Räumen nicht.
- Lagern Sie leicht brennbare Gegenstände (Müll) wie Papier, Stroh, Brennstoffe, Matratzen usw. nur an hierfür vorgesehenen und besonders gesicherten Lagerorten, jedenfalls nicht in Gängen, Stiegenhäusern, Dachböden, Garagen oder in der Nähe von Öfen, Heizkörpern oder Kaminen.
- Lagern Sie Betriebsmittel nicht in Unterkunfträumen oder Dachböden (ab 20 l gelten besondere Vorschriften).
- Verwenden Sie elektrische Heizgeräte nur vorschriftsgemäß.
- Vermeiden Sie die unfachmännische Änderung elektrischer Anlagen, einschließlich des Flickens von Sicherungen
- Rauchen Sie nicht im Bett.
- Schalten Sie elektrische Geräte ab, wenn sie nicht mehr benötigt werden.
- Stellen Sie die Zugänglichkeit aller Räume sicher.

- Lassen Sie in Garagen keine Motoren laufen.
- Verstellen Sie Ausfahrten oder Eingänge nicht durch Parken oder Müll-Lagerung.
- Halten Sie ein Löschgerät bereit.

**Verhalten bei Bränden — Löschhilfen**

Fast alle Großbrände entstehen aus Kleinbränden, die auf Grund mangelnder Vorkehrungen nicht rechtzeitig gelöscht werden konnten. 80% aller kleineren bis mittleren Entstehungsbrände könnten durch richtiges Verhalten beim Löschen unter Kontrolle gebracht werden. Voraussetzung dazu ist
— das Vorhandensein geeigneter Löschmittel in der erforderlichen Menge;
— die Vertrautheit mit der Handhabung dieser Löschmittel.

BRANDENTDECKUNG
1 Alarmieren
2 Helfen
3 Löschen

Das frühe Eintreffen der Feuerwehr bedeutet für den Löschenden sofortige Hilfe und Unterstützung, wenn nicht sogar Rettung aus einer gefährlichen Situation. Immer wieder wird die Feuerwehr zu spät alarmiert, wenn der Brand mit eigenen Mitteln nicht mehr unter Kontrolle zu bringen ist. Dadurch geht — meist entscheidende — Zeit verloren.

**Löschtaktik**

Zimmerbrand

Beispiel:
Größerer Brand im Schlafzimmer, kleinerer Brand im Flur

1. Alarmieren Sie, wenn möglich, die Feuerwehr.
2. Schließen Sie die Schlafzimmertür, damit das Feuer keinen Sauerstoff erhält.
3. Schlagen Sie den Kleinbrand im Flur mit der Feuerpatsche aus.
4. Schaffen Sie vorsichtshalber alles brennbare Material aus den angrenzenden Räumen des Schlafzimmers weg.
5. Lüften Sie die Wohnung gut, um Rauchgasvergiftungen auszuschalten.

Ist ein Einsatz der Feuerwehr nicht möglich, muß ein Behelfs-Löschtrupp zusammengestellt werden, bestehend aus zwei Mann zur Bedienung der Kübelspritze (oder Einsatz von Wasserkübeln) und weiteren Personen, die Wasser heranschaffen.

6. Der Löschtrupp geht im Schutz der Schlafzimmertüre vor.
7. Der Schlafzimmerbrand wird mit der Kübelspritze (oder mit Wasserkübeln) und unter Verwendung des Feuerhakens bekämpft und gelöscht.
8 Schaffen Sie den Brandschutt ins Freie und überwachen Sie die Brandstätte.

2

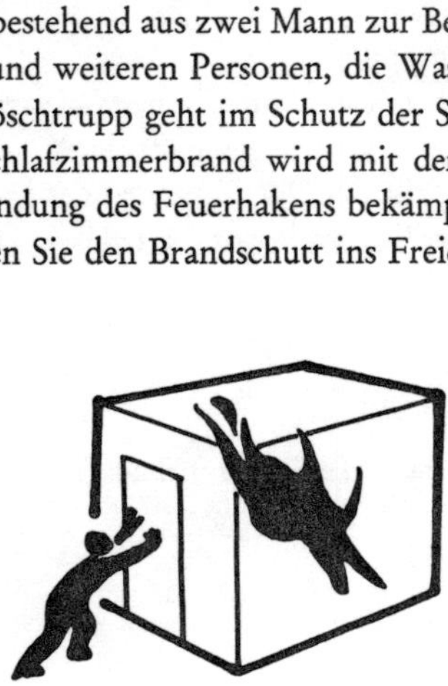

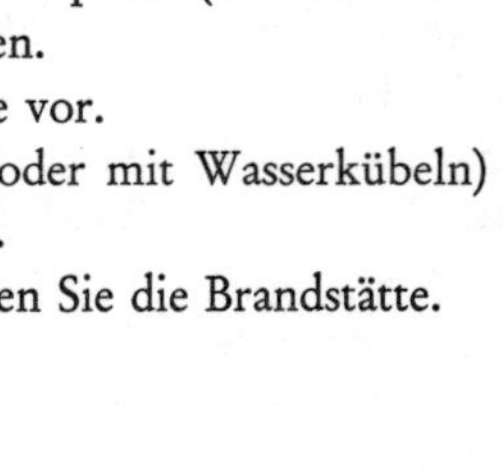

3

4

6

7

8

D a c h b o d e n b r a n d

Beispiel:

Brand am Dachboden mit Gefahr des Übergreifens auf das Nachbargebäude und durch die Dachbodenluke in das untere Geschoß.

1. Alarmieren Sie die Feuerwehr.
2. Schließen Sie die Dachbodenluke, damit keine brennenden Materialien in das untere Geschoß fallen. Alarmieren Sie die Bewohner des Nachbarhauses, damit sie selbständig einer Übergriffsgefahr begegnen.
3. Schaffen Sie alle brennbaren Gegenstände aus dem unteren Geschoß weg.
4. Löschen Sie herabgefallene brennende Materialien mit der Kübelspritze (Wassereimer).
5. Sorgen Sie dafür, daß genügend Löschwasser zur Brandstätte geschafft wird.

Da Hitze, Flammen und Rauch nach oben steigen, ist das Durchbrennen des Dachbodens nach unten wenig zu befürchten, sodaß man ihn unter Kontrolle ausbrennen lassen kann. Der Boden ist aber von unten gut zu kühlen.

Das Übergreifen des Brandes zum Nachbarhaus, eventuell durch eine Öffnung in der Feuermauer, muß aber verhindert werden.

6. Bekämpfen Sie den Feuerübergriff im Dachboden.
7. Schaufeln Sie den Brandschutt ins Freie, und überwachen Sie die Brandstätte.

2

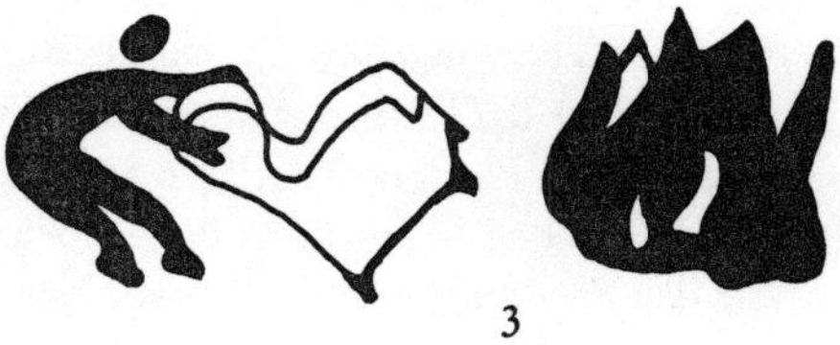

3

5

4

7

6

Allgemeine Verhaltensregeln

- Bleiben Sie ruhig. Prüfen und beurteilen Sie die Lage, bevor Sie handeln.
- Als erste Maßnahme retten Sie Menschen und Tiere.
- Bewegen Sie sich kriechend oder kauernd, da in Bodennähe die Hitze geringer und die Atemluft besser ist.
- Zum Schutz vor der Hitze befeuchten Sie Ihre Kleidung oder hängen sich feuchte Tücher um. Ziehen Sie nach Möglichkeit Handschuhe an.
- Ein feuchtes Tuch vor Mund und Nase gebunden wirkt wie ein Schutzfilter gegen eine Rauchvergiftung.

- Zielen Sie beim Löschen immer auf die Flammenwurzel, nicht in den Rauch oder das Feuer. Bei der Verwendung von Feuerpatschen arbeiten Sie mit kurzen, schnellen und leichten Schlägen; schwungvolles Zuschlagen facht nur das Feuer weiter an.
- Löschen Sie das Feuer systematisch von unten nach oben und von der Seite zur Mitte hin.
- Vorsicht bei Phosphor! Spritzen Sie nicht in die brennende Masse (Funkenregen), sondern decken Sie den brennenden Phosphor ab (Schaum, Sand). Nach dem Erkalten entfernen Sie den Phosphor gründlich (auch kleine Spritzer), da bei erneutem Luftzutritt hohe Gefahr der Selbstentzündung gegeben ist.
- Beobachten Sie das Feuer laufend, um ein Übergreifen auf andere Gebäude zu verhindern.
- Kann der Brand nicht gelöscht werden, ziehen Sie sich nur langsam zurück, um die Ausbreitung des Feuers so weit wie möglich zu verzögern.
- Bei einsturzgefährdeten Gebäudeteilen ist besondere Vorsicht geboten.
- Überwachen Sie gelöschte Brandherde, bis das brennbare Material erkaltet ist.

**Verhalten bei Großbränden**

Entsteht in einem Großgebäude (Hotel, Bürohaus, Großkaufhaus) ein Brand, so besteht höchste Gefahr, daß sich auch ein an sich beherrschbarer Brand zu einer Katastrophe ausweitet.

Dabei drohen folgende Gefahren (in dieser Reihenfolge):

— Rauchgasvergiftungen
 Sie können schon nach einigen Minuten zur Bewußtlosigkeit und damit zum Erstickungs- oder Verbrennungstod führen.

— Panik
 Analysen verschiedener Großbrände haben gezeigt, daß die Gefahr, von der Masse zerdrückt oder zu Tode getrampelt zu werden, fast so hoch ist wie die Gefährdung durch Rauchgase.
 Auch individuelle Panikreaktionen (Sprung aus höheren Stockwerken auf die Straße) kommen häufig vor.

— Hitzeeinwirkung
 Dies ist die relativ geringste Gefahr, da sie mit geeigneten Maßnahmen bis zu einem gewissen Grad beherrscht werden kann.

Vorbeugende Maßnahmen:

Informieren Sie sich beim Aufenthalt in einem Großgebäude nach Möglichkeit über

- die Fluchtwege und deren Kennzeichnung;
- vorhandene Brandschutzeinrichtungen und -mittel;
- prägen Sie sich Räumlichkeiten und mögliche Fluchtwege so ein, daß Sie sich auch bei schlechter Sicht (Rauch) rasch zurechtfinden;
- halten Sie sich längere Zeit in derartigen Gebäuden auf (Hotel, Büro), überprüfen Sie die Fluchtwege, erkunden Sie die Örtlichkeiten (versperrte Türen, vergitterte Fenster usw.) und legen Sie für sich selbst mehrere mögliche Fluchtwege fest;
- stellen Sie ein »Notgepäck« (Ausweise, Geld, sonstige wichtige Papiere) zusammen, und halten Sie es immer so griffbereit, daß Sie im Brandfalle ohne Zeitverlust reagieren können.

Sind Sie in einem Großgebäude von einem Feuer überrascht worden, so ist zusätzlich zu den bereits besprochenen allgemeinen Verhaltensregeln folgendes zu beachten:

- Warten Sie nicht auf die Wirkung von Brandschutzanlagen oder Brandmeldern. Diese sind vermutlich ausgefallen oder nicht wirkungsvoll genug gewesen, sonst wäre der Brand nicht ausgebrochen.
- Ist eine Brandbekämpfung nicht möglich oder nicht mehr sinnvoll, versuchen Sie, so rasch wie möglich das Gebäude zu verlassen.

Das ist am einfachsten über einen der erkundeten Fluchtwege möglich, kann jedoch, je nach Situation, auch über Außenleitern, Gerüste, Blitzableiter usw. erfolgen. Die Wahl der Mittel ist unter anderem von der zu überwindenden Höhe und der körperlichen Verfassung jedes einzelnen abhängig und kann daher nicht generell festgelegt werden.

- Vermeiden Sie dabei nach Möglichkeit Menschenansammlungen; Sie könnten zu Tode getrampelt oder von der Panik angesteckt werden.
- Haben Sie die Orientierung verloren, laufen Sie nicht sinnlos herum. Versuchen Sie sich in Ruhe die Lage der Fluchtwege ins Gedächtnis zu rufen. Sie sparen damit Kraft und Zeit.
- Öffnen Sie keine Türen oder Fenster, bzw. schließen Sie diese. Damit hindern Sie den Rauch am Vordringen und entziehen gleichzeitig dem Brand Sauerstoff.
- Benützen Sie auf keinen Fall einen Lift. Die empfindliche Elektronik wird durch Hitze leicht zerstört und der Lift wird zur Falle. Außerdem wirken Liftschächte wie Kamine (besonders viel Rauch).
- Geben Sie Helfern durch Zeichen Ihren Standort bekannt.
- Springen Sie auf keinen Fall in die Tiefe, auch wenn Sie den Drang danach spüren (Südpolphänomen: starkes Unterschätzen der Höhe unter bestimmten Voraussetzungen); der Aufprall ist tödlich.
- Springen Sie auch in aufgespannte Sprungtücher erst, wenn Sie dazu von der Feuerwehr aufgefordert werden. Springen mehrere Personen zugleich, verliert dieses seine Wirkung.

# VERSCHÜTTUNG

## *Allgemeines*

Naturkatastrophen oder Unglücksfälle wie Erdbeben, Erdrutsche, Lawinen, Gasexplosionen, aber auch kriegerische Einwirkungen verschiedenster Art können Betriebsanlagen, Wohnstätten oder sonstige Bauwerke ganz oder teilweise zum Einsturz bringen. Dabei werden darin befindliche Menschen zumindest gefährdet, meist aber verschüttet, eingeschlossen und sehr häufig auch verletzt.

Je nach der Bauart des Gebäudes ergeben sich dabei typische Beschädigungsbilder, die allerdings auch von der Art der Gewalteinwirkung abhängig sind und daher nicht immer scharf voneinander abgegrenzt werden können.

*Selbsttragende Stahl- und Stahlbeton-Gerippebauten*

Decken hängen oft einseitig herab, dazwischen sind Hohlräume; keine Trümmerkegel, Schichtung oft schwer zu beseitigen.

Wird man beim Einsturz nicht sofort eingeklemmt, bleibt man meist frei.

*Mauerwerksbauten*

Sie bestehen aus Einzelsteinen, die durch Mörtel oder sonstige Bindemittel verbunden werden; der Zusammenhang ergibt sich durch das senkrecht wirkende Eigengewicht, das durch die Mauer getragen wird. Diese ist daher gegen waagrechten Druck besonders empfindlich.

Bei entsprechender Gewalteinwirkung bricht das Mauerwerk häufig vollständig zusammen; es entsteht viel Schutt.

Dabei fallen Einzelhäuser meist in sich zusammen; nur bei Außendetonationen erfolgt der Einsturz in Richtung der Detonation (nicht, wie meist angenommen wird, von dieser weg).

Reihenhäuser brechen einzeln, meist nach vorne, zusammen. Die Brandmauern halten.

Die Rettung ist eine mühevolle, durch Nachrutschen von Trümmern gefährdete Kleinarbeit.

*Gemischte Bauten*

Sie ergeben ein Beschädigungsbild, das Merkmale beider soeben besprochenen Bauarten aufweist.

*Fachwerkbauten*

Das Beschädigungsbild ist ähnlich dem von Mauerwerksbauten.

## Schadenselemente

Die möglichen Formen der Zerstörung sind in folgender Tabelle schematisch dargestellt und zusammengefaßt.

| Begriff | Darstellung | Beschreibung | Bemerkungen |
|---|---|---|---|
| Rutschfläche |  | mehr oder weniger schräg liegende, durchlaufende, noch tragende Fläche | Verschüttete meist an unterer Kante an Mauerresten |
| Schichtung |  | mehrere Rutschflächen neben- oder übereinander | wie oben, häufig Einsicht durch Mauerdurchbrüche möglich |
| halber Raum |  | ein durch Rutschfläche oder Schichtung als Hohlraum erhaltener Teil eines Raumes | kein Durchbruch durch Auflagemauern; nur seitliche Begrenzung durchbrechen; sonst wie oben |
| ausgegossener Raum | 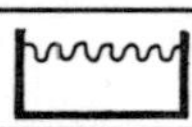 | ein mit Trümmern verschiedener Größe gefüllter Raum | Kontakt durch Klopfzeichen, zum Einblick Mauerdurchbrüche in Fußbodenhöhe; eventuell offener Einschnitt, von Hand abräumen |
| eingeschlämmter Raum | 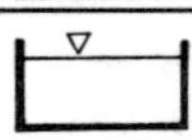 | Raum wie oben, jedoch zusätzlich mit Kalk, Sand, Zement, Staub und ausgelaufenem Wasser zugeschlämmt | Inhalt durch Schlämmung fest abgebunden, daher kaum Lebende. Abräumen mit Spitzhacken und Bruchstangen. |
| ausgepreßter Raum |  | ein mit Schichtung ausgefüllter Raum | Mauerdurchbrüche nur an quer zur Schichtung stehenden Mauern; Verschüttete wie bei Schichtung, Arbeit wie bei halbem oder ausgegossenem Raum |
| angeschlagener Raum | 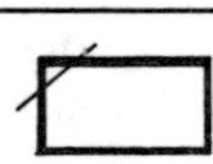 | ein nur zum Teil beschädigter Raum | Kann mit hohen Trümmern bedeckt sein; z. T. auch Trümmer im Raum; Vorgehen durch vorhandene Öffnungen bzw. je nach Lage; Verschüttete überwiegend lebend |
| versperrter Raum |  | ein unzerstörter, aber mit Trümmern bedeckter Raum | Hilfe nur eilig, wenn Versorgungsleitungen beschädigt oder Brandgefahr; Frischluft- und Nahrungszufuhr sicherstellen; Öffnung eventuell durch Sprengen |
| Schwalbennest |  | ein teilweise beschädigter, offener Raum | Einsteigen durch Öffnung oder Mauerdurchbruch |
| Randtrümmer A |  | Trümmer auf dem Gehsteig | durchsuchen, ev. Einsatz von Suchhunden |
| Randtrümmer B |  | Trümmer auf der Fahrbahn | meist stark aufgelockert, wie oben |
| Schuttkegel |  | Schutt- und Trümmerberge | Klopfortung, ev. Einsatz von Suchhunden, Möglichkeit offener Einschnitte oder Schächte am Mauerwerk gegeben; Vorsicht bei Bergung; keine Teile herausziehen, sonst Gefahr des Abrutschens oder des Zurieseln des Verschütteten |

**Weitere besondere Gefahren**

Da bei Einsturz von Gebäuden nicht nur das tragende Mauerwerk, sondern auch die darin verlaufenden Versorgungsleitungen beschädigt oder zerstört werden, entstehen noch weitere Gefahrenquellen wie

- Feuer (Rauch): Verbrennungen, Ersticken (siehe Kapitel »Brände«);
- Wasser: Ertrinken, Unterkühlung;
- Gas: Vergiftung, Ersticken, Explosion;
- Elektrizität: Stromtod, Funkenbildung (damit Entstehung von Bränden oder Gasexplosionen).

Bevor mit Suche und Rettung begonnen werden kann, müssen daher erst diese Gefahren beseitigt werden.

## *Rettungstechnik*

Jeder kann in die Situation geraten, verschüttet oder als Helfer bei der Bergung von Verschütteten herangezogen zu werden. In jedem Fall ist die Kenntnis der angewandten Bergungstechnik von ausschlaggebender Wichtigkeit, da nur dann zielgerichtet und sinnvoll gehandelt werden kann.

Die Rettung von Verschütteten ist oft sehr schwierig, da sie meist in unübersichtlichen Trümmerfeldern auf unbekanntem Areal, und oft auch bei Dunkelheit durchgeführt werden muß.

Zur Erleichterung der Beurteilung, Planung und Organisation der Rettungsarbeiten hat sich die sogenannte »Fünf-Phasen-Technik« in der Praxis wiederholt bewährt. Sie ist daher immer anzuwenden, wobei der Ablauf, den jeweiligen Gegebenheiten entsprechend, auch in sich verschoben oder überschneidend erfolgen kann.

**Fünf-Phasen-Technik**

Phase 1

Erkundung und Erkundigung; Sofortbergung Leichtverschütteter.

Zweck: Sich einen Überblick verschaffen, besondere Gefahren beseitigen.

Durchführung: Beim Eintreffen sind sofort folgende Überlegungen anzustellen:

- Wie viele Personen sind betroffen?
  Die Zahl wird sicher abhängig sein von der Nutzung des Gebäudes (Wohnhaus, Werkstätte, Bürohaus) und der Tageszeit.
  Direkt am Ort des Geschehens können durch Befragen von Nachbarn, Anrainern, Augenzeugen oder Betroffenen und selbst Befreiten darüber am raschesten Informationen eingeholt werden. Durch Beschaffen einer Bewohner- oder Benützerliste über die entsprechenden Stellen werden im weiteren Verlauf der Rettungsaktion alle betroffenen Personen erfaßt.
- Wo ist der vermutliche Aufenthaltsort der Verschütteten?
  Dieser ist abhängig von der Tageszeit, der Art der Gewalteinwirkung, und davon, ob der Einsturz überraschend erfolgte, wobei die Betroffenen wahrscheinlich bei den normalen Tätigkeiten des Tagesablaufes überrascht wurden oder nach Vorwarnung (Erdbebenvorwarnung, Fliegeralarm oder durch eine latente Situation), wobei sich die Bewohner dann meist in entsprechenden Keller- oder sonstigen Schutzräumen aufhalten.

— In welcher Reihenfolge soll bei der Rettung der Verschütteten vorgegangen werden? Dabei werden grundsätzlich jene Verschütteten zuerst geborgen, deren Aufenthaltsort bekannt oder mit großer Wahrscheinlichkeit angenommen werden und deren Bergung rasch und mit hoher Erfolgsaussicht durchgeführt werden kann.

— Wie sind sie am raschesten zu erreichen?
Dabei ist der zeitlich und arbeitsmäßig kürzeste Weg zum Aufenthaltsort festzustellen.

— Welche besonderen Gefahren drohen den Rettern? Bei Auftreten solcher Gefahren sind folgende Maßnahmen erforderlich:

- Einsturzgefahr
  Die Retter müssen gewarnt werden und sich durch Abstützen des Gemäuers sichern, notfalls muß die Rettungsaktion abgebrochen werden.
- Feuer
  Es muß gelöscht und brennbares Material beseitigt werden.
- Wasser
  Die Wasserrohre müssen abgesperrt, verstopft (Holzpfropfen), flachgeschlagen oder umgebogen werden, das Wasser abgeleitet oder abgepumpt.
- Gas
  Die Rohre müssen abgesperrt, verstopft (Lehm, Kitt, Kork, Holzpropfen, Lappen, Kaugummi), flachgeschlagen (Vorsicht: Funken- und damit Explosionsgefahr, nur mit Holz oder Kunststoff arbeiten) und umgebogen werden.

● Elektrizität
Die stromführenden Leitungen müssen abgeschaltet, unterbrochen, abisoliert oder abgeklemmt werden.

— Welche Ausrüstung ist erforderlich?

Da von Institutionen eingesetzte Rettungstrupps mit der entsprechenden Ausrüstung schon ausgestattet sind, wird sich diese Frage nur dann stellen, wenn die Rettungsaktion improvisiert werden muß.
Dabei wird meist folgendes benötigt:

— Kleinwerkzeug
— Krampen
— Spaten
— Schaufeln
— Sägen (auch Motor- oder Handsägen)
— Äxte
— Schlegel
— Brecheisen
— Winden
— Wagenheber
— Trennscheiben
— Seile
— Ketten
— Beleuchtungsmittel
— Verlängerungskabel
— Erste-Hilfe-Ausrüstung
— Verbandszeug
— Tragebretter (Behelfe)
— Tragetücher

Phase 2

Durchforschung leicht zerstörter Gebäude (-teile) und leicht zugänglicher Schadenselemente (Hohlräume); Sofortbergung.
Zweck: Durchsuchung leicht zugänglicher Schutz- oder sonstiger Räume und Schadstellen; Durchführung von Leichtbergungen.
Durchführung: Die Arbeit erfolgt am besten in 2-Mann-Trupps. Unversehrte Gerettete sind zu befragen und zur Unterstützung heranzuziehen.

Die in Phase 1 begonnenen Erhebungen laufen weiter (wo sind wie viele Verschüttete?).

Durchsuchte Hohlräume sind zu markieren, um unnötiges Wiederholen (Ablöse der Suchmannschaften z. B.) zu verhindern.
Markierung:

1. Frei (F), eventuell Gefahr (G),
2. Anzahl der Totgeborgenen,
3. Durchführende Organisation oder Gruppe,
4. Anzahl der Geretteten.

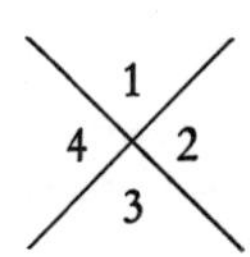


Beispiel

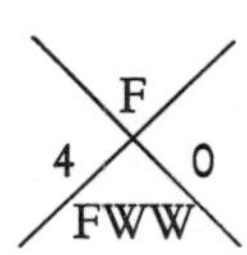


Wenn in eingeschlossenen Räumen mit Sicherheit verschüttete Personen anzunehmen sind, sind dorthin Luftöffnungen zu schaffen.

In dieser Phase sollte die Beurteilung der Gesamtlage soweit abgeschlossen sein, daß der weitere Einsatz der Helfer gezielt schwerpunktmäßig erfolgen kann.

Phase 3

Durchforschung jener Schadenselemente, in welchen sich mit größter Wahrscheinlichkeit weitere Überlebende aufhalten.
Zweck: Durchsuchung all jener Räume, die bisher auf Grund ihrer Verschüttung noch nicht betreten werden konnten und in denen sich vor dem Einsturz vermutlich Personen aufgehalten haben oder wo schon Kontakt mit Verschütteten besteht; Bergung derselben.
Durchführung: Besonders wird das zutreffen für
— Schutzräume,
— halbe Räume in Kellern, Stiegenhäusern oder Stockwerken,
— Hohlräume in noch stehenden Rauchfängen,
— halbe Räume unter Rutschflächen,
— versperrte Räume oder
— angeschlagene Räume.

Dabei wird es meist notwendig sein, den Zugang in diese Räume erst zu schaffen (räumen, durchbrechen, eventuell sprengen). Auf die Sicherheit der Retter und der Verschütteten (Nachrutschen von Material, Einsturz) ist besonders zu achten.

Phase 4

Durchforschung von Trümmerkegeln und Bergen schwer Verschütteter.
Zweck: Rettung noch vermißter Personen.
Durchführung: Durch den Versuch der Kontaktaufnahme mit eventuellen Verschütteten werden die bisher noch nicht durchforschten Trümmerkegel durchsucht.

Dabei sind folgende Gesichtspunkte zu berücksichtigen:
— Letzter bekannte Aufenthaltsort des Verschütteten;
— Lage und Zustand der Trümmer;
— Mögliche Fallrichtung des Verschütteten beim Einsturz;
— Mögliche Hohlräume unter den Trümmern.

Die Kontaktaufnahme an den möglichen Verschüttungsorten kann durch Suchhunde, Schallortungsgeräte oder mit sonstigen akustischen Mitteln erfolgen.
Dabei ist wie folgt vorzugehen:

- Während des Rufens (auch mit Megaphon oder Lautsprecher) und/oder Klopfen sind alle Geräuschquellen im Umkreis von mindestens 100 m abzustellen oder zu entfernen.
- Wegen der prägnanten Vokalfolge ist beim Rufen folgender Text zu verwenden: *»Hier ruft die Bergung! Hier ruft die Bergung! Antwortet! Antwortet!«*
- Beim Klopfen sind als richtungsweisende Schallträger in erster Linie Holz und feste Stahlteile, bedingt auch Metallrohre oder durchlaufende, unbeschädigte Betonteile zu verwenden.
- Nach jeder Ruf-/Klopfperiode ist 5 Sekunden lang absolute Ruhe einzuhalten und auf eventuelle Antwort zu achten.

Konnte Kontakt mit einem Verschütteten hergestellt werden, sind die Trümmer unmittelbar über diesem zu meiden, da bei Betreten die Gefahr des Zurieselns besteht.

Es sollte unbedingt versucht werden, so rasch wie möglich eine Sprechverbindung herzustellen.

Es ist anzustreben, daß die Phase 4 nach 4 Tagen (ca. 100 Stunden) abgeschlossen werden kann. Danach kann mit Lebendbergungen nur noch in Ausnahmefällen gerechnet werden.

Phase 5

Restloses Räumen der Trümmer über eventuell noch Verschütteten.
Zweck: Bergung aller noch Vermißter.
Durchführung: Sie ist meist sehr zeitraubend, da für eventuelle besonders schwierige Rettungsversuche Spezialgeräte zum Einsatz gebracht werden müssen.

## *Vorbereitende Maßnahmen*

Können solche, möglicherweise einen Einsturz bewirkende Ereignisse rechtzeitig erkannt werden, sei es durch Vorwarnung (Erdbeben, Fliegeralarm) oder durch Beobachtung bestimmter hinweisender Geschehnisse (Großlawinen oder Erdrutsche in unmittelbarer Umgebung, Herannahen kriegerischer Ereignisse), dann können auch, dem Anlaß entsprechend, die nötigen vorbereitenden Maßnahmen ergriffen werden.
Die wichtigsten davon sind:

- Vorbereiten des Notgepäcks,
- Anlegen eines Außenstützpunktes und
- Wahl und Vorbereitung des Aufenthaltsraumes (für den Fall, daß Sie bei Akutwerden der Gefahr Ihr Haus nicht verlassen können oder wollen).

Diese Vorbereitungen können das Ereignis zwar nicht verhindern, bietet Ihnen aber im Falle seines Eintretens einen gewissen Schutz und vor allem bessere Voraussetzungen für die Zeit danach.

### Notgepäck

Dieses wird am besten in einem Rucksack verpackt, da es darin auch über weitere Strecken getragen werden kann. Der Rucksack sollte mit Namen und Adresse versehen und nach dem Packen in der Nähe der Ausgangstür griffbereit vorbereitet werden.

Empfohlener Inhalt (zusätzlich zum Überlebenssatz, siehe Kapitel »Ausrüstung und Bekleidung«).

— warme Bekleidung,
— Regenschutzbekleidung,
— Unterwäsche,
— Socken,
— Kopfbedeckung,
— Halstuch,
— Handschuhe,
— kräftiges Schuhwerk,
— Taschentücher (Stoff),
— Schlafsack,
— Isoliermatte,
— Ersatzbrille (Brillenträger),
— Toiletteartikel (Seife, Zahnpaste, Naß-Rasierzeug),
— Klopapier,
— Taschenlampe mit Ersatzbatterie,
— Nähzeug,
— Taschenapotheke,
— Kerzen,
— Kochgeschirr,
— kleiner Campingkocher (am besten Gas),

— Feldflasche,
— Eßbesteck,
— Verpflegung für 2 Tage, luft- und staubdicht verpackt (hier am besten dehydrierte Bergsteigernahrung, da nur für kurze Zeit gedacht; siehe auch Kapitel »Ernährung«),
— Notapotheke.

In einer eigenen Mappe (wasserdicht verpackt), Originale oder Kopien von:
— persönlichen Ausweispapieren und Dokumenten,
— Berufsausweisen, Zeugnissen,
— Krankenscheinen,
— Versicherungspolizzen, Verträgen,
— Impfpaß, Blutspenderausweis,
— Schecks, Wertpapieren,
— Geld,
— Scheckkarten (getrennt von den Schecks).

### Außenstützpunkt

Dieser sollte bei Verwandten oder Bekannten außerhalb der gefährdeten Zone eingerichtet und mit einer Reserve an Bekleidung, Wäsche und Lebensmitteln ausgestattet werden.

### Aufenthaltsort

Abgesehen von planmäßigen Schutzräumen bieten bei Einsturz eines Hauses die Keller einen guten Schutz. Aber auch Räume im Erdgeschoß können durch entsprechende Verstärkungen zu einem brauchbaren Schutz gemacht werden.

Zur Verstärkung werden möglichst kleine Räume (geringe Spannweite der Decke), im Keller an der Außenmauer, im Erdgeschoß an der Mittelmauer, ausgewählt und durch Abstützen nach oben und der Seite noch verstärkt.

Die Stützen müssen jedoch so gesichert und miteinander verbunden werden, daß auch bei starker Bewegung ein Abrutschen oder Herunterfallen nicht möglich ist.

Die Raumgröße sollte allerdings eine Grundfläche von ca. 2 m² pro Person nicht unterschreiten.

Um auch bei Verschüttung die Luftzufuhr sicherzustellen, sollten Luftkanäle (Rohre, eventuell eingraben) geschaffen werden, deren äußeres Ende möglichst außerhalb der Trümmerzone liegen sollte. Mehrere Rohre in verschiedener Richtung erhöhen die Sicherheit.

Entsprechendes, bereitgestelltes Werkzeug und die Kenntnis der baulichen Umgebung (Baupläne, Kanalpläne) ermöglichen im Bedarfsfalle auch die Selbstbefreiung.

Beabsichtigt man, der Gefahr in einem derart vorbereiteten Raum zu begegnen, sind auch das Notgepäck und zusätzliche Reserven an Wasser, Lebensmitteln, Bekleidung und Beleuchtungsmitteln darin vorzubereiten.

## *Verhalten beim Einsturz eines Gebäudes*

Meist gehen dem Einsturz eines Gebäudes deutliche Zeichen voraus, deren rechtzeitiges Erkennen das Erreichen des vorbereiteten Raumes oder eines möglichst günstigen sonstigen Platzes noch ermöglichen kann.
Kennzeichen:
— Erschütterung,
— Rieseln und Knistern in den Wänden,
— deutlich wahrnehmbare Bewegungen,
— Wackeln von Einrichtungsgegenständen,
— Fallen von Bildern und sonstigen Gegenständen,
— Abbröckeln von Verputz,
— Sprünge in den Wänden.

Erfolgt der Einsturz ohne Vorwarnung oder können Sie den vorbereiteten Raum nicht in wenigen Sekunden erreichen, verhalten Sie sich wie folgt:

- Überlegen Sie, wo Sie sich befinden:
  - Unter dem Erdniveau (Keller o. ä.),
  - Auf dem Erdniveau (Erdgeschoß),
  - Über dem Erdniveau (Stockwerk).

Unter dem Erdniveau
- Nehmen Sie Kauerstellung in einer Mauerecke zur Außenmauer ein.
- Bedecken Sie Ihr Gesicht (Mund und Nase) mit Bekleidung (ermöglicht Atmen trotz starker Staubentwicklung).
- Halten Sie die Arme oder einen Gegenstand über den Kopf (Schutz vor fallenden Trümmern).

Auf dem Erdniveau
- Wenn noch möglich, fliehen Sie ins Freie.
- Sonst wie über dem Erdniveau.

Über dem Erdniveau
- Nehmen Sie Kauerstellung in der Nähe der Mittelmauer oder unter einem Türausschnitt ein.
- Bedecken Sie Ihr Gesicht mit einem Bekleidungsstück.
- Halten Sie die Arme oder einen Gegenstand über den Kopf.

## *Verhalten nach Einsturz oder Verschüttung*

- Atmen Sie ruhig und sparen Sie mit der Atemluft. Besonders zu Beginn ist meist sehr viel Staub in der Luft. Atmen Sie daher solange wie notwendig durch Stoffteile der Bekleidung, die den Staub ausfiltern.
- Bleiben Sie ruhig und verhindern Sie das Aufkommen von Panik oder Resignation.
- Wenn Sie eingeklemmt sind, versuchen Sie, sich zu befreien (Vorsicht: erst überprüfen, ob das überhaupt, und wenn ja, gefahrlos möglich ist. Durch Nachrutschen oder -rieseln von Schutt und Staub könnte sich die Situation auch verschlechtern) oder wenigstens eine bequemere Körperlage einzunehmen.
- Versuchen Sie, Verletzungen so gut wie möglich zu versorgen.
- Unterdrücken Sie Müdigkeit und Schlafbedürfnis; Sie könnten Signale der Rettungsmannschaft überhören oder das Geben von Signalen gerade im falschen Moment unterlassen.
- Geben Sie Ruf- und/oder Klopfzeichen wie folgt:

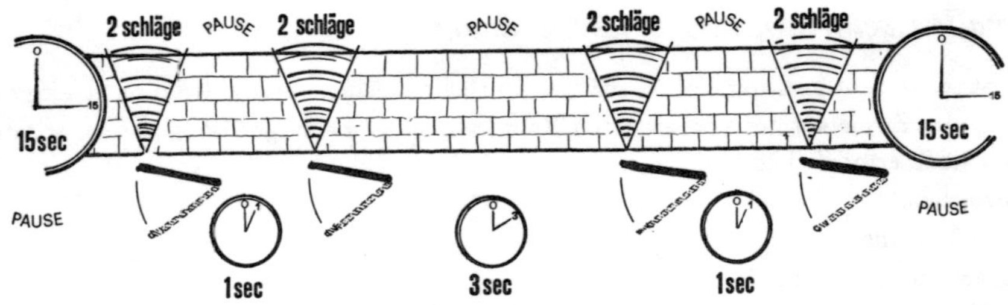


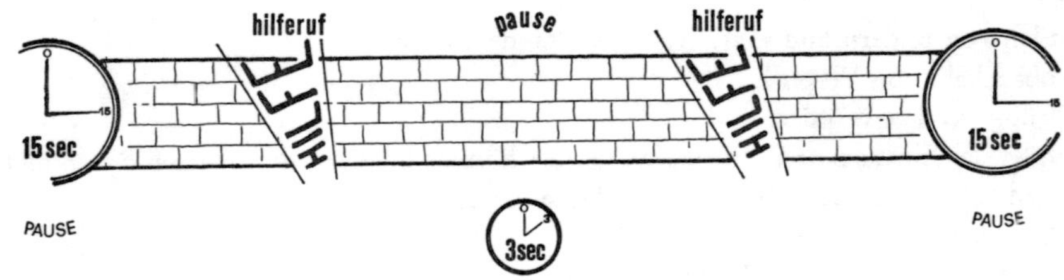


Die Signale der Retter werden im gleichen Rhythmus gegeben.

- Antworten Sie den Signalen der Retter in deren Klopfpausen.
- Seien Sie nicht entmutigt, wenn Ihre Signale nicht sofort gehört oder trotz aufgenommener Verbindung Sie nicht sofort geborgen werden. Sie kennen die Abläufe und möglichen Schwierigkeiten und können sicher sein, daß das Beste zu Ihrer Rettung unternommen wird.

Zum Schluß danke ich noch allen Freunden, die mir bei der Arbeit an diesem Buch geholfen haben, ganz besonders jedoch Frau Prof. Mag. Viktoria Kutil und Herrn Hans Edelmaier. Ohne sie wäre dieses Buch nicht zustande gekommen.

G. B.